Hartmut Bieg/Gregor Krämer/Gerd Waschbusch

# Bankenaufsicht in Theorie und Praxis

## 2. Auflage

Bibliografische Information der Deutschen Bibliothek

Die Deutsche Bibliothek verzeichnet diese Publikation in der Deutschen Nationalbibliografie; detaillierte bibliografische Daten sind im Internet über http://dnb.ddb.de abrufbar.

ISBN 3-933165-87-3

Besuchen Sie uns im Internet:
http://www.verlag.bankakademie.de

2., aktualisierte und erweiterte Auflage 2004
© 2004 Bankakademie-Verlag GmbH, Sonnemannstr. 9–11, 60314 Frankfurt am Main

Das Werk einschließlich aller seiner Teile ist urheberrechtlich geschützt. Jede Verwertung außerhalb der engen Grenzen des Urheberrechtsgesetzes ist ohne Zustimmung des Verlages unzulässig und strafbar. Das gilt insbesondere für Vervielfältigungen, Mikroverfilmungen und die Einspeicherung und Verarbeitung in elektronischen Systemen.

Printed in Germany
ISBN 3-933165-87-3

# Vorwort zur 2. Auflage

Die erste Auflage des Buches „Bankenaufsicht in Theorie und Praxis" war nach nur einem knappen Jahr vergriffen. Dies zeigt das Interesse der Leser an theoretischen und praxisbezogenen Fragestellungen aus dem Bereich der nationalen und internationalen Bankenaufsicht.

In der zweiten Auflage wurde ein besonderes Augenmerk auf die aktuellen Entwicklungen im internationalen Bankenaufsichtsrecht gerichtet. Die Verabschiedung von Basel II im Juni 2004 wurde zum Anlass genommen, die diesbezüglichen Ausführungen des Buches völlig zu überarbeiten und ganz erheblich zu erweitern. Angesichts der zunehmenden Bedeutung der operationellen Risiken im Kredit- und Finanzdienstleistungsgewerbe wurden auch die Ausführungen zur Definition und Systematisierung bankbetrieblicher Risiken deutlich ausgebaut. Darüber hinaus wurden kleinere Fehler korrigiert und einzelne Daten aktualisiert. Das bewährte Konzept eines integrierten Lehr- und Übungsbuches blieb dagegen unverändert.

Um von den Überlegungen und Anregungen der Leser des Buches zu profitieren, sind wir für eine angeregte Diskussion dankbar. Ergänzungs- und Optimierungsvorschläge jeglicher Art können Sie uns gerne an eine der folgenden Adressen übermitteln:

Univ.-Professor Dr. Hartmut Bieg
Dr. Gregor Krämer
Lehrstuhl für Betriebswirtschaftslehre,
insb. Bankbetriebslehre
Universität des Saarlandes
Postfach 15 11 50
66041 Saarbrücken
E-Mail: h.bieg@mx.uni-saarland.de
E-Mail: g.kraemer@mx.uni-saarland.de

Univ.-Professor Dr. Gerd Waschbusch
Lehrstuhl für Betriebswirtschaftslehre,
insb. Rechnungswesen und Finanzwirtschaft
Universität des Saarlandes
Postfach 15 11 50
66041 Saarbrücken
E-Mail: gerd.waschbusch@refi.uni-saarland.de

Herrn Dipl.-Betriebswirt Ulrich Martin vom Bankakademie-Verlag danken wir wiederum für die sehr angenehme und vertrauensvolle Zusammenarbeit.

Hinweis: Aus Gründen der Einheitlichkeit werden in diesem Buch auch wörtliche Zitate an die neue Rechtschreibung angepasst.

Saarbrücken, im Oktober 2004

Hartmut Bieg
Gregor Krämer
Gerd Waschbusch

# Vorwort zur 1. Auflage

Das hier vorgelegte neue Lehr- und Übungsbuch wendet sich an Leser, die sich umfassend und grundlegend mit den Fragen des Bankenaufsichtsrechts auseinander setzen wollen, seien es Lehrende und Studierende an Universitäten, Fachhochschulen, Berufsakademien, Akademien der beruflichen Fort- und Weiterbildung, etwa der verschiedenen Bankenverbände, und ähnlichen Einrichtungen, seien es interessierte Praktiker.

Die Vorschriften des Bankenaufsichtsrechts sind im Zeitablauf immer umfassender und komplizierter geworden. Dies ist die Folge der immer weiter fortschreitenden Ausdehnung der bankgeschäftlichen Tätigkeiten auf früher nicht bearbeitete, risikoreiche Geschäftsgebiete. Wann immer ein Institut solche Geschäfte tätigt, müssen sich die Verantwortlichen mit den daraus erwachsenden Risiken und den bankenaufsichtsrechtlichen Risikobegrenzungsnormen auseinander setzen.

Risiken sind allerdings nur eine Seite unternehmerischer und somit auch bankbetrieblicher Aktivitäten; die andere Seite sind deren Chancen. Wer immer also durch Bankenaufsichtsrecht Risiken beschränkt, beschränkt zugleich auch die Chancen der Institute. Somit verwundert es nicht, dass Bankenaufsichtsrecht stets auch in der Diskussion steht, wobei die Geschäftsleiter von Kredit- und Finanzdienstleistungsinstituten eher an die Chancen der Geschäfte, die Bankenaufsichtsorgane (die Bundesanstalt für Finanzdienstleistungsaufsicht (BaFin) sowie die Deutsche Bundesbank) vor allem an deren Risiken denken.

Bankenaufsichtsrechtliche Regelungen entstehen heute in einem internationalen Diskussionsprozess, an dem nicht nur die Bankenaufsichtsbehörden, sondern auch die Kredit- und Finanzdienstleistungsinstitute bzw. ihre Verbände beteiligt sind. Basel II steht für diesen Prozess. Ist der Prozess der Normensetzung allerdings abgeschlossen, so setzt die Gesamtheit der bankenaufsichtsrechtlichen Vorschriften die Grenzen, innerhalb deren die Leiter von Instituten eigenverantwortliche Entscheidungen treffen können.

Das vorliegende Lehr- und Übungsbuch beschäftigt sich mit der Anwendung und den Auswirkungen der heute in Deutschland bestehenden bankenaufsichtsrechtlichen Vorschriften, wobei die Erarbeitung des nahezu gesamten Themenbereichs mit Hilfe praxisnaher Aufgaben und der dazu gegebenen, unter didaktischen Gesichtspunkten detaillierten und umfangreichen Musterlösungen erfolgt.

Während in Kapitel 1 die Definition der Eigenmittel der Institute in zahlreichen Aufgaben erarbeitet und in die Praxis umgesetzt wird, beschäftigt sich Kapitel 2 mit den Erfolgs- und den Liquiditätsrisiken sowie den entsprechenden Grundsätzen I und II, wobei selbstverständlich der Zusammenhang zwischen Grundsatz I und den Eigenmitteln eines Instituts an vielen praktischen Beispielen aufgezeigt wird. Auch hier sind die Lösungen aus didaktischen Überlegungen sehr ausführlich gehalten. In Kapitel 3 werden neuere Entwicklungen im internationalen Bankenaufsichtsrecht (Basel II) dargestellt.

Neben den vielen Aufgaben und Musterlösungen der ersten drei Kapitel finden sich in den Kapiteln 4 und 5 noch diverse Multiple-Choice-Aufgaben mit den dazugehörigen Lösungen. Damit soll all jenen eine Hilfestellung gegeben werden, die sich auf Klausuren vorbereiten, in denen Aufgaben dieses Typs vorkommen können.

Die in diesem Lehr- und Übungsbuch zusammengestellten Aufgaben wurden von uns in zahlreichen Lehrveranstaltungen innerhalb und außerhalb der Universität eingesetzt. Wir danken unseren Hörerinnen und Hörern, seien es mehr theoretisch ausgerichtete Studierende an der Universität, seien es Praktiker in Akademien der Aus-, Fort- und Weiterbildung für ihre kritischen Fragen, die zu einer Verbesserung der Aufgaben und Lösungen führten. Selbstverständlich sind wir auch für weitere Verbesserungsvorschläge dankbar.

Frau M. A. Stefanie Brich und Herrn Dipl.-Betriebswirt Ulrich Martin vom Bankakademie-Verlag danken wir für die angenehme und vertrauensvolle Zusammenarbeit.

Hinweis: Aus Gründen der Einheitlichkeit werden in diesem Buch auch wörtliche Zitate an die neue Rechtschreibung angepasst.

Saarbrücken, im April 2003

Hartmut Bieg
Gregor Krämer
Gerd Waschbusch

# Inhaltsübersicht

**Vorwort zur 2. Auflage** .................................................................................. **III**

**Inhaltsverzeichnis** ....................................................................................... **IX**

**Abbildungsverzeichnis** ............................................................................ **XV**

**Abkürzungsverzeichnis** ........................................................................... **XXI**

**1 Eigenmittel der Institute** ........................................................................ **1**
    1.1    Grundlagen ................................................................................. 1
    1.2    Haftendes Eigenkapital ............................................................. 27
    1.3    Drittrangmittel .......................................................................... 78

**2 Bankbetriebliche Risiken und ihre Begrenzung in den Grundsätzen I und II** ............................................................................................. **87**
    2.1    Definition und Systematisierung bankbetrieblicher Risiken ..... 87
    2.2    Anwendungsbereich des Grundsatzes I .................................. 131
    2.3    Begrenzung des Adressenrisikos ............................................ 137
    2.4    Begrenzung des Fremdwährungsrisikos ................................. 180
    2.5    Begrenzung des Rohwarenpreisrisikos ................................... 194
    2.6    Begrenzung des Aktienkursrisikos ......................................... 210
    2.7    Begrenzung des Zinsänderungsrisikos ................................... 230
    2.8    Begrenzung der Liquiditätsrisiken (Grundsatz II) ................... 270
    2.9    Ausgewählte bankenaufsichtsrechtliche Kennzahlen ............. 286

**3 Neuere Entwicklungen im internationalen Bankenaufsichtsrecht (Basel II)** .............................................................................................. **303**
    3.1    Der Baseler Ausschuss für Bankenaufsicht ........................... 303
    3.2    Überblick über die Neue Baseler Eigenkapitalvereinbarung (Basel II) ................................................................................. 311
    3.3    Basel II – Säule 1 .................................................................... 326
    3.4    Basel II – Säule 2 .................................................................... 459
    3.5    Basel II – Säule 3 .................................................................... 466

**4 Multiple-Choice-Aufgaben** .................................................................. **483**

**5 Lösungen zu den Multiple-Choice-Aufgaben** ................................... **489**

**Literaturverzeichnis** ............................................................................... **495**

**Verzeichnis der verwendeten Gesetze** ................................................. **511**

**Stichwortverzeichnis** ............................................................................. **513**

# Inhaltsverzeichnis

**Vorwort zur 2. Auflage** ..................................................................................... III

**Inhaltsübersicht** ................................................................................................ VII

**Abbildungsverzeichnis** ..................................................................................... XV

**Abkürzungsverzeichnis** ................................................................................... XXI

**1 Eigenmittel der Institute** ............................................................................... 1

    1.1    Grundlagen ............................................................................................. 1

            Aufgabe 1.1:    Funktionen des Eigenkapitals von Kredit- und Finanzdienstleistungsinstituten ................................... 1

            Aufgabe 1.2:    Statische und dynamische Eigenmittelkomponenten ........................................................................... 7

            Aufgabe 1.3:    Überblick über die Struktur der Eigenmittel eines Instituts .................................................................. 9

            Aufgabe 1.4:    Struktur der Eigenmittel eines Instituts ............................ 11

            Aufgabe 1.5:    Rechtsformspezifische Struktur der Eigenmittel eines Instituts ....................................................... 11

    1.2    Haftendes Eigenkapital ........................................................................ 27

            Aufgabe 1.6:    Positive Kernkapitalbestandteile ..................................... 27

            Aufgabe 1.7:    Negative Kernkapitalbestandteile .................................... 33

            Aufgabe 1.8:    Ergänzungskapitalbestandteile ........................................ 42

            Aufgabe 1.9:    Ergänzungskapitalbestandteile erster Klasse .................. 43

            Aufgabe 1.10:    Ergänzungskapitalbestandteile zweiter Klasse ............... 55

            Aufgabe 1.11:    Abzüge von der Summe aus Kern- und Ergänzungskapital .......................................................... 59

            Aufgabe 1.12:    Nicht realisierte Reserven gemäß § 10 KWG ................ 62

            Aufgabe 1.13:    Berechnung des Haftsummenzuschlags nach der Zuschlagsverordnung ...................................................... 65

            Aufgabe 1.14:    Haftendes Eigenkapital gemäß § 10 KWG .................... 67

            Aufgabe 1.15:    Eigenmittel gemäß § 10 KWG ....................................... 70

            Aufgabe 1.16:    Haftendes Eigenkapital und Solvabilitätskoeffizient ............................................................................. 72

            Aufgabe 1.17:    Haftendes Eigenkapital und Solvabilitätskoeffizient ............................................................................. 74

    1.3    Drittrangmittel ...................................................................................... 78

            Aufgabe 1.18:    Drittrangmittelbestandteile .............................................. 78

            Aufgabe 1.19:    Möglichkeiten der Substitution von Drittrangmitteln .............................................................................. 82

|  |  |  |
|---|---|---|
| Aufgabe 1.20: | Zusammenhänge zwischen den Kappungsbeträgen des Ergänzungskapitals und den freien und benötigten Beträgen des haftenden Eigenkapitals | 83 |
| Aufgabe 1.21: | Begrenzung der Drittrangmittel | 86 |

**2 Bankbetriebliche Risiken und ihre Begrenzung in den Grundsätzen I und II ... 87**

2.1 Definition und Systematisierung bankbetrieblicher Risiken ... 87

| | | |
|---|---|---|
| Aufgabe 2.1: | Systematisierungsansatz | 87 |
| Aufgabe 2.2: | Überblick über die Risiken des technisch-organisatorischen Bereichs | 87 |
| Aufgabe 2.3: | Personelle Risiken | 89 |
| Aufgabe 2.4: | Sachlich-technische Risiken | 95 |
| Aufgabe 2.5: | Ablaufstrukturelle Risiken | 100 |
| Aufgabe 2.6: | Rechtliche Risiken | 101 |
| Aufgabe 2.7: | Externe Ereignisrisiken | 104 |
| Aufgabe 2.8: | Überblick über die Risiken des liquiditätsmäßig-finanziellen Bereichs | 106 |
| Aufgabe 2.9: | Adressenrisiko | 108 |
| Aufgabe 2.10: | Definition Marktpreisrisiko und Überblick über Marktpreisrisiken | 112 |
| Aufgabe 2.11: | Fremdwährungsrisiken | 112 |
| Aufgabe 2.12: | Rohwarenpreisrisiken | 118 |
| Aufgabe 2.13: | Aktienkursrisiken | 120 |
| Aufgabe 2.14: | Zinsänderungsrisiken | 121 |
| Aufgabe 2.15: | Risiko der Wertminderung des Sachanlagevermögens und sonstiger Vermögenswerte | 126 |
| Aufgabe 2.16: | Liquiditätsrisiken | 127 |

2.2 Anwendungsbereich des Grundsatzes I ... 131

| | | |
|---|---|---|
| Aufgabe 2.17: | Regelungsinhalte des Grundsatzes I | 131 |
| Aufgabe 2.18: | Handelsbuchinstitute und Nichthandelsbuchinstitute | 133 |
| Aufgabe 2.19: | Handelsbuch und Anlagebuch | 135 |

2.3 Begrenzung des Adressenrisikos ... 137

| | | |
|---|---|---|
| Aufgabe 2.20 | Begrenzung des Adressenrisikos im Grundsatz I | 137 |
| Aufgabe 2.21: | Risikoaktiva | 138 |
| Aufgabe 2.22: | Bonitätsgewichtungsfaktoren | 139 |
| Aufgabe 2.23: | Präferenzzonenregelung | 142 |
| Aufgabe 2.24: | Bemessungsgrundlagen der Risikoaktiva | 142 |
| Aufgabe 2.25: | Bilanzaktiva | 146 |

| | | | |
|---|---|---|---|
| | Aufgabe 2.26: | „Traditionelle" außerbilanzielle Geschäfte .................... | 147 |
| | Aufgabe 2.27: | „Traditionelle" außerbilanzielle Geschäfte mit hohem Risiko ................................................................ | 150 |
| | Aufgabe 2.28: | „Traditionelle" außerbilanzielle Geschäfte mit mittlerem Risiko ............................................................ | 151 |
| | Aufgabe 2.29: | „Traditionelle" außerbilanzielle Geschäfte mit mittlerem bis niedrigem Risiko ...................................... | 153 |
| | Aufgabe 2.30: | „Traditionelle" außerbilanzielle Geschäfte mit niedrigem Risiko ............................................................ | 154 |
| | Aufgabe 2.31: | „Innovative" außerbilanzielle Geschäfte ....................... | 154 |
| | Aufgabe 2.32: | Laufzeitmethode und Marktbewertungsmethode ........... | 156 |
| | Aufgabe 2.33: | Grundsatz I – Adressenrisiko aus Bilanzaktiva .............. | 160 |
| | Aufgabe 2.34: | Grundsatz I – Adressenrisiko aus „traditionellen" außerbilanziellen Geschäften ......................................... | 165 |
| | Aufgabe 2.35: | Grundsatz I – Adressenrisiko aus „innovativen" außerbilanziellen Geschäften ......................................... | 170 |
| | Aufgabe 2.36: | Grundsatz I – Adressenrisiko aus „innovativen" außerbilanziellen Geschäften ......................................... | 171 |
| | Aufgabe 2.37: | Laufzeitmethode und Marktbewertungsmethode ........... | 178 |
| 2.4 | Begrenzung des Fremdwährungsrisikos ................................................... | | 180 |
| | Aufgabe 2.38: | Erfassung des Fremdwährungsrisikos ........................... | 180 |
| | Aufgabe 2.39: | Grundsatz I – Begrenzung des Fremdwährungsrisikos .......................................................................... | 184 |
| | Aufgabe 2.40: | Fremdwährungsrisiko .................................................... | 190 |
| 2.5 | Begrenzung des Rohwarenpreisrisikos ..................................................... | | 194 |
| | Aufgabe 2.41: | Erfassung des Rohwarenpreisrisikos ............................. | 194 |
| | Aufgabe 2.42: | Grundsatz I – Begrenzung des Rohwarenpreisrisikos ............................................................................. | 198 |
| | Aufgabe 2.43: | Zeitfächermethode und Standardverfahren .................... | 204 |
| 2.6 | Begrenzung des Aktienkursrisikos ........................................................... | | 210 |
| | Aufgabe 2.44: | Aktiennettopositionen ................................................... | 210 |
| | Aufgabe 2.45: | Erfassung des Aktienkursrisikos ................................... | 215 |
| | Aufgabe 2.46: | Grundsatz I – Begrenzung des Aktienkursrisikos .......... | 225 |
| 2.7 | Begrenzung des Zinsänderungsrisikos ...................................................... | | 230 |
| | Aufgabe 2.47: | Konkretisierung der in die Ermittlung der Zinsnettopositionen einzubeziehenden Finanzinstrumente ........................................................................... | 230 |
| | Aufgabe 2.48: | Darstellung der Berechnungsmethode der Zinsnettopositionen ............................................................. | 232 |

|  |  |  |  |
|---|---|---|---|
| | Aufgabe 2.49: | Ermittlung der Anrechnungsbeträge für das allgemeine Kursrisiko aus Zinsnettopositionen | 242 |
| | Aufgabe 2.50: | Ermittlung der Anrechnungsbeträge für das besondere Kursrisiko aus Zinsnettopositionen | 252 |
| | Aufgabe 2.51: | Grundsatz I – Begrenzung des Zinsänderungsrisikos | 261 |
| 2.8 | | Begrenzung der Liquiditätsrisiken (Grundsatz II) | 270 |
| | Aufgabe 2.52: | Erfassung des Liquiditätsrisikos | 270 |
| | Aufgabe 2.53: | Grundsatz II – Bestimmung der Liquiditätskennzahl sowie der Beobachtungskennzahlen | 284 |
| 2.9 | | Ausgewählte bankenaufsichtsrechtliche Kennzahlen | 286 |
| | Aufgabe 2.54: | Bankenaufsichtsrechtliche Kennzahlen | 286 |
| | Aufgabe 2.55: | Grundsatz I – Berechnung der Kennziffern | 292 |
| | Aufgabe 2.56: | Auslastung des Grundsatzes I | 297 |
| | Aufgabe 2.57: | Berechnung des Solvabilitätskoeffizienten | 299 |

# 3 Neuere Entwicklungen im internationalen Bankenaufsichtsrecht (Basel II) ...........303

|  |  |  |  |
|---|---|---|---|
| 3.1 | | Der Baseler Ausschuss für Bankenaufsicht | 303 |
| | Aufgabe 3.1: | Gründung und Mitglieder des Baseler Ausschusses für Bankenaufsicht | 303 |
| | Aufgabe 3.2: | Organisation des Baseler Ausschusses für Bankenaufsicht | 303 |
| | Aufgabe 3.3: | Zielsetzung des Baseler Ausschusses für Bankenaufsicht | 307 |
| | Aufgabe 3.4: | Tätigkeit des Baseler Ausschusses für Bankenaufsicht | 308 |
| 3.2 | | Überblick über die Neue Baseler Eigenkapitalvereinbarung (Basel II) | 311 |
| | Aufgabe 3.5: | Zeitliche Entwicklung und Inhalt der Baseler Eigenkapitalvereinbarung | 311 |
| | Aufgabe 3.6: | Übergangsbestimmungen | 320 |
| | Aufgabe 3.7: | Umsetzung von Basel II auf EU-Ebene | 323 |
| | Aufgabe 3.8: | Grundstruktur von Basel II | 323 |
| 3.3 | | Basel II – Säule 1 | 326 |
| | Aufgabe 3.9: | Auswirkungen von Basel II auf die Eigenmittelanforderungen der Institute | 326 |
| | Aufgabe 3.10: | Änderung der bankenaufsichtsrechtlichen Kennziffern | 331 |
| | Aufgabe 3.11: | Änderung der Bonitätsgewichtungsfaktoren | 337 |

| | | |
|---|---|---|
| Aufgabe 3.12: | Komplexität und Risikosensitivität des Standardansatzes, des IRB-Basisansatzes und des fortgeschrittenen IRB-Ansatzes | 338 |
| Aufgabe 3.13: | Der Begriff „Rating" | 340 |
| Aufgabe 3.14: | Anbieter von Ratings | 341 |
| Aufgabe 3.15: | Bedeutung von Ratings | 342 |
| Aufgabe 3.16: | Ratingsymbole | 343 |
| Aufgabe 3.17: | Unterschiedliche Arten von Ratings | 345 |
| Aufgabe 3.18: | Kosten von Ratings | 348 |
| Aufgabe 3.19: | Nutzen von externen Ratings | 350 |
| Aufgabe 3.20: | Phasen des externen Ratingprozesses | 352 |
| Aufgabe 3.21: | Unternehmenskrisen und Krisenfaktoren | 360 |
| Aufgabe 3.22: | Informationsbasis der Ratingagenturen | 366 |
| Aufgabe 3.23: | Anerkennung von Ratingagenturen durch die nationale Bankenaufsicht | 374 |
| Aufgabe 3.24: | Risikogewichte für Kredite an Unternehmen im Standardansatz | 377 |
| Aufgabe 3.25: | Risikogewichte für Kredite an Staaten im Standardansatz | 379 |
| Aufgabe 3.26: | Risikogewichte für Kredite an Kreditinstitute im Standardansatz | 380 |
| Aufgabe 3.27: | Behandlung von Krediten des Retailportfolios im Standardansatz | 383 |
| Aufgabe 3.28: | Eigenkapitalanforderungen im Standardansatz | 383 |
| Aufgabe 3.29: | Einsatz von Kreditrisikominderungstechniken im Standardansatz | 389 |
| Aufgabe 3.30: | Besicherte Transaktionen – einfacher Ansatz und umfassender Ansatz | 390 |
| Aufgabe 3.31: | Sicherheiten im einfachen Ansatz und im umfassenden Ansatz | 393 |
| Aufgabe 3.32: | Anerkennung von Sicherheiten im einfachen Ansatz | 395 |
| Aufgabe 3.33: | Grundprinzip der Risikominderung im umfassenden Ansatz | 396 |
| Aufgabe 3.34: | Möglichkeiten zur Ermittlung von Haircuts im umfassenden Ansatz | 397 |
| Aufgabe 3.35: | Ermittlung des Forderungsbetrags nach Kreditrisikominderung im umfassenden Ansatz | 399 |
| Aufgabe 3.36: | Aufsichtliche Standardhaircuts ($H_E$, $H_C$ und $H_{FX}$) im umfassenden Ansatz | 400 |
| Aufgabe 3.37: | Anpassung von Haircuts | 402 |

| | | | |
|---|---|---|---|
| | Aufgabe 3.38: | Anerkennung von Sicherheiten bei Verwendung aufsichtlicher Haircuts im umfassenden Ansatz | 404 |
| | Aufgabe 3.39: | Vergleich der beiden IRB-Ansätze | 407 |
| | Aufgabe 3.40: | Besonderheiten bei Krediten an KMU im Rahmen der IRB-Ansätze | 409 |
| | Aufgabe 3.41: | Auswirkungen interner Ratings auf KMU | 414 |
| | Aufgabe 3.42: | Forderungsklassen in den IRB-Ansätzen | 415 |
| | Aufgabe 3.43: | Eigenkapitalanforderungen im IRB-Basisansatz | 418 |
| | Aufgabe 3.44: | Verfahren der Erfassung der operationellen Risiken | 430 |
| | Aufgabe 3.45: | Interner Bemessungsansatz | 440 |
| | Aufgabe 3.46: | Operationelle Risiken und Mitarbeiterkompetenzen | 450 |
| 3.4 | Basel II – Säule 2 | | 459 |
| | Aufgabe 3.47: | Ziele des bankenaufsichtlichen Überprüfungsverfahrens | 459 |
| | Aufgabe 3.48: | Grundsätze des bankenaufsichtlichen Überprüfungsverfahrens | 460 |
| 3.5 | Basel II – Säule 3 | | 466 |
| | Aufgabe 3.49: | Notwendigkeit der Säule 3 | 466 |
| | Aufgabe 3.50: | Wirkungsweise der Marktdisziplin | 469 |
| | Aufgabe 3.51: | Voraussetzungen für die Wirksamkeit der Marktdisziplin | 470 |
| | Aufgabe 3.52: | Beeinträchtigung der Marktdisziplin | 472 |
| | Aufgabe 3.53: | Möglichkeiten der Bankenaufsicht zur Durchsetzung der Offenlegungsanforderungen | 474 |
| | Aufgabe 3.54: | Ausgestaltung der Offenlegungspflichten nach Basel II | 476 |
| | Aufgabe 3.55: | Offenlegungsbereiche | 479 |
| | Aufgabe 3.56: | Berichterstattung über operationelle Risiken | 480 |

**4 Multiple-Choice-Aufgaben** ............................................................. **483**

**5 Lösungen zu den Multiple-Choice-Aufgaben** ............................. **489**

**Literaturverzeichnis** ............................................................................ **495**

**Verzeichnis der verwendeten Gesetze** ............................................. **511**

**Stichwortverzeichnis** .......................................................................... **513**

# Abbildungsverzeichnis

| | | |
|---|---|---|
| Abbildung 1: | Überblick über die Struktur der Eigenmittel eines Instituts | 10 |
| Abbildung 2: | Die Ermittlung der Eigenmittelausstattung eines Instituts gemäß § 10 Abs. 1 bis 7 KWG | 18 |
| Abbildung 3: | Dem Ergänzungskapital erster Klasse zurechenbare nicht realisierte Reserven gemäß § 10 Abs. 2b Satz 1 Nr. 6 und Nr. 7 KWG | 49 |
| Abbildung 4: | Ermittlung der nicht realisierten Reserven gemäß § 10 Abs. 4b KWG | 51 |
| Abbildung 5: | Ermittlung der nicht realisierten Reserven gemäß § 10 Abs. 4c KWG | 54 |
| Abbildung 6: | Zusammenhänge zwischen den Kappungsbeträgen des Ergänzungskapitals und den freien und benötigten Beträgen des haftenden Eigenkapitals | 85 |
| Abbildung 7: | Überblick über die Risiken des technisch-organisatorischen (operationellen) Bereichs von Kreditinstituten | 91 |
| Abbildung 8: | Gesamtüberblick über die bankbetrieblichen Erfolgs- und Liquiditätsrisiken | 107 |
| Abbildung 9: | Beispiel zu den Auswirkungen einer betragsmäßig geschlossenen fristeninkongruenten Fremdwährungsposition auf den Erfolgsbeitrag | 116 |
| Abbildung 10: | Das passivische Zinsänderungsrisiko | 123 |
| Abbildung 11: | Erfolgsbeeinflussungsmöglichkeiten verschiedener Zinspositionen bei geänderten Marktzinsen | 124 |
| Abbildung 12: | Die Regelungsinhalte des Grundsatzes I | 132 |
| Abbildung 13: | Die Bagatellgrenzen des § 2 Abs. 11 Satz 1 KWG für das Handelsbuch eines Instituts | 134 |
| Abbildung 14: | Abgrenzung der bankenaufsichtsrechtlichen Begriffe „Handelsbuch" und „Anlagebuch" gemäß § 1 Abs. 12 KWG | 136 |
| Abbildung 15: | Übersicht über die Risikoaktiva gemäß § 4 Satz 2 Grundsatz I | 140 |
| Abbildung 16: | Grundstruktur der Adressengewichtung gemäß § 13 Grundsatz I | 141 |
| Abbildung 17: | Bemessungsgrundlagen für die Anrechnung der Risikoaktiva gemäß § 6 Grundsatz I | 144 |

Abbildung 18: Positionen, die bei der Berechnung der risikogewichteten Anrechnungsbeträge von Bilanzaktiva unberücksichtigt bleiben .................................................................................................. 148

Abbildung 19: Differenzierung „traditioneller" außerbilanzieller Geschäfte ............................................................................................. 149

Abbildung 20: Ermittlung des anrechnungspflichtigen Betrags nach der Laufzeitmethode ................................................................................. 158

Abbildung 21: Ermittlung des anrechnungspflichtigen Betrags nach der Marktbewertungsmethode ........................................................... 159

Abbildung 22: Einbeziehungspflichtige Geschäfte im Bereich des Wechselkurs- und Goldpreisrisikos gemäß § 15 Abs. 1 und Abs. 2 Grundsatz I ...................................................................... 181

Abbildung 23: Einbeziehungspflichtige Geschäfte im Bereich des Rohwarenpreisrisikos gemäß § 16 Abs. 2 und Abs. 3 Grundsatz I ........................................................................................... 196

Abbildung 24: Überblick über die Finanzinstrumente i. S. d. § 1 Abs. 11 KWG ........................................................................................ 211

Abbildung 25: In die Aktiennettopositionen gemäß § 18 Abs. 1 Nr. 1 Buchstabe b Grundsatz I einzubeziehende Finanzinstrumente ............................................................................................ 212

Abbildung 26: Anrechnungssätze bei Abgabe von Übernahmegarantien und -gewährleistungen im Rahmen der Handelsbuch-Risikopositionen gemäß § 18 Abs. 2 Grundsatz I ....................... 214

Abbildung 27: Ermittlung der Aktiennettoposition eines Instituts in einem Wertpapier ................................................................... 217

Abbildung 28: Ermittlung des Anrechnungsbetrages des allgemeinen Aktienkursrisikos für die Handelsbuch-Risikopositionen............. 220

Abbildung 29: Ermittlung der Anrechnungsbeträge für das besondere Aktienkursrisiko ............................................................................ 222

Abbildung 30: In die Ermittlung der Zinsnettopositionen gemäß § 18 Abs. 1 Nr. 1 Buchstabe a Grundsatz I einzubeziehende Finanzinstrumente ............................................................................ 233

Abbildung 31: Zuordnung von aktienkurs- und zinssatzbezogenen Finanzinstrumenten i. S. d. § 18 Abs. 1 Nr. 1 Grundsatz I zu den Nettopositionen i. S. d. § 19 Abs. 1 Satz 1 Grundsatz I ................................................................................................. 237

Abbildung 32: Voraussetzungen, damit Positionen aus derivativen Geschäften als einander weitgehend entsprechend anzusehen sind ........................................................................................... 239

Abbildungsverzeichnis                                                                                                    XVII

Abbildung 33: Laufzeitbänder, Laufzeitzonen und Gewichtungssätze der Jahresbandmethode gemäß § 21 Abs. 1 Grundsatz I ..................... 245

Abbildung 34: Bestimmung der ausgeglichenen Bandposition sowie der offenen Bandposition eines Laufzeitbands gemäß § 21 Abs. 3 Grundsatz I ........................................................................ 249

Abbildung 35: Gewichtungssätze für ausgeglichene Positionen sowie eine verbleibende offene Zonensaldoposition gemäß § 21 Abs. 6 Grundsatz I ........................................................................ 252

Abbildung 36: Vereinfachte Darstellung der Ermittlung des Anrechnungsbetrags für das besondere Kursrisiko aus Zinsnettopositionen ............................................................................................. 253

Abbildung 37: Zuordnung der Qualitätsgewichtungsfaktoren zu Zinsrisikopositionen ....................................................................................... 254

Abbildung 38: Wertpapiere mit hoher Anlagequalität ............................................ 257

Abbildung 39: Ermittlung des (Gesamt-)Anrechnungsbetrags des Zinsänderungsrisikos für die Handelsbuch-Risikopositionen eines Instituts ............................................................................................... 261

Abbildung 40: Der Anwendungsbereich des Liquiditätsgrundsatzes II ................ 271

Abbildung 41: Der strukturelle Aufbau der Liquiditätskennzahl gemäß § 2 Abs. 2 Grundsatz II .................................................................. 273

Abbildung 42: Der strukturelle Aufbau der Beobachtungskennzahlen gemäß § 2 Abs. 3 Grundsatz II .................................................... 275

Abbildung 43: Komponenten der Zahlungsmittel und Zahlungsverpflichtungen einschließlich ihrer Zuordnung zu den verschiedenen Laufzeitbändern gemäß den §§ 3 und 4 Grundsatz II ............ 280

Abbildung 44: Liquiditätseffekte aus Wertpapierpensions- und Wertpapierleihgeschäften gemäß § 5 Grundsatz II ................................... 283

Abbildung 45: Überblick über die im Baseler Ausschuss für Bankenaufsicht vertretenen Institutionen ....................................................... 305

Abbildung 46: Die Vorsitzenden des Baseler Ausschusses für Bankenaufsicht ....................................................................................... 306

Abbildung 47: Zeitpunkte und Veranstaltungsorte der International Conference of Banking Supervisors ................................................ 310

Abbildung 48: Die Chronologie der Baseler Eigenkapitalvereinbarung .............. 312

Abbildung 49: Beispiel zur Ermittlung des erforderlichen haftenden Eigenkapitals bei Krediten an verschiedene Schuldner ................ 314

Abbildung 50: Vergleich der Risikogewichte nach dem dritten Konsultationspapier und nach der verabschiedeten Fassung von Basel II ............................................................................................. 318

| | | |
|---|---|---|
| Abbildung 51: | Parallelrechnungen und Eigenmitteluntergrenzen für den Übergang von Basel I auf Basel II | 322 |
| Abbildung 52: | Die drei Säulen der Neuen Baseler Eigenkapitalvereinbarung | 325 |
| Abbildung 53: | Zusammenhänge zwischen den verschiedenen Eigenmittelanforderungen | 329 |
| Abbildung 54: | Änderungen der Eigenmittelanforderungen durch Basel II | 330 |
| Abbildung 55: | Komplexität und Risikosensitivität des Standardansatzes und der IRB-Ansätze | 339 |
| Abbildung 56: | Die langfristigen Ratingskalen der wichtigsten Ratingagenturen | 344 |
| Abbildung 57: | Die kurzfristigen Ratingskalen der wichtigsten Ratingagenturen | 347 |
| Abbildung 58: | Das Phasenschema des externen Ratingprozesses | 353 |
| Abbildung 59: | Überblick über die wichtigsten unternehmensindividuellen Krisenfaktoren | 363 |
| Abbildung 60: | Überblick über die wichtigsten unternehmensübergreifenden Krisenfaktoren | 365 |
| Abbildung 61: | Überblick über die von den Analysten zu untersuchenden Informationen | 368 |
| Abbildung 62: | Überblick über die wichtigsten finanzwirtschaftlichen Unternehmenskennzahlen | 370 |
| Abbildung 63: | Eignungskriterien im Rahmen des Anerkennungsverfahrens externer Ratingagenturen | 375 |
| Abbildung 64: | Risikogewichte für Forderungen an Unternehmen | 378 |
| Abbildung 65: | Risikogewichte für Forderungen an Staaten | 380 |
| Abbildung 66: | Risikogewichte für Forderungen an Kreditinstitute | 381 |
| Abbildung 67: | Kriterien für die Zuordnung von Krediten zum Retailportfolio | 382 |
| Abbildung 68: | Besicherte Transaktionen – einfacher Ansatz und umfassender Ansatz | 392 |
| Abbildung 69: | Anerkennungsfähige Sicherheiten im einfachen Ansatz und im umfassenden Ansatz | 394 |
| Abbildung 70: | Möglichkeiten zur Ermittlung von Haircuts | 398 |
| Abbildung 71: | Aufsichtliche Standardhaircuts im umfassenden Ansatz | 401 |

Abbildungsverzeichnis XIX

Abbildung 72: Mindesthalteperioden und Häufigkeit der Nachschussverpflichtungen bzw. Neubewertungen ............................................. 402

Abbildung 73: Risikokomponenten beim IRB-Basisansatz und beim fortgeschrittenen IRB-Ansatz ....................................................... 409

Abbildung 74: Die Eigenkapitalanforderungen für Unternehmenskredite im IRB-Basisansatz ......................................................... 412

Abbildung 75: Forderungsklassen in den IRB-Ansätzen ................................. 417

Abbildung 76: Die Funktionswerte der kumulativen Standardnormalverteilung $N(x)$ ................................................................. 420

Abbildung 77: Methoden zur Ermittlung des haftenden Eigenkapitalbetrags, der zur Unterlegung der operationellen Risiken nach „Basel II" benötigt wird ........................................................ 431

Abbildung 78: Geschäftsfelder, Risikoindikatoren und Betafaktoren im Standardansatz ............................................................ 434

Abbildung 79: Zuordnung von Aktivitäten zu den einzelnen Geschäftsfeldern im Standardansatz ............................................... 437

Abbildung 80: Die Verlusttypen im internen Bemessungsansatz ....................... 441

Abbildung 81: Die Risikoindikatorenmatrix für den internen Bemessungsansatz ............................................................ 442

Abbildung 82: Ermittlung der Berechnungsgrundlagen für die Größen PE und LGE (Schritt 1a) ....................................................... 444

Abbildung 83: Ermittlung des erwarteten Verlusts pro Transaktion (Schritt 1a) ............................................................ 446

Abbildung 84: Ermittlung des erwarteten Verlusts pro Quartal (Schritt 1b) ............................................................ 447

Abbildung 85: Ermittlung des gesamten Eigenkapitalunterlegungsbetrags (Schritt 3) ............................................................ 449

Abbildung 86: Merkmale und Kriterien zur Beurteilung der Kompetenzen eines Menschen .................................................... 456

Abbildung 87: Grundsätze des bankenaufsichtlichen Überprüfungsverfahrens (Säule 2) ................................................... 465

# Abkürzungsverzeichnis

| | |
|---|---|
| § | Paragraph |
| % | Prozent |
| | |
| $\alpha$ | Faktor Alpha |
| Abs. | Absatz |
| ADR | American Depository Receipt |
| a. F. | alte Fassung |
| AG | Aktiengesellschaft |
| AIB | Allied Irish Banks |
| AktG | Aktiengesetz |
| AKV | Allgemeine Kreditvereinbarungen |
| AMA | ambitionierte Messansätze (advanced measurement approaches) |
| AUD | australischer Dollar |
| ASA | alternativer Standardansatz (alternative standardised approach) |
| Aufl. | Auflage |
| | |
| $\beta$ | Faktor Beta |
| b | Restlaufzeitanpasssung |
| BaFin | Bundesanstalt für Finanzdienstleistungsaufsicht |
| BAKred | Bundesaufsichtsamt für das Kreditwesen |
| BBankG | Gesetz über die Deutsche Bundesbank |
| BewG | Bewertungsgesetz |
| BGB | Bürgerliches Gesetzbuch |
| BGBl. | Bundesgesetzblatt |
| BGH | Bundesgerichtshof |
| BIA | Basisindikatoransatz (basic indicator approach) |
| BIZ | Bank für Internationalen Zahlungsausgleich |
| BL | Geschäftsfelder (business lines) |

| | |
|---|---|
| BörsG | Börsengesetz |
| bspw. | beispielsweise |
| BT | Bundestag |
| bzw. | beziehungsweise |
| C | gegenwärtiger Wert der erhaltenen Sicherheit (collateral) |
| ca. | circa |
| CAD | Kanadischer Dollar |
| cet. par. | ceteris paribus |
| CHF | Schweizer Franken |
| CMBS | Consbruch, Johannes/Möller, Annemarie/Bähre, Inge Lore/ Schneider, Manfred |
| Corp. | Corporation |
| DAX | Deutscher Aktienindex |
| d. h. | das heißt |
| Diss. | Dissertation |
| DM | Deutsche Mark |
| Drm | Drittrangmittel |
| DRS | Deutscher Rechnungslegungs Standard |
| DtA | Deutsche Ausgleichsbank |
| d. Verf. | die Verfasser |
| e | Euler'sche Zahl |
| E | gegenwärtiger Forderungsbetrag (exposure) |
| $E^*$ | Forderungsbetrag nach Kreditrisikominderung |
| EAD | erwartete Höhe der ausstehenden Forderungen im Zeitpunkt des Ausfalls (exposure at default) |
| ec | eurocheque |
| ECA | Exportversicherungsagentur (export credit agency) |
| ECAI | Ratingagentur (external credit assessment institution) |

| | |
|---|---|
| EDV | elektronische Datenverarbeitung |
| eG | eingetragene Genossenschaft |
| EG | Europäische Gemeinschaften |
| EGHGB | Einführungsgesetz zum Handelsgesetzbuche |
| EI | Risikoindikator (exposure indicator) |
| EL | erwarteter Verlust (expected loss) |
| EM | Eigenmittel |
| $EM_{MR}$ | Eigenmittelunterlegungsbetrag für die Marktrisikopositionen |
| Erg.Kap. | Ergänzungskapital |
| ESFRC | European Shadow Financial Regulatory Committee |
| EStG | Einkommensteuergesetz |
| ESZB | Europäisches System der Zentralbanken |
| et al. | et alii |
| etc. | et cetera |
| EU | Europäische Union |
| EUR | Euro |
| evtl. | eventuell |
| EWR | Europäischer Wirtschaftsraum |
| | |
| f. | folgende |
| fEK | freies Ergänzungskapital |
| ff. | fortfolgende |
| FFD | Forward-Forward-Deposit |
| fKK | freies Kernkapital |
| FRA | Forward Rate Agreement |
| | |
| $\gamma$ | Faktor Gamma |
| GBP | Britisches Pfund |
| gEM | genutzte Eigenmittel |
| GenG | Gesetz betreffend die Erwerbs- und Wirtschaftsgenossenschaften |
| ggf. | gegebenenfalls |

| | |
|---|---|
| GI | durchschnittlicher jährlicher Bruttoertrag der vergangenen drei Jahre (gross income) |
| $GI_{RB}$ | gross income für das Geschäftsfeld Retail Banking |
| GmbH | Gesellschaft mit beschränkter Haftung |
| GmbHG | Gesetz betreffend die Gesellschaft mit beschränkter Haftung |
| GuV | Gewinn- und Verlustrechnung |
| GVK | Geschäftsfeld-Verlusttyp-Kombination |
| GwG | Geldwäschegesetz |
| G(z) | inverse kumulative Verteilungsfunktion einer standardnormalverteilten Zufallsvariablen |
| $H_C$ | Haircut für die Sicherheit |
| $H_E$ | Haircut für die Forderung |
| hEK | haftendes Eigenkapital |
| $H_{FX}$ | Haircut für Währungsinkongruenzen zwischen Forderung und Sicherheit |
| $hEK_{OR}$ | Eigenkapitalunterlegungsbetrag für die operationellen Risiken |
| $H_M$ | Haircut für die Mindesthaltedauer (nach Anpassung für abweichende Haltedauer) |
| $H_N$ | auf der Haltedauer $T_N$ basierender Haircut |
| HGB | Handelsgesetzbuch |
| hrsg. | herausgegeben |
| Hrsg. | Herausgeber |
| HypBankG | Hypothekenbankgesetz |
| i | Geschäftsfeld i |
| IAIS | International Association of Insurance Supervisors |
| IAS | International Accounting Standard |
| IASB | International Accounting Standards Board |
| i. d. F. | in der Fassung |
| i. d. R. | in der Regel |

| | |
|---|---|
| ij | Geschäftsfeld-Verlusttyp-Kombination aus Geschäftsfeld i und Verlusttyp j |
| IMA | interner Bemessungsansatz (internal measurement approach) |
| insb. | insbesondere |
| InvG | Investmentgesetz |
| IOSCO | International Organisation of Securities Commissions |
| IRB | auf internen Ratings basierender Ansatz (internal ratings-based approach) |
| i. S. d. | im Sinne des |
| ISIN | International Securities Identification Number |
| i. V. m. | in Verbindung mit |
| IWF | Internationaler Währungsfonds |
| | |
| j | Verlusttyp j |
| JPY | Japanischer Yen |
| | |
| K | Eigenkapitalanforderung |
| KAR | Richtlinie des Rates über die angemessene Eigenkapitalausstattung von Wertpapierfirmen und Kreditinstituten |
| KfW | Kreditanstalt für Wiederaufbau |
| kg | Kilogramm |
| KG | Kommanditgesellschaft |
| KGaA | Kommanditgesellschaft auf Aktien |
| KI | Kreditinstitut |
| KMU | kleine und mittlere Unternehmen |
| knV | kurzfristige nachrangige Verbindlichkeiten |
| KWG | Gesetz über das Kreditwesen |
| | |
| LA | Darlehen und Kredite (loans and advances) |
| LBBW | Landesbank Baden-Württemberg |
| lfr. | längerfristige |
| LGD | erwarteter Verlust bei Ausfall der Forderung (loss given default) |

| | |
|---|---|
| LGE | durchschnittliche Verlusthöhe pro Verlustfall pro Periode (loss given that event) |
| LIBOR | London Interbank Offered Rate |
| Liko-Bank | Liquiditäts-Konsortialbank GmbH |
| ln | natürlicher Logarithmus |
| lt. | laut |
| Ltd. | Limited |
| | |
| M | effektive Restlaufzeit (maturity) |
| max. | maximal |
| MESZ | mitteleuropäische Sommerzeit |
| MEZ | mitteleuropäische Zeit |
| MFI | monetäre Finanzinstitute |
| Mio. | Millionen |
| MR | Marktrisikopositionen |
| Mrd. | Milliarden |
| | |
| NAB | National Australia Bank |
| NG | Nettogewinn |
| NIFs | Note Issuance Facilities |
| $N_R$ | tatsächliche Anzahl der Tage zwischen den einzelnen Nachschussverpflichtungen für Kapitalmarkttransaktionen oder den einzelnen Neubewertungen für besicherte Kreditvergaben |
| Nr. | Nummer |
| N(x) | kumulative Verteilungsfunktion einer standardnormalverteilten Zufallsvariablen |
| NZD | Neuseeländischer Dollar |
| | |
| OECD | Organisation for Economic Cooperation and Development |
| o. g. | oben genannt |
| OHG | offene Handelsgesellschaft |
| OLG | Oberlandesgericht |
| OR | operationelle Risiken |

| | |
|---|---|
| OTC | over the counter |
| o. V. | ohne Verfasser |
| | |
| P | Wert der durch andere Haircuts angepassten Kreditabsicherung |
| $P_a$ | Wert der wegen der Laufzeitinkongruenz angepassten Kreditabsicherung |
| p. a. | per annum |
| PE | durchschnittliche Verlustwahrscheinlichkeit pro Periode (probability of loss event) |
| PD | Ausfallwahrscheinlichkeit (probability of default) |
| Pos. | Position |
| p. Q. | per Quartal |
| PublG | Publizitätsgesetz |
| | |
| QIS | quantitative Auswirkungsstudie (quantitative impact study) |
| | |
| R | Korrelation |
| RAP | Rechnungsabgrenzungsposten |
| RB | Privatkundengeschäft (retail banking) |
| RUFs | Revolving Underwriting Facilities |
| RWA | gewichtete Risikoaktiva (risk weighted assets) |
| | |
| S | konsolidierter Jahresumsatz |
| S. | Seite |
| ScheckG | Scheckgesetz |
| SchiffsBankG | Gesetz über Schiffspfandbriefbanken |
| sog. | so genannt |
| Sp. | Spalte |
| STA | Standardansatz (standardised approach) |
| StGB | Strafgesetzbuch |

| | |
|---|---|
| t | min (T; Restlaufzeit der Kreditabsicherung), ausgedrückt in Jahren |
| T | min (5; Restlaufzeit der Forderung), ausgedrückt in Jahren |
| TEUR | tausend EUR |
| TG | Termingeschäft |
| TL | Gesamtverlust (total loss) |
| $T_M$ | vorgegebene Mindesthaltedauer für die jeweilige Art der Transaktion |
| $T_N$ | von dem Institut zur Ableitung von $H_N$ verwendete Haltedauer |
| Tz. | Textziffer |
| | |
| u. a. | unter anderem |
| UL | unerwarteter Verlust (unexpected loss) |
| Univ. | Universität |
| US | United States |
| USA | Vereinigte Staaten von Amerika |
| USD | US-Dollar |
| | |
| VaR | Value at Risk |
| vEM | verbleibende Eigenmittel |
| VerbrKrG | Verbraucherkreditgesetz |
| Verf. | Verfasser |
| vgl. | vergleiche |
| | |
| WE | Währungseinheiten |
| WechselG | Wechselgesetz |
| WestLB | Westdeutsche Landesbank |
| WGZ-Bank | Westdeutsche Genossenschafts-Zentralbank eG |
| WpDlRl | Richtlinie des Rates über Wertpapierdienstleistungen |
| WpHG | Wertpapierhandelsgesetz |

| | |
|---|---|
| z. B. | zum Beispiel |
| z. T. | zum Teil |
| ZuschlV | Verordnung über die Festsetzung eines Zuschlages für die Berechnung des haftenden Eigenkapitals von Kreditinstituten in der Rechtsform der eingetragenen Genossenschaft (Zuschlagsverordnung) |

# 1 Eigenmittel der Institute

## 1.1 Grundlagen

**Aufgabe 1.1: Funktionen des Eigenkapitals von Kredit- und Finanzdienstleistungsinstituten**

Erläutern Sie, welche Funktionen dem Eigenkapital von Kredit- und Finanzdienstleistungsinstituten zukommen.

**Lösung**

Die Bedeutung des Eigenkapitals eines Kredit- oder Finanzdienstleistungsinstituts misst sich an den von der Bankenaufsicht verfolgten Zielsetzungen. Die Ziele der deutschen Bankenaufsicht sind gemäß § 6 Abs. 2 KWG der Gläubigerschutz sowie die Aufrechterhaltung der Funktionsfähigkeit des Kredit- und Finanzdienstleistungswesens.[1] Deshalb muss überprüft werden, ob und inwieweit einzelne Funktionen des Eigenkapitals von Kredit- und Finanzdienstleistungsinstituten zu dieser Zielerreichung beitragen. Danach kann dann der Frage nachgegangen werden, ob und inwieweit bestimmte Eigenkapitalpositionen die relevanten Funktionen besitzen und daher dem Eigenkapital eines Kredit- oder Finanzdienstleistungsinstituts zugerechnet werden können. Vor diesem Hintergrund sollen in einem ersten Schritt zunächst einige Funktionen des Eigenkapitals untersucht werden. In einem zweiten Schritt werden dann Bestandteile des haftenden Eigenkapitals gemäß § 10 KWG auf ihren Zielerreichungsgrad hin beurteilt.

**Ingangsetzungsfunktion**

Grundsätzlich ist Eigenkapital zum Betreiben von Bankgeschäften und Finanzdienstleistungen nicht notwendig. Es wäre durchaus denkbar, dass die zur Durchführung der Bankgeschäfte und Finanzdienstleistungen notwendigen Mittel vollständig über Fremdkapital finanziert werden. Da hierdurch jedoch die Wahrscheinlichkeit des Ausfalls des Kredit- oder Finanzdienstleistungsinstituts relativ hoch und der Gläubigerschutz somit nicht gewährleistet wären, hat der Gesetzgeber vorgesehen, dass Kredit- und Finanzdienstleistungsinstitute zum Betreiben von Bankgeschäften und Finanzdienstleistungen über ein Mindestmaß an Eigenkapital verfügen müssen. So bestimmt § 33 Abs. 1 Satz 1 Nr. 1 Halbsatz 1 KWG, dass einem Kredit- oder Finanzdienstleistungsinstitut die Erlaubnis zu versagen ist, wenn „die zum Geschäftsbetrieb erforderlichen Mittel, insbesondere ein ausreichendes Anfangskapital ... im Inland nicht zur Verfügung stehen".

---

[1] Zu den Zielen der deutschen Bankenaufsicht vgl. BIEG, HARTMUT (Bankbilanzen, 1983), S. 5–38; KRÄMER, GREGOR (Ziele, 2000), S. 5–122; WASCHBUSCH, GERD (Bankenaufsicht, 2000), S. 7–28, 161–172.

Der Sinn dieser Vorschrift ist, die Ingangsetzung eines ordentlichen Geschäftsbetriebs zu gewährleisten und sicherzustellen, dass neu gegründete Kredit- und Finanzdienstleistungsinstitute über ein ausreichendes Haftungspotenzial verfügen, um damit üblicherweise zu erwartende Anfangsverluste auffangen zu können. Es sollen also nur solche Kredit- und Finanzdienstleistungsinstitute neu eröffnet werden, die von vornherein überlebensfähig sind.[1]

Diese hinsichtlich der Höhe der erforderlichen Mittel recht allgemeine Aussage wird beispielsweise in § 33 Abs. 1 Satz 1 Nr. 1 Halbsatz 2 Buchstabe d KWG konkretisiert. Dort heißt es, dass „Einlagenkreditinstituten ein Betrag im Gegenwert von mindestens fünf Millionen Euro" als Anfangskapital zur Verfügung stehen muss.[2] Bei Wertpapierhandelsbanken[3] wird dagegen ein Anfangskapital in Höhe von 730.000 EUR als ausreichend angesehen (§ 33 Abs. 1 Satz 1 Nr. 1 Halbsatz 2 Buchstabe c KWG).

Da für Schiffspfandbriefbanken (4 Mio. EUR Mindestnennbetrag des Grundkapitals)[4] sowie für Kapitalanlagegesellschaften (in Abhängigkeit von der Geschäftstätigkeit sowie vom verwalteten Sondervermögen zwischen 730.000 EUR und 10 Mio. EUR Anfangskapital)[5] abweichende Eigenkapitalanforderungen existieren, wird deutlich, dass kein allgemein gültiger „natürlicher" Mindest- oder Höchstbetrag an Eigenkapital für das Betreiben der Bankgeschäfte erforderlich ist; es handelt sich hierbei vielmehr um eine derivative Funktion, die aus gesetzlichen Vorgaben abgeleitet wurde. Es kann somit festgehalten werden, dass die Höhe des Anfangskapitals im Grunde von Art und Umfang der beantragten Geschäftsbetriebserlaubnis abhängig ist.

**Verlustausgleichsfunktion – Haftungsfunktion**
Zwei Funktionen, die sehr viel deutlicher dem bankenaufsichtsrechtlichen Ziel des Gläubigerschutzes dienen, sind die Haftungsfunktion und die Verlustausgleichsfunktion des Eigenkapitals. Hierbei bezieht sich die Haftungsfunktion des Eigenkapitals auf den Insolvenzfall. Ist ein Kredit- oder Finanzdienstleistungsinstitut in Insolvenz

---

[1] Vgl. WASCHBUSCH, GERD (Bankenaufsicht, 2000), S. 206.
[2] Einlagenkreditinstitute sind gemäß § 1 Abs. 3d Satz 1 KWG solche „Kreditinstitute, die Einlagen oder andere rückzahlbare Gelder des Publikums entgegennehmen und das Kreditgeschäft betreiben".
[3] Wertpapierhandelsbanken sind Kreditinstitute, die keine Einlagenkreditinstitute sind und die Bankgeschäfte i. S. d. § 1 Abs. 1 Satz 2 Nr. 4 oder Nr. 10 KWG (Finanzkommissionsgeschäft, Emissionsgeschäft) betreiben oder Finanzdienstleistungen i. S. d. § 1 Abs. 1a Satz 2 Nr. 1 bis Nr. 4 KWG (Anlagevermittlung, Abschlussvermittlung, Finanzportfolioverwaltung, Eigenhandel) erbringen (§ 1 Abs. 3d Satz 3 KWG).
[4] Vgl. § 2 Abs. 2 SchiffsBankG.
[5] Vgl. § 11 Abs. 1 InvG.

gegangen, so ist die Wahrscheinlichkeit, dass ein Gläubiger dieses Instituts auch ohne Sicherheiten eine befriedigende Insolvenzquote erhält, umso größer, je höher der Anteil des Eigenkapitals am Gesamtkapital ist. Anders ausgedrückt bedeutet dies, dass ein Gläubiger mit einer umso höheren Insolvenzquote rechnen kann, je höher der nicht durch Gläubigeransprüche belastete Anteil des Vermögens am Gesamtvermögen des in Insolvenz gegangenen Instituts ist,[1] je größer also die Relationen Eigenkapital/Gesamtkapital bzw. Eigenkapital/Fremdkapital des Instituts sind.

Damit jeder Gläubiger seine Forderung in voller Höhe zurückerhalten kann, dürfen die Erlöse aus dem vorhandenen und veräußerbaren Vermögen im Zeitpunkt der Liquidation des Kredit- oder Finanzdienstleistungsinstituts nicht geringer als die zu diesem Zeitpunkt bestehenden Verbindlichkeiten sein. Solange also das vorhandene Eigenkapital (hier verstanden als Überschuss des Vermögens über die Verbindlichkeiten) eines Kredit- oder Finanzdienstleistungsinstituts die aus den übernommenen Risiken im Insolvenzfall entstehenden Verluste übersteigt, können alle Anleger davon ausgehen, dass das Restvermögen, das dem Kredit- oder Finanzdienstleistungsinstitut nach Eintritt des Verlustes verbleibt, im Falle einer anschließenden Liquidation des Kredit- oder Finanzdienstleistungsinstituts zur vollständigen Rückzahlung sämtlicher Verbindlichkeiten ausreicht.

Während die Haftungsfunktion des Eigenkapitals auf den Insolvenzfall des Unternehmens abstellt, bezieht sich die Verlustausgleichsfunktion des Eigenkapitals auf den going-concern-Fall, also auf die Weiterführung des Kredit- oder Finanzdienstleistungsinstituts. Hinter dieser Funktion steckt die Überlegung, dass Eigenkapital dazu herangezogen werden kann, um Verluste aus dem laufenden Geschäft (Jahresfehlbeträge bzw. Bilanzverluste) buchmäßig auszugleichen. Somit müssen bei ausreichend hohem Eigenkapital die Gläubiger des Kredit- oder Finanzdienstleistungsinstituts nicht zum Zwecke des Verlustausgleichs herangezogen werden.[2]

**Repräsentationsfunktion – Geschäftsführungsfunktion**
Die Repräsentationsfunktion des Eigenkapitals spielt insbesondere für Kreditinstitute bei der Geschäftsanbahnung mit Neukunden sowie bei der Beurteilung der Bonität durch die Geschäftspartner eine große Rolle. „So wird im internationalen Geschäftsverkehr oft an Hand des Eigenkapitals entschieden, ob einer Bank, mit der bisher keine Geschäftsverbindung bestand, ein bestimmter Auftrag zugeleitet wird"[3]. Im Allgemeinen wird der Beurteilung der Bonität eines Kreditinstituts die Faustformel

---

[1]  Vgl. BIEG, HARTMUT (Bankbetriebslehre, 1992), S. 77.
[2]  Vgl. BIEG, HARTMUT (Bankbetriebslehre, 1992), S. 77–78.
[3]  HAGENMÜLLER, KARL FRIEDRICH/DIEPEN, GERHARD (Bankbetrieb, 1993), S. 81.

„je mehr Eigenkapital, desto besser die Bonität" zugrunde gelegt. So sind Kunden eher bereit, Gelder bei einem Kreditinstitut anzulegen, je höher das Eigenkapital dieses Kreditinstituts ist.[1] Voraussetzung für die Erfüllung der Repräsentationsfunktion des Eigenkapitals ist allerdings, dass die Eigenkapitalgröße offen ausgewiesen wird und dem relevanten Personenkreis bekannt ist.[2]

Das Eigenkapital verkörpert neben der Repräsentationsfunktion auch eine Geschäftsführungsfunktion, da mit der Erbringung des Eigenkapitals eine Einflussnahme auf die Geschäftsführung des Unternehmens verbunden ist. Bei Personengesellschaften besteht eine direkte Einflussnahme der persönlich haftenden Gesellschafter auf die Geschäftsführung. Diese sind nämlich zur Geschäftsführung berechtigt und verpflichtet (§ 114 Abs. 1 HGB). Kommanditisten, die lediglich bis zur Höhe ihrer Einlage haften (§ 171 Abs. 1 HGB), sind nicht zur Geschäftsführung berechtigt (§ 164 Satz 1 Halbsatz 1 HGB).

Bei Kapitalgesellschaften hingegen ist mit der Erbringung des Eigenkapitals lediglich eine indirekte Einflussnahme auf die Geschäftsführung der Gesellschaft verbunden. Bei Kapitalgesellschaften sind die Eigentümer nämlich nicht direkt zur Vertretung berechtigt. Sie können nur indirekt über die Bestellung der Vertreter der Gesellschaft Einfluss auf die Geschäftsführung nehmen. Bei der Aktiengesellschaft geschieht dies indirekt über die Bestellung des Aufsichtsorgans (Aufsichtsrat, § 101 Abs. 1 Satz 1 AktG) durch die Hauptversammlung, welches seinerseits die zur Vertretung der Gesellschaft berechtigten Personen (Vorstandsmitglieder, § 76 Abs. 1 AktG) bestellt (§ 84 Abs. 1 Satz 1 AktG).

Bei der GmbH erfolgt die Bestellung der zur Vertretung der Gesellschaft berechtigten Personen (Geschäftsführer, § 35 Abs. 1 GmbHG) direkt durch die Gesellschafter bzw. durch den Gesellschaftsvertrag (§ 6 Abs. 3 Satz 2 GmbHG).

Auch bei Genossenschaften sind nicht die Eigenkapitalgeber (also die Genossen), sondern der Vorstand zur Vertretung der Genossenschaft berechtigt (§ 24 Abs. 1 GenG). Er wird von der Generalversammlung gewählt, sofern das Statut nichts anderes bestimmt (§ 24 Abs. 2 Satz 1 und 2 GenG). Bei Genossenschaften mit bis zu 1.500 Mitgliedern erfolgt die Wahl direkt, d. h. durch alle Genossen. Besitzt die Genossenschaft mehr als 1.500 Mitglieder, so kann das Statut bestimmen, dass sich

---

[1] Allerdings ist für die Beurteilung der Sicherheit der Einlagen nicht so sehr die absolute Höhe des Eigenkapitals, sondern vielmehr die Eigenkapitalquote, also das Verhältnis Eigenkapital zu Gesamtkapital relevant.
[2] Vgl. REGNERY, PETER (Bankenaufsicht, 1994), S. 83.

die Generalversammlung nicht aus allen Genossen, sondern nur aus von allen Genossen zu wählenden Vertretern (Vertreterversammlung) zusammensetzt (§ 43a Abs. 1 GenG), welche ihrerseits den Vorstand wählen. Insofern ist in diesem Falle nur eine indirekte Einflussnahme auf die Geschäftsführung der Gesellschaft möglich. Eine lediglich indirekte Einflussnahme ergibt sich auch dann, wenn das Statut eine andere Art der Bestellung des Vorstands (§ 24 Abs. 2 Satz 2 GenG), bspw. durch den von der Generalversammlung bzw. Vertreterversammlung zu wählenden Aufsichtsrat (§ 36 Abs. 1 Satz 1 GenG), vorsieht.

**Finanzierungsfunktion**
Während bereits durch den auf der Repräsentationsfunktion des Eigenkapitals basierenden erhöhten Fremdmittelzufluss ein gewisser Finanzierungseffekt erzielt werden kann, ist die eigentliche Finanzierungsfunktion des Eigenkapitals in der möglichst langfristigen Bereitstellung von Risikokapital zu sehen. Werden die Größenverhältnisse in die Betrachtung miteinbezogen, so spielt die Finanzierungsfunktion des Eigenkapitals im deutschen Kreditgewerbe aber eine eher untergeordnete Rolle, wenn man berücksichtigt, dass das über sämtliche Banken (MFI) in Deutschland gerechnete Verhältnis von Eigenkapital (gezeichnetes Kapital einschließlich offener Rücklagen, Genussrechtskapital und Fonds für allgemeine Bankrisiken) zu Bilanzsumme zum Ende des Jahres 2001 durchschnittlich lediglich 4,316 % (= 275,619 Mrd. EUR ÷ 6.386,110 Mrd. EUR) betrug.[1] Zu erwähnen bleibt noch, dass das Eigenkapital, damit es die Finanzierungsfunktion überhaupt erst erfüllen kann, auch eingezahlt sein muss.[2]

**Dauerhaftigkeit der Kapitalbereitstellung**
Im Rahmen des bankenaufsichtsrechtlichen Ziels des Gläubigerschutzes hat die Dauerhaftigkeit der Kapitalbereitstellung aus zwei Gründen Bedeutung. Erstens kann nicht mit Sicherheit gesagt werden, zu welchem Zeitpunkt einem Kredit- oder Finanzdienstleistungsinstitut Verluste entstehen und das Eigenkapital wegen seiner Verlustausgleichsfunktion bzw. Haftungsfunktion benötigt wird. Insofern ist es wichtig, dass das Eigenkapital dem Kredit- oder Finanzdienstleistungsinstitut dauerhaft, d. h. bis zur Erfüllung der Verlustausgleichs- bzw. Haftungsfunktion zur Verfügung steht. Zweitens ist zu beachten, dass es zur Erfüllung von Verlustausgleichs- bzw. Haftungsfunktion nicht möglich sein darf, dass die Eigenkapitalgeber im Falle einer drohenden Insolvenz des Kredit- oder Finanzdienstleistungsinstituts ihre Mittel vorzeitig abziehen und sich somit aus der Verantwortung ziehen. Während sich der

---

[1] Vgl. DEUTSCHE BUNDESBANK (Bankenstatistik, 2002), S. 9.
[2] Dieses Prinzip der effektiven Kapitalaufbringung findet auch im Rahmen der Ermittlung der Eigenmittelausstattung der Institute in § 10 KWG Anwendung (§ 10 Abs. 1d Satz 2 KWG).

erste Grund auf die Ursprungslaufzeit des Eigenkapitals bezieht, stellt der zweite Grund auf die Kündigungsfristen – oder genauer – auf die Mindest-Restlaufzeit der Eigenmittel ab.[1]

Der Begriff der Dauerhaftigkeit kann dahingehend interpretiert werden, dass das Eigenkapital dem Kredit- oder Finanzdienstleistungsinstitut während der gesamten Tätigkeitsdauer zur Verfügung stehen muss. Wird davon ausgegangen, dass der Geschäftsbetrieb nicht nur befristet ausgeübt werden soll, so ist Eigenkapital dann dauerhaft, wenn es nicht zurückgezahlt werden muss, dem Kredit- oder Finanzdienstleistungsinstitut sozusagen „ewig" zur Verfügung steht.

Es lässt sich aber auch die Auffassung vertreten, dass Eigenkapital dann dauerhaft zur Verfügung steht, wenn das Kredit- oder Finanzdienstleistungsinstitut im Falle der Rückzahlung der Eigenmittel für einen gleichwertigen Ersatz sorgt. Gelänge dies dem Kredit- oder Finanzdienstleistungsinstitut, so wäre eine Mindesthöhe der Eigenmittel bis zu ihrer Inanspruchnahme durch Verluste ebenso gewährleistet, wie im Falle der ewigen Zur-Verfügung-Stellung durch die Eigenkapitalgeber. Allerdings ist es ziemlich ungewiss, ob die Anschlussfinanzierung auch tatsächlich immer durchgeführt werden kann. Das Kredit- oder Finanzdienstleistungsinstitut wird umso größere Schwierigkeiten haben, eine Anschlussfinanzierung zu erhalten, je niedriger seine Bonität ist. Aus diesem Grunde sollten Finanzierungsmittel dann nicht mehr als (haftendes) Eigenkapital anerkannt werden, wenn sie aufgrund von Fälligkeit oder Kündigung der Mittel dem Kredit- oder Finanzdienstleistungsinstitut nur noch eine bestimmte Zeit zur Verfügung stehen.

Wie lange die Eigenmittel dem Kredit- oder Finanzdienstleistungsinstitut mindestens noch zur Verfügung stehen müssen, wie groß also ihre Mindest-Restlaufzeit sein muss, damit sie die Funktion der Dauerhaftigkeit der Kapitalbereitstellung erfüllen, kann pauschal nicht gesagt werden. Dieser Zeitraum ist von der wirtschaftlichen und finanziellen Lage des Kredit- oder Finanzdienstleistungsinstituts abhängig, die sich in seiner Fähigkeit niederschlägt, eine Ersatzmittelbeschaffung durchführen zu können. Aus Gründen der Operationalität hat der Gesetzgeber jedoch in § 10 KWG, auf den im nächsten Gliederungspunkt näher eingegangen wird, bei bestimmten Eigenkapitalelementen einen für alle Kredit- und Finanzdienstleistungsinstitute einheitlichen Zeitraum vorgegeben.

---

[1] Eine Eigenkapitalrückzahlung ist – unter Einhaltung bestimmter Kündigungsfristen – bei Genossenschaften möglich (vgl. §§ 65 und 73 GenG).

**Aufgabe 1.2: Statische und dynamische Eigenmittelkomponenten**

Erläutern Sie das „Prinzip der effektiven Kapitalaufbringung" sowie die Dynamisierung der Eigenmittelkomponenten.

**Lösung**

Ursprünglich richtete sich die Berechnung der Eigenkapitalbestandteile nach dem Grundsatz, dass der für das Ende des letzten Geschäftsjahres festgestellte Jahresabschluss als Bemessungsgrundlage zu dienen habe. Im Zuge der 5. KWG-Novelle wurde jedoch durch die so genannte „Herabsetzungsautomatik"[1] bereits eine unterjährige Anpassung bestimmter Komponenten des haftenden Eigenkapitals eingeführt. Allerdings beschränkte sich die unterjährige Anpassung auf einige ausgewählte Bestandteile des haftenden Eigenkapitals.[2] Auch erfolgte die Anpassung nur „nach unten", d. h. sobald die Voraussetzungen für die Anerkennung der Komponenten entfallen waren, erfolgte eine Herabsetzung des haftenden Eigenkapitals in entsprechender Höhe. Eine unterjährige Erhöhung des haftenden Eigenkapitals war unter bestimmten Voraussetzungen lediglich durch Erstellung geprüfter Zwischenabschlüsse möglich.[3]

Durch die Umsetzung der 6. KWG-Novelle erfolgte dann eine weitgehende Dynamisierung der Eigenmittel. So dürfen gemäß dem in § 10 Abs. 1d Satz 2 KWG verankerten Prinzip der effektiven Kapitalaufbringung die dem Kredit- oder Finanzdienstleistungsinstitut „von Dritten zur Verfügung gestellten Eigenmittel ... nur berücksichtigt werden, wenn sie dem Institut tatsächlich zugeflossen sind". Diese Regelung stellt sicher, dass die Eigenmittel ihre Finanzierungsfunktion (siehe hierzu Aufgabe 1.1) erfüllen können. Sobald Eigenmittel wieder abfließen, erfolgt in entsprechendem Umfang eine Verminderung der bisherigen Höhe der Eigenmittel.

Eigenmittelkomponenten, deren Höhe nur im Rahmen des Jahresabschlusses ermittelt wird, sind nach wie vor statischer Natur, d. h. eine veränderte Einbeziehung dieser Komponenten kann nur auf der Grundlage eines geprüften und festgestellten Jahresabschlusses erfolgen. Als statische Eigenmittelbestandteile sind anzusehen:[4]

Kernkapitalelemente:
– bestimmte Rücklagen (Gewinn- bzw. Ergebnisrücklagen),

---

[1] Als „Herabsetzungsautomatik" wird die Regelung in § 10 Abs. 7 Satz 8 KWG i. d. F. vom 22.1.1996 bezeichnet.
[2] Bei diesen Bestandteilen handelte es sich um stille Vermögenseinlagen, Genussrechtskapital sowie nachrangige Verbindlichkeiten.
[3] Vgl. § 10 Abs. 7 KWG i. d. F. vom 22.1.1996.
[4] Vgl. hierzu auch Aufgabe 1.4. Alle anderen Eigenmittelkomponenten sind dynamischer Natur.

- Sonderposten für allgemeine Bankrisiken nach § 340g HGB,
- Zwischengewinne/-verluste,
- Bilanzgewinn/-verlust,
- zwischen Zweigstelle im Inland und Hauptstelle im Ausland bestehender aktiver Verrechnungssaldo gemäß § 53 Abs. 2 Nr. 4 KWG (gilt nur für Zweigstellen von Unternehmen mit Sitz im Ausland).

Ergänzungskapitalelemente:
- Vorsorgereserven nach § 340f HGB,
- Rücklagen nach § 6b EStG,
- nicht realisierte Reserven i. S. d. § 10 Abs. 2b Nr. 6 und Nr. 7 KWG.

In diesem Zusammenhang kommt den Rücklagen eine Zwitterstellung zu, d. h., es lassen sich Rücklagen mit statischem und Rücklagen mit dynamischem Eigenmittelcharakter unterscheiden.

Gemäß § 10 Abs. 3a Satz 1 KWG gelten als dem Kernkapital zuzurechnende Rücklagen „nur die in der letzten für den Schluss eines Geschäftsjahres festgestellten Bilanz als Rücklagen ausgewiesenen Beträge mit Ausnahme solcher Passivposten, die erst bei ihrer Auflösung zu versteuern sind". Als Rücklagen ausgewiesene Beträge, die aus Erträgen gebildet worden sind, auf die erst bei Eintritt eines (ungewissen) zukünftigen Ereignisses Steuern zu entrichten sind, können nur mit einem Abschlag in Höhe von 55 % als Kernkapital und damit als haftendes Eigenkapital berücksichtigt werden.[1] Ebenfalls nur beschränkt anrechenbare Rücklagen stellen die zum Ergänzungskapital zählenden Rücklagen nach § 6b EStG dar, die in Höhe von 45 % angerechnet werden können, soweit diese Rücklagen durch die Einstellung von Gewinnen aus der Veräußerung von Grundstücken, grundstücksgleichen Rechten und Gebäuden entstanden sind (§ 10 Abs. 2b Satz 1 Nr. 3 KWG).

Da die Einbeziehung dieser Rücklagenformen somit auf dem bilanziellen Ausweis beruht, handelt es sich bei ihnen um statische Eigenmittelpositionen. Im Gegensatz dazu können Rücklagen, die aufgrund eines bei der Emission von Anteilen erzielten Aufgeldes (z. B. Agio) oder anderweitig durch den Zufluss externer Mittel gebildet werden, bereits vom Zeitpunkt des Zuflusses an berücksichtigt werden (§ 10 Abs. 3a Satz 3 KWG). Bei diesen Rücklagen handelt es sich folglich um dynamische Eigenmittelbestandteile.

---

[1] Vgl. § 10 Abs. 3a Satz 2 KWG; ferner BUNDESREGIERUNG (6. KWG-Novelle, 1997), S. 78.

Neben den dynamischen und statischen Eigenmitteln sieht § 10 Abs. 3b KWG noch Korrekturposten vor, deren Festsetzung durch die BaFin erfolgt. Mit Hilfe dieser Korrekturposten ist es der BaFin möglich, auch unterjährige Abnahmen bei den statischen Komponenten des haftenden Eigenkapitals zu berücksichtigen. So können insbesondere noch nicht bilanzwirksam gewordene materielle Verluste eines Kredit- oder Finanzdienstleistungsinstituts, aber auch unterjährige Verminderungen der dem Ergänzungskapital zugeordneten nicht realisierten Reserven aufgrund zwischenzeitlich erfolgter Kurseinbrüche bereits vor der Feststellung des nächsten Jahresabschlusses Berücksichtigung finden.[1] Da im Rahmen der Feststellung des neuen Jahresabschlusses die Höhe der statischen Eigenmittelkomponenten wieder der Realität angepasst wird, hat ein eventuell festgesetzter Korrekturposten nur bis zu diesem Zeitpunkt Bestand.[2]

**Aufgabe 1.3: Überblick über die Struktur der Eigenmittel eines Instituts**
Geben Sie einen kurzen Überblick über die Struktur der Eigenmittel eines Instituts.

**Lösung**
Das KWG verwendet überwiegend den Begriff „Eigenmittel". Dabei handelt es sich um einen vom Gesetzgeber speziell für bankenaufsichtsrechtliche Zwecke geschaffenen Begriff, mit dessen Hilfe eine kontrollierbare Ermittlung des Verlustausgleichspotenzials eines Instituts sichergestellt werden soll.[3]

Die gemäß § 10 KWG zu berechnenden Eigenmittel teilen sich in die zwei Komponenten haftendes Eigenkapital und Drittrangmittel, wobei das haftende Eigenkapital durch das Kernkapital, das Ergänzungskapital sowie bestimmte allgemeine Abzugspositionen bestimmt wird. Beim Ergänzungskapital wird nochmals zwischen Ergänzungskapital erster Klasse und zweiter Klasse differenziert (vgl. Abbildung 1).

Das Kernkapital zeichnet sich dadurch aus, dass es dem Kredit- oder Finanzdienstleistungsinstitut sofort und uneingeschränkt für die Risiko- oder Verlustdeckung zur Verfügung steht, sobald sich die betreffenden Risiken oder Verluste ergeben. Im Gegensatz zum Kernkapital handelt es sich beim Ergänzungskapital um Eigenmittel geringerer Qualität. Diese geringere Qualität äußert sich darin, dass die Eigenmittel entweder nicht in der Bilanz ausgewiesen werden oder dem Kredit- oder Finanzdienstleistungsinstitut nur begrenzt dauerhaft zur Verfügung stehen oder lediglich

---

[1] Vgl. WASCHBUSCH, GERD (Bankenaufsicht, 2000), S. 198–199.
[2] Vgl. § 10 Abs. 3b Satz 2 KWG.
[3] Vgl. SZAGUNN, VOLKHARD/HAUG, ULRICH/ERGENZINGER, WILHELM (Gesetz, 1997), S. 210.

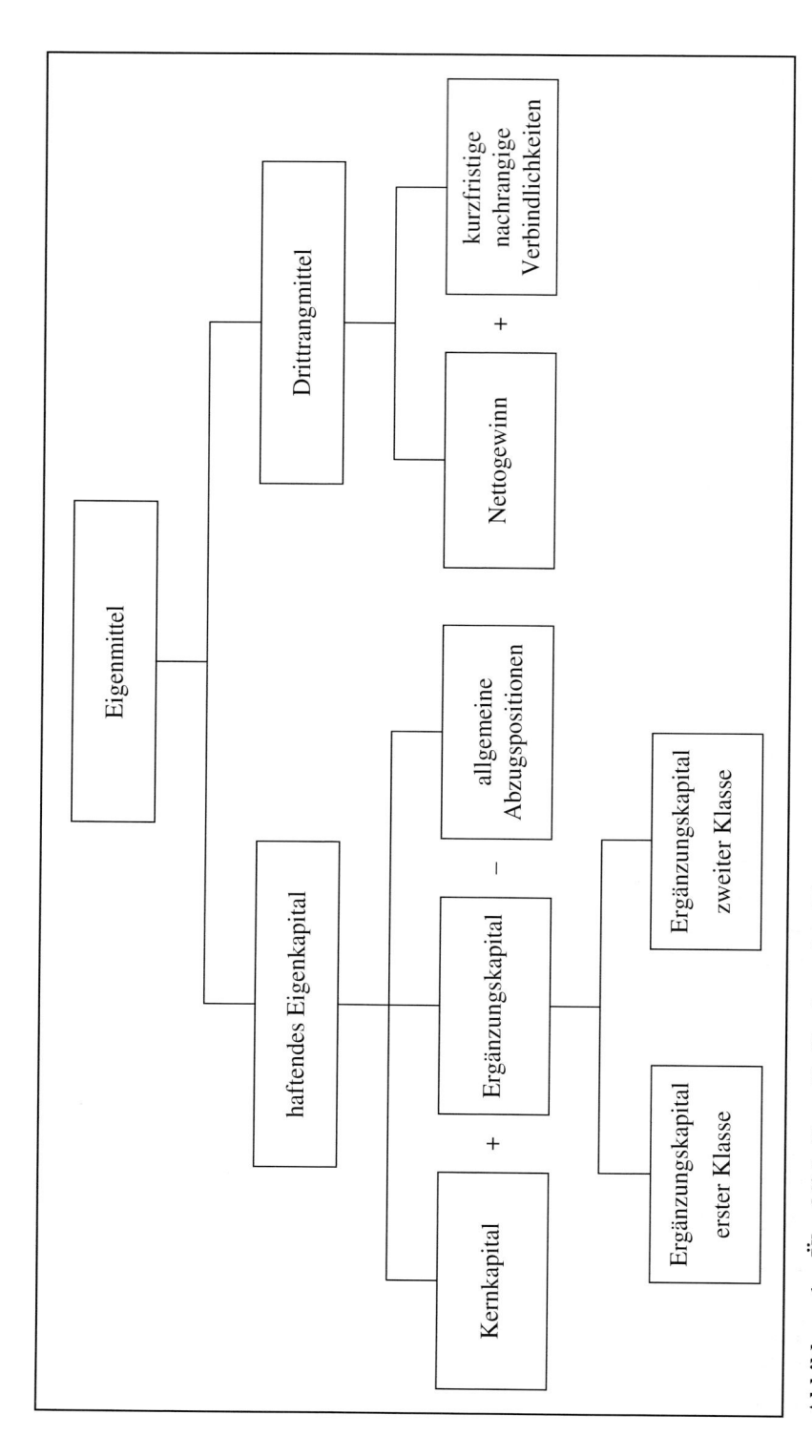

**Abbildung 1: Überblick über die Struktur der Eigenmittel eines Instituts**

Eigenmittel
├── haftendes Eigenkapital
│   ├── Kernkapital
│   + Ergänzungskapital
│   │   ├── Ergänzungskapital erster Klasse
│   │   └── Ergänzungskapital zweiter Klasse
│   − allgemeine Abzugspositionen
└── Drittrangmittel
    ├── Nettogewinn
    + kurzfristige nachrangige Verbindlichkeiten

## 1.1 Grundlagen

nachrangig haften.[1] Die Drittrangmittel bestehen aus dem Nettogewinn sowie kurzfristigen nachrangigen Verbindlichkeiten. Sie sind aufgrund ihrer Kurzfristigkeit[2] von noch geringerer Qualität als das Ergänzungskapital und werden daher in Bezug auf Umfang und Verwendungszweck stark eingeschränkt.

In § 10 Abs. 2 bis 7 KWG wird abschließend aufgezählt, was als Eigenmittel bei Kredit- und Finanzdienstleistungsinstituten anzusehen ist, d. h., hier erfolgt eine Definition der Eigenmittel der Kredit- und Finanzdienstleistungsinstitute, welche im Rahmen der Bankenaufsicht anerkannt werden. Dabei werden rechtsformspezifische und rechtsformübergreifende Eigenkapitalbestandteile[3] unterschieden. § 10 KWG enthält darüber hinaus in den Absätzen 1 sowie 8 bis 10 ergänzende organisatorische Vorschriften.

**Aufgabe 1.4: Struktur der Eigenmittel eines Instituts**
Aus welchen Komponenten setzen sich die Eigenmittel von Kredit- und Finanzdienstleistungsinstituten gemäß § 10 KWG zusammen? Zeigen Sie dabei, in welchem Umfang Abzüge vorzunehmen sind, und nennen Sie jeweils auch die Rechtsgrundlage.

**Lösung zu Aufgabe 1.4: siehe S. 12–18.**

**Aufgabe 1.5: Rechtsformspezifische Struktur der Eigenmittel eines Instituts**
Differenzieren Sie die Eigenmittelkomponenten nach rechtsformabhängigen und rechtsformunabhängigen Eigenmittelelementen. Zeigen Sie dabei auch, von welchen Rechtsformen die jeweiligen Eigenmittelkomponenten genutzt werden können.

**Lösung zu Aufgabe 1.5: siehe S. 19–26.**

---

[1] Vgl. SCHARPF, PAUL (Solvabilitätskoeffizient, 1993), S. 94.
[2] Bei den Nettogewinnen handelt es sich um reine Buchgewinne, die sich in kurzer Zeit verflüchtigen können. Bei den kurzfristigen nachrangigen Verbindlichkeiten ist eine Mindestrestlaufzeit – anders als bei den in das Ergänzungskapital zweiter Klasse einzubeziehenden längerfristigen nachrangigen Verbindlichkeiten – keine Voraussetzung für deren Anerkennung.
[3] Zu den rechtsformübergreifenden Eigenkapitalbestandteilen zählen die Genussrechtsverbindlichkeiten, unter bestimmten Bedingungen auch die Zwischengewinne, ferner die Vorsorgereserven nach § 340f HGB, die Beträge des Sonderpostens für allgemeine Bankrisiken nach § 340g HGB, die nicht realisierten Reserven in bestimmten Vermögenswerten, die Rücklagen nach § 6b EStG, die Vermögenseinlagen stiller Gesellschafter, die kurzfristigen und längerfristigen nachrangigen Verbindlichkeiten sowie der Nettogewinn.

## Lösung zu Aufgabe 1.4

| Nr. | | Eigenmittelkomponente | Rechtsgrundlage |
|---|---|---|---|
| 1 | | **A. Haftendes Eigenkapital** | |
| 2 | | **I. Kernkapital (Erstrangmittel)** | |
| 3 | | eingezahltes Kapital * (Geschäfts-, Grund-, Stamm- oder Dotationskapital, die Geschäftsguthaben sowie die Vermögenseinlagen der persönlich haftenden Gesellschafter einer KGaA, die nicht auf das Grundkapital geleistet worden sind) | § 10 Abs. 2a Satz 1 Nr. 1 bis Nr. 6 KWG |
| 4 | + | offene Rücklagen (*) | § 10 Abs. 2a Satz 1 Nr. 1 bis Nr. 6 KWG i. V. m. § 10 Abs. 3a KWG |
| 5 | + | Sonderposten für allgemeine Bankrisiken nach § 340g HGB | § 10 Abs. 2a Satz 1 Nr. 7 KWG |
| 6 | + | Vermögenseinlagen stiller Gesellschafter * | § 10 Abs. 2a Satz 1 Nr. 8 KWG |
| 7 | + | nachgewiesenes freies Vermögen des Inhabers oder der persönlich haftenden Gesellschafter eines Kreditinstituts, soweit es von der BaFin als Kernkapital anerkannt worden ist* | § 64e Abs. 5 KWG |
| 8 | + | Bilanzgewinn, soweit seine Zuweisung zum Geschäftskapital, zu den Rücklagen oder den Geschäftsguthaben beschlossen ist | § 10 Abs. 2a Satz 1 Nr. 9 KWG |
| 9 | + | Zwischengewinne | § 10 Abs. 3 Satz 1 KWG |
| 10 | | **Abzugsposten vom Kernkapital** | |
| 11 | ./. | Bilanzverlust | § 10 Abs. 2a Satz 2 Nr. 1 KWG |
| 12 | ./. | immaterielle Vermögensgegenstände * | § 10 Abs. 2a Satz 2 Nr. 2 KWG |
| 13 | ./. | Korrekturposten gemäß § 10 Abs. 3b KWG * | § 10 Abs. 2a Satz 2 Nr. 3 KWG |

## 1.1 Grundlagen

| Nr. | | Eigenmittelkomponente | Rechtsgrundlage |
|---|---|---|---|
| 14 | ./. | Entnahmen des Inhabers oder der persönlich haftenden Gesellschafter * | § 10 Abs. 2a Satz 1 Nr. 1 und Nr. 2 KWG |
| 15 | ./. | Kredite an den Inhaber oder an persönlich haftende Gesellschafter * | § 10 Abs. 2a Satz 1 Nr. 1 und Nr. 2 KWG |
| 16 | ./. | Schuldenüberhang beim freien Vermögen des Inhabers * | § 10 Abs. 2a Satz 1 Nr. 1 KWG |
| 17 | ./. | Buchwert des Bestandes an eigenen Aktien oder Geschäftsanteilen (ohne kumulative Vorzugsaktien) * | Folge des Prinzips der effektiven Kapitalaufbringung (§ 10 Abs. 1d Satz 2 KWG) |
| 18 | ./. | Nennwert der kumulativen Vorzugsaktien * | § 10 Abs. 2a Satz 1 Nr. 2 KWG |
| 19 | ./. | Geschäftsguthaben ausscheidender Genossen einschließlich der diesen zustehenden Anteile an der Ergebnisrücklage nach § 73 Abs. 3 GenG * | § 10 Abs. 2a Satz 1 Nr. 3 KWG |
| 20 | ./. | Kredite an einen Kommanditisten, GmbH-Gesellschafter, Aktionär, Kommanditaktionär oder Anteilseigner eines öffentlich-rechtlichen Instituts, dem mehr als 25 % des Kapitals (Nennkapital, Summe der Kapitalanteile) des Instituts gehören oder dem mehr als 25 % der Stimmrechte zustehen, wenn die Kredite zu nicht marktmäßigen Bedingungen gewährt werden *oder* soweit sie nicht banküblich gesichert sind * | § 10 Abs. 2a Satz 2 Nr. 4 KWG |
| 21 | ./. | Kredite an stille Gesellschafter i. S. d. § 10 Abs. 4 KWG, deren Vermögenseinlage mehr als 25 % des Kernkapitals ohne Berücksichtigung der Vermögenseinlagen stiller Gesellschafter beträgt, wenn die Kredite zu nicht marktmäßigen Bedingungen gewährt werden *oder* soweit sie nicht banküblich gesichert sind * | § 10 Abs. 2a Satz 2 Nr. 5 KWG |
| 22 | ./. | Zwischenbilanzverluste | § 10 Abs. 3 Satz 2 KWG |
| 23 | ./. | zwischen Zweigstelle im Inland und Hauptstelle im Ausland bestehender aktiver Verrechnungssaldo (gilt nur für Zweigstellen von bestimmten Unternehmen mit Sitz im Ausland) | § 53 Abs. 2 Nr. 4 KWG i. V. m. § 53 Abs. 1 Satz 1 und 2 KWG |
| 24 | | **Summe des Kernkapitals (A.I.)** | |

| Nr. | Eigenmittelkomponente | Rechtsgrundlage |
|---|---|---|
| 25 | **II. Ergänzungskapital (Zweitrangmittel)** | |
| 26 | **1. Ergänzungskapital erster Klasse** | |
| 27 | Vorsorgereserven nach § 340f HGB | § 10 Abs. 2b Satz 1 Nr. 1 KWG |
| 28 | + Nennwert der kumulativen Vorzugsaktien * | § 10 Abs. 2b Satz 1 Nr. 2 KWG |
| 29 | ./. Buchwert des Bestandes an eigenen kumulativen Vorzugsaktien * | Folge des Prinzips der effektiven Kapitalaufbringung (§ 10 Abs. 1d Satz 2 KWG) |
| 30 | + 45 % der Rücklagen nach § 6b EStG, soweit diese Rücklagen durch die Einstellung von Gewinnen aus der Veräußerung von Grundstücken, grundstücksgleichen Rechten und Gebäuden entstanden sind | § 10 Abs. 2b Satz 1 Nr. 3 KWG |
| 31 | + Genussrechtsverbindlichkeiten * | § 10 Abs. 2b Satz 1 Nr. 4 KWG |
| 32 | ./. Buchwert der in Wertpapieren verbrieften eigenen Genussrechte, die im Rahmen der Marktpflege erworben wurden * | Folge des Prinzips der effektiven Kapitalaufbringung (§ 10 Abs. 1d Satz 2 KWG) |
| 33 | + die im Anhang des letzten festgestellten Jahresabschlusses ausgewiesenen nicht realisierten Reserven bei Grundstücken, grundstücksgleichen Rechten und Gebäuden in Höhe von 45 % des Unterschiedsbetrags zwischen dem Buchwert und dem Beleihungswert | § 10 Abs. 2b Satz 1 Nr. 6 KWG |
| 34 | + die im Anhang des letzten festgestellten Jahresabschlusses ausgewiesenen nicht realisierten Reserven bei folgenden Anlagebuchpositionen: | § 10 Abs. 2b Satz 1 Nr. 7 KWG |
| 35 | – bei Wertpapieren, die an einer Wertpapierbörse zum Handel zugelassen sind, in Höhe von 35 % des Unterschiedsbetrags zwischen dem Buchwert zuzüglich Vorsorgereserven und dem Kurswert | § 10 Abs. 2b Satz 1 Nr. 7 Buchstabe a KWG |

| Nr. | Eigenmittelkomponente | Rechtsgrundlage |
|---|---|---|
| 36 | – bei nicht notierten Wertpapieren, die Anteile an zum Verbund der Kreditgenossenschaften oder der Sparkassen gehörenden Kapitalgesellschaften mit einer Bilanzsumme von mindestens 20 Mio. DM verbriefen, in Höhe von 35 % des Unterschiedsbetrags zwischen dem Buchwert zuzüglich Vorsorgereserven und dem Wert, der nach § 11 Abs. 2 Satz 2 BewG festzustellen ist | § 10 Abs. 2b Satz 1 Nr. 7 Buchstabe b KWG |
| 37 | – bei Investmentfondsanteilen in Höhe von 35 % des Unterschiedsbetrags zwischen dem Buchwert zuzüglich Vorsorgereserven und dem veröffentlichten Rücknahmepreis | § 10 Abs. 2b Satz 1 Nr. 7 Buchstabe c KWG |
| 38 | **Zwischensumme „nicht realisierte Reserven"** | |
| 39 | **Obergrenze für Zwischensumme „nicht realisierte Reserven"**: maximal 1,4 % der risikogewichteten Aktiva gemäß Grundsatz I, sofern das Kernkapital mindestens 4,4 % dieser risikogewichteten Aktiva ausmacht | § 10 Abs. 4a Satz 1 KWG |
| 40 | **Zwischensumme „Ergänzungskapital erster Klasse"** | |
| 41 | **2. Ergänzungskapital zweiter Klasse** | |
| 42 | längerfristige nachrangige Verbindlichkeiten * | § 10 Abs. 2b Satz 1 Nr. 5 KWG |
| 43 | ./. Buchwert der in Wertpapieren verbrieften eigenen längerfristigen nachrangigen Verbindlichkeiten, die im Rahmen der Marktpflege erworben wurden * | Folge des Prinzips der effektiven Kapitalaufbringung (§ 10 Abs. 1d Satz 2 KWG) |
| 44 | + Haftsummenzuschlag bei eingetragenen Genossenschaften * | § 10 Abs. 2b Satz 1 Nr. 8 KWG |
| 45 | **Zwischensumme „Ergänzungskapital zweiter Klasse"** | |

| Nr. | Eigenmittelkomponente | Rechtsgrundlage |
|---|---|---|
| 46 | **Obergrenze für Zwischensumme „Ergänzungskapital zweiter Klasse":** maximal 50 % der Summe des Kernkapitals | § 10 Abs. 2b Satz 3 KWG |
| 47 | ./. Korrekturposten gemäß § 10 Abs. 3b KWG * | § 10 Abs. 2b Satz 1 KWG |
| 48 | **Summe des Ergänzungskapitals insgesamt (Ergänzungskapital brutto)** | |
| 49 | **Obergrenze für Ergänzungskapital insgesamt (A.II.):** maximal 100 % der Summe des Kernkapitals (Ergänzungskapital netto) | § 10 Abs. 2b Satz 2 KWG |
| 50 | **III. Allgemeine Abzugsposten vom Kern- und Ergänzungskapital** | |
| 51 | **Erste Gruppe:** | |
| 52 | Buchwert der Beteiligungen an Kreditinstituten (ausgenommen Kapitalanlagegesellschaften), Finanzdienstleistungsinstituten und Finanzunternehmen in Höhe von mehr als 10 % des Kapitals dieser Unternehmen * | § 10 Abs. 6 Satz 1 Nr. 1 KWG |
| 53 | + Buchwert der Forderungen aus längerfristigen nachrangigen Verbindlichkeiten an, aus Genussrechten an und aus Vermögenseinlagen als stiller Gesellschafter bei Kreditinstituten (ausgenommen Kapitalanlagegesellschaften), Finanzdienstleistungsinstituten und Finanzunternehmen, an denen das Kredit- oder Finanzdienstleistungsinstitut zu mehr als 10 % beteiligt ist * | § 10 Abs. 6 Satz 1 Nr. 2 bis 4 KWG |
| 54 | **Zwischensumme der Abzüge der ersten Gruppe** | |
| 55 | **Zweite Gruppe:** | |
| 56 | Buchwert der Beteiligungen an Kreditinstituten (ausgenommen Kapitalanlagegesellschaften), Finanzdienstleistungsinstituten und Finanzunternehmen in Höhe von höchstens 10 % des Kapitals dieser Unternehmen * | § 10 Abs. 6 Satz 1 Nr. 5 Buchstabe a KWG |

## 1.1 Grundlagen

| Nr. | | Eigenmittelkomponente | Rechtsgrundlage |
|---|---|---|---|
| 57 | + | Buchwert der Forderungen aus längerfristigen nachrangigen Verbindlichkeiten an, aus Genussrechten an und aus Vermögenseinlagen als stiller Gesellschafter bei Kreditinstituten (ausgenommen Kapitalanlagegesellschaften), Finanzdienstleistungsinstituten und Finanzunternehmen, an denen das Kredit- oder Finanzdienstleistungsinstitut nicht *oder* nur in Höhe von höchstens 10 % des Kapitals dieser Unternehmen beteiligt ist,* | § 10 Abs. 6 Satz 1 Nr. 5 Buchstabe b bis Buchstabe d KWG |
| 58 | ./. | 10 % der Summe aus A.I. und A.II. (Freibetrag) | § 10 Abs. 6 Satz 1 Nr. 5 KWG |
| 59 | | **Zwischensumme der Abzüge der zweiten Gruppe (nur Beträge größer/gleich Null)** | |
| 60 | | **Summe der allgemeinen Abzugsposten vom Kern- und Ergänzungskapital (A.III.)** | |
| 61 | | **Summe von A. (= haftendes Eigenkapital)** | |
| 62 | | **B. Drittrangmittel** | |
| 63 | I. | Nettogewinn * | § 10 Abs. 2c Satz 1 Nr. 1 KWG |
| 64 | II. | kurzfristige nachrangige Verbindlichkeiten * | § 10 Abs. 2c Satz 1 Nr. 2 KWG |
| 65 | ./. | Buchwert der in Wertpapieren verbrieften eigenen kurzfristigen nachrangigen Verbindlichkeiten, die im Rahmen der Marktpflege erworben wurden * | Folge des Prinzips der effektiven Kapitalaufbringung (§ 10 Abs. 1d Satz 2 KWG) |
| 66 | + | Kappungsbetrag des Ergänzungskapitals zweiter Klasse * (= Nr. 45 – Nr. 46) | § 10 Abs. 2c Satz 3 KWG i. V. m. § 10 Abs. 2b Satz 3 KWG |
| 67 | + | Kappungsbetrag des Ergänzungskapitals insgesamt * (= Nr. 48 – Nr. 49) | § 10 Abs. 2c Satz 3 KWG i. V. m. § 10 Abs. 2b Satz 2 KWG |
| 68 | | **Zwischensumme Drittrangmittel** | |

| Nr. | Eigenmittelkomponente | Rechtsgrundlage |
|---|---|---|
| 69 | Obergrenze für Zwischensumme Drittrangmittel: maximal die Differenz zwischen 250 % des freien Kernkapitals und 100 % des freien Ergänzungskapitals (nur Beträge größer/gleich Null) | § 10 Abs. 2c Satz 2 KWG |
| 70 | **Summe von B. (= Drittrangmittel)** | |
| 71 | **Summe von A. und B. (= Eigenmittelausstattung)** | |
| | Bei den mit einem „*" gekennzeichneten Positionen handelt es sich um dynamische Eigenmittelbestandteile. | |

**Abbildung 2: Die Ermittlung der Eigenmittelausstattung eines Instituts gemäß § 10 Abs. 1 bis 7 KWG**[1]

---

[1] Modifiziert entnommen aus WASCHBUSCH, GERD (Bankenaufsicht, 2000), S. 190–202.

## 1.1 Grundlagen

## Lösung zu Aufgabe 1.5

| Rechtsform<br>Eigenmittelbestandteile | Einzelkaufmann | OHG | KG | AG | KGaA | GmbH | eingetragene Genossenschaft | Kreditinstitute des öffentlichen Rechts * | Kreditinstitute in einer anderen Rechtsform |
|---|---|---|---|---|---|---|---|---|---|
| eingezahltes Kapital § 10 Abs. 2a Satz 1 Nr. 1 bis Nr. 6 KWG | eingezahltes Kapital des Inhabers<br>– Entnahmen des Inhabers<br>– dem Inhaber gewährte Kredite<br>– Schuldenüberhang beim freien Vermögen des Inhabers | eingezahltes Kapital der persönlich haftenden Gesellschafter<br>– Entnahmen der persönlich haftenden Gesellschafter<br>– den persönlich haftenden Gesellschaftern gewährte Kredite | eingezahltes Kapital der persönlich haftenden Gesellschafter und der Kommanditisten<br>– Entnahmen der persönlich haftenden Gesellschafter<br>– den persönlich haftenden Gesellschaftern gewährte Kredite | eingezahltes Grundkapital<br>– Bestand der eigenen Aktien (Buchwert)<br>– Nennwert kumulativer Vorzugsaktien | eingezahltes Grundkapital einschließlich Vermögenseinlagen der Komplementäre, die nicht auf das Grundkapital geleistet wurden<br>– Entnahmen der persönlich haftenden Gesellschafter<br>– den persönlich haftenden Gesellschaftern gewährte Kredite<br>– Bestand der eigenen Aktien (Buchwert)<br>– Nennwert kumulativer Vorzugsaktien | eingezahltes Stammkapital<br>– Bestand der eigenen Geschäftsanteile (Buchwert) | eingezahlte Geschäftsguthaben der Genossen<br>– Geschäftsguthaben der Genossen, die zum Schluss des Geschäftsjahres ausscheiden | Dotationskapital, falls vorhanden (obwohl im Gesetz nicht ausdrücklich erwähnt) | eingezahltes Kapital |

| Rechtsform<br>Eigenmittelbe-standteile | Einzelkauf-mann | OHG | KG | AG | KGaA | GmbH | eingetragene Genossenschaft | Kreditinstitute des öffentlichen Rechts * | Kreditinstitute in einer anderen Rechtsform |
|---|---|---|---|---|---|---|---|---|---|
| + offene Rücklagen § 10 Abs. 2 Satz 1 Nr. 1 bis Nr. 6 sowie Absatz 3a KWG | | | + offene Rücklagen, sofern versteuert | | | | + offene Rücklagen, sofern versteuert<br>− Ansprüche der ausscheidenden Genossen auf die Auszahlung eines Anteils an der bilanziell gesondert ausgewiesenen Ergebnisrücklage der Genossenschaft nach § 73 Abs. 3 GenG | + offene Rücklagen, sofern versteuert | |
| + Sonderposten für allgemeine Bankrisiken nach § 340g HGB § 10 Abs. 2a Satz 1 Nr. 7 KWG | + Sonderposten für allgemeine Bankrisiken nach § 340g HGB | | | | | | | | |

## 1.1 Grundlagen

| Rechtsform<br>Eigenmittelbestandteile | Einzelkaufmann | OHG | KG | AG | KGaA | GmbH | eingetragene Genossenschaft | Kreditinstitute des öffentlichen Rechts * | Kreditinstitute in einer anderen Rechtsform |
|---|---|---|---|---|---|---|---|---|---|
| + stille Vermögenseinlagen § 10 Abs. 2a Satz 1 Nr. 8 KWG | + Vermögenseinlagen stiller Gesellschafter bei Erfüllung der in § 10 Abs. 4 KWG verankerten gesetzlichen Voraussetzungen | | | | | | | | |
| + freies Vermögen in von der BaFin bisher anerkanntem Umfang § 64e Abs. 5 KWG | + nachgewiesenes freies Vermögen des Inhabers | + nachgewiesenes freies Vermögen der der persönlich haftenden Gesellschafter | + nachgewiesenes freies Vermögen der der persönlich haftenden Gesellschafter | | + nachgewiesenes freies Vermögen der Komplementäre der KGaA | | | | |
| + Bilanzgewinn § 10 Abs. 2a Satz 1 Nr. 9 KWG bzw.<br>− Bilanzverlust § 10 Abs. 2a Satz 2 Nr. 1 KWG | + Bilanzgewinn, soweit seine Zuweisung zum Geschäftskapital, zu den Rücklagen oder den Geschäftsguthaben beschlossen ist bzw.<br>− Bilanzverlust | | | | | | | | |
| + Zwischengewinne bzw.<br>− Zwischenbilanzverluste § 10 Abs. 3 Satz 1–2 und 7 KWG | + aufgrund von geprüften Zwischenabschlüssen nachgewiesene Zwischengewinne, soweit sie nicht für voraussichtliche Gewinnausschüttungen oder Steueraufwendungen gebunden sind bzw.<br>− Verluste, die sich aus Zwischenabschlüssen ergeben | | | | | | | | |

| Rechtsform  Eigenmittelbe- standteile | Einzelkauf- mann | OHG | KG | AG | KGaA | GmbH | eingetragene Genossenschaft | Kreditinstitute des öffentlichen Rechts * | Kreditinstitute in einer anderen Rechtsform |
|---|---|---|---|---|---|---|---|---|---|
| - immaterielle Vermögens- gegenstände § 10 Abs. 2a Satz 2 Nr. 2 KWG | - immaterielle Vermögensgegenstände | | | | | | | | |
| - Korrektur- posten gemäß § 10 Abs. 3b KWG § 10 Abs. 2a Satz 2 Nr. 3 KWG | - von der BaFin festgesetzter Korrekturposten (bspw. zur Berücksichtigung noch nicht bilanzwirksam gewordener Verluste) | | | | | | | | |
| - Kredite an bestimmte maßgebliche Kapitaleigner bei Erfüllung der gesetzli- chen Voraus- setzungen § 10 Abs. 2a Satz 2 Nr. 4 KWG | | | - Kredite an Kommandi- tisten | - Kredite an Aktionäre | - Kredite an Kommandit- aktionäre | - Kredite an GmbH- Gesellschaf- ter | | - Kredite an Anteilseigner | |
| - Kredite an maßgebliche stille Gesell- schafter § 10 Abs. 2a Satz 2 Nr. 5 KWG | - Kredite an stille Gesellschafter bei Erfüllung der gesetzlichen Voraussetzungen | | | | | | | | |
| = Kernkapital | = K E R N K A P I T A L | | | | | | | | |

## 1.1 Grundlagen

| Rechtsform Eigenmittelbestandteile | Einzelkaufmann | OHG | KG | AG | KGaA | GmbH | eingetragene Genossenschaft | Kreditinstitute des öffentlichen Rechts * | Kreditinstitute in einer anderen Rechtsform |
|---|---|---|---|---|---|---|---|---|---|
| + Vorsorgereserven nach § 340f HGB § 10 Abs. 2b Satz 1 Nr. 1 KWG | | + Vorsorgereserven nach § 340f HGB | | | | | | | |
| + kumulative Vorzugsaktien § 10 Abs. 2b Satz 1 Nr. 2 KWG § 10 Abs. 1d Satz 2 KWG | | | | + Nennwert der kumulativen Vorzugsaktien − Bestand der eigenen kumulativen Vorzugsaktien (Buchwert) | | | | | |
| + 45 % der Rücklagen nach § 6b EStG § 10 Abs. 2b Satz 1 Nr. 3 KWG | + 45 % der Rücklagen nach § 6b EStG, soweit die Rücklagen aus bestimmten Veräußerungsgeschäften stammen | | | | | | | | |
| + Genussrechtsverbindlichkeiten § 10 Abs. 2b Satz 1 Nr. 4 KWG § 10 Abs. 1d Satz 2 KWG | + Genussrechtsverbindlichkeiten bei Erfüllung der gesetzlichen Voraussetzungen − Buchwert der in Wertpapieren verbrieften eigenen Genussrechte, die im Rahmen der Marktpflege erworben wurden | | | | | | | | |

| Rechtsform<br>Eigenmittelbestandteile | Einzelkaufmann | OHG | KG | AG | KGaA | GmbH | eingetragene Genossenschaft | Kreditinstitute des öffentlichen Rechts * | Kreditinstitute in einer anderen Rechtsform |
|---|---|---|---|---|---|---|---|---|---|
| + Teilbetrag der nicht realisierten Reserven<br>§ 10 Abs. 2b Satz 1 Nr. 6 und Nr. 7 KWG | + zulässiger Teilbetrag der nicht realisierten Reserven in bestimmten Vermögensgegenständen, sofern die gesetzlichen Voraussetzungen erfüllt sind | | | | | | | | |
| + längerfristige nachrangige Verbindlichkeiten<br>§ 10 Abs. 2b Satz 1 Nr. 5 KWG | + längerfristige nachrangige Verbindlichkeiten bei Erfüllung der gesetzlichen Voraussetzungen | | | | | | | | |
| § 10 Abs. 1d Satz 2 KWG | − Buchwert der in Wertpapieren verbrieften eigenen längerfristigen nachrangigen Verbindlichkeiten, die im Rahmen der Marktpflege erworben wurden | | | | | | | | |
| + Haftsummenzuschlag<br>§ 10 Abs. 2b Satz 1 Nr. 8 KWG | | | | | | | + Zuschlag für Haftsummenverpflichtung der Genossen | | |
| − Kappungsbetrag<br>§ 10 Abs. 2b Satz 3 KWG | − Kürzung des Ergänzungskapitals zweiter Klasse auf 50 % des Kernkapitals | | | | | | | | |
| − Korrekturposten gemäß § 10 Abs. 3b KWG<br>§ 10 Abs. 2b Satz 1 KWG | − von der BaFin festgesetzter Korrekturposten (bspw. zur Berücksichtigung noch nicht bilanzwirksam gewordener Verluste) | | | | | | | | |

## 1.1 Grundlagen

| Rechtsform<br>Eigenmittelbe-<br>standteile | Einzelkauf-<br>mann | OHG | KG | AG | KGaA | GmbH | eingetragene<br>Genossenschaft | Kreditinstitute<br>des öffentlichen<br>Rechts * | Kreditinstitute<br>in einer anderen<br>Rechtsform |
|---|---|---|---|---|---|---|---|---|---|
| − Kappungs-<br>betrag<br>§ 10 Abs. 2b<br>Satz 2 KWG | \multicolumn{9}{l|}{− Kürzung des Ergänzungskapitals brutto auf die Höhe des Kernkapitals} |
| − bestimmte<br>Beteiligungen<br>sowie sonstige<br>Kapitalele-<br>mente<br>§ 10 Abs. 6<br>Satz 1 Nr. 1 bis<br>Nr. 5 KWG | \multicolumn{9}{l|}{− bestimmte Beteiligungen, Forderungen aus nachrangigen Verbindlichkeiten und aus Genussrechten sowie Vermögenseinlagen als stiller Gesellschafter bei Erfüllung bestimmter gesetzlicher Voraussetzungen} |
| = haftendes<br>Eigenkapital | \multicolumn{9}{c|}{= HAFTENDES EIGENKAPITAL} |
| + Nettogewinn<br>§ 10 Abs. 2c<br>Satz 1 Nr. 1<br>KWG | \multicolumn{9}{l|}{+ anteiliger Gewinn, der bei einer Glattstellung aller Handelsbuchpositionen entstünde, abzüglich aller vorhersehbaren Aufwendungen und Ausschüttungen sowie der bei einer Liquidation des Unternehmens voraussichtlich entstehenden Verluste aus dem Anlagebuch, soweit diese nicht bereits in den Korrekturposten gemäß § 10 Abs. 3b KWG berücksichtigt sind} |
| + kurzfristige<br>nachrangige<br>Verbindlich-<br>keiten<br>§ 10 Abs. 2c<br>Satz 1 Nr. 2<br>KWG<br>§ 10 Abs. 1d<br>Satz 2 KWG | \multicolumn{9}{l|}{+ kurzfristige nachrangige Verbindlichkeiten bei Erfüllung der gesetzlichen Voraussetzungen<br>− Buchwert der in Wertpapieren verbrieften eigenen kurzfristigen nachrangigen Verbindlichkeiten, die im Rahmen der Marktpflege erworben wurden} |

| Rechtsform<br>Eigenmittelbestandteile | Einzelkaufmann | OHG | KG | AG | KGaA | GmbH | eingetragene Genossenschaft | Kreditinstitute des öffentlichen Rechts * | Kreditinstitute in einer anderen Rechtsform |
|---|---|---|---|---|---|---|---|---|---|
| + Substitutionsbetrag<br>§ 10 Abs. 2c Satz 3 KWG<br>§ 10 Abs. 2b Satz 2 und 3 KWG | Substitution von Nettogewinn und kurzfristigen nachrangigen Verbindlichkeiten durch die Kappungsbeträge im Rahmen des gesetzlich zulässigen Umfangs |
| − Kappungsbetrag<br>§ 10 Abs. 2c Satz 2 KWG | Kürzung der Drittrangmittel auf die Differenz zwischen 250 % des freien Kernkapital und 100 % des freien Ergänzungskapitals (mindestens Null) |
| = Eigenmittel gemäß § 10 KWG | colspan="9" = EIGENMITTEL GEMÄSS § 10 KWG |

\* Hierzu zählen auch die als öffentlich-rechtlich anerkannten Sparkassen des privaten Rechts.

## 1.2 Haftendes Eigenkapital

**Aufgabe 1.6: Positive Kernkapitalbestandteile**

Erläutern Sie, welche Eigenmittelkomponenten gemäß § 10 Abs. 2a Satz 1 und Abs. 3 KWG als Kernkapital anerkannt werden.

**Lösung**
**Eingezahltes Kapital**
Gemäß § 10 Abs. 2a Satz 1 Nr. 1 KWG gilt bei den Einzelkaufleuten, der OHG und der KG das eingezahlte Geschäftskapital als Kernkapital, d. h., nur der in das Institut eingebrachte und auf dem Kapitalkonto stehende Teil des Vermögens (die als Kapital eingebrachte Einlage) des Einzelkaufmanns bzw. der persönlich haftenden Gesellschafter wird als Kernkapital angesehen, unbeschadet der vollen Haftung seines bzw. ihres gesamten Vermögens für die Verbindlichkeiten des Instituts. Vereinbarte, aber noch nicht durchgeführte Einzahlungen auf das Geschäftskapital erhöhen das Kernkapital nicht, d. h., dass nur das eingezahlte Geschäftskapital zu berücksichtigen ist.[1] Einlagen auf anderen Konten als dem Kapitalkonto bei dem eigenen Institut (auch normale langfristige Darlehen) gelten nicht als Kernkapital, können aber bei Kreditinstituten als solches im Rahmen des freien Vermögens anerkannt werden.[2]

Kapitaleinlagen der Kommanditisten sind bis zu den im Handelsregister eingetragenen Beträgen dem Kernkapital hinzuzurechnen. Darüber hinaus eingezahlte Beträge der Teilhafter gelten als Kernkapital, sofern die Erhöhung in handelsüblicher Weise bekannt gemacht oder den Gläubigern auf andere Weise mitgeteilt worden ist (§ 172 Abs. 2 HGB); ansonsten zählen sie zu den Verbindlichkeiten des Instituts.

Gemäß § 10 Abs. 2a Satz 1 Nr. 2 KWG zählen bei der AG und KGaA folgende Größen zum Kernkapital: Das eingezahlte Grundkapital und die nicht auf das Grundkapital geleisteten Vermögenseinlagen der Komplementäre der KGaA abzüglich des Nennwertes kumulativer Vorzugsaktien. Eingezahlt bedeutet hier, dass bei der Berechnung des Kernkapitals die noch nicht eingezahlten, also ausstehenden Einlagen auf das Grundkapital und der Bestand an eigenen Aktien (in Höhe ihres Buchwertes) abzuziehen sind.

---

[1] Nicht eingezahlte Teile des Gesellschaftskapitals werden bilanziell in der aktiven Korrekturposition „Nichteingezahltes Kapital" ausgewiesen.
[2] Gemäß § 64e Abs. 5 KWG kann nachgewiesenes freies Vermögen des Inhabers oder der persönlich haftenden Gesellschafter eines Kreditinstituts auf Antrag in einem von der BaFin zu bestimmenden Umfang als haftendes Eigenkapital (Kernkapital) berücksichtigt werden, wenn das Kreditinstitut am 1.1.1998 über eine Erlaubnis nach § 32 KWG verfügte.

Der Abzug der kumulativen Vorzugsaktien vom Kernkapital ist im Rahmen des deutschen Bankenaufsichtsrechts allerdings unverständlich, da die kumulativen Vorzugsaktien aufgrund der Regelungen im deutschen Aktienrecht die Anforderungsmerkmale des Kernkapitals (Einzahlung und Verfügbarkeit, laufende Verlustteilnahme sowie Dauerhaftigkeit) uneingeschränkt erfüllen.[1]

Bei der GmbH erfolgt die Bestimmung des eingezahlten Stammkapitals analog zur AG, d. h., nur der tatsächlich auf das Stammkapital eingezahlte Betrag abzüglich der eigenen Geschäftsanteile ist bei der Berechnung des Kernkapitals zum Ansatz zu bringen.

Gemäß § 10 Abs. 2a Satz 1 Nr. 3 KWG sind bei einer eG die in der Bilanz ausgewiesenen, stets eingezahlten Geschäftsguthaben Grundlage der Kernkapitalberechnung. Die Geschäftsguthaben ausscheidender Mitglieder sowie deren Ansprüche auf Auszahlung eines Anteils an der – in der Praxis kaum verbreiteten – bilanziell gesondert ausgewiesenen Ergebnisrücklage nach § 73 Abs. 3 GenG sind abzusetzen.

Gemäß § 10 Abs. 2a Satz 1 Nr. 4 KWG gelten bei öffentlich-rechtlichen Sparkassen sowie bei Sparkassen des privaten Rechts, die als öffentliche Sparkassen anerkannt sind, nur die Rücklagen als Kernkapital, da diesen Kreditinstituten von den Trägern fast durchweg kein Eigenkapital in Form eines sog. Dotationskapitals von außen zur Verfügung gestellt worden ist. Bei Sparkassen mit einem Dotationskapital wird dieses jedoch ebenfalls dem Kernkapital zugerechnet.

Gemäß § 10 Abs. 2a Satz 1 Nr. 5 bzw. Nr. 6 KWG zählen bei anderen Kreditinstituten des öffentlichen Rechts (z. B. KfW) bzw. Kreditinstituten in einer anderen Rechtsform (z. B. Stiftungen, Vereine etc.) das eingezahlte Dotationskapital und die Rücklagen bzw. das eingezahlte Kapital und die Rücklagen zum Kernkapital.

Zum haftenden Eigenkapital (Kernkapital) einer inländischen Zweigstelle eines Unternehmens mit Sitz im Ausland (vgl. § 53 KWG), d. h. bei einer inländischen Zweigstelle eines Unternehmens in einem Nicht-EWR-Staat, die Geschäfte i. S. d. § 1 Abs. 1 und 1a KWG tätigt (zur Eingrenzung auf einen Nicht-EWR-Staat vgl. § 53b Abs. 1 Satz 1 und Satz 2 KWG), zählt das ihr von ihrem ausländischen Mutterinstitut lt. letztem Monatsausweis nach § 25 KWG zur Verfügung gestellte Betriebskapital zuzüglich der ihr zur Verstärkung der eigenen Mittel belassenen Betriebsüberschüsse abzüglich eines zwischen der Zweigstelle im Inland und dem

---

[1] Vgl. REGNERY, PETER (Bankenaufsicht, 1994), S. 170.

Mutterinstitut im Ausland bestehenden aktiven Verrechnungssaldos (§ 53 Abs. 2 Nr. 4 Satz 1 KWG). Ein passivischer Verrechnungssaldo wird nicht angerechnet.[1] Außerdem sind der inländischen Zweigstelle Genussrechte nach § 10 Abs. 5 KWG und nachrangige Verbindlichkeiten nach § 10 Abs. 5a und Abs. 7 KWG sowie Nettogewinne nach § 10 Abs. 2c Satz 1 Nr. 1 KWG als haftendes Eigenkapital (Ergänzungskapital) oder als Drittrangmittel unter der Voraussetzung zuzurechnen, dass sie von nicht gruppenangehörigen Dritten eingezahlt sind und sich die zur Anerkennung dieser Mittel getroffenen Vereinbarungen jeweils auf das gesamte Unternehmen beziehen (§ 53 Abs. 4 Satz 2 KWG).

**Ausgewiesene offene Rücklagen**
Die in der Bilanz ausgewiesenen offenen Rücklagen zählen gemäß § 10 Abs. 2a Satz 1 KWG i. V. m. § 10 Abs. 3a KWG bei Instituten aller Rechtsformen zum Kernkapital. Hierbei ist es gleichgültig, ob ihre Bildung gesetzlich vorgeschrieben wird oder freiwillig erfolgt. In der Regel handelt es sich bei diesen Rücklagen um thesaurierte Jahresüberschüsse, die in die Gewinn- bzw. Ergebnisrücklagen eingestellt worden sind. Hier erscheinen aber auch beispielsweise Agiobeträge aus der Ausgabe von Aktien oder Wandelschuldverschreibungen, die in die Kapitalrücklage einzustellen sind (§ 10 Abs. 3a Satz 3 KWG).

Eine Ausnahme besteht für Ansprüche der ausscheidenden Genossen auf Auszahlung eines Anteils an der bilanziell gesondert ausgewiesenen Ergebnisrücklage nach § 73 Abs. 3 GenG, die von den Rücklagen abzuziehen sind.

Gemäß § 10 Abs. 3a Satz 1 KWG gelten Passivposten, deren ausgewiesene Beträge aufgrund steuerlicher Vorschriften erst bei ihrer Auflösung zu versteuern sind (Sonderposten mit Rücklageanteil[2]) nicht als Rücklagen i. S. d. § 10 KWG. Die Begründung dieser Vorgehensweise ergibt sich aus dem Mischcharakter dieser Sonderposten mit Rücklageanteil, welcher sich darin äußert, dass sie Rücklage- und Rückstellungsanteile (in Höhe der evtl. stattfindenden Nachversteuerung), also Eigen- und Fremdkapital, enthalten. Eine Ausnahme hiervon enthält § 10 Abs. 2b Satz 1 Nr. 3 KWG, der die Anerkennung von Rücklagen nach § 6b EStG als Ergänzungskapital regelt. Einer eventuell späteren Nachversteuerung wird hierbei durch eine Anerkennung in Höhe von lediglich 45 % dieser Rücklagen als Ergänzungskapital Rechnung getragen (siehe hierzu auch die Lösung zu Aufgabe 1.9).

---

[1] Vgl. SZAGUNN, VOLKHARD/HAUG, ULRICH/ERGENZINGER, WILHELM (Gesetz, 1997), S. 684.
[2] Die Passivposition „Sonderposten mit Rücklageanteil" ist für Institute aller Rechtsformen vorgeschrieben und findet ihre Einordnung zwischen den Verbindlichkeiten und den eigenen Mitteln.

**Bilanzgewinn/Bilanzverlust**
Der Bilanzgewinn ist dem Kernkapital nur insoweit zuzurechnen, als seine Zuweisung zum Geschäftskapital, zu den Geschäftsguthaben oder den Rücklagen beschlossen ist, also eine Verwendungsentscheidung bereits getroffen worden ist (§ 10 Abs. 2a Satz 1 Nr. 9 KWG). Entstandene Bilanzverluste sind vom Kernkapital abzuziehen (§ 10 Abs. 2a Satz 2 Nr. 1 KWG).

**Vermögenseinlagen stiller Gesellschafter**
Die mit der 3. KWG-Novelle erfolgte Neuregelung der Vermögenseinlagen stiller Gesellschafter brachte gegenüber der bis dahin bestehenden Regelung eine wesentliche Verschärfung.[1] So müssen seitdem folgende sieben Voraussetzungen kumulativ erfüllt sein, damit Vermögenseinlagen stiller Gesellschafter als Kernkapital anerkannt werden:[2]
– Zwingende Verlustteilnahme bis zur vollen Höhe des eingezahlten Kapitals.
– Das Institut muss berechtigt sein, im Falle eines Verlustes Zinszahlungen aufzuschieben.
– Nachrangabrede, d. h. im Insolvenz- oder Liquidationsfall sind stille Vermögenseinlagen erst nach Befriedigung sämtlicher Gläubiger des Instituts zurückzuzahlen.
– Mindest(ursprungs)laufzeit von 5 Jahren.
– Mindestrestlaufzeit von 2 Jahren.
– Der Gesellschaftsvertrag darf keine Besserungsabreden enthalten, nach denen der Rückzahlungsanspruch, der sich durch Verluste während der Laufzeit der stillen Vermögenseinlage ermäßigt hat, durch Gewinne, die nach mehr als vier Jahren nach der Fälligkeit des Rückzahlungsanspruchs entstehen, wieder aufgefüllt wird.
– Ausdrückliche und schriftliche Hinweispflicht bei der Begründung der stillen Gesellschaft auf folgende Rechtsfolgen: Nachträglich können die Teilnahme am Verlust nicht zum Nachteil des Instituts geändert, der Nachrang nicht beschränkt sowie die Laufzeit und die Kündigungsfrist nicht verkürzt werden. Zudem muss dem Institut eine vorzeitige Rückzahlung der stillen Vermögenseinlage ohne Rücksicht auf entgegenstehende Vereinbarungen zurückgewährt werden, es sei denn, dass das Kapital durch die Einzahlung anderer, zumindest gleichwertigen

---
[1] Der Gesetzgeber hat die Anforderungen der so genannten Studienkommission an das haftende Eigenkapital zur Grundlage der Bestimmungen über die stillen Vermögenseinlagen gemacht. Nach Ansicht der Kommissionsmehrheit kann das haftende Eigenkapital seine bedeutendste Funktion, die Haftungs- und Garantiefunktion, nur erfüllen, wenn es sich (1) um eingezahlte eigene Mittel handelt (Quantifizierung), die dem Institut (2) dauerhaft zur Verfügung stehen und die (3) an Verlusten aus dem laufenden Geschäft teilnehmen. Vgl. STUDIENKOMMISSION (Grundsatzfragen, 1979), Tz. 1114–1125, 1171–1175.
[2] Vgl. § 10 Abs. 4 KWG.

haftenden Eigenkapitals ersetzt worden ist oder die BaFin der vorzeitigen Rückzahlung zustimmt. Hiermit soll eine Umgehung der obigen Voraussetzungen und damit der Haftungs- und Finanzierungsfunktion der stillen Vermögenseinlagen verhindert werden.

Eine Nachrangabrede ist unverzichtbar, damit stille Vermögenseinlagen den Charakter von Eigenkapital haben. Die Mindest(ursprungs)laufzeit von 5 Jahren trägt der Forderung nach Dauerhaftigkeit des Kernkapitals (haftenden Eigenkapitals) ansatzweise Rechnung und durch die Mindestrestlaufzeit von 2 Jahren wird gleichzeitig Druck auf das Institut ausgeübt, rechtzeitig Dispositionen zum Kernkapital (haftenden Eigenkapital) zu treffen, bevor die stillen Vermögenseinlagen zurückzuzahlen sind.[1] Dieser Druck wird durch die Dynamisierung der Eigenmittelkomponenten noch verstärkt.

Es ist jedoch fraglich, ob dieser Posten aufgrund der fehlenden uneingeschränkten Dauerhaftigkeit systematisch richtig eingeordnet ist, oder ob er, da er immerhin noch die Funktion des Verlustausgleichs erfüllt, nicht besser dem Ergänzungskapital zuzurechnen wäre.

### Sonderposten für allgemeine Bankrisiken gemäß § 340g HGB

Gemäß § 10 Abs. 2a Satz 1 Nr. 7 KWG kann der Sonderposten für allgemeine Bankrisiken gemäß § 340g HGB dem Kernkapital zugerechnet werden.[2] Der Sonderposten für allgemeine Bankrisiken entspricht von der Eigenkapitalqualität her gesehen den Gewinn- bzw. Ergebnisrücklagen. Er wird offen auf der Passivseite der Bilanz ausgewiesen. Zuführungen bzw. Auflösungen schlagen sich jedoch im Unterschied zur Dotierung/Auflösung der Gewinn- bzw. Ergebnisrücklagen als Aufwand bzw. Ertrag in der Gewinn- und Verlustrechnung nieder. Der Verlustausgleich durch Einsatz von § 340g-Reserven wird dem Bilanzleser somit offen gelegt.

---

[1] Zur Problematik der Erschwerung dieser Dispositionen vergleiche die Ausführungen zu den Genussrechtsverbindlichkeiten in der Lösung zu Aufgabe 1.9.
[2] Zu den Regelungen des § 340g HGB vgl. WASCHBUSCH, GERD (Risikovorsorge, 1994), S. 166–168.

**Freies Vermögen des Inhabers oder der persönlich haftenden Gesellschafter**
Die unbeschränkte Haftung bei Privatbanken wird insofern berücksichtigt, als nachgewiesenes freies Vermögen des Inhabers oder der persönlich haftenden Gesellschafter auf Antrag in einem von der BaFin zu bestimmenden Umfang als haftendes Eigenkapital (Kernkapital) berücksichtigt werden kann (§ 64e Abs. 5 KWG). Auch bei den Vollhaftern der KGaA kann – analog zur Rechtsform des Einzelkaufmanns sowie der OHG und der KG – deren freies Vermögen als haftendes Eigenkapital (Kernkapital) anerkannt werden. Allerdings handelt es sich bei dieser Vorschrift um eine Bestandsschutzregelung, d. h., sie gilt lediglich für diejenigen Kreditinstitute, die am 1.1.1998 bereits über eine Erlaubnis nach § 32 KWG verfügt haben. Das freie Vermögen des Inhabers oder der persönlich haftenden Gesellschafter eines Kreditinstituts berechnet sich grob wie folgt:

$$
\begin{aligned}
&\phantom{-\,} \text{Summe der Vermögenswerte} \\
&-\ \text{als Kapitaleinlage in das Kreditinstitut eingebrachte Vermögenswerte} \\
&-\ \text{Verbindlichkeiten} \\
&=\ \text{freies Vermögen}
\end{aligned}
$$

Zu den freien Vermögenswerten zählen auch Guthaben bei dem eigenen Kreditinstitut. Freies Vermögen wird im Allgemeinen nur bis zur Höhe des in der Bilanz ausgewiesenen haftenden Eigenkapitals anerkannt.[1] Gemäß § 2a Abs. 2 Satz 1 Halbsatz 2 KWG bleibt das freie Vermögen des Inhabers oder der Gesellschafter bei Wertpapierhandelsunternehmen in der Rechtsform des Einzelkaufmanns oder der Personenhandelsgesellschaft unberücksichtigt.

**Zwischengewinne/Zwischenverluste**
Aufgrund von geprüften Zwischenabschlüssen nachgewiesene Zwischengewinne können gemäß § 10 Abs. 3 KWG als Kernkapital berücksichtigt werden, wenn folgende Anforderungen erfüllt sind:
– Ermittlung der Zwischengewinne aufgrund von Zwischenabschlüssen, die den für den Jahresabschluss geltenden Anforderungen entsprechen.
– Der Zwischenabschluss wurde von einem Abschlussprüfer geprüft.
– Der Zwischenabschluss und der dazugehörige Prüfungsbericht sind der BaFin und der Deutschen Bundesbank jeweils unverzüglich einzureichen.
– Berücksichtigung der Zwischengewinne, soweit sie nicht für voraussichtliche Gewinnausschüttungen oder Steueraufwendungen gebunden sind.
– Ein aufgrund des Zwischenabschlusses ermittelter (Zwischen-)Verlust ist vom Kernkapital abzuziehen.

---

[1] Vgl. BUNDESAUFSICHTSAMT FÜR DAS KREDITWESEN (Anerkennung, 1963).

- Bei Anwendung des Verfahrens müssen für mindestens fünf Jahre hintereinander Zwischenabschlüsse erstellt werden.
- Wurde die Berücksichtigung von Zwischengewinnen eingestellt, so kann das Verfahren frühestens fünf Jahre nach dem letzten Zwischenabschluss wieder aufgenommen werden.

Da für den Fall, dass ein Institut Zwischenabschlüsse erstellt, für die Bemessung der Eigenmittel der Zwischenabschluss als Jahresabschluss gilt, erfolgt insoweit auch eine gewisse unterjährige Dynamisierung der statischen Eigenmittelbestandteile.

Die Regelung in § 10 Abs. 3 KWG trägt dem Ziel Rechnung, den in der laufenden Beaufsichtigung der Institute monatlich aktualisierten Risikoaktiva auch eine zeitnahe Eigenkapitalgröße gegenüberzustellen. Wird im Zuge einer Verschmelzung ein unterjähriger Jahresabschluss erstellt, so gilt dieser nicht als Zwischenabschluss i. S. d. § 10 Abs. 3 KWG (vgl. § 10 Abs. 3 Satz 7 KWG). Durch diese klarstellende Regelung wird vermieden, dass Institute ansonsten nach einer Verschmelzung für die Dauer von mindestens fünf Jahren Zwischenabschlüsse erstellen müssten.[1]

**Aufgabe 1.7: Negative Kernkapitalbestandteile**
Erläutern Sie, welche Abzugspositionen vom Kernkapital gemäß § 10 Abs. 2a Satz 1 und Satz 2 sowie Abs. 3b KWG vorgesehen sind.

**Lösung**
**Entnahmen und Kredite des Inhabers bzw. der persönlich haftenden Gesellschafter**
Vom Geschäftskapital des Einzelkaufmanns, der OHG, der KG und der KGaA sind die Entnahmen des Inhabers oder der persönlich haftenden Gesellschafter und die diesen gewährten Kredite uneingeschränkt abzuziehen (§ 10 Abs. 2a Satz 1 Nr. 1 und Nr. 2 KWG), woraus sich eine Verringerung des Kernkapitals des Instituts ergibt. Als Entnahmen gelten alle Vermögenszuwendungen des Instituts an seinen Inhaber bzw. an seine Gesellschafter, die zu Lasten des Kapitalkontos verbucht werden. Mit der Abzugspflicht der an den Inhaber bzw. an persönlich haftende Gesellschafter gewährten Kredite wird der ansonsten bestehenden Ausweichreaktion, anstelle einer Entnahme eine Kreditaufnahme zu tätigen, begegnet, da diese Tatbestände materiell identisch sind.

---

[1] Vgl. FINANZAUSSCHUSS DES DEUTSCHEN BUNDESTAGS (Beschlussempfehlung, 1997), S. 162.

Auch für vollhaftende Kapitaleigner, die zugleich maßgebliche Anteilseigner (gemäß § 10 Abs. 2a Satz 2 Nr. 4 KWG) oder maßgebliche stille Gesellschafter (gemäß § 10 Abs. 2a Satz 2 Nr. 5 KWG) sind, richtet sich der Abzug von Krediten[1], die ihnen selbst gewährt worden sind, ausschließlich nach § 10 Abs. 2a Satz 1 Nr. 1 oder Nr. 2 KWG. Die Anwendung der schärferen Abzugsbestimmungen ist gerechtfertigt, da der betreffende Inhaber bzw. persönlich haftende Gesellschafter aus dieser Stellung heraus über die vom Gesetzgeber als erheblich angesehenen besonders starken Möglichkeiten zur Einflussnahme auf die Kreditvergabe verfügt.[2]

Besteht beim Inhaber eines Instituts hinsichtlich des außerhalb des Bankgeschäfts verbliebenen Vermögens ein Schuldenüberhang, so ist dieser ebenfalls vom Kernkapital abzuziehen (§ 10 Abs. 2a Satz 1 Nr. 1 KWG).

**Abzug der Kredite an bestimmte einflussreiche Gesellschafter oder stille Gesellschafter**

Vor der 3. KWG-Novelle bestand nur eine Abzugspflicht für Kredite an Einzelkaufleute und persönlich haftende Gesellschafter der OHG, KG oder KGaA (Abzugsgebot für Vollhafter), ohne dass es dabei auf eine Mindesthöhe der Beteiligung ankam. Da aber bei Krediten an Kapitaleigner grundsätzlich – unabhängig von ihrem Haftungsumfang – ein Missbrauch von Einflussmöglichkeiten nicht auszuschließen ist, sind nun nach § 10 Abs. 2a Satz 2 Nr. 4 KWG auch Kredite an einen Kommanditisten, GmbH-Gesellschafter, Aktionär, Kommanditaktionär oder Anteilseigner an einem Institut des öffentlichen Rechts bei der Berechnung des Kernkapitals abzuziehen,

> – wenn seine Kapitalanteile oder Stimmrechte am Institut mehr als 25 % betragen
>
> **und**
>
> – wenn die Kredite zu nicht marktmäßigen Bedingungen gewährt werden
>
> **oder**
>
> soweit sie entgegen der Banküblichkeit nicht ausreichend gesichert sind.

Entsprechend ist ein Abzug der Kredite an einen stillen Gesellschafter vorgesehen. Dessen Einflussmöglichkeit wird angenommen, wenn die Vermögenseinlage des

---

[1] Beachte auch § 19 Abs. 2 KWG und BUNDESAUFSICHTSAMT FÜR DAS KREDITWESEN (Anwendung, 1986).

[2] Vgl. BUNDESAUFSICHTSAMT FÜR DAS KREDITWESEN (Anwendung, 1986), Erläuterung Nr. 3.

stillen Gesellschafters 25 % des Kernkapitals ohne Berücksichtigung der Vermögenseinlagen stiller Gesellschafter übersteigt (§ 10 Abs. 2a Satz 2 Nr. 5 KWG).

Ein Abzug vom Kernkapital erfolgt also bereits, wenn bei Erfüllung einer der 25%-Klauseln (Vorliegen eines maßgeblichen Anteilseigners bzw. eines maßgeblichen stillen Gesellschafters) bloß eine der beiden angeführten Bedingungen fehlt. Insofern werden Kredite erfasst, die zwar normal verzinst, aber nicht in banküblicher Weise besichert sind oder die zwar gut besichert, aber nicht marktüblich konditioniert sind. Der Abzug vom Kernkapital unterbleibt also nur, wenn beide Bedingungen erfüllt sind. Ein Interpretationsspielraum besteht jedoch hinsichtlich der Frage der Erfüllung dieser Voraussetzungen.

Der Abzug eines Krediters an einen Kommanditisten, GmbH-Gesellschafter, Aktionär, Kommanditaktionär oder Anteilseigner an einem Institut des öffentlichen Rechts erfolgt nur, wenn dieser maßgeblich, d. h. in einer solchen Höhe am Institut beteiligt ist, dass sich ihm dadurch die Möglichkeit zur Einflussnahme auf die Kreditvergabe eröffnet. Sein Kapitalanteil muss hierbei entweder mehr als 25 % des Kapitals (Nennkapital, Summe der Kapitalanteile) des Instituts betragen oder dem Kreditnehmer müssen mehr als 25 % der Stimmrechte zustehen (§ 10 Abs. 2a Satz 2 Nr. 4 KWG). Hierdurch wird klargestellt, dass Berechnungsbasis der jeweiligen Beteiligungsquote nur diejenigen Kapitalpositionen sind, aus denen die für eine Einflussnahme notwendigen gesellschaftsrechtlichen Mitwirkungsrechte herrühren. Offene Rücklagen sowie das anerkannte freie Vermögen eines persönlich haftenden Gesellschafters vergrößern deshalb die zu berücksichtigende Kapitalbasis nicht.[1]

Zur Berechnung der in § 10 Abs. 2a Satz 2 Nr. 4 KWG genannten 25 %-Grenzen verweist § 10 Abs. 2a Satz 3 KWG auf den § 16 Abs. 2 bis Abs. 4 AktG. Danach bemisst sich der Prozentsatz des maßgeblichen Anteilsbesitzes eines Anteilseigners nach dem Verhältnis des Gesamtnennbetrages der ihm gehörenden Anteile zum Nennkapital (Summe der Kapitalanteile). Eigene Anteile des Instituts sowie für dessen Rechnung von Dritten gehaltene Anteile sind vor Berechnung der Quote vom Nennkapital abzusetzen.

---

[1] Vgl. BUNDESAUFSICHTSAMT FÜR DAS KREDITWESEN (Anwendung, 1986), Erläuterung Nr. 6.

Prozentualer maßgeblicher Anteilsbesitz

$$\frac{\text{Gesamtnennbetrag der Anteile des Anteilseigners}}{\begin{pmatrix}\text{Nennkapital des Instituts}\\ -\text{ eigene Anteile}\\ -\text{ von Dritten für Rechnung des Instituts gehaltene Anteile}\end{pmatrix}}$$

Die Berechnung der Stimmrechtsquote ergibt sich aus dem Verhältnis der Zahl der dem Anteilseigner zustehenden Stimmrechte zu der Gesamtzahl aller Stimmrechte. Auch hier sind die Stimmrechte aus eigenen Anteilen des Instituts sowie die Stimmrechte aus Anteilen, die einem Dritten für Rechnung des Instituts gehören, von der Gesamtzahl aller Stimmrechte abzusetzen.

Stimmrechtsquote

$$\frac{\text{Anzahl der Stimmrechte des Anteilseigners}}{\begin{pmatrix}\text{Anzahl aller Stimmrechte}\\ -\text{ Anzahl der Stimmrechte aus eigenen Anteilen des Instituts}\\ -\text{ Anzahl der Stimmrechte der von Dritten}\\ \phantom{-}\text{ für Rechnung des Instituts gehaltenen Anteile}\end{pmatrix}}$$

Bei der Berechnung der in § 10 Abs. 2a Satz 2 Nr. 4 KWG genannten 25 %-Grenzen sind auch die mittelbaren Anteile des Anteilseigners nach § 16 Abs. 4 AktG zu berücksichtigen. Dies sind Anteile im Besitz von abhängigen Unternehmen sowie von Treuhändern. Sofern der Anteilseigner ein Einzelkaufmann ist, zählen auch die zum sonstigen Vermögen des Anteilseigners gehörenden Anteile mit.

Bei Abzug von Krediten an stille Gesellschafter muss deren Vermögenseinlage mehr als 25 % des Kernkapitals ohne Berücksichtigung der Vermögenseinlagen stiller Gesellschafter ausmachen (§ 10 Abs. 2a Satz 2 Nr. 5 KWG). Berechnungsgrundlage ist hier also grundsätzlich das gesamte Kernkapital. Da ein stiller Gesellschafter i. d. R. lediglich über begrenzte gesellschaftsrechtliche Mitwirkungs- und Kontrollrechte verfügt, kann er die Entscheidung über die Kreditvergabe nur mit der Ankündigung des Abzugs der stillen Vermögenseinlage beeinflussen, falls seine Wünsche nicht berücksichtigt werden sollten. Im Falle des Abzugs seiner stillen Vermögenseinlage würde sich das Kernkapital des Instituts um den entsprechenden Betrag vermindern. Da das Gewicht dieser Ankündigung von der gesamten Kernkapitalsituation des Instituts abhängt, sind alle im Rahmen des § 10 KWG anerkannten

## 1.2 Haftendes Eigenkapital

Kernkapitalkomponenten in die Berechnung der 25 %-Grenze mit einzubeziehen.[1] Bei der Berechnung der 25 %-Grenze sind zudem ebenfalls die Bestimmungen des § 16 Abs. 2 bis Abs. 4 AktG entsprechend anzuwenden (vgl. § 10 Abs. 2a Satz 3 KWG).

Sollte ein Kreditnehmer sowohl über Kapitalanteile oder Stimmrechte gemäß § 10 Abs. 2a Satz 2 Nr. 4 KWG als auch über eine stille Vermögenseinlage gemäß § 10 Abs. 2a Satz 2 Nr. 5 KWG verfügen und beide Beteiligungsarten allein die jeweilige maßgebliche Grenze von 25 % nicht überschreiten, so werden die einzelnen Beteiligungsquoten zusammengerechnet, da die primäre Einflussmöglichkeit gemäß § 10 Abs. 2a Satz 2 Nr. 4 KWG verstärkt wird. Aufgrund der unterschiedlichen Bemessungsgrundlagen in § 10 Abs. 2a Satz 2 Nr. 4 und Nr. 5 KWG „kann die Gesamtbeteiligungsquote nicht auf eine gemeinsame Grundgröße ... bezogen werden. Die Prozentpunkte beider Quoten sind vielmehr ohne Rücksicht auf die unterschiedliche Bemessungsgrundlage zu addieren. Liegt die Summe über 25 %, ist die Annahme gerechtfertigt, dass die vom Gesetz vorausgesetzte maßgebliche Einflussmöglichkeit besteht mit der Folge des Kreditabzugs."[2]

Das Institut hat zum Zeitpunkt der Kreditvergabe in eigener Verantwortung durch vergleichende Heranziehung der aufgrund sorgfältiger Untersuchungen festgestellten jeweiligen Marktverhältnisse zu entscheiden, ob die mit einem maßgeblichen Anteilseigner bzw. maßgeblichen stillen Gesellschafter vereinbarten Konditionen marktmäßig sind.

Marktmäßige Bedingungen[3] ergeben sich im Rahmen einer gewissen Bandbreite (hieraus ergibt sich ein gewisser Spielraum für das Institut) aus dem Vergleich der üblichen Zinsen und Provisionen für einzelne Kreditarten unter Berücksichtigung von Größe, Laufzeit und Art des Kredits sowie der Bonität des Kunden.[4] Festverzinsliche Darlehen sind marktgerecht, wenn der Effektivzins zur Zeit der Kreditzusage im Rahmen der vereinbarten Laufzeit üblich war. Bei variabel verzinsten Krediten müssen die effektiven Kreditkosten den jeweils aktuellen angepasst werden.

---

[1] Vgl. BUNDESAUFSICHTSAMT FÜR DAS KREDITWESEN (Anwendung, 1986), Erläuterung Nr. 7. Die Bankenaufsichtsbehörde stellt in diesem Zusammenhang noch auf das haftende Eigenkapital des Instituts ab, da bis zur 6. KWG-Novelle die Vermögenseinlagen stiller Gesellschafter generell dem haftenden Eigenkapital zuzurechnen waren, ohne dass zwischen Kern- und Ergänzungskapital unterschieden wurde.
[2] BUNDESAUFSICHTSAMT FÜR DAS KREDITWESEN (Anwendung, 1986), Erläuterung Nr. 7.
[3] In diesem Zusammenhang wird insbesondere auf die Zinsausstattung und die Laufzeit eines Kredits abgestellt.
[4] Vgl. BUNDESAUFSICHTSAMT FÜR DAS KREDITWESEN (Anwendung, 1986), Erläuterung Nr. 5.

Dem Abschlussprüfer obliegt es, das Urteil des Instituts auf seine Vertretbarkeit hin zu überprüfen und im Prüfungsbericht hierzu eingehend Stellung zu nehmen. Als objektiver Anhaltspunkt für die Beurteilung der Marktmäßigkeit der Konditionen kann dem Prüfer die Zinsstatistik der Deutschen Bundesbank dienen, deren veröffentlichte Angaben nach Kreditart und Laufzeit differenziert sind.[1]

Der Gesetzesbegründung zur 3. KWG-Novelle folgend wird nicht jeder ohne Sicherheit gewährte Kredit generell abzugspflichtig. Ein ungesicherter Kredit führt zu keiner Abzugspflicht, wenn die wirtschaftlichen Verhältnisse des kreditnehmenden maßgeblichen Anteilseigners bzw. maßgeblichen stillen Gesellschafters eine Blankokreditgewährung rechtfertigen. Somit unterliegen ungesicherte Kredite von Instituten an ihre öffentlich-rechtlichen Kapitaleigner nicht der Abzugspflicht, da diese Kredite an die öffentliche Hand banküblich ohne Sicherheiten gewährt werden.[2] Nicht zu marktmäßigen Bedingungen gewährte derartige Darlehen sind jedoch abzugspflichtig. Entsprechendes dürfte auch für Geldanlagen im Interbankenverkehr zutreffen, bei denen die Mittel i. d. R. ungesichert zur Verfügung gestellt werden.

Da das KWG ferner nur von einer Abzugspflicht ausgeht, soweit Kredite an „einflussreiche", also maßgebliche Anteilseigner bzw. maßgebliche stille Gesellschafter entgegen der Bankübung nicht ausreichend gesichert sind, dürfte aufgrund der Verwendung der einschränkenden Konjunktion „soweit" nur der durch Sicherheiten nicht gedeckte Teilbetrag des Kredits vom Kernkapital abzuziehen sein, d. h., unzureichend gesicherte Kredite werden nicht unabhängig von der Höhe ihrer Besicherung in vollem Umfang abzugspflichtig.[3]

Wurden für bestimmte abzuziehende Kredite Wertberichtigungen oder Rückstellungen gebildet, so ist insoweit dem Ausfallrisiko in eigenkapitalbezogener Weise bereits Rechnung getragen. Der Abzug nach § 10 Abs. 2a Satz 2 Nr. 4 und Nr. 5 KWG beschränkt sich daher auf die um die Wertberichtigungen oder Rückstellungen verminderten Kredite, um somit eine doppelte Berücksichtigung der wertberichtigten oder zurückgestellten Beträge zu vermeiden.[4]

Mit der beschriebenen Regelung soll primär verhindert werden, dass Eigenkapital in das Institut eingebracht wird, das dieses selbst durch Kredite an seine maßgeblichen Anteilseigner bzw. maßgeblichen stillen Gesellschafter finanziert hat, d. h., es geht

---

[1] Vgl. BUNDESAUFSICHTSAMT FÜR DAS KREDITWESEN (Anwendung, 1986), Erläuterung Nr. 5.
[2] Vgl. BUNDESREGIERUNG (3. KWG-Novelle, 1984), S. 21.
[3] Vgl. BUNDESAUFSICHTSAMT FÜR DAS KREDITWESEN (Anwendung, 1986), Erläuterung Nr. 4.
[4] Vgl. BUNDESAUFSICHTSAMT FÜR DAS KREDITWESEN (Anwendung, 1986), Erläuterung Nr. 4 Buchstabe b.

um die Verhinderung der Eigenfinanzierung von Kapitaleinlagen, indem das Institut auf dem Kreditwege die Mittel für die Kapitaleinzahlung zur Verfügung stellt. In diesem Fall könnte durch Gewährung ungesicherter Kredite bei gleichzeitiger Rückleitung dieser Mittel als Eigenkapital das eingezahlte Kapital des Instituts praktisch unbegrenzt erhöht werden, ohne dass sich an der Kapitalkraft des Instituts etwas änderte. Dieser Vorgang widerspricht auch im Grunde der Intention des § 10 KWG, wonach als haftendes Eigenkapital (Kernkapital) nur das tatsächlich eingezahlte Kapital anerkannt werden soll.[1]

Darüber hinaus soll verhindert werden, dass maßgebliche Anteilseigner bzw. maßgebliche stille Gesellschafter aufgrund ihrer Machtstellung Kredite zu Vorzugskonditionen zu Lasten des Instituts erhalten (Verhinderung der „Ausbeutung", d. h. der langfristigen Schmälerung der Eigenkapitalbasis des Instituts durch maßgebliche Anteilseigner bzw. maßgebliche stille Gesellschafter auf dem Wege der Kreditbeanspruchung); denn an die Stelle der mit der Kreditvaluta abgeflossenen Vermögenswerte tritt eine Rückzahlungsforderung an die maßgeblichen Anteilseigner bzw. maßgeblichen stillen Gesellschafter, der der Gesetzgeber abstrakt einen hohen Risikograd beimisst.[2]

Da im Grunde nicht verhindert werden kann, dass maßgebliche Anteilseigner bzw. maßgebliche stille Gesellschafter ihre Einlagen durch eine Kreditaufnahme finanzieren, soll durch die Forderungen nach marktmäßigen Bedingungen und banküblicher Besicherung erreicht werden, dass der Kredit auch von einem anderen Institut zu erlangen gewesen wäre. Dies unterstellt das Kreditwesengesetz, sofern die Konditionen marktgerecht und die Sicherheiten banküblich sind. Es soll somit eine Kreditgewährung an maßgebliche Anteilseigner bzw. maßgebliche stille Gesellschafter verhindert werden, die diese bei anderen Instituten nicht zu denselben Bedingungen erhielten.

Kredite, die vom Kernkapital abzuziehen sind, müssen nach § 10 Abs. 8 Satz 1 und 2 KWG unter Angabe der gestellten Sicherheiten und Kreditbedingungen der BaFin und der Deutschen Bundesbank unverzüglich angezeigt werden. Eine Anzeigepflicht ergibt sich hiernach dann, wenn im Zeitpunkt der Kreditgewährung oder nach Gewährung des Kredits die Voraussetzungen für die Abzugspflicht eintreten.

---

[1] Vgl. BUNDESREGIERUNG (3. KWG-Novelle, 1984), S. 21 sowie § 10 Abs. 1d Satz 2 KWG (Prinzip der effektiven Kapitalaufbringung).
[2] Vgl. BUNDESAUFSICHTSAMT FÜR DAS KREDITWESEN (Anwendung, 1986), Erläuterung Nr. 1.

Sofern bei bereits als abzugspflichtig angezeigten Krediten gestellte Sicherheiten oder Kreditbedingungen rechtsgeschäftlich geändert werden, sind diese Kredite unter Angabe der Änderungen erneut anzuzeigen (§ 10 Abs. 8 Satz 3 KWG). Außerdem kann die BaFin von den Instituten alle fünf Jahre eine Sammelaufstellung der abzugspflichtigen Kredite anfordern, die auch der Deutschen Bundesbank zur Verfügung zu stellen ist (§ 10 Abs. 8 Satz 4 KWG).

**Immaterielle Vermögensgegenstände**
Gemäß § 10 Abs. 2a Satz 2 Nr. 2 KWG sind auch die immateriellen Vermögensgegenstände bei der Ermittlung des Kernkapitals als Abzugsposition zu berücksichtigen. Als immaterielle Anlagewerte gelten die Vermögenswerte, die entsprechend den Bilanzierungsvorschriften als solche auszuweisen sind. Hierzu zählen in erster Linie:
- Aufwendungen für die Ingangsetzung und Erweiterung des Geschäftsbetriebs nach § 269 Satz 1 HGB (Grund: es handelt sich um eine Bilanzierungshilfe),
- aktivierte Geschäfts- oder Firmenwerte (Grund: es handelt sich um eine Bilanzierungshilfe),
- Patente, Lizenzen, Konzessionen, gewerbliche Schutzrechte und EDV-Software sowie geleistete Anzahlungen auf immaterielle Anlagewerte (Grund: diese Vermögenswerte werden als nicht physisch vorhanden (immateriell) angesehen).

Wenn man von der Intention der Abzugsbeträge ausgeht, das auf der Passivseite zu viel erfasste Eigenkapital zu korrigieren, ist ein Abzug bei den beiden erstgenannten Vermögenswerten sicherlich ohne Zweifel sinnvoll. Bei Patenten, Lizenzen, Konzessionen, gewerblichen Schutzrechten und EDV-Software sowie geleisteten Anzahlungen auf immaterielle Anlagewerte, die grundsätzlich in der Bilanz als „immaterielle Anlagewerte" auszuweisen sind, kann die Abzugspflicht auf das fehlende Haftungsvermögen dieser Vermögenswerte zurückgeführt werden, da sie im Insolvenzfall oft nicht verwertbar sind. Bei standardisierter EDV-Software mag auch eine Bilanzierung unter einer anderen Position (Bilanzierung als „Sachanlagen")[1] nach den Umständen des Einzelfalls vertretbar sein. Dies hat zur Folge, dass die standardisierte EDV-Software, da sie jetzt nicht mehr den immateriellen Anlagewerten zugeordnet wird, sondern unter einer anderen Aktivposition erscheint, der Abzugspflicht nicht mehr unterliegt. Die Bankenaufsicht akzeptiert eine solche Entscheidung des Instituts, wenn sie vom Abschlussprüfer als ordnungsgemäß bestätigt wird und der Bankenaufsicht keine Anhaltspunkte für einen Gestaltungsmissbrauch vorliegen.[2]

---

[1] Vgl. BIEG, HARTMUT (Rechnungslegung, 1999), S. 265.
[2] Vgl. BUNDESAUFSICHTSAMT FÜR DAS KREDITWESEN (4. KWG-Novelle, 1993), Erläuterung Nr. A.II.

## Bilanzverlust und Korrekturposten

Durch die weitgehende Dynamisierung der Eigenmittelkomponenten im Rahmen der 6. KWG-Novelle sind förmliche Festsetzungen des haftenden Eigenkapitals durch die Bankenaufsicht, die bisher in § 10 Abs. 7 KWG a. F. geregelt waren, überflüssig geworden. Allerdings knüpft der Bilanzverlust als Abzugstatbestand vom Kernkapital (§ 10 Abs. 2a Satz 2 Nr. 1 KWG) auch in Zukunft an den Bilanzausweis an und ist somit statischer Natur.

Um noch nicht bilanzwirksam gewordene Verluste bei der Ermittlung der Eigenmittel berücksichtigen zu können und insofern eine gewisse Dynamisierung dieser Abzugsposition zu erreichen, kann die BaFin gemäß § 10 Abs. 3b Satz 1 KWG einen Korrekturposten auf das haftende Eigenkapital eines Instituts festsetzen. Die Festsetzung eines Korrekturpostens kann auch dann erforderlich sein, wenn sich das Institut auf Basis des letzten festgestellten Jahresabschlusses in größerem Umfang nicht realisierte Reserven als haftendes Eigenkapital zugerechnet hat, die tatsächliche Grundlage dafür aber inzwischen – beispielsweise wegen Veräußerung der Liegenschaften oder aufgrund von Kurseinbrüchen bei den Wertpapieren – entfallen ist.[1] Das Institut kann einer Festsetzung des Korrekturpostens durch die BaFin vorbeugen, indem es diese zwischenzeitlichen Veränderungen bei der Ermittlung seiner Eigenmittel bereits von sich aus berücksichtigt.

Hat die BaFin hingegen bereits einen Korrekturposten auf das haftende Eigenkapital des Instituts festgesetzt, so ist dieser auf Antrag des Instituts aufzuheben, soweit die Voraussetzung für die Festsetzung wegfällt (§ 10 Abs. 3b Satz 3 KWG).

Da der Korrekturposten lediglich der Berücksichtigung der unterjährigen Veränderungen statischer Eigenmittelkomponenten dient, wird die Festsetzung des Korrekturpostens mit der Feststellung der nächsten für den Schluss eines Geschäftsjahres aufgestellten Bilanz gegenstandslos (§ 10 Abs. 3b Satz 2 KWG).

Durch die Bezugnahme auf das haftende Eigenkapital steht es der BaFin frei, einen Korrekturposten entweder nur auf das Kernkapital oder nur auf das Ergänzungskapital oder sowohl auf das Kernkapital als auch auf das Ergänzungskapital festzusetzen. Hierdurch wird eine flexible Handhabung des Korrekturpostens gewährleistet, die notwendig ist, um die jeweiligen institutsspezifischen Verhältnisse angemessen berücksichtigen zu können. Die gesetzliche Grundlage für die Anwendung des Kor-

---

[1] Vgl. BUNDESREGIERUNG (6. KWG-Novelle, 1997), S. 78.

rekturpostens auf das Kernkapital ergibt sich aus § 10 Abs. 2a Satz 2 Nr. 3 KWG, für das Ergänzungskapital aus § 10 Abs. 2b Satz 1 KWG.

**Aufgabe 1.8: Ergänzungskapitalbestandteile**
Welche Eigenmittelbestandteile zählen gemäß § 10 Abs. 2b KWG zum Ergänzungskapital und inwieweit werden sie in ihrer Anerkennung beschränkt?

**Lösung**
Im Gegensatz zum Kernkapital handelt es sich beim Ergänzungskapital um Eigenmittel geringerer Qualität. Diese geringere Qualität der Eigenmittel äußert sich darin, dass die Eigenmittel entweder nicht in der Bilanz ausgewiesen werden (z. B. Haftsummenzuschlag, nicht realisierte Reserven[1]) oder dem Institut nur begrenzt dauerhaft zur Verfügung stehen oder lediglich nachrangig haften (z. B. Genussrechtsverbindlichkeiten, längerfristige nachrangige Verbindlichkeiten).[2]

§ 10 Abs. 2b Satz 1 KWG zählt die Bestandteile des Ergänzungskapitals auf. Das Ergänzungskapital setzt sich zusammen aus:
− Vorsorgereserven nach § 340f HGB,
− kumulativen Vorzugsaktien,
− 45 % bestimmter Rücklagen nach § 6b EStG,
− Genussrechtsverbindlichkeiten, sofern bestimmte Voraussetzungen erfüllt sind,
− längerfristigen nachrangigen Verbindlichkeiten, sofern bestimmte Voraussetzungen erfüllt sind,
− nicht realisierten Reserven, sofern bestimmte Voraussetzungen erfüllt sind,
− dem Haftsummenzuschlag bei eingetragenen Genossenschaften nach der Zuschlagsverordnung.

Hierbei ist zu beachten, dass gemäß § 10 Abs. 2b Satz 2 KWG Ergänzungskapital nur bis zur Höhe des Kernkapitals als haftendes Eigenkapital anerkannt wird. Darüber hinaus dürfen der Haftsummenzuschlag nach der Zuschlagsverordnung und die längerfristigen nachrangigen Verbindlichkeiten abzüglich der Marktpflegepositionen zusammen 50 % des Kernkapitals nicht übersteigen (§ 10 Abs. 2b Satz 3 KWG).

---

[1] Rechnen Institute ihrem Ergänzungskapital nicht realisierte Reserven zu, so haben sie gemäß § 340c Abs. 3 HGB „den Betrag, mit dem diese Reserven dem haftenden Eigenkapital zugerechnet werden, im Anhang zur Bilanz und zur Gewinn- und Verlustrechnung anzugeben".
[2] Vgl. SCHARPF, PAUL (Solvabilitätskoeffizient, 1993), S. 94.

## 1.2 Haftendes Eigenkapital

Aufgrund der Beschränkung der Summe aus längerfristigen nachrangigen Verbindlichkeiten (abzüglich der Marktpflegepositionen) und dem Haftsummenzuschlag, die Ausdruck einer geringeren Qualität ist, werden diese beiden Eigenmittelkomponenten als „Ergänzungskapital zweiter Klasse" bezeichnet.

Noch weitergehenden Beschränkungen unterliegen die nicht realisierten Reserven gemäß § 10 Abs. 2b Satz 1 Nr. 6 und Nr. 7 KWG. Sie sind nicht nur der Höhe nach beschränkt (nämlich auf 1,4 % der risikogewichteten Aktiva gemäß Grundsatz I (vgl. § 10 Abs. 4a Satz 1 Halbsatz 2 KWG)), sondern bedürfen für ihre Anerkennung auch einer höheren Mindestkernkapitalquote des Instituts. Voraussetzung für die Anerkennung nicht realisierter Reserven als Ergänzungskapital ist, dass das Kernkapital des Instituts mindestens 4,4 % (anstelle der sonst geforderten 4 %) der risikogewichteten Aktiva gemäß Grundsatz I beträgt (vgl. § 10 Abs. 4a Satz 1 Halbsatz 1 KWG). Diese besonderen Restriktionen rechtfertigen es, die nicht realisierten Reserven eigentlich als „Ergänzungskapital dritter Klasse" zu bezeichnen,[1] auch wenn der Gesetzgeber diese Dreiteilung nicht aufgreift, sondern das Ergänzungskapital dritter Klasse (nicht realisierte Reserven) dem Ergänzungskapital erster Klasse zuordnet.[2] Es lässt sich somit festhalten, dass alle Ergänzungskapitalbestandteile, die nicht dem Ergänzungskapital zweiter Klasse zugerechnet werden, in der Kategorie „Ergänzungskapital erster Klasse" zusammengefasst werden (vgl. auch die Darstellung in Abbildung 1).

**Aufgabe 1.9: Ergänzungskapitalbestandteile erster Klasse**
Erläutern Sie, welche Eigenmittelkomponenten gemäß § 10 Abs. 2b KWG als Ergänzungskapital erster Klasse anerkannt werden.

**Lösung**
**Vorsorgereserven nach § 340f HGB**
Gemäß § 340f Abs. 1 Satz 1 HGB dürfen Kreditinstitute „Forderungen an Kreditinstitute und Kunden, Schuldverschreibungen und andere festverzinsliche Wertpapiere sowie Aktien und andere nicht festverzinsliche Wertpapiere, die weder wie Anlagevermögen behandelt werden noch Teil des Handelsbestandes sind, mit einem niedrigeren als dem nach § 253 Abs. 1 Satz 1 und Abs. 3 HGB vorgeschriebenen oder zugelassenen Wert ansetzen, soweit dies nach vernünftiger kaufmännischer Beurteilung zur Sicherung gegen die besonderen Risiken des Geschäftszweigs der Kreditinstitute notwendig ist". Die Obergrenze für den Betrag der so gebildeten Vorsorgere-

---
[1] Vgl. WASCHBUSCH, GERD (Bankenaufsicht, 2000), S. 193–194.
[2] Vgl. BUNDESREGIERUNG (6. KWG-Novelle, 1997), S. 77.

serven liegt bei 4 % des Gesamtbetrages derjenigen Vermögensgegenstände, die unter diese Regelung fallen (§ 340f Abs. 1 Satz 2 HGB). Für Finanzdienstleistungsinstitute gelten die Möglichkeiten der Bildung von Vorsorgereserven nach § 340f HGB analog (§ 340 Abs. 4 HGB).[1]

§ 340f HGB ersetzt § 26a KWG a. F. Obwohl § 26a KWG a. F. nicht mehr existiert und insofern auch keine Vorsorgereserven nach dieser Vorschrift mehr gebildet werden dürfen, erlaubt es der Gesetzgeber den Kreditinstituten, Vorsorgereserven, die nach der Vorschrift des § 26a KWG a. F. gebildet wurden, fortzuführen (Art. 31 Abs. 2 Satz 2 EGHGB).

Im Gegensatz zu den Vorsorgereserven nach § 340f HGB (vgl. dahingehend § 10 Abs. 2b Satz 1 Nr. 1 KWG) dürfen aber die nach § 26a KWG a. F. gebildeten Vorsorgereserven nicht dem Ergänzungskapital erster Klasse hinzugerechnet werden, da ihre Berücksichtigung in § 10 KWG nicht vorgesehen ist. Um eine Berücksichtigung dennoch zu erreichen, „müssen sie entweder den Reserven nach § 340f HGB zugeordnet oder als offene Rücklagen ausgewiesen werden"[2].

Obwohl die Vorsorgereserven nach § 340f HGB grundsätzlich die Fähigkeit und Eignung zum Ausgleich von Verlusten aus dem laufenden Geschäft sowie von Insolvenzverlusten besitzen, kann ihre Anerkennung als Ergänzungskapital erster Klasse und damit als haftendes Eigenkapital „unter Beachtung des Aufsichtszwecks nur als inkonsequent bezeichnet werden. Denn die Notwendigkeit zusätzlicher bankenspezifischer Reserven wurde argumentativ bisher doch damit begründet, dass eine das Gesamtrisiko des einzelnen Kreditinstituts berücksichtigende geschlossene Dispositionsanweisung nicht bestehe, dass sich also die voneinander unabhängigen bankbetrieblichen Risiken im ungünstigsten Fall nicht durch das ohne diese Mittel vorhandene haftende Eigenkapital auffangen ließen."[3]

Durch die Anerkennung der Vorsorgereserven nach § 340f HGB als Ergänzungskapital erster Klasse und damit als haftendes Eigenkapital wird den Instituten die Möglichkeit eröffnet, auf diesen Mitteln weitere Risiken aufzubauen. Die den institutsspezifischen stillen Reserven ursprünglich zugedachte besondere Schutzfunktion kommt insofern nicht mehr zum Tragen. Sollte der Solvabilitätskoeffizient jedoch zu einer geschlossenen, d. h. das Gesamtrisiko eines Instituts begrenzenden Aufsichts-

---

[1] Zu den Regelungen des § 340f HGB vgl. WASCHBUSCH, GERD (Bewertungsprivileg, 1994), S. 1046–1064.
[2] BUNDESREGIERUNG (4. KWG-Novelle, 1992), S. 30.
[3] BIEG, HARTMUT (Auswirkungen, 1989), S. 24.

norm erweitert werden, so wäre der Anerkennung der institutsspezifischen stillen Reserven als haftendes Eigenkapital zuzustimmen. Bis dahin sollten diese Mittel jedoch nicht als haftendes Eigenkapital anerkannt werden und wenn überhaupt, dann nur in Form von offen ausgewiesenen Rücklagen. Hierdurch könnte zumindest eine Verbesserung der Informationsfunktion des handelsrechtlichen Jahresabschlusses erreicht werden, da die Institute ihre stillen institutsspezifischen Reserven in offene Reserven umwandeln müssten, wenn sie durch sie eine Erhöhung ihres haftenden Eigenkapitals erreichen wollten.[1]

**Kumulative Vorzugsaktien**
Wie bereits in der Lösung zu Aufgabe 1.6 erwähnt, dürfen kumulative Vorzugsaktien nicht zum Kernkapital gerechnet werden (§ 10 Abs. 2a Satz 1 Nr. 2 Halbsatz 1 KWG). Sie sind vielmehr vom Aktienkapital abzuziehen. Eine Berücksichtigung beim haftenden Eigenkapital findet jedoch insofern statt, als gemäß § 10 Abs. 2b Satz 1 Nr. 2 KWG ihre Zurechnung zum Ergänzungskapital erster Klasse möglich ist.[2] Der Buchwert des Bestands an eigenen kumulativen Vorzugsaktien ist hierbei entsprechend dem Prinzip der effektiven Kapitalaufbringung (§ 10 Abs. 1d Satz 2 KWG) abzuziehen.

**Rücklagen nach § 6b EStG**
Wie bereits erwähnt (vgl. Lösung zu Aufgabe 1.6) dürfen Beträge der Passivposition „Sonderposten mit Rücklageanteil" dem Kernkapital nicht zugerechnet werden. § 10 Abs. 2b Satz 1 Nr. 3 KWG erlaubt es den Instituten jedoch, Rücklagen nach § 6b EStG dem Ergänzungskapital erster Klasse zuzurechnen. Eine Zurechnung zum Ergänzungskapital ist jedoch auf 45 % dieser Rücklagen begrenzt (§ 10 Abs. 2b Satz 1 Nr. 3 KWG), womit einer eventuell späteren Nachversteuerung Rechnung getragen wird. Außerdem darf gemäß § 10 Abs. 2b Satz 1 Nr. 3 KWG eine Zurechnung nur erfolgen, „soweit diese Rücklagen durch die Einstellung von Gewinnen aus der Veräußerung von Grundstücken, grundstücksgleichen Rechten und Gebäuden entstanden sind". Insofern beschränkt sich die Anrechnung auf einige ausgewählte § 6b EStG-Rücklagen.

Da diese Rücklagen aufgrund bereits erfolgter Veräußerungen von Vermögensgegenständen entstanden sind, handelt es sich nicht um nicht realisierte Reserven im Sinne des § 10 Abs. 2b Satz 1 Nr. 6 und Nr. 7 KWG. Im Gegensatz zu den nicht realisierten Reserven des § 10 Abs. 2b Satz 1 Nr. 6 und Nr. 7 KWG ist ihre Zurechnung daher auch nicht an eine Mindesthöhe des Kernkapitals gebunden und auch

---

[1] Vgl. BIEG, HARTMUT (Auswirkungen, 1989), S. 25–26.
[2] Zur Kritik vgl. die Lösung zu Aufgabe 1.6.

nicht durch die nach ihrem Risiko gewichteten Risikoaktiva in irgendeiner Höhe begrenzt.[1]

**Genussrechtsverbindlichkeiten**

Für die bankenaufsichtsrechtliche Anerkennung der Genussrechtsverbindlichkeiten als Ergänzungskapital erster Klasse (§ 10 Abs. 2b Satz 1 Nr. 4 KWG) ist relevant, ob die in § 10 Abs. 5 KWG genannten Voraussetzungen erfüllt sind. Hiernach sind Kapitaleinlagen gegen Gewährung von Genussrechten dem Ergänzungskapital erster Klasse im Wesentlichen unter denselben Bedingungen zuzurechnen, wie sie für Vermögenseinlagen stiller Gesellschafter (§ 10 Abs. 4 KWG; siehe hierzu die Lösung zu Aufgabe 1.6) gelten. Die Voraussetzungen gemäß § 10 Abs. 5 KWG sind:

– Zwingende Verlustteilnahme der Genussrechte bis zur vollen Höhe der eingezahlten Genussrechtsverbindlichkeiten.
– Das Institut muss berechtigt sein, im Falle eines Verlustes Zinszahlungen aufzuschieben.
– Es wurde eine Nachrangabrede vereinbart, d. h., die Genussrechtsverbindlichkeiten dürfen im Falle der Insolvenz oder der Liquidation des Instituts erst nach Befriedigung aller nicht nachrangigen Gläubiger des Instituts zurückgezahlt werden.
– Die Genussrechtsverbindlichkeiten besitzen eine Mindest(ursprungs)laufzeit von fünf Jahren.
– Die Genussrechtsverbindlichkeiten haben eine Mindestrestlaufzeit von zwei Jahren.
– Das Institut muss bei Abschluss des Vertrages ausdrücklich und schriftlich auf folgende Rechtsfolgen hinweisen: Nachträglich können die Teilnahme am Verlust nicht zum Nachteil des Instituts geändert, der Nachrang nicht beschränkt sowie die Laufzeit und die Kündigungsfrist nicht verkürzt werden. Sofern das Kapital nicht durch die Einzahlung anderen, zumindest gleichwertigen haftenden Eigenkapitals ersetzt worden ist oder die BaFin nicht der vorzeitigen Rückzahlung zustimmt, muss dem Institut ein vorzeitiger Rückerwerb oder eine anderweitige Rückzahlung der Genussrechtsverbindlichkeiten ungeachtet entgegenstehender Vereinbarungen zurückgewährt werden (eine Ausnahme besteht für Rückkäufe des Instituts im Rahmen der Marktpflege oder im Rahmen einer Einkaufskommission). Bei Ausgabe von Wertpapieren über die Genussrechte muss nur in den Zeichnungs- und Ausgabebedingungen auf diese Rechtsfolgen hingewiesen werden.

---

[1] Vgl. SCHARPF, PAUL (Solvabilitätskoeffizient, 1993), S. 136–137.

## 1.2 Haftendes Eigenkapital

– Der Vertrag über die Einlage darf keine Besserungsabreden enthalten, nach denen der Rückzahlungsanspruch, der sich durch Verluste während der Laufzeit der Einlage ermäßigt hat, durch Gewinne, die nach mehr als vier Jahren nach der Fälligkeit des Rückzahlungsanspruchs entstehen, wieder aufgefüllt wird.

Der Erwerb von in Wertpapieren verbrieften eigenen Genussrechten (Genussscheinen) ist nur im Rahmen einer Einkaufskommission oder zu Zwecken der Marktpflege möglich (§ 10 Abs. 5 Satz 6 KWG). Zur Marktpflege ist ein Erwerb nur bis zu 3 % des Gesamtnennbetrages sämtlicher in Wertpapieren verbrieften eigenen Genussrechte möglich.[1] Beabsichtigt das Institut, von der Möglichkeit der Marktpflege Gebrauch zu machen, so hat es dies der BaFin und der Deutschen Bundesbank unverzüglich anzuzeigen (§ 10 Abs. 5 Satz 7 KWG). Das Institut hat dann allerdings nicht mehr – wie dies bis zur Umsetzung der 6. KWG-Novelle der Fall war – die gesamten 3 % als Abzugsposition vom Ergänzungskapital erster Klasse zum Ansatz zu bringen, sondern nur noch diejenigen eigenen Genussrechte, die es tatsächlich im eigenen Bestand hält. Hierdurch wird dem Prinzip der Dynamisierung der Eigenmittelkomponenten Rechnung getragen.

Die Mindest(ursprungs)laufzeit von Genussrechtsverbindlichkeiten beträgt – ebenso wie bei stillen Vermögenseinlagen und längerfristigen nachrangigen Verbindlichkeiten – fünf Jahre, die Mindestrestlaufzeit zwei Jahre, in denen die Genussrechtsverbindlichkeiten nicht mehr als Ergänzungskapital erster Klasse anerkannt werden. Dies hat zur Folge, dass auf ihnen zwar keine Risiken mehr aufgebaut werden dürfen, sie jedoch weiterhin als Haftungsmasse zur Verfügung stehen und an möglichen Verlusten teilnehmen. Da vom Kreditwesengesetz bei den kündbaren Genussrechtsverbindlichkeiten keine längere Kündigungsfrist als die zweijährige Restlaufzeit vorgeschrieben wird, kann – ebenso wie bei den stillen Vermögenseinlagen – durch Inanspruchnahme dieser Mindestkündigungsfrist von zwei Jahren die haftende Eigenkapitalbasis eines Instituts von einem Tag auf den anderen geschmälert werden, weil gleichzeitig mit der Kündigungsfrist die Restlaufzeit beginnt. Aus diesem Grund sollte in den Vertragsbedingungen das Kündigungsrecht des Genussrechtsinhabers ausgeschlossen bzw. eine über die Mindestrestlaufzeit hinausgehende Kündigungsfrist vereinbart werden, um somit dem Institut eine rechtzeitige Disposition hinsichtlich seiner risikobegrenzenden Haftungsmasse zu ermöglichen.

Diese Umstände können noch dadurch verschärft werden, dass sich das Institut die fristlose Kündigung der Genussrechtsverbindlichkeiten für den Fall vorbehalten

---

[1] Bis zur 6. KWG-Novelle war ein Erwerb eigener Genussrechte im Rahmen der Markpflege auf 3 % des Gesamtnennbetrags der jeweiligen Emission beschränkt.

darf, dass eine Änderung der Besteuerung zu Zusatzzahlungen an den Erwerber der Genussrechte führt (§ 10 Abs. 5 Satz 2 KWG). Allerdings wird durch die Aufnahme einer derartigen Klausel in die Vertragsbestimmungen die Einlage nicht unbedingt vorzeitig rückzahlbar. Eine vorzeitige Rückzahlung der Einlage ist dem Institut selbst bei Erfüllung des genannten Tatbestands auch dann zurückzugewähren, wenn das Kapital nicht durch die Einzahlung anderer, zumindest gleichwertigen haftenden Eigenkapitals ersetzt worden ist oder die BaFin der vorzeitigen Rückzahlung nicht zustimmt. Insofern liegt es im pflichtgemäßen Ermessen der Bankenaufsichtsbehörde, zu entscheiden, ob auf die Einzahlung anderer, zumindest gleichwertigen haftenden Eigenkapitals verzichtet werden kann und die vorzeitige Rückzahlung dem Institut somit nicht zurückgewährt werden muss. Diese Regelung führt zu einer „Flexibilisierung und Liberalisierung der Vorschrift im Interesse eines kosteneffizienten Eigenmittelmanagements der Institute"[1].

**Teilbetrag der nicht realisierten Reserven in bestimmten Vermögenspositionen („Neubewertungsreserven")**
Gemäß § 10 Abs. 2b Satz 1 Nr. 6 und Nr. 7 KWG können dem Ergänzungskapital erster Klasse und damit dem haftenden Eigenkapital eines Instituts nicht realisierte Reserven (synonym hierfür „Neubewertungsreserven") zugerechnet werden aus (vgl. Abbildung 3):
- Grundstücken, grundstücksgleichen Rechten[2] und Gebäuden (§ 10 Abs. 2b Satz 1 Nr. 6 KWG),
- Wertpapieren, die an einer Wertpapierbörse zum Handel zugelassen sind (§ 10 Abs. 2b Satz 1 Nr. 7 Buchstabe a KWG) (im Folgenden „notierte Wertpapiere" genannt),
- nicht notierten Wertpapieren, die Anteile an zum Verbund der Kreditgenossenschaften oder der Sparkassen gehörenden Kapitalgesellschaften mit einer Bilanzsumme von mindestens 20 Mio. DM verbriefen (§ 10 Abs. 2b Satz 1 Nr. 7 Buchstabe b KWG) (im Folgenden „nicht notierte Wertpapiere an Verbundunternehmen" genannt),
- Anteilen an einem Sondervermögen i. S. d. InvG oder Anteilen an einem Investmentvermögen, die von einer Investmentgesellschaft mit Sitz in einem anderen Staat des EWR nach bestimmten Vorschriften ausgegeben werden (§ 10 Abs. 2b Satz 1 Nr. 7 Buchstabe c KWG) (im Folgenden „bestimmte Investmentanteile" genannt).

---

[1] BUNDESREGIERUNG (6. KWG-Novelle, 1997), S. 79.
[2] Zu den grundstücksgleichen Rechten zählen u. a. Erbbaurecht, Abbaurechte, Teileigentum und Wohnungseigentum i. S. d. Wohnungs-Eigentumsgesetzes.

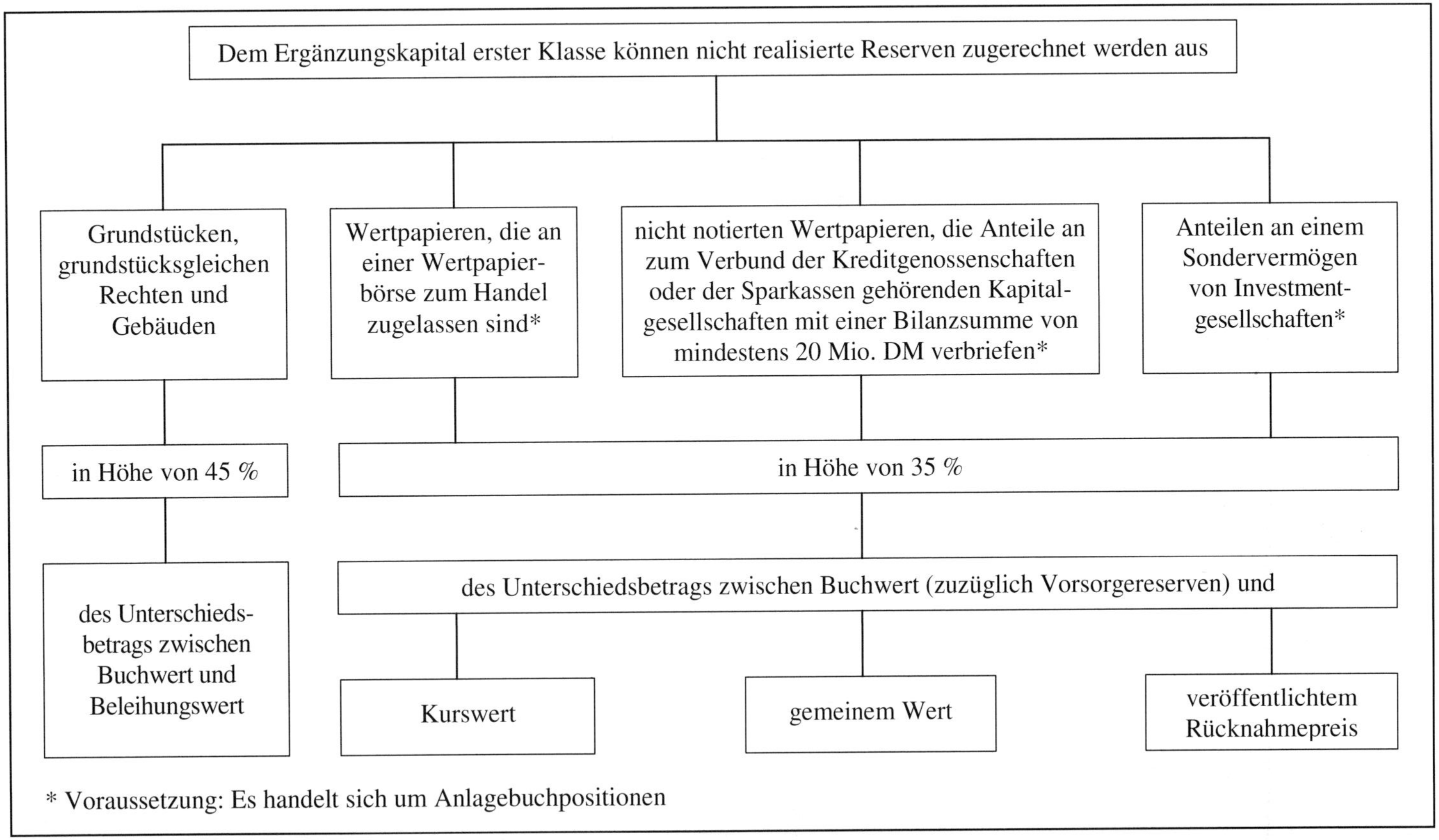

## 1.2 Haftendes Eigenkapital

Dem Ergänzungskapital erster Klasse können nicht realisierte Reserven zugerechnet werden aus

- Grundstücken, grundstücksgleichen Rechten und Gebäuden
  - in Höhe von 45 %
  - des Unterschiedsbetrags zwischen Buchwert und Beleihungswert

- Wertpapieren, die an einer Wertpapierbörse zum Handel zugelassen sind*
  - in Höhe von 35 %
  - des Unterschiedsbetrags zwischen Buchwert (zuzüglich Vorsorgereserven) und
    - Kurswert
    - gemeinem Wert

- nicht notierten Wertpapieren, die Anteile an zum Verbund der Kreditgenossenschaften oder der Sparkassen gehörenden Kapitalgesellschaften mit einer Bilanzsumme von mindestens 20 Mio. DM verbriefen*

- Anteilen an einem Sondervermögen von Investmentgesellschaften*
  - veröffentlichtem Rücknahmepreis

\* Voraussetzung: Es handelt sich um Anlagebuchpositionen

**Abbildung 3: Dem Ergänzungskapital erster Klasse zurechenbare nicht realisierte Reserven gemäß § 10 Abs. 2b Satz 1 Nr. 6 und Nr. 7 KWG**

Eine Anrechnung der nicht realisierten Reserven kann bei Grundstücken, grundstücksgleichen Rechten und Gebäuden in Höhe von 45 % erfolgen, bei den anderen oben genannten Vermögensgegenständen lediglich in Höhe von 35 %.

Für die Anerkennung nicht realisierter Reserven in den oben aufgezählten Vermögensgegenständen als Ergänzungskapital erster Klasse müssen folgende Voraussetzungen erfüllt sein:

– Das Kernkapital muss mindestens 4,4 % der gemäß Grundsatz I risikogewichteten Aktiva betragen (§ 10 Abs. 4a Satz 1 Halbsatz 1 KWG).
– Nicht realisierte Reserven können nur bis zu 1,4 % der gemäß Grundsatz I risikogewichteten Aktiva dem Ergänzungskapital erster Klasse zugerechnet werden (§ 10 Abs. 4a Satz 1 Halbsatz 2 KWG).
– Für die vorstehenden Berechnungen dürfen Positionen des Handelsbuchs als Positionen des Anlagebuchs berücksichtigt werden (§ 10 Abs. 4a Satz 2 KWG), da sich durch die seit der 6. KWG-Novelle vorzunehmende Aufspaltung der Wertpapiere eines Instituts in ein Anlagebuch und ein Handelsbuch die Bezugsgröße für die Berechnung nicht realisierter Reserven, die dem Ergänzungskapital erster Klasse zugerechnet werden können, vermindert. Durch dieses Institutswahlrecht wird der bis zur 6. KWG-Novelle bestehende Rechtszustand fortgeschrieben und eine mit der Aufspaltung der Wertpapiere verbundene Verminderung der zurechenbaren nicht realisierten Reserven vermieden. Die Zurechnung nicht realisierter Reserven zum Ergänzungskapital erster Klasse ist allerdings nur noch bei Anlagebuchpositionen möglich (siehe nachfolgenden Spiegelstrich). Lediglich die Bezugsbasis der Berechnungen bleibt unverändert.
– Nicht realisierte Reserven aus Wertpapieren i. S. d. § 10 Abs. 2b Satz 1 Nr. 7 Buchstabe a bis Buchstabe c KWG können nur dann als Ergänzungskapital erster Klasse anerkannt werden, wenn es sich um Wertpapiere des Anlagebuchs handelt (§ 10 Abs. 2b Satz 1 Nr. 7 KWG).
– Sämtliche Grundstücke, grundstücksgleichen Rechte und Gebäude bzw. sämtliche anrechnungsfähigen Wertpapiere sind in die Berechnung des Unterschiedsbetrags mit einzubeziehen (§ 10 Abs. 4a Satz 3 KWG).
– Die Berechnung der nicht realisierten Reserven ist der BaFin und der Deutschen Bundesbank unverzüglich nach ihrem Abschluss unter Angabe der maßgeblichen Wertansätze offen zu legen (§ 10 Abs. 4a Satz 4 KWG).
– Der dem Ergänzungskapital erster Klasse (haftenden Eigenkapital) zugerechnete Betrag der nicht realisierten Reserven ist im Anhang zur Bilanz und zur Gewinn- und Verlustrechnung anzugeben (§ 340c Abs. 3 HGB).

## 1.2 Haftendes Eigenkapital

```
┌─────────────────────────────────────────────────────────────────────┐
│                                                                     │
│    ┌───────────────────────────────────────────────────────┐        │
│    │       Berechnung der nicht realisierten Reserven      │        │
│    └───────────────────────────────────────────────────────┘        │
│                              │                                      │
│           ┌──────────────────────────────────────────────────────┐  │
│           │  für alle Grundstücke, grundstücksgleichen Rechte    │  │
│           │                    und Gebäude                       │  │
│           └──────────────────────────────────────────────────────┘  │
│                                     │                               │
│      ┌──────────────────────────────────────────────────────────┐   │
│      │  aus dem Unterschiedsbetrag zwischen Buchwert und        │   │
│      │                     Beleihungswert                       │   │
│      └──────────────────────────────────────────────────────────┘   │
│                                          │                          │
│   – der Beleihungswert ist nach § 12 Abs. 1 und 2 HypBankG zu       │
│     ermitteln                                                       │
│   – die Ermittlung der Beleihungswerte hat mindestens alle drei     │
│     Jahre durch Bewertungsgutachten zu erfolgen                     │
│   – das Institut muss hierfür einen aus mindestens drei Personen    │
│     bestehenden Sachverständigenausschuss bestellen                 │
│   – die Mitglieder des Sachverständigenausschusses müssen           │
│     unabhängig, zuverlässig und fachlich geeignet sein und auf      │
│     dem Gebiet der Bewertung von Grundstücken besondere             │
│     Erfahrung haben                                                 │
│   – die Bestellung der Sachverständigen ist der BaFin anzuzeigen    │
│     (die BaFin kann die Bestellung anderer Sachverständiger         │
│     verlangen)                                                      │
│   – nicht realisierte Reserven sind mit nicht realisierten          │
│     Verlusten zu verrechnen                                         │
│                                                                     │
└─────────────────────────────────────────────────────────────────────┘
```

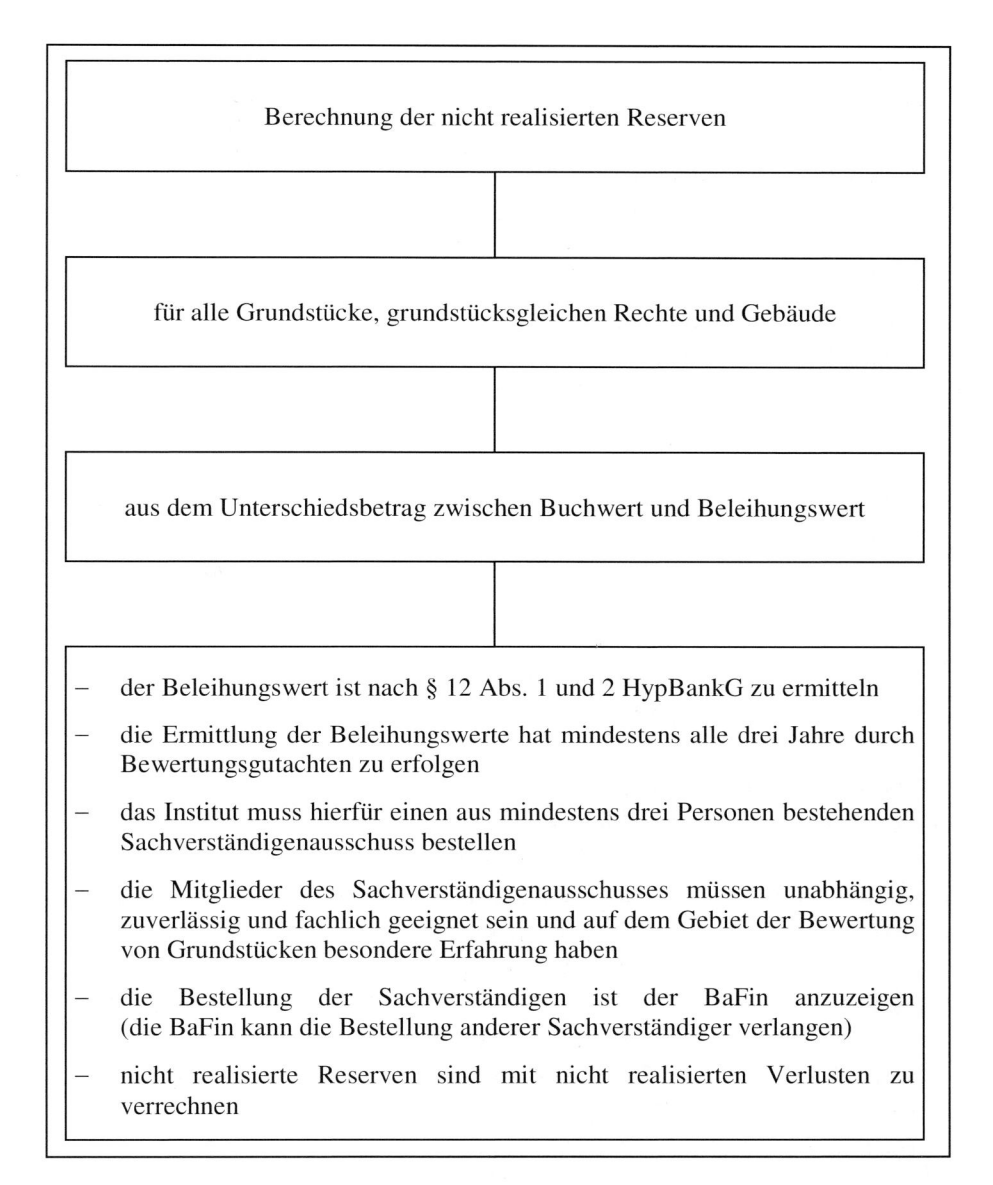

**Abbildung 4: Ermittlung der nicht realisierten Reserven gemäß § 10 Abs. 4b KWG**

Die nicht realisierten Reserven berechnen sich bei Grundstücken, grundstücksgleichen Rechten und Gebäuden aus der Differenz ihres Buchwertes und ihres Beleihungswertes (vgl. Abbildung 4). Eine Anrechnung findet allerdings nur bis zur Höhe von 45 % dieses Unterschiedsbetrages statt (§ 10 Abs. 2b Satz 1 Nr. 6 KWG). Zu beachten ist hier, dass alle Grundstücke, grundstücksgleichen Rechte und Gebäude in die Berechnung einzubeziehen sind, also auch solche, bei denen der Buchwert über dem Beleihungswert liegt (§ 10 Abs. 4a Satz 3 KWG). In diesem Fall sind die nicht realisierten Reserven um diesen negativen Unterschiedsbetrag zu vermindern (§ 10 Abs. 4b Satz 5 KWG). Diese Vorschrift verhindert, dass ein Institut lediglich solche Vermögensgegenstände berücksichtigt, bei denen der Buchwert unter dem Beleihungswert liegt, wodurch das Ergänzungskapital erster Klasse des Instituts ungerechtfertigterweise zu hoch angesetzt würde.

Gemäß § 10 Abs. 4b Satz 1 KWG ist der Beleihungswert nach § 12 Abs. 1 und 2 HypBankG zu ermitteln. Dies bedeutet, dass
– der Beleihungswert des Grundstücks den durch sorgfältige Ermittlung festgestellten Verkaufswert nicht übersteigen darf (§ 12 Abs. 1 Satz 1 HypBankG),
– bei der Feststellung des Beleihungswertes nur die dauernden Eigenschaften des Grundstücks und der Ertrag, den das Grundstück bei ordnungsmäßiger Wirtschaft dem Besitzer nachhaltig gewähren kann, zu berücksichtigen sind (§ 12 Abs. 1 Satz 2 HypBankG),
– falls eine Ermittlung des Verkehrswertes aufgrund der Vorschriften der §§ 192 bis 199 Baugesetzbuch vorliegt, dieser bei der Ermittlung des Beleihungswertes berücksichtigt werden soll (§ 12 Abs. 2 HypBankG).

Die Ermittlung der Beleihungswerte hat mindestens alle drei Jahre durch Bewertungsgutachten zu erfolgen (§ 10 Abs. 4b Satz 2 KWG). Für diese Ermittlung hat das Institut einen aus mindestens drei Personen bestehenden Sachverständigenausschuss zu bestellen (§ 10 Abs. 4b Satz 3 KWG). Gemäß § 10 Abs. 4b Satz 4 KWG ist hierfür § 77 Abs. 2 und 3 InvG entsprechend anzuwenden. Dies bedeutet, dass
– die Mitglieder des Sachverständigenausschusses unabhängig, zuverlässig und fachlich geeignet sein müssen und über besondere Erfahrungen auf dem Gebiet der Bewertung von Immobilien zu verfügen haben (§ 77 Abs. 2 Satz 1 InvG),
– jedes einzelne Mitglied in einem der Sachverständigenausschüsse des Instituts nur bis zum Ablauf des fünften auf seine erstmalige Bestellung folgenden Kalenderjahres tätig sein darf; dieser Zeitraum verlängert sich bei Vorliegen bestimmter Voraussetzungen um ein weiteres Jahr (§ 77 Abs. 3 Satz 3 und 3 InvG),
– die Bestellung der Sachverständigen der BaFin anzuzeigen und das Vorliegen der oben genannten Voraussetzungen hierbei darzulegen ist (§ 77 Abs. 3 Satz 1 InvG),
– die BaFin Sachverständige ablehnen kann, falls sie die Voraussetzungen nicht oder nicht mehr erfüllen; für die ausgeschiedenen Sachverständigen sind neue zu bestellen (§ 77 Abs. 3 Satz 1 InvG).

## 1.2 Haftendes Eigenkapital

Bei der Ermittlung der nicht realisierten Reserven in anrechnungsfähigen Wertpapieren ist eine differenzierte Betrachtung nach der Art der Wertpapiere notwendig (vgl. Abbildung 5). Nicht realisierte Reserven in anrechnungsfähigen Wertpapieren können als Ergänzungskapital erster Klasse (haftendes Eigenkapital) anerkannt werden und zwar in Höhe von 35 % des Unterschiedsbetrages zwischen dem Buchwert zuzüglich Vorsorgereserven und
- bei notierten Wertpapieren dem Kurswert dieser Wertpapiere,
- bei nicht notierten Wertpapieren an Verbundunternehmen dem Wert der nicht notierten Wertpapiere nach § 11 Abs. 2 Satz 2 bis 5 BewG (gemeinen Wert),
- bei bestimmten Investmentanteilen dem veröffentlichten Rücknahmepreis dieser Investmentanteile.

Bei notierten Wertpapieren bestimmt sich der Kurswert gemäß § 10 Abs. 4c Satz 1 KWG grundsätzlich nach dem Kurs am Bilanzstichtag. Da die Kurswerte der notierten Wertpapiere jedoch starken Schwankungen unterworfen sein können, ist der Durchschnittswert aus dem Kurs am Bilanzstichtag und den Kursen an den drei vorangegangenen Bilanzstichtagen zu ermitteln und mit dem Kurswert am Bilanzstichtag zu vergleichen. Für den Fall, dass diese beiden Werte nicht identisch sind, ist der niedrigere als relevanter Kurswert anzusetzen (§ 10 Abs. 4c Satz 2 KWG). Sollte an einem Bilanzstichtag kein Kurs vorliegen, so ist der letzte Kurs, der innerhalb von 30 Tagen vor dem Bilanzstichtag festgestellt wurde, maßgebend (§ 10 Abs. 4c Satz 3 KWG).

Bei den nicht notierten Wertpapieren an Verbundunternehmen bestimmen sich die nicht realisierten Reserven aus dem Unterschiedsbetrag zwischen dem Buchwert und dem Wert der nicht notierten Wertpapiere nach § 11 Abs. 2 BewG. Nach dieser Vorschrift ist für diese Vermögensgegenstände der gemeine Wert anzusetzen. Gemäß § 9 Abs. 2 Satz 1 BewG wird der gemeine Wert „durch den Preis bestimmt, der im gewöhnlichen Geschäftsverkehr nach der Beschaffenheit des Wirtschaftsgutes bei einer Veräußerung zu erzielen wäre". Dabei müssen alle Umstände (außer persönlichen oder ungewöhnlichen Verhältnissen), die den Preis beeinflussen, berücksichtigt werden (§ 9 Abs. 2 Satz 2 und 3 BewG). Für den Fall, dass sich der gemeine Wert nicht aus Verkäufen, die weniger als ein Jahr zurückliegen, ableiten lässt, bestimmt § 11 Abs. 2 Satz 2 BewG, dass er „unter Berücksichtigung des Vermögens und der Ertragsaussichten der Kapitalgesellschaft zu schätzen" ist.

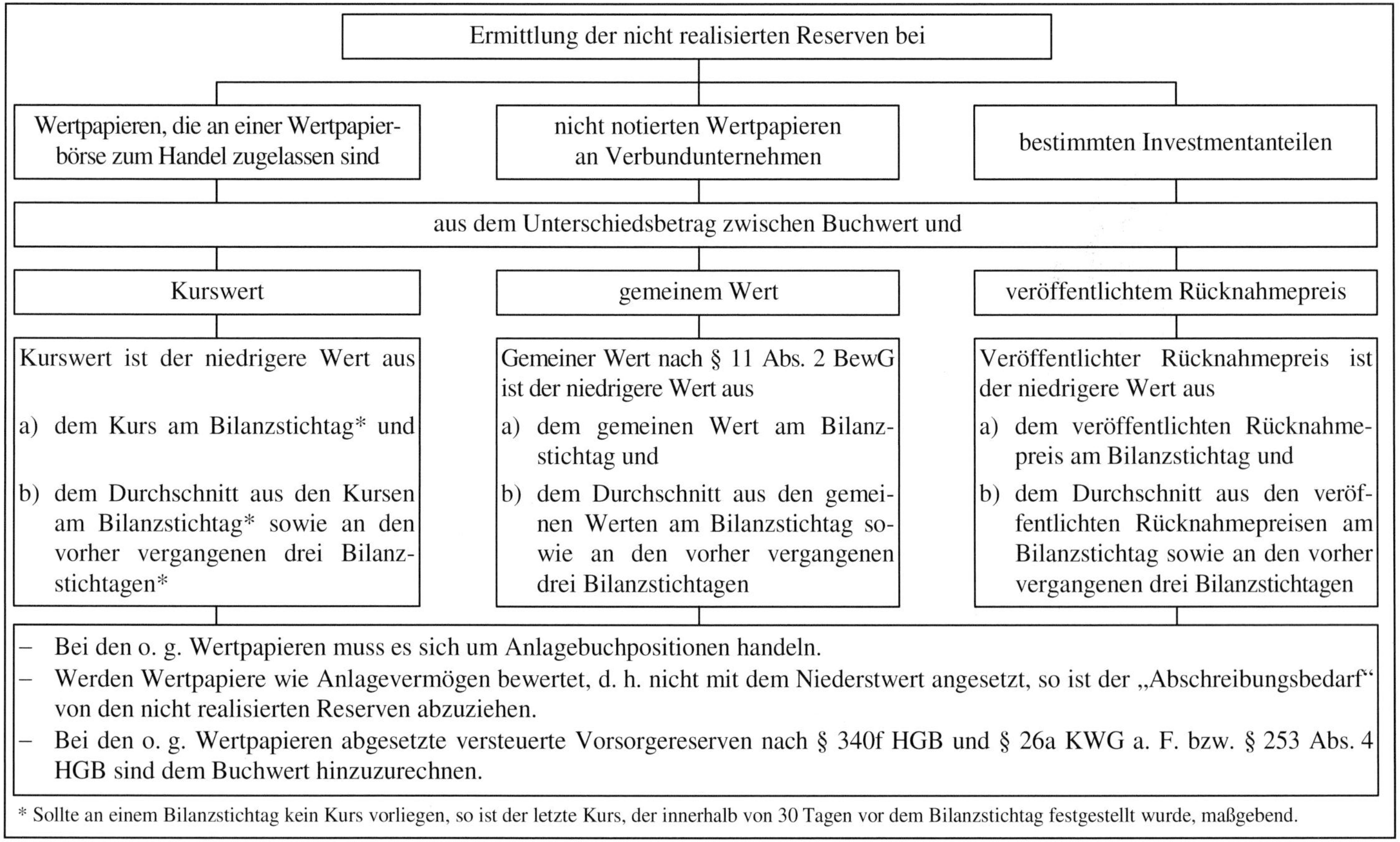

## Ermittlung der nicht realisierten Reserven bei

**Wertpapieren, die an einer Wertpapierbörse zum Handel zugelassen sind**

- Kurswert

  Kurswert ist der niedrigere Wert aus
  a) dem Kurs am Bilanzstichtag* und
  b) dem Durchschnitt aus den Kursen am Bilanzstichtag* sowie an den vorher vergangenen drei Bilanzstichtagen*

**nicht notierten Wertpapieren an Verbundunternehmen**

aus dem Unterschiedsbetrag zwischen Buchwert und

- gemeinem Wert

  Gemeiner Wert nach § 11 Abs. 2 BewG ist der niedrigere Wert aus
  a) dem gemeinen Wert am Bilanzstichtag und
  b) dem Durchschnitt aus den gemeinen Werten am Bilanzstichtag sowie an den vorher vergangenen drei Bilanzstichtagen

**bestimmten Investmentanteilen**

- veröffentlichtem Rücknahmepreis

  Veröffentlichter Rücknahmepreis ist der niedrigere Wert aus
  a) dem veröffentlichten Rücknahmepreis am Bilanzstichtag und
  b) dem Durchschnitt aus den veröffentlichten Rücknahmepreisen am Bilanzstichtag sowie an den vorher vergangenen drei Bilanzstichtagen

– Bei den o. g. Wertpapieren muss es sich um Anlagebuchpositionen handeln.
– Werden Wertpapiere wie Anlagevermögen bewertet, d. h. nicht mit dem Niederstwert angesetzt, so ist der „Abschreibungsbedarf" von den nicht realisierten Reserven abzuziehen.
– Bei den o. g. Wertpapieren abgesetzte versteuerte Vorsorgereserven nach § 340f HGB und § 26a KWG a. F. bzw. § 253 Abs. 4 HGB sind dem Buchwert hinzuzurechnen.

\* Sollte an einem Bilanzstichtag kein Kurs vorliegen, so ist der letzte Kurs, der innerhalb von 30 Tagen vor dem Bilanzstichtag festgestellt wurde, maßgebend.

**Abbildung 5: Ermittlung der nicht realisierten Reserven gemäß § 10 Abs. 4c KWG**

Auch für den Ansatz des gemeinen Wertes ist eine Berücksichtigung möglicher Schwankungen vorgesehen. Sollte also der Durchschnitt aus dem gemeinen Wert am Bilanzstichtag und den gemeinen Werten der drei vorangegangenen Bilanzstichtage geringer als der gemeine Wert am Bilanzstichtag sein, so ist der geringere Durchschnittswert für die Ermittlung der nicht realisierten Reserven maßgeblich (§ 10 Abs. 4c Satz 2 KWG i. V. m. § 10 Abs. 4c Satz 5 KWG).

Entsprechendes gilt für die Bestimmung der nicht realisierten Reserven bestimmter Investmentanteile. Auch bei diesen Vermögensgegenständen können 35 % des Unterschiedsbetrages zwischen ihrem Buchwert und dem veröffentlichten Rücknahmepreis dieser Anteile als Ergänzungskapital erster Klasse (haftendes Eigenkapital) anerkannt werden. Grundsätzlich ist auch hier der veröffentlichte Rücknahmepreis am Bilanzstichtag maßgeblich. Liegt jedoch der Durchschnitt aus dem veröffentlichten Rücknahmepreis am Bilanzstichtag und denjenigen der drei vorangegangenen Bilanzstichtage unter dem veröffentlichten Rücknahmepreis des betrachteten Bilanzstichtages, so ist dieser Durchschnittspreis für die Berechnung des Unterschiedsbetrages maßgeblich (§ 10 Abs. 4c Satz 2 KWG i. V. m. § 10 Abs. 4c Satz 5 KWG).

Bei der Ermittlung der nicht realisierten Reserven der anrechnungsfähigen Wertpapiere (notierte Wertpapiere, nicht notierte Wertpapiere an Verbundunternehmen und bestimmte Investmentanteile) ist noch auf zwei Besonderheiten hinzuweisen. Zum einen sind die bei diesen Vermögenswerten gebildeten Vorsorgereserven nach § 340f HGB, § 26a KWG a. F. sowie § 253 Abs. 4 HGB gemäß § 10 Abs. 2b Satz 1 Nr. 7 KWG dem Buchwert hinzuzurechnen.[1] Zum anderen ist zu beachten, dass bei Wertpapieren, die nach den Grundsätzen für das Anlagevermögen bewertet werden, der Buchwert über dem maßgeblichen Kurswert der Papiere liegen kann. In diesem Fall müssen die nicht realisierten Reserven um die sich hieraus ergebende Differenz ermäßigt werden (§ 10 Abs. 4c Satz 4 KWG), da nicht realisierte Reserven nur dann berücksichtigt werden können, wenn sämtliche relevanten Aktiva in die Berechnung des Unterschiedsbetrags einbezogen werden (§ 10 Abs. 4a Satz 3 KWG).

**Aufgabe 1.10: Ergänzungskapitalbestandteile zweiter Klasse**
Erläutern Sie, welche Eigenmittelkomponenten gemäß § 10 Abs. 2b KWG als Ergänzungskapital zweiter Klasse anerkannt werden.

---

[1] Vgl. SCHARPF, PAUL (Solvabilitätskoeffizient, 1993), S. 129. Auch wenn es Kreditinstituten nicht mehr erlaubt ist, Vorsorgereserven nach § 26 KWG a. F. und § 253 Abs. 4 HGB zu bilden, so ist es ihnen dennoch gemäß Art. 31 Abs. 1 EGHGB gestattet, einen sich aus einer früheren Anwendung dieser Vorschriften ergebenden niedrigeren Wertansatz beizubehalten (Schutz der Altbestände).

## Lösung
### Längerfristige nachrangige Verbindlichkeiten

Mit der 4. KWG-Novelle wurde den Instituten die Möglichkeit gegeben, sich bankenaufsichtsrechtliches Eigenkapital in der Form von Ergänzungskapital zweiter Klasse auch durch die Ausgabe längerfristiger nachrangiger Verbindlichkeiten zu beschaffen. Die Kriterien, die bei der vertraglichen Ausgestaltung der Hereinnahme solcher Mittel zu beachten sind, regelt § 10 Abs. 5a KWG:

– Das Kapital aus längerfristigen nachrangigen Verbindlichkeiten muss eingezahlt sein.
– Das Kapital darf im Falle der Insolvenz oder der Liquidation des Instituts erst nach der Befriedigung aller nicht nachrangigen Gläubiger zurückerstattet werden.
– Das Kapital besitzt eine Mindest(ursprungs)laufzeit von fünf Jahren.
– Die Aufrechnung des Rückerstattungsanspruchs gegen Forderungen des Instituts ist nicht gestattet; ferner dürfen für die längerfristigen nachrangigen Verbindlichkeiten keine vertraglichen Sicherheiten durch das Institut selbst oder durch Dritte gestellt werden. Eine Ausnahme besteht für längerfristige nachrangige Verbindlichkeiten, die ein ausschließlich zur Kapitalaufnahme gegründetes Tochterunternehmen des Instituts eingegangen ist, und für die nachrangige Sicherheiten gestellt werden dürfen.
– Der Wortteil „Spar" darf im Zusammenhang mit längerfristigen nachrangigen Verbindlichkeiten nicht verwendet werden, damit die Erwerber über die Nachrangigkeit nicht getäuscht werden können. Eine Ausnahme besteht, soweit ein Kreditinstitut seinen in § 40 KWG geschützten Firmennamen benutzt.
– Das Institut muss bei Vertragsabschluss ausdrücklich und schriftlich darauf hinweisen, dass nachträglich der Nachrang nicht beschränkt sowie die Laufzeit und Kündigungsfrist nicht verkürzt werden können und eine vorzeitige Rückerstattung dem Institut ungeachtet entgegenstehender Vereinbarungen zurückzuzahlen ist. Eine vorzeitige Rückerstattung der längerfristigen nachrangigen Verbindlichkeiten des Instituts ist jedoch möglich, sofern das Kapital durch die Einzahlung anderen, zumindest gleichwertigen haftenden Eigenkapitals ersetzt worden ist oder die BaFin der vorzeitigen Rückzahlung zustimmt (eine Ausnahme besteht zudem für Rückkäufe des Instituts im Rahmen der Marktpflege oder im Rahmen einer Einkaufskommission). Bei Ausgabe von Wertpapieren über die längerfristigen nachrangigen Verbindlichkeiten muss nur in den Zeichnungs- und Ausgabebedingungen auf diese Rechtsfolgen hingewiesen werden.

Der Erwerb von in Wertpapieren verbrieften eigenen längerfristigen nachrangigen Verbindlichkeiten ist – wie bereits erwähnt – nur im Rahmen einer Einkaufskom-

## 1.2 Haftendes Eigenkapital 57

mission oder zu Zwecken der Marktpflege möglich (§ 10 Abs. 5a Satz 6 KWG). Zur Marktpflege ist ein Erwerb nur bis zu 3 % des Gesamtnennbetrags sämtlicher in Wertpapieren verbrieften eigenen längerfristigen nachrangigen Verbindlichkeiten möglich.[1] Beabsichtigt das Institut von der Möglichkeit der Marktpflege Gebrauch zu machen, so hat es dies der BaFin und der Deutschen Bundesbank unverzüglich anzuzeigen (§ 10 Abs. 5a Satz 7 KWG). Analog zur Regelung bei den Genussrechtsverbindlichkeiten hat das Institut dann nicht mehr – wie dies bis zur Umsetzung der 6. KWG-Novelle der Fall war – die gesamten 3 % als Abzugsposition vom Ergänzungskapital zweiter Klasse zum Ansatz zu bringen, sondern nur noch die eigenen längerfristigen nachrangigen Verbindlichkeiten, die es tatsächlich im eigenen Bestand hält. Hierdurch wird dem Prinzip der Dynamisierung der Eigenmittelkomponenten Rechnung getragen.

Während sich die Regelung der Mindest(ursprungs)laufzeit der längerfristigen nachrangigen Verbindlichkeiten nicht von derjenigen der stillen Vermögenseinlagen und Genussrechtsverbindlichkeiten unterscheidet (in allen diesen Fällen beträgt die Mindest(ursprungs)laufzeit der Eigenmittelbestandteile fünf Jahre), besteht hinsichtlich der Restlaufzeit bei den längerfristigen nachrangigen Verbindlichkeiten eine Besonderheit. Beträgt die Restlaufzeit der längerfristigen nachrangigen Verbindlichkeiten weniger als zwei Jahre, so werden sie noch zu 40 % dem Ergänzungskapital zweiter Klasse zugerechnet (§ 10 Abs. 5a Satz 2 KWG). Bei den Genussrechtsverbindlichkeiten sowie den stillen Vermögenseinlagen ist bei Unterschreiten der Restlaufzeit von zwei Jahren noch nicht einmal eine teilweise Anrechnung möglich. Im Gegensatz zu den Genussrechtsverbindlichkeiten und den stillen Vermögenseinlagen findet bei den längerfristigen nachrangigen Verbindlichkeiten also bis zur Fälligkeit noch eine zumindest teilweise Anerkennung als Ergänzungskapital zweiter Klasse (haftendes Eigenkapital) statt, so dass insoweit von einer Bevorzugung der längerfristigen nachrangigen Verbindlichkeiten gegenüber den stillen Vermögenseinlagen und den Genussrechtsverbindlichkeiten gesprochen werden kann.

Die Regelung der vorzeitigen fristlosen Kündigungsmöglichkeit durch das Institut für den Fall, dass eine Änderung der Besteuerung zu Zusatzzahlungen an den Erwerber der nachrangigen Forderungen führt, ist mit der für Genussrechtsverbindlichkeiten geltenden Regelung identisch, d. h., dass bei Erfüllung des genannten Tatbestandes eine vorzeitige Rückzahlung der längerfristigen nachrangigen Verbindlichkeiten dem Institut nur dann nicht zurückerstattet werden muss, wenn sie durch die Einzahlung anderen, zumindest gleichwertigen haftenden Eigenkapitals ersetzt

---

[1] Bis zur 6. KWG-Novelle war ein Erwerb eigener längerfristiger nachrangiger Verbindlichkeiten im Rahmen der Marktpflege auf 3 % des Gesamtbetrags der jeweiligen Emission beschränkt.

worden sind oder die BaFin der vorzeitigen Rückzahlung zustimmt (siehe hierzu auch die ausführlichere Diskussion im Rahmen der Darstellung der Genussrechtsverbindlichkeiten in der Lösung zu Aufgabe 1.9).

Längerfristige nachrangige Verbindlichkeiten sind unabhängig von ihrer konkreten vertraglichen Ausgestaltung immer Fremdkapital. Diesen Mitteln fehlt die vom haftenden Eigenkapital grundsätzlich geforderte Verlustausgleichsfunktion. Es besteht zudem bei den längerfristigen nachrangigen Verbindlichkeiten im Gegensatz zu den stillen Vermögenseinlagen und den Genussrechtsverbindlichkeiten keine Verpflichtung, sich das Recht einräumen zu lassen, im Falle eines Verlustes Zinszahlungen aufschieben zu können.[1]

Die Anerkennung längerfristiger nachrangiger Verbindlichkeiten als Kernkapital kommt nicht in Frage, da sie keine insolvenzverhindernde Wirkung entfalten können, und sie daher zur Sicherung der Funktionsfähigkeit des Kredit- und Finanzdienstleistungsgewerbes ungeeignet sind. Eine Einbeziehung in den Katalog der Ergänzungskapitalbestandteile ist jedoch gerechtfertigt, da sie aufgrund der Nachrangabrede den Gläubigerschutz im Liquidationsfall gewährleisten, sofern bestimmte Mindestanforderungen erfüllt sind.

**Haftsummenzuschlag bei eingetragenen Genossenschaften**
Die Haftung der Mitglieder einer Genossenschaft beschränkt sich i. d. R. nicht auf ihre übernommenen Geschäftsanteile. Sie haften oft darüber hinaus pro Geschäftsanteil für eine in der Satzung bestimmte Summe, die Haftsumme. Die Haftsumme bezeichnet den Betrag, bis zu dem die Genossen in der Insolvenz des Instituts Nachschüsse zu leisten haben, wenn die Insolvenzmasse zur Befriedigung der Gläubiger des Instituts nicht ausreicht. Man unterscheidet zwischen der beschränkten und der unbeschränkten Nachschusspflicht. Im Falle der beschränkten Nachschusspflicht darf die Haftsumme nicht geringer als der Geschäftsanteil sein (§ 119 GenG). Die Haftsumme stellt somit nicht eingezahltes Haftungskapital für den Insolvenzfall dar.

Dies berücksichtigend kann das Bundesministerium der Finanzen nach Anhörung der Deutschen Bundesbank durch Rechtsverordnung einen so genannten Haftsummenzuschlag für die Berechnung des haftenden Eigenkapitals bestimmen, welcher der Haftsummenverpflichtung der Genossen Rechnung trägt (§ 10 Abs. 2b Satz 1 Nr. 8 KWG). Die Ermächtigung zum Erlass dieser Rechtsverordnung kann vom Bundesministerium der Finanzen auf die BaFin übertragen werden (§ 10 Abs. 2b

---

[1] Die entsprechende Vorschrift für stille Vermögenseinlagen ist in § 10 Abs. 4 Satz 1 Nr. 1 KWG geregelt, während für Genussrechtsverbindlichkeiten § 10 Abs. 5 Satz 1 Nr. 1 KWG relevant ist.

## 1.2 Haftendes Eigenkapital 59

Satz 4 KWG). Der Erlass dieser Rechtsverordnung erfolgte durch die sog. Zuschlagsverordnung (ZuschlV), welche für eG mit beschränkter Nachschusspflicht den Zuschlag auf 75 % des Gesamtbetrages der Haftsummen festlegt (§ 1 Abs. 1 Nr. 1 ZuschlV); bei eG mit unbeschränkter Nachschusspflicht beträgt der Zuschlag das Doppelte des Gesamtbetrages der Geschäftsanteile (§ 1 Abs. 1 Nr. 2 ZuschlV). Bei Zentralkassen in der Rechtsform der eingetragenen Genossenschaft werden laut § 2 Satz 1 ZuschlV nur 35 % des Gesamtbetrages der Haftsummen als Haftsummenzuschlag anerkannt. Als zusätzliche Obergrenze des Haftsummenzuschlags sehen die §§ 1 Abs. 3, 2 Satz 1 ZuschlV in allen Fällen 25 % des ohne den Zuschlag vorhandenen haftenden Eigenkapitals nach § 10 Abs. 2 Satz 1 Nr. 3, Abs. 3 und Abs. 7 KWG a. F. vor.[1]

Gemäß § 1 Abs. 2 ZuschlV i. V. m. § 2 Satz 2 ZuschlV dürfen bei der Berechnung des Zuschlags die Haftsummen und Geschäftsanteile derjenigen Mitglieder, die zum Schluss des Geschäftsjahres ausscheiden, nicht berücksichtigt werden.

Eingetragene Genossenschaften, die die Haftung ihrer Mitglieder auf deren Geschäftsanteile beschränkt haben, können konsequenterweise keinen Haftsummenzuschlag in Anspruch nehmen.

Ein Beispiel zur Berechnung des Haftsummenzuschlags findet sich in Aufgabe 1.13.

**Aufgabe 1.11: Abzüge von der Summe aus Kern- und Ergänzungskapital**
Erläutern Sie, welche Abzugspositionen von der Summe aus Kern- und Ergänzungskapital gemäß § 10 Abs. 6 KWG vorgesehen sind.

**Lösung**
Gemäß § 10 Abs. 6 Satz 1 Nr. 1 bis Nr. 5 KWG sind bestimmte Beteiligungen, Forderungen aus längerfristigen nachrangigen Verbindlichkeiten und aus Genussrechts-

---

[1] Da die Zuschlagsverordnung zuletzt am 20.12.1984, also zusammen mit der 3. KWG-Novelle geändert wurde, beziehen sich die §§ 1 Abs. 3, 2 Satz 1 ZuschlV auf die damals gültige KWG-Fassung. Insofern gelten als Obergrenze des Haftsummenzuschlags 25 % der Summe aus
- den Geschäftsguthaben und Rücklagen (ohne Berücksichtigung des Haftsummenzuschlags) des Instituts, wobei Geschäftsguthaben von Genossen, die zum Schluss des Geschäftsjahres ausscheiden, und ihre Ansprüche auf Auszahlung eines Anteils an der bilanziell gesondert ausgewiesenen Ergebnisrücklage nach § 73 Abs. 3 GenG abzusetzen sind (§ 10 Abs. 2 Satz 1 Nr. 3 KWG a. F.),
- dem Reingewinn, soweit seine Zuweisung zum Geschäftskapital, zu den Rücklagen oder den Geschäftsguthaben beschlossen ist, wobei entstandene Verluste abzuziehen sind (§ 10 Abs. 3 KWG a. F.) und
- den vor Feststellung des Jahresabschlusses nachgewiesenen und von der Bankenaufsichtsbehörde anerkannten Kapitalveränderungen (§ 10 Abs. 7 KWG a. F.).

verbindlichkeiten sowie Vermögenseinlagen als stiller Gesellschafter bei bestimmten Unternehmen von der Summe aus Kern- und Ergänzungskapital (haftendes Eigenkapital brutto) abzuziehen. § 10 Abs. 6 Satz 1 Nr. 1 bis Nr. 4 KWG regelt den Abzug dieser Vermögensgegenstände für den Fall, dass das Institut zu mehr als 10 % am Kapital bestimmter Unternehmen beteiligt ist, während § 10 Abs. 6 Satz 1 Nr. 5 KWG den Abzug für den Fall regelt, dass der Gesamtbetrag der genannten Vermögensgegenstände 10 % des haftenden Eigenkapitals (brutto) des Instituts übersteigt und das Institut zu höchstens 10 % am Kapital bestimmter Unternehmen beteiligt ist. Der Abzug dieser Vermögensgegenstände erfolgt, um eine Mehrfachbelegung derselben Eigenmittel bei verschiedenen Instituten, ohne dass eine tatsächliche Erhöhung der haftenden Mittel stattgefunden hätte (Aufbau von so genannten Kreditpyramiden), zu verhindern.

Besitzt ein Institut mehr als 10 % des Kapitals eines Kreditinstituts (ausgenommen Kapitalanlagegesellschaften), Finanzdienstleistungsinstituts oder Finanzunternehmens, so sind folgende Vermögensgegenstände von der Summe aus Kern- und Ergänzungskapital des Instituts abzuziehen:
– Beteiligungen in Höhe von mehr als 10 % des Kapitals dieser Unternehmen (§ 10 Abs. 6 Satz 1 Nr. 1 Halbsatz 1 KWG),[1]
– Forderungen aus längerfristigen nachrangigen Verbindlichkeiten an diese Unternehmen (§ 10 Abs. 6 Satz 1 Nr. 2 KWG),
– Forderungen aus Genussrechtsverbindlichkeiten an diese Unternehmen (§ 10 Abs. 6 Satz 1 Nr. 3 KWG),
– Vermögenseinlagen als stiller Gesellschafter bei diesen Unternehmen (§ 10 Abs. 6 Satz 1 Nr. 4 KWG).

Ist das Institut zu höchstens 10 % am Kapital von Kreditinstituten (ausgenommen Kapitalanlagegesellschaften), Finanzdienstleistungsinstituten und Finanzunternehmen beteiligt, so ist gemäß § 10 Abs. 6 Satz 1 Nr. 5 KWG der Gesamtbetrag der folgenden Vermögensgegenstände von der Summe aus Kern- und Ergänzungskapital des Instituts abzuziehen, soweit er 10 % der Summe aus Kern- und Ergänzungskapital des Instituts übersteigt:
– Beteiligungen in Höhe von höchstens 10 % des Kapitals dieser Unternehmen (§ 10 Abs. 6 Satz 1 Nr. 5 Buchstabe a KWG),
– Forderungen aus längerfristigen nachrangigen Verbindlichkeiten an diese Unternehmen (§ 10 Abs. 6 Satz 1 Nr. 5 Buchstabe b KWG),

---

[1] Hält das Institut die Anteile nur vorübergehend, um diese Unternehmen finanziell zu stützen, so kann die BaFin auf Antrag des Instituts eine Ausnahme von dieser Regelung zulassen (§ 10 Abs. 6 Satz 1 Nr. 1 Halbsatz 2 KWG).

## 1.2 Haftendes Eigenkapital

- Forderungen aus Genussrechtsverbindlichkeiten an diese Unternehmen (§ 10 Abs. 6 Satz 1 Nr. 5 Buchstabe c KWG),
- Vermögenseinlagen als stiller Gesellschafter bei diesen Unternehmen (§ 10 Abs. 6 Satz 1 Nr. 5 Buchstabe d KWG).

Da ein Abzug nur vorzunehmen ist, soweit der Gesamtbetrag 10 % der Summe aus Kern- und Ergänzungskapital des Instituts übersteigt, kommt dies praktisch einem Freibetrag in Höhe von 10 % dieser Summe gleich.

Der Beteiligungsbegriff dieser beiden Vorschriften (§ 10 Abs. 6 Satz 1 Nr. 1 bis Nr. 4 und Nr. 5 KWG) bezieht sich ausschließlich auf unmittelbare Beteiligungen, einschließlich der Beteiligungen als stiller Gesellschafter.[1] Insofern ist dieser Beteiligungsbegriff weiter gefasst als der in § 271 HGB.

Beteiligungen an Kapitalanlagegesellschaften werden ausdrücklich vom Abzug ausgenommen, da sie zwar Kreditinstitute gemäß § 1 Abs. 1 Satz 2 Nr. 6 KWG, jedoch nicht im Sinne des EU-Rechts (also keine Einlagenkreditinstitute) sind und die EU-Vorschriften den Abzug dieser Beteiligungen bei Kapitalanlagegesellschaften nicht verlangen. Außerdem müssen Vermögenseinlagen stiller Gesellschafter, Genussrechte sowie längerfristige nachrangige Verbindlichkeiten nur insoweit abgezogen werden, als sie bei dem Beteiligungsunternehmen dem haftenden Eigenkapital hinzugerechnet werden.[2]

§ 10 Abs. 6 Satz 2 und 3 KWG enthält Ausnahmen bezüglich des Abzugs von Beteiligungen an Kreditinstituten (ausgenommen Kapitalanlagegesellschaften), Finanzdienstleistungsinstituten und Finanzunternehmen. Nach den bis zum 30.12.1995 geltenden Bestimmungen der 4. KWG-Novelle musste ein Institut sämtliche Beteiligungen von mindestens 10 % an Kreditinstituten oder Finanzinstituten, ausgenommen Kapitalanlagegesellschaften, in die Konsolidierung nach § 10a KWG einbeziehen, damit es für diese Unternehmen auf die Abzüge der genannten Vermögensgegenstände verzichten konnte. Wurden nicht alle unmittelbaren Beteiligungen von mindestens 10 % an Kreditinstituten oder Finanzinstituten, ausgenommen Kapitalanlagegesellschaften, in die Konsolidierung nach § 10a KWG einbezogen, so hatte das Kreditinstitut alle unmittelbaren Kapitalanteile in Höhe von mindestens 10 % an diesen Unternehmen von seinem haftenden Eigenkapital (brutto) abzuziehen. Diese Regelung galt auch für diejenigen Beteiligungen, die das Kreditinstitut nach § 10a KWG pflichtweise zu konsolidieren hatte.

---

[1] Vgl. BUNDESREGIERUNG (4. KWG-Novelle, 1992), S. 33.
[2] Vgl. BUNDESREGIERUNG (4. KWG-Novelle, 1992), S. 33.

Der Gesetzgeber hat im Rahmen der 5. KWG-Novelle einer Forderung der Kreditwirtschaft dahingehend Rechnung getragen, dass solche Beteiligungen von der Abzugspflicht ausgenommen werden, die gemäß § 10a KWG pflichtweise zu konsolidieren sind. Zudem hat es der Gesetzgeber den Kreditinstituten überlassen, bei jeder einzelnen Beteiligung separat zu entscheiden, ob das Kreditinstitut diese einzelne Beteiligung in den Konsolidierungskreis einbeziehen will oder ob sie der Abzugspflicht gemäß § 10 Abs. 6 Satz 1 Nr. 1 bis Nr. 4 KWG bzw. – bei Beteiligungen von genau 10 % – gemäß § 10 Abs. 6 Satz 1 Nr. 5 KWG unterworfen werden sollen.[1]

Werden Beteiligungen an Kreditinstituten (ausgenommen Kapitalanlagegesellschaften), Finanzdienstleistungsinstituten und Finanzunternehmen dem Handelsbuch des Instituts zugeordnet, so brauchen sie nicht in den Abzug nach § 10 Abs. 6 Satz 1 KWG einbezogen werden.[2]

Sind auch diese allgemeinen Abzüge von der Summe aus Kern- und Ergänzungskapital vorgenommen worden, so ergibt sich das haftende Eigenkapital gemäß § 10 KWG.

**Aufgabe 1.12: Nicht realisierte Reserven gemäß § 10 KWG**
Für ein Kreditinstitut sind folgende Daten gegeben (alle Angaben in TEUR):

| Wertpapier | Buchwert am 31.12.04 | Kurswert am | | | |
|---|---|---|---|---|---|
| | | 31.12.04 | 31.12.03 | 31.12.02 | 31.12.01 |
| A | 85.000 | 102.000 | 97.000 | 129.000 | 76.000 |
| B | 118.000 | 126.500 | 160.000 | 133.000 | 98.500 |
| C | 137.500 | 122.500 | 124.500 | 124.000 | 113.000 |
| D | 144.000 | 157.000 | 173.000 | 138.000 | 162.000 |

Die Wertpapiere A und B werden wie Umlaufvermögen behandelt, die Wertpapiere C und D werden wie Anlagevermögen behandelt. Alle Wertpapiere sind börsennotiert und werden dem Anlagebuch zugerechnet. In Wertpapier A sind Vorsorgereserven nach § 340f HGB in Höhe von 13.000 TEUR verrechnet. Die Risikoaktiva der Bank betragen 180.000 TEUR. Das Kernkapital der Bank beträgt 10.000 TEUR.

---
[1] Vgl. BUNDESREGIERUNG (5. KWG-Novelle, 1994), S. 24.
[2] Vgl. BUNDESAUFSICHTSAMT FÜR DAS KREDITWESEN (Rundschreiben 14/99, 1999).

## 1.2 Haftendes Eigenkapital

Berechnen Sie, in welchem Umfang nicht realisierte Reserven dem Ergänzungskapital erster Klasse (haftenden Eigenkapital) am 31.12.04 zugerechnet werden können.

**Lösung**

**Anerkennungsvoraussetzung:** Kernkapital $\geq$ 4,4 % der Risikoaktiva
(vgl. § 10 Abs. 4a Satz 1 Halbsatz 1 KWG)
180.000 TEUR $\cdot$ 0,044 = 7.920 TEUR
Kernkapital = 10.000 TEUR > 7.920 TEUR $\Rightarrow$ **Voraussetzung ist erfüllt**

**Wertpapier A**

durchschnittlicher Kurswert:

|   |   | 102.000 TEUR |   |   |
|---|---|---|---|---|
| + |   | 97.000 TEUR |   |   |
| + |   | 129.000 TEUR |   |   |
| + |   | 76.000 TEUR |   |   |
| = |   | 404.000 TEUR | $\div$ 4 = | 101.000 TEUR |

Stichtagskurswert: 102.000 TEUR

$\Rightarrow$ maßgeblicher Kurswert ist der durchschnittliche Kurswert (101.000 TEUR)

**Der Buchwert ist um die Vorsorgereserven nach § 340f HGB zu erhöhen**
(vgl. § 10 Abs. 2b Satz 1 Nr. 7 KWG):

|   | 85.000 TEUR |
|---|---|
| + | 13.000 TEUR |
| = | 98.000 TEUR |

$\Rightarrow$ 101.000 TEUR – 98.000 TEUR = **3.000 TEUR nicht realisierte Reserven in Wertpapier A.**

**Wertpapier B**

durchschnittlicher Kurswert:

|   |   | 126.500 TEUR |   |   |
|---|---|---|---|---|
| + |   | 160.000 TEUR |   |   |
| + |   | 133.000 TEUR |   |   |
| + |   | 98.500 TEUR |   |   |
| = |   | 518.000 TEUR | $\div$ 4 = | 129.500 TEUR |

Stichtagskurswert: 126.500 TEUR

$\Rightarrow$ maßgeblicher Kurswert ist der Stichtagskurswert (126.500 TEUR)

$\Rightarrow$ 126.500 TEUR – 118.000 TEUR = **8.500 TEUR nicht realisierte Reserven in Wertpapier B.**

## Wertpapier C

durchschnittlicher Kurswert:

|   | 122.500 TEUR |       |   |              |
|---|--------------|-------|---|--------------|
| + | 124.500 TEUR |       |   |              |
| + | 124.000 TEUR |       |   |              |
| + | 113.000 TEUR |       |   |              |
| = | 484.000 TEUR | ÷ 4 = |   | 121.000 TEUR |

Stichtagskurswert: 122.500 TEUR

⇒ maßgeblicher Kurswert ist der durchschnittliche Kurswert (121.000 TEUR)

⇒ 121.000 TEUR – 137.500 TEUR = **–16.500 TEUR nicht realisierte Verluste in Wertpapier C.**

## Wertpapier D

durchschnittlicher Kurswert:

|   | 157.000 TEUR |       |   |              |
|---|--------------|-------|---|--------------|
| + | 173.000 TEUR |       |   |              |
| + | 138.000 TEUR |       |   |              |
| + | 162.000 TEUR |       |   |              |
| = | 630.000 TEUR | ÷ 4 = |   | 157.500 TEUR |

Stichtagskurswert: 157.000 TEUR

⇒ maßgeblicher Kurswert ist der Stichtagskurswert (157.000 TEUR)

⇒ 157.000 TEUR – 144.000 TEUR = **13.000 TEUR nicht realisierte Reserven in Wertpapier D.**

**Die nicht realisierten Reserven sind um die nicht realisierten Verluste, die in Wertpapier C enthalten sind, zu ermäßigen** (vgl. § 10 Abs. 4c Satz 4 KWG i. V. m. § 10 Abs. 4a Satz 3 KWG):

nicht realisierte Reserven insgesamt:

|   | nicht realisierte Reserven in Wertpapier A |   | 3.000 TEUR |
|---|--------------------------------------------|---|------------|
| + | nicht realisierte Reserven in Wertpapier B | + | 8.500 TEUR |
| – | nicht realisierte Verluste in Wertpapier C | – | 16.500 TEUR |
| + | nicht realisierte Reserven in Wertpapier D | + | 13.000 TEUR |
| = | **gesamte nicht realisierte Reserven**     | = | **8.000 TEUR** |

1.2 Haftendes Eigenkapital                                                    65

**Die nicht realisierten Reserven können nur zu 35 % dem Ergänzungskapital erster Klasse zugerechnet werden** (vgl. § 10 Abs. 2b Satz 1 Nr. 7 KWG):

8.000 TEUR · 0,35 = 2.800 TEUR

**Obergrenze für anrechenbare nicht realisierte Reserven** (vgl. § 10 Abs. 4a Satz 1 Halbsatz 2 KWG):

180.000 TEUR · 0,014 = **2.520 TEUR**
2.520 TEUR < 2.800 TEUR
⇒ **maximal anrechenbare nicht realisierte Reserven:**     **2.520 TEUR**

**Aufgabe 1.13: Berechnung des Haftsummenzuschlags nach der Zuschlagsverordnung**

Für ein Kreditinstitut in der Rechtsform der eG (keine Zentralkasse) liegen die folgenden Daten vor:

| | |
|---|---:|
| Geschäftsguthaben | 27.550 TEUR |
| Geschäftsanteile | 60.000 TEUR |
| offene Rücklagen | 381.950 TEUR |
| sonstiges haftendes Eigenkapital | 166.098 TEUR |

Ermitteln Sie den als haftendes Eigenkapital anrechenbaren Haftsummenzuschlag sowie die Höhe des haftenden Eigenkapitals des Kreditinstituts für den Fall, dass es sich um eine eG mit einer

a) auf das Doppelte (200 %) der Geschäftsanteile beschränkten Nachschusspflicht der Mitglieder,
b) unbeschränkten Nachschusspflicht der Mitglieder

handelt.

**Lösung**

| (alle Beträge in TEUR) | Bei dem Kreditinstitut handelt es sich um eine | |
|---|---|---|
| | a) eG mit beschränkter Nachschusspflicht | b) eG mit unbeschränkter Nachschusspflicht |
| a) Geschäftsguthaben | 27.550 | 27.550 |
| b) Geschäftsanteile | 60.000 | 60.000 |
| c) Haftsumme | 120.000[1] | unbeschränkt |
| d) Nachzahlungsverpflichtung der Genossen bei Insolvenz (= c + b − a) | 152.450 | unbeschränkt |
| e) Haftung der Genossen maximal (= a + d bzw. b + c) | 180.000 | unbeschränkt |
| f) offene Rücklagen | 381.950 | 381.950 |
| g) sonstiges haftendes Eigenkapital | 166.098 | 166.098 |

| | Als haftendes Eigenkapital werden anerkannt: | |
|---|---|---|
| a) Geschäftsguthaben | 27.550 | 27.550 |
| f) + offene Rücklagen | + 381.950 | + 381.950 |
| A) = Basis für die Berechnung der Obergrenze des Haftsummenzuschlags[2] | 409.500 | 409.500 |
| B) **Haftsummenzuschlag** (maximal 25 % von Nr. A)[2] | 120.000 · 0,75 = **90.000**[3] maximal aber nur 409.500 · 0,25 = 102.375 | 60.000 · 2 = 120.000[4] maximal aber nur 409.500 · 0,25 = **102.375** |
| C) sonstiges haftendes Eigenkapital | 166.098 | 166.098 |
| = **haftendes Eigenkapital** (= A + B + C) | **665.598** | **677.973** |

[1] Die Nachschusspflicht (Haftsumme) ist laut Aufgabenstellung auf das Doppelte (200 %) der Geschäftsanteile der Mitglieder beschränkt.

[2] Der Haftsummenzuschlag darf 25 % des ohne den Zuschlag vorhandenen haftenden Eigenkapitals nach § 10 Abs. 2 Satz 1 Nr. 3, Abs. 3 und Abs. 7 KWG a. F. nicht übersteigen (vgl. § 1 Abs. 3 ZuschlV).

[3] Bei eingetragenen Genossenschaften mit beschränkter Nachschusspflicht beträgt der Haftsummenzuschlag 75 % des Gesamtbetrags der Haftsummen (vgl. § 1 Abs. 1 Nr. 1 ZuschlV).

[4] Bei eingetragenen Genossenschaften mit unbeschränkter Nachschusspflicht beträgt der Haftsummenzuschlag das Doppelte des Gesamtbetrags der Geschäftsanteile (vgl. § 1 Abs. 1 Nr. 2 ZuschlV).

## 1.2 Haftendes Eigenkapital

**Aufgabe 1.14: Haftendes Eigenkapital gemäß § 10 KWG**

Die verkürzte Bilanz der Pfalz-Bank AG hat zum 31.12.01 folgendes Aussehen:

Jahresbilanz der Pfalz-Bank AG zum 31.12.01
(alle Angaben in TEUR)

| Aktivseite | | Passivseite | |
|---|---|---|---|
| 1) Barreserve | 10.000 | 1) Verbindlichkeiten gegenüber Kreditinstituten | 165.000 |
| 2) Forderungen an Kreditinstitute | 150.000 | 2) Verbindlichkeiten gegenüber Kunden | 150.000 |
| 3) Forderungen an Kunden | 500.000 | 3) Verbriefte Verbindlichkeiten | 90.000 |
| 4) Aktien und andere nicht festverzinsliche Wertpapiere | 100.000 | 4) Rechnungsabgrenzungsposten | 15.000 |
| 5) Immaterielle Anlagewerte | 20.000 | 5) Längerfristige nachrangige Verbindlichkeiten | 70.000 |
| 6) Sachanlagen | 100.000 | darunter: vor Ablauf von zwei Jahren fällig 15.000 | |
| 7) Rechnungsabgrenzungsposten | 25.000 | 6) Genussrechtskapital: | 180.000 |
| | | darunter: vor Ablauf von zwei Jahren fällig 40.000 | |
| | | 7) Fonds für allgemeine Bankrisiken | 30.000 |
| | | 8) Eigenkapital | |
| | | a) gezeichnetes Kapital | 120.000 |
| | | b) Kapitalrücklage | 60.000 |
| | | c) Gewinnrücklagen | |
| | | ca) gesetzliche Rücklage | 10.000 |
| | | cb) satzungsmäßige Rücklagen | 10.000 |
| | | cc) andere Gewinnrücklagen | 5.000 |
| Summe der Aktiva | 905.000 | Summe der Passiva | 905.000 |

Das gezeichnete Kapital der Pfalz-Bank AG in Höhe von 120.000 TEUR setzt sich aus Stammaktien mit einem Nennwert von insgesamt 85.000 TEUR und Vorzugsaktien, die mit einem nachzuzahlenden Vorzug bei der Verteilung des Gewinns ausgestattet sind, mit einem Nennwert von insgesamt 35.000 TEUR zusammen.

Die Voraussetzungen für die Anerkennung des Genussrechtskapitals nach § 10 Abs. 5 KWG sowie der längerfristigen nachrangigen Verbindlichkeiten nach § 10 Abs. 5a KWG als haftendes Eigenkapital sind grundsätzlich erfüllt.

a) Berechnen Sie die maximale Höhe des haftenden Eigenkapitals der Pfalz-Bank AG.

b) Wie hoch dürfen die gewichteten Risikoaktiva der Pfalz-Bank AG höchstens sein, damit der Grundsatz I (Solvabilitätskoeffizient) nicht verletzt wird?

**Lösung**
**Teilaufgabe a**
**Kernkapital**

|   |   |   |   |
|---|---|---|---|
|   | gezeichnetes Kapital (120.000 TEUR – 35.000 TEUR =)[1] | 85.000 | TEUR |
| + | Kapitalrücklage | + 60.000 | TEUR |
| + | gesetzliche Rücklage | + 10.000 | TEUR |
| + | satzungsmäßige Rücklagen | + 10.000 | TEUR |
| + | andere Gewinnrücklagen | + 5.000 | TEUR |
| + | Fonds für allgemeine Bankrisiken | + 30.000 | TEUR |
| – | immaterielle Anlagewerte | – 20.000 | TEUR |
| = | **Kernkapital** | **180.000** | **TEUR** |

**Ergänzungskapital**
**1. Klasse**

|   |   |   |   |
|---|---|---|---|
|   | kumulative Vorzugsaktien[1] | **35.000** | **TEUR** |
|   | Genussrechtskapital insgesamt | 180.000 | TEUR |
| – | Laufzeit < 2 Jahre[2] | – 40.000 | TEUR |
| = | anrechenbares Genussrechtskapital | **140.000** | **TEUR** |

---

[1] Kumulative Vorzugsaktien sind nicht dem Kernkapital, sondern dem Ergänzungskapital zuzurechnen (vgl. § 10 Abs. 2a Satz 1 Nr. 2 Halbsatz 1 KWG i. V. m. § 10 Abs. 2b Satz 1 Nr. 2 KWG).
[2] Genussrechtskapital mit einer Laufzeit von weniger als zwei Jahren kann nicht dem Ergänzungskapital zugerechnet werden (vgl. § 10 Abs. 5 Satz 1 Nr. 4 KWG).

## 1.2 Haftendes Eigenkapital

**2. Klasse**

längerfristige nachrangige Verbindlichkeiten

| | | | |
|---|---|---|---|
| | Laufzeit ≥ 2 Jahre | 55.000 | TEUR |
| + | Laufzeit < 2 Jahre[1] (15.000 · 2/5 =) | + 6.000 | TEUR |
| = | max. anrechenbare längerfristige nachrangige Verbindlichkeiten | 61.000 | TEUR |

61.000 TEUR < 90.000 TEUR[2]   (= 180.000 TEUR · 0,5)

⇒ anrechenbare längerfristige nachrangige Verbindlichkeiten       **61.000   TEUR**

| | | | |
|---|---|---|---|
| | kumulative Vorzugsaktien | 35.000 | TEUR |
| + | anrechenbares Genussrechtskapital | + 140.000 | TEUR |
| + | anrechenbare längerfristige nachrangige Verbindlichkeiten | + 61.000 | TEUR |
| = | **Ergänzungskapital (brutto)** | **236.000** | **TEUR** |
| – | Kürzung auf Höhe des Kernkapitals[3] | – 56.000 | TEUR |
| = | **Ergänzungskapital (netto)** | **180.000** | **TEUR** |
| | Kernkapital | 180.000 | TEUR |
| + | Ergänzungskapital (netto) | + 180.000 | TEUR |
| = | **haftendes Eigenkapital (brutto)**[4] | **360.000** | **TEUR** |

**Teilaufgabe b**

Die gewichteten Risikoaktiva der Pfalz-Bank AG dürfen gemäß § 2 Abs. 1 Grundsatz I das 12,5-fache des haftenden Eigenkapitals der Pfalz-Bank AG nicht übersteigen.

⇒ Maximale Höhe der gewichteten Risikoaktiva der Pfalz-Bank AG:

360.000 TEUR · 12,5 =       **4.500.000   TEUR**

---

[1] Längerfristige nachrangige Verbindlichkeiten mit einer Laufzeit von weniger als zwei Jahren können dem Ergänzungskapital noch zu 40 % (= 2/5) zugerechnet werden (vgl. § 10 Abs. 5a Satz 2 KWG).

[2] Das berücksichtigungsfähige Ergänzungskapital darf nur bis zu 50 % des Kernkapitals aus längerfristigen nachrangigen Verbindlichkeiten und dem Haftsummenzuschlag (in dieser Aufgabenstellung nicht relevant, da es sich um eine AG handelt) bestehen (vgl. § 10 Abs. 2b Satz 3 KWG).

[3] Das Ergänzungskapital insgesamt kann bei der Berechnung des haftenden Eigenkapitals nur bis zur Höhe des Kernkapitals berücksichtigt werden (vgl. § 10 Abs. 2b Satz 2 KWG).

[4] Das haftende Eigenkapital (brutto) entspricht dem haftenden Eigenkapital (netto), da im vorliegenden Fall keine Abzugspositionen von der Summe aus Kern- und Ergänzungskapital gemäß § 10 Abs. 6 KWG gegeben sind.

**Aufgabe 1.15: Eigenmittel gemäß § 10 KWG**

Die Rodener-Bank eG verfügt über die folgenden Eigenmittelbestandteile:

| | |
|---|---:|
| kurzfristige nachrangige Verbindlichkeiten: | 4 Mio. EUR |
| längerfristige nachrangige Verbindlichkeiten: | 15 Mio. EUR |
| Genussrechtsverbindlichkeiten: | 10 Mio. EUR |
| Fonds für allgemeine Bankrisiken: | 10 Mio. EUR |
| Geschäftsguthaben: | 20 Mio. EUR |
| Ergebnisrücklagen: | 10 Mio. EUR |
| Vorsorgereserven nach § 340f HGB: | 5 Mio. EUR |

Die Genussrechtsverbindlichkeiten und die längerfristigen nachrangigen Verbindlichkeiten genügen den Anforderungen des § 10 Abs. 5 bzw. 5a KWG. Die kurzfristigen nachrangigen Verbindlichkeiten entsprechen den Anforderungen des § 10 Abs. 7 KWG.

Die Haftsumme beträgt 500 % der Geschäftsanteile. Als Geschäftsanteile wurden 30 Mio. EUR gezeichnet.

Weiterhin existieren für das einzige Grundstück der Rodener-Bank eG nicht realisierte Reserven gemäß § 10 Abs. 2b Satz 1 Nr. 6 KWG. Der Buchwert des Grundstücks beträgt 10 Mio. EUR; der Beleihungswert nach § 12 Abs. 1 und 2 HypBankG beläuft sich auf 38 Mio. EUR. Für die Wertpapiere existieren keine nicht realisierten Reserven.

Berechnen Sie die maximale Höhe der Eigenmittel der Rodener-Bank eG gemäß § 10 KWG unter Berücksichtigung, dass die gewichteten Risikoaktiva der Rodener-Bank eG 800 Mio. EUR betragen.

**Lösung**

**Berechnung der Eigenmittel**

**Kernkapital**

| | |
|---|---:|
| Geschäftsguthaben | 20 Mio. EUR |
| Ergebnisrücklagen | 10 Mio. EUR |
| Fonds für allgemeine Bankrisiken | <u>10 Mio. EUR</u> |
| | 40 Mio. EUR |

$$\text{Kernkapitalquote} = \frac{40\,\text{Mio. EUR}}{800\,\text{Mio. EUR}} = 5\,\%$$

## Ergänzungskapital
### 1. Klasse

| | |
|---|---|
| Vorsorgereserve nach § 340f HGB | 5,0 Mio. EUR |
| Genussrechtsverbindlichkeiten | 10,0 Mio. EUR |
| nicht realisierte Reserven | 11,2 Mio. EUR |

(38 Mio. EUR − 10 Mio. EUR) · 0,45 = 12,6 Mio. EUR
maximal 1,4 % der Risikoaktiva, falls Kernkapitalquote ≥ 4,4 % (erfüllt)
1,4 % · 800 Mio. EUR = 11,2 Mio. EUR

26,2 Mio. EUR

### 2. Klasse

| | |
|---|---|
| längerfristige nachrangige Verbindlichkeiten | 15,0 Mio. EUR |
| Haftsummenzuschlag | 7,5 Mio. EUR |

30 Mio. EUR · 500 % · 0,75 = 112,5 Mio. EUR
maximal jedoch:
(20 Mio. EUR + 10 Mio. EUR) · 0,25 = 7,5 Mio. EUR

22,5 Mio. EUR

| | |
|---|---|
| Anerkennung des Ergänzungskapitals | 20,0 Mio. EUR |
| 2. Klasse maximal in Höhe von 50 % | (Kappungsbetrag 2,5 Mio. EUR) |
| des Kernkapitals | |
| | |
| Ergänzungskapital insgesamt | 26,2 Mio. EUR + 20,0 Mio. EUR |
| | = 46,2 Mio. EUR |
| | |
| Anerkennung des Ergänzungskapitals | 40,0 Mio. EUR |
| insgesamt in Höhe des Kernkapitals | (Kappungsbetrag 6,2 Mio. EUR) |
| haftendes Eigenkapital | 80,0 Mio. EUR |
| | |
| Kappungsbeträge insgesamt | = 2,5 Mio. EUR + 6,2 Mio. EUR |
| | = 8,7 Mio. EUR |

## Drittrangmittel
800 Mio. EUR · 0,08 = 64 Mio. EUR Verbrauch an haftendem Eigenkapital
    davon:  32 Mio. EUR Kernkapital
                32 Mio. EUR Ergänzungskapital
              ⇒ 8 Mio. EUR freies Kernkapital (fKK)
                  8 Mio. EUR freies Ergänzungskapital (fEK)

Drm ≤ 2,5 fKK − fEK
Drm ≤ 2,5 · 8 Mio. EUR − 8 Mio. EUR
Drm ≤ 12 Mio. EUR
    davon:  4 Mio. EUR kurzfristige nachrangige Verbindlichkeiten
                8 Mio. EUR Kappungsbeträge

Eigenmittel  =  haftendes Eigenkapital + Drittrangmittel
               =  80 Mio. EUR + 12 Mio. EUR
               =  92 Mio. EUR

**Aufgabe 1.16: Haftendes Eigenkapital und Solvabilitätskoeffizient**

Aus dem Jahresabschluss der Moba Bank eG zum 31. Dezember 2002 können Sie u. a. folgende Positionen entnehmen:

| | |
|---|---:|
| Forderungen an Kreditinstitute der Zone A | 1.035 Mio. EUR |
| Forderungen an Kunden | 1.287 Mio. EUR |
|     darunter: von Italien ausdrücklich gewährleistet | 13 Mio. EUR |
| Schuldverschreibungen von Zentralregierungen der Zone A | 624 Mio. EUR |
| Aktien | 39 Mio. EUR |
| Sachanlagen | 104 Mio. EUR |
| Verpflichtungen aus NIFs und RUFs (gegenüber Industrieunternehmen) | 390 Mio. EUR |

Das Kernkapital der Moba Bank eG beträgt 80,6 Mio. EUR. Die Genussrechtsverbindlichkeiten (Restlaufzeit 4 Jahre) in Höhe von 33,8 Mio. EUR und die längerfristigen nachrangigen Verbindlichkeiten (Restlaufzeit 6 Jahre) in Höhe von 28,8 Mio. EUR erfüllen die Voraussetzungen des § 10 KWG. Der Haftsummenzuschlag der Moba Bank eG beträgt 12 Mio. EUR. Zu berücksichtigen sind außerdem § 340f HGB-Reserven in den Forderungen an Kreditinstitute der Zone A in Höhe von 5 Mio. EUR.

Der Wertpapierbestand (ausschließlich Anlagebuch) steht mit 663 Mio. EUR in der Bilanz; der niedrigere Wert aus der Bewertung zum Kurs am Bilanzstichtag und zum Durchschnittskurs des Bilanzstichtags und der letzten drei vorhergehenden Bilanzstichtage beträgt 689 Mio. EUR. Grundstücke und Gebäude mit einem Buchwert zum Bilanzstichtag in Höhe von 91 Mio. EUR weisen nach den Vorschriften des Hypothekenbankgesetzes einen Beleihungswert in Höhe von 84,5 Mio. EUR auf.

## 1.2 Haftendes Eigenkapital 73

Ermitteln Sie – rechnerisch nachvollziehbar – die maximale Höhe des haftenden Eigenkapitals und die sich hieraus ergebende Höhe des Solvabilitätskoeffizienten der Moba Bank eG zum 31. Dezember 2002.

**Lösung**
Berechnung des Anrechnungsbetrags der Risikoaktiva:

| Risikoaktiva | Buchwert in Mio. EUR | Bonitätsgewichtungsfaktor | Grundsatz I Anrechnungsbetrag in Mio. EUR |
|---|---|---|---|
| Forderungen an Kreditinstitute der Zone A zuzüglich § 340f HGB-Reserven | 1.040 | 20 % | 208 |
| Forderungen an Kunden (ohne die von Italien ausdrücklich gewährleisteten Forderungen) | 1.274 | 100 % | 1.274 |
| von Italien ausdrücklich gewährleistete Forderungen | 13 | 0 % | 0 |
| Schuldverschreibungen von Zentralregierungen der Zone A | 624 | 0 % | 0 |
| Aktien | 39 | 100 % | 39 |
| Sachanlagen | 104 | 100 % | 104 |
| Verpflichtungen aus NIFs und RUFs gegenüber Industrieunternehmen | 390 · 50 % = 195 | 100 % | 195 |
| $\Sigma$ | | | 1.820 |

Berechnung des haftenden Eigenkapitals
Kernkapital                                                                 80,6 Mio. EUR
Ergänzungskapital
  1. Klasse
    Genussrechtsverbindlichkeiten                          33,8 Mio. EUR
    § 340 f HGB-Reserven im Forderungsbestand               5,0 Mio. EUR

nicht realisierte Reserven im Wertpapierbestand[1]     9,1 Mio. EUR
689 Mio. EUR – 663 Mio. EUR[2] = 26 Mio. EUR
26 Mio. EUR · 35 % = 9,1 Mio. EUR

$$\text{Kernkapitalquote} = \frac{80{,}6}{1.820} = 4{,}43\ \%$$

1,4 % der Risikoaktiva in Höhe von 1.820 Mio. EUR
= 25,48 Mio. EUR

                                                                                 47,9 Mio. EUR

2. Klasse
längerfristige nachrangige Verbindlichkeiten     28,8 Mio. EUR
Haftsummenzuschlag     12,0 Mio. EUR
    40,8 Mio. EUR

maximal 50 % des Kernkapitals     40,3 Mio. EUR
(d. h. Kappungsbetrag 0,5 Mio. EUR)
Ergänzungskapital insgesamt
(47,9 Mio. EUR + 40,3 Mio. EUR =)     88,2 Mio. EUR
maximal 100 % des Kernkapitals     80,6 Mio. EUR
(d. h. Kappungsbetrag 7,6 Mio. EUR)

Σ haftendes Eigenkapital (Kernkapital + Ergänzungskapital)
= 80,6 Mio. EUR + 80,6 Mio. EUR     = 161,2 Mio. EUR

Solvabilitätskoeffizient $= \dfrac{161{,}2\ \text{Mio. EUR}}{1.820\ \text{Mio. EUR}}$

                                                                                    = 8,86 %

## Aufgabe 1.17: Haftendes Eigenkapital und Solvabilitätskoeffizient

Die Rodener Bank AG – ein Handelsbuchinstitut – weist in ihrem Jahresabschluss zum 31. Dezember 2002 u. a. folgende Positionen aus, die die Voraussetzungen des § 10 KWG erfüllen:

| | |
|---|---:|
| Grundkapital | 105,00 Mio. EUR |
| Kapitalrücklage | 50,00 Mio. EUR |
| Gewinnrücklagen | 400,00 Mio. EUR |
| Eigene Aktien | 0,75 Mio. EUR |

---

[1] Bei Grundstücken und Gebäuden sind keine Neubewertungsreserven möglich, da der Beleihungswert geringer als der Buchwert ist.
[2] 624 Mio. EUR (Schuldverschreibungen von Zentralregierungen der Zone A) + 39 Mio. EUR (Aktien) = 663 Mio. EUR.

## 1.2 Haftendes Eigenkapital

| Fonds für allgemeine Bankrisiken | 22,50 Mio. EUR |
|---|---|
| Immaterielle Anlagewerte | 10,80 Mio. EUR |
| Genussrechtsverbindlichkeiten | 318,00 Mio. EUR |
| Längerfristige nachrangige Verbindlichkeiten | 333,00 Mio. EUR |
| § 340f HGB-Reserven (davon 3 Mio. EUR im Wertpapierbereich) | 6,75 Mio. EUR |

Die Rodener Bank AG hat am 31.12.2002 börsennotierte Wertpapiere in Höhe von insgesamt 600 Mio. EUR (Buchwert) im Bestand (Anlagebuch). Unter Zugrundelegung des jeweiligen Börsenkurses betrug der Wert dieser Wertpapiere

  am 31.12.2002 675 Mio. EUR,
  am 31.12.2001 720 Mio. EUR,
  am 31.12.2000 690 Mio. EUR,
  am 31.12.1999 645 Mio. EUR,
  am 31.12.1998 630 Mio. EUR.

Die Rodener Bank AG hat am 13. Januar 2003 eine ordentliche Kapitalerhöhung durchgeführt (Ausgabe 1 Mio. Stück Aktien, Nennwert 7,00 EUR, Bezugskurs 52,50 EUR/Stück).

Für Genussrechtsverbindlichkeiten und längerfristige nachrangige Verbindlichkeiten wird Marktpflege betrieben. Die Rodener Bank AG hat am 20. Februar 2003 zur Marktpflege

  1,5 Mio. EUR Genussrechtsverbindlichkeiten und
  4,5 Mio. EUR längerfristige nachrangige Verbindlichkeiten
im Bestand.

Am 20. Februar 2003 hat die Rodener Bank AG eigene Aktien in Höhe von 1,2 Mio. EUR im Bestand.

Am 20. Februar 2003 betrugen die gewichteten Risikoaktiva der Rodener Bank AG 13.500 Mio. EUR.

Ermitteln Sie – rechnerisch nachvollziehbar – die maximale Höhe des haftenden Eigenkapitals und die sich hieraus ergebende Höhe des Solvabilitätskoeffizienten der Rodener Bank AG zum 20. Februar 2003. Beurteilen Sie das Ergebnis.

**Lösung**
**Kernkapital**

|   | | |
|---|---|---|
| | Grundkapital (105 Mio. EUR + 7 Mio. EUR[1]) | = 112,00 Mio. EUR |
| – | eigene Aktien | – 1,20 Mio. EUR |
| + | Kapitalrücklage (50 Mio. EUR + 45,50 Mio. EUR[2]) = | + 95,50 Mio. EUR |
| + | Gewinnrücklagen | + 400,00 Mio. EUR |
| + | Fonds für allgemeine Bankrisiken | + 22,50 Mio. EUR |
| – | immaterielle Anlagewerte | – 10,80 Mio. EUR |
| = | Kernkapital | = 618,00 Mio. EUR |

$$\text{Kernkapital-Koeffizient} = \frac{\text{Kernkapital}}{\text{Risikoaktiva}} = \frac{618 \text{ Mio. EUR}}{13.500 \text{ Mio. EUR}} = \underline{\underline{4,58 \%}}$$

**Ergänzungskapital**
**1. Klasse**

|   | | |
|---|---|---|
| | Genussrechtsverbindlichkeiten | 318,00 Mio. EUR |
| – | Marktpflegepositionen | – 1,50 Mio. EUR |
| = | | = 316,50 Mio. EUR |
| + | § 340f HGB-Reserven | + 6,75 Mio. EUR |
| + | nicht realisierte Reserven (siehe Nebenrechnung) | + 25,20 Mio. EUR |
| = | Ergänzungskapital 1. Klasse | = 348,45 Mio. EUR |

**Nebenrechnung: Berechnung der anerkennungsfähigen nicht realisierten Reserven im Wertpapierbereich**

Da Kernkapital-Koeffizient ≥ 4,4 %, ist die Berücksichtigung von nicht realisierten Reserven möglich (hier im Wertpapierbereich):

| | |
|---|---|
| Buchwert am 31.12.2002 | = 600,00 Mio. EUR |
| Börsenkurs am 31.12.2002 | = 675,00 Mio. EUR |
| Durchschnittskurs (1999-2002) | = 682,50 Mio. EUR |
| § 340f HGB-Reserven im Wertpapierbereich | = 3,00 Mio. EUR |

⇒ nicht realisierte Reserven = 675 Mio. EUR – (600 Mio. EUR + 3 Mio. EUR)
= 72 Mio. EUR · 0,35 = <u>25,2 Mio. EUR</u>[3]

---

[1] 7 Mio. EUR = Zuflussbetrag des Nennkapitals aus der ordentlichen Kapitalerhöhung.
[2] 45,50 Mio. EUR = Agio aus der ordentlichen Kapitalerhöhung.
[3] Maximale Anerkennung in Höhe von 1,4 % der Risikoaktiva, d. h. 13.500 Mio. EUR · 1,4 % = 189 Mio. EUR.

## 1.2 Haftendes Eigenkapital

**2. Klasse**

|   | längerfristige nachrangige Verbindlichkeiten | 333,00 Mio. EUR |
|---|---|---|
| – | Marktpflegepositionen | – 4,50 Mio. EUR |
| = | Ergänzungskapital 2. Klasse | = 328,50 Mio. EUR |

maximal 50 % des Kernkapitals
618 Mio. · 50 % = 309 Mio. EUR
(anerkanntes Ergänzungskapital 2. Klasse)
$\Rightarrow$ Kappungsbetrag Ergänzungskapital 2. Klasse = 19,5 Mio. EUR
$\Rightarrow$ 309,00 Mio. EUR

Ergänzungskapital insgesamt = 348,45 + 309 = <u>657,45 Mio. EUR</u>

maximal Höhe des Kernkapitals $\Rightarrow$ 618 Mio. EUR Ergänzungskapital
$\Rightarrow$ Kappungsbetrag Ergänzungskapital insgesamt = 39,45 Mio. EUR

|   | Kernkapital | 618 Mio. EUR |
|---|---|---|
| + | Ergänzungskapital | + 618 Mio. EUR |
| = | haftendes Eigenkapital | = 1.236 Mio. EUR |

$$\text{Solvabilitätskoeffizient} = \frac{1.236}{13.500} = \underline{9,16\ \%}$$

Beurteilung:
– Das haftende Eigenkapital ist ausreichend.
– Der Kernkapital-Koeffizient ist eher knapp hinsichtlich der Anrechnungsmöglichkeit von nicht realisierten Reserven.
– Andererseits ist überschüssiges Ergänzungskapital vorhanden (Vorliegen von Kappungsbeträgen in Höhe von 58,95 Mio. EUR).

## 1.3 Drittrangmittel

**Aufgabe 1.18: Drittrangmittelbestandteile**
Erläutern Sie die Eigenmittelbestandteile, die gemäß § 10 Abs. 2c KWG als Drittrangmittel anerkannt werden.

**Lösung**
**Nettogewinn**
Als Nettogewinn bezeichnet § 10 Abs. 2c Satz 1 Nr. 1 KWG den anteiligen Gewinn, der im Falle einer Glattstellung aller Handelsbuchpositionen realisiert würde, wobei alle vorhersehbaren Aufwendungen und Ausschüttungen sowie die Verluste (auch) aus dem Anlagebuch, die bei einer Liquidation des Unternehmens voraussichtlich entstünden, abzuziehen sind. Soweit diese Verluste bereits in dem Korrekturposten gemäß § 10 Abs. 3b KWG berücksichtigt sind, braucht für sie kein Abzug vorgenommen zu werden.

Auch beim Nettogewinn handelt es sich wie bei den meisten anderen Eigenmittelbestandteilen um eine dynamische Größe, die sich täglich ändern kann. Allerdings kommt dem Nettogewinn eine Sonderstellung in folgender Hinsicht zu. Diese dynamische Komponente wird als Eigenmittel berücksichtigt, obwohl sie dem Institut nicht tatsächlich zugeflossen ist. Beim Nettogewinn handelt es sich nämlich definitionsgemäß um noch nicht realisierte Gewinne, also um reine Buchgewinne, die bei entsprechender Wertveränderung der Handelsbuchpositionen sehr schnell wieder verschwinden können.

Wenn auch die Berücksichtigung noch nicht eingezahlter und daher unsicherer Eigenmittelkomponenten nicht begrüßt werden kann, so steht die Anerkennung des Nettogewinns nicht im Widerspruch zum in § 10 Abs. 1d Satz 2 KWG verankerten Prinzip der effektiven Kapitalaufbringung. Zwar fordert dieses Prinzip, dass die zu berücksichtigenden Eigenmittel dem Institut auch tatsächlich zugeflossen sein müssen; allerdings gilt diese Regelung lediglich für Eigenmittel, die dem Institut von Dritten zur Verfügung gestellt werden. Der Nettogewinn stellt jedoch kein von außen zugeführtes, sondern vielmehr vom Institut selbst erwirtschaftetes, aber noch nicht realisiertes und daher auch noch nicht eingezahltes Haftungspotenzial dar. Aufgrund dieser Mängel scheint die Beschränkung des Prinzips der effektiven Kapitalaufbringung auf von Dritten zur Verfügung gestellte Eigenmittel ein Kunstgriff des Gesetzgebers zu sein, um auch Komponenten minderer Qualität als Eigenmittelbestandteile berücksichtigen zu können.

## 1.3 Drittrangmittel

Die Ermittlung der Nettogewinne dürfte sowohl die Institute als auch die BaFin vor nicht unerhebliche Probleme stellen. Die Problematik ist dabei nicht so sehr in der Berechnung des Erfolgsbeitrags zu sehen, der sich bei einer Glattstellung sämtlicher Handelsbuchpositionen ergeben würde. Dieser Erfolgsbeitrag ergibt sich als Saldo der jeweiligen Differenzen zwischen Marktwert und Buchwert sämtlicher im Handelsbuch geführten Positionen.[1] Vielmehr dürfte die Verwendung (bisher noch) unbestimmter Begriffe die Institute vor gewisse Schwierigkeiten stellen. So stellt sich bspw. die Frage, was als der „anteilige" Gewinn anzusehen ist. Auch die Berücksichtigung der abzuziehenden Aufwendungen und Ausschüttungen ist nicht unproblematisch. Es bleibt offen, ob als Aufwendungen sämtliche vorhersehbaren Aufwendungen eines Instituts (bspw. auf die Positionen des Handelsbuchs entfallende Finanzierungsaufwendungen) anzusehen sind, oder ob nur im Rahmen von Steuerzahlungen entstehende Aufwendungen gemeint sind, zumal der Gesetzgeber in der Gesetzesbegründung ebenso wie die KAR den Begriff „Abgaben" benutzt.[2]

Sollte Letzteres zutreffen, so müssten die Institute die zukünftige steuerliche Belastung ihrer Handelsbuchgewinne schätzen. Dies hätte auch für die Ausschüttungen in Form von Dividenden zu geschehen.[3]

Als Letztes hat das Institut noch die Verluste aus dem Anlagebuch, die bei einer Liquidation des Unternehmens entstehen würden, zu berücksichtigen. Die Positionen des Anlagebuchs sind für die Ermittlung des Nettogewinns also nicht mehr unter der Annahme der Fortführung des Instituts zu bewerten; vielmehr ist dem Wertansatz dieser Vermögensgegenstände die Fiktion der Auflösung des Unternehmens zugrunde zu legen, was i. d. R. zu einer niedrigeren Bewertung führen dürfte. Soweit eine niedrigere Bewertung bereits im Rahmen des Korrekturpostens gemäß § 10 Abs. 3b KWG Berücksichtigung gefunden hat, kann ein Abzug der Verluste aus dem Anlagebuch unterbleiben, um eine Doppelbelastung zu vermeiden.

Anzumerken ist, dass nur Nettogewinne bei der Ermittlung der Drittrangmittel zu berücksichtigen sind. Sollte der Saldo der jeweiligen Differenzen zwischen Marktwert und Buchwert sämtlicher Handelsbuchpositionen negativ sein oder nach Vornahme der vorgeschriebenen Abzüge negativ werden, so stellt dieser Nettoverlust – im Gegensatz zum Zwischenbilanzverlust oder Bilanzverlust – keine Abzugsposition dar.

---

[1] Vgl. HOSSFELD, CHRISTOPHER (6. KWG-Novelle, 1997), S. 64.
[2] Vgl. BUNDESREGIERUNG (6. KWG-Novelle, 1997), S. 77, sowie Anhang V Nr. 2 Satz 3 Buchstabe b KAR.
[3] Vgl. HOSSFELD, CHRISTOPHER (6. KWG-Novelle, 1997), S. 64, der auch mögliche Lösungsansätze der im Zusammenhang mit den Nettogewinnen bestehenden Probleme aufzeigt.

**Kurzfristige nachrangige Verbindlichkeiten**
Neben dem Nettogewinn stellen die kurzfristigen nachrangigen Verbindlichkeiten die zweite Komponente der Drittrangmittel dar. Die Anerkennungsvoraussetzungen entsprechen im Wesentlichen denen der längerfristigen nachrangigen Verbindlichkeiten, die bereits in der Lösung zu Aufgabe 1.10 ausführlich dargestellt worden sind. Daher sollen hier nur die Besonderheiten, die im Rahmen der Anerkennung kurzfristiger nachrangiger Verbindlichkeiten zu beachten sind, näher betrachtet werden.

Damit kurzfristige nachrangige Verbindlichkeiten als Drittrangmittel berücksichtigt werden können, müssen sie die in § 10 Abs. 7 Satz 1 bis 4 KWG aufgeführten Bedingungen erfüllen:
– Das Kapital aus kurzfristigen nachrangigen Verbindlichkeiten muss eingezahlt sein.[1]
– Das Kapital darf im Falle der Insolvenz oder Liquidation des Instituts erst nach der Befriedigung aller nicht nachrangigen Gläubiger zurückerstattet werden.
– Das Kapital besitzt eine Mindest(ursprungs)laufzeit von zwei Jahren.
– Die Aufrechnung des Rückerstattungsanspruchs gegen Forderungen des Instituts ist nicht gestattet; ferner dürfen für die kurzfristigen nachrangigen Verbindlichkeiten keine vertraglichen Sicherheiten durch das Institut selbst oder durch Dritte gestellt werden. Eine Ausnahme von dieser Regelung besteht im Gegensatz zu den längerfristigen nachrangigen Verbindlichkeiten nicht.
– In den Vertragsbedingungen müssen die folgenden Vereinbarungen ausdrücklich festgelegt sein:
    ♦ Tilgungs- und Zinszahlungen brauchen auf die kurzfristigen nachrangigen Verbindlichkeiten nicht geleistet zu werden, wenn dies zur Folge hätte, dass die Eigenmittel des Instituts die gesetzlichen Anforderungen (hierunter fallen auch und vor allem die Anforderungen des Grundsatzes I) nicht mehr erfüllen. Die Aufnahme dieser sog. Lock-in-Klausel in die Vertragsbedingungen ist nur bei kurzfristigen nachrangigen Verbindlichkeiten vorgeschrieben. In dieser Hinsicht ist die Haftqualität der kurzfristigen nachrangigen Verbindlichkeiten besser als die der längerfristigen nachrangigen Verbindlichkeiten gemäß § 10 Abs. 5a KWG.
    ♦ Vorzeitige Tilgungs- oder Zinszahlungen sind dem Institut ungeachtet entgegenstehender Vereinbarungen zurückzuzahlen.

---

[1] Als Folge des Prinzips der effektiven Kapitalaufbringung muss in Höhe des Buchwerts der in Wertpapieren verbrieften eigenen kurzfristigen nachrangigen Verbindlichkeiten, die im Rahmen der Marktpflege erworben wurden, ein Abzugsposten gebildet werden.

- Neben der Aufnahme der Unwirksamkeit vorzeitiger Tilgungs- oder Zinszahlungen in die Vertragsbedingungen muss das Institut bei Vertragsabschluss ausdrücklich und schriftlich darauf hinweisen, dass nachträglich der Nachrang nicht beschränkt sowie die Laufzeit und die Kündigungsfrist nicht verkürzt werden können und eine vorzeitige Rückerstattung dem Institut ungeachtet entgegenstehender Vereinbarungen zurückzuzahlen ist. Eine vorzeitige Rückerstattung der kurzfristigen nachrangigen Verbindlichkeiten braucht dem Institut nicht zurückgezahlt zu werden, sofern das Kapital durch die Einzahlung anderer zumindest gleichwertiger Eigenmittel ersetzt worden ist oder die BaFin der vorzeitigen Rückzahlung zugestimmt hat (eine Ausnahme besteht auch bei den kurzfristigen nachrangigen Verbindlichkeiten für Rückkäufe des Instituts im Rahmen der Marktpflege oder im Rahmen einer Einkaufskommission). Bei Ausgabe von Wertpapieren über die kurzfristigen nachrangigen Verbindlichkeiten muss nur in den Zeichnungs- und Ausgabebedingungen auf diese Rechtsfolgen hingewiesen werden.

Die Regelung des § 10 Abs. 7 Satz 5 und 6 KWG bezüglich des Erwerbs von in Wertpapieren verbrieften eigenen kurzfristigen nachrangigen Verbindlichkeiten im Rahmen einer Einkaufskommission oder zu Zwecken der Marktpflege entspricht derjenigen, die bei längerfristigen nachrangigen Verbindlichkeiten Anwendung findet. Daher kann hier auf die entsprechenden Ausführungen der Lösung zu Aufgabe 1.10 verwiesen werden.

Eine zusätzliche, d. h. bei den längerfristigen nachrangigen Verbindlichkeiten nicht notwendige Anzeigeverpflichtung an die BaFin und die Deutsche Bundesbank besteht für das Institut, falls durch Tilgungs- oder Zinszahlungen auf die kurzfristigen nachrangigen Verbindlichkeiten seine tatsächlich vorhandenen Eigenmittel unter 120 % der von ihm gemäß § 10 Abs. 1 Satz 1 KWG zu haltenden angemessenen Eigenmittel sinken (§ 10 Abs. 7 Satz 7 KWG).

Auch hinsichtlich der geforderten Mindestrestlaufzeit unterscheiden sich die kurzfristigen von den längerfristigen nachrangigen Verbindlichkeiten. Bei Letzteren hat die Restlaufzeit mindestens zwei Jahre zu betragen, wenn eine volle Berücksichtigung als Ergänzungskapital zweiter Klasse möglich sein soll. Anderenfalls, d. h. bei einer Restlaufzeit, die weniger als zwei Jahre beträgt, können die längerfristigen nachrangigen Verbindlichkeiten nur noch zu 40 % als Ergänzungskapital zweiter Klasse angerechnet werden.

Im Gegensatz hierzu wird bei den kurzfristigen nachrangigen Verbindlichkeiten keine Mindestrestlaufzeit gefordert. Daraus folgt, dass sie auch im Fall einer Restlaufzeit von nur noch einem Tag in voller Höhe in die Berechnung der Drittrangmittel einbezogen werden können.

Da die längerfristigen nachrangigen Verbindlichkeiten in der Auslaufphase, also bei einer Restlaufzeit von weniger als zwei Jahren nur noch begrenzt als Ergänzungskapital zweiter Klasse angerechnet werden können, kann es für das Institut vorteilhaft sein, wenn es diese Verbindlichkeiten statt dessen in voller Höhe als Drittrangmittel berücksichtigen könnte. Zur Anerkennung der längerfristigen nachrangigen Verbindlichkeiten in deren Auslaufphase als Drittrangmittel ist es lediglich erforderlich, dass diese ab dem Zeitpunkt ihrer Umwidmung die für die Zurechnung kurzfristiger nachrangiger Verbindlichkeiten zu den Drittrangmitteln geltenden Voraussetzungen erfüllen. Die Bestimmungen des KWG stehen einer entsprechenden vertraglichen Ausgestaltung bzw. nachträglichen Umgestaltung der Vertragsbedingungen längerfristiger nachrangiger Verbindlichkeiten nicht entgegen.[1] Vergleichbare Möglichkeiten bestehen für Genussrechtsverbindlichkeiten sowie Einlagen stiller Gesellschafter, die sich in der Auslaufphase befinden.[2]

**Aufgabe 1.19: Möglichkeiten der Substitution von Drittrangmitteln**
Erläutern Sie, inwiefern Drittrangmittel durch andere Eigenmittelbestandteile ersetzt werden können.

### Lösung
Eine Anerkennung von Drittrangmitteln ist nicht unbeschränkt möglich. Vielmehr ist eine bestimmte Obergrenze für die Summe aus Nettogewinn und kurzfristigen nachrangigen Verbindlichkeiten zu beachten (zu dieser Grenze siehe die ausführliche Darstellung in der Lösung zu Aufgabe 1.20).

Soweit das Institut diese Obergrenze nicht durch Nettogewinne und kurzfristige nachrangige Verbindlichkeiten ausschöpft,[3] kann es diesen Freiraum durch bestimmte andere Eigenmittelbestandteile auffüllen. Hierzu dürfen – neben den bereits in der Lösung zu Aufgabe 1.18 angesprochenen Substitutionsmöglichkeiten – diejenigen

---

[1] Vgl. BUNDESREGIERUNG (6. KWG-Novelle, 1997), S. 80.
[2] Vgl. BUNDESAUFSICHTSAMT FÜR DAS KREDITWESEN (Rundschreiben 18/98, 1998), Erläuterung Nr. 8.
[3] Während § 10 Abs. 2c Satz 3 KWG lediglich auf kurzfristige nachrangige Verbindlichkeiten Bezug nimmt, stellt der Gesetzgeber auf kurzfristige nachrangige Verbindlichkeiten und den Nettogewinn ab (vgl. BUNDESREGIERUNG (6. KWG-Novelle, 1997), S. 78).

Eigenmittelbestandteile verwendet werden, die allein wegen einer Kappung nach § 10 Abs. 2b Satz 2 und 3 KWG nicht als Ergänzungskapital berücksichtigt werden können (§ 10 Abs. 2c Satz 3 KWG). Somit können ggf. der Kappungsbetrag des Ergänzungskapitals zweiter Klasse sowie der Kappungsbetrag des Ergänzungskapitals insgesamt in gewissem Umfang als Drittrangmittel Berücksichtigung finden.

**Aufgabe 1.20: Zusammenhänge zwischen den Kappungsbeträgen des Ergänzungskapitals und den freien und benötigten Beträgen des haftenden Eigenkapitals**

Erläutern Sie, welche Zusammenhänge zwischen den Kappungsbeträgen des Ergänzungskapitals und den freien und benötigten Beträgen des haftenden Eigenkapitals bestehen. Stellen Sie dabei auch dar, welcher quantitative Zusammenhang zwischen dem haftenden Eigenkapital und den Drittrangmitteln eines Kreditinstituts besteht.

**Lösung**

Drittrangmittel, die aufgrund ihrer Kurzfristigkeit nur eine außerordentlich geringe Qualität besitzen, können konsequenterweise – ähnlich wie die Komponenten des Ergänzungskapitals – nur in begrenztem Umfang der Eigenmittelausstattung eines Instituts zugerechnet werden. Im Rahmen der Begrenzungsregel des § 10 Abs. 2c Satz 2 KWG wurden zwei neue Definitionen ins KWG aufgenommen. Das freie Ergänzungskapital stellt das Ergänzungskapital dar, das nicht zur Unterlegung der Risiken aus dem Anlagebuch benötigt wird. Analog ist das freie Kernkapital definiert als das Kernkapital, das nicht zur Unterlegung der Risiken aus dem Anlagebuch benötigt wird. Die Zusammenhänge zwischen den Kappungsbeträgen des Ergänzungskapitals sowie den freien und benötigten Beträgen des haftenden Eigenkapitals sind in Abbildung 6 visualisiert.

§ 10 Abs. 2c Satz 2 KWG bestimmt, dass der Nettogewinn und die kurzfristigen nachrangigen Verbindlichkeiten unter Berücksichtigung der Substitutionsmöglichkeit gemäß § 10 Abs. 2c Satz 3 KWG nur bis zu einem Betrag als Drittrangmittel berücksichtigt werden können, der zusammen mit dem freien Ergänzungskapital 250 % des freien Kernkapitals nicht übersteigt.

Zwar wird bei der Begrenzung der Drittrangmittel auf das freie Ergänzungskapital Bezug genommen, allerdings zählt gemäß der im KWG enthaltenen Formulierung das freie Ergänzungskapital nicht zu den Drittrangmitteln. Die Begrenzungsregel der Drittrangmittel kann somit folgendermaßen ausgedrückt werden:

$$\begin{aligned}
& \text{NG} + \text{knV} + \text{fEK} && \leq && 2{,}5\,\text{fKK} \\
\Leftrightarrow\ & \text{NG} + \text{knV} && \leq && 2{,}5\,\text{fKK} - \text{fEK} \\
\Leftrightarrow\ & \text{Drm}^{1} && \leq && 2{,}5\,\text{fKK} - \text{fEK}
\end{aligned}$$

mit

NG = Nettogewinn
knV = kurzfristige nachrangige Verbindlichkeiten
fEK = freies Ergänzungskapital
fKK = freies Kernkapital
Drm = Drittrangmittel

Es wird deutlich, dass Drittrangmittel nur bis zu einem Betrag anerkannt werden können, der die Differenz aus dem 2,5-fachen des freien Kernkapitals und 100 % des freien Ergänzungskapitals nicht übersteigt. Die Drittrangmittel sind stets mit einem Betrag anzusetzen, der den Wert von Null EUR nicht unterschreitet, auch wenn die Differenz aus dem 2,5-fachen des freien Kernkapitals und 100 % des freien Ergänzungskapitals zu einem negativen Betrag führen sollte.

---

[1] Unter Berücksichtigung der Substitutionsmöglichkeit gemäß § 10 Abs. 2c Satz 3 KWG.

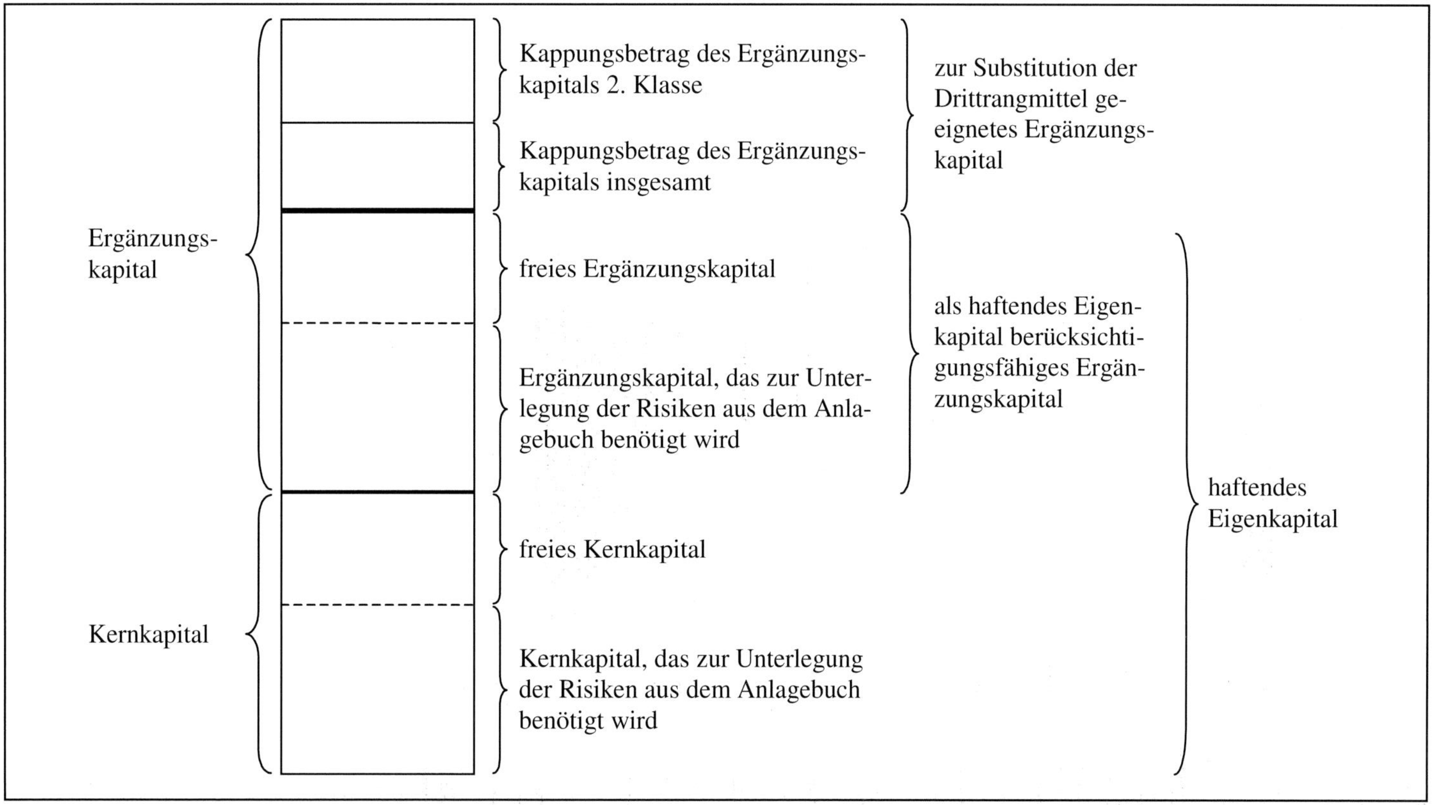

## 1.3 Drittrangmittel

**Abbildung 6:** Zusammenhänge zwischen den Kappungsbeträgen des Ergänzungskapitals und den freien und benötigten Beträgen des haftenden Eigenkapitals

**Aufgabe 1.21: Begrenzung der Drittrangmittel**

Wie hoch sind unter Zugrundelegung folgender Daten die maximal anrechenbaren Drittrangmittel eines Kreditinstituts?

|   |   |   |
|---|---|---|
| – | gewichtete Risikoaktiva: | 20.000.000 EUR |
| – | Kernkapital: | 1.000.000 EUR |
| – | Ergänzungskapital erster Klasse: | 700.000 EUR |
| – | Ergänzungskapital zweiter Klasse: | 550.000 EUR |

Wie hoch ist das zur Substitution der Drittrangmittel geeignete Ergänzungskapital?

**Lösung**

Kernkapital     1.000.000 EUR

als haftendes Eigenkapital berücksichtigungsfähiges Ergänzungskapital = 1.000.000 EUR (entspricht der Höhe des Kernkapitals)

    davon:    500.000 EUR Ergänzungskapital zweiter Klasse (d. h. 50.000 EUR werden gekappt)

                500.000 EUR Ergänzungskapital erster Klasse (d. h. weitere 200.000 EUR werden beim Ergänzungskapital insgesamt gekappt)

$$\text{Solvabilitätskoeffizient} = \frac{\text{haftendes Eigenkapital}}{\text{gewichtete Risikoaktiva}} \geq 8\,\%$$

$$\frac{2\,\text{Mio. EUR}}{20\,\text{Mio. EUR}} = 10\,\%$$

$\Rightarrow$ zur Unterlegung der Adressenrisiken benötigtes haftendes Eigenkapital = 1,6 Mio. EUR (= 20.000.000 EUR · 8 %)
davon höchstens Ergänzungskapital = 800.000 EUR
davon mindestens Kernkapital = 800.000 EUR
$\Rightarrow$ freies Ergänzungskapital = 200.000 EUR
$\Rightarrow$ freies Kernkapital = 200.000 EUR

$\Rightarrow$ Drm $\leq$ 2,5 · 200.000 – 200.000 = 300.000 EUR (Obergrenze)

$\Rightarrow$ Das zur Substitution geeignete Ergänzungskapital beträgt 250.000 EUR (Summe der Kappungsbeträge).

# 2 Bankbetriebliche Risiken und ihre Begrenzung in den Grundsätzen I und II

## 2.1 Definition und Systematisierung bankbetrieblicher Risiken

**Aufgabe 2.1: Systematisierungsansatz**
Entwickeln Sie einen Ansatz zur Systematisierung der bankbetrieblichen Risiken.

**Lösung**
Bankbetriebliche Risiken lassen sich auf verschiedene Arten systematisieren. Im Wesentlichen erfolgt eine Systematisierung
– nach der Art der Geschäfte, die den Risiken zugrunde liegen, oder
– nach den Ursachen der Risikoentstehung.

Eine Klassifizierung nach der Art der Geschäfte, die den Risiken zugrunde liegen, enthält jedoch unweigerlich Redundanzen bei der Risikodarstellung, da sich einzelne Risikoarten aus mehreren Bankgeschäften ergeben können. Diese Schwäche kann vermieden werden, wenn die Risiken nach den Ursachen ihrer Entstehung klassifiziert werden. Danach lassen sich Risiken des technisch-organisatorischen Bereichs (siehe Aufgabe 2.2 bis Aufgabe 2.7) sowie Risiken des liquiditätsmäßig-finanziellen Bereichs unterscheiden (siehe Aufgabe 2.8 bis Aufgabe 2.16).[1]

**Aufgabe 2.2: Überblick über die Risiken des technisch-organisatorischen Bereichs**
Geben Sie einen Überblick über die Risiken des technisch-organisatorischen Bereichs von Kreditinstituten.

**Lösung**
Die Risiken des technisch-organisatorischen Bereichs einer Bank werden auch als „Risiken des internen Leistungsbereichs" bzw. „Risiken des Betriebsbereichs" (kurz: Betriebsrisiken) bezeichnet.[2] Derartige Risiken entstehen nicht durch die einzelnen Bankgeschäfte an sich; sie sind vielmehr mit denjenigen Faktoren verbunden, die dazu notwendig sind, diese Geschäfte überhaupt erst anbieten bzw. abschließen zu können. Daher sind den Risiken des technisch-organisatorischen Bereichs einer Bank alle diejenigen Risiken zuzuordnen, die sich aus der Beschaffung und dem Einsatz nicht-monetärer Produktionsfaktoren sowie dem Zusammenwirken dieser

---
[1] Vgl. BÜSCHGEN, HANS E. (Bankbetriebslehre, 1998), S. 869.
[2] Vgl. BÜSCHGEN, HANS E. (Bankbetriebslehre, 1998), S. 869 und S. 885; SCHIERENBECK, HENNER (Risiko-Controlling, 2001), S. 5.

Produktionsfaktoren im Betriebsablauf ergeben.[1] Wesentliche Risiken des technisch-organisatorischen Bereichs haben personelle, sachlich-technische, ablaufstrukturelle oder rechtliche Gründe, können aber auch auf höherer Gewalt oder auf Einwirkungen Außenstehender (bspw. kriminelle Handlungen) beruhen.[2]

Die Risiken des Betriebsbereichs wirken sich im Falle ihres Eintritts in erster Linie zunächst negativ auf den Erfolg eines Kreditinstituts aus.[3] Eine negative Liquiditätswirkung ergibt sich zumeist nur indirekt über die Beeinträchtigung des Erfolgs (erfolgsdeterminierte Liquiditätsrisiken[4]). In seltenen Fällen kann es allerdings auch zu einer direkten Liquiditätswirkung von Betriebsrisiken kommen. Dies ist bspw. dann der Fall, wenn aufgrund des Ausfalls oder der Fehlfunktion technischer Anlagen Kommunikationsprobleme auftreten und ein Kreditinstitut deshalb nicht in der Lage ist, mit potenziellen Geldgebern Kontakt aufzunehmen, um benötigte Zahlungsmittel zu beschaffen (so genannte technikinduzierte Geldanschlussrisiken[5]). Da in einer solchen Situation potenzielle Geldgeber erst gar nichts vom Kapitalbedarf eines Kreditinstituts erfahren, werden sie ihm auch – trotz ausreichender Bonität – keine Zahlungsmittel zur Verfügung stellen. So war es z. B. am 05.04.2000 den Kreditinstituten zeitweise nicht möglich, sich Zahlungsmittel durch Verkauf von Aktien an der London Stock Exchange zu beschaffen, denn der Aktienhandel an dieser Aktienbörse „konnte … wegen technischer Probleme fast acht Stunden lang nicht aufgenommen werden"[6]. Eine direkte Liquiditätswirkung von Betriebsrisiken tritt aber auch dann auf, wenn einer der Mitarbeiter, die für die Liquiditätsplanung der Bank verantwortlich sind, einen Fehler macht.

Die Risiken des technisch-organisatorischen Bereichs eines Kreditinstituts stehen mittlerweile unter der Bezeichnung „operationelle Risiken"[7] auch im Fokus der Entwicklung bankenaufsichtlicher Regelungen. Der Baseler Ausschuss für Bankenaufsicht versteht unter dem operationellen Risiko einer Bank „die Gefahr von Verlusten, die in Folge der Unangemessenheit oder des Versagens von internen Verfahren, Menschen und Systemen oder in Folge externer Ereignisse eintreten"[8]. In dieser

---

[1] Vgl. BÜSCHGEN, HANS E. (Bankbetriebslehre, 1998), S. 885.
[2] Vgl. BÜSCHGEN, HANS E. (Bank-Lexikon, 1997), S. 1094; BÜSCHGEN, HANS E. (Bankbetriebslehre, 1998), S. 869.
[3] Zur Begründung der Zuordnung der Risiken des technisch-organisatorischen Bereichs zu den Erfolgsrisiken vgl. KRÄMER, GREGOR (Ziele, 2000), S. 227–228.
[4] Erfolgsdeterminierte Liquiditätsrisiken sind solche, die direkt oder indirekt aus den Erfolgsrisiken einer Bank resultieren. Sie werden auch als derivative Liquiditätsrisiken bezeichnet. Vgl. dazu auch Aufgabe 2.8 und Aufgabe 2.16.
[5] Vgl. KRÄMER, GREGOR (Ziele, 2000), S. 224.
[6] VON BREDOW, VENDELINE (Börse, 2000), S. 25.
[7] Das Wort „operationell" (synonym hierfür „operational") bedeutet „verfahrensbedingt".
[8] BASELER AUSSCHUSS FÜR BANKENAUFSICHT (Basel II, 2004), S. 157.

## 2.1 Definition und Systematisierung bankbetrieblicher Risiken

Definition sind auch die Rechtsrisiken eingeschlossen.[1] Strategische Risiken, insbesondere Reputationsrisiken, werden dagegen von dieser Definition nicht erfasst.[2]

Es bleibt anzumerken, dass auch die meisten Kreditinstitute ihre operationellen Risiken als bedeutende Risikofaktoren ansehen.[3] „Die generelle Einschätzung der Banken ist, dass das operationelle Risiko bedeutsamer ist als das Marktrisiko"[4].

Für die Zwecke der bankenaufsichtlich geforderten Mindesteigenkapitalunterlegung der operationellen Risiken (siehe Aufgabe 3.44 bis Aufgabe 3.46) sind mit Ausnahme der externen ablaufstrukturellen Risiken (Reputationsrisiken) die in der nachfolgenden Abbildung 7 auf Seite 91 aufgeführten operationellen Risiken (Betriebsrisiken) von Relevanz.

**Aufgabe 2.3: Personelle Risiken**
Erläutern Sie, was unter den personellen Risiken von Kreditinstituten verstanden wird.

**Lösung**
Unter den personellen Risiken – auch „Mitarbeiterrisiken" genannt – werden alle Risiken zusammengefasst, die sich aus der Neueinstellung, dem Einsatz oder der Kündigung von Mitarbeitern ergeben können.[5] Dabei lassen sich quantitative und qualitative personelle Risiken unterscheiden.

Die quantitativen personellen Risiken beziehen sich auf Gefahren, die mit der mengenmäßigen Beschaffung und dem mengenmäßigen Einsatz von Mitarbeitern verbunden sind. So ist es beispielsweise denkbar, dass bei einem krankheits- oder urlaubsbedingten Ausfall von Mitarbeitern in einer Zweigstelle nicht schnell genug Ersatzpersonal beschafft werden kann, um den reibungslosen Betrieb in dieser Zweigstelle zu gewährleisten (Problem der Personaleinsatzplanung). Als weiteres Beispiel kann das Problem angeführt werden, ausreichend qualifiziertes Personal für neuartige Finanzdienstleistungen (z. B. im Bereich der Finanzderivate) zu finden.

---

[1] Vgl. BASELER AUSSCHUSS FÜR BANKENAUFSICHT (Basel II, 2004), S. 157.
[2] Vgl. BASELER AUSSCHUSS FÜR BANKENAUFSICHT (Basel II, 2004), S. 157. Zu einer Differenzierung der operationellen Risiken (Betriebsrisiken) einer Bank in strategische sowie operative operationelle Risiken (Betriebsrisiken) vgl. WASCHBUSCH, GERD/LESCH, STEFANIE (Operationelle Risiken, 2004), S. 29–30.
[3] Vgl. DEUTSCHE BUNDESBANK (Eigenkapital, 2002), S. 47.
[4] DEUTSCHE BUNDESBANK (Eigenkapital, 2002), S. 47.
[5] Vgl. auch BÜSCHGEN, HANS E. (Bankbetriebslehre, 1998), S. 886–887.

Allerdings zeigt sich häufig bereits bei der Suche nach Auszubildenden, dass es schwirig ist, geeignetes Personal zu finden.

Zu den quantitativen personellen Risiken zählt auch das Risiko des Know-how-Verlusts durch Personalabwanderung. Dieses Risiko „besteht zum einen darin, dass neu eingestellte Mitarbeiter die Bank schnell wieder verlassen, da sich ihre Erwartungen nicht erfüllt haben, und zum anderen darin, dass die bereits beschäftigten Mitarbeiter wegen Unzufriedenheit oder Veränderungen privater Natur ihr Arbeitsverhältnis kündigen"[1].

Qualitative personelle Risiken hingegen sind mit den fachlichen und charakterlichen Eigenschaften der Mitarbeiter verknüpft. Derartige Risiken resultieren entweder aus unbeabsichtigten, fahrlässigen oder aus vorsätzlichen Handlungen der Mitarbeiter. Unbeabsichtigte oder fahrlässige Handlungen, die sich nachteilig für das Kreditinstitut auswirken können, lassen sich in der Regel auf eine fehlende oder unzureichende Qualifikation von Mitarbeitern zurückführen. Ihnen fehlen die erforderliche Berufserfahrung oder die notwendigen Sachkenntnisse.[2] Aber auch Nachlässigkeiten, Schlampereien, Pflichtvergessenheiten, Arbeitsüberlastung, ungenügende Arbeitsauslastung, private sowie berufliche Probleme von Mitarbeitern können derartige qualitative personelle Risiken begründen. Daneben können sich qualitative personelle Risiken aber auch aus vorsätzlichen Handlungen des Personals ergeben, die den betrieblichen Arbeitsablauf stören (z. B. Mobbing am Arbeitsplatz) oder auf kriminelle Aktionen abzielen.

*Fahrlässigkeitsrisiko*
Das Fahrlässigkeitsrisiko besteht in der bewussten oder unbewussten Nichtbeachtung von Vorschriften und Regeln. Beim bewussten fahrlässigen Handeln (z. B. einer Nichteinhaltung von Gesetzen oder einer Missachtung bestehender Arbeitsanweisungen, die den Ablauf der Arbeiten festlegen) nimmt der Mitarbeiter die Schädigung der Bank gewollt in Kauf. Ein solches Verhalten kann die Vorstufe zum Betrug sein.

---

[1] WASCHBUSCH, GERD/LESCH, STEFANIE (Operationelle Risiken, 2004), S. 41.
[2] So ist es vorstellbar, dass bei Kreditinstituten die Kreditbearbeitung, nicht zuletzt weil ausreichend qualifiziertes Personal fehlt, zu wünschen übrig lässt. Als Konsequenz aus dieser Erkenntnis muss die Qualifikation der Mitarbeiter verbessert werden.

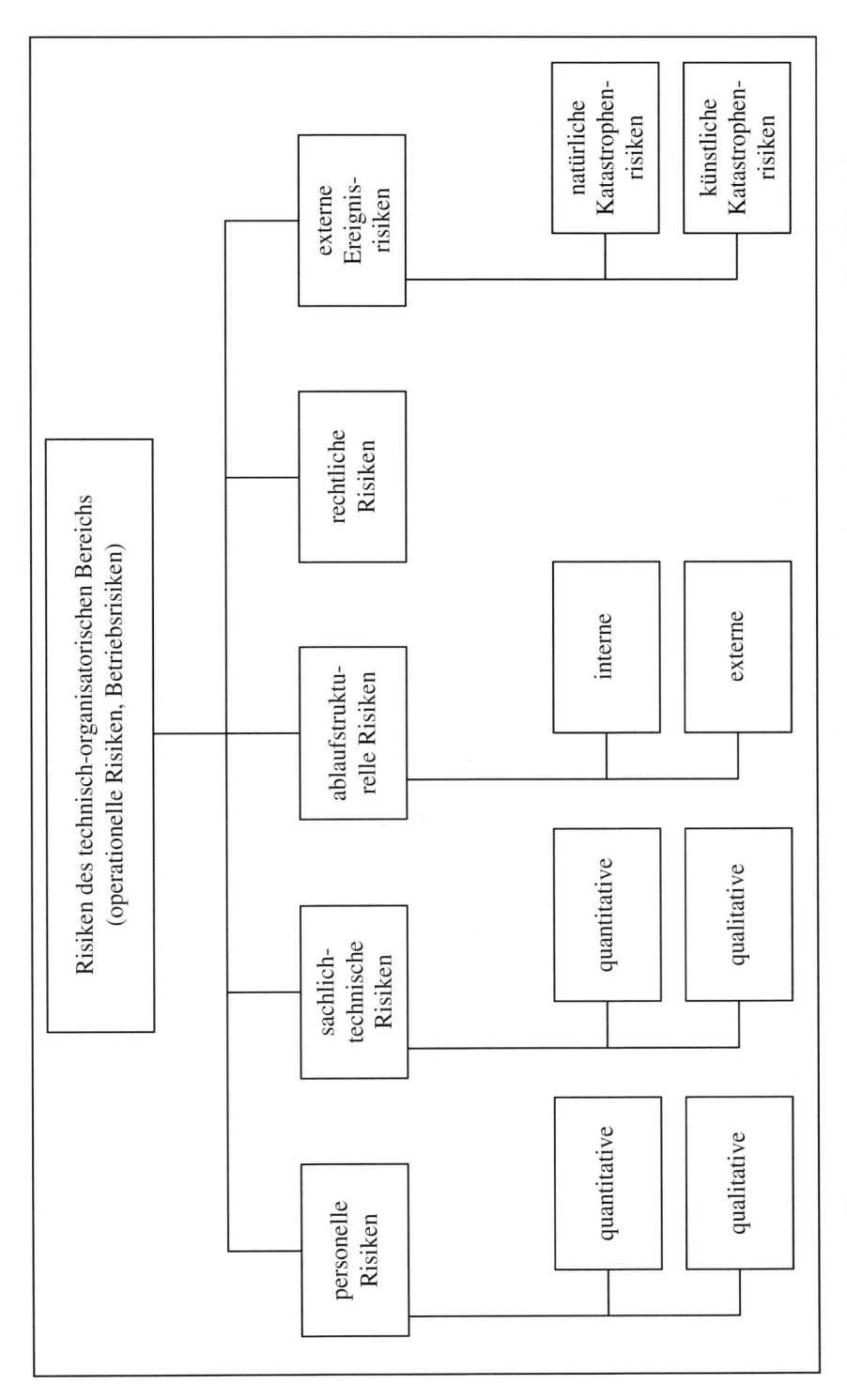

## 2.1 Definition und Systematisierung bankbetrieblicher Risiken

**Abbildung 7:** Überblick über die Risiken des technisch-organisatorischen (operationellen) Bereichs von Kreditinstituten

Beleg für das Gefahrenpotenzial, das mit dem Fahrlässigkeitsrisiko verbunden sein kann, ist die Falscheinschätzung der Kreditsicherheiten im Fall Schneider. Als weiteres Beispiel für die Bedeutung des Fahrlässigkeitsrisikos kann das Vorgehen der Sparkasse Kiel Ende 1998 angeführt werden. In einer Mitteilung des Vorstands dieser Sparkasse an die Beschäftigten einen Tag vor Weihnachten wurden die Mitarbeiter in einem ungewöhnlich harschen Ton auf ihre Sorgfaltspflichten im Kreditgeschäft hingewiesen.[1] Danach gehöre ein hohes Maß an Sorgfältigkeit und Gewissenhaftigkeit bei der Bearbeitung jeglicher Art von Geschäftsvorgängen zu den Grundregeln eines geordneten Bankbetriebs. Nachlässigkeiten in der Sachbearbeitung erhöhten insbesondere im Kreditgeschäft die Risiken; sie könnten zu erheblichen Vermögensschäden führen. So habe die nicht sachgerechte oder sogar schlampige Bearbeitung von Geschäftsvorgängen in der Vergangenheit immer wieder unnötige Risiken und Schäden verursacht. Erforderlich sei daher die exakte Einhaltung der im Einzelnen eingeräumten Kompetenzen. Zuwiderhandlungen würden zudem in Zukunft in verstärktem Maß mit den arbeitsrechtlich gebotenen Sanktionsmöglichkeiten geahndet.

*Irrtumsrisiko*
Während Betrugs- und Diebstahldelikte von einem Mitarbeiter beabsichtigt ausgeübt werden, passiert dagegen der Irrtum nicht willentlich. Hierin zeigt sich der Charakter des Irrtumsrisikos. Wo Menschen arbeiten, passieren Fehler. Gründe einer solchen unzulänglichen Aufgabenerfüllung können beispielsweise in einer arbeitsmäßigen Überlastung, einer nicht ausreichenden Qualifizierung oder auch in einem gutgläubigen Handeln des betreffenden Mitarbeiters liegen.

Nachfolgende Beispiele verdeutlichen mögliche Konsequenzen des Irrtumsrisikos:
– Für Aufsehen am Rentenmarkt sorgte Mitte November 1998 ein ungewöhnlich großes Angebot an Bund-Futures.[2] Im Handel kursierten Gerüchte, dass von einem Londoner Marktteilnehmer versehentlich bis zu 100.000 Kontrakte mit einem Nominalwert von 25 Mrd. DM an der Terminbörse Eurex verkauft werden sollten. Die Folge waren wilde Spekulationen, zumal es als ungewöhnlich angesehen wurde, dass das hohe Volumen an Verkaufsaufträgen auf einmal angeboten wurde. Angeblich hatte ein Mitarbeiter eines kleineren Investmenthauses die Simulationsversion der Eurex mit dem tatsächlichen Handelsbildschirm verwechselt. Bis der Fehler entdeckt wurde, vergingen etwa 30 Minuten. In dieser Zeit wurden ca. 40.000 bis 50.000 Kontrakte tatsächlich gehandelt. Nachdem der

---

[1] Vgl. hierzu sowie zu den folgenden Ausführungen dieses Absatzes o. V. (Mitarbeiter-Schelte, 1999), S. 20.
[2] Vgl. hierzu o. V. (Testhandel, 1998), S. 40.

Marktteilnehmer seinen Fehler bemerkte, begann er seine Positionen aufzulösen. Der Irrtum kostete den „probenden Akteur" nach der Schätzung von Händlern 9 Mio. DM.

– Montag Nachmittag am 14.05.2001, 17.30 Uhr, Londoner Börse:[1] Die offizielle Handelszeit ist abgelaufen, die Händler bündeln in der letzten Handelsrunde die restlichen Aufträge und ermitteln die Durchschnittskurse. Müde Routine – bis innerhalb von fünf Minuten der FTSE-100-Index der 100 wichtigsten Aktien von 5.825 auf 5.690,5 Punkte fällt. 2,3 % minus, und niemand weiß warum. Später stellt sich heraus, dass ein Händler einer Investmentbank (vermutlich der Investmentbank Lehman Brothers) bei einem Verkaufsauftrag eine Null zu viel in seinen Computer eingetippt und so den Markt unfreiwillig mit Aktien überschwemmt hat. Statt ein Aktienpaket verschiedener Werte für 30 Mio. GBP zu verkaufen, gab dieser Händler versehentlich 300 Mio. GBP in das elektronische Handelssystem ein. Wäre als Folge dieses Verkaufsauftrages eine einzelne Aktie um mehr als 5 % abgesackt, hätte das elektronische Handelssystem Alarm geschlagen. Da aber keine der von diesem Verkaufsauftrag betroffenen Aktien so viel an Wert verlor, wurde der Verkaufsauftrag elektronisch und vollautomatisch ausgeführt. Die Investmentbank dürfte als Folge dieses Versehens ihres Mitarbeiters einige Millionen GBP Verlust erlitten haben.

– Ein peinlicher Schreibfehler sorgte Anfang Oktober 2002 für Wirbel an der Wall Street.[2] Das Brokerhaus Bear Stearns hatte eine Verkaufsorder über Aktien im Wert von rund 4 Mrd. USD aufgegeben. Dabei wollte das Brokerhaus nach Aussage der New York Stock Exchange eigentlich nur Aktien über 4 Mio. USD verkaufen. Als Folge dieses Verkaufsauftrags, der 20 Minuten vor Handelsschluss getätigt wurde, hatten sich die Kursverluste an den US-Börsen nochmals deutlich ausgeweitet. Die Verkaufsorder sei aber beim Stand von 622 Mio. USD gestoppt worden. Das Brokerhaus Bear Stearns hielt sich mit Erklärungen zurück und teilte lediglich mit, der Fehler werde keine maßgeblichen Folgen für das Haus haben. Im Handel hieß es, den Fehler habe eine Bürokraft und nicht ein Händler gemacht. Fest stehe, dass es sich um menschliches und kein technisches Versagen gehandelt habe.

– Einer Studie der britischen Marktforscher von Fulcrum Research zufolge ist menschliches Versagen Fehlerquelle Nummer eins bei der Abwicklung von

---

[1] Vgl. KEIDEL, STEFAN (Schock, 2001), S. 12.
[2] Vgl. hierzu O. V. (Wirbel, 2002), S. 36.

Wertpapiertransaktionen.[1] Da die Daten im Prozess der Transaktionsverarbeitung bis zu 25 verschiedene Systeme durchlaufen, müssten sie teilweise per Hand bearbeitet und mit Zusatzinformationen angereichert werden. Und dies gehe oft schief. Die Kosten einer misslungenen Wertpapiertransaktion im grenzüberschreitenden Handel belaufen sich dabei nach Erkenntnis der britischen Marktforscher auf durchschnittlich 388 EUR. Verfehlt dagegen eine inländische Wertpapierorder ihr Ziel, so schlägt dies mit immerhin noch 182 EUR zu Buche.

– Bei der Dresdner Bank AG konnten Kunden zwischen dem 8. und dem 19. März 2004 von vielen anderen Banken keine Überweisungen auf ihren Konten empfangen, umgekehrt wurden keine Lastschriften von ihren Konten abgebucht und beim Einkaufen war es ihnen nicht möglich, mit der EC-Karte zu zahlen. Der Grund hierfür: Ein Mitarbeiter der Dresdner Bank AG hatte aus Versehen die Löschung der Bankleitzahl bei der Deutschen Bundesbank beantragt.[2]

*Betrugs- und Diebstahlrisiko*
Beim Betrugs- und Diebstahlrisiko besteht die Gefahr, dass Mitarbeiter einer Bank monetäre oder nicht monetäre Vermögenswerte unterschlagen. Dieses immer latent vorhandene Risiko beginnt schon bei der Mitnahme eines Bleistifts und endet bspw. bei dem Diebstahl von Geldmitteln aus der Kasse.[3] Betrug und Diebstahl werden stets mit Vorsatz ausgeübt und in der Regel durch das Fehlen bzw. Versagen von Kontrollmaßnahmen begünstigt.

Nachfolgend einige weitere Beispiele für Betrugsfälle im Kreditgewerbe:
– Mitte der 1990er-Jahre führte Nick Leeson, ein Mitarbeiter der Barings Bank, in Singapur unautorisierte Geschäfte mit offenen Index-Futureskontrakten durch und verursachte auf diese Weise einen Schaden in Höhe von ca. 1,2 Mrd. USD. Die Folge war der Zusammenbruch des Bankhauses Barings.[4]

---

[1] Vgl. O. V. (Eingriffe, 2002), S. 23.
[2] Vgl. O. V. (Bankleitzahl, 2004), S. D 5.
[3] So zahlte sich der Hauptkassierer einer Bank in Saarlouis innerhalb von fünf Jahren selbst 1,8 Mio. DM aus, die er vor allem in Spielkasinos im ganzen Saarland verspielte. Eine wirkungsvolle Selbstkontrolle der Bank in diesem Bereich hatte jahrelang einfach nicht stattgefunden. Zwar wurden die Bücher geprüft, doch das in Tresor, Kasse und Bankautomaten liegende Geld wurde nie gezählt. Vgl. O. V. (Gelegenheit, 2001).
[4] Eine Darstellung des Zusammenbruchs der Barings Bank findet sich bei KÖRNERT, JAN (Barings, 1996), S. 512–520 und S. 612–618; MARQUARDT, THOMAS (Fall Barings, 1999).

## 2.1 Definition und Systematisierung bankbetrieblicher Risiken 95

- Im Jahr 1997 verursachte Peter Young bei Morgan Grenfell Asset Management erhebliche Verluste (mehr als 600 Mio. USD) aufgrund von Verletzungen der Anlagevorschriften für Aktienfonds.[1]

- In den Jahren 1997/1998 fügten zwei Mitarbeiter der Westdeutschen Genossenschafts-Zentralbank eG (WGZ-Bank) durch betrügerische Machenschaften dem Kreditinstitut einen Schaden in Höhe von 351 Mio. DM zu.[2] Die beiden Devisenhändler hatten im Bereich „Devisenoptionsgeschäfte mit Eigenhandel" versucht, eine von ihnen zu verantwortende Schieflage zu kaschieren. Zu diesem Zweck manipulierten sie das Handels- und Abwicklungssystem der Bank. An der im Dollaroptionshandel verwendeten Volatilitätskurve, die die Schwankungen der Wechselkurse misst, hatten sie einige Zwischenwerte so geschickt eingefügt, dass die Manipulationen im Rahmen der täglichen Kontrollen durch die Handelsadministration lange Zeit unbemerkt blieben. Zum Verhängnis wurde den beiden Devisenhändlern erst die Einführung eines neuen, strengeren Kontrollsystems.

- Anfang Februar 2002 sorgte ein Betrugsfall bei der Allfirst Bank, US-Tochter der Allied Irish Banks (AIB), für Aufsehen.[3] Der Devisenhändler John Rusnak hatte im Devisenhandel über Jahre umfangreiche Dollar-Yen-Spekulationen mit fiktiven Optionsgeschäften „gedeckt" und auf diese Weise der Allfirst Bank einen Verlust in Höhe von 691,2 Mio. USD beschert. Obwohl Rusnak „hinterhältig und sehr clever"[4] agierte, wurde dieser millionenschwere Betrug erst durch die Mischung aus laxen Kontrollen und schlecht ausgebildeten oder schlicht faulen Vorgesetzten ermöglicht.

- Anfang 2004 entstanden der National Australia Bank (NAB) Verluste in Höhe von 360 Mio. AUD.[5] Mehrere Händler der Bank hatten diesen Schaden durch unerlaubte Devisenoptionsgeschäfte verursacht, indem sie die Schwächen des Betriebsablaufs ausgenutzt hatten.

**Aufgabe 2.4: Sachlich-technische Risiken**
Erläutern Sie, was unter den sachlich-technischen Risiken von Kreditinstituten verstanden wird.

---
[1] Vgl. BEECK, HELMUT/KAISER, THOMAS (Quantifizierung, 2000), S. 634.
[2] Vgl. O. V. (Manipulationen, 1998), S. 22; O. V. (Untreuefall, 1999), S. 22.
[3] Vgl. O. V. (Devisenskandal, 2002), S. 29.
[4] O. V. (Devisenskandal, 2002), S. 29.
[5] O. V. (Schaden, 2004), S. 23; O. V. (Fehde, 2004), S. 26.

**Lösung**

Die mitunter größte Gefahr für das einzelne Kreditinstitut wie auch für das gesamte Bankwesen im Bereich der operationellen Risiken stellen die sachlich-technischen Risiken – sie werden auch als „Betriebsmittelrisiken" bezeichnet – dar.[1] Hierunter sind alle Risiken zu verstehen, die aus der Beschaffung und dem Einsatz von Betriebsmitteln (z. B. Grundstücke, Gebäude, Maschinen, Datenverarbeitungsanlagen etc.) entstehen. Auch diese Risiken lassen sich in quantitative und qualitative Risiken einteilen.

Die quantitativen sachlich-technischen Risiken stellen die Gefahr dar, dass sich aus einer falschen Dimensionierung der einzusetzenden Betriebsmittel nachteilige Auswirkungen für das Kreditinstitut ergeben. So kann bspw. eine zu groß dimensionierte Datenverarbeitungsanlage aufgrund einer zu geringen Kapazitätsauslastung zu unnötig hohen Leerkosten führen. Ist sie hingegen zu klein ausgelegt, so kann dies zu überhöhten Fehlfunktionen und verfrühtem Verschleiß durch Überbeanspruchung, aber auch zu zeitlichen Verzögerungen führen (qualitative Folgen).

Im Gegensatz zu den quantitativen sachlich-technischen Risiken ergeben sich die qualitativen sachlich-technischen Risiken hauptsächlich daraus, dass die eingesetzten Betriebsmittel ihren Zweck nicht oder nicht in vollem Umfang erfüllen. Dies kann verschiedene Gründe haben. Einerseits ist es möglich, dass die eingesetzten Betriebsmittel nicht optimal auf die zu verrichtende Aufgabe abgestimmt sind (z. B. Fehlfunktionen bei der Neueinführung eines Wertpapierabwicklungssystems). Andererseits können die eingesetzten Betriebsmittel auch bei optimaler Auslegung auf die zu verrichtende Tätigkeit ausfallen oder fehlerhaft arbeiten.

Durch computergestützte Abrechnungssysteme und weltweite Bankennetzwerke können Zahlungen extrem schnell um den gesamten Globus geschickt werden. Viele Bankgeschäfte sind nur noch durch den Einsatz von Computern und anderen Informationssystemen zu bewältigen. Da die Kreditinstitute in immer größerem Maße von diesen technischen Anlagen abhängig sind, bewirkt ein Ausfall dieser technischen Systeme eine reduzierte oder gar totale Handlungsunfähigkeit des betroffenen Kreditinstituts. Dies kann schwer wiegende Folgen für dieses oder auch andere Kreditinstitute haben. Ist z. B. ein Kreditinstitut aufgrund eines Systemausfalls nicht in der Lage, seine fälligen Verbindlichkeiten termingerecht zu begleichen, so führt dies zu Ausfällen von erwarteten Zahlungseingängen bei anderen Kreditinstituten. Dies kann zur Folge haben, dass diese Kreditinstitute ebenfalls zahlungsunfähig werden.

---

[1] Vgl. hierzu sowie zu den weiteren Ausführungen dieses Kapitels BÜSCHGEN, HANS E. (Bankbetriebslehre, 1998), S. 888–889.

## 2.1 Definition und Systematisierung bankbetrieblicher Risiken 97

Auf diese Weise kann der Zahlungsausfall eines Kreditinstituts immer weiter gereicht werden (Dominoeffekt) und das gesamte Zahlungssystem in Mitleidenschaft ziehen (Systemrisiko).[1] Als Gründe für einen solchen Ausfall sind Naturkatastrophen (wie z. B. Brand, Überschwemmung, Blitzeinschlag etc.), Sabotage (z. B. Computerviren), Terroranschläge oder eine unsachgemäße Bedienung der Anlagen zu nennen.

Ein weiteres technisches Risiko besteht in einer Fehlfunktion der technischen Anlagen. So können durch eine fehlerhafte externe Datenübermittlung Geschäfte abgeschlossen werden, bei denen die Kontrahenten von einer unterschiedlichen Datenbasis (z. B. hinsichtlich Laufzeit, Währung, Betrag etc.) ausgehen. Bei einer fehlerhaften internen Datenübermittlung können dem Entscheidungsträger (z. B. Händler, Kundenberater etc.) durch ein internes Informationssystem falsche Daten übermittelt werden. Dies kann zur Folge haben, dass Geschäfte mit Dritten getätigt werden, die bei Kenntnis der korrekten Daten in dieser Art nicht abgeschlossen worden wären, so aber Verluste nach sich ziehen können. Als weitere Fehlerquellen sind eine mangelhafte Überprüfung der erfassten Daten oder der Einsatz fehlerbehafteter Software zu nennen.[2]

Nachfolgend einige Beispiele für den Einsatz fehlerbehafteter Software:
- Im November 1997 führte eine Buchungspanne bei Genossenschaftsbanken im norddeutschen Raum dazu, dass Kunden, die mittels Electronic Cash bezahlten, mit dem 100-fachen des tatsächlichen Betrages belastet wurden. Dieser Fehler entstand dadurch, dass durch die Rechenanlage das Komma um zwei Stellen nach rechts verschoben wurde.[3]

- Im April 1999 stürzte ein Computer der Bank 24 mehrere zehntausend ihrer Kunden über Nacht in tiefe Schulden – zumindest auf dem Papier. Wegen eines Programmierfehlers buchte das EDV-System der Bank 24 von 55.000 der insgesamt 80.000 Wertpapierkonten jeweils mehrere Milliarden DM ab. Nach Anga-

---

[1] Vgl. BASELER AUSSCHUSS FÜR BANKENAUFSICHT (Risks, 1989), S. 1. Dass auch in Deutschland große Banken aufgrund von EDV-Problemen grundsätzlich in eine Liquiditätsklemme schlittern und die Stabilität des gesamten Finanzsystems gefährden können, zeigt folgendes Beispiel. Am 1. Dezember 1999 legte ein gravierender Computerfehler das Datenverarbeitungssystem der Deutschen Bank AG lahm. Wie aus Finanzkreisen zu hören war, konnten dadurch Verpflichtungen aus Wertpapier-, Devisen- und Geldmarktgeschäften im Volumen von 35 Mrd. EUR zeitweise nicht erfüllt werden. Vgl. dazu O. V. (Ausbau, 2000), S. 8.

[2] Die Gefahr einer Verwendung fehlerbehafteter Software ist umso größer, je mehr standardisierte Software an spezifische Gegebenheiten eines Kreditinstituts angepasst werden muss.

[3] Vgl. O. V. (Panne, 1997), S. 18.

ben der Bank 24 war der Fehler eine Folge der Anfang des Jahres 1999 erfolgten Euro-Umstellung, bei der ein Programmierfehler aufgetreten sei.[1]

– Eine Panne im EDV-System bei der Westdeutschen Landesbank Girozentrale führte im Juli 1999 zu bundesweiten Fehlbuchungen im elektronischen Zahlungsverkehr. Die WestLB hatte in einem Testlauf Originaldaten verwendet und bargeldlose Zahlungen doppelt von Konten abgebucht.[2]

– Ende Juli 2000 ereignete sich bei der britischen Barclays Bank folgender Sachverhalt:[3] Der Mitarbeiter der Telefon-Hotline wusste sofort, dass der größte anzunehmende Unfall eingetreten war. Am anderen Ende der Leitung stellte ein Barclays-Kunde die Frage, vor der sich alle im Internet vertretenen Banken fürchten. Ob es möglich sei, so der Mann, dass er online auf das Konto eines anderen Kunden zugreifen könne? Er habe sich soeben bei der Barclays Bank eingewählt und sei weitergeleitet worden. Plötzlich habe er einen anderen Namen gesehen. Auch die Kontostände und Umsatzzahlen kamen ihm so verändert vor. Minuten nach dem Anruf bildeten sich in der britischen Bank mehrere Notfallteams. Drei besorgte Kundenanrufe später war der Onlinezugang von Barclays geschlossen. Die Barclays Bank tauschte die neue Software, die erst zwei Tage zuvor aufgespielt worden war, zu Gunsten der alten Version aus. Am Abend kamen die Kunden der Barclays Bank wieder an ihre Daten. Das Renommee der Barclays Bank hatte allerdings durch den Vorfall, dass Kontodaten zahlreicher Kunden über vier Stunden für andere Nutzer ihrer Webseite frei lesbar waren, Kratzer bekommen.

– Im August 2001 verurteilte das Landgericht Itzehoe den Onlinebroker Comdirect zur Zahlung von Schadenersatz in Höhe von 4.890 DM. Anlass für dieses Urteil war folgender Sachverhalt.[4] Ein Kunde der Comdirect hatte über Xetra Aktien im Wert von 52.000 DM in vier Tranchen gekauft und wollte diese nach einigen Stunden wieder verkaufen. Das EDV-System erkannte aber die vier Positionen nicht als Gesamtbestand und lehnte die Verkaufsorder über alle Aktien ab. Nach mehreren Fehlversuchen setzte der Anleger seine Order schließlich über Telefon ab. Doch in der Zwischenzeit entging ihm ein Spekulationsgewinn, den Comdirect dem Anleger nun laut Gerichtsbeschluss ersetzen muss. Der Onlinebroker

---

[1]  Vgl. O. V. (Milliardenschulden, 1999), S. 23.
[2]  Vgl. O. V. (Fehlbuchungen, 1999), S. 19.
[3]  Vgl. SCHÖNAUER, FELIX (Internet-Absturz, 2000), S. 12.
[4]  Vgl. O. V. (Schadensersatz, 2001), S. 28.

## 2.1 Definition und Systematisierung bankbetrieblicher Risiken

müsse seine EDV-Systeme jederzeit für die Kunden voll funktionsfähig halten, so die Begründung der Richter zu ihrem Urteil.

Neben einer fehlerhaften Datenverarbeitung bzw. Datenübermittlung besteht ein großes Risiko in der Gefahr eines unberechtigten Zugriffs auf interne Daten eines Kreditinstituts.[1] Heutzutage werden die meisten Daten in Kreditinstituten direkt durch Datenverarbeitungsanlagen oder mit deren Unterstützung erzeugt. Diese Daten werden dann häufig durch öffentliche Telekommunikationsverbindungen, wie z. B. Telefonleitungen oder Satelliten, innerhalb eines Kreditinstituts oder zwischen ihm und seinen Geschäftspartnern übermittelt. Kunden haben mit Hilfe von Telefonen oder Computern Zugang zu einem bestimmten Teil dieser Daten. Ein Großteil dieser Daten ist vertraulich und nur für den internen Gebrauch bestimmt. Daher werden Kundenbeziehungen gestört, das Kreditinstitut kann verklagt werden oder sein guter Ruf kann beschädigt werden, wenn diese Informationen in die falschen Hände geraten (Reputationsrisiken). Beispiele für solche sensiblen Informationen sind: Bilanzen von Firmenkunden, eingeräumte Überziehungslimits und deren Ausnutzung, vereinbarte Konditionen und Details über Kundentransaktionen.[2] Um diese Risiken zu minimieren, sind Zugangsberechtigungen, Verschlüsselungen der Daten oder ähnliche Maßnahmen anzuwenden.

Im Vergleich zu manuellen Aufzeichnungen stellt der unberechtigte Zugriff auf vertrauliche Daten in Datenverarbeitungsanlagen eine besonders große Gefahr dar. Hier können unter Umständen sehr schnell große Datenmengen in verarbeitbarer Form beiseite geschafft werden, ohne dass es einen Hinweis auf einen unberechtigten Zugriff gibt. Datendiebstahl oder die Manipulation von Daten sind schlechthin die Wachstumsbranche für Wirtschaftskriminelle.[3] Nach Ansicht von Experten ist die entscheidende Schwachstelle auch hier immer der Mensch; 85 % der Täter sitzen hinter der Firewall.[4]

Die sachlich-technischen Betriebsrisiken haben – bedingt durch die auch im Bankbereich immer weiter vordringende Technisierung und Computerisierung – in den letzten Jahren erheblich an Bedeutung gewonnen. Dies hat dazu geführt, dass für

---

[1] Hierzu sowie zum Folgenden vgl. BASELER AUSSCHUSS FÜR BANKENAUFSICHT (Risks, 1989), S. 2.
[2] So veröffentlichte die Schweizer Bank Credit Suisse Anfang November 2000 eine Woche lang auf ihrer Internet-Seite vertrauliche Daten ihrer Kunden. Auf der Webseite dieser Bank fanden sich für jedermann frei zugänglich die Kontonummern, Tantiemenüberweisungen und Adressen von Prominenten wie Udo Jürgens und Roger Moore. Laut einem Sprecher der Credit Suisse seien die sensiblen Daten von Dritten auf die Webseite gestellt worden. Vgl. O. V. (Promis, 2000).
[3] Vgl. HARDT, CHRISTOPH (Feind, 2002), S. 10.
[4] Vgl. HARDT, CHRISTOPH (Feind, 2002), S. 10.

diesen Bereich seitens der Bankenaufsichtsbehörde immer strengere Anforderungen an die Kreditinstitute gestellt werden.[1]

**Aufgabe 2.5:   Ablaufstrukturelle Risiken**
Erläutern Sie, was unter den ablaufstrukturellen Risiken von Kreditinstituten verstanden wird.

**Lösung**
Die Risiken im Bereich der Ablauforganisation einer Bank – sie werden als interne ablaufstrukturelle Risiken bezeichnet – liegen in einer mangelhaften Geschäftsprozessordnung. Das Gefahrenpotenzial liegt hier sowohl in der fehlerhaften Abstimmung der einzelnen Geschäftsprozesse als auch in einer zu akribischen Definition der Geschäftsprozesse selbst. So tritt das Risiko einer unzureichend organisierten Ablaufstruktur bzw. einer fehlenden oder unklaren Kompetenzabgrenzung vor allem bei der Neueinführung oder Umstrukturierung bankbetrieblicher Tätigkeiten auf.[2] Aber auch fehlende oder unwirksame Kontrollmaßnahmen sind diesem Bereich der Organisationsrisiken zuzuordnen.

Ein gravierendes Beispiel hierfür sind die durch einen Prüfbericht der BaFin im Juni 2003 aufgedeckten gravierenden Mängel in der Risikokontrolle der WestLB. In diesem Prüfbericht wurde der WestLB attestiert, insbesondere die Kreditgeschäfte der Londoner Tochter nicht mit der nötigen Sorgfalt gesteuert und kontrolliert zu haben.[3] Konkreter Anlass der von der BaFin durchgeführten Sonderprüfung war der Anfang Mai 2003 aufgrund einer missglückten Finanzierung des britischen Fernsehgeräte-Verleihers Box Clever bekannt gewordene Wertberichtigungsbedarf in Höhe von 430 Mio. EUR.[4] Verantwortlich für das Eingehen dieses Kreditengagements in Großbritannien war die Londoner Investmentsparte der WestLB unter Leitung der Investmentbankerin Robin Saunders.[5]

Externe ablaufstrukturelle Risiken – auch „Reputationsrisiken" bzw. „Imagerisiken" genannt – beinhalten die Gefahr einer schlechten Außenwirkung der Bank gegenüber ihrer Umwelt. Defizite bei der Aufbau- und Ablauforganisation, Mängel in der

---

[1]   Vgl. bspw. die detaillierten Vorschriften in BUNDESAUFSICHTSAMT FÜR DAS KREDITWESEN (MaH, 1995).
[2]   Vgl. BÜSCHGEN, HANS E. (Bank-Lexikon, 1997), S. 11.
[3]   Vgl. BUSSE, CASPAR/DOHMEN, CASPAR (Kreditvergabe, 2003), S. 21; O. V. (Finanzaffäre, 2003), S. 1; DOHMEN, CASPAR/OTTO, PHILIPP (Mängel, 2003), S. 1.
[4]   Vgl. DOHMEN, CASPAR (Wind, 2003), S. 27.
[5]   Vgl. dazu KÖHLER, P./SCHÖNAUER, F. (Model, 2003), S. 10; VON HEUSINGER, R./JUNGCLAUSSEN, J. (Mut, 2003), S. 20.

Analyse der inneren und äußeren Umwelt sowie strategische Planungsfehler haben unter Umständen verheerende Auswirkungen auf das Ansehen einer Bank. Eine besondere Rolle spielen hier die Mitarbeiter. Sie sind die Repräsentanten der Bank nach außen. Ihre Einschätzung von der Lage der Bank überträgt sich auf die Meinungsbildung der Stakeholder.

Reputationsrisiken äußern sich, wenn bei einem Kontakt zwischen einem Kreditinstitut und seiner externen Umwelt (d. h. unternehmensfremden Personen oder Institutionen) diese Umwelt auf die Art und Weise dieses Kontakts oder der Geschäftsabwicklung in einer für das Kreditinstitut negativen Art reagiert. Dabei ist zu berücksichtigen, dass die Reaktionen in der Regel kunden(gruppen)spezifisch ausgeprägt sind. So ist es beispielsweise möglich, dass durch die fortschreitende Technologisierung (z. B. Telefon-Banking, Internet-Banking, Selbstbedienungsautomaten etc.) der persönliche Kontakt zwischen Kreditinstitut und Kunde verloren geht und der Kunde zu einem Kreditinstitut wechselt, bei dem er den persönlichen Kontakt noch erhält. Es ist allerdings auch der umgekehrte Fall denkbar, dass jemand den persönlichen Kontakt nicht wünscht, sondern den Umgang mit der Technik vorzieht. Negative Konsequenzen können sich aber auch durch den persönlichen Kontakt selbst ergeben. So beinhaltet z. B. eine unfreundliche Bedienung durch einzelne Bankmitarbeiter die Gefahr einer verminderten Kundenzufriedenheit, die in diesem speziellen Fall auf Defizite in der Sozialkompetenz dieser Mitarbeiter zurückzuführen ist. Weitere Beispiele für Reputationsrisiken dieser Art stellen Wartezeiten bei der Inanspruchnahme von Bankdienstleistungen sowie für den Bankkunden ungünstige Öffnungszeiten dar.

Reputationsrisiken äußern sich zum anderen aber auch in einem Kundenrückgang nach schlechter Presse bspw. infolge von Kreditausfällen oder Steuerfahndungen. Aus Sicht des Baseler Ausschusses für Bankenaufsicht sind die Reputationsrisiken „für Banken besonders gravierend, da die Natur ihres Geschäfts verlangt, dass sie sich das Vertrauen ihrer Einleger, Gläubiger und des Marktes generell erhalten"[1]. Trotz dieser Einschätzung werden Reputationsrisiken nicht von der Definition operationeller Risiken nach der Neuen Baseler Eigenkapitalvereinbarung erfasst.[2]

**Aufgabe 2.6: Rechtliche Risiken**
Erläutern Sie, was unter den rechtlichen Risiken von Kreditinstituten verstanden wird.

---

[1] BASELER AUSSCHUSS FÜR BANKENAUFSICHT (Grundsätze, 1997), S. 266.
[2] Vgl. BASELER AUSSCHUSS FÜR BANKENAUFSICHT (Basel II, 2004), S. 157.

**Lösung**

Im Rahmen der bankbetrieblichen Tätigkeit sind eine ganze Reihe von gesetzlichen Bestimmungen (z. B. BGB, HGB, PublG, GenG, AktG, KWG, WpHG, BBankG, BörsG, StGB, WechselG, ScheckG, VerbrKrG, GwG) sowie eine Vielzahl von Rechtsurteilen zu beachten. Hierin spiegelt sich zum einen wider, dass Kreditinstitute in einer Volkswirtschaft eine Sonderstellung einnehmen,[1] zum anderen zeigt sich, dass Bankgeschäfte als abstrakte Leistungen vertragliche Vereinbarungen von Rechten und Pflichten darstellen.[2]

Die Geschäftstätigkeit eines Kreditinstituts vollzieht sich demzufolge vor dem Hintergrund bereits bestehender Gesetze bzw. in naher Zukunft umzusetzender Gesetzesvorhaben sowie des gegenwärtigen bzw. sich abzeichnenden Standes der Rechtsprechung. Daher stellt das Rechtsrisiko die Gefahr dar, dass sich negative Auswirkungen auf den Erfolg eines Kreditinstituts ergeben, wenn die für den Bankbetrieb relevanten rechtlichen Rahmenbedingungen nicht beachtet werden bzw. geändert werden oder aber Verträge nicht durchgesetzt werden können.

Rechtsrisiken können bei unverändertem Rechtsrahmen unter anderem in der fehlerhaften Formulierung eines Kundenvertrags liegen, etwa wenn dieser unklare, unzulässige oder widersprüchliche Bestandteile enthält oder wichtige Vertragsbestandteile fehlen.[3] Soll bspw. ein Bankdarlehen durch eine Lebensversicherung getilgt werden und bleibt die Auszahlungssumme der Lebensversicherung hinter dem Darlehensbetrag zurück, so kann das Kreditinstitut die verbleibende Differenz zum Darlehensbetrag nur dann von ihrem Kunden verlangen, wenn sich dies eindeutig aus den Regelungen des Darlehensvertrags ergibt. Heißt es hingegen im Darlehensvertrag, der Kredit werde durch „eine Lebensversicherung als Tilgungslebensversicherung" getilgt, so trägt die Bank das Risiko, dass bei Fälligkeit des Darlehens die Lebensversicherungssumme geringer ist als der Darlehensbetrag.[4]

Aber selbst dann, wenn Verträge ursprünglich dem aktuellen Recht entsprechend abgefasst wurden, können sich aus ihnen nachträglich in Verbindung mit einer Neufassung gesetzlicher Vorschriften bzw. einer Änderung der Rechtsprechung Risiken für die Bank ergeben.[5] Zu erwähnen ist hier z. B. die Berechnung der Vorfälligkeitsentschädigung bei vorzeitiger Kreditkündigung. Durch ein Urteil des BGH im Dezember 2000 wurden die zur Ermittlung der Vorfälligkeitsentschädigung heranzu-

---

[1] Vgl. dazu bspw. WASCHBUSCH, GERD (Bankenaufsicht, 2000), S. 18–19.
[2] Vgl. BÜSCHGEN, HANS E. (Bankbetriebslehre, 1998), S. 890.
[3] Vgl. BÜSCHGEN, HANS E. (Bankbetriebslehre, 1998), S. 891.
[4] Vgl. OLG KARLSRUHE (Urteil, 2003), S. 467 ff.
[5] Vgl. BÜSCHGEN, HANS E. (Bankbetriebslehre, 1998), S. 890–891.

## 2.1 Definition und Systematisierung bankbetrieblicher Risiken 103

ziehenden finanzmathematischen Methoden konkretisiert, wodurch der berechnete Schaden, der einer Bank aufgrund der vorzeitigen Kündigung eines Kredits durch einen Kreditnehmer entsteht, auch geringer ausfallen kann als bisher.[1]

Darüber hinaus kann das Rechtsrisiko auch darin liegen, dass z. B. Nettingabreden im Ernstfall rechtlich nicht durchsetzbar sind. Nettingabreden sind Einzelvereinbarungen zwischen den Vertragsparteien, die durch einen Rahmenvertrag derart miteinander verknüpft werden, dass bei einer Beendigung der Vertragsbeziehungen infolge von Leistungsstörungen oder Insolvenz einer der Vertragsparteien bei der Abwicklung nur der Saldo aus den Einzelvereinbarungen geschuldet wird. Daher kann ein Kreditinstitut im Fall der rechtlichen Undurchsetzbarkeit dieser Nettingabreden enorme Verluste erleiden.

Der Erfolg eines Kreditinstituts kann außerdem dadurch beeinträchtigt werden, dass aufgrund von Gerichtsurteilen oder Vergleichen Zahlungen von Seiten des Kreditinstituts zu leisten sind, Zahlungsansprüche nicht durchsetzbar sind oder Kosten für den Rechtsstreit selbst entstehen. So zahlte die Deutsche Bank AG im August 2004 im Rahmen eines außergerichtlichen Vergleichs mit mehreren amerikanischen Aufsichtsbehörden einen Betrag in Höhe von 87,5 Mio. USD. Anlass für diese Vergleichszahlung war der Vorwurf, fragwürdige Aktienempfehlungen für Privatanleger veröffentlicht zu haben, um auf diese Weise lukrative Investmentaufträge von den bewerteten Unternehmen zu erhalten.[2] Die Landesbank Baden-Württemberg (LBBW) musste im Juni 2004 aufgrund eines Urteils des Landgerichts Stuttgart einer Anlegerin einen Schadenersatz in Höhe von rund 825.000 EUR zahlen. Der Grund hierfür war, dass der Anlegerin beim Kauf von Wertpapieren der Verkaufsprospekt nicht zur Verfügung gestellt worden war und dass sie auch keine anlegergerechte Beratung erhalten hatte.[3] Wegen fehlerhafter Beratung musste auch die Berliner Volksbank eG einem Anleger 50.000 EUR Schadenersatz zahlen. Nach einem Urteil des Landgerichts Berlin war der Anleger nicht über die besonderen Risiken, die mit einer Investition in Aktien des Neuen Marktes einhergehen, aufgeklärt worden.[4]

Der Erfolg einer Bank kann schließlich auch durch Klagen entlassener oder unzufriedener Mitarbeiter erheblich beeinträchtigt werden. Der zum Teil massive Stellenabbau im Bankgewerbe ist ein Grund für die in diesem Bereich unter Umständen

---

[1] Vgl. WIMMER, KONRAD/RÖSLER, PATRICK (Fairness, 2000), S. 47.
[2] Vgl. KULS, NORBERT (Jäger, 2004), S. 23; o. V. (Millionenstrafe, 2004), S. 19.
[3] Vgl. o. V. (Schadenersatz, 2004), S. 19.
[4] Vgl. o. V. (Volksbank, 2004), S. 35.

sehr teuren und oft auch öffentlichkeitswirksam durchgeführten Prozesse. Hier zeigt sich, dass Verträge für den Fall von Entlassungen häufig Mängel aufweisen. So wird demnächst vor dem Londoner High Court über die Klage eines gekündigten Mitarbeiters der UBS Warburg, des Händlers Antony White, entschieden. Er verlangt von UBS Warburg die Nachzahlung einer Bonifikation in Höhe von 400.000 GBP. Aber auch auf Grund geschlechtlicher Diskriminierung können den Kreditinstituten erhebliche Schäden entstehen. So musste die Schroder Securities 1,5 Mio. GBP an Julie Bowers bezahlen. Sie hatte geklagt, weil ihre männlichen Kollegen einen höheren Bonus bekommen hatten als sie selbst.[1]

Besonders hoch sind die Rechtsrisiken für Banken, wenn sie sich auf neue Geschäftsbereiche einlassen oder „wenn die gesetzliche Berechtigung einer Gegenpartei, ein bestimmtes Geschäft zu tätigen, nicht sicher feststeht"[2]. Schließlich „kann sich infolge von unzulänglicher oder falscher Rechtsberatung oder Dokumentation der Wert von Forderungen als geringer oder die Höhe von Verbindlichkeiten als umfangreicher erweisen als erwartet"[3].

**Aufgabe 2.7: Externe Ereignisrisiken**
Erläutern Sie, was unter den externen Ereignisrisiken von Kreditinstituten verstanden wird.

**Lösung**
Die Gefahr von Umwelteinflüssen, wie bspw. Brände, Blitzeinschläge, Erdbeben, Stürme, Sturzfluten oder Überschwemmungen, wird als „natürliches Katastrophenrisiko" bezeichnet. Derartige Naturkatastrophen geschehen ohne die bewusste Einwirkung von Dritten.

Bei Eintritt einer Naturkatastrophe ist in der Regel davon auszugehen, dass die betroffene Bank so stark geschädigt wird, dass der Geschäftsbetrieb eingestellt werden muss oder zumindest erheblich beeinträchtigt wird. Kreditinstitute können allerdings die unmittelbaren Folgen von Naturkatastrophen üblicherweise durch den Abschluss von Versicherungspolicen abmildern.

Das künstliche Katastrophenrisiko zeigt sich insbesondere bei einem Banküberfall, einer Geiselnahme, einer Brandstiftung oder einem Terroranschlag. Künstliche Ka-

---
[1] Vgl. SCHÖNAUER, FELIX (Angestellte, 2002), S. 21.
[2] BASELER AUSSCHUSS FÜR BANKENAUFSICHT (Grundsätze, 1997), S. 265–266.
[3] BASELER AUSSCHUSS FÜR BANKENAUFSICHT (Grundsätze, 1997), S. 265.

tastrophenrisiken werden im Gegensatz zu natürlichen Katastrophenrisiken von Dritten bewusst herbeigeführt; sie werden daher auch als „Delikte von Drittparteien" bzw. „Drittparteirisiken" bezeichnet.[1]

Bei einem Banküberfall (eventuell in Verbindung mit einer Geiselnahme) sind die betroffenen Personen einer extremen psychischen Belastung ausgesetzt. Es besteht das Risiko eines längeren krankheitsbedingten Ausfalls der beteiligten Mitarbeiter. Bei einer Brandstiftung oder einem Terroranschlag werden unter Umständen viele Menschen mit in den Tod gerissen, andere Menschen stehen unter Schock und benötigen lange Zeit ärztliche Hilfe. In all diesen Fällen findet ein Angriff auf die Persönlichkeit der beteiligten Menschen durch fremde Personen statt.

Die künstlichen Katastrophenrisiken stellen ebenso wie die natürlichen Katastrophenrisiken für alle Banken ein Problem dar. Auf die grundsätzliche Entstehung und den Verlauf dieser Risiken hat die einzelne Bank in der Regel keinen besonderen Einfluss. Sie kann lediglich durch ausgewählte Maßnahmen – wie z. B. durch die Wahl des Standortes, die Installation von Alarmanlagen, den Einsatz von Wachpersonal, die Einrichtung von Sicherheitsschleusen – die Eintrittswahrscheinlichkeit von Katastrophenrisiken beeinflussen und mit dem Abschluss von Versicherungen – wie z. B. Feuer-, Wasser-, Glas-, Diebstahl- und Haftpflichtversicherungen – für die Schadensabdeckung im Ernstfall vorsorgen.

Prägnantes Beispiel für den Eintritt eines künstlichen Katastrophenrisikos sind die verheerenden Terroranschläge auf das World Trade Center in New York vom 11. September 2001.[2] Damals waren zahlreiche New Yorker Kreditinstitute (unter anderem Lehman Brothers) zunächst lahm gelegt. Die Schäden und der Schock der Anschläge hatten das Finanzsystem schwer belastet. Weil die Abrechnungskapazitäten der Bank of New York ausgefallen waren, übernahm bspw. die Deutsche Bank AG mit ihren Ersatzsystemen in New Jersey einen großen Teil des Clearingverkehrs. Wegen solcher Ausfälle mussten sich die Banken zudem häufig auf mündliche Zusagen verlassen und sich auf dieser Basis Kreditlinien einräumen, die z. T. über Tage hinweg offen standen. Um die Wiederholung eines solch riskanten Szenarios zu verhindern, wird von Banken zunehmend erwartet und auch gefordert, Notfallkapazitäten an Ausweichstandorten zu errichten. Alle wichtigen Systeme – vor allem Handelssysteme – müssen doppelt vorhanden sein und zwar an verschiedenen Standorten in ausreichender Entfernung voneinander. Sollte ein System ausfallen,

---

[1] Vgl. SCHIERENBECK, HENNER (Risiko-Controlling, 2001), S. 337.
[2] Vgl. zu den folgenden Ausführungen dieses Absatzes O. V. (Terroranschläge, 2003), S. 27; O. V. (Terror, 2003), S. 25.

könnte in diesem Fall das Ersatzsystem am anderen Standort einspringen. Ergänzend dazu ist dafür Sorge zu tragen, dass ausreichend qualifiziertes Ersatzpersonal zur Verfügung steht, falls eine größere Anzahl von Mitarbeitern einem Anschlag zum Opfer fallen sollte.

### Aufgabe 2.8: Überblick über die Risiken des liquiditätsmäßig-finanziellen Bereichs

Geben Sie einen Überblick über die Risiken des liquiditätsmäßig-finanziellen Bereichs von Kreditinstituten.

### Lösung

Neben den technisch-organisatorischen Risiken (Risiken des internen Leistungsbereichs) hat ein Kreditinstitut die liquiditätsmäßig-finanziellen Risiken – sie werden auch als „Risiken des externen Leistungsbereichs" bzw. „Risiken des Wertbereichs (Geschäftsbereichs)" bezeichnet[1] – bei der Risikodisposition zu berücksichtigen. Hierunter sind diejenigen Risiken zu verstehen, die mit dem Absatz der Bankprodukte in direkter Verbindung stehen. Die Risiken des liquiditätsmäßig-finanziellen Bereichs lassen sich in die beiden Grundformen „Erfolgsrisiken" und „Liquiditätsrisiken" unterteilen.[2]

Unter den **Erfolgsrisiken** sind solche Risikenarten zu subsumieren, deren akuter Eintritt unter ansonsten gleichen Bedingungen zu einer Gewinnminderung bzw. einer Verlusterhöhung bei einem Kreditinstitut führt und sich somit unmittelbar in einer negativen Veränderung der Eigenkapitalgröße niederschlägt (GuV-Wirksamkeit). Demgegenüber wirken die **Liquiditätsrisiken** primär nicht als Eigenkapitalrisiko, sondern sie basieren als Fristigkeits- (Fristentransformations-) risiken auf zeitlichen Inkongruenzen zwischen Liquiditätszu- bzw. -abflüssen, verbunden mit der Gefahr, dass ein Kreditinstitut seine auszahlungswirksamen Verpflichtungen aus den laufenden Einzahlungen nicht mehr erfüllen kann. Insoweit bilden die Erfolgsrisiken auch die primär auslösenden Faktoren des Insolvenztatbestandes der Überschuldung, während die Liquiditätsrisiken mit dem Extremgefährdungsfall der Zahlungsunfähigkeit gleichzusetzen sind.[3]

---

[1] Vgl. BÜSCHGEN, HANS E. (Bankbetriebslehre, 1998), S. 869; KRÄMER, GREGOR (Ziele, 2000), S. 225. SCHIERENBECK spricht in diesem Zusammenhang auch von Finanzrisiken; vgl. SCHIERENBECK, HENNER (Risiko-Controlling, 2001), S. 5.
[2] Vgl. BÜSCHGEN, HANS E. (Bankbetriebslehre, 1998), S. 869; SCHIERENBECK, HENNER (Risiko-Controlling, 2001), S. 5.
[3] Vgl. zu den Ausführungen dieses Absatzes CHRISTIAN, CLAUS-JÖRG (Informationsbasis, 1991), S. 110.

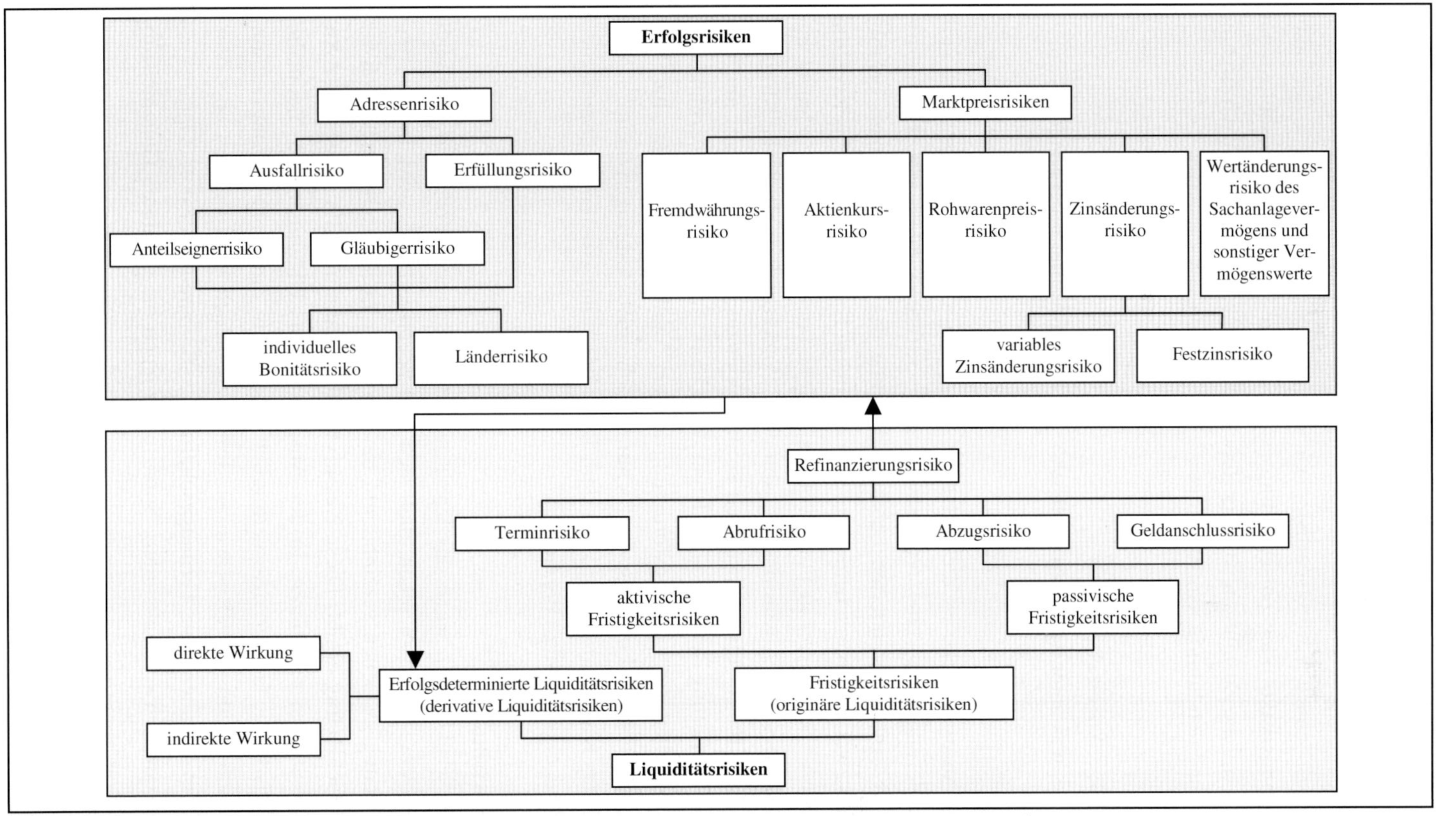

## 2.1 Definition und Systematisierung bankbetrieblicher Risiken

**Abbildung 8: Gesamtüberblick über die bankbetrieblichen Erfolgs- und Liquiditätsrisiken**[1]

---

[1] Basierend auf BIEG, HARTMUT (Bankbetriebslehre, 1992), S. 74-75.

Abbildung 8 gibt einen Gesamtüberblick über die bankbetrieblichen Erfolgs- und Liquiditätsrisiken. Dabei ist zu beachten, dass die einzelnen Risiken nicht als voneinander unabhängig angesehen werden können. So kann bspw. das Adressenrisiko durch Ausfall eines Vertragspartners zu einem ansonsten nicht existierenden Fremdwährungsrisiko oder Zinsänderungsrisiko führen (Aufbrechen geschlossener Positionen). Solche Zusammenhänge bestehen auch zwischen den technisch-organisatorischen und den liquiditätsmäßig-finanziellen Risiken.

**Aufgabe 2.9: Adressenrisiko**
Erläutern Sie, was unter dem Adressenrisiko von Kreditinstituten verstanden wird.

**Lösung**
Unter dem Adressenrisiko ist die Gefahr zu verstehen, dass ein Kreditinstitut eine Gewinnminderung bzw. eine Verluststeigerung aufgrund einer verschlechterten Bonität, d. h. einer verminderten Leistungsfähigkeit des Geschäftspartners erfährt. Hierbei sind zwei Fallunterscheidungen vorzunehmen. Einerseits kann das Kreditinstitut bereits Vorleistungen in Form von Zahlungen oder Lieferungen erbracht haben; es wird dann vom Ausfallrisiko gesprochen. Andererseits besteht die Möglichkeit, dass das Kreditinstitut selbst noch keine Vorleistungen erbracht hat[1] und dass bei der Nichterfüllung seitens eines Kontraktpartners und der damit verbundenen Undurchsetzbarkeit der Leistungsforderung aus der Vertragsvereinbarung das Kreditinstitut selbst seine Leistungsverpflichtung nicht mehr erbringen muss.[2] Diese Gefahr für das Kreditinstitut wird mit dem Begriff Erfüllungsrisiko (synonym hierfür auch Eindeckungsrisiko) bezeichnet.

**Das Ausfallrisiko**
Beim Ausfallrisiko, d. h. wenn das Kreditinstitut bereits eine Vorleistung erbracht hat, ist die Gefahr darin zu sehen, dass sich eine negative Erfolgswirkung in Höhe der Abweichung zwischen vereinbartem bzw. erwartetem und dem tatsächlich zufließenden Geldbetrag ergibt. Diese Negativwirkung kann aus Gläubiger- oder Anteilseignerpositionen resultieren. In der Ausprägung als Gläubigerrisiko beinhaltet das Ausfallrisiko die Gefahr, dass vertraglich vereinbarte Zins- und Tilgungszahlungen aus einem Kreditgeschäft sowie aus festverzinslichen Wertpapieren oder Vorleistungen im Rahmen von Termingeschäften (z. B. bereits bezahlte Optionsprämien) ganz oder teilweise ausfallen. Somit unterliegen die gesamten Gegenleistun-

---
[1] Dies ist regelmäßig bei schwebenden Geschäften (bspw. beim Kauf von Devisen per Termin) der Fall.
[2] Vgl. CHRISTIAN, CLAUS-JÖRG (Informationsbasis, 1991), S. 115.

gen, soweit sie vom Kontrahenten noch nicht erbracht wurden, dem potenziellen Ausfall. Außerdem kann sich eine negative Erfolgswirkung ergeben, wenn Gläubigerrechte (z. B. börsennotierte Anleihen) aufgrund einer niedrigeren Bonität des Schuldners nur noch zu einem im Vergleich zur Ausgangssituation geringeren Preis veräußert werden können.[1]

Eine niedrigere Bonität des Schuldners kann auf zwei Ursachen zurückgeführt werden. Zum einen kann sie auf verschlechterten wirtschaftlichen Verhältnissen des individuellen Schuldners basieren (individuelles Bonitätsrisiko). Eine Verschlechterung seiner wirtschaftlichen Situation lässt die Wahrscheinlichkeit ansteigen, dass der Schuldner seinen vertraglich vereinbarten Zins- und Tilgungszahlungen nicht bzw. nicht in vollem Umfang nachkommen kann. Diese in der Person des Leistungsverpflichteten begründete Gefahr wird als individuelles Bonitätsrisiko bezeichnet.[2]

Die Gefahr eines Verlustes kann zum anderen aber auch bei weiterhin guter Bonität des individuellen Schuldners entstehen, nämlich dann, wenn der Transfer der geschuldeten Leistung durch politische oder ökonomisch ungünstige Entwicklungen eines Landes verhindert wird. Die sich hieraus ergebende Gefahr wird als Länderrisiko bezeichnet. Das Länderrisiko kann einerseits aus einem Verbot der Regierung resultieren, die geschuldete Leistung vom Schuldnerland in das Gläubigerland zu übertragen (Transferrisiko), andererseits kann sich das Länderrisiko aus der Unmöglichkeit ergeben, (bspw. wegen Devisenknappheit) die eigene Währung in die geschuldete Währung des Gläubigers zu konvertieren (Konvertierungsrisiko).[3] Individuelles Bonitätsrisiko sowie Länderrisiko fallen dann zusammen, wenn das Schuldnerland unmittelbar Verpflichteter ist. Das Länderrisiko ist insoweit dem individuellen Bonitätsrisiko vorgelagert.

Im Gegensatz zum Gläubigerrisiko ergibt sich das Anteilseignerrisiko aus einer Eigentümerposition eines Kreditinstituts. Aufgrund einer niedrigen Bonität können Anteilsrechte (z. B. Aktien oder GmbH-Anteile) nur noch zu einem geringeren Preis verkauft werden. Darüber hinaus sind auch laufende Erträge (z. B. Dividenden) von einem Ausfall des leistenden Unternehmens betroffen.

---

[1] Vgl. CHRISTIAN, CLAUS-JÖRG (Informationsbasis, 1991), S. 117–118.
[2] Vgl. CHRISTIAN, CLAUS-JÖRG (Informationsbasis, 1991), S. 117–118.
[3] Vgl. CHRISTIAN, CLAUS-JÖRG (Informationsbasis, 1991), S. 118.

Einen Spezialfall des Ausfallrisikos stellt das Vorleistungsrisiko dar, das sich durch seine Kurzfristigkeit auszeichnet[1]. Das Vorleistungsrisiko ergibt sich aus Wertpapiergeschäften, bei denen das Kreditinstitut selbst bereits eine Vorleistung erbracht hat, die Gegenleistung des Vertragspartners aber noch aussteht.[2] In einem solchen Fall, in dem die Leistungen des Kreditinstituts und des Kontrahenten nicht Zug um Zug erbracht werden, besteht die Gefahr, dass der Kontrahent seinen Verpflichtungen nicht nachkommt und die Vorleistung verloren ist. Das Vorleistungsrisiko bezeichnet somit einen potenziellen Verlust des Instituts „aufgrund der Nichterfüllung der Gegenleistung des Kontrahenten nach Erbringung der eigenen Leistung"[3]. Dass das hier angesprochene Risiko eines Verlustes der Vorleistung selbst dann erheblich sein kann, wenn zwischen Vorleistung und Gegenleistung nur eine Zeitspanne von einigen Stunden liegt, zeigt der Fall des Kölner Bankhauses I.D. Herstatt. „Am 26.6.1974 hatte das Bankhaus Herstatt die Zahlungen aus Devisengeschäften mit amerikanischen Banken bereits erhalten, aber aufgrund der Zeitverschiebungen die Gegenleistungen noch nicht erbracht, als das Bankhaus Herstatt durch das BAKred geschlossen wurde"[4].

**Das Erfüllungsrisiko**
Beim Erfüllungsrisiko hat das Kreditinstitut noch keine Vorleistungen erbracht. Somit bestehen hier keine direkten Verlustmöglichkeiten durch den Ausfall des Geschäftspartners, da in dieser Situation das Kreditinstitut selbst seine Leistungsverpflichtung auch nicht zu erbringen braucht. Beispiele für derartige Geschäfte sind Terminkontrakte, Swaps etc.

Das Risiko ist bei diesen Geschäften darin zu sehen, dass aufgrund eines Ausfalls des Kontraktpartners das Kreditinstitut die noch nicht realisierten Gewinne verliert. Soll die gleiche Position durch Neuabschluss eines identischen Kontraktes (jedoch mit einem anderen Kontrahenten) wiederhergestellt werden, so entstehen dem Kreditinstitut Kosten in Höhe des Preises, der für den Kontraktabschluss zu bezahlen ist.[5] Der Verlust umfasst somit im Allgemeinen nicht den gesamten Nominalbetrag,

---

[1] Vgl. zu den Ausführungen dieses Absatzes WASCHBUSCH, GERD (Bankenaufsicht, 2000), S. 351–353.
[2] Vgl. BUNDESAUFSICHTSAMT FÜR DAS KREDITWESEN (Erläuterungen, 1997), S. 199.
[3] C&L DEUTSCHE REVISION AG (6. KWG-Novelle, 1998), S. 286.
[4] HARTMANN-WENDELS, THOMAS/PFINGSTEN, ANDREAS/WEBER, MARTIN (Bankbetriebslehre, 2000), S. 429.
[5] Da der ursprüngliche Kontrakt (nicht realisierte) Gewinne enthielt, der Kontrakt also dem Inhaber bei Glattstellung einen positiven Zahlungsstrom erbracht hätte, wird ein neuer Kontraktpartner einen Kontrakt mit denselben, aufgrund geänderter Marktbedingungen für diesen Kontraktpartner nachteiligen Konditionen nur dann abschließen, wenn ihm ein entsprechender Betrag gezahlt wird. In diesem Fall würde zum Zeitpunkt des Abschlusses des neuen Kontrakts eine Zahlung an den neuen Kontraktpartner zu leisten sein.

sondern lediglich die sich aufgrund veränderter Marktbedingungen ergebenden Kosten für das Ersatzgeschäft.

Haben sich die Marktverhältnisse hingegen derart geändert, dass der Abschluss eines identischen Ersatzgeschäfts zu einem Gewinn des Kreditinstituts führt, so kann nicht von einem Risiko im engeren Sinne gesprochen werden. Vielmehr ergibt sich für das Kreditinstitut aus dem Ausfall des Kontrahenten eine Chance, da es kostenlos das ursprüngliche Geschäft „glattstellen" und die gleiche Position mit Gewinn wiederherstellen kann.

Das Erfüllungsrisiko stellt somit die Gefahr eines negativen Erfolgsbeitrages dar, wenn ein Kontrakt nicht mehr zu den ursprünglich mit dem Kontrahenten vereinbarten Konditionen abgewickelt werden kann. Für den vertragstreuen Partner besteht somit bei für ihn negativ veränderten Marktbedingungen die Gefahr einer Ertragsminderung bzw. eines Verlustes. Das Risiko umfasst dabei in der Regel nicht den Nominalbetrag eines Kontraktes, sondern lediglich einen Differenzbetrag zwischen dem Erfolgsbeitrag des Ursprungsgeschäfts und dem aufgrund veränderter Marktbedingungen tatsächlich erzielbaren Erfolg (daher auch Eindeckungsrisiko).

Analog zum Ausfallrisiko existiert auch beim Erfüllungsrisiko ein Spezialfall für eine Erfolgsminderung der Kreditinstitute, nämlich das Abwicklungsrisiko.[1] Das Abwicklungsrisiko tritt bei Geschäften mit Schuldtiteln oder Anteilspapieren auf, die nach Ablauf des zwischen den Vertragsparteien vereinbarten Erfüllungszeitpunktes noch nicht abgewickelt sind.[2] Im Falle einer solchen nicht vertragsgemäßen, d. h. verspäteten oder sogar ausfallenden Abwicklung der Geschäfte seitens der Vertragspartner besteht die Gefahr, dass sich die Marktverhältnisse bis zur endgültigen Erfüllung der Geschäfte bzw. bis zur Durchführung von Ersatzgeschäften zum Nachteil des Instituts entwickelt haben. Konkret bedeutet dies, dass infolge einer nicht fristgerechten oder ausbleibenden Erfüllung der Geschäfte ein Handelsverlust droht, weil ein Verkauf der Schuldtitel oder Anteilspapiere aufgrund eines zwischenzeitlich veränderten Marktpreises nur noch zu einem niedrigeren bzw. ein Kauf der Schuldtitel oder Anteilspapiere nur noch zu einem höheren Preis möglich ist.[3] Es

---

Werden die Konditionen des neu abzuschließenden Kontrakts hingegen derart an die zu diesem Zeitpunkt geltenden Marktkonditionen angepasst, dass keiner der beiden Kontraktpartner eine Zahlung zu leisten hat, so führt dies dazu, dass sich – im Vergleich zu dem bisher bestehenden Kontrakt – aus dem neuen Kontrakt geringere Zahlungseingänge bzw. höhere Zahlungsausgänge ergeben. Die Kosten für das Ersatzgeschäft fallen dann erst im Zeitpunkt der Erfüllung des (neuen) Kontrakts an.

[1] Vgl. zu den Ausführungen dieses Absatzes WASCHBUSCH, GERD (Bankenaufsicht, 2000), S. 350.
[2] Vgl. § 27 Abs. 1 Nr. 1 Grundsatz I.
[3] Vgl. auch HARTMANN-WENDELS, THOMAS/PFINGSTEN, ANDREAS/WEBER, MARTIN (Bankbetriebslehre, 2000), S. 428.

droht ein Verlust in Höhe der Differenz zwischen dem ursprünglich vereinbarten Abrechnungspreis und dem aktuellen Marktwert des zugrunde liegenden Geschäftsgegenstandes.[1] Das Institut seinerseits hat bei Eintreten des Abwicklungsrisikos selbst noch nicht geleistet und ist auch zukünftig von der Erbringung der eigenen Leistung freigestellt.

**Aufgabe 2.10: Definition Marktpreisrisiko und Überblick über Marktpreisrisiken**

Definieren Sie den Begriff „Marktpreisrisiko" und geben Sie einen Überblick über mögliche Marktpreisrisiken.

**Lösung**

Als Marktpreisrisiko wird die Gefahr bezeichnet, dass Änderungen von Preisen negative Auswirkungen auf die Erfolgssituation eines Kreditinstituts haben können. Als relevante Marktpreise sind alle Preise zu betrachten, die den Wert der bilanziellen und außerbilanziellen Positionen eines Kreditinstituts beeinflussen können, also bspw. Kassa- und Terminpreise, unabhängig davon, ob sie an organisierten Märkten (z. B. Börsen) festgestellt werden oder individuell ausgehandelt werden (bspw. bei sog. OTC-Geschäften). Dabei ist zu beachten, dass Marktpreisrisiken lediglich bei zum Betrachtungszeitpunkt bzw. zu einem späteren Zeitpunkt offenen Positionen schlagend werden können.

Eine Gliederung bietet sich nach den die Marktpreisrisiken verursachenden Geschäften an. In diesem Zusammenhang lassen sich die folgenden, z. T. noch weiter zu differenzierenden Marktpreisrisikoquellen unterscheiden:
- Fremdwährungsrisiko,
- Rohwarenpreisrisiko,
- Aktienkursrisiko,
- Zinsänderungsrisiko,
- Wertänderungsrisiko des Sachanlagevermögens und sonstiger Vermögenswerte.

**Aufgabe 2.11: Fremdwährungsrisiken**

Erläutern Sie, was unter den Fremdwährungsrisiken von Kreditinstituten verstanden wird.

---

[1] Vgl. § 27 Abs. 1 Nr. 1 Grundsatz I.

## Lösung

Das Fremdwährungsrisiko bezeichnet „die Gefahr eines Verlustes aufgrund einer Veränderung der Wertrelation zwischen in- und ausländischer Währung, die in den Devisenkursschwankungen als Ausdruck der Verschiebung dieser Wertrelation ihren Niederschlag findet"[1].

Werden einzelne Währungspositionen eines Kreditinstituts lediglich isoliert betrachtet, so ergibt sich für das betreffende Kreditinstitut ein Verlust, falls sich der Wechselkurs in einer für das Kreditinstitut ungünstigen Weise entwickelt hat. Ob aus einer Währungsposition ein positiver oder negativer Erfolgsbeitrag für das Kreditinstitut resultiert, hängt zum einen von der Ausrichtung der Währungsposition (Fremdwährungsforderung oder Fremdwährungsverbindlichkeit bzw. Long- oder Short-Position), zum anderen von der Richtung der Wechselkursänderung (Steigen oder Fallen) ab. In Bezug auf das letzte Kriterium ist zwischen den beiden Arten der Wechselkursnotierung, der Preis- und der Mengennotierung, zu unterscheiden.[2] Im Falle der Preisnotierung gibt der Wechselkurs an, wie viele Einheiten der inländischen Währung für eine Einheit der ausländischen Währung zu bezahlen sind,[3] d. h.:

$$\text{Wechselkurs bei Preisnotierung} = \frac{\text{Anzahl der Einheiten inländischer Währung}}{1 \text{ Einheit ausländischer Währung}}$$

Diese Form der Wechselkursnotierung wurde in der Bundesrepublik Deutschland früher zur Ermittlung des Außenwerts der DM angewendet. Ein Wechselkurs von 1,85 DM/USD bedeutete, dass für einen USD 1,85 DM zu bezahlen waren. Ein Steigen des Wechselkurses, also eine Erhöhung der Austauschrelation von DM zu USD bedeutete, dass für einen USD mehr DM als zuvor zu bezahlen waren, was eine Verteuerung des USD darstellte. Ein Sinken dieses Wechselkurses führte hingegen zu einem geringeren DM-Betrag, der nun für einen USD bezahlt werden musste; der USD verbilligte sich mithin.

Seit Einführung des EUR am 01.01.1999 wird der Außenwert des EUR in der Bundesrepublik Deutschland in Form der Mengennotierung dargestellt. Im Fall der Mengennotierung gibt der Wechselkurs die Menge an ausländischen Währungsein-

---

[1] CHRISTIAN, CLAUS-JÖRG (Informationsbasis, 1991), S. 128.
[2] Vgl. hierzu BEIKE, ROLF (Devisenmanagement, 1995), S.12–15.
[3] Da es zur Beurteilung des Fremdwährungsrisikos lediglich auf die Richtung der Wechselkursentwicklung ankommt, soll hier nicht zwischen An- und Verkaufskursen differenziert werden. Vereinfachend soll somit davon ausgegangen werden, dass der Wechselkurs den Preis angibt, zu dem die jeweilige Währung gekauft bzw. verkauft werden kann.

heiten an, die für eine Einheit der inländischen Währung gezahlt werden müssen, d. h.:

$$\text{Wechselkurs bei Mengennotierung} = \frac{\text{Anzahl der Einheiten ausländischer Währung}}{1\,\text{Einheit inländischer Währung}}$$

Ein Wechselkurs von 1,09 USD/EUR bedeutet nun, dass für einen EUR 1,09 USD gezahlt werden müssen. Steigt nun der Wechselkurs, so ist für einen EUR ein höherer USD-Betrag als zuvor zu zahlen, d. h. der EUR wird teurer oder – was den selben Sachverhalt aus einer anderen Perspektive darstellt – der USD wird billiger. Dem entsprechend führt ein Sinken des Wechselkurses zu einer Verteuerung des USD, was gleichbedeutend mit einer – in Bezug auf den USD – Verbilligung des EUR ist; für einen EUR erhält man somit weniger USD als zuvor. Im Folgenden soll – den Gepflogenheiten der Märkte entsprechend – die Wechselkursangabe in der Form der Mengennotierung erfolgen.

Bei einer auf fremde Währung lautenden Forderung bedeutet eine für das Kreditinstitut ungünstige Wechselkursentwicklung, dass der Wechselkurs gestiegen ist, und dem Kreditinstitut somit – in inländischer Währung ausgedrückt – nur noch ein geringerer Gegenwert zur Verfügung steht. Ist das Kreditinstitut hingegen eine Fremdwährungsverbindlichkeit eingegangen, so verkörpert ein gesunkener Wechselkurs eine negative Entwicklung. In diesem Fall muss das Kreditinstitut nämlich einen höheren Betrag an inländischer Währung aufbringen, um die Verbindlichkeit in ausländischer Währung zu begleichen.

Eine isolierte Betrachtung der einzelnen Fremdwährungsforderungen und -verbindlichkeiten gibt jedoch ein falsches Bild von der tatsächlichen Risikolage des Kreditinstituts. Steht nämlich einer Fremdwährungsforderung eine auf dieselbe Währung lautende Verbindlichkeit in gleicher Höhe gegenüber, so werden die durch ein Steigen des Wechselkurses verursachten Verluste aus der Fremdwährungsforderung durch Gewinne aus der Fremdwährungsverbindlichkeit im selben Umfang genau ausgeglichen. Dementsprechend kompensieren bei einem gesunkenen Wechselkurs die Verluste aus einer Fremdwährungsverbindlichkeit die sich aus der Fremdwährungsforderung ergebenden Gewinne.

Ein Fremdwährungsrisiko ergibt sich demnach lediglich, wenn sich Forderungs- und Verbindlichkeitspositionen derselben Währung betragsmäßig nicht entsprechen, wenn also eine offene Fremdwährungsposition besteht. Umfang und Richtung der Erfolgsbeeinflussung hängen dann von der Höhe der jeweiligen offenen Fremdwährungsforderungs- bzw. -verbindlichkeitsposition sowie von dem Ausmaß und der

## 2.1 Definition und Systematisierung bankbetrieblicher Risiken 115

Richtung der Änderung des Wechselkurses ab. Für die Betrachtung des Fremdwährungsrisikos sind also nicht die einzelnen Fremdwährungsforderungen bzw. -verbindlichkeiten maßgebend, vielmehr ist der für jede Währung getrennt zu ermittelnde Saldo aus diesen Positionen für die korrekte Beurteilung des Fremdwährungsrisikos relevant.

Die bisherigen Ausführungen ließen die Fälligkeitsstruktur der Fremdwährungsforderungen und -verbindlichkeiten noch unberücksichtigt. Eine Berücksichtigung der Fälligkeitsstruktur ist jedoch insofern notwendig, als auch Fremdwährungspositionen, die zwar betragsmäßig identisch sind, bei denen die gegenläufigen Fremdwährungspositionen jedoch unterschiedliche Laufzeiten aufweisen, ein Verlustrisiko in sich bergen. Dies ist darauf zurückzuführen, dass Fremdwährungspositionen, die im Ausgangszeitpunkt geschlossen sind, aufgrund unterschiedlicher Fristigkeiten in späteren Zeitpunkten zu offenen Fremdwährungspositionen werden können. Solange eine Fremdwährungsposition betragsmäßig geschlossen ist, birgt sie kein Fremdwährungsrisiko in sich. Zu dem Zeitpunkt aber, zu dem durch Wegfall einer Fremdwährungskomponente eine bis dahin betragsmäßig geschlossene Fremdwährungsposition geöffnet wird, entsteht in Höhe der offenen Position ein Fremdwährungsrisiko. Das folgende Beispiel (Abbildung 9) verdeutlicht diese Zusammenhänge.

Im Zeitpunkt $t_0$ werden eine USD-Forderung und eine USD-Verbindlichkeit in gleicher Höhe aufgebaut. Der Wechselkurs beträgt bei beiden Positionen 1,60 USD/EUR. Allerdings wird die USD-Forderung bereits im Zeitpunkt $t_1$ fällig, während die USD-Verbindlichkeit erst im Zeitpunkt $t_2$, also später fällig wird ($t_1 < t_2$).[1] Im Beispiel beträgt der Wechselkurs 1,25 USD/EUR zum Zeitpunkt $t_1$ und 1,00 USD/EUR zum Zeitpunkt $t_2$. Bis zur Fälligkeit der USD-Forderung in $t_1$ besteht eine geschlossene Fremdwährungsposition, d. h., ein Fremdwährungsrisiko ist in diesem Zeitraum nicht vorhanden. Zwar beträgt der Erfolgsbeitrag der USD-Forderung für sich allein betrachtet in $t_1$ 0,175 EUR (da der Wechselkurs von 1,60 USD/EUR in $t_0$ auf 1,25 USD/EUR in $t_1$ gefallen ist); allerdings wird dieser positive Effekt durch einen mit der USD-Verbindlichkeit verbundenen negativen Erfolgsbeitrag in gleicher Höhe genau kompensiert, so dass der Erfolgsbeitrag aus diesen beiden Positionen zusammen zum Zeitpunkt $t_1$ Null EUR beträgt.

---

[1] Es soll davon ausgegangen werden, dass die Fremdwährungspositionen jeweils bei Fälligkeit glattgestellt werden, d. h. dass die USD-Forderung bei Fälligkeit zum dann gültigen Wechselkurs sofort in EUR getauscht wird bzw. dass zur Begleichung der USD-Verbindlichkeit im Fälligkeitszeitpunkt der erforderliche EUR-Gegenwert zum gültigen Wechselkurs in USD getauscht wird.

| | Wechselkurs [USD/EUR] zum Zeitpunkt | | | EUR-Gegenwert zum Zeitpunkt | | Erfolgsbeitrag der einzelnen Positionen in EUR für den Zeitraum | EUR-Gegenwert zum Zeitpunkt | Erfolgsbeitrag der einzelnen Positionen in EUR für den Zeitraum | Erfolgsbeitrag der einzelnen Positionen in EUR für den Zeitraum |
|---|---|---|---|---|---|---|---|---|---|
| | $t_0$ | $t_1$ | $t_2$ | $t_0$ | $t_1$ | $t_0$ bis $t_1$ | $t_2$ | $t_1$ bis $t_2$ | $t_0$ bis $t_2$ |
| Anspruch über 1 USD fällig in $t_1$ | 1,60 | 1,25 | 1,00 | 0,625 | 0,80 | + 0,175 | – | – | + 0,175 |
| Verpflichtung über 1 USD fällig in $t_2$ | 1,60 | 1,25 | 1,00 | 0,625 | 0,80 | – 0,175 | 1,00 | – 0,20 | – 0,375 |
| Erfolgsbeitrag insgesamt | – | – | – | – | – | 0 | – | – 0,20 | – 0,20 |

**Abbildung 9:** Beispiel zu den Auswirkungen einer betragsmäßig geschlossenen fristeninkongruenten Fremdwährungsposition auf den Erfolgsbeitrag[1]

---

[1] Modifiziert entnommen aus KRÄMER, GREGOR (Ziele, 2000), S. 261.

Da ab $t_1$ der USD-Anspruch wegfällt, die USD-Verpflichtung aber noch bis $t_2$ bestehen bleibt, ergibt sich für den Zeitraum $t_1$ bis $t_2$ eine offene Fremdwährungsposition, aus der ein Fremdwährungsrisiko resultiert. Fällt der Wechselkurs in $t_2$ auf 1,00 USD/EUR, so beträgt der Erfolgsbeitrag aus der USD-Verbindlichkeit für den Zeitraum $t_1$ bis $t_2$ -0,20 EUR. Es wird deutlich, dass ein Fremdwährungsrisiko erst ab $t_1$ besteht, also erst ab dem Zeitpunkt, ab dem eine offene Fremdwährungsposition vorliegt.

Um das Fremdwährungsrisiko, das sich aus den unterschiedlichen Fälligkeiten der Devisenpositionen ergibt, auszuschalten, muss eine zeitliche Übereinstimmung der Fälligkeiten der gegenläufigen Fremdwährungspositionen herbeigeführt werden. Hierzu stehen dem Kreditinstitut verschiedene Möglichkeiten zur Verfügung.

1. Möglichkeit
Die Überbrückung des Zeitraumes zwischen den beiden Fälligkeitsterminen kann durch Wiederanlage bzw. Wiederaufnahme der früher fällig werdenden Mittel erfolgen, wobei die Fälligkeit des Neugeschäfts mit der Fälligkeit der gegenläufigen Position übereinstimmen muss. Auf das obige Beispiel bezogen bedeutet dies, dass der Betrag aus der Fremdwährungsforderung nicht schon bei Fälligkeit dieses Geschäfts in inländische Währung gewechselt wird, sondern dass der Zeitraum bis zur Fälligkeit der gegenläufigen Fremdwährungsverbindlichkeit durch Anlage der USD überbrückt wird. Da bei unterstellter Betragsgleichheit sich dann beide Positionen ausgleichen, ein Umtausch in inländische Währung also nicht mehr zu erfolgen braucht, kann das Fremdwährungsrisiko auf diese Weise ausgeschaltet werden.

2. Möglichkeit
Eine andere Möglichkeit stellt der Abschluss eines Devisenswapgeschäfts dar. Unter einem Devisenswapgeschäft wird der Austausch (Swap) von Devisenpositionen verstanden, „indem der Besitzer einer Währungsposition einem Partner Devisen sofort zur Verfügung stellt und gleichzeitig den Rückkauf zu festem Termin und Kurs vereinbart"[1]. In obigem Beispiel müssten die erhaltenen Devisen in $t_1$ per Kasse verkauft werden und gleichzeitig ein Rückkauf zum Fälligkeitstermin der gegenläufigen Fremdwährungsverbindlichkeit ($t_2$) vereinbart werden.

Wenn das Fremdwährungsrisiko durch eine dieser Maßnahmen eliminiert werden soll, so ist zu beachten, dass dem Kreditinstitut bereits in $t_0$ bekannt ist, dass sich die momentan geschlossene Devisenposition in $t_1$ öffnen wird. Soll das Fremdwäh-

---

[1] BECKER, ULRICH (Lexikon, 1994), S. 176.

rungsrisiko erst zum Zeitpunkt $t_1$ durch Wiederanlage bzw. Wiederaufnahme der früher fällig werdenden Mittel oder durch Abschluss eines Devisenswaps abgesichert werden, so muss sich das Kreditinstitut darüber im Klaren sein, dass sich die Kapitalmarktzinsen bzw. Terminkurse bis dahin verändert haben können und dem Kreditinstitut hierdurch – im Vergleich zu einer unveränderten Situation – geringere Erfolgsbeiträge entstehen können. Diese „ergeben sich entweder durch die Zinseinbuße, die sich bei einer Zwischenanlage bzw. einer Zwischenfinanzierung in Auslandswährung gegenüber der entsprechenden Transaktion in Inlandswährung einstellt, oder aber im Falle von Termingeschäften durch den vom Zinsniveauunterschied zwischen den beteiligten Währungsgebieten abhängigen Swapsatz"[1].

3. Möglichkeit
Unterschiedliche Fälligkeiten von Fremdwährungsforderungs- und -verbindlichkeitspositionen allein begründen für betragsmäßig geschlossene Positionen noch kein Fremdwährungsrisiko, da dieses – wie gezeigt wurde – durch Überbrückung der zeitlichen Inkongruenz eliminiert werden kann. Neben den oben beschriebenen, zu einem späteren Zeitpunkt vorgenommenen Absicherungsmöglichkeiten, die zu einem geringeren aber auch höheren Erfolgsbeitrag führen können, kann das Kreditinstitut bereits in $t_0$ die sich später öffnende Devisenposition schließen und sich so gegen das Fremdwährungsrisiko und die damit verbundenen möglichen Erfolgseinbußen absichern. Hierzu muss das Kreditinstitut zwei Devisentermingeschäfte abschließen. Zum einen muss es die sich aus dem USD-Anspruch ergebende USD-Position per $t_1$ verkaufen; zum anderen muss es per $t_2$ so viele USD kaufen, dass damit die dann fällig werdende USD-Verpflichtung beglichen werden kann.

**Aufgabe 2.12: Rohwarenpreisrisiken**
Erläutern Sie, was unter den Rohwarenpreisrisiken von Kreditinstituten verstanden wird.

**Lösung**
Als Rohwaren werden „Rohstoffe in ihrer ursprünglichen Form (z. B. Rohöl, Getreide) oder in bereits weiterverarbeitetem Zustand"[2] bezeichnet. Die Weiterverarbeitung der Rohstoffe führt zu Halbfabrikaten (hierzu zählen bspw. Metalle, Legie-

---

[1] BIEG, HARTMUT (Bankbilanzen, 1983), S. 379–380. Als Swapsatz wird die Differenz zwischen Devisenterminkurs und Devisenkassakurs bezeichnet. Ist der Devisenterminkurs größer als der Devisenkassakurs, so wird von einem Report (Aufschlag) gesprochen, im anderen Falle, d. h. wenn der Devisenterminkurs kleiner als der Devisenkassakurs ist, von einem Deport (Abschlag).
[2] BIEG, HARTMUT (Finanzmanagement, 1998), S. 19. Da auch bereits weiterverarbeitete Produkte als „Rohwaren" angesehen werden, wäre der Begriff „Waren" zutreffender.

## 2.1 Definition und Systematisierung bankbetrieblicher Risiken    119

rungen und Raffinerieprodukte) oder zu Fertigprodukten (z. B. Zucker). Bei Rohwaren handelt es sich also um physische Gegenstände.[1] Hierin ist auch das Abgrenzungskriterium zu den Finanzinstrumenten zu sehen, deren Vertragsgegenstände physisch nicht vorhanden sind.

Die Subsumierung von Halbfertig- und Fertigprodukten unter den Rohwarenbegriff führt dazu, dass ohne eine weitere Abgrenzung alle physisch vorhandenen Waren als Rohwaren zu betrachten wären. Im Hinblick auf das zu erörternde Rohwarenpreisrisiko sollen allerdings nur diejenigen Gegenstände als Rohwaren angesehen werden, die von einem Kreditinstitut mit der Absicht gekauft werden, diese – evtl. in weiterverarbeiteter Form – zu einem späteren Zeitpunkt an einen Dritten zu veräußern. Somit hängt es nicht vom Produkt an sich ab, ob es zu den Rohwaren zählt; es kommt vielmehr auf den Verwendungszweck an, den der Eigentümer dafür vorgesehen hat. Beispielsweise zählt eine Partie Zucker, die ein Unternehmen erworben hat, um sie abzupacken und in kleineren Einheiten zu verkaufen, zu den Rohwaren, während Zucker, der zum Endverbrauch erworben wurde (bspw. um damit den Nachmittagstee zu süßen), nicht als Rohware anzusehen ist. Soll die Ware nämlich (im ursprünglichen oder weiterverarbeiteten Zustand) weiterverkauft werden, so besteht die Gefahr, dass der dann erzielbare Marktpreis sich derart verändert hat, dass die Veräußerung zu einer Erfolgsschmälerung führt. Genau dies ist mit dem Begriff „Rohwarenpreisrisiko" gemeint.

Besteht hingegen keine Weiterveräußerungsabsicht, so besteht lediglich die Gefahr, dass die Ware zu einem späteren Zeitpunkt billiger hätte bezogen werden können. Diese Gefahr soll als „Risiko der Wertminderung des Sachanlagevermögens und sonstiger Vermögensgegenstände" (siehe hierzu Aufgabe 2.15) bezeichnet werden.

Wird ein Gegenstand über einen bestimmten Zeitraum genutzt und danach verkauft, so ist er nicht als Rohware anzusehen. Ein eventuell niedrigerer Verkaufserlös ist mithin kein Ausdruck des Rohwarenpreisrisikos, sondern des Wertminderungsrisikos.

Da das Rohwarenpreisrisiko in der Gefahr einer Änderung der Rohwarenpreise liegt, bergen – ebenso wie z. B. beim Fremdwährungs- oder Aktienkursrisiko – Derivate, deren zugrunde liegende Geschäftsgegenstände Rohwaren oder davon abgeleitete Instrumente sind, ebenfalls ein Rohwarenpreisrisiko. Diese Derivate können nämlich

---

[1] Da auch Energie physisch vorhanden ist, wird sie von der hier verwendeten Definition des Begriffs „Rohstoffe" erfasst. Ein Handel von Energie findet bspw. an den Strombörsen in Skandinavien, den USA oder Deutschland statt, wo Energie als underlying für die dort notierten Terminkontrakte dient.

Wertschwankungen unterliegen, wenn sich die Preise der relevanten Rohwaren ändern, so dass sich ein späterer Verkauf bzw. eine Glattstellung für den Inhaber negativ auswirken kann.

Zusammenfassend lässt sich also feststellen, dass das Rohwarenpreisrisiko sämtliche bilanziellen und außerbilanziellen Geschäfte eines Unternehmens, die einen Rohwarenbezug aufweisen, betrifft.

**Aufgabe 2.13: Aktienkursrisiken**
Erläutern Sie, was unter den Aktienkursrisiken von Kreditinstituten verstanden wird.

**Lösung**
Zu den Marktpreisrisiken zählt auch das Aktienkursrisiko. Hierunter ist die Gefahr zu verstehen, dass sich eine negative Erfolgswirkung aufgrund einer unvorteilhaften Veränderung von Aktienkursen ergibt. Da Kursveränderungen von Aktien auch Aktienindizes sowie derivative Geschäfte mit Aktien als underlying beeinflussen können, bergen auch diese Geschäfte ein Aktienkursrisiko in sich.

Das Aktienkursrisiko kann nach den Ursachen der Aktienkursänderung in zwei Komponenten zerlegt werden:
1. das „allgemeine Kursrisiko" und
2. das „besondere Kursrisiko".

Zu 1.: Das „allgemeine Kursrisiko" beschreibt die Gefahr einer Marktpreisänderung bei einem Wertpapier, die – im Fall von Aktien oder davon abgeleiteten Instrumenten – einer allgemeinen Bewegung am Aktienmarkt zuzuschreiben ist, die also in keinem ursächlichen Zusammenhang mit den spezifischen Merkmalen dieses Wertpapiers steht.[1] Das „allgemeine Kursrisiko" erfasst somit Kursänderungen eines Wertpapiers, die sich aufgrund einer allgemeinen Marktentwicklung ergeben und nicht etwa einer Sonderentwicklung des betreffenden Wertpapiers, d. h. beispielsweise einer Veränderung in der Bonitätseinstufung des Wertpapieremittenten durch den Markt zuzuschreiben sind.[2] Je nach Ausrichtung der Position können die in den Kursnotierungen eines Wertpapiers zum Ausdruck kommenden allgemeinen Bewegungen des Aktienmarktes (z. B. als Folge politischer Ereignisse, konjunktureller

---

[1] Vgl. BUNDESAUFSICHTSAMT FÜR DAS KREDITWESEN (Erläuterungen, 1997), S. 153.
[2] Vgl. BUNDESAUFSICHTSAMT FÜR DAS KREDITWESEN (Erläuterungen, 1997), S. 153.

# 2.1 Definition und Systematisierung bankbetrieblicher Risiken 121

Schwankungen oder veränderter Inflationserwartungen) zu positiven oder auch negativen Wertentwicklungen des Portfolios führen.[1]

Zu 2.: Das „besondere Kursrisiko" bezeichnet im Unterschied zum „allgemeinen Kursrisiko" die Veränderung des Marktpreises bei einem Wertpapier „aufgrund von Faktoren, die auf seinen Emittenten oder (im Fall eines abgeleiteten Instruments) auf den Emittenten des zugrunde liegenden Instruments zurückzuführen sind"[2]. Hierunter fallen nicht nur Veränderungen in der Bonitätseinstufung des Wertpapieremittenten durch den Markt, sondern auch unvorhersehbare Ereignisse wie z. B. Übernahme- oder Fusionsangebote.[3] Das „besondere Kursrisiko" stellt somit eine Sonderform des Adressenrisikos dar; es ist stets als Ausdruck der Bonitätsverbesserung oder -verschlechterung des Emittenten des einem Geschäft zugrunde liegenden Wertpapiers anzusehen.[4]

**Aufgabe 2.14: Zinsänderungsrisiken**
Erläutern Sie, was unter den Zinsänderungsrisiken von Kreditinstituten verstanden wird.

**Lösung**
Eines der bedeutendsten Marktpreisrisiken, denen Kreditinstitute ausgesetzt sind, ist das Zinsänderungsrisiko. Hierunter wird die Gefahr verstanden, dass „die erzielte (zinsänderungsabhängige) Bruttozinsspanne aufgrund von Zinsänderungen negativ von der erwarteten und angestrebten (zinsänderungsabhängigen) Bruttozinsspanne abweicht"[5]. Das Zinsänderungsrisiko lässt sich wiederum in zwei Arten unterteilen:
1. das variable Zinsänderungsrisiko und
2. das Festzinsrisiko.

Zu 1.:
Unter dem variablen Zinsänderungsrisiko ist die Gefahr zu verstehen, dass sich die Zinssätze der einzelnen Aktiv- und Passivpositionen unterschiedlich schnell bzw. in unterschiedlichem Maße an eine Veränderung der Geld- und Kapitalmarktsätze anpassen. Diese Gefahr wird durch die unterschiedlichen Zinsanpassungselastizitäten der Aktiv- und Passivpositionen determiniert. Denn obwohl eine rechtliche Zinsvariabilität sowohl der Konditionen im Aktiv- als auch derjenigen im Passivge-

---

[1] Vgl. BUNDESAUFSICHTSAMT FÜR DAS KREDITWESEN (Erläuterungen, 1997), S. 153.
[2] BUNDESAUFSICHTSAMT FÜR DAS KREDITWESEN (Erläuterungen, 1997), S. 153.
[3] Vgl. BUNDESAUFSICHTSAMT FÜR DAS KREDITWESEN (Erläuterungen, 1997), S. 153.
[4] Vgl. BUNDESAUFSICHTSAMT FÜR DAS KREDITWESEN (Erläuterungen, 1997), S. 153.
[5] ROLFES, BERND (Steuerung, 1985), S. 20.

schäft besteht, ist in der Realität festzustellen, dass eine Anpassung der einzelnen Geschäfte an veränderte Marktgegebenheiten nicht immer zur gleichen Zeit bzw. in gleichem Umfang erfolgt. „So reagieren beispielsweise bei einer Marktzinsänderung die Zinsen für Termineinlagen schneller und mit weiteren Ausschlägen als die Zinsen für Spareinlagen"[1].

Zu 2.:
Im Gegensatz zum variablen Zinsänderungsrisiko ist das Festzinsrisiko in der rechtlichen Unmöglichkeit eines Kreditinstituts zu sehen, die Zinssätze an veränderte Marktgegebenheiten anpassen zu können. Dieses Risiko wird immer dann eintreten, wenn ein Kreditinstitut vertraglich festgeschriebene Festzinsvereinbarungen eingegangen ist und daraus eine offene Festzinsposition resultiert. Hierbei ist zu beachten, dass es verschiedene Konstellationen gibt, aus denen sich offene Festzinspositionen ergeben können. So liegt eine offene Festzinsposition vor, wenn

– die Festzinsvereinbarungen auf der Passivseite die Festzinsvereinbarungen auf der Aktivseite betragsmäßig überwiegen (aktivisches Zinsänderungsrisiko),
– die Festzinsvereinbarungen auf der Aktivseite die Festzinsvereinbarungen auf der Passivseite betragsmäßig überwiegen (passivisches Zinsänderungsrisiko; dieses Risiko ist in Abbildung 10 beispielhaft dargestellt),
– zwar der Umfang der Festzinsvereinbarungen auf der Aktiv- und der Passivseite übereinstimmt, die Vertragsvereinbarungen sich jedoch hinsichtlich der Zinsbindungsfristen unterscheiden,[2]
– sowohl der Umfang als auch die Zinsbindungsfristen der Festzinsvereinbarungen auf der Aktiv- und Passivseite übereinstimmen, die Zins- und Tilgungsmodalitäten der Geschäfte jedoch divergieren (Wiederanlagerisiko bzw. Finanzierungsrisiko).

Abbildung 11 gibt eine Übersicht über die unterschiedlichen Erfolgsbeeinflussungsmöglichkeiten verschiedener Zinspositionen bei geänderten Marktzinsen.

Unter der Voraussetzung, dass die Festzinsvereinbarungen auf der Aktiv- und der Passivseite sowohl hinsichtlich Betrag, Zinsbindungsfrist und Zinszahlungs- und Tilgungsmodalitäten übereinstimmen, resultiert aus einer geschlossenen Festzinsposition kein Risiko für die Erfolgssituation eines Kreditinstituts. Die zukünftige Bruttozinsspanne ist bereits heute für die gesamte Zinsbindungsdauer fixiert.

---

[1] CHRISTIAN, CLAUS-JÖRG (Informationsbasis, 1991), S. 122.
[2] Die Zinsbindungsfrist „beschreibt den Zeitraum bis zur nächstmöglichen Zinsanpassung, wobei dieser mit der Restlaufzeit der Vertragsvereinbarung identisch ist, wenn keine vorherige Konditionenanpassung möglich ist" (CHRISTIAN, CLAUS-JÖRG (Informationsbasis, 1991), S. 122).

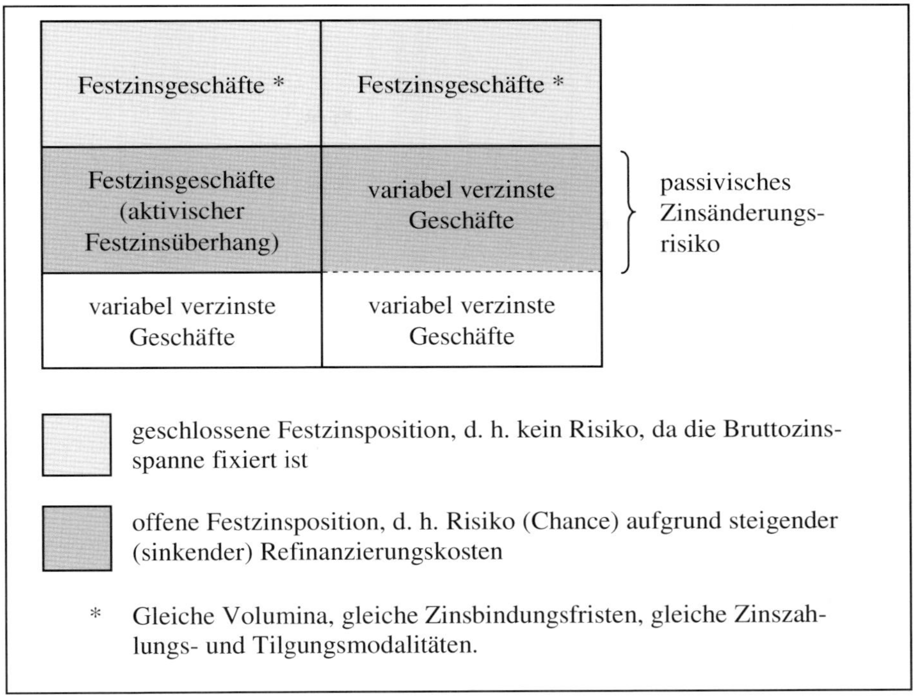

## 2.1 Definition und Systematisierung bankbetrieblicher Risiken 123

|  Festzinsgeschäfte * | Festzinsgeschäfte * |
|---|---|
| Festzinsgeschäfte (aktivischer Festzinsüberhang) | variabel verzinste Geschäfte |
| variabel verzinste Geschäfte | variabel verzinste Geschäfte |

} passivisches Zinsänderungsrisiko

☐ geschlossene Festzinsposition, d. h. kein Risiko, da die Bruttozinsspanne fixiert ist

▨ offene Festzinsposition, d. h. Risiko (Chance) aufgrund steigender (sinkender) Refinanzierungskosten

\* Gleiche Volumina, gleiche Zinsbindungsfristen, gleiche Zinszahlungs- und Tilgungsmodalitäten.

**Abbildung 10: Das passivische Zinsänderungsrisiko**[1]

Liegt hingegen ein passivischer Festzinsüberhang vor, so ergibt sich aus der Festschreibung der Verzinsung der Refinanzierungsmittel der Passivseite eine Chance zur Steigerung der Bruttozinsspanne bei gestiegenen Geld- und Kapitalmarktzinssätzen, da die Mittel der Aktivseite nun höher verzinslich angelegt werden können. Sinken hingegen die Geld- und Kapitalmarktzinssätze, so wird sich die Bruttozinsspanne verringern, da die Mittel der Aktivseite nur noch zu einem niedrigeren Zinssatz angelegt werden können, die Zinssätze auf der Passivseite aufgrund ihrer Festschreibung dem niedrigeren Zinsniveau jedoch nicht angepasst werden können. Analoge Effekte ergeben sich bei einem aktivischen Festzinsüberhang, jedoch mit entgegengesetztem Vorzeichen.

---

[1] Modifiziert entnommen aus KRÄMER, GREGOR (Ziele, 2000), S. 255.

| Art der Zinsposition | Marktzinsänderung: Steigender Marktzins: Erträge aus Aktivpositionen | Marktzinsänderung: Steigender Marktzins: Aufwendungen für Passivpositionen | Marktzinsänderung: Steigender Marktzins: Erfolgsrisiko/ -chance | Marktzinsänderung: Sinkender Marktzins: Erträge aus Aktivpositionen | Marktzinsänderung: Sinkender Marktzins: Aufwendungen für Passivpositionen | Marktzinsänderung: Sinkender Marktzins: Erfolgsrisiko/ -chance |
|---|---|---|---|---|---|---|
| geschlossene Festzinsposition * | konstant | konstant | keine | konstant | konstant | keine |
| passivischer Festzinsüberhang = aktivisches Zinsänderungsrisiko | höher | konstant | Chance aufgrund höherer Erträge aus dem Aktivgeschäft | niedriger | konstant | Risiko aufgrund geringerer Erträge aus dem Aktivgeschäft |
| aktivischer Festzinsüberhang = passivisches Zinsänderungsrisiko | konstant | höher | Risiko aufgrund steigender Refinanzierungskosten | konstant | niedriger | Chance aufgrund sinkender Refinanzierungskosten |
| variabel verzinsliche Positionen | höher | höher | Chance aufgrund höherer Erträge aus dem Aktivgeschäft, Risiko aufgrund steigender Refinanzierungskosten | niedriger | niedriger | Chance aufgrund sinkender Refinanzierungskosten, Risiko aufgrund geringerer Erträge aus dem Aktivgeschäft |

* Gleiche Volumina, gleiche Zinsbindungsfristen, gleiche Zinszahlungs- und Tilgungsmodalitäten (in diesem Fall weder Erfolgsrisiko noch Erfolgschance, d.h. die zukünftige Bruttozinsspanne ist fixiert).

**Abbildung 11: Erfolgsbeeinflussungsmöglichkeiten verschiedener Zinspositionen bei geänderten Marktzinsen**[1]

[1] Entnommen aus BIEG, HARTMUT (Bankbetriebslehre, 1992), S. 67.

Sind sowohl die Positionen auf der Aktivseite als auch die Positionen auf der Passivseite variabel verzinslich, so hängen die gesamten Auswirkungen auf die Bruttozinsspanne von der Zinsreagibilität und der Höhe der jeweiligen Positionen sowie der Richtung der Zinsänderung ab. Eine pauschale Aussage über die aggregierten Erfolgsrisiken bzw. -chancen variabel verzinslicher Positionen aufgrund veränderter Geld- und Kapitalmarktzinssätze lässt sich somit nicht machen.

Neben der vorstehend angesprochenen Gefahr einer Verringerung der Bruttozinsspanne tritt das Zinsänderungsrisiko auch in der Form des Abschreibungsrisikos auf. Hierunter ist die Gefahr zu verstehen, dass infolge einer Erhöhung der Geld- und Kapitalmarktzinssätze der Kurswert festverzinslicher Wertpapiere sinkt. Muss aus diesem Grunde eine Abschreibung vorgenommen werden, so hat dies eine direkte negative Wirkung auf den Erfolg des Kreditinstituts. Hierbei ist jedoch zu beachten, dass eine Abschreibungspflicht lediglich bei Wertpapieren des Umlaufvermögens vorliegt, während bei Wertpapieren des Anlagevermögens ein Abschreibungswahlrecht für den Fall besteht, dass es sich um eine voraussichtlich nicht dauernde Wertminderung handelt.

Der Erfolg eines Kreditinstituts kann auch bei Verkauf der Wertpapiere negativ beeinflusst werden, und zwar dann, wenn nur ein unter dem Buchwert liegender Verkaufserlös erzielt werden kann.

Werden die Wertpapiere hingegen bis zum Ende der Laufzeit gehalten, so wird – sofern nicht bereits zuvor das Wertaufholungsgebot des § 280 HGB gegriffen hat – bei einem Buchwert, der geringer als der Rückzahlungsbetrag ist, eine Erhöhung des Erfolgs des Kreditinstituts im Zeitpunkt der Tilgung der Wertpapiere stattfinden, wenn die Wertpapiere tatsächlich zu dem (höheren) Rückzahlungsbetrag getilgt werden. Bei einem Halten der Wertpapiere bis zur Fälligkeit wird also eine zuvor erfolgte Abschreibung spätestens im Zeitpunkt der Fälligkeit der Wertpapiere neutralisiert.

**Aufgabe 2.15: Risiko der Wertminderung des Sachanlagevermögens und sonstiger Vermögenswerte**

Erläutern Sie, was unter dem Risiko der Wertminderung des Sachanlagevermögens und sonstiger Vermögenswerte von Kreditinstituten verstanden wird.

**Lösung**

Von eher untergeordneter Bedeutung im Rahmen der gesamten bankbetrieblichen Risiken ist das Risiko der Wertminderung des Sachanlagevermögens und sonstiger Vermögensgegenstände. Die geringe Bedeutung liegt in der Relation des Sachanlagevermögens und der sonstigen Vermögensgegenstände zu den übrigen risikobehafteten Bilanzpositionen. Da Kreditinstitute in ihrer Eigenschaft als Dienstleistungsunternehmen traditionell nur ein relativ kleines Sachanlagevermögen benötigen, um ihre Bankleistungen anbieten zu können, ist es offensichtlich, dass auch die Verlustmöglichkeiten, die sich aus einer ungünstigen Wertentwicklung dieser Bilanzpositionen ergeben, auf den vergleichsweise geringen wertmäßigen Umfang dieser Bilanzpositionen beschränkt sind. So betrug das aggregierte Sachanlagevermögen der Banken (MFI) in Deutschland Ende des Jahres 2001 38,02 Mrd. EUR. Im Verhältnis zur aggregierten Bilanzsumme in Höhe von 6.386,11 Mrd. EUR ergibt sich lediglich eine Quote von 0,595 %.[1] In dieser relativen Bedeutungslosigkeit ist der Grund zu sehen, weshalb diese Vermögenspositionen im Grundsatz I hinsichtlich ihrer Marktpreisrisiken keine Berücksichtigung finden. Sie sind allerdings Teil der Risikoaktiva.

Der größte Schaden dürfte durch den vollständigen Untergang des Sachanlagevermögens entstehen. Gründe für solche Katastrophen sind z. B. Brand, Erdbeben, politische Unruhen etc., gegen die sich die Kreditinstitute aber im Allgemeinen versichern können. Da ein Kreditinstitut in der Regel sein Sachanlagevermögen nicht konzentriert an einem Ort, sondern an verschiedenen Stellen (Zweigstellen am gleichen Ort, Filialen in anderen Orten, Auslandsfilialen etc.) hält, ist ein totaler Verlust des gesamten Sachanlagevermögens relativ unwahrscheinlich.

Es ist jedoch zu beachten, dass dem Sachanlagevermögen der Banken eine immer größere Relevanz zukommt. Um mit der rasanten Entwicklung des technologischen Fortschritts mithalten zu können und somit konkurrenzfähig zu bleiben, sind immer größere Investitionen in neue Technologien auch und gerade für Bankbetriebe notwendig. Zu nennen sind hier die Investitionen in neue Datenverarbeitungsanlagen, Telekommunikationsmedien, Online-Dienste, Bildschirmhandelsplätze etc.

---

[1] Vgl. DEUTSCHE BUNDESBANK (Bankenstatistik, 2002), S. 6–7.

## 2.1 Definition und Systematisierung bankbetrieblicher Risiken 127

**Aufgabe 2.16: Liquiditätsrisiken**
Erläutern Sie, was unter den Liquiditätsrisiken von Kreditinstituten verstanden wird.

**Lösung**
Der Begriff Liquidität kann verschiedene Sachverhalte kennzeichnen. Zum einen kann er sich auf die Eigenschaft von Vermögensobjekten beziehen, mehr oder weniger leicht in Zahlungsmittel umgewandelt oder als solche verwendet werden zu können,[1] zum anderen bezeichnet er die Eigenschaft von Wirtschaftssubjekten, ihren zwingend fälligen Zahlungsverpflichtungen zu jedem Zeitpunkt uneingeschränkt nachkommen zu können.[2]

Je leichter Vermögensgegenstände in Zahlungsmittel umgewandelt oder als solche verwendet werden können und je höher der dabei erzielbare Gegenwert dieser Vermögensgegenstände ist, umso eher wird das betroffene Wirtschaftssubjekt seinen Zahlungsverpflichtungen nachkommen können. Somit hat die Geldnähe der Vermögensgegenstände einen nicht unbedeutenden Einfluss auf die Zahlungsfähigkeit von Wirtschaftssubjekten.

Mit dem Begriff Liquiditätsrisiko kann somit die Gefahr verstanden werden, dass ein Wirtschaftssubjekt seinen zwingend fälligen Zahlungsverpflichtungen nicht zu jedem Zeitpunkt uneingeschränkt nachkommen kann. Liquiditätsrisiken können zum einen (1) direkt oder indirekt aus den Erfolgsrisiken resultieren (derivative Liquiditätsrisiken), sie können zum anderen (2) aber auch eine Folge von Asynchronitäten hinsichtlich Betrag und/oder Zeitpunkt von Zahlungsmittelzu- und -abflüssen sein (originäre Liquiditätsrisiken).

Zu 1.: Derivative Liquiditätsrisiken
Direkte Wirkung der Erfolgsrisiken
Auf Erfolgsrisiken basierende Liquiditätsrisiken resultieren entweder aus einem geringeren, dem Kreditinstitut zur Verfügung stehenden Geldbetrag aus einem Vermögensgegenstand oder aus einem erhöhten Mittelbedarf zum Aufbau bzw. Unterhalt (Marginverpflichtung) einer Aktivposition. So kann das Ausfallrisiko im Extremfall dazu führen, dass einem Kreditinstitut bei Fälligkeit einer Forderung keine Mittel zufließen und diese somit auch nicht zur Erfüllung fälliger Zahlungsverpflichtungen verwendet werden können. In Verbindung mit dem Fremdwährungsrisiko muss bei einem sich zu Ungunsten des Kreditinstituts veränderten Wechselkurs ein – im Vergleich zum ursprünglichen Wechselkurs – höherer Betrag an inländischer

---
[1] Vgl. STÜTZEL, WOLFGANG (Liquidität, 1959), S. 622.
[2] Vgl. WITTE, EBERHARD (Finanzplanung, 1981), S. 24.

Währung aufgewendet werden, um eine aktivische Fremdwährungsposition aufzubauen bzw. eine passivische Fremdwährungsposition glattzustellen. Dieser über den ursprünglich geplanten Auszahlungsbetrag an inländischer Währung hinausgehende Geldbetrag kann nun nicht mehr zur Begleichung fälliger Zahlungsverpflichtungen verwendet werden. In Verbindung mit dem Zinsänderungsrisiko ergeben sich Liquiditätswirkungen, da gesunkene Zinsen aus Forderungen bzw. gestiegene Zinsen aus Verbindlichkeiten niedrigere Einzahlungen bzw. höhere Auszahlungen zur Folge haben.

Indirekte Wirkung der Erfolgsrisiken
Neben dieser direkten Wirkung der Erfolgsrisiken auf die Liquiditätssituation eines Kreditinstituts kann sich aus diesen Risiken auch eine indirekte Wirkung ergeben. Da die Bonität eines Kreditinstituts wesentlichen Einfluss auf seine Refinanzierungsmöglichkeiten hat, kann mit einer sich aufgrund einer ungünstigen Erfolgsentwicklung ergebenden Bonitätsverschlechterung eine Liquiditätsanspannung des betroffenen Kreditinstituts verbunden sein. Dies resultiert aus einer geringeren oder gar fehlenden Bereitschaft der Kapitalgeber, dem nun bonitätsmäßig schlechter dastehenden Kreditinstitut – aufgrund der gestiegenen Wahrscheinlichkeit des Ausfalls dieses Kreditinstituts – Finanzierungsmittel in gleicher Höhe wie ohne eingetretene Bonitätsverschlechterung zur Verfügung zu stellen. Auf diese Weise sinkt aufgrund eingeschränkter Refinanzierungsmöglichkeiten die Fähigkeit des Kreditinstituts, seinen fälligen Zahlungsverpflichtungen nachkommen zu können. Anders ausgedrückt gilt also: „Je kreditwürdiger ein Unternehmen, desto eher kann es darauf verzichten, selbst hohe liquide Reserven zu halten"[1]. „Die Liquidität folgt der Bonität, nicht umgekehrt"[2].

Zu 2.:   Originäre Liquiditätsrisiken
Neben diesen direkten und indirekten erfolgsdeterminierten Liquiditätsrisiken sind die Fristigkeitsrisiken ein weiterer Bestandteil der Liquiditätsrisiken. Diese Fristigkeitsrisiken lassen sich nach der Bilanzseite, auf der die dieses Risiko verursachenden Geschäfte angesiedelt sind, in aktivische und passivische Fristigkeitsrisiken gliedern.

Unter dem Terminrisiko, das den aktivischen Fristigkeitsrisiken zuzuordnen ist, wird die Gefahr verstanden, dass die tatsächlichen Zeitpunkte von Zahlungsmittelrückflüssen aus Vermögensgegenständen von den geplanten Rückflusszeitpunkten in

---

[1] STÜTZEL, WOLFGANG (Liquidität, 1959), S. 628–629.
[2] STÜTZEL, WOLFGANG (Liquidität, 1975), Sp. 2523.

## 2.1 Definition und Systematisierung bankbetrieblicher Risiken

einer für das Kreditinstitut ungünstigen Weise abweichen.[1] Da hier die Rückflüsse von Zahlungsmitteln aus Aktivpositionen eines Kreditinstituts für dessen Liquiditätssituation relevant sind, liegt eine ungünstige Rückzahlungssituation für das betroffene Kreditinstitut vor, wenn die tatsächlichen Zeitpunkte der Zahlungsmittelrückflüsse den erwarteten Zeitpunkten zeitlich nachgelagert sind und die erwarteten Rückflüsse nicht dazu genutzt werden können, mit ihnen zu diesem oder einem späteren Zeitpunkt bestehende Zahlungsverpflichtungen zu begleichen.

Handelt es sich lediglich um eine Verzögerung des Zahlungsmitteleingangs, d. h. fallen die Ansprüche des Kreditinstituts nicht aus, so hat dies vorerst keine erfolgsbeeinflussende Wirkung; es ergibt sich zunächst nur eine liquiditätsbeeinflussende Wirkung. Diese kann jedoch negativen Einfluss auf den Erfolg des Kreditinstituts haben, wenn bspw. zur Begleichung fälliger Zahlungsverpflichtungen nicht die erwarteten Zahlungsmittelrückflüsse verwendet werden können, sondern eine Ersatzmittelbeschaffung zur Überbrückung des Zeitraums bis zum tatsächlichen Mittelzufluss erforderlich ist.

Dieser Rentabilitätseffekt ist jedoch allen Liquiditätsrisiken immanent. Seine Bedeutung ist abhängig von der Höhe des Liquiditätsbedarfs, der Länge des zu überbrückenden Zeitraums und dem Zinssatz, der für die Ersatzmittelbeschaffung während des zu überbrückenden Zeitraums gilt.

Neben der Gefahr verspäteter Rückflüsse zählt das Abrufrisiko zu den aktivischen Fristigkeitsrisiken. Hierunter ist die Gefahr zu verstehen, dass ein Abruf liquider Mittel aus den Kunden eingeräumten Finanzierungsmöglichkeiten vor dem geplanten Zeitpunkt erfolgt. Die Auswirkungen auf den Erfolg des Kreditinstituts sind dieselben, wie diejenigen des Terminrisikos.

Im Gegensatz zu den aktivischen Fristigkeitsrisiken ergeben sich die passivischen Fristigkeitsrisiken aus Transaktionen, die auf der Passivseite ihren Niederschlag finden. Bei diesen Risiken wird zwischen dem Abzugsrisiko und dem Geldanschlussrisiko unterschieden. Dabei bezeichnet das Abzugsrisiko die Gefahr, dass Kunden über ihre Einlagen vor deren Fälligkeit verfügen. Auch wenn das Kreditinstitut vertraglich nicht zur Bereitstellung der noch nicht fälligen Mittel verpflichtet ist, wird sich aus Bonitätsgründen im Allgemeinen ein faktischer Zwang zur Bereitstellung der Mittel ergeben.

---

[1] Weichen nicht die Zeitpunkte, sondern die tatsächlichen Beträge von den erwarteten Beträgen ab, so ergibt sich daraus eine (i. d. R. negative) Erfolgswirkung.

Das Geldanschlussrisiko als zweites passivisches Fristigkeitsrisiko ergibt sich dagegen auch bei vertragsgemäßem Verhalten der Kontrahenten des Kreditinstituts. Bei normaler Zinsstrukturkurve betreibt ein Kreditinstitut im Allgemeinen eine positive Fristentransformation in der Weise, dass es kürzerfristige Mittel aufnimmt und längerfristig ausleiht. Um die Finanzierung der längerfristig ausgegebenen Mittel aufrecht erhalten zu können, müssen die kürzerfristigen Finanzierungsmittel bei Fälligkeit durch neue ersetzt werden. Insofern ist das Geldanschlussrisiko in der Gefahr zu sehen, dass dem Kreditinstitut die geplante Substitution der Finanzierungsmittel nicht gelingt (Refinanzierungsrisiko).

Die Ursache für dieses Misslingen kann darin liegen, dass nicht genügend Liquidität am Markt verfügbar ist (Störungen am Geld- und Kapitalmarkt) bzw. dem Kreditinstitut aus Bonitätsgründen nicht genügend Liquidität zur Verfügung gestellt wird. Beide Ursachen dürften sich im Allgemeinen aber durch eine entsprechend höhere Verzinsung der aufzunehmenden Mittel beheben lassen.

## 2.2 Anwendungsbereich des Grundsatzes I

**Aufgabe 2.17: Regelungsinhalte des Grundsatzes I.**
Geben Sie einen Überblick über die Regelungsinhalte des Grundsatzes I.

**Lösung**
Zu den wichtigsten Strukturnormen, die die Institute zu beachten haben, zählt der Grundsatz I, in dem – in Anlehnung an die Struktur bankbetrieblicher Risiken (siehe hierzu Aufgabe 2.8) – eine Regelung der Erfolgsrisiken vorgenommen wird. Im Rahmen der 6. KWG-Novelle erfolgte eine völlige Neugestaltung und -formulierung des Grundsatzes I, der mit Wirkung zum 1.10.1998 in Kraft getreten ist. Im Zuge dieser Umgestaltung wurde der frühere Grundsatz Ia, der Regelungen über Preisrisiken enthielt, in den Grundsatz I, der in seiner früheren Form lediglich das Adressenrisiko regelte, integriert. Nachdem Regelungen bezüglich bestimmter bisher noch nicht erfasster Risiken (beispielsweise das Rohwarenpreisrisiko) in den neuen Grundsatz I aufgenommen wurden, beinhaltet dieser nunmehr umfangreiche Regelungen zu den wichtigsten Erfolgsrisiken eines Instituts (siehe Abbildung 12).

Das Kreditwesengesetz verlangt in § 10 Abs. 1 Satz 1 KWG, dass die Institute im Interesse der Erfüllung ihrer Verpflichtungen gegenüber ihren Gläubigern angemessene Eigenmittel haben müssen. Damit diese Vorschrift quantifizierbar wird, stellt das Bundesministerium der Finanzen im Benehmen mit der Deutschen Bundesbank sowie nach vorheriger Anhörung der Spitzenverbände der Institute durch Erlass einer sich an den Vorgaben des Rechts der Europäischen Gemeinschaften orientierenden Rechtsverordnung Solvabilitätsgrundsätze auf, nach denen die BaFin für den Regelfall beurteilt, ob die obige Anforderung erfüllt ist (§ 10 Abs. 1 Satz 2 und Satz 4 KWG). Das Bundesministerium der Finanzen kann die Ermächtigung zum Erlass dieser Rechtsverordnung auf die BaFin „mit der Maßgabe übertragen, dass die Rechtsverordnung im Einvernehmen mit der Deutschen Bundesbank ergeht" (§ 10 Abs. 1 Satz 3 KWG).

Der in diesem Zusammenhang relevante Grundsatz I stellt darauf ab, Teile der Erfolgsrisiken von Instituten zu begrenzen, indem er die sich aus bestimmten risikotragenden Positionen ergebenden Erfolgsrisiken zu dem in § 10 KWG definierten haftenden Eigenkapital bzw. den dort angeführten Eigenmitteln in Beziehung setzt. Grundsatz I dient somit der Sicherung eines Mindestbestands an Eigenmitteln zur Abdeckung der Adressen- sowie Marktpreisrisiken eines Instituts.

| | Nichthandelsbuchinstitute | | | Handelsbuchinstitute | | | |
|---|---|---|---|---|---|---|---|
| Risiken | Adressenrisiko | Marktpreisänderungsrisiken | | Adressenrisiko | | Marktpreisänderungsrisiken | |
| | | | | | | Zins- und Aktienpositionen des Handelsbuchs | Fremdwährungs- und Rohwarenpositionen des Anlage- und Handelsbuchs |
| Erfasste Positionen | Risikoaktiva des Anlage- und Handelsbuchs | Fremdwährungs- und Rohwarenpositionen des Anlage- und Handelsbuchs | | Risikoaktiva des Anlagebuchs | Adressenrisikopositionen des Handelsbuchs | | |
| | | | | | Handelsbuch-Risikopositionen | | |
| Anrechnungsverfahren | Standardverfahren | Standardverfahren oder institutseigene Risikomodelle | | Standardverfahren | | Standardverfahren oder institutseigene Risikomodelle | |
| Kapitalunterlegung | Haftendes Eigenkapital in Höhe von 8 % der gewichteten Risikoaktiva | Eigenmittel in Höhe der Anrechnungsbeträge für Marktpreisänderungsrisiken | | Haftendes Eigenkapital in Höhe von 8 % der gewichteten Risikoaktiva | | Eigenmittel in Höhe der Anrechnungsbeträge für Marktpreisänderungsrisiken bzw. Adressenrisiken des Handelsbuchs | |
| Erforderliche Gesamtkapitalquote | mindestens 8 % | | | mindestens 8 % | | | |

**Abbildung 12: Die Regelungsinhalte des Grundsatzes I**[1]

---

[1] Modifiziert entnommen aus DEUTSCHE BUNDESBANK (Grundsatz I, 2001), S. 7.

Von den Finanzdienstleistungsinstituten unterliegen gemäß § 1 Abs. 2 Satz 1 Grundsatz I nur diejenigen den Bestimmungen des Grundsatzes I, die
- Eigenhandel i. S. d. § 1 Abs. 1a Satz 2 Nr. 4 KWG betreiben oder
- als Anlagevermittler, Abschlussvermittler oder Finanzportfolioverwalter i. S. d. § 1 Abs. 1a Satz 2 Nr. 1 bis Nr. 3 KWG befugt sind, sich Eigentum oder Besitz an Geldern oder Wertpapieren von Kunden zu beschaffen, oder auf eigene Rechnung mit Finanzinstrumenten handeln.

Auf Kapitalanlagegesellschaften findet Grundsatz I keine Anwendung (§ 1 Abs. 2 Satz 1 Nr. 1 Grundsatz I), da mit dem InvG bereits eine spezialgesetzliche Regelung zur Risikolimitierung dieser Unternehmen besteht.

Nichthandelsbuchinstitute sind von den Vorschriften der §§ 18 bis 27 Grundsatz I (Handelsbuch-Risikopositionen) ausgenommen (§ 1 Abs. 3 Grundsatz I). Nichthandelsbuchinstitute haben stattdessen regelmäßig ergänzende Meldungen über ihr Derivategeschäft abzugeben.

**Aufgabe 2.18: Handelsbuchinstitute und Nichthandelsbuchinstitute**
Grenzen Sie die Begriffe „Handelsbuchinstitut" und „Nichthandelsbuchinstitut" voneinander ab.

**Lösung**
Nichthandelsbuchinstitute (§ 13 Abs. 1 Satz 1 KWG):
Institute, die gemäß § 2 Abs. 11 KWG von der Anwendung der Vorschriften des Kreditwesengesetzes über das Handelsbuch ausgenommen sind, weil ihre Handelsbuchpositionen unterhalb gesetzlich festgelegter Bagatellgrenzen liegen.

Handelsbuchinstitute (§ 13a Abs. 1 Satz 1 KWG):
Institute, die nicht nach § 2 Abs. 11 KWG von der Anwendung der Vorschriften des Kreditwesengesetzes über das Handelsbuch ausgenommen sind.

Im Übrigen sind auch die Nichthandelsbuchinstitute verpflichtet, für bankenaufsichtsrechtliche Zwecke ein separates Handelsbuch zu führen und dabei die Vorschriften des § 1 Abs. 12 KWG zu beachten, da sie nur so nachweisen können, dass sie die in Abbildung 13 angeführten Bagatellgrenzen einhalten.

| Bagatellgrenzen | | | |
|---|---|---|---|
| Anteil des Handelsbuchs in Prozent der Gesamtsumme der bilanziellen und außerbilanziellen Geschäfte (relative Bagatellgrenze) | | | |
| in der Regel *kleiner/gleich* als 5 %[1] ⇓ Nichthandelsbuch- institut | zu keiner Zeit *größer* als 6 %[2] ⇓ Nichthandelsbuch- institut | in der Regel *größer* als 5 % ⇓ Handelsbuch- institut | einmal *größer* als 6 % ⇓ Handelsbuch- institut |
| Gesamtsumme der einzelnen Positionen des Handelsbuchs (absolute Bagatellgrenze) | | | |
| in der Regel *kleiner/gleich* als der Gegenwert von 15 Mio. EUR[1] ⇓ Nichthandelsbuch- institut | zu keiner Zeit *größer* als der Gegenwert von 20 Mio. EUR[2] ⇓ Nichthandelsbuch- institut | in der Regel *größer* als der Gegenwert von 15 Mio. EUR ⇓ Handelsbuch- institut | einmal *größer* als der Gegenwert von 20 Mio. EUR ⇓ Handelsbuch- institut |

[1] Überschreitungen dieser Grenzen „führen dann zu einer Einordnung als Handelsbuchinstitut, wenn sich die Überschreitungen häufen" (BUNDESAUFSICHTSAMT FÜR DAS KREDITWESEN (Rundschreiben 17/99, 1999), S. 2). Eine solche Häufung ist anzunehmen, wenn ein Institut per Geschäftsschluss an mindestens fünf aufeinander folgenden Geschäftstagen oder mindestens zehnmal während eines Kalendervierteljahres die Grenzen überschreitet, wobei untertägige Überschreitungen der Grenzen nach § 2 Abs. 11 Satz 1 Nr. 1 oder Nr. 2 KWG nicht berücksichtigt zu werden brauchen (vgl. BUNDESAUFSICHTSAMT FÜR DAS KREDITWESEN (Rundschreiben 17/99, 1999), S. 2). Sofern sich ein Institut aufgrund einer solchen Häufung von Überschreitungen nicht selbst als Handelsbuchinstitut einordnet, kann die Bankenaufsichtsbehörde in letzter Konsequenz die Einordnung als Handelsbuchinstitut durch einen feststellenden Verwaltungsakt durchsetzen (vgl. BUNDESAUFSICHTSAMT FÜR DAS KREDITWESEN (Rundschreiben 17/99, 1999), S. 2).

[2] Ein Institut, das auch nur kurzfristig eine dieser Grenzen überschreitet, „wird mit dieser Überschreitung zum Handelsbuchinstitut, selbst wenn es die Überschreitung bis zum Geschäftsschluss wieder zurückführt" (BUNDESAUFSICHTSAMT FÜR DAS KREDITWESEN (Rundschreiben 17/99, 1999), S. 2). Die Einhaltung dieser Grenzen zu jeder Zeit ist durch geeignete organisatorische Maßnahmen sicherzustellen und spätestens durch Rückschau zum Geschäftsschluss festzustellen (vgl. BUNDESAUFSICHTSAMT FÜR DAS KREDITWESEN (Rundschreiben 17/99, 1999), S. 2).

**Abbildung 13: Die Bagatellgrenzen des § 2 Abs. 11 Satz 1 KWG für das Handelsbuch eines Instituts[1]**

---

[1] Modifiziert entnommen aus SCHILLER, BETTINA/WIEDEMEIER, INGO (Chronologie, 1998), S. 758.

## Aufgabe 2.19: Handelsbuch und Anlagebuch

Geben Sie einen Überblick über die Bestandteile des Anlagebuchs und des Handelsbuchs eines Instituts.

**Lösung**

| Anlagebuch |
|---|
| Das Anlagebuch eines Instituts wird negativ abgegrenzt; es umfasst gemäß § 1 Abs. 12 Satz 4 KWG alle bilanziellen sowie außerbilanziellen Geschäfte eines Instituts, die nicht dem Handelsbuch zuzurechnen sind. Hierzu zählen neben dem traditionellen Kreditgeschäft insbesondere auch folgende Positionen: <br> 1. Devisen, vergleichbare Rechnungseinheiten sowie Rohwaren- und Edelmetallderivate, <br> 2. die Wertpapiere der Liquiditätsreserve (Regelfall)* sowie <br> 3. die Wertpapiere des Anlagebestands (entspricht den Wertpapieren des Anlagevermögens). |
| \* Sofern Wertpapiere der Liquiditätsreserve zur Absicherung von Marktpreisrisiken des Handelsbuchs dienen, werden sie zusammen mit den zugehörigen Refinanzierungsgeschäften nicht dem Anlagebuch, sondern dem Handelsbuch zugeordnet. |

(Fortsetzung nächste Seite)

| Handelsbuch |
|---|
| Dem Handelsbuch eines Instituts sind gemäß § 1 Abs. 12 Satz 1 und Satz 2 KWG folgende Positionen zuzuordnen:<br>1. Finanzinstrumente, handelbare Forderungen und handelbare Anteile, die das Institut zum Zweck des Wiederverkaufs im Eigenbestand hält oder die von dem Institut übernommen werden, um bestehende oder erwartete Unterschiede zwischen den Kauf- und Verkaufspreisen oder Preis- und Zinsschwankungen kurzfristig zu nutzen, damit ein Eigenhandelserfolg erzielt wird **,<br>2. Bestände und Geschäfte zur Absicherung von Marktpreisrisiken des Handelsbuchs und damit im Zusammenhang stehende Refinanzierungsgeschäfte,<br>3. Aufgabegeschäfte,<br>4. Forderungen in Form von Gebühren, Provisionen, Zinsen, Dividenden und Einschüssen, die mit den Positionen des Handelsbuchs unmittelbar verknüpft sind, sowie<br>5. Pensions-, Darlehens- sowie wirtschaftlich vergleichbare Geschäfte auf Positionen des Handelsbuchs. |
| ** Der Hinweis auf den Geschäftszweck, kurzfristig einen Eigenhandelserfolg erzielen zu wollen, ist das entscheidende Merkmal für die Zuordnung einer Position zum Handelsbuch. Der Begriff „Eigenhandelserfolg" bezeichnet hierbei ein positives oder negatives Handelsergebnis, d. h. einen Ertrag oder Aufwand aus Finanzgeschäften, der nach § 340c Abs. 1 HGB in der GuV-Rechnung in der Saldierungsposition „Nettoertrag oder Nettoaufwand aus Finanzgeschäften" zu zeigen ist. Die Wahl des Zuordnungsmerkmals „Ziel der Erwirtschaftung eines Eigenhandelserfolgs" verdeutlicht aber auch, dass die Institute im Rahmen eines Ermessensspielraums weitgehend selbst bestimmen können, welche Positionen sie dem Handelsbuch zuweisen. Eine betragsmäßig fixierte Höhe des zulässigen Gesamtbestandes an Positionen des Handelsbuchs gibt es nicht. Eventuellen Missbräuchen bei der Zuordnungsentscheidung wird allein dadurch entgegengetreten, dass gemäß § 1 Abs. 12 Satz 5 KWG die Einbeziehung von Positionen in das Handelsbuch nach institutsintern festgelegten und auch nachprüfbaren Kriterien zu erfolgen hat, die der BaFin und der Deutschen Bundesbank ebenso mitzuteilen sind wie Änderungen dieser Kriterien im Zeitablauf (Letztere allerdings unter Darlegung der Gründe). Darüber hinaus ist die Umwidmung von Positionen des Handelsbuchs in das Anlagebuch bzw. umgekehrt in den Unterlagen des Instituts „nachvollziehbar zu dokumentieren und zu begründen" (§ 1 Abs. 12 Satz 6 KWG). Schließlich hat der Abschlussprüfer die Einhaltung der institutsintern festgelegten Kriterien „im Rahmen der Jahresabschlussprüfung zu überprüfen und zu bestätigen" (§ 1 Abs. 12 Satz 7 KWG) |

**Abbildung 14:** Abgrenzung der bankenaufsichtsrechtlichen Begriffe „Handelsbuch" und „Anlagebuch" gemäß § 1 Abs. 12 KWG[1]

---

[1] Modifiziert entnommen aus WASCHBUSCH, GERD (Bankenaufsicht, 2000), S. 574–576.

## 2.3 Begrenzung des Adressenrisikos

### Aufgabe 2.20 Begrenzung des Adressenrisikos im Grundsatz I

Skizzieren Sie die grundsätzliche Vorgehensweise der Begrenzung des Adressenrisikos eines Instituts durch den Grundsatz I.

**Lösung**

Um das Adressenrisiko der Institute zu begrenzen, bedient sich Grundsatz I des sog. „Solvabilitätskoeffizienten", der das in § 10 KWG definierte haftende Eigenkapital zu den risikogewichteten Aktiva in Beziehung setzt.

Bis zum 30. September 1990 wurden in dieser Relation nur Kredite und Beteiligungen berücksichtigt. Sie durften insgesamt das 18-fache des haftenden Eigenkapitals eines Kreditinstituts nicht übersteigen. Infolge der dynamischen Entwicklung nicht bilanzwirksamer Geschäfte (insbesondere der sog. „Finanzderivate") und des damit verbundenen Aufbaus nicht unerheblicher Risikopotenziale im außerbilanziellen Bereich sah sich die Bankenaufsichtsbehörde damals dazu veranlasst, die Risikoaktiva des Grundsatzes I zu erweitern und die Begrenzungsrelation auf das 12,5-fache des neu definierten (höheren) haftenden Eigenkapitals zu senken. Diese „erhöhten" Anforderungen finden sich auch in der Solvabilitätsrichtlinie wieder.

§ 2 Abs. 1 Grundsatz I bestimmt, dass der Solvabilitätskoeffizient eines Instituts nicht kleiner als 0,08 werden darf bzw. dass die Relation haftendes Eigenkapital zu risikogewichteten Aktiva mindestens 8 % betragen muss. Dies ist gleichbedeutend mit der Aussage, dass die risikogewichteten Aktiva eines Instituts das 12,5-fache seines haftenden Eigenkapitals nicht überschreiten dürfen.

Durch die Bezugnahme auf das haftende Eigenkapital wird klargestellt, dass zur Deckung des Adressenrisikos eines Instituts keine Drittrangmittel eingesetzt werden können und somit nur das Risikodeckungspotenzial des Kern- und Ergänzungskapitals (erster und zweiter Klasse) zur Verfügung steht.

Um den Betrag der risikogewichteten Aktiva zu erhalten, ist eine zweistufige Vorgehensweise notwendig. Zuerst ist die jeweilige Bemessungsgrundlage sämtlicher relevanter Geschäfte mit einem Umrechnungsfaktor zu multiplizieren, woraus sich der Kreditäquivalenzbetrag eines jeden Geschäfts ergibt. Der Umrechnungsfaktor dient dazu, das Ausfallrisiko aus außerbilanziellen Geschäften mit dem Risiko aus Krediten (genauer: bilanziellen Aktiva) vergleichbar zu machen (daher auch der Begriff „Kreditäquivalenzbetrag"). Bei den Bilanzaktiva nach § 4 Satz 2 Nr. 1

Grundsatz I beträgt der Umrechnungsfaktor immer 100 %, da das Risiko aus diesen Vermögensgegenständen generell dem Risiko aus Krediten gleichgestellt wird. Nachdem der jeweilige Kreditäquivalenzbetrag auf diese Weise ermittelt worden ist, ist dieser mit einem Bonitätsgewichtungsfaktor, der der Ausfallwahrscheinlichkeit des Kontraktpartners Rechnung trägt, zu multiplizieren. Als Ergebnis ergibt sich der für das jeweilige Geschäft anzusetzende Anrechnungsbetrag im Grundsatz I.

Vereinfachend ergibt sich somit folgende Vorgehensweise bei der Berechnung des Anrechnungsbetrages im Grundsatz I:

Bemessungsgrundlage · Umrechnungsfaktor = Kreditäquivalenzbetrag,

Kreditäquivalenzbetrag · Bonitätsgewichtungsfaktor = Anrechnungsbetrag im Grundsatz I.

**Aufgabe 2.21: Risikoaktiva**
In welche Kategorien werden die risikogewichteten Aktiva eines Instituts gemäß Grundsatz I eingeteilt?

**Lösung**
Aufgrund der Anforderungen der Solvabilitätsrichtlinie sah sich die Bankenaufsichtsbehörde dazu veranlasst, den bis zum 30. September 1990 geltenden Umfang der risikogewichteten Aktiva auszuweiten. Als Risikoaktiva sind nunmehr gemäß § 4 Satz 2 Grundsatz I anzusehen (vgl. Abbildung 15):
1. Bilanzaktiva,
2. außerbilanzielle Geschäfte, soweit sie nicht unter Nr. 3 oder Nr. 4 fallen (so genannte „traditionelle" außerbilanzielle Geschäfte),
3. Swapgeschäfte,
4. Termingeschäfte und Optionsrechte.

Im Unterschied zu den in Nr. 2 genannten „traditionellen" außerbilanziellen Geschäften werden die risikogewichteten Aktiva der Nr. 3 und Nr. 4 als „innovative" außerbilanzielle Geschäfte bezeichnet (vgl. Abbildung 15).

Nicht als Risikoaktiva anzusehen sind gemäß § 4 Satz 2 und 3 Grundsatz I:
1. Risikoaktiva, soweit sie bei der Ermittlung der Anrechnungsbeträge für die Handelsbuch-Risikopositionen zu berücksichtigen sind;
2. Barrengold;
3. Bilanzaktiva, die in die Ermittlung der Rohwarenposition einbezogen werden;

4. Bilanzaktiva, die nach § 10 Abs. 2 und 6 KWG vom haftenden Eigenkapital abgezogen werden;
5. Bilanzaktiva, die in vollem Umfang mit haftendem Eigenkapital unterlegt werden.

Die Herausnahme der Nr. 1 und Nr. 3 erfolgt, um eine Doppelerfassung dieser Positionen zu vermeiden. Da Barrengold (Nr. 2) keinem Adressenrisiko unterliegt, ist seine Herausnahme ebenfalls sachgerecht. Zu beachten ist jedoch, dass es sich beim Barrengold – genauso wie bei der Position Nr. 3 – um Bilanzaktiva, also physische Bestände handeln muss. Auf „traditionelle" und „innovative" außerbilanzielle Geschäfte über diese Bilanzaktiva ist die Ausnahmeregelung daher nicht anzuwenden.

Bei der Nr. 4 und Nr. 5 ist die Herausnahme gerechtfertigt, da sowohl der Abzug vom haftenden Eigenkapital als auch die vollständige Unterlegung mit haftendem Eigenkapital dazu führen, dass zur Deckung der sich aus diesen Positionen eventuell ergebenden Risiken bereits haftendes Eigenkapital in entsprechendem Umfang vorgehalten wird. Da diese Vermögensgegenstände aufgrund der Abzugs- bzw. Unterlegungsbestimmung bereits in voller Höhe das haftende Eigenkapital des Instituts vermindert haben und somit auf diesem ursprünglich zur Verfügung stehenden Haftkapital keine Risiken nach Grundsatz I mehr aufgebaut werden können, soll durch die Nichtberücksichtigung dieser Vermögensgegenstände im Grundsatz I eine ansonsten bestehende Doppelbelastung vermieden werden.

**Aufgabe 2.22: Bonitätsgewichtungsfaktoren**
Welches sind die wichtigsten Kontraktpartner bzw. Risikoaktiva, die den jeweiligen Bonitätsgewichtungsfaktoren zugeordnet werden?

**Lösung**
Die Adressengewichtung der Geschäfte soll den unterschiedlichen Bonitäten der Vertragspartner und somit den unterschiedlichen Ausfallwahrscheinlichkeiten Rechnung tragen. Daher ist es notwendig, die Gewichtung nach der Bonität des Vertragspartners zu differenzieren. Grundsätzlich sind Bonitätsgewichtungsfaktoren in Höhe von 0 %, 10 %, 20 %, 50 % 70 % und 100 % im Grundsatz I vorgesehen (vgl. die Grundstruktur in Abbildung 16).

Die Anrechnung der Geschäfte erfolgt, soweit keine andere Regelung vorgegeben ist, grundsätzlich mit 100 % ihrer Bemessungsgrundlage (§ 13 Abs. 6 Grundsatz I). § 13 Abs. 1 bis 5 Grundsatz I nennt diejenigen Tatbestände, bei denen eine Berücksichtigung mit weniger als 100 % erfolgt.

```
                    ┌──────────────────────────┐
                    │   „innovative" nicht     │
                    │  bilanzwirksame Geschäfte│
                    │     (§ 4 Satz 2 Nr. 3    │
                    │   und Nr. 4 Grundsatz I) │
                    └──────────────────────────┘
```

┌─────────────────────┐
│ Risikoaktiva gemäß  │
│ § 4 Satz 2 Grundsatz I │
└─────────────────────┘

┌──────────────────────────┐
│   „traditionelle" nicht  │
│ bilanzwirksame Geschäfte │
│ (§ 4 Satz 2 Nr. 2 Grundsatz I) │
└──────────────────────────┘

┌──────────────────────────┐
│      Swapgeschäfte       │
│ (§ 4 Satz 2 Nr. 3 Grundsatz I) │
└──────────────────────────┘

┌──────────────────────────┐
│   Termingeschäfte und    │
│      Optionsrechte       │
│ (§ 4 Satz 2 Nr. 4 Grundsatz I) │
└──────────────────────────┘

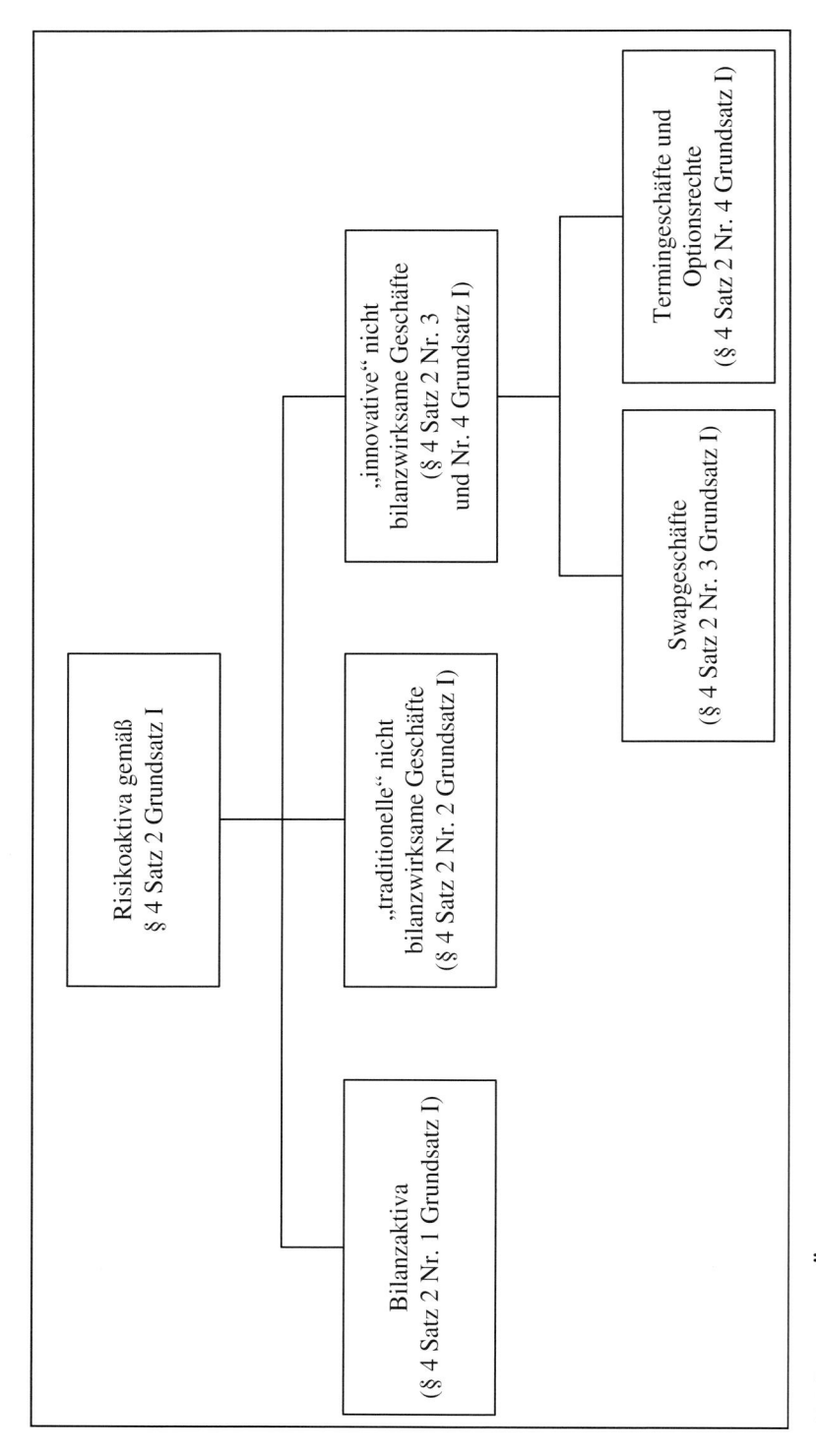

┌─────────────────────┐
│     Bilanzaktiva    │
│ (§ 4 Satz 2 Nr. 1 Grundsatz I) │
└─────────────────────┘

**Abbildung 15: Übersicht über die Risikoaktiva gemäß § 4 Satz 2 Grundsatz I**

## 2.3 Begrenzung des Adressenrisikos

| Kontraktpartner und Risikoaktiva | Gewichtung |
|---|---|
| Bund/Sondervermögen des Bundes oder eines Landes/Länder/Gemeinden/Gemeindeverbände/Deutsche Bundesbank/KfW/DtA/Landeskreditbank Baden-Württemberg – Förderbank | 0 % |
| ausländische Zentralregierungen sowie Zentralnotenbanken der Zone A sowie die Europäischen Gemeinschaften | 0 % |
| sonstige ausländische öffentliche Schuldner, sofern bestimmte Kriterien erfüllt sind | 0 % |
| Swap- und Termingeschäfte sowie Optionsrechte mit einer Ursprungslaufzeit < 15 Kalendertagen, bei denen der Eindeckungsaufwand ausschließlich auf der Änderung von Wechselkursen beruht | 0 % |
| Termingeschäfte und Optionsrechte, die täglichen Einschussverpflichtungen unterworfen sind, sofern bestimmte Voraussetzungen erfüllt sind | 0 % |
| bestimmte von Kreditinstituten begebene Schuldverschreibungen | 10 % |
| inländische Institute mit Sitz im Geltungsbereich des KWG | 20 % |
| ausländische Institute der Zone A/multilaterale Entwicklungsbanken/die Europäische Investitionsbank | 20 % |
| bestimmte Verwaltungseinrichtungen sowie bestimmte öffentliche Unternehmungen der Zone A ohne Erwerbscharakter | 20 % |
| ausländische Regionalregierungen und ausländische örtliche Gebietskörperschaften der Zone A | 20 % |
| bestimmte kirchliche Körperschaften des öffentlichen Rechts | 20 % |
| Swap- und Termingeschäfte sowie Optionsrechte (50 %-Obergrenze) | 50 % |
| nicht-gewerbliche sowie gewerbliche Realkredite, die den Erfordernissen der §§ 11 und 12 Abs. 1 und 2 HypBankG entsprechen (Letztere nur, sofern weitere bestimmte Voraussetzungen erfüllt sind) | 50 % |
| grundpfandrechtlich gesicherte Wertpapiere, bei denen die Zahlungsströme durchgeleitet werden | 50 % |
| Rechnungsabgrenzungsposten mit Forderungscharakter, sofern der Schuldner nicht bekannt ist | 50 % |
| Bauspardarlehen aus Zuteilungen und Darlehen zur Vor- und Zwischenfinanzierung von Leistungen der Bausparkassen auf Bausparverträge ihrer Bausparer | 70 % |
| sonstige Schuldner und Risikoaktiva | 100 % |

**Abbildung 16: Grundstruktur der Adressengewichtung gemäß § 13 Grundsatz I**

**Aufgabe 2.23: Präferenzzonenregelung**
Erläutern Sie die Präferenzzonenregelung des Grundsatzes I.

**Lösung**

Um dem Länderrisiko Rechnung zu tragen, werden sämtliche Länder in zwei Gruppen (Zone A und Zone B) eingeteilt. Zu den Ländern der Zone A, die auch als Präferenzzone bezeichnet wird, zählen alle EG-Mitgliedstaaten, alle EWR-Vertragsstaaten und alle anderen Vollmitgliedstaaten der Organisation für wirtschaftliche Zusammenarbeit und Entwicklung (OECD), sofern sie nicht innerhalb der letzten fünf Jahre ihre Auslandsschulden umgeschuldet oder vor vergleichbaren Zahlungsschwierigkeiten gestanden haben, sowie diejenigen Länder, welche mit dem Internationalen Währungsfonds (IWF) besondere Kreditabkommen im Zusammenhang mit dessen Allgemeinen Kreditvereinbarungen (AKV) getroffen haben (§ 1 Abs. 5b Satz 1 KWG).

Gemäß § 1 Abs. 5b Satz 2 KWG zählen alle übrigen Länder zur Zone B. Diese negative Abgrenzung führt dazu, dass sowohl die meisten ehemaligen Ostblockstaaten als auch der Großteil der süd- und mittelamerikanischen, asiatischen sowie afrikanischen Staaten der Zone B zugerechnet werden. Außer diesen Staaten zählen zur Zone B auch:
– Andorra,
– Monaco,
– San Marino und
– Vatikanstadt.


**Aufgabe 2.24: Bemessungsgrundlagen der Risikoaktiva**
Erläutern Sie die jeweiligen Bemessungsgrundlagen für die Anrechnung der Risikoaktiva gemäß § 6 Grundsatz I.

**Lösung**

Da bei den „traditionellen" und „innovativen" außerbilanziellen Geschäften im Allgemeinen nicht der gesamte Nominalbetrag des Geschäfts dem Ausfallrisiko unterliegt, müssen diese Geschäfte erst mit einem Umrechnungsfaktor in so genannte Kreditäquivalenzbeträge umgerechnet werden, um dann mit dem jeweiligen adressenabhängigen Bonitätsfaktor gewichtet zu werden, woraus sich dann der anrechnungspflichtige Betrag im Grundsatz I ergibt. Derjenige Betrag, der mit dem Umrechnungsfaktor multipliziert den Kreditäquivalenzbetrag ergibt, wird als Bemessungsgrundlage bezeichnet. Die Definition der Bemessungsgrundlage findet sich in

§ 6 Grundsatz I. Hiernach existieren – vorbehaltlich § 12 Grundsatz I (Nettingverträge) – unterschiedliche Bemessungsgrundlagen für (vgl. Abbildung 17)
- Bilanzaktiva und „traditionelle" außerbilanzielle Geschäfte (ausgenommen Gewährleistungen bei Swapgeschäften, Finanztermingeschäften und Optionsrechten),
- Swapgeschäfte und für diese übernommene Gewährleistungen sowie
- Termingeschäfte und Optionsrechte sowie für diese übernommene Gewährleistungen.

Gemäß § 6 Abs. 1 Nr. 1 Grundsatz I gilt für die Bilanzaktiva sowie für die „traditionellen" außerbilanziellen Geschäfte:

    Buchwert
+  als haftendes Eigenkapital anerkannte, den einzelnen Bilanzaktiva zuzuordnende Vorsorgereserven nach § 340f HGB
−  passive Rechnungsabgrenzungsposten aus Gebührenabgrenzung und für das Damnum auf Darlehen
−  Posten wegen der Erfüllung oder der Veräußerung von Forderungen aus Leasingverträgen bis zur Höhe der Buchwerte der diesen zugehörigen Leasinggegenstände

=  Bemessungsgrundlage.

Die Addition der Vorsorgereserven nach § 340f HGB hat zu erfolgen, da diese zum haftenden Eigenkapital gerechnet werden und auf ihnen neue Risiken aufgebaut werden können.

Bei den Swapgeschäften und den für sie übernommenen Gewährleistungen ist gemäß § 6 Abs. 1 Nr. 2 Grundsatz I der effektive Kapitalbetrag bzw. – in Ermangelung eines solchen – der aktuelle Marktwert des Geschäftsgegenstandes als Bemessungsgrundlage anzusehen. Dabei ist auf den für die Ausgleichszahlungen insgesamt maßgeblichen Wert des zugrunde liegenden Geschäftsgegenstandes abzustellen. Die Bemessungsgrundlage ist bei[1]
- Währungs- bzw. Zins-Währungsswaps und dafür übernommenen Gewährleistungen der Anspruch auf Rückzahlung des effektiven Kapitalbetrages,
- Swaps, bei denen der zugrunde liegende Kapitalbetrag mehrfach während der Laufzeit des Swaps ausgetauscht wird, die Summe der noch ausstehenden Beträge,

---

[1] Vgl. DEUTSCHE BUNDESBANK (Erläuterungen, 1999), Erläuterung Nr. 3.2, sowie BUNDESAUFSICHTSAMT FÜR DAS KREDITWESEN (Erläuterungen, 1997), S. 96–97.

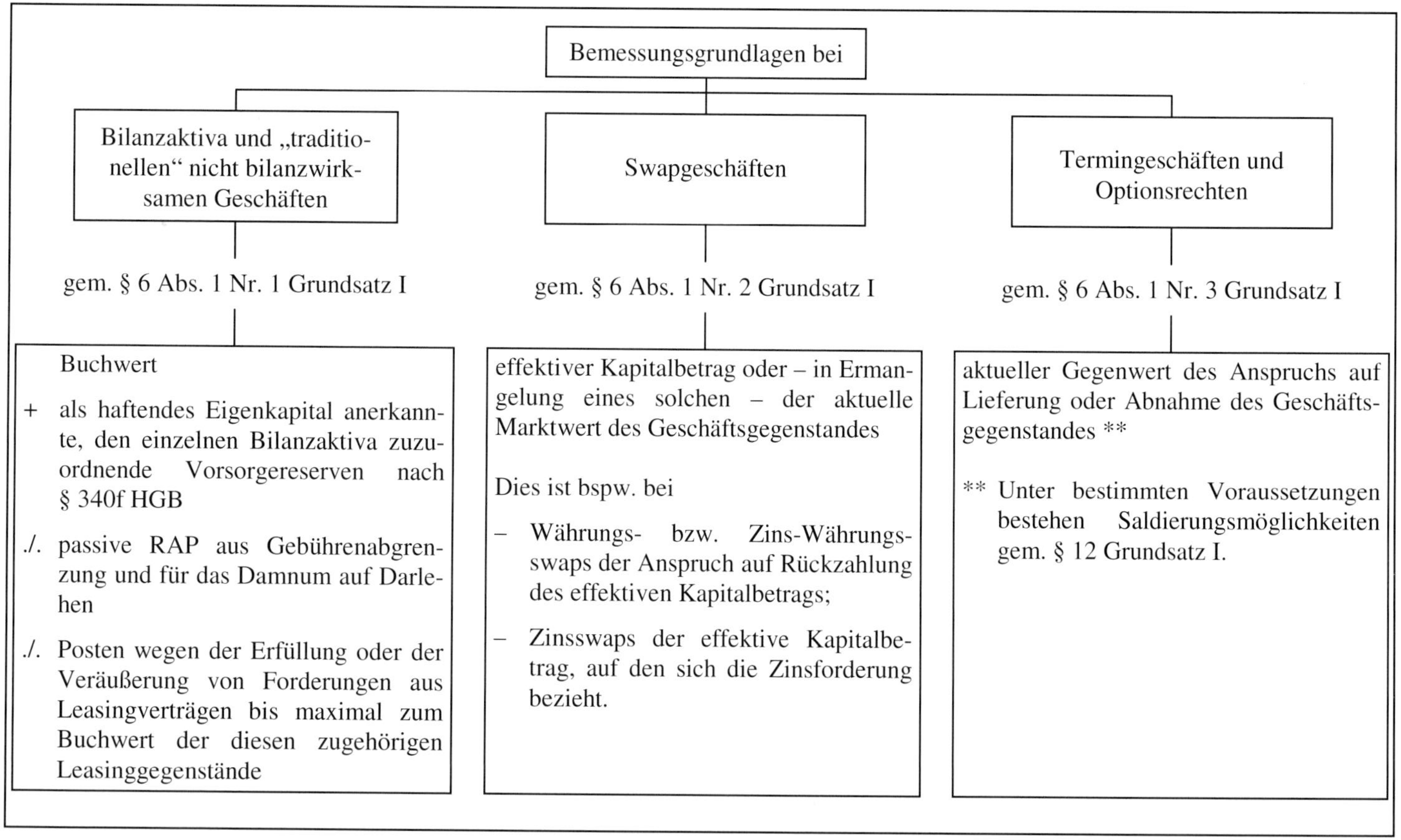

## Bemessungsgrundlagen bei

### Bilanzaktiva und „traditionellen" nicht bilanzwirksamen Geschäften

gem. § 6 Abs. 1 Nr. 1 Grundsatz I

Buchwert
+ als haftendes Eigenkapital anerkannte, den einzelnen Bilanzaktiva zuzuordnende Vorsorgereserven nach § 340f HGB
./. passive RAP aus Gebührenabgrenzung und für das Damnum auf Darlehen
./. Posten wegen der Erfüllung oder der Veräußerung von Forderungen aus Leasingverträgen bis maximal zum Buchwert der diesen zugehörigen Leasinggegenstände

### Swapgeschäften

gem. § 6 Abs. 1 Nr. 2 Grundsatz I

effektiver Kapitalbetrag oder – in Ermangelung eines solchen – der aktuelle Marktwert des Geschäftsgegenstandes

Dies ist bspw. bei

- Währungs- bzw. Zins-Währungsswaps der Anspruch auf Rückzahlung des effektiven Kapitalbetrags;
- Zinsswaps der effektive Kapitalbetrag, auf den sich die Zinsforderung bezieht.

### Termingeschäften und Optionsrechten

gem. § 6 Abs. 1 Nr. 3 Grundsatz I

aktueller Gegenwert des Anspruchs auf Lieferung oder Abnahme des Geschäftsgegenstandes **

** Unter bestimmten Voraussetzungen bestehen Saldierungsmöglichkeiten gem. § 12 Grundsatz I.

**Abbildung 17: Bemessungsgrundlagen für die Anrechnung der Risikoaktiva gemäß § 6 Grundsatz I**

## 2.3 Begrenzung des Adressenrisikos

- Zinsswaps der effektive Kapitalbetrag, auf den sich die Zinsforderung bezieht,
- Amortisations-Swaps der effektive Kapitalbetrag, gekürzt um die in den Amortisationszahlungen bereits enthaltenen zurückgezahlten Kapitalteile,
- bei sog. „multiplier swaps", bei denen auf einen vergleichsweise geringen Kapitalbetrag Austauschzahlungen in Höhe eines Mehrfachen der tatsächlichen Marktzinssätze zu leisten sind, der effektive Kapitalbetrag, d. h. die Summe der noch ausstehenden Beträge, da diese Konstruktionen Swapgeschäften entsprechen, bei denen Austauschzahlungen in Höhe der marktüblichen Zinssätze auf einen deutlich höheren Kapitalbetrag geleistet werden.

Bei Termingeschäften und Optionsrechten sowie den für sie übernommenen Gewährleistungen ist die Bemessungsgrundlage gemäß § 6 Abs. 1 Nr. 3 Grundsatz I der unter der Annahme der tatsächlichen Erfüllung bestehende Anspruch des Instituts auf Lieferung oder Abnahme des Geschäftsgegenstandes (bzw. die Lieferverbindlichkeit des Instituts). Dieser Anspruch muss nicht etwa, wie man meinen könnte, mit dem vereinbarten Terminkurs bzw. Basispreis bewertet werden; er ist vielmehr zum aktuellen Marktkurs oder -preis des Geschäftsgegenstandes umzurechnen (§ 6 Abs. 1 Nr. 3 Grundsatz I).[1]

Sämtliche auf diese Weise berechneten Beträge sind, soweit sie auf fremde Währung lauten, zum ESZB-Referenzkurs des jeweiligen Stichtags in EUR umzurechnen (§ 6 Abs. 2 Satz 1 Grundsatz I). Diese Vorschrift gilt nicht nur für die Ermittlung der Bemessungsgrundlage, sondern ist auf alle Posten anzuwenden, die im Rahmen des Grundsatzes I in EUR umzurechnen sind.[2]

Bei Swap- und Termingeschäften sowie Optionsrechten wird eine Ausnahme von der Anrechnung der Geschäfte mit demselben Kontrahenten zugelassen, falls bei diesen Geschäften bestimmte zweiseitige Aufrechnungsvereinbarungen und Schuldumwandlungsverträge bestehen. Sollten solche, in § 12 Grundsatz I genauer spezifizierte Vereinbarungen (zu diesen zählen vor allem das sog. „close-out-netting" und das sog. „netting by novation") zwischen dem Institut und seinem Kontraktpartner getroffen worden sein, so ist eine ermäßigte Anrechnung der in die Vereinbarungen einbezogenen Risikoaktiva nach den Vorschriften des § 12 Grundsatz I möglich, sofern die Bankenaufsichtsbehörde die risikomindernde Wirkung dieser Abmachungen anerkannt hat (§ 12 Abs. 1 Grundsatz I).

---

[1] Vgl. auch DEUTSCHE BUNDESBANK (Erläuterungen, 1999), Erläuterung Nr. 3.2.
[2] Vgl. BUNDESAUFSICHTSAMT FÜR DAS KREDITWESEN (Erläuterungen, 1997), S. 97.

**Aufgabe 2.25: Bilanzaktiva**

Erläutern Sie, welche Vermögensgegenstände als Bilanzaktiva im Sinne des Grundsatzes I gelten und welche nicht.

**Lösung**

§ 7 Grundsatz I legt abschließend fest, welche Vermögensgegenstände als Bilanzaktiva im Sinne des § 4 Satz 2 Nr. 1 Grundsatz I anzurechnen sind. Es sind dies:
– Guthaben bei Zentralnotenbanken und Postgiroämtern,
– Schuldtitel öffentlicher Stellen und Wechsel, die zur Refinanzierung bei Zentralnotenbanken zugelassen sind,
– im Einzug befindliche Werte, für die entsprechende Zahlungen bereits bevorschusst wurden,
– Forderungen an Kreditinstitute und an Kunden (einschließlich der Warenforderungen von Kreditinstituten mit Warengeschäft),
– Schuldverschreibungen und andere festverzinsliche Wertpapiere, soweit sie kein in § 4 Satz 2 Nr. 4 Grundsatz I genanntes Recht (Optionsrecht) verbriefen,
– Aktien und andere nicht festverzinsliche Wertpapiere, soweit sie kein in § 4 Satz 2 Nr. 4 Grundsatz I genanntes Recht (Optionsrecht) verbriefen,
– Warenbestand von Kreditgenossenschaften, die das Warengeschäft betreiben,[1]
– Beteiligungen (hierunter sind bei Kreditinstituten in der Rechtsform der eG auch die Geschäftsguthaben bei Genossenschaften auszuweisen[2]),
– Anteile an verbundenen Unternehmen,
– Sachanlagen,
– Gegenstände, über die als Leasinggeber Leasingverträge abgeschlossen worden sind, und zwar unabhängig von ihrem Bilanzausweis,
– sonstige Vermögensgegenstände,
– Rechnungsabgrenzungsposten.

Diejenigen Rechnungsabgrenzungsposten, die wirtschaftlich als Korrekturposten zu dem betreffenden Passivposten anzusehen sind, brauchen im Grundsatz I nicht berücksichtigt zu werden, da sie kein Adressenrisiko beinhalten. Bei diesen Posten handelt es sich vor allem um Ausgleichsposten für
– abgezinste Sparbriefe,
– andere Abzinsungspapiere, die zum Nennwert passiviert sind, sowie

---

[1] Der Warenbestand von Kreditgenossenschaften ist nur dann unter den Bilanzaktiva zu erfassen, soweit er bei der Ermittlung und Anrechnung der Rohwarenposition nach den Vorschriften des Vierten Abschnitts des Grundsatzes I nicht berücksichtigt wird. Dazu zählen diejenigen Waren, die als Bestandteil geschlossener Positionen keinem Preisänderungsrisiko unterliegen und von der Anrechnung nach § 16 Abs. 1 Satz 3 Grundsatz I ausgenommen sind.

[2] Vgl. DEUTSCHE BUNDESBANK (Erläuterungen, 1999), Erläuterung Nr. 1.2 Pos. 092.

– Schuldverschreibungen, die zu einem Unter-Pari-Kurs ausgegeben worden sind.[1]

Folgende Aktivpositionen des Formblatts I für den Jahresabschluss der Institute sind nicht in § 7 Grundsatz I aufgeführt und werden daher bei der Berechnung der Risikoaktiva nicht berücksichtigt bzw. mit Null % gewichtet (vgl. Abbildung 18):

Diese Vermögensgegenstände sind von der Anrechnung im Grundsatz I ausgenommen, da sie
– entweder kein Adressenrisiko (z. B. Kassenbestand, eigene Schuldverschreibungen, Treuhandvermögen, Ausgleichsforderungen gegen die öffentliche Hand) begründen oder
– Abzugspositionen vom haftenden Eigenkapital eines Instituts (z. B. immaterielle Anlagewerte, ausstehende Einlagen auf das gezeichnete Kapital, eigene Aktien oder Anteile, nicht durch Eigenkapital gedeckter Fehlbetrag) darstellen.[2]

**Aufgabe 2.26: „Traditionelle" außerbilanzielle Geschäfte**
Stellen Sie dar, wie die „traditionellen" außerbilanziellen Geschäfte im Grundsatz I untergliedert werden.

**Lösung**
Um der unterschiedlich hohen Adressenausfallwahrscheinlichkeit bei den einzelnen „traditionellen" außerbilanziellen Geschäften Rechnung zu tragen, werden diese in § 8 Grundsatz I in drei bzw. vier Gruppen eingeteilt. Explizit sind nur drei Gruppen in § 8 Grundsatz I aufgeführt, für die folgende Anrechnungssätze ihrer Bemessungsgrundlage gelten (vgl. Abbildung 19):
– 100 % (außerbilanzielle Geschäfte mit hohem Risiko),
– 50 % (außerbilanzielle Geschäfte mit mittlerem Risiko) und
– 20 % (außerbilanzielle Geschäfte mit mittlerem bis niedrigem Risiko).

Ein Anrechnungssatz von 0 % (außerbilanzielle Geschäfte mit niedrigem Risiko) ist nicht explizit erwähnt, lässt sich jedoch aus bestimmten außerbilanziellen Geschäften, die mit 50 % ihrer Bemessungsgrundlage angerechnet werden, herleiten.

---

[1] Vgl. BUNDESAUFSICHTSAMT FÜR DAS KREDITWESEN (Erläuterungen, 1992), S. 9.
[2] Vgl. SCHARPF, PAUL (Solvabilitätskoeffizient, 1993), S. 23.

| Aktivposten Nr. | Bezeichnung | Begründung für die Nichtberücksichtigung |
|---|---|---|
| 1 a | Kassenbestand | kein Adressenrisiko |
| 5 c | eigene Schuldverschreibungen | kein Adressenrisiko |
| 9 | Treuhandvermögen | kein Adressenrisiko |
| 10 | Ausgleichsforderungen gegen die öffentliche Hand einschließlich Schuldverschreibungen aus deren Umtausch | kein Adressenrisiko |
| 15 | sonstige Vermögensgegenstände (gilt nur für die dort ausgewiesenen Bestände an Barrengold) | kein Adressenrisiko |
| 16 | Rechnungsabgrenzungsposten für abgezinste Sparbriefe, andere Abzinsungspapiere, die zum Nennwert passiviert sind, sowie Schuldverschreibungen, die zu einem Unter-Pari-Kurs ausgegeben worden sind | kein Adressenrisiko |
| 11 | immaterielle Anlagewerte | Abzugspositionen bei der Ermittlung des haftenden Eigenkapitals * |
| 13 | ausstehende Einlagen auf das gezeichnete Kapital | Abzugspositionen bei der Ermittlung des haftenden Eigenkapitals * |
| 14 | eigene Aktien oder Anteile | Abzugspositionen bei der Ermittlung des haftenden Eigenkapitals * |
| 17 | nicht durch Eigenkapital gedeckter Fehlbetrag | Abzugspositionen bei der Ermittlung des haftenden Eigenkapitals * |

* Zu weiteren Abzugspositionen vgl. § 10 Abs. 2a, 2b, 3b und 6 KWG. Außer Betracht bleiben bei der Berechnung der risikogewichteten Anrechnungsbeträge von Bilanzaktiva ferner diejenigen Positionen der Aktivseite der Bilanz, die
- bei der Ermittlung der Anrechnungsbeträge für die Handelsbuch-Risikopositionen zu berücksichtigen sind (betrifft nur Handelsbuchinstitute),
- in die Ermittlung der Rohwarenposition einbezogen werden oder
- in vollem Umfang mit haftendem Eigenkapital unterlegt werden (§ 4 Satz 2 und Satz 3 Grundsatz I).

**Abbildung 18: Positionen, die bei der Berechnung der risikogewichteten Anrechnungsbeträge von Bilanzaktiva unberücksichtigt bleiben**

## 2.3 Begrenzung des Adressenrisikos

```
                    ┌─────────────────────────┐
                    │ „Traditionelle" außer-  │
                    │ bilanzielle Geschäfte   │
                    └─────────────────────────┘
                               │
        ┌──────────────┬───────┴───────┬──────────────┐
        │              │               │              │
┌───────────────┐ ┌───────────────┐ ┌───────────────┐ ┌───────────────┐
│außerbilanzielle│ │außerbilanzielle│ │außerbilanzielle│ │außerbilanzielle│
│Geschäfte mit  │ │Geschäfte mit  │ │Geschäfte mit  │ │Geschäfte mit  │
│hohem Risiko   │ │mittlerem      │ │mittlerem bis  │ │niedrigem Risiko│
│(§ 8 Nr. 1     │ │Risiko         │ │niedrigem      │ │(in § 8 Grund- │
│Grundsatz I)   │ │(§ 8 Nr. 2     │ │Risiko         │ │satz I nicht   │
│               │ │Grundsatz I)   │ │(§ 8 Nr. 3     │ │genannte außer-│
│               │ │               │ │Grundsatz I)   │ │bilanzielle    │
│               │ │               │ │               │ │Geschäfte)     │
└───────┬───────┘ └───────┬───────┘ └───────┬───────┘ └───────┬───────┘
        │                 │                 │                 │
┌───────────────┐ ┌───────────────┐ ┌───────────────┐ ┌───────────────┐
│Einbeziehung   │ │Einbeziehung   │ │Einbeziehung   │ │Einbeziehung   │
│mit 100 % ihrer│ │mit 50 % ihrer │ │mit 20 % ihrer │ │mit Null %     │
│Bemessungs-    │ │Bemessungs-    │ │Bemessungs-    │ │ihrer Bemes-   │
│grundlage      │ │grundlage      │ │grundlage      │ │sungsgrundlage │
└───────────────┘ └───────────────┘ └───────────────┘ └───────────────┘
```

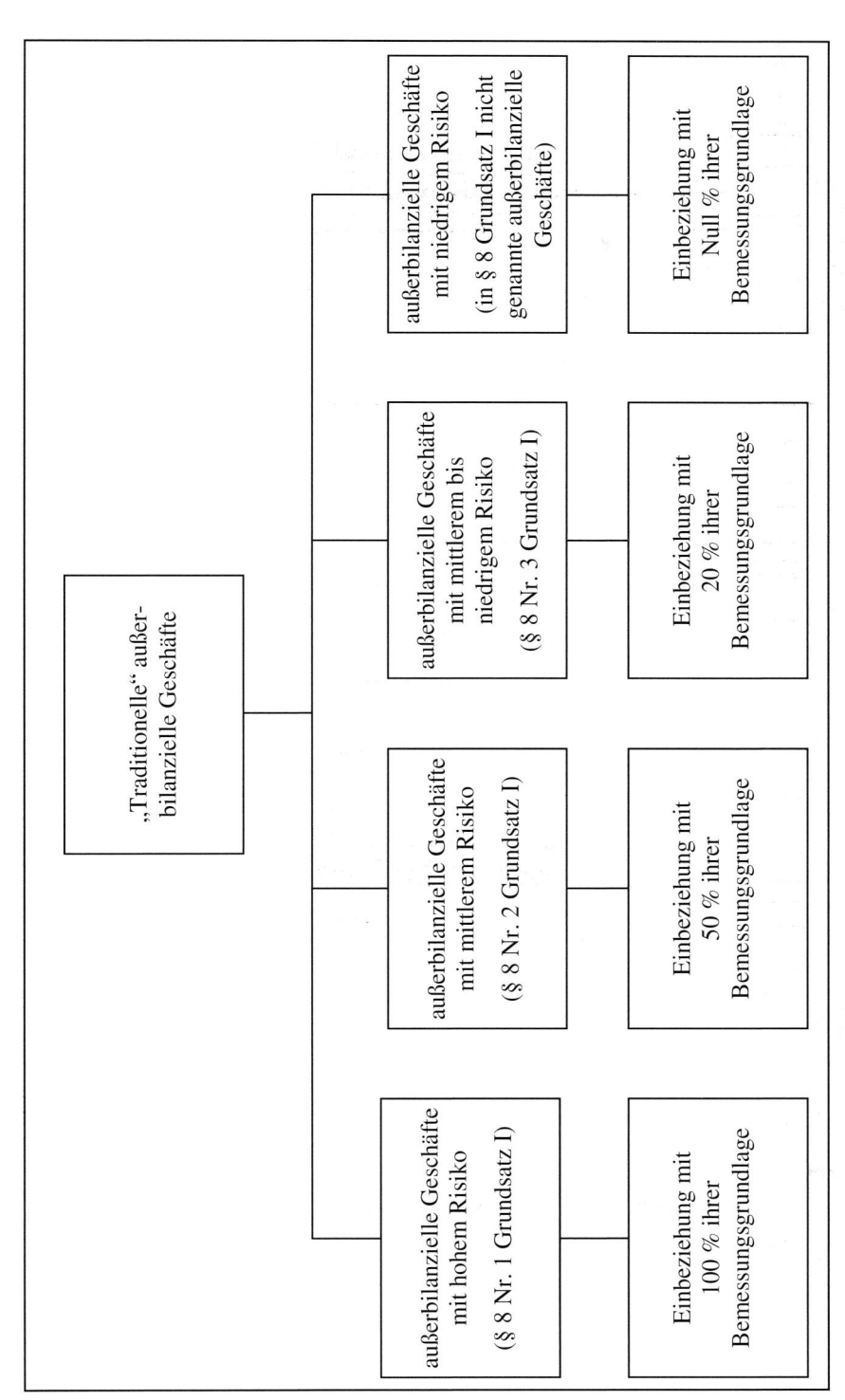

**Abbildung 19: Differenzierung „traditioneller" außerbilanzieller Geschäfte**

Das Risiko bei diesen „traditionellen" außerbilanziellen Geschäften liegt für ein Institut zum einen darin, dass es aus einer Bürgschaft, Garantie oder Gewährleistung in Anspruch genommen wird. Dies wird im Allgemeinen immer dann geschehen, wenn der Garantiebegünstigte seinen Verpflichtungen nicht mehr nachkommt.[1] Insofern kann eine Garantie als ein Kreditsubstitut angesehen werden. Denn wird das Institut in Anspruch genommen, so geht die Kreditforderung des ursprünglichen Kreditgebers (an den geleistet wird) auf das leistende Institut über. Es besitzt danach eine Forderung an den Garantiebegünstigten. Somit ist es nach Inanspruchnahme in derselben Situation, als ob es an Stelle der Garantie selber den Kredit an den Garantiebegünstigten vergeben hätte (Adressenrisiko aufgrund möglicher Rückgriffsforderungen).

Zum anderen können einem Institut Risiken nicht erst bei Erfüllung eines Geschäfts, sondern bereits bei Abschluss des Verpflichtungsgeschäfts entstehen.[2] In diesem Zusammenhang sind vor allem einem Kunden gegenüber verbindlich abgegebene Kreditzusagen, aber auch Übernahmeverpflichtungen oder Terminkäufe von Risikoaktiva zu nennen.

Die Zuordnung der einzelnen „traditionellen" außerbilanziellen Geschäfte zu den einzelnen Risikoklassen orientiert sich an der Wahrscheinlichkeit, mit der eine Bonitätsverschlechterung der maßgeblichen Personen bzw. Institutionen zu einer negativen Erfolgswirkung für das Institut führt.

**Aufgabe 2.27: „Traditionelle" außerbilanzielle Geschäfte mit hohem Risiko**
Welche Geschäfte zählen gemäß § 8 Nr. 1 Grundsatz I zu den „traditionellen" außerbilanziellen Geschäften mit hohem Risiko (Anrechnungssatz 100 %)?

**Lösung**
Die Risiken der mit 100 % ihrer Bemessungsgrundlage anzurechnenden „traditionellen" außerbilanziellen Geschäfte stehen den Risiken aus Kreditgeschäften gleich. Gemäß § 8 Nr. 1 Grundsatz I sind dies:
1. den Kreditnehmern abgerechnete eigene Ziehungen im Umlauf,
2. Indossamentsverbindlichkeiten aus weitergegebenen Wechseln,
3. Bürgschaften und Garantien für Bilanzaktiva,
4. Bestellung von Sicherheiten für fremde Verbindlichkeiten,

---

[1] Vgl. SCHULTE-MATTLER, HERMANN/TRABER, UWE (Marktrisiko, 1997), S. 39.
[2] Vgl. SCHULTE-MATTLER, HERMANN/TRABER, UWE (Marktrisiko, 1997), S. 39.

## 2.3 Begrenzung des Adressenrisikos

5. unbedingte Verpflichtungen der Bausparkassen zur Ablösung fremder Vorfinanzierungs- und Zwischenkredite an Bausparer,
6. Terminkäufe auf Bilanzaktiva, bei denen eine unbedingte Verpflichtung des Terminkäufers zur Abnahme des Geschäftsgegenstandes besteht,
7. Platzierung von Termineinlagen auf Termin (z. B. Verkäufe von „Forward Forward Deposits"),
8. Verkäufe von Bilanzaktiva mit Rückgriff, bei denen das Kreditrisiko beim verkaufenden Institut verbleibt,
9. beim Pensionsgeber vom Bestand abgesetzte Bilanzaktiva, die dieser mit der Vereinbarung auf einen Pensionsnehmer übertragen hat, dass er sie auf dessen Verlangen zurücknehmen muss (so genannte „unechte Pensionsgeschäfte"),
10. unbezahlte Anteile von teileingezahlten Aktien und anderen Wertpapieren.

Die vorgenannten Geschäfte sind mit 100 % ihrer Bemessungsgrundlage anzurechnen, da das Institut entweder nach Ausfall des Begünstigten und nach Befriedigung des Gläubigers genauso dasteht, als ob ein Geschäftsabschluss mit dem ausgefallenen Vertragspartner selbst stattgefunden hätte (Nr. 1, 2, 3, 4, 5, 8, 10), oder den gleichen Risiken unterliegt, als wenn es die Risikoaktiva bereits jetzt und nicht erst in Zukunft besitzen würde (Nr. 6, 7, 9).[1] Bei den Geschäften Nr. 6 und Nr. 9 ist daher die Adressengewichtung nach dem Gewicht des zugrunde liegenden Gegenstandes und nicht nach dem Gewicht des jeweiligen Vertragspartners zu bemessen.[2] Aus diesem Grund sind unter Nr. 6 nur solche Termingeschäfte zu erfassen, bei denen von Anbeginn der Geschäftsvereinbarung für den Käufer eine feste Abnahmeverpflichtung des Geschäftsgegenstandes besteht. Somit sind hier insbesondere Termingeschäfte, bei denen eine effektive Abnahme zwar vorgesehen ist, die Hereinnahme des Risikoaktivums jedoch durch Glattstellen der Position oder durch Differenzausgleich vermieden werden kann, nicht zu erfassen.[3] Solche Termingeschäfte, bei denen eine unbedingte Verpflichtung zur Abnahme des Geschäftsgegenstandes nicht besteht, werden den Termingeschäften und Optionsrechten (§ 4 Satz 2 Nr. 4 Grundsatz I) zugerechnet.

**Aufgabe 2.28: „Traditionelle" außerbilanzielle Geschäfte mit mittlerem Risiko**
Welche Geschäfte zählen gemäß § 8 Nr. 2 Grundsatz I zu den „traditionellen" außerbilanziellen Geschäften mit mittlerem Risiko (Anrechnungssatz 50 %)?

---

[1] Vgl. SCHULTE-MATTLER, HERMANN/TRABER, UWE (Marktrisiko, 1997), S. 41.
[2] Vgl. BUNDESAUFSICHTSAMT FÜR DAS KREDITWESEN (Erläuterungen, 1992), S. 12.
[3] Vgl. BUNDESAUFSICHTSAMT FÜR DAS KREDITWESEN (Erläuterungen, 1992), S. 13.

**Lösung**

§ 8 Nr. 2 Grundsatz I nennt die folgenden „traditionellen" außerbilanziellen Geschäfte, die mit 50 % ihrer Bemessungsgrundlage anzurechnen sind:
– Eröffnung und Bestätigung von Akkreditiven,
– Erfüllungsgarantien und andere als die in § 8 Nr. 1 Buchstabe c Grundsatz I genannten Garantien und Gewährleistungen (dort werden Bürgschaften und Garantien für Bilanzaktiva erfasst),
– Verpflichtungen aus Note Issuance Facilities (NIFs) und Revolving Underwriting Facilities (RUFs),
– noch nicht in Anspruch genommene Kreditzusagen, welche eine Ursprungslaufzeit von mehr als einem Jahr haben und die nicht fristlos und vorbehaltlos von dem Institut gekündigt werden können.

Das Risiko aus diesen Eventualforderungen wird von der Bankenaufsichtsbehörde als mittelhohes Kreditrisiko eingestuft,[1] da das Risiko des Instituts nicht nur von der möglichen Bonitätsverschlechterung des Vertragspartners abhängt, sondern im Allgemeinen auch vom Eintreten weiterer Ereignisse (z. B. der Inanspruchnahme der eingeräumten Kreditlinie oder der Nichterbringung einer bestimmten Leistung durch den Garantiebegünstigten) bestimmt wird.[2]

Unter die Garantien und Gewährleistungen des § 8 Nr. 2 Buchstabe b Grundsatz I fallen z. B.:[3]
– Anzahlungsgarantien,
– Fertigstellungsgarantien,
– Ausbietungsgarantien,
– Prozessbürgschaften und
– ein zu Gunsten eines Dritten ausgestellter Standby Letter of Credit.

Mit den Begriffen NIFs und RUFs (§ 8 Nr. 2 Buchstabe c Grundsatz I) werden Finanzierungsformen bezeichnet, bei denen sich ein Schuldner durch die Begebung kurzfristiger Schuldtitel (sog. „Euronotes-Fazilitäten") bis zu einer festgelegten Höchstgrenze revolvierend finanzieren darf. Um sich gegen das mit diesen Schuldtiteln verbundene Platzierungsrisiko abzusichern, lässt der Emittent sich von den Instituten mittel- bis langfristige Stand-by- oder Back-up-Linien bereitstellen. Die Institute gehen durch ihr so genanntes „Underwriting" die Verpflichtung ein, dem Emittenten die nicht abgesetzten Schuldtitel zu einem im Voraus festgelegten Preis,

---
[1] Vgl. BUNDESAUFSICHTSAMT FÜR DAS KREDITWESEN (Erläuterungen, 1992), S. 15.
[2] Vgl. SCHULTE-MATTLER, HERMANN/TRABER, UWE (Marktrisiko, 1997), S. 41.
[3] Vgl. BUNDESAUFSICHTSAMT FÜR DAS KREDITWESEN (Erläuterungen, 1992), S. 16.

der sich i. d. R. auf einen variablen Zinssatz (z. B. LIBOR) bezieht, auf eigene Rechnung abzunehmen. Oftmals kann der Vertrag auch derart gestaltet sein, dass dem Emittenten anstelle der Übernahme der von ihm begebenen Notes ein Kredit zu im Voraus festgelegten Konditionen gewährt wird. Es wird argumentiert, aus dieser Übernahmeverpflichtung entstehe dem Institut ein geringeres Kreditrisiko als bei der effektiven Gewährung eines Gelddarlehens, da der Zweck dieser underwriting-Verpflichtung in der Absicherung des Emittenten der Euronotes gegen das Platzierungsrisiko zu sehen ist. Insofern erscheine eine Anrechnung dieser Geschäfte mit lediglich 50 % ihrer Bemessungsgrundlage gerechtfertigt.[1]

Gründe für einen Platzierungsmisserfolg von Euronotes sind bspw.:
– eine allgemeine Marktschwäche,
– vor allem aber eine Verschlechterung der Bonität des Emittenten; gleichwohl müssen die beteiligten Institute gemäß den vertraglichen Bestimmungen Kredit gewähren, und zwar zu Konditionen, die der veränderten Risikolage des Emittenten in keinster Weise gerecht werden dürften.

Als Kreditzusagen im Sinne des § 8 Nr. 2 Buchstabe d Grundsatz I sind alle Verträge anzusehen, mit denen sich ein Institut verpflichtet, Darlehen zu gewähren, Wertpapiere zu kaufen und Akzepte oder Garantien bereitzustellen. Hierbei ist zu beachten, dass es bei der Ursprungslaufzeit von mehr als einem Jahr nicht auf die Laufzeit des Kredits, sondern auf die der Zusage ankommt.[2]

### Aufgabe 2.29: „Traditionelle" außerbilanzielle Geschäfte mit mittlerem bis niedrigem Risiko

Welche Geschäfte zählen gemäß § 8 Nr. 3 Grundsatz I zu den „traditionellen" außerbilanziellen Geschäften mit mittlerem bis niedrigem Risiko (Anrechnungssatz 20 %)?

### Lösung

§ 8 Nr. 3 Grundsatz I besagt, dass lediglich die Eröffnung und Bestätigung von Dokumentenakkreditiven, die durch Warenpapiere gesichert sind, mit 20 % ihrer Bemessungsgrundlage anzurechnen sind. Diese „traditionellen" außerbilanziellen Geschäfte beinhalten ein relativ geringes Risiko, da das vom Institut übernommene Risiko sowohl betraglich als auch zeitlich begrenzt ist und dem Institut aufgrund der

---

[1] Vgl. hierzu BUNDESAUFSICHTSAMT FÜR DAS KREDITWESEN (Behandlung, 1986).
[2] Vgl. BUNDESAUFSICHTSAMT FÜR DAS KREDITWESEN (Erläuterungen, 1992), S. 16.

Warenpapiere eine zusätzliche Sicherheit in Form der zugrunde liegenden Fracht vorliegt.[1]

**Aufgabe 2.30: „Traditionelle" außerbilanzielle Geschäfte mit niedrigem Risiko**
Welche Geschäfte zählen zu den „traditionellen" außerbilanziellen Geschäften mit niedrigem Risiko (Anrechnungssatz 0 %)?

**Lösung**
„Traditionelle" außerbilanzielle Geschäfte, die mit 0 % ihrer Bemessungsgrundlage angerechnet werden, sind im Grundsatz I nicht explizit erwähnt. Sie lassen sich jedoch als Komplementärmenge zu den mit 50 % ihrer Bemessungsgrundlage anzurechnenden, noch nicht in Anspruch genommenen Kreditzusagen darstellen. Aus der Formulierung, dass nur solche Kreditzusagen mit 50 % ihrer Bemessungsgrundlage erfasst werden, die eine Ursprungslaufzeit von mehr als einem Jahr haben und nicht fristlos und vorbehaltlos von dem Institut gekündigt werden können, folgt, dass noch nicht in Anspruch genommene Kreditzusagen, die
– eine Ursprungslaufzeit bis zu einem Jahr besitzen oder
– bei längerer Ursprungslaufzeit fristlos und vorbehaltlos von dem Institut gekündigt werden können,

im Grundsatz I nicht berücksichtigt bzw. mit 0 % angerechnet werden.

Erfüllen die Kreditzusagen diese Kriterien, so ist das Risiko für das Institut als niedrig anzusehen, da es nur für kurze Zeit befristet ist und/oder dem Institut eine sofortige Kündigungsmöglichkeit im Falle der Bonitätsverschlechterung des Vertragspartners zusteht. Voraussetzung für diese Nullgewichtung ist allerdings, dass das Institut mindestens einmal im Jahr die Bonität des Empfängers der Kreditzusage förmlich überprüft.[2] Würde es dies unterlassen, so könnte es eine Bonitätsverschlechterung des potenziellen Kreditnehmers möglicherweise nicht rechtzeitig erkennen und daher auch nicht von der jederzeitigen vorbehaltlosen Kündigungsmöglichkeit Gebrauch machen. Als Folge hiervon würde dem Institut letztlich doch ein nicht unerhebliches Adressenrisiko entstehen.

**Aufgabe 2.31: „Innovative" außerbilanzielle Geschäfte**
Welche Geschäfte zählen gemäß Grundsatz I zu den „innovativen" außerbilanziellen Geschäften?

---
[1] Vgl. SCHULTE-MATTLER, HERMANN/TRABER, UWE (Marktrisiko, 1997), S. 42.
[2] Vgl. BUNDESAUFSICHTSAMT FÜR DAS KREDITWESEN (Erläuterungen, 1992), S. 17.

## Lösung

Neu in den Katalog der Risikoaktiva aufgenommen wurden bereits mit der Grundsatz I-Reform von 1990 Finanz-Swaps sowie Finanz-Termingeschäfte und Optionsrechte über einen vertretbaren Geschäftsgegenstand. Bedingt durch die mittlerweile zusätzliche Einbeziehung der Rohwarenpreisrisiken in den Grundsatz I ist die Erfassung der Risiken „innovativer" außerbilanzieller Geschäfte nicht mehr auf solche beschränkt, die Finanzinstrumente als Geschäftsgegenstand haben. Daher wird neuerdings nur noch von Swapgeschäften, Termingeschäften und Optionsrechten gesprochen.

Zu den Swapgeschäften i. S. d. § 4 Satz 2 Nr. 3 Grundsatz I zählen insbesondere:[1]
– Zinsswaps mit und ohne Festzinsteil,
– kombinierte Zins-/Währungsswaps,
– Währungsswaps,
– aktienkursbezogene Swaps,
– aktienindexbezogene Swaps,
– rohwarenpreisbezogene Swaps,
– rohwarenpreisindexbezogene Swaps.

Während die ersten fünf Swaparten zu den Finanz-Swaps zählen, fallen die letzten beiden Swaparten unter die Rohwaren-Swaps (rohwarenbezogene Swaps).

Den Termingeschäften und Optionsrechten i. S. d. § 4 Satz 2 Nr. 4 Grundsatz I werden bspw. zugerechnet:[2]
– Zinstermingeschäfte (Interest Rate Futures, hereingenommene Forward Forward Deposits) und Zins-Futures (einschließlich zinsbezogener Index-Futures),
– Devisen- und Edelmetalltermingeschäfte sowie Währungs- und Edelmetall-Futures,
– aktienkursbezogene Termingeschäfte und Futures,
– Futures auf nicht zinsbezogene Indizes (z. B. DAX-Futures),
– rohwarenbezogene Termingeschäfte und Futures,
– erworbene Zinsoptionen einschließlich erworbener Optionen auf zinsbezogene Indizes,
– erworbene Währungs- und Edelmetalloptionen,
– erworbene Aktienoptionen,
– erworbene Optionen auf nicht zinsbezogene Indizes (z. B. DAX-Optionen),
– erworbene Optionen auf Rohwaren oder Rohwarenpreisindizes.

---

[1] Vgl. BUNDESAUFSICHTSAMT FÜR DAS KREDITWESEN (Erläuterungen, 1997), S. 90.
[2] Vgl. BUNDESAUFSICHTSAMT FÜR DAS KREDITWESEN (Erläuterungen, 1992), S. 5.

**Aufgabe 2.32: Laufzeitmethode und Marktbewertungsmethode**
Die Bewertung der „innovativen" außerbilanziellen Geschäfte kann nach der Laufzeitmethode oder nach der Marktbewertungsmethode erfolgen. Stellen Sie diese beiden Methoden dar und erläutern Sie, unter welchen Voraussetzungen die Institute diese Methoden einsetzen dürfen.

**Lösung**
Das Adressenrisiko bei den „innovativen" außerbilanziellen Geschäften besteht im Gegensatz zu beispielsweise den Krediten und Beteiligungen, bei denen die gesamten Anschaffungskosten ausfallgefährdet sind, „nur" in Höhe der potenziellen Ersatzbeschaffungskosten, die entstehen, wenn der Vertragspartner ausfällt. Die Bankenaufsichtsbehörde geht hierbei davon aus, dass mit dem ausfallbedrohten Geschäft eine offene Position geschlossen wurde, die sich bei Nichterfüllung des Vertragspartners wieder öffnen würde. Wenn also das vertragstreue Institut eine Gegenleistung für das „Hedge-Geschäft" noch nicht erbracht hat, besteht sein Risiko bei einer Nichterfüllung des Vertragspartners darin, dass sich zwischenzeitlich die Marktbedingungen für das Ersatzgeschäft zu seinen Ungunsten verändert haben.

Dieses Erfüllungsrisiko versucht Grundsatz I zu erfassen, indem zunächst sog. „Kreditäquivalenzbeträge" berechnet werden, die in einem zweiten Schritt mit einem Bonitätsfaktor, der vom unterstellten Risikogehalt der jeweiligen Schuldnergruppe abhängig ist, zu multiplizieren sind.

Zur Ermittlung der Kreditäquivalenzbeträge lässt die Bankenaufsichtsbehörde zwei Methoden – die Laufzeit- und die Marktbewertungsmethode – zu. Während die einfachere, aber risikotheoretisch nicht begründbare Laufzeitmethode nur einen pauschalen, von den aktuellen Marktbedingungen unabhängigen Kreditäquivalenzbetrag errechnet, geht die Marktbewertungsmethode differenzierter vor. Bei ihr setzt sich der Kreditäquivalenzbetrag aus den aktuellen potenziellen Wiederbeschaffungskosten des jeweiligen Kontraktes und einem Risikozuschlag (Add-on) für zukünftige Risiken zusammen.

Handelsbuchinstitute dürfen nur noch die Marktbewertungsmethode anwenden (§ 9 Abs. 1 Satz 1 Grundsatz I). Nichthandelsbuchinstitute können dagegen zwischen der Laufzeitmethode und der Marktbewertungsmethode wählen, jedoch mit der Einschränkung, dass bei denjenigen Kontrakten, bei denen der Eindeckungsaufwand auf der Änderung von Aktienkursen, Edelmetallen (außer Gold) oder den Preisen anderer Rohwaren beruht, die Anwendung der Marktbewertungsmethode vorgeschrieben ist (§ 9 Abs. 1 Satz 2 und Satz 3 Grundsatz I). Nichthandelsbuchinstitute können

## 2.3 Begrenzung des Adressenrisikos

zudem jederzeit von der Laufzeitmethode zur Marktbewertungsmethode wechseln, jedoch nicht umgekehrt (§ 9 Abs. 1 Satz 4 Grundsatz I).

Bemessungsgrundlage sowohl bei der Laufzeitmethode als auch für den Risikozuschlag der Marktbewertungsmethode ist bei Swapgeschäften der effektive Kapitalbetrag, bei Termingeschäften und Optionsrechten der unter der Annahme der tatsächlichen Erfüllung bestehende Anspruch des Instituts auf Lieferung oder Abnahme des Geschäftsgegenstandes. Auf diese Bemessungsgrundlage sind die methoden-, laufzeit- und geschäftsartenabhängigen Anrechnungsfaktoren anzuwenden (§ 10 Satz 3 Grundsatz I und § 11 Grundsatz I). Im Gegensatz zur Laufzeitmethode, die bei währungskurs- und goldpreisbezogenen Geschäften auf die Ursprungslaufzeit sowie bei ausschließlich zinsbezogenen Geschäften auf die Restlaufzeit abstellt, bezieht sich die Marktbewertungsmethode bei allen Geschäften ausschließlich auf die Restlaufzeit.

Während sich bei der Laufzeitmethode die Kreditäquivalenzbeträge hieraus unmittelbar ergeben (vgl. Abbildung 20), erhält man bei der Marktbewertungsmethode durch diese Rechnung nur den Risikozuschlag (Add-on) für die potenziellen zukünftigen Risiken, der den erhöhten Wiederbeschaffungskosten hinzuaddiert wird (vgl. Abbildung 21), nicht jedoch um die verminderten Wiederbeschaffungskosten zu kürzen ist. Der Kreditäquivalenzbetrag bei der Marktbewertungsmethode hat also mindestens die Höhe des Risikozuschlags.

Die nach einem der beiden Verfahren ermittelten Kreditäquivalenzbeträge sind zur Feststellung der endgültigen Anrechnungsbeträge für die Grundsatz-I-Belastung mit den entsprechenden Bonitätsgewichtungsfaktoren zu multiplizieren. Diese liegen je nach Schuldnerbonität grundsätzlich zwischen Null % und 100 %. Bei den „innovativen" außerbilanziellen Geschäften wurde die Obergrenze jedoch bei 50 % fixiert („50 %-Obergrenze").

Kreditäquivalenzbetrag[1]

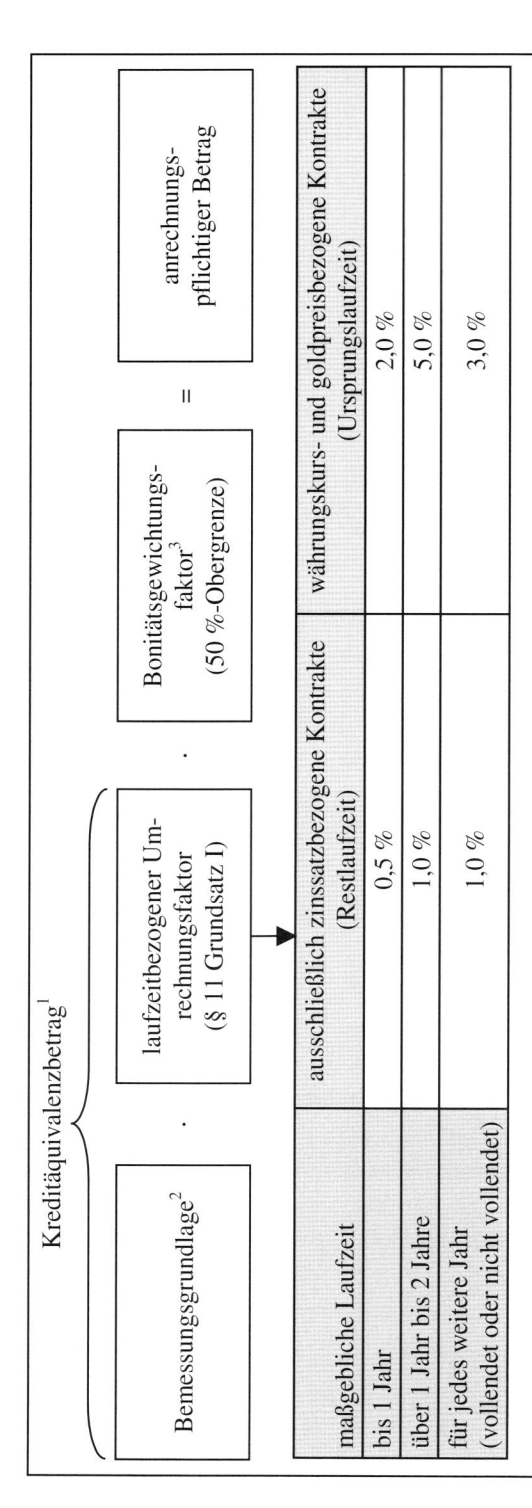

$$\underbrace{\text{Bemessungsgrundlage}^2} \cdot \underbrace{\begin{array}{c}\text{laufzeitbezogener Um-}\\ \text{rechnungsfaktor}\\ (\S\ 11\ \text{Grundsatz I})\end{array}} \cdot \underbrace{\begin{array}{c}\text{Bonitätsgewichtungs-}\\ \text{faktor}^3\\ (50\ \%\text{-Obergrenze})\end{array}} = \underbrace{\begin{array}{c}\text{anrechnungs-}\\ \text{pflichtiger Betrag}\end{array}}$$

| maßgebliche Laufzeit | ausschließlich zinssatzbezogene Kontrakte (Restlaufzeit) | währungskurs- und goldpreisbezogene Kontrakte (Ursprungslaufzeit) |
|---|---|---|
| bis 1 Jahr | 0,5 % | 2,0 % |
| über 1 Jahr bis 2 Jahre | 1,0 % | 5,0 % |
| für jedes weitere Jahr (vollendet oder nicht vollendet) | 1,0 % | 3,0 % |

[1] Gegebenenfalls gekürzt um passivierte Rückstellungen für drohende Verluste aus schwebenden Geschäften.
[2] Bemessungsgrundlage ist der effektive Kapitalbetrag bzw. der unter der Annahme der tatsächlichen Erfüllung bestehende Anspruch auf Lieferung oder Abnahme des Geschäftsgegenstands.
[3] Währungskontrakte mit einer Ursprungslaufzeit von weniger als 15 Tagen, die nicht in eine anerkannte zweiseitige Aufrechnungsvereinbarung einbezogen werden, erhalten ebenso wie Termingeschäfte und Optionsrechte, die täglichen Einschusszahlungen unterliegen und bei denen eine bonitätsmäßig einwandfreie Börseneinrichtung Schuldner oder Garant für das Institut ist, ein Bonitätsgewicht von 0 %. Darüber hinaus brauchen bis zum 31.12.2006 die über eine Clearingstelle abgewickelten Geschäfte mit OTC-Instrumenten nicht bei der Ermittlung der Anrechnungsbeträge für die Risikoaktiva berücksichtigt zu werden. Die Clearingstelle muss dabei als zentrale Gegenpartei auftreten und von der BaFin im Hinblick auf die getroffenen Vorkehrungen zum Ausschluss der aktuellen und potenziellen Eindeckungsaufwendungen sämtlicher einbezogener Risikoaktiva als Clearingaktiva anerkannt worden sein. Vgl. § 13 Abs. 1 Nr. 3 bis 5 Grundsatz I.

**Abbildung 20: Ermittlung des anrechnungspflichtigen Betrags nach der Laufzeitmethode**

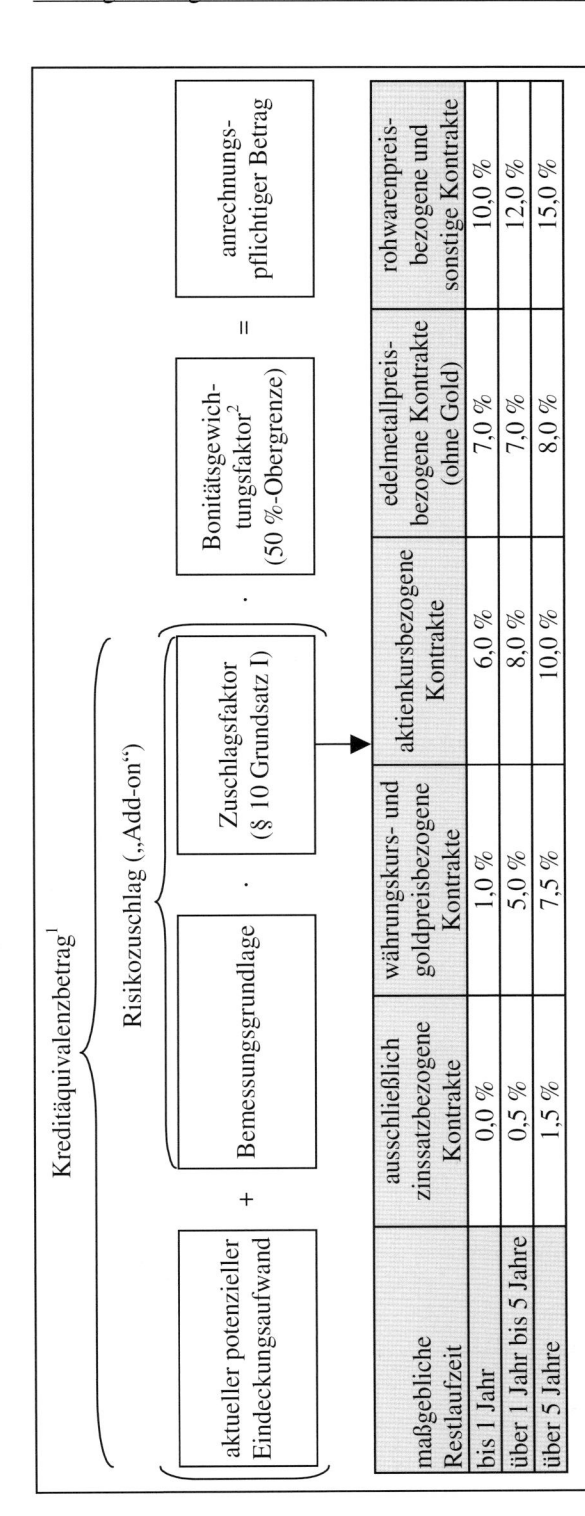

## 2.3 Begrenzung des Adressenrisikos

Kreditäquivalenzbetrag[1]

aktueller potenzieller Eindeckungsaufwand + Risikozuschlag („Add-on")

Risikozuschlag = Bemessungsgrundlage · Zuschlagsfaktor (§ 10 Grundsatz I) · Bonitätsgewichtungsfaktor[2] (50 %-Obergrenze) = anrechnungspflichtiger Betrag

| maßgebliche Restlaufzeit | ausschließlich zinssatzbezogene Kontrakte | währungskurs- und goldpreisbezogene Kontrakte | aktienkursbezogene Kontrakte | edelmetallpreisbezogene Kontrakte (ohne Gold) | rohwarenpreisbezogene und sonstige Kontrakte |
|---|---|---|---|---|---|
| bis 1 Jahr | 0,0 % | 1,0 % | 6,0 % | 7,0 % | 10,0 % |
| über 1 Jahr bis 5 Jahre | 0,5 % | 5,0 % | 8,0 % | 7,0 % | 12,0 % |
| über 5 Jahre | 1,5 % | 7,5 % | 10,0 % | 8,0 % | 15,0 % |

[1] Gegebenenfalls gekürzt um passivierte Rückstellungen für drohende Verluste aus schwebenden Geschäften.
[2] Währungskontrakte mit einer Ursprungslaufzeit von weniger als 15 Tagen, die nicht in eine anerkannte zweiseitige Aufrechnungsvereinbarung einbezogen werden, erhalten ebenso wie Termingeschäfte und Optionsrechte, die täglichen Einschusszahlungen unterliegen und bei denen eine bonitätsmäßig einwandfreie Börseneinrichtung Schuldner oder Garant für das Institut ist, ein Bonitätsgewicht von 0 %. Darüber hinaus brauchen bis zum 31.12.2006 die über eine Clearingstelle abgewickelten Geschäfte mit OTC-Instrumenten nicht bei der Ermittlung der Anrechnungsbeträge für die Risikoaktiva berücksichtigt zu werden. Die Clearingstelle muss dabei als zentrale Gegenpartei auftreten und von der BaFin im Hinblick auf die getroffenen Vorkehrungen zum Ausschluss der aktuellen und potenziellen Eindeckungsaufwendungen sämtlicher einbezogener Risikoaktiva als Clearingstelle anerkannt worden sein. Vgl. § 13 Abs. 1 Nr. 3 bis 5 Grundsatz I.

**Abbildung 21: Ermittlung des anrechnungspflichtigen Betrags nach der Marktbewertungsmethode**

## Aufgabe 2.33: Grundsatz I – Adressenrisiko aus Bilanzaktiva

Die verkürzte Bilanz der Saarland-Bank eG hat zum 31.12.01 folgendes Aussehen:

| Aktivseite | Jahresbilanz zum 31. Dezember 01 der Saarland-Bank eG | | | |
|---|---:|---:|---:|---:|
| | EUR | EUR | EUR | EUR |
| Barreserve | | | | |
| a) Kassenbestand | | | 15.500.000 | |
| b) Guthaben bei Zentralnotenbanken | | | 39.000.000 | 54.500.000 |
| darunter: | | | | |
| bei der Deutschen Bundesbank | 39.000.000 | | | |
| Schuldtitel öffentlicher Stellen und Wechsel, die zur Refinanzierung bei Zentralnotenbanken zugelassen sind | | | | |
| a) Schatzwechsel und unverzinsliche Schatzanweisungen sowie ähnliche Schuldtitel öffentlicher Stellen | | | 16.500.000 | |
| darunter: | | | | |
| bei der Deutschen Bundesbank refinanzierbar | 16.500.000 | | | |
| b) Wechsel | | | 37.000.000 | 53.500.000 |
| darunter: | | | | |
| bei der Deutschen Bundesbank refinanzierbar | 37.000.000 | | | |
| Forderungen an Kreditinstitute | | | | |
| a) täglich fällig | | | 135.000.000 | |
| b) andere Forderungen | | | 218.000.000 | 353.000.000 |
| Forderungen an Kunden | | | | 1.332.500.000 |
| darunter: | | | | |
| durch Grundpfandrechte gesichert | 284.000.000 | | | |
| Kommunalkredite | 12.500.000 | | | |
| Schuldverschreibungen und andere festverzinsliche Wertpapiere | | | | |
| a) Geldmarktpapiere | | | | |
| aa) von öffentlichen Emittenten | | – – | | |
| ab) von anderen Emittenten | | – – | – – | |
| b) Anleihen und Schuldverschreibungen | | | | |
| ba) von öffentlichen Emittenten | | 97.500.000 | | |
| bb) von anderen Emittenten | | 144.000.000 | 241.500.000 | |
| darunter: | | | | |
| beleihbar bei der Deutschen Bundesbank | 203.000.000 | | | |
| c) eigene Schuldverschreibungen | | | 3.000.000 | 244.500.000 |
| Nennbetrag | 3.250.000 | | | |
| Aktien und andere nicht festverzinsliche Wertpapiere | | | | 16.500.000 |
| Treuhandvermögen | | | | 6.900.000 |
| darunter: | | | | |
| Treuhandkredite | 6.900.000 | | | |
| Immaterielle Anlagewerte | | | | 1.000.000 |
| Sachanlagen | | | | 32.000.000 |
| Sonstige Vermögensgegenstände | | | | 6.000.000 |
| Rechnungsabgrenzungsposten | | | | 1.500.000 |
| Summe der Aktiva | | | | 2.101.900.000 |

Die *Schatzwechsel und unverzinslichen Schatzanweisungen sowie die ähnlichen Schuldtitel öffentlicher Stellen* wurden vom Bund (Zone A) emittiert.

## 2.3 Begrenzung des Adressenrisikos

Bei den *Wechseln* sind die Bezogenen ausnahmslos deutsche Industrieunternehmen.

Die *Forderungen an Kreditinstitute* gliedern sich wie folgt:

|  | Forderungen (in EUR) an Kreditinstitute | |
|---|---|---|
|  | der Zone A | der Zone B |
| täglich fällig | 100.000.000 | 35.000.000 |
| andere Forderungen | 158.000.000 | 60.000.000 |

Die *Forderungen an Kreditinstitute* (Zone A und Zone B) stellen keine Eigenmittel dieser Kreditinstitute dar. Die *anderen Forderungen an Kreditinstitute* der Zone B haben eine Ursprungslaufzeit von 2 Jahren.

Die *durch Grundpfandrechte gesicherten Forderungen* erfüllen nicht die Anforderungen des § 13 Abs. 4 Nr. 2 und 3 Grundsatz I. Die *Kommunalkredite* werden von der Stadt Saarbrücken geschuldet.

In der Position „*Schuldverschreibungen und andere festverzinsliche Wertpapiere*" sind keine Optionsrechte enthalten.

Die *Anleihen und Schuldverschreibungen von öffentlichen Emittenten* werden von Zentralregierungen der Zone A geschuldet. Die *Anleihen und Schuldverschreibungen von anderen Emittenten* werden von deutschen Industrieunternehmen geschuldet.

In der Position „*Aktien und andere nicht festverzinsliche Wertpapiere*" sind keine Optionsrechte enthalten.

In dem *aktivischen Rechnungsabgrenzungsposten* sind Ausgleichsbeträge für abgezinste Sparbriefe in Höhe von 500.000 EUR enthalten. Von den restlichen *aktivischen Rechnungsabgrenzungsposten* (1.000.000 EUR) können die Schuldner, an die die Forderungen aus dem Rechnungsabgrenzungsposten gerichtet sind, bei 200.000 EUR nicht bestimmt werden; bei 800.000 EUR sind die Schuldner Privatpersonen.

Sämtliche Bilanzpositionen der Saarland-Bank eG sind dem Anlagebuch zuzurechnen. Andere außerbilanzielle Geschäfte wurden von der Saarland-Bank eG nicht getätigt.

Berechnen Sie die Höhe des haftenden Eigenkapitals, über das die Saarland-Bank eG zur Unterlegung der Adressenrisiken aus dem Anlagebuch gemäß Grundsatz I mindestens verfügen muss.

**Lösung**
Berechnung der gewichteten Risikoaktiva gemäß Grundsatz I (alle Angaben in EUR):

**Bilanzaktiva** (§§ 7 und 13 Grundsatz I)
**Barreserve**
a) Der *Kassenbestand* (15.500.000) zählt nicht zu den Risikoaktiva.[1]     0
b) Die *Guthaben bei der Deutschen Bundesbank* (Zone A) sind mit Null % zu gewichten.[2]
     39.000.000 · 0 =      + 0

**Schuldtitel öffentlicher Stellen und Wechsel, die zur Refinanzierung bei Zentralnotenbanken zugelassen sind**
a) *Schatzwechsel und unverzinsliche Schatzanweisungen sowie ähnliche Schuldtitel öffentlicher Stellen*
Da der Bund Emittent dieser Papiere ist, sind sie mit Null % zu gewichten.[3]
     16.500.000 · 0 =      + 0
b) *Wechsel*
Da es sich bei den Bezogenen um deutsche Industrieunternehmen handelt, sind diese Papiere mit 100 % zu gewichten.[4]
     37.000.000 · 1 =      + 37.000.000

**Forderungen an Kreditinstitute**
Die *Forderungen an Kreditinstitute der Zone A* sind mit 20 % zu gewichten.[5]
     (100.000.000 + 158.000.000) · 0,2 =      + 51.600.000

---

[1] Vgl. § 7 Grundsatz I.
[2] Vgl. § 7 Nr. 1 Grundsatz I i. V. m. § 13 Abs. 1 Nr. 1 Buchstabe b Grundsatz I.
[3] Vgl. § 7 Nr. 2 Grundsatz I i. V. m. § 13 Abs. 1 Nr. 1 Buchstabe a Grundsatz I.
[4] Vgl. § 7 Nr. 2 Grundsatz I i. V. m. § 13 Abs. 6 Nr. 2 Grundsatz I.
[5] Vgl. § 7 Nr. 4 Grundsatz I i. V. m. § 13 Abs. 3 Nr. 1 Buchstabe f bzw. Buchstabe g Grundsatz I.

Von den *Forderungen an Kreditinstitute der Zone B* sind die täglich fälligen Forderungen mit 20 % und die anderen Forderungen (Ursprungslaufzeit > 1 Jahr) mit 100 % zu gewichten.[1]

$35.000.000 \cdot 0,2 =$ \hfill + 7.000.000

$60.000.000 \cdot 1 =$ \hfill + 60.000.000

**Forderungen an Kunden**

*Forderungen an Kunden* werden grundsätzlich mit 100 % angerechnet.[2] Da die *durch Grundpfandrechte gesicherten Forderungen an Kunden* die Anforderungen des § 13 Abs. 4 Nr. 2 und 3 Grundsatz I nicht erfüllen, sind auch sie mit 100 % zu gewichten.

$(1.332.500.000 - 12.500.000) \cdot 1 =$ \hfill + 1.320.000.000

*Kommunalkredite, die von einer inländischen Gemeinde geschuldet werden*, sind mit Null % zu gewichten.[3]

$12.500.000 \cdot 0 =$ \hfill + 0

**Schuldverschreibungen und andere festverzinsliche Wertpapiere**

ba) *von öffentlichen Emittenten*

Da es sich bei den Emittenten um Zentralregierungen der Zone A handelt, sind diese Papiere mit Null % zu gewichten.[4]

$97.500.000 \cdot 0 =$ \hfill + 0

bb) *von anderen Emittenten*

Da die Emittenten deutsche Industrieunternehmen sind, sind diese Papiere mit 100 % zu gewichten.[5]

$144.000.000 \cdot 1 =$ \hfill + 144.000.000

c) *eigene Schuldverschreibungen*

Da der Schuldner dieser Papiere die Saarland-Bank eG selbst ist, besteht kein Adressenrisiko. Somit sind sie mit Null % zu gewichten.

$3.000.000 \cdot 0 =$ \hfill + 0

---

[1] Vgl. § 7 Nr. 4 Grundsatz I i. V. m. § 13 Abs. 3 Nr. 1 Buchstabe h Grundsatz I und § 13 Abs. 6 Nr. 2 Grundsatz I.
[2] Vgl. § 7 Nr. 4 Grundsatz I i. V. m. § 13 Abs. 6 Nr. 2 Grundsatz I.
[3] Vgl. § 7 Nr. 4 Grundsatz I i. V. m. § 13 Abs. 1 Nr. 1 Buchstabe a Grundsatz I.
[4] Vgl. § 7 Nr. 5 Grundsatz I i. V. m. § 13 Abs. 1 Nr. 1 Buchstabe b Grundsatz I.
[5] Vgl. § 7 Nr. 5 Grundsatz I i. V. m. § 13 Abs. 6 Nr. 2 Grundsatz I.

**Aktien und andere nicht festverzinsliche Wertpapiere**
Diese Papiere sind mit 100 % zu gewichten.[1]
$16.500.000 \cdot 1 =$ + 16.500.000

**Treuhandvermögen**
Da diese Position (6.900.000) kein Adressenrisiko beinhaltet, zählt sie nicht zu den Risikoaktiva. + 0

**Immaterielle Vermögensgegenstände**
Da diese Position (1.000.000) bereits bei der Berechnung des haftenden Eigenkapitals abgezogen wird, zählt sie nicht zu den Risikoaktiva. + 0

**Sachanlagen**
Die *Sachanlagen* sind mit 100 % zu gewichten.[2]
$32.000.000 \cdot 1 =$ + 32.000.000

**Sonstige Vermögensgegenstände**
Die *sonstigen Vermögensgegenstände* sind mit 100 % zu gewichten.[3]
$6.000.000 \cdot 1 =$ + 6.000.000

**Rechnungsabgrenzungsposten**
*Rechnungsabgrenzungsposten*, die wirtschaftlich als Korrekturposten zu dem betreffenden Passivposten anzusehen sind, beinhalten kein Adressenrisiko. Die Ausgleichsbeträge für abgezinste Sparbriefe sind somit mit Null % zu gewichten.[4]
$500.000 \cdot 0 =$ + 0

Wenn der Schuldner, an den die Forderung gerichtet ist, nicht bestimmt werden kann, sind diese *Rechnungsabgrenzungsposten* mit 50 % zu gewichten.[5]
$200.000 \cdot 0,5 =$ + 100.000

---

[1] Vgl. § 7 Nr. 6 Grundsatz I i. V. m. § 13 Abs. 6 Nr. 2 Grundsatz I.
[2] Vgl. § 7 Nr. 9 Grundsatz I i. V. m. § 13 Abs. 6 Nr. 2 Grundsatz I.
[3] Vgl. § 7 Nr. 11 Grundsatz I i. V. m. § 13 Abs. 6 Nr. 2 Grundsatz I.
[4] Vgl. BUNDESAUFSICHTSAMT FÜR DAS KREDITWESEN (Erläuterungen, 1992), S. 9.
[5] Vgl. § 7 Nr. 12 Grundsatz I i. V. m. § 13 Abs. 4 Nr. 5 Grundsatz I.

## 2.3 Begrenzung des Adressenrisikos

Bei den restlichen *Rechnungsabgrenzungsposten* ist die Gewichtung, die dem Vertragspartner entspricht, anzuwenden. Da es sich bei den Schuldnern um Privatpersonen handelt, sind die restlichen *Rechnungsabgrenzungsposten* mit 100 % zu gewichten.[1]

800.000 · 1 =                                             **+ 800.000**

**Summe der risikogewichteten Bilanzaktiva**            **1.675.000.000**

⇒ **mindestens benötigtes haftendes Eigenkapital**

1.675.000.000 · 0,08 =                                 **134.000.000**

### Aufgabe 2.34: Grundsatz I – Adressenrisiko aus „traditionellen" außerbilanziellen Geschäften

Die Nord-Bank eG weist in ihrem Jahresabschluss zum 31.12.01 folgende außerbilanzielle (Unter-dem-Strich) Positionen aus:

|  |  | EUR | Summe EUR |
|---|---|---|---|
| 1. Eventualverbindlichkeiten | a) Eventualverbindlichkeiten aus weitergegebenen abgerechneten Wechseln | 52.000.000 |  |
|  | b) Verbindlichkeiten aus Bürgschaften und Gewährleistungsverträgen | 102.500.000 |  |
|  | c) Haftung aus der Bestellung von Sicherheiten für fremde Verbindlichkeiten | 37.000.000 | 191.500.000 |
| 2. Andere Verpflichtungen | a) Rücknahmeverpflichtungen aus unechten Pensionsgeschäften | 22.000.000 |  |
|  | b) Unwiderrufliche Kreditzusagen | 485.000.000 | 507.000.000 |

Bei den *Eventualverbindlichkeiten aus weitergegebenen abgerechneten Wechseln* sind die Bezogenen und die Einreicher Privatpersonen. Alle übrigen *Eventualverbindlichkeiten sowie die unwiderruflichen Kreditzusagen* (Positionen 1b, 1c und 2b unter dem Bilanzstrich) bestehen gegenüber inländischen Industrieunternehmen.

---

[1] Vgl. § 7 Nr. 12 Grundsatz I i. V. m. § 13 Abs. 6 Nr. 2 Grundsatz I.

Die Position „*Verbindlichkeiten aus Bürgschaften und Gewährleistungsverträgen*" setzt sich wie folgt zusammen:

| | |
|---|---|
| Verbindlichkeiten aus Bürgschaften (Kreditsubstitutscharakter) | 82.500.000 EUR |
| Eröffnung und Bestätigung von Akkreditiven | 20.000.000 EUR |
| davon: durch Warenpapiere gesichert 7.000.000 EUR | |

Die Position „*Rücknahmeverpflichtungen aus unechten Pensionsgeschäften*" resultiert aus einem unechten Pensionsgeschäft, das mit einem inländischen Kreditinstitut abgeschlossen wurde. Pensionsgegenstand sind Bundesanleihen.

Die *unwiderruflichen Kreditzusagen*, die nicht fristlos und vorbehaltlos von der Nord-Bank eG gekündigt werden können, gliedern sich wie folgt:

| Unwiderrufliche Kreditzusagen mit einer Ursprungslaufzeit von ||
|---|---|
| bis zu einem Jahr | mehr als einem Jahr |
| 400.000.000 EUR | 85.000.000 EUR |

Nicht in der Bilanz erfasst ist das folgende Geschäft, das die Nord-Bank eG abgeschlossen hat: Die Nord-Bank eG hat zum Zwecke der Zinsabsicherung ein *Forward-Forward-Deposit* (FFD) bei einem ihr bekannten französischen Kreditinstitut platziert. Als Anlagezeitraum ist der 01.07.02 bis 31.12.02 vereinbart. Das Kontraktvolumen beträgt 120.000.000 EUR.

Sämtliche „traditionellen" außerbilanziellen Geschäfte der Nord-Bank eG sind dem Anlagebuch zuzuordnen.

Berechnen Sie die Höhe des haftenden Eigenkapitals, über das die Nord-Bank eG zur Unterlegung der Adressenrisiken, die aus den „traditionellen" außerbilanziellen Geschäften aus dem Anlagebuch resultieren, gemäß Grundsatz I mindestens verfügen muss.

**Lösung**
Berechnung der Risikoaktiva-Anrechnungsbeträge aus „traditionellen" außerbilanziellen Geschäften gemäß Grundsatz I (alle Angaben in EUR):

## 2.3 Begrenzung des Adressenrisikos 167

**„Traditionelle" außerbilanzielle Geschäfte mit hohem Risiko**
(anzurechnen mit 100 % der Bemessungsgrundlage)[1]

*Eventualverbindlichkeiten aus weitergegebenen abgerechneten Wechseln*
Da die Bezogenen und die Einreicher Privatpersonen sind, sind diese Eventualverbindlichkeiten mit dem Bonitätsgewichtungsfaktor 100 % zu gewichten.[2]

$$52.000.000 \cdot 1 \cdot 1 = \qquad 52.000.000$$

*Verbindlichkeiten aus Bürgschaften und Gewährleistungen*
Da die Bürgschaften – sie weisen insgesamt Kreditsubstitutscharakter auf – gegenüber inländischen Industrieunternehmen bestehen, sind sie mit dem Bonitätsgewichtungsfaktor 100 % zu gewichten.[3]

$$82.500.000 \cdot 1 \cdot 1 = \qquad + 82.500.000$$

*Haftung aus der Bestellung von Sicherheiten für fremde Verbindlichkeiten*
Da die Sicherheiten für Verbindlichkeiten von inländischen Industrieunternehmen bestellt wurden, sind sie mit dem Bonitätsgewichtungsfaktor 100 % zu gewichten.[4]

$$37.000.000 \cdot 1 \cdot 1 = \qquad + 37.000.000$$

*Platzierung eines FFD*
Da der Kontraktpartner ein französisches Kreditinstitut ist, ist diese Position mit dem Bonitätsgewichtungsfaktor 20 % zu gewichten.[5]

$$120.000.000 \cdot 1 \cdot 0{,}2 = \qquad + 24.000.000$$

*Rücknahmeverpflichtungen aus unechten Pensionsgeschäften*
Das Adressenrisiko richtet sich bei unechten Pensionsgeschäften nach der Bonität, die dem jeweiligen Pensionsgegenstand im Hinblick auf den ihm zugehörigen Schuldner zuzuordnen

---

[1] Vgl. § 8 Nr. 1 Grundsatz I.
[2] Vgl. § 8 Nr. 1 Buchstabe a und Buchstabe b Grundsatz I i. V. m. § 13 Abs. 6 Nr. 2 Grundsatz I.
[3] Vgl. § 8 Nr. 1 Buchstabe c Grundsatz I i. V. m. § 13 Abs. 6 Nr. 2 Grundsatz I.
[4] Vgl. § 8 Nr. 1 Buchstabe d Grundsatz I i. V. m. § 13 Abs. 6 Nr. 2 Grundsatz I.
[5] Vgl. § 8 Nr. 1 Buchstabe g Grundsatz I i. V. m. § 13 Abs. 3 Nr. 1 Buchstabe f Grundsatz I.

ist.[1] Da Schuldner des Pensionsgegenstandes der Bund ist, ist diese Position mit dem Bonitätsgewichtungsfaktor Null % zu gewichten.[2]

$22.000.000 \cdot 1 \cdot 0 =$ + 0

**Summe** **195.500.000**

**„Traditionelle" außerbilanzielle Geschäfte mit mittlerem Risiko**
(anzurechnen mit 50 % der Bemessungsgrundlage)[3]

*Eröffnung und Bestätigung von Akkreditiven*
Hier sind nur diejenigen Akkreditive zu erfassen, die nicht durch Warenpapiere gesichert sind. Da die Akkreditive zu Gunsten inländischer Industrieunternehmen eröffnet wurden, sind sie mit dem Bonitätsgewichtungsfaktor 100 % zu gewichten.[4]

$(20.000.000 - 7.000.000) \cdot 0,5 \cdot 1 =$ + 6.500.000

*Unwiderrufliche Kreditzusagen*
Hier sind nur diejenigen noch nicht in Anspruch genommenen Kreditzusagen anzusetzen, die eine Ursprungslaufzeit von mehr als einem Jahr haben und nicht fristlos und vorbehaltlos von der Nord-Bank eG gekündigt werden können. Da die Kreditzusagen gegenüber inländischen Industrieunternehmen abgegeben wurden, sind sie mit dem Bonitätsgewichtungsfaktor 100 % zu gewichten.[5]

$85.000.000 \cdot 0,5 \cdot 1 =$ + 42.500.000

**Summe** **49.000.000**

---

[1] Vgl. BUNDESAUFSICHTSAMT FÜR DAS KREDITWESEN (Erläuterungen, 1991), S. 12.
[2] Vgl. § 8 Nr. 1 Buchstabe i Grundsatz I i. V. m. § 13 Abs. 1 Nr. 1 Buchstabe a Grundsatz I.
[3] Vgl. § 8 Nr. 2 Grundsatz I.
[4] Vgl. § 8 Nr. 2 Buchstabe a Grundsatz I i. V. m. § 13 Abs. 6 Nr. 2 Grundsatz I.
[5] Vgl. § 8 Nr. 2 Buchstabe d Grundsatz I i. V. m. § 13 Abs. 6 Nr. 2 Grundsatz I.

## „Traditionelle" außerbilanzielle Geschäfte mit mittlerem bis niedrigem Risiko

(anzurechnen mit 20 % der Bemessungsgrundlage)[1]

*Eröffnung und Bestätigung von Dokumentenakkreditiven, die durch Warenpapiere gesichert werden*

Da die Akkreditive zu Gunsten inländischer Industrieunternehmen eröffnet wurden, sind sie mit dem Bonitätsgewichtungsfaktor 100 % zu gewichten.[2]

$7.000.000 \cdot 0{,}2 \cdot 1 =$ **1.400.000**

## „Traditionelle" außerbilanzielle Geschäfte mit niedrigem Risiko

(anzurechnen mit 0 % der Bemessungsgrundlage)[3]

*Unwiderrufliche Kreditzusagen*

Hier sind diejenigen noch nicht in Anspruch genommenen Kreditzusagen anzusetzen, die **entweder** eine Ursprungslaufzeit von höchstens einem Jahr haben (unabhängig davon, ob sie von der Nord-Bank eG fristlos bzw. vorbehaltlos gekündigt werden können oder nicht) **oder** die zwar eine Ursprungslaufzeit von mehr als einen Jahr haben, die aber fristlos und vorbehaltlos von der Nord-Bank eG gekündigt werden können. Da die Kreditzusagen gegenüber inländischen Industrieunternehmen abgegeben wurden, sind sie mit dem Bonitätsgewichtungsfaktor 100 % zu gewichten.[4]

$400.000.000 \cdot 0 \cdot 1 =$ **0**

## Risikoaktiva-Anrechnungsbeträge aus „traditionellen" außerbilanziellen Geschäften mit

|   | | |
|---|---|---:|
|   | hohem Risiko | 195.500.000 |
| + | mittlerem Risiko | + 49.000.000 |
| + | mittlerem bis niedrigem Risiko | + 1.400.000 |
| + | niedrigem Risiko | + 0 |
| = | **Summe** | **245.900.000** |

## ⇒ mindestens benötigtes haftendes Eigenkapital

$245.900.000 \cdot 0{,}08 =$ **19.672.000**

---

[1] Vgl. § 8 Nr. 3 Grundsatz I.
[2] Vgl. § 8 Nr. 3 Grundsatz I i. V. m. § 13 Abs. 6 Nr. 2 Grundsatz I.
[3] Ergibt sich aus den in § 8 Grundsatz I nicht genannten „traditionellen" außerbilanziellen Geschäften.
[4] Vgl. § 13 Abs. 6 Nr. 2 Grundsatz I.

## Aufgabe 2.35: Grundsatz I – Adressenrisiko aus „innovativen" außerbilanziellen Geschäften

Die BACO-Bank eG – ein Nichthandelsbuchinstitut – hat das folgende außerbilanzielle Geschäft abgeschlossen:
- Kauf von 10 Forward-Kontrakten über festverzinsliche Wertpapiere (Bundesanleihen) im Nominalwert von je 100.000 EUR zu einem Terminkurs von 103,25 EUR;
- Ursprungslaufzeit der Kontrakte 9 Monate;
- Restlaufzeit der Kontrakte 3 Monate;
- Ursprungslaufzeit der festverzinslichen Wertpapiere 20 Jahre;
- Restlaufzeit der festverzinslichen Wertpapiere 10,5 Jahre;
- derzeitiger Terminkurs 105,25 EUR;
- derzeitiger Kassakurs 104,75 EUR;
- Kontraktpartner ist ein inländisches Industrieunternehmen;
- alle Kurse beziehen sich auf einen Nominalbetrag von 100 EUR.

Berechnen Sie den risikogewichteten Anrechnungsbetrag dieses „innovativen" außerbilanziellen Geschäfts im Solvabilitätskoeffizienten nach der Laufzeitmethode sowie nach der Marktbewertungsmethode. Wie hoch ist bei diesem Geschäft jeweils der Verbrauch an haftendem Eigenkapital?

### Lösung
**Laufzeitmethode**

$$\underbrace{10 \cdot 100.000}_{\substack{\text{Bemessungsgrundlage} \\ 1.000.000}} \cdot \frac{104,75}{100} \cdot 10\,\%\,^* = \underbrace{104.750\,\text{EUR}}_{\text{Kreditäquivalenzbetrag}}$$

\* 1–2 Jahre  1 %
   3–11 Jahre  <u>9 %</u>
                10 %

104.750 EUR · 50 % = 52.375 EUR (Anrechnungsbetrag)
52.375 EUR · 8 % = 4.190 EUR (Verbrauch an haftendem Eigenkapital)

**Marktbewertungsmethode**
potenzieller Eindeckungsaufwand

$$\frac{105,25 - 103,25}{100} \cdot 10 \cdot 100.000 = 20.000\,\text{EUR}$$

2.3 Begrenzung des Adressenrisikos                                                      171

Add-On

$1.000.000 \cdot \dfrac{104{,}75}{100} \cdot 1{,}5\,\% = 15.712{,}50\,\text{EUR}$

20.000 EUR + 15.712,50 EUR = 35.712,50 EUR (Kreditäquivalenzbetrag)
35.712,50 EUR · 0,5 = 17.856,25 EUR (Anrechnungsbetrag)
17.856,25 · 8 % = 1.428,50 EUR (Verbrauch an haftendem Eigenkapital)

**Aufgabe 2.36: Grundsatz I – Adressenrisiko aus „innovativen" außerbilanziellen Geschäften**

Im Laufe des Jahres 01 hat die Westfalen-Bank eG, ein Nichthandelsbuchinstitut, die folgenden – dem Anlagebuch zugeordneten – außerbilanziellen Geschäfte abgeschlossen:

1. *Abschluss eines JPY-Währungsswaps*

   | | |
   |---|---:|
   | Volumen: | 20.000.000 EUR |
   | Ursprungslaufzeit: | 6 Jahre |
   | Restlaufzeit: | 3 Jahre |
   | derzeitige Wiederbeschaffungskosten: | 100.000 EUR |
   | Bonitätsgewichtungsfaktor: | 20 % |

2. *Kauf von USD auf Termin*

   | | |
   |---|---:|
   | Volumen: | 51.000.000 USD |
   | Ursprungslaufzeit: | 9 Monate |
   | Restlaufzeit: | 1 Monat |
   | vereinbarter Terminkurs zum Kontrahierungszeitpunkt: | 0,80 USD/1 EUR |
   | derzeitiger Kassamittelkurs: | 0,85 USD/1 EUR |
   | derzeitiger Terminkurs für 1 Monat: | 0,90 USD/1 EUR |
   | Bonitätsgewichtungsfaktor: | 20 % |

3. *Verkauf von Verkaufsoptionen auf Aktien der Z-AG an das Industrieunternehmen U*

   | | |
   |---|---:|
   | Volumen: | 1.000 Verkaufsoptionen à 50 Aktien |
   | Ursprungslaufzeit: | 18 Monate |
   | Restlaufzeit: | 6 Monate |
   | vereinbarter Ausübungskurs: | 450 EUR |
   | derzeitiger Aktienkurs der Z-AG: | 400 EUR |
   | vereinbarter Optionspreis: | 30 EUR |
   | derzeitiger Optionspreis: | 60 EUR |

4. *Kauf eines Forward-Kontraktes über festverzinsliche Wertpapiere*

| | |
|---|---|
| Volumen (Nominalwert): | 400.000.000 EUR |
| vereinbarter Terminkurs zum Kontrahierungszeitpunkt: | 101,75 EUR |
| Ursprungslaufzeit des Kontrakts: | 9 Monate |
| Restlaufzeit des Kontrakts: | 3 Monate |
| Ursprungslaufzeit der festverzinslichen Wertpapiere: | 9 Jahre |
| Restlaufzeit der festverzinslichen Wertpapiere: | 8,5 Jahre |
| derzeitiger Terminkurs: | 102,00 EUR |
| derzeitiger Kassakurs: | 101,25 EUR |
| Bonitätsgewichtungsfaktor: | 50 % |

(Alle Kurse bezogen auf einen Nominalbetrag von 100 EUR.)

Berechnen Sie unter Verwendung der
a) Laufzeitmethode,
b) Marktbewertungsmethode

die Höhe des haftenden Eigenkapitals, über das die Westfalen-Bank eG zur Unterlegung der Adressenrisiken, die aus den „innovativen" außerbilanziellen Geschäften des Anlagebuchs resultieren, gemäß Grundsatz I mindestens verfügen muss.

**Lösung**
**Teilaufgabe a**
Berechnung der Risikoaktiva-Anrechnungsbeträge aus „innovativen" außerbilanziellen Geschäften gemäß Grundsatz I unter Verwendung der **Laufzeitmethode** (alle Angaben in EUR):

1. *Währungsswap*
**Bemessungsgrundlage**[1]
effektiver Kapitalbetrag                        **20.000.000**

**maßgebliche Laufzeit**[2]
(Ursprungs-)Laufzeit des Kontrakts              **6 Jahre**

---

[1] Vgl. § 6 Abs. 1 Nr. 2 Grundsatz I.
[2] Vgl. § 9 Abs. 2 Nr. 3 Grundsatz I i. V. m. § 11 Tabelle 2 Grundsatz I.

## 2.3 Begrenzung des Adressenrisikos

**laufzeitbezogener Umrechnungsfaktor**[1]

| | | |
|---|---|---:|
| (Ursprungs-)Laufzeit 6 Jahre ⇒ | für 1. und 2. Jahr: | 5 % |
| | für 4 weitere Jahre: 4 · 3 % = | + 12 % |
| | Summe | 17 % |

**Bonitätsgewichtungsfaktor** (laut Aufgabenstellung)  20 %

**Berechnung des anrechnungspflichtigen Betrags**

$\underbrace{20.000.000 \cdot 0{,}17}_{\text{Kreditäquivalenzbetrag} \atop (3.400.000)} \cdot 0{,}2 =$  **680.000**

### 2. Devisenterminkauf

**Bemessungsgrundlage**[2]

unter der Annahme tatsächlicher Erfüllung bestehender, zum aktuellen Marktkurs umgerechneter Anspruch des Instituts auf Lieferung des Geschäftsgegenstands

$\dfrac{51.000.000 \text{ USD}}{0{,}85 \dfrac{\text{USD}}{\text{EUR}}} =$  **60.000.000**

**maßgebliche Laufzeit**[3]

(Ursprungs-)Laufzeit des Kontrakts  **9 Monate**

**laufzeitbezogener Umrechnungsfaktor**[4]

(Ursprungs-)Laufzeit < 1 Jahr ⇒  **2 %**

**Bonitätsgewichtungsfaktor** (laut Aufgabenstellung)  **20 %**

**Berechnung des anrechnungspflichtigen Betrags**

$\underbrace{60.000.000 \cdot 0{,}02}_{\text{Kreditäquivalenzbetrag} \atop (1.200.000)} \cdot 0{,}2 =$  **240.000**

---

[1] Da es sich bei einem Währungsswap um ein währungskursbezogenes Geschäft handelt, ist der laufzeitbezogene Umrechnungsfaktor § 11 Tabelle 2 Spalte 3 Grundsatz I zu entnehmen.
[2] Vgl. § 6 Abs. 1 Nr. 3 Grundsatz I.
[3] Vgl. § 9 Abs. 2 Nr. 3 Grundsatz I i. V. m. § 11 Tabelle 2 Grundsatz I.
[4] Da es sich bei einem Devisenterminkauf um ein währungskursbezogenes Geschäft handelt, ist der laufzeitbezogene Umrechnungsfaktor § 11 Tabelle 2 Spalte 3 Grundsatz I zu entnehmen.

## 3. Verkauf von Verkaufsoptionen

Es erfolgt keine Grundsatz-I-Anrechnung, da bei einem **Verkauf** von Optionen kein Adressenrisiko besteht. Dies folgt auch aus § 4 Satz 2 Nr. 4 Grundsatz I, gemäß dem nur Options**rechte** als Risikoaktiva anzusehen sind. Würde es sich um ein Options**recht** handeln, so wäre, da es sich um einen aktienkursbezogenen Kontrakt handelt, nur die Marktbewertungsmethode anwendbar.[1] **<u>0</u>**

## 4. Kauf eines EUR-Anleihe-Forwards

**Bemessungsgrundlage**[2]

unter der Annahme tatsächlicher Erfüllung bestehender, zum aktuellen Marktkurs umgerechneter Anspruch des Instituts auf Lieferung oder Abnahme des Geschäftsgegenstands

$400.000.000 \cdot \dfrac{101,25}{100} =$ **405.000.000**

**maßgebliche Laufzeit**[3]

(Rest-)Laufzeit des Geschäftsgegenstands (underlying) **8,5 Jahre**

**laufzeitbezogener Umrechnungsfaktor**[4]

| (Rest-)Laufzeit 8,5 Jahre ⇒ | für 1. und 2. Jahr: | 1 % |
|---|---|---|
| | für 7 weitere Jahre: $7 \cdot 1\% =$ | + 7 % |
| | Summe | **8 %** |

**Bonitätsgewichtungsfaktor** (laut Aufgabenstellung)[5] **50 %**

**Berechnung des anrechnungspflichtigen Betrags**

$\underbrace{405.000.000 \cdot 0,08}_{\text{Kreditäquivalenzbetrag} \; (32.400.000)} \cdot 0,5 =$ **<u>16.200.000</u>**

---

[1] Vgl. § 9 Abs. 1 Satz 1 und 2 Grundsatz I.
[2] Vgl. § 6 Abs. 1 Nr. 3 Grundsatz I.
[3] Vgl. § 9 Abs. 2 Nr. 1 Grundsatz I i. V. m. § 11 Tabelle 2 Grundsatz I.
[4] Da es sich beim Kauf eines EUR-Anleihe-Forwards um ein ausschließlich zinsbezogenes Geschäft handelt, ist der laufzeitbezogene Umrechnungsfaktor § 11 Tabelle 2 Spalte 2 Grundsatz I zu entnehmen.
[5] Sofern nicht die Voraussetzungen eines niedrigeren Anrechnungssatzes gegeben sind, sind Swapgeschäfte, Termingeschäfte und Optionsrechte mit 50 % ihrer Bemessungsgrundlage zu gewichten (vgl. § 13 Abs. 4 Nr. 1 Grundsatz I). Beachte aber auch § 13 Abs. 1 Nr. 4 Grundsatz I.

## 2.3 Begrenzung des Adressenrisikos

**Summe der anrechnungspflichtigen Beträge**

| | | |
|---|---|---|
| Währungsswap | | 680.000 |
| Devisentermingeschäft | + | 240.000 |
| Aktien-Optionsgeschäft | + | 0 |
| Anleihe-Forward | + | 16.200.000 |
| | = | **17.120.000** |

⇒ **mindestens benötigtes haftendes Eigenkapital**
17.120.000 · 0,08 =                                                                      **1.369.600**


**Teilaufgabe b**
Berechnung der Risikoaktiva-Anrechnungsbeträge aus „innovativen" außerbilanziellen Geschäften gemäß Grundsatz I unter Verwendung der **Marktbewertungsmethode** (alle Angaben in EUR):

1. *Währungsswap*
**aktueller potenzieller Eindeckungsaufwand**[1]
laut Aufgabenstellung                                                                   **100.000**

**Bemessungsgrundlage**[2]
effektiver Kapitalbetrag =                                                           **20.000.000**

**maßgebliche Laufzeit**[3]
(Rest-)Laufzeit des Kontrakts:                                                         **3 Jahre**

**Risikozuschlagsfaktor**[4]
(Rest-)Laufzeit 3 Jahre ⇒                                                                 **5 %**

**Bonitätsgewichtungsfaktor** (laut Aufgabenstellung)                                    **20 %**

---

[1] Vgl. § 10 Satz 1 und 2 Grundsatz I.
[2] Vgl. § 6 Abs. 1 Nr. 2 Grundsatz I.
[3] Vgl. § 9 Abs. 2 Nr. 3 Grundsatz I i. V. m. § 10 Tabelle 1 Grundsatz I.
[4] Da es sich bei einem Währungsswap um ein währungskursbezogenes Geschäft handelt, ist der Risikozuschlagsfaktor § 10 Tabelle 1 Spalte 3 Grundsatz I zu entnehmen.

**Berechnung des anrechnungspflichtigen Betrags**

$$(100.000 + \underbrace{20.000.000 \cdot 0{,}05}_{\text{Risikozuschlag (add - on)} \atop (1.000.000)}) \cdot 0{,}2 = \mathbf{220.000}$$

$$\underbrace{\phantom{(100.000 + 20.000.000 \cdot 0{,}05)}}_{\text{Kreditäquivalenzbetrag} \atop (1.100.000)}$$

2. *Devisenterminkauf*

**aktueller potenzieller Eindeckungsaufwand**[1]

$$\underbrace{\frac{51.000.000\ \text{USD}}{\left(\frac{0{,}90\ \text{USD}}{1\ \text{EUR}}\right)}}_{\text{neue Beschaffungskosten in EUR}} - \underbrace{\frac{51.000.000\ \text{USD}}{\left(\frac{0{,}80\ \text{USD}}{1\ \text{EUR}}\right)}}_{\text{alte Beschaffungskosten in EUR}} = -7.083.333{,}\overline{33}\ \text{EUR}$$

$$\underbrace{\phantom{xxxxxxxxxxxxxxxxxxxxxxxxxxxxxxxxxxxxxxxxxxxxxxxxxxxxxxxxx}}_{\text{potenzielle Wiederbeschaffungs}\textbf{erlöse}\text{ in EUR}}$$

potenzielle Wiederbeschaffungs**erlöse** sind nicht anzusetzen $\Rightarrow$       **0**

**Bemessungsgrundlage**[2]

unter der Annahme tatsächlicher Erfüllung bestehender, zum aktuellen Marktkurs umgerechneter Anspruch des Instituts auf Lieferung des Geschäftsgegenstands

$$\frac{51.000.000\ \text{USD}}{0{,}85\ \dfrac{\text{USD}}{\text{EUR}}} = \mathbf{60.000.000}$$

**maßgebliche Laufzeit**[3]

(Rest-)Laufzeit des Kontrakts:       **1 Monat**

**Risikozuschlagsfaktor**[4]

(Rest-)Laufzeit 1 Monat $\Rightarrow$       **1 %**

**Bonitätsgewichtungsfaktor** (laut Aufgabenstellung)       **20 %**

---

[1] Vgl. § 10 Satz 1 und 2 Grundsatz I.
[2] Vgl. § 6 Abs. 1 Nr. 3 Grundsatz I.
[3] Vgl. § 9 Abs. 2 Nr. 3 Grundsatz I i. V. m. § 10 Tabelle 1 Grundsatz I.
[4] Da es sich bei einem Devisenterminkauf um ein währungskursbezogenes Geschäft handelt, ist der Risikozuschlagsfaktor § 10 Tabelle 1 Spalte 3 Grundsatz I zu entnehmen.

## 2.3 Begrenzung des Adressenrisikos

**Berechnung des anrechnungspflichtigen Betrags**

$$(0 + \underbrace{\underbrace{60.000.000 \cdot 0,01}_{\text{Risikozuschlag (add - on)} \atop (600.000)}}_{\text{Kreditäquivalenzbetrag} \atop (600.000)}) \cdot 0,2 = \qquad \textbf{\underline{120.000}}$$

*3. Verkauf von Verkaufsoptionen*

Es erfolgt keine Grundsatz-I-Anrechnung, da bei einem **Verkauf** von Optionen kein Adressenrisiko besteht. Dies folgt auch aus § 4 Satz 2 Nr. 4 Grundsatz I, gemäß dem nur Options**rechte** als Risikoaktiva anzusehen sind. **<u>0</u>**

*4. Kauf eines EUR-Anleihe-Forwards*
**aktueller potenzieller Eindeckungsaufwand**[1]

$$400.000.000 \text{ EUR} \cdot \left(\frac{102 \text{ EUR}}{100 \text{ EUR}} - \frac{101,75 \text{ EUR}}{100 \text{ EUR}}\right) = \qquad \textbf{1.000.000}$$

**Bemessungsgrundlage**[2]
unter der Annahme tatsächlicher Erfüllung bestehender, zum aktuellen Marktkurs umgerechneter Anspruch des Instituts auf Lieferung oder Abnahme des Geschäftsgegenstands

$$400.000.000 \cdot \frac{101,25}{100} = \qquad \textbf{405.000.000}$$

**maßgebliche Laufzeit**[3]
(Rest-)Laufzeit des Geschäftsgegenstands (underlying) **8,5 Jahre**

---

[1] Vgl. § 10 Satz 1 und 2 Grundsatz I.
[2] Vgl. § 6 Abs. 1 Nr. 3 Grundsatz I.
[3] Vgl. § 9 Abs. 2 Nr. 1 Grundsatz I i. V. m. § 10 Tabelle 1 Grundsatz I.

**laufzeitbezogener Zuschlagsfaktor**[1]

(Rest-)Laufzeit 8,5 Jahre $\Rightarrow$ **1,5 %**

**Bonitätsgewichtungsfaktor** (laut Aufgabenstellung)[2] **50 %**

**Berechnung des anrechnungspflichtigen Betrags:**

$(1.000.000 + \underbrace{405.000.000 \cdot 0{,}015}_{\text{Risikozuschlag (add-on)} \atop 6.075.000}) \cdot 0{,}5 =$ **3.537.500**

Kreditäquivalenzbetrag
(7.075.000)

**Summe der anrechnungspflichtigen Beträge**

| | |
|---|---:|
| Währungsswap | 220.000 |
| Devisentermingeschäft | + 120.000 |
| Aktien-Optionsgeschäft | + 0 |
| Anleihe-Forward | + 3.537.500 |
| | = **3.877.500** |

$\Rightarrow$ **mindestens benötigtes haftendes Eigenkapital**

$3.877.500 \cdot 0{,}08 =$ **310.200**

### Aufgabe 2.37: Laufzeitmethode und Marktbewertungsmethode

Die ALBA Bank AG verfügt aus einer Kundeneinlage über einen Betrag von 19,6 Mio. CAD mit einer Laufzeit von fünf Jahren. Da sie diesen CAD-Betrag nicht benötigt, vereinbart sie am gleichen Tag mit einem kanadischen Industrieunternehmen, das über entsprechende EUR-Beträge verfügt, einen Währungsswap, d. h. einen befristeten Tausch der beiden Währungen. Gegen 19,6 Mio. CAD erhält die ALBA Bank AG 14 Mio. EUR unter gleichzeitiger Rücktauschverpflichtung in fünf Jahren (Wechselkurs 1,40 CAD/EUR). Zwei Jahre nach Abschluss des Swapvertrages beläuft sich der Wechselkurs auf 1,3067 CAD/EUR. Der aktuelle potenzielle Eindeckungsaufwand beträgt 0,86 Mio. EUR.

---

[1] Da es sich beim Kauf eines EUR-Anleihe-Forwards um ein ausschließlich zinsbezogenes Geschäft handelt, ist der laufzeitbezogene Umrechnungsfaktor § 10 Tabelle 1 Spalte 2 Grundsatz I zu entnehmen.

[2] Sofern nicht die Voraussetzungen eines niedrigeren Anrechnungssatzes gegeben sind, sind Swapgeschäfte, Termingeschäfte und Optionsrechte mit 50 % ihrer Bemessungsgrundlage zu gewichten (vgl. § 13 Abs. 4 Nr. 1 Grundsatz I). Beachte aber auch § 13 Abs. 1 Nr. 4 Grundsatz I.

## 2.3 Begrenzung des Adressenrisikos 179

Berechnen Sie den risikogewichteten Anrechnungsbetrag dieses „innovativen" außerbilanziellen Geschäfts im Solvabilitätskoeffizienten nach der **Laufzeitmethode** sowie nach der **Marktbewertungsmethode**. Wie hoch ist bei diesem Geschäft jeweils der Verbrauch an haftendem Eigenkapital?

**Lösung**
**Laufzeitmethode**
Bemessungsgrundlage (effektiver Kapitalbetrag zum aktuellen Gegenwert)
= 19,6 Mio. CAD ÷ 1,3067 CAD/EUR
= 14,9996 Mio. EUR ≈ 15 Mio. EUR

laufzeitbezogener Umrechnungsfaktor (Ursprungslaufzeit)

| | |
|---|---|
| über 1 Jahr bis 2 Jahre | 5 % |
| 3. Jahr | 3 % |
| 4. Jahr | 3 % |
| 5. Jahr | 3 % |
| | 14 % |

Kreditäquivalenzbetrag = 15 Mio. EUR · 14 % = 2,1 Mio. EUR
anrechnungspflichtiger Betrag = 2,1 Mio. EUR · 50 % = 1,05 Mio. EUR
Verbrauch an haftendem Eigenkapital = 1,05 Mio. EUR · 8 %   = 0,084 Mio. EUR
                                                            = **84.000 EUR**

**Marktbewertungsmethode**
aktueller potenzieller Eindeckungsaufwand = 0,86 Mio. EUR

Bemessungsgrundlage (effektiver Kapitalbetrag zum aktuellen Gegenwert)
= 19,6 Mio. CAD ÷ 1,3067 CAD/EUR
= 14,9996 Mio. EUR ≈ 15 Mio. EUR

Zuschlagsfaktor (Restlaufzeit) = 5 %
Add-on = 15 Mio. EUR · 5 % = 0,75 Mio. EUR
Kreditäquivalenzbetrag = 0,86 Mio. EUR + 0,75 Mio. EUR = 1,61 Mio. EUR
anrechnungspflichtiger Betrag = 1,61 Mio. EUR · 50 % = 0,805 Mio. EUR
Verbrauch an haftendem Eigenkapital = 0,805 Mio. EUR · 8 % = 0,0644 Mio. EUR
                                                           = **64.400 EUR**

## 2.4 Begrenzung des Fremdwährungsrisikos

**Aufgabe 2.38: Erfassung des Fremdwährungsrisikos**
Erläutern Sie, wie das Fremdwährungsrisiko eines Kredit- oder Finanzdienstleistungsinstituts im Grundsatz I erfasst und begrenzt wird.

**Lösung**
Gemäß § 5 Abs. 1 Grundsatz I i. V. m. den §§ 14 und 15 Grundsatz I bestimmen sich die Eigenmittelanforderungen für den Fremdwährungsrisikobereich eines Kredit- oder Finanzdienstleistungsinstituts nach den folgenden drei Schritten:
1. Konkretisierung der einbeziehungspflichtigen Positionen,
2. Berechnung der offenen Währungsgesamtposition sowie
3. Festlegung des Umfangs der Eigenmittelunterlegung.

Zu 1.: Konkretisierung der einbeziehungspflichtigen Positionen
§ 5 Abs. 1 Satz 1 Grundsatz I zufolge fließen in die Berechnung der offenen Währungsgesamtposition eines Kredit- oder Finanzdienstleistungsinstituts alle bilanziellen sowie außerbilanziellen Geschäfte dieses Instituts ein, soweit sie auf fremde Währung oder auf Gold lauten[1] und damit einem Wechselkurs- bzw. Goldpreisrisiko ausgesetzt sind.[2] Eine detaillierte katalogartige Auflistung der hierbei zu berücksichtigenden Positionen enthält § 15 Abs. 1 und Abs. 2 Grundsatz I. Abbildung 22 gibt dazu einen Überblick.

Bezüglich der Gold- und Sortenbestände besteht eine Bagatellregelung. Danach ist die Bankenaufsichtsbehörde bis auf weiteres damit einverstanden, dass Gold- und Sortenbestände bei der Ermittlung der offenen Währungsgesamtposition außer Ansatz bleiben, sofern sie den Gegenwert von insgesamt 125.000 EUR nicht überschreiten.[3] Bei Überschreiten dieser Freigrenze sind die betreffenden Bestände in vollem Umfang in die Berechnung einzubeziehen.

---

[1] Positionen in Gold (hierzu zählen auch Goldmünzen) werden wie Devisenpositionen behandelt, da Gold eine ähnliche Volatilität wie Fremdwährungen aufweist und die Institute es ähnlich wie Fremdwährungen verwalten. Positionen in Silber und Platinmetallen werden dagegen in der Rohwarenposition erfasst; vgl. § 5 Abs. 2 Grundsatz I.

[2] Das Goldpreisrisiko bzw. Wechselkurs- oder Devisenkursrisiko (auch Fremdwährungsrisiko im engeren Sinne) bezeichnet die Gefahr eines Vermögensverlustes aufgrund einer für das Kredit- oder Finanzdienstleistungsinstitut nachteiligen Veränderung des Goldpreises bzw. der zwischen zwei Währungen bestehenden Wertrelation.

[3] Vgl. BUNDESAUFSICHTSAMT FÜR DAS KREDITWESEN (Erläuterungen, 1997), S. 92.

| Aktivpositionen | Passivpositionen |
|---|---|
| 1. Auf der Aktivseite der Bilanz auszuweisende Vermögensgegenstände einschließlich zeitanteiliger Erträge | 1. Auf der Passivseite der Bilanz auszuweisende Schulden einschließlich zeitanteiliger Aufwendungen |
| 2. Liefer- und Zahlungsansprüche aus Kassa- und Termingeschäften sowie Ansprüche auf die Zahlung von Kapitalbeträgen aus Finanz-Swaps, soweit die Ansprüche nicht bereits als bilanzielle Bestände in der Aktivposition Nr. 1 erfasst sind | 2. Liefer- und Zahlungsverpflichtungen aus Kassa- und Termingeschäften sowie Verpflichtungen zur Zahlung von Kapitalbeträgen aus Finanz-Swaps, soweit die Verpflichtungen nicht bereits als bilanzielle Bestände in der Passivposition Nr. 1 erfasst sind |
| 3. Eventualansprüche auf Rückgabe von unecht in Pension gegebenen Gegenständen der Aktivposition Nr. 1 | 3. Eventualverbindlichkeiten zur Rückgabe von unecht in Pension genommenen Gegenständen der Aktivposition Nr. 1 |
| 4. Dem Institut im Falle der Ausübung eigener oder fremder Optionsrechte zustehende Liefer- oder Zahlungsansprüche aus Devisen- oder Goldoptionen | 4. Vom Institut im Falle der Ausübung eigener oder fremder Optionsrechte zu erfüllende Liefer- oder Zahlungsverpflichtungen aus Devisen- oder Goldoptionen |
| 5. Nicht unter der Aktivposition Nr. 4 erfasste eigene Optionsrechte in Höhe ihres Marktwerts | 5. Nicht unter der Passivposition Nr. 4 erfasste fremde Optionsrechte in Höhe ihres Marktwerts |
| 6. Unwiderrufliche Garantien und Gewährleistungen sowie vergleichbare Instrumente, die mit Sicherheit in Anspruch genommen werden, soweit ihre Inanspruchnahme zu einer Zunahme der Aktivpositionen Nr. 1 bis Nr. 5 führen wird | 6. Unwiderrufliche Garantien und Gewährleistungen sowie vergleichbare Instrumente, die mit Sicherheit in Anspruch genommen werden, soweit ihre Inanspruchnahme zu einer Zunahme der Passivpositionen Nr. 1 bis Nr. 5 führen wird |
| 7. Erwartete Einnahmen (mit Ausnahme der bereits in die Aktivposition Nr. 1 einbezogenen zeitanteiligen Erträge), soweit sie nachweislich durch eine oder mehrere der Passivpositionen Nr. 1 bis Nr. 5 gesichert sind (Einbeziehungswahlrecht) | 7. Erwartete Ausgaben (mit Ausnahme der bereits in die Passivposition Nr. 1 einbezogenen zeitanteiligen Aufwendungen), soweit sie nachweislich durch eine oder mehrere der Aktivpositionen Nr. 1 bis Nr. 5 gesichert sind (Einbeziehungswahlrecht) |

**Abbildung 22: Einbeziehungspflichtige Geschäfte im Bereich des Wechselkurs- und Goldpreisrisikos gemäß § 15 Abs. 1 und Abs. 2 Grundsatz I**[1]

---

[1] Modifiziert entnommen aus WASCHBUSCH, GERD (Bankenaufsicht, 2000), S. 280–281.

Zu 2.: Berechnung der offenen Währungsgesamtposition

Die Ermittlung der offenen Währungsgesamtposition eines Kredit- oder Finanzdienstleistungsinstituts vollzieht sich nach den Regelungen des § 14 Abs. 1 und Abs. 2 Grundsatz I wie folgt: Zunächst ist täglich bei Geschäftsschluss der Nettobetrag der offenen Positionen in den einzelnen Fremdwährungen und in Gold zu bestimmen. Zu diesem Zweck werden – getrennt für jede fremde Währung und für Gold – die einbeziehungspflichtigen Aktiv- und Passivpositionen in Höhe ihrer Bemessungsgrundlagen einander gegenübergestellt und die jeweils offene Einzelwährungsposition sowie die offene Goldposition als Saldo der zuvor in EUR umgerechneten[1] aktivischen und passivischen Beträge ermittelt. Nur in Höhe dieser aktivisch oder passivisch ausgerichteten Salden ist ein Kredit- oder Finanzdienstleistungsinstitut von Wechselkursschwankungen oder einer Veränderung des Goldpreises erfolgsmäßig betroffen. Das Devisenkurs- bzw. Goldpreisrisiko findet demnach lediglich insoweit eine Angriffsfläche, als sich Aktiva und Passiva in einer Fremdwährung bzw. in Gold betragsmäßig nicht entsprechen. Für den gedeckten Teil einer Einzelwährungs- bzw. Goldposition wird indessen angenommen, dass sich negative und positive Effekte aus der Veränderung des Wechselkurses bzw. des Goldpreises kompensieren.

Im Anschluss an die Ermittlung der offenen Einzelwährungspositionen sowie der offenen Goldposition sind Erstere getrennt nach ihrer aktivischen und passivischen Ausrichtung, also nach Plus- und Minuspositionen, zu addieren. Die betragsmäßig größere der beiden Summen aus allen Plus- und allen Minuspositionen – entscheidend ist allein der absolute Betrag – ist die offene Nettowährungsposition eines Kredit- oder Finanzdienstleistungsinstituts. Sie bildet zusammen mit der offenen Goldposition – auch hier ist der Absolutwert des Saldos heranzuziehen – die eigenmittelunterlegungspflichtige Währungsgesamtposition des Instituts.

Die vorstehend beschriebene Vorgehensweise der Zusammenfassung der offenen Positionen in den einzelnen Fremdwährungen – es handelt sich um das sog. Standardverfahren zur Messung des Wechselkursrisikos – berücksichtigt die in der Realität bis zu einem gewissen Grad vorhandenen Zusammenhänge von Bewegungen

---

[1] Bestimmend für die Umrechnung von Fremdwährungspositionen in EUR ist § 6 Abs. 2 Grundsatz I; vgl. § 14 Abs. 1 Satz 2 Halbsatz 1 Grundsatz I. Danach sind auf fremde Währung lautende Positionen zu den von der EZB am Meldestichtag festgestellten und von der Deutschen Bundesbank veröffentlichten Referenzkursen (ESZB-Referenzkurse) in die Währung der Rechnungslegung (EUR) umzurechnen. Für Währungen, für die keine ESZB-Referenzkurse veröffentlicht werden, sind die Mittelkurse aus feststellbaren An- und Verkaufskursen des Meldestichtags maßgeblich. Auf Gold lautende Aktiv- und Passivpositionen sind nach der Notierung desjenigen Marktes, der im Hinblick auf das Umsatzvolumen als repräsentativ anzusehen ist, in die Währung der Rechnungslegung (EUR) umzurechnen (vgl. § 14 Abs. 1 Satz 2 Halbsatz 2 Grundsatz I).

## 2.4 Begrenzung des Fremdwährungsrisikos

der Kurse fremder Währungen (Korrelationen). Sie beruht auf der Annahme, dass einerseits nicht sämtliche offenen Einzelwährungspositionen zu Verlusten führen (dies entspräche einem „Worst-Case-Szenario"), andererseits aber auch keine vollständige Kompensation zwischen offenen Einzelwährungspositionen mit aktivischer und passivischer Ausrichtung gegeben ist (dies entspräche einem „Best-Case-Szenario").[1] Es liegt vielmehr die Vorstellung zugrunde, dass ein Kredit- oder Finanzdienstleistungsinstitut Verluste in einer Währungsposition (z. B. long position in USD) lediglich teilweise durch Gewinne in einer anderen entgegengerichteten Währungsposition (z. B. short position in CHF) ausgleichen kann („Middle-Case-Szenario").[2] Folgt man dieser Auffassung, dass die Bestimmung der offenen Nettowährungsposition nach der „Middle-Case-Methode" der tatsächlichen Risikoposition eines Kredit- oder Finanzdienstleistungsinstituts am nächsten kommt (empirische Untersuchungen des Baseler Ausschusses für Bankenaufsicht weisen darauf hin[3]), so genügt es, die höhere der beiden Summen aller Plus- oder Minuspositionen als risikobehaftet einzustufen und mit Eigenkapital zu unterlegen.

Zu 3.: Festlegung des Umfangs der Eigenmittelunterlegung
§ 14 Abs. 3 Grundsatz I bestimmt, dass die offene Währungsgesamtposition eines Kredit- oder Finanzdienstleistungsinstituts für die Ermittlung des Anrechnungsbetrages in der Betragsdeckungsdarstellung des § 2 Abs. 2 Satz 1 Grundsatz I mit 8 % zu gewichten ist. § 14 Abs. 3 Grundsatz I nimmt damit Bezug auf den potenziellen Schaden, den ein Kredit- oder Finanzdienstleistungsinstitut aus seinem Fremdwährungs- bzw. Goldengagement erfahren kann, und verlangt für diesen die Vorhaltung eines angemessenen Eigenmittelbetrages. Dieser steht in der Folge entsprechend dem strukturellen Aufbau der Betragsdeckungsdarstellung für die Absicherung weiterer Marktpreisrisiken eines Kredit- oder Finanzdienstleistungsinstituts (z. B. in dessen Rohwarenbereich) nicht mehr zur Verfügung.

§ 14 Abs. 3 Grundsatz I enthält allerdings für Kredit- und Finanzdienstleistungsinstitute mit einem nur geringen Währungs- oder Goldgeschäft eine Bagatellregelung in Form einer Freigrenze. Eine 8 %-ige Eigenmittelunterlegung der errechneten offenen Währungsgesamtposition ist danach nur erforderlich, sofern die offene Währungsgesamtposition eines Kredit- oder Finanzdienstleistungsinstituts den Betrag von 2 % oder die größere der beiden getrennt zu bestimmenden Summen aller in EUR umgerechneten Aktiv- und Passivpositionen in allen fremden Währungen den

---

[1] Vgl. SCHULTE-MATTLER, HERMANN/TRABER, UWE (Marktrisiko, 1997), S. 118–119; HARTMANN-WENDELS, THOMAS/PFINGSTEN, ANDREAS/WEBER, MARTIN (Bankbetriebslehre, 2000), S. 406.
[2] Vgl. SCHULTE-MATTLER, HERMANN/TRABER, UWE (Marktrisiko, 1997), S. 119.
[3] Vgl. SCHULTE-MATTLER, HERMANN/TRABER, UWE (Marktrisiko, 1997), S. 119.

Betrag von 100 % seiner Eigenmittel übersteigt. Diese Bagatellregelung findet jedoch dann keine Anwendung, wenn ein Kredit- oder Finanzdienstleistungsinstitut das Wahlrecht des § 14 Abs. 4 Satz 1 Grundsatz I in Anspruch nimmt.[1] Einem Kredit- oder Finanzdienstleistungsinstitut steht es hiernach frei, bei der Ermittlung des Anrechnungsbetrages für die offene Währungsgesamtposition gegenläufig ausgerichtete und nach Umrechnung in EUR betragsmäßig gleiche Positionen in nachweislich eng verbundenen Währungen[2] bei der Berechnung der offenen Einzelwährungspositionen unberücksichtigt zu lassen und statt dessen 50 % des Betrages der ausgeglichenen Währungsposition der offenen Nettowährungsposition hinzuzufügen.[3] Als Konsequenz ergibt sich für geschlossene Positionen in hochkorrelierten Währungen ein Eigenmittelverbrauch in Höhe von lediglich 4 %. Begründet wird dies mit dem verminderten Risiko derart ausgeglichener Währungspositionen.[4]

**Aufgabe 2.39: Grundsatz I – Begrenzung des Fremdwährungsrisikos**

Die Bayern-Bank eG hält am 27.01.01 folgende Devisenpositionen in ihrem Handelsbuch:

— Forderung an die F-Bank AG in Höhe von 97,904 Mio. USD;
— Guthaben bei der K-Bank AG in Höhe von 71,1415 Mio. CAD, 74,347 Mio. CHF sowie 75,58727 Mio. NZD;
— mit der E-Bank AG wurde ein unechtes Pensionsgeschäft über Wertpapiere in Höhe von 29,84021 Mio. GBP mit der Maßgabe abgeschlossen, dass die E-Bank AG die 29,84021 Mio. GBP in einem Monat zum Kurs von 0,55 GBP/EUR an die Bayern-Bank eG zurückgeben darf;

---

[1] Vgl. § 14 Abs. 4 Satz 2 Grundsatz I.
[2] Fremde Währungen gelten als nachweislich eng verbunden, wenn bei Zugrundelegung der täglichen Wechselkurse für die letzten drei Jahre eine Wahrscheinlichkeit von mindestens 99 % – oder für die letzten fünf Jahre eine Wahrscheinlichkeit von mindestens 95 % – besteht, dass aus ausgeglichenen Einzelwährungspositionen in diesen Währungen über die nächsten zehn Arbeitstage kein Verlust entsteht, der mehr als 4 % des Wertes der ausgeglichenen Währungsposition beträgt; vgl. § 14 Abs. 5 Grundsatz I.
[3] Das Wahlrecht des § 14 Abs. 4 Satz 1 Grundsatz I ist einheitlich und dauerhaft auszuüben. Dies bedeutet, dass ein Institut täglich für alle diejenigen Währungspaare, für die es dieses Wahlrecht in Anspruch nimmt, entsprechende Analysen zur Bestimmung, ob ein einzelnes Währungspaar als nachweislich eng verbunden angesehen werden kann, durchzuführen hat (vgl. BUNDESAUFSICHTSAMT FÜR DAS KREDITWESEN (Erläuterungen, 1997), S. 133). Die durchgeführten statistischen Untersuchungen sind der Bankenaufsichtsbehörde „bei der erstmaligen Inanspruchnahme dieses Wahlrechts unaufgefordert vorzulegen" (BUNDESAUFSICHTSAMT FÜR DAS KREDITWESEN (Erläuterungen, 1997), S. 134). Die Bankenaufsichtsbehörde kann in der Folgezeit die unverzügliche Vorlage der aktuellen Untersuchungen verlangen und für den Fall, dass die Analysen nicht sachgerecht durchgeführt wurden, dem Institut die weitere Inanspruchnahme des Wahlrechts untersagen (vgl. BUNDESAUFSICHTSAMT FÜR DAS KREDITWESEN (Erläuterungen, 1997), S. 134).
[4] Vgl. BUNDESAUFSICHTSAMT FÜR DAS KREDITWESEN (Erläuterungen, 1997), S. 133.

## 2.4 Begrenzung des Fremdwährungsrisikos    185

- Forderung an die J-Bank AG in Höhe von 939,8263 Mio. JPY; aufgrund von wirtschaftlichen Schwierigkeiten der J-Bank AG hat die Bayern-Bank eG auf diese Forderung eine Einzelwertberichtigung in Höhe von 400 Mio. JPY gebildet;
- Verbindlichkeiten gegenüber der V-Bank AG in Höhe von 49,808 Mio. USD sowie 88,9945 Mio. CAD;
- mit der T-Bank AG wurde ein Devisentermingeschäft mit der Maßgabe abgeschlossen, dass die Bayern-Bank eG 30 Mio. USD in drei Monaten an die T-Bank AG zum Kurs von 0,95 USD/EUR zu liefern hat;
- Verbindlichkeit gegenüber der G-Bank AG in Höhe von 91,75985 Mio. CHF, 119,62181 Mio. NZD, 14,63577 Mio. GBP sowie 808,5462 Mio. JPY.

Aus einem mit der Z-Bank eG abgeschlossenen Termingeschäft ergibt sich für die Bayern-Bank eG die Verpflichtung, in 5 Monaten 250 kg Gold zu einem Terminkurs von 10.300 EUR/kg Gold zu liefern. Außerdem lagert die Bayern-Bank eG in ihrem Tresor Goldbarren mit einem Gewicht von insgesamt 200 kg.

Die Bayern-Bank eG macht von dem Wahlrecht nach § 15 Abs. 3 Satz 2 Grundsatz I keinen Gebrauch.

Die Stichtagskurse für die einzelnen Währungen und für Barrengold betragen am 27.01.01:

  0,9280   USD/EUR;
  1,3525   CAD/EUR;
  1,5652   CHF/EUR;
  2,1428   NZD/EUR;
  0,5986   GBP/EUR;
  95,46    JPY/EUR;
  10.600   EUR/kg Gold.

a) Ermitteln Sie die Höhe der Eigenmittel, über die die Bayern-Bank eG am 27.01.01 mindestens verfügen muss, um damit die aus den genannten Positionen resultierenden Fremdwährungsrisiken gemäß Grundsatz I unterlegen zu können. Gehen Sie dabei davon aus, dass die Bagatellregelung des § 14 Abs. 3 Grundsatz I nicht greift.
b) Wie ändert sich das Ergebnis aus Teilaufgabe a, wenn es sich bei dem Währungspaar USD/CAD um nachweislich eng verbundene Währungen handelt und die Bayern-Bank eG von dem Wahlrecht nach § 14 Abs. 4 Satz 1 Grundsatz I Gebrauch macht?

**Lösung**

Gemäß der Bagatellregelung des § 14 Abs. 3 Grundsatz I ist eine Eigenmittelunterlegung der Fremdwährungsrisiken nicht in jedem Fall erforderlich. Es gilt nämlich:

---

**Wenn**

*offene Währungsgesamtposition* $\leq 2\,\%$ *der Eigenmittel*

**und**

$$max \left\{ \begin{array}{c} \textit{Summe der Aktivpositionen; Summe der Passivpositionen} \\ \textit{jeweils in EUR umgerechnet} \end{array} \right\} \leq \frac{100\,\%\,der}{Eigenmittel}$$

**dann**

*braucht die Währungsgesamtposition nicht*
*in Höhe von 8 % mit Eigenmitteln unterlegt zu werden.*

---

Dies ist jedoch laut Aufgabenstellung hier nicht der Fall. Daher ist eine Eigenmittelunterlegung erforderlich.

**Anmerkungen zu Teilaufgabe a**

**Unechtes Pensionsgeschäft mit der E-Bank AG** (die Bayern-Bank eG ist der Pensionsgeber)

Eventualansprüche auf Rückgabe von in Pension gegebenen Gegenständen sind gemäß § 15 Abs. 1 Satz 1 Nr. 3 Grundsatz I als Aktivpositionen zu erfassen und zwar gemäß § 15 Abs. 3 Satz 1 Grundsatz I in Höhe ihres Buchwertes. Entscheidend für die Umrechnung ist der ESZB-Referenzkurs am Meldestichtag (vgl. § 14 Abs. 1 Satz 1 und 2 Halbsatz 1 Grundsatz I i. V. m. § 6 Abs. 2 Satz 1 und 2 Grundsatz I). Beim Pensionsnehmer erfolgt keine Erhöhung der Währungsgesamtposition, da die bestandserhöhende Position durch die entsprechende Passivposition aus dem Rückübertragungsrecht des Pensionsnehmers ausgeglichen wird. Dies ist sachgerecht, da der Pensionsnehmer auf Grund des ihm zustehenden Rückübertragungswahlrechts keinem Preisänderungsrisiko ausgesetzt ist.[1]

---

[1] Vgl. BUNDESAUFSICHTSAMT FÜR DAS KREDITWESEN (Erläuterungen, 1997), S. 141–142.

## 2.4 Begrenzung des Fremdwährungsrisikos 187

**Devisentermingeschäft mit der T-Bank AG**
Devisentermingeschäfte sind gemäß § 15 Abs. 3 Satz 1 Grundsatz I mit ihren Nominalbeträgen zu berücksichtigen. **Aber**: Gemäß § 15 Abs. 3 Satz 2 Grundsatz I darf die Berücksichtigung auch in Höhe der Gegenwartswerte erfolgen. Von diesem Wahlrecht, das auch für Goldtermingeschäfte gilt, macht die Bayern-Bank eG gemäß Aufgabenstellung jedoch keinen Gebrauch.


**Anmerkungen zu Teilaufgabe b**
Gemäß § 14 Abs. 4 Satz 1 Grundsatz I dürfen gegenläufig ausgerichtete und nach Umrechnung in EUR betragsmäßig gleiche Positionen (ausgeglichene Währungspositionen) in nachweislich eng verbundenen Währungen bei der Ermittlung der offenen Einzelwährungspositionen außer Ansatz bleiben. Bei Ausnutzung dieses Institutswahlrechts ist die offene Nettowährungsposition um 50 % des Betrages der ausgeglichenen Währungsposition zu erhöhen. Die **Zahlen in Klammern** in der nachfolgenden Tabelle unterstellen eine solche Situation für das Währungspaar USD/CAD.

| (1) | Summe der Aktivpositionen Nr. 1 bis Nr. 7 (umgerechnet in EUR) (2) | Summe der Passivpositionen Nr. 1 bis Nr. 7 (umgerechnet in EUR) (3) | offene Einzelwährungspositionen | |
|---|---|---|---|---|
| | | | Beträge mit aktivischer Ausrichtung (Pluspositionen) (4) | Beträge mit passivischer Ausrichtung (Minuspositionen) (5) |
| US-Dollar (USD) | 97,904 Mio. USD ÷ 0,9280 USD/EUR = 105,5 Mio. EUR | 79,808 Mio. USD[1] ÷ 0,9280 USD/EUR = 86 Mio. EUR | 19,5 Mio. EUR (6,3 Mio. EUR) | – |
| Kanadischer Dollar (CAD) | 71,1415 Mio. CAD ÷ 1,3525 CAD/EUR = 52,6 Mio. EUR | 88,9945 Mio. CAD ÷ 1,3525 CAD/EUR = 65,8 Mio. EUR | – | – 13,2 Mio. EUR (0 Mio. EUR) |
| Schweizer Franken (CHF) | 74,347 Mio. CHF ÷ 1,5652 CHF/EUR = 47,5 Mio. EUR | 91,75985 Mio. CHF ÷ 1,5652 CHF/EUR = 58,625 Mio. EUR | – | – 11,125 Mio. EUR |
| Neuseeland Dollar (NZD) | 75,58727 Mio. NZD ÷ 2,1428 NZD/EUR = 35,275 Mio. EUR | 119,62181 Mio. NZD ÷ 2,1428 NZD/EUR = 55,825 Mio. EUR | – | – 20,55 Mio. EUR |
| Britisches Pfund Sterling (GBP) | 29,84021 Mio. GBP ÷ 0,5986 GBP/EUR = 49,85 Mio. EUR | 14,63577 Mio. GBP ÷ 0,5986 GBP/EUR = 24,45 Mio. EUR | 25,4 Mio. EUR | – |
| Japanischer Yen (JPY) | 539,8263 Mio. JPY[2] ÷ 95,46 JPY/EUR = 5,655 Mio. EUR | 808,5462 Mio. JPY ÷ 95,46 JPY/EUR = 8,47 Mio. EUR | – | – 2,815 Mio. EUR |
| Summe | 296,38 Mio. EUR | 299,17 Mio. EUR | 44,9 Mio. EUR (31,7 Mio. EUR) | – 47,69 Mio. EUR (– 34,49 Mio. EUR) |

## 2.4 Begrenzung des Fremdwährungsrisikos

| | |
|---|---|
| ausgeglichene Währungsposition | 0 Mio. EUR (13,2 Mio. EUR) |
| offene Nettowährungsposition (der größere Betrag aus Spalte 4 und Spalte 5 ohne Beachtung des Vorzeichens + 50 % der ausgeglichenen Währungsposition) | 47,69 Mio. EUR + 0,5 · 0 Mio. EUR = 47,69 Mio. EUR (34,49 Mio. EUR + 0,5 · 13,2 Mio. EUR = 41,09 Mio. EUR) |
| Gold | 200 kg · 10.600 EUR/kg = 2,12 Mio. EUR     250 kg · 10.600 EUR/kg = 2,65 Mio. EUR |
| offene Goldposition (der Saldo der Beträge aus Spalte 2 und Spalte 3 ohne Beachtung des Vorzeichens) | \| 2,12 Mio. EUR − 2,65 Mio. EUR \| = 0,53 Mio. EUR |
| offene Währungsgesamtposition (offene Nettowährungsposition + offene Goldposition) | 47,69 Mio. EUR + 0,53 Mio. EUR = 48,22 Mio. EUR (41,09 Mio. EUR + 0,53 Mio. EUR = 41,62 Mio. EUR) |
| Bestimmung des Anrechnungsbetrages in der Betragsdeckungsdarstellung (offene Währungsgesamtposition · Eigenmittelunterlegungsfaktor) | 48,22 Mio. EUR · 8 % = 3,8576 Mio. EUR (41,62 Mio. EUR · 8 % = 3,3296 Mio. EUR) |

[1] 49,808 Mio. USD + 30 Mio. USD = 79,808 Mio. USD.

[2] Gebildete Einzelwertberichtigungen sind gemäß § 15 Abs. 3 Satz 3 Grundsatz I unabhängig von ihrem Bilanzausweis von den zugehörigen Aktivpositionen abzuziehen. Daher erfolgt keine Berücksichtigung der 400 Mio. JPY. 939,8263 Mio. JPY − 400 Mio. JPY = 539,8263 Mio. JPY.

Unter der Annahme, dass es sich bei dem Währungspaar USD/CAD um nachweislich eng verbundene Währungen handelt (siehe Teilaufgabe b), zeigt sich eine reduzierte Eigenmittelanforderung in Höhe von 3,8576 Mio. EUR − 3,3296 Mio. EUR = 0,528 Mio. EUR. Dies entspricht 4 % der ausgeglichenen Währungsposition in Höhe von 13,2 Mio. EUR.

## Aufgabe 2.40: Fremdwährungsrisiko

Gegeben sind folgende Währungspositionen der Cora Bank eG zum 28.02.01:

|     | Long-Positionen (in tausend WE) | Short-Positionen (in tausend WE) | ESZB-Referenzkurse WE/EUR |
| --- | --- | --- | --- |
| USD | 138.751 | 146.303 | 0,9430 |
| GBP | 76.521  | 68.202  | 0,5875 |
| CAD | 42.101  | 38.920  | 1,3716 |
| CHF | 5.664   | 4.009   | 1,5468 |
| JPY | 190.227 | 301.481 | 96,52  |

Darüber hinaus besteht zum 28.02.01 eine Long-Position in Barrengold in Höhe von 90 kg sowie eine Short-Position in Barrengold in Höhe von 120 kg. Der relevante Stichtagskurs für Barrengold beträgt 10.850 EUR/kg Gold.

Bei dem Währungspaar USD/CAD handelt es sich um nachweislich eng verbundene („hochkorrelierte") Währungen.

Die Eigenmittel der Cora Bank eG (Stand: 28.02.01) betragen 450 Mio. EUR.

Ermitteln Sie den **Eigenmittelunterlegungsbetrag für die Währungsgesamtposition** der Cora Bank eG zum 28.02.01. Gehen Sie dabei davon aus, dass die Cora Bank eG von dem Wahlrecht nach § 14 Abs. 4 Satz 1 Grundsatz I Gebrauch macht. (Verwenden Sie zur Lösung die nachstehende Tabelle).

## 2.4 Begrenzung des Fremdwährungsrisikos

| (1) | Summe der Aktivpositionen (umgerechnet in TEUR) | Summe der Passivpositionen (umgerechnet in TEUR) | offene Einzelwährungspositionen | |
|---|---|---|---|---|
| | | | Beträge mit aktivischer Ausrichtung (Pluspositionen) | Beträge mit passivischer Ausrichtung (Minuspositionen) |
| | (2) | (3) | (4) | (5) |
| | | | | |
| | | | | |
| | | | | |
| | | | | |
| | | | | |
| Σ | | | | |
| ausgeglichene Währungsposition | | | | |
| offene Nettowährungsposition | | | | |
| Gold | | | | |
| offene Goldposition | | | | |
| offene Währungsgesamtposition (offene Nettowährungsposition + offene Goldposition) | | | | |
| Bestimmung des Anrechnungsbetrages in der Betragsdeckungsdarstellung (= Eigenmittelunterlegungsbetrag) (offene Währungsgesamtposition · Eigenmittelunterlegungsfaktor) | | | | |

## Lösung

| (1) | Summe der Aktivpositionen (umgerechnet in TEUR) (2) | Summe der Passivpositionen (umgerechnet in TEUR) (3) | offene Einzelwährungspositionen | |
|---|---|---|---|---|
| | | | Beträge mit aktivischer Ausrichtung (Pluspositionen) (4) | Beträge mit passivischer Ausrichtung (Minuspositionen) (5) |
| USD | 147.137,86 | 155.146,34 | – | (–8.008,48) –5.689,29[1] |
| GBP | 130.248,51 | 116.088,51 | 14.160,00 | – |
| CAD | 30.694,81 | 28.375,62 | (2.319,19) | – |
| CHF | 3.661,75 | 2.591,80 | 1.069,95 | – |
| JPY | 1.970,86 | 3.123,51 | – | –1.152,65 |
| Σ | 313.713,79 | 305.325,78 | 15.229,95 | –6.841,94 |
| ausgeglichene Währungsposition | | 2.319,19 | | |
| offene Nettowährungsposition | | 15.229,95 + 2.319,19 · 0,5 = 16.389,55 | | |
| Gold | 976,50 | 1.302 | | |

## 2.4 Begrenzung des Fremdwährungsrisikos

| | |
|---|---|
| offene Goldposition | $\|976{,}50 - 1.302\| = 325{,}50$ |
| offene Währungsgesamtposition (offene Nettowährungsposition + offene Goldposition) | $16.389{,}55 + 325{,}50 = 16.715{,}05$ |
| Bestimmung des Anrechnungsbetrages in der Betragsdeckungsdarstellung (= Eigenmittelunterlegungsbetrag) (offene Währungsgesamtposition · Eigenmittelunterlegungsfaktor) | $16.715{,}05 \cdot 8\ \%^2 = 1.337{,}204$ TEUR $= \underline{1.337{,}204\text{ EUR}}$ |

[1] $8.008{,}48 - 2.319{,}19 = 5.689{,}29$ (als Folge der Inanspruchnahme des Wahlrechts des § 14 Abs. 4 Satz 1 Grundsatz I).

[2] $16.715{,}05\ >\ 2\ \%$ der Eigenmittel (9.000 TEUR) ⎫
$313.713{,}79\ <\ 100\ \%$ der Eigenmittel (450.000 TEUR) ⎭ ⇒ Eigenmittelunterlegungspflicht

## 2.5 Begrenzung des Rohwarenpreisrisikos

**Aufgabe 2.41: Erfassung des Rohwarenpreisrisikos**

Erläutern Sie, wie das Rohwarenpreisrisiko eines Kreditinstituts im Grundsatz I erfasst und begrenzt wird.

### Lösung

§ 2 Abs. 2 Satz 1 Grundsatz I i. V. m. Satz 2 Nr. 2 Grundsatz I fordert erstmals für Kredit- und Finanzdienstleistungsinstitute eine Eigenmittelunterlegung für Positionen in Rohwaren. Damit verbunden ist für Banken eine Aufhebung des Verbots der Durchführung von Warentermingeschäften.[1] Geschäfte dieser Art wurden bisher von der Bankenaufsicht wegen ihres Risikogehalts als mit den Grundsätzen ordnungsgemäßer Geschäftsführung eines Kreditinstituts nicht vereinbar bezeichnet.[2] Sowohl Kredit- als auch Finanzdienstleistungsinstitute haben demnach zukünftig die Möglichkeit, uneingeschränkt Positionen in Rohwaren zu halten oder einzugehen.[3] Zur Abfederung der mit dem Abschluss von Rohwarengeschäften verbundenen Preisrisiken ist allerdings ein angemessener Eigenkapitalbetrag vorzuhalten. Die Rohwarenposition eines Kredit- oder Finanzdienstleistungsinstituts ist in Höhe ihres Anrechnungsbetrages Bestandteil der Betragsdeckungsdarstellung gemäß § 2 Abs. 2 Satz 1 Grundsatz I.

Die Ermittlung des Anrechnungsbetrages für die Rohwarenposition eines Kredit- oder Finanzdienstleistungsinstituts in der Betragsdeckungsdarstellung des § 2 Abs. 2 Satz 1 Grundsatz I erfolgt nach den Vorschriften des Vierten Abschnitts des Grundsatzes I (§ 16 und § 17 Grundsatz I) aus allen bilanziellen sowie außerbilanziellen Geschäften dieses Instituts, die einen Rohwarenbezug aufweisen und damit der Gefahr einer Wertminderung aufgrund einer unvorteilhaften Veränderung der Preise von Rohwaren ausgesetzt sind.[4] Als „Rohwaren" im Sinne des Grundsatzes I gelten hierbei „die Produkte der Urproduktion (Bergbau und Landwirtschaft) sowie daraus erzeugte Halbfabrikate (z. B. Metalle, Legierungen, Raffinerieprodukte) und Fertigprodukte (z. B. Zucker)"[5]. Von der Anrechnung in der Rohwarenposition ausgenommen sind allerdings Geschäfte in Gold, da diese bereits bei der Berechnung der offenen Währungsgesamtposition berücksichtigt werden. Darüber hinaus besteht eine Bagatellregelung für auf Silber oder Platinmetalle lautende Positionen. Zur

---

[1] Vgl. BUNDESAUFSICHTSAMT FÜR DAS KREDITWESEN (Erläuterungen, 1997), S. 72–73, 146; BUNDESAUFSICHTSAMT FÜR DAS KREDITWESEN (Warentermingeschäfte, 1997).
[2] Vgl. BUNDESAUFSICHTSAMT FÜR DAS KREDITWESEN (Betreiben, 1974), S. 8.
[3] Vgl. BUNDESAUFSICHTSAMT FÜR DAS KREDITWESEN (Erläuterungen, 1997), S. 146.
[4] Vgl. BUNDESAUFSICHTSAMT FÜR DAS KREDITWESEN (Erläuterungen, 1997), S. 147.
[5] BUNDESAUFSICHTSAMT FÜR DAS KREDITWESEN (Erläuterungen, 1997), S. 94.

## 2.5 Begrenzung des Rohwarenpreisrisikos 195

Entlastung der Institute erklärt sich die Bankenaufsicht bis auf weiteres bereit, bei Instituten, bei denen außer Münzen, Barren und Medaillen keine weiteren Rohwarenpositionen in Silber oder Platinmetallen vorliegen, auf eine Einbeziehung dieser Positionen in die Ermittlung des Anrechnungsbetrages für die Rohwarenposition zu verzichten, sofern der Gesamtwert dieser Münzen, Barren und Medaillen den Betrag von 25.000 EUR nicht übersteigt (Freigrenze).[1] Eine katalogartige Aufzählung der bei der Ermittlung des Anrechnungsbetrages für die Rohwarenposition zu erfassenden Aktiv- und Passivpositionen enthält § 16 Abs. 2 und Abs. 3 Grundsatz I. Abbildung 23 gibt dazu einen Überblick.

Während § 16 Abs. 2 und Abs. 3 Grundsatz I festlegt, welche Aktiv- und Passivpositionen eines Kredit- oder Finanzdienstleistungsinstituts mit einem Rohwarenpreisrisiko behaftet sind, regelt § 16 Abs. 4 i. V. m. Abs. 1 Grundsatz I die einzelnen Verfahrensschritte zur Bestimmung der Eigenkapitalanforderung für die Rohwarenposition eines Kredit- oder Finanzdienstleistungsinstituts. Danach setzt sich die Rohwarenposition eines Kredit- oder Finanzdienstleistungsinstituts aus den offenen Rohwareneinzelpositionen dieses Instituts zusammen und ist täglich bei Geschäftsschluss zu errechnen.[2] Die offenen Rohwareneinzelpositionen eines Instituts sind hierbei definiert als die Unterschiedsbeträge zwischen den Aktiv- und Passivpositionen in jeweils einer Rohware.[3]

Bei der Berechnung der offenen Rohwareneinzelpositionen eines Instituts sind die Positionen in Rohwaren mit den Kassamarktpreisen der Rohwaren zu bewerten.[4] Als Kassamarktpreise von Rohwaren sind die Preise desjenigen Marktes zugrunde zu legen, der für die betreffende Rohware im Hinblick auf das Umsatzvolumen als repräsentativ anzusehen ist.[5] Die Entscheidung, welcher Markt aus welchen Gründen für die Ermittlung der für die Umrechnung heranzuziehenden Kassamarktpreise vom Institut als repräsentativ angesehen wird, ist zu dokumentieren; die Dokumentation ist der Bankenaufsichtsbehörde auf Verlangen vorzulegen.[6] Die Umrechnung der in der überwiegenden Mehrzahl der Fälle auf fremde Währung lautenden Rohwarenpreise in EUR erfolgt hierbei gemäß § 16 Abs. 1 Satz 2 Grundsatz I nach den Vorschriften des § 6 Abs. 2 Grundsatz I. Danach sind auf fremde Währungen lautende Positionen zu den von der EZB am Meldestichtag festgestellten und von der Deutschen Bundesbank veröffentlichten Referenzkursen (ESZB-Referenzkurse) in die

---

[1] Vgl. BUNDESAUFSICHTSAMT FÜR DAS KREDITWESEN (Erläuterungen, 1997), S. 93.
[2] Vgl. § 16 Abs. 1 Satz 1 Grundsatz I.
[3] Vgl. § 16 Abs. 1 Satz 1 Grundsatz I.
[4] Vgl. § 16 Abs. 1 Satz 1 Grundsatz I.
[5] Vgl. BUNDESAUFSICHTSAMT FÜR DAS KREDITWESEN (Erläuterungen, 1997), S. 147.
[6] Vgl. BUNDESAUFSICHTSAMT FÜR DAS KREDITWESEN (Erläuterungen, 1997), S. 147.

Währung der Rechnungslegung (EUR) umzurechnen. Für Währungen, für die keine ESZB-Referenzkurse veröffentlicht werden, sind die Mittelkurse aus feststellbaren An- und Verkaufskursen des Meldestichtags maßgeblich.

| Aktivpositionen | Passivpositionen |
|---|---|
| 1. Auf der Aktivseite der Bilanz auszuweisende Rohwarenbestände | 1. Lieferverpflichtungen aus Swap-, Kassa- und Termingeschäften |
| 2. Lieferansprüche aus Swap-, Kassa- und Termingeschäften | 2. Vom Institut im Falle der Ausübung eigener oder fremder Optionsrechte zu erfüllende Lieferverpflichtungen |
| 3. Dem Institut im Falle der Ausübung eigener oder fremder Optionsrechte zustehende Lieferansprüche | 3. Eventualverbindlichkeiten zur Rückgabe von unecht in Pension genommenen Gegenständen der Aktivposition Nr. 1 |
| 4. Eventualansprüche auf Rückgabe von unecht in Pension gegebenen Gegenständen der Aktivposition Nr. 1 | |

Gemäß § 16 Abs. 1 Satz 3 Grundsatz I dürfen bei der Ermittlung der Rohwarenposition Geschäfte, die – infolge fest getroffener Vereinbarungen über die Abnahme bzw. Lieferung der jeweiligen Rohware zum Zeitpunkt der Erfüllung – geschlossene Positionen während der gesamten Geschäftsdauer begründen, nach einheitlicher und dauerhafter Wahl eines Instituts und mit Zustimmung der Bankenaufsichtsbehörde unberücksichtigt bleiben (so genannte „reine Bestandsfinanzierungen").

**Abbildung 23: Einbeziehungspflichtige Geschäfte im Bereich des Rohwarenpreisrisikos gemäß § 16 Abs. 2 und Abs. 3 Grundsatz I**[1]

Nach erfolgter Ermittlung der offenen Rohwareneinzelpositionen eines Kredit- oder Finanzdienstleistungsinstituts sind diese in einem weiteren Schritt ungeachtet ihres jeweiligen Vorzeichens zusammenzufassen (Nettoposition im Rohwarenbereich)[2] und mit 15 % zu gewichten.[3] Zusätzlich sind alle Aktiv- und Passivpositionen in den einzelnen Rohwaren – ebenfalls ungeachtet ihres jeweiligen Vorzeichens – zu addieren (Bruttoposition im Rohwarenbereich) und mit einem Gewichtungsfaktor in Höhe

---

[1] Modifiziert entnommen aus WASCHBUSCH, GERD (Bankenaufsicht, 2000), S. 290.
[2] Gegenläufige Positionen in unterschiedlichen Rohwaren dürfen somit in keinem Fall miteinander aufgerechnet werden. Dagegen besteht bei gegenläufigen Positionen in einzelnen Rohwaren, die verschiedenen Unterkategorien einer Rohwarengattung angehören (z. B. die Sorten „West Texas Intermediate" sowie „Arabian Light" bei der Gattung Rohöl), durchaus die Möglichkeit einer gegenseitigen Aufrechnung. Die Bankenaufsichtsbehörde entscheidet hierüber im Einzelfall. Vgl. BUNDESAUFSICHTSAMT FÜR DAS KREDITWESEN (Erläuterungen, 1997), S. 147–148.
[3] Vgl. § 16 Abs. 4 Satz 1 Grundsatz I.

## 2.5 Begrenzung des Rohwarenpreisrisikos 197

von 3 % zu multiplizieren.[1] Beide Beträge zusammen repräsentieren bei dieser Vorgehensweise – es handelt sich um das sog. „Standardverfahren"[2] – den Umfang der erforderlichen Eigenmittelunterlegung für das Rohwarenpreisrisiko eines Kredit- oder Finanzdienstleistungsinstituts.

Als Alternative zu dem vorstehend geschilderten Verfahren der Quantifizierung des Rohwarenpreisrisikos können Kredit- und Finanzdienstleistungsinstitute nach dauerhafter Wahl[3] auf die sog. „Zeitfächermethode" gemäß § 17 Grundsatz I zurückgreifen.[4] Bei dieser Methode werden die Aktiv- und Passivpositionen in jeder einzelnen Rohware entsprechend ihrer Fälligkeit in ein Laufzeitraster (zeitlich gegliedertes Risikoerfassungssystem) eingestellt und in jedem der dortigen Laufzeitbänder (Zeitfächer) die geschlossenen und die offenen Positionen ermittelt.[5] Die Summe der geschlossenen Positionen der einzelnen Laufzeitbänder (ausgeglichene Bereichspositionen) sind mit 3 % Eigenkapital zu unterlegen (Teilanrechnungsbetrag 1). Die offenen Positionen eines jeden Laufzeitbandes (offene Bereichspositionen) dürfen sodann – beginnend mit dem kürzesten Laufzeitband – mit gegenläufigen offenen Positionen nachfolgender Laufzeitbänder in Form eines „Rollierens" oder „Vortragens" saldiert werden. Die auf diese Weise entstehenden geschlossenen Positionen über Laufzeitbandgrenzen hinweg sind ebenfalls in ihrer Summe mit 3 % zu gewichten (Teilanrechnungsbetrag 2). Da allerdings eine solche Absicherung von Positionen zwischen verschiedenen Laufzeitbändern zwangsläufig ungenau ist, kommt ein Zuschlag in Höhe von 0,6 % auf den Absolutwert der Summe der über die einzelnen Laufzeitbänder vorgetragenen Positionen hinzu (Teilanrechnungsbetrag 3). Die im letzten Laufzeitband verbleibende offene Position (Nettoposition im Rohwarenbereich) erhält schließlich ungeachtet ihres Vorzeichens eine Eigenmittelunterlegung

---

[1] Vgl. § 16 Abs. 4 Satz 2 Grundsatz I.
[2] Vgl. BUNDESAUFSICHTSAMT FÜR DAS KREDITWESEN (Erläuterungen, 1997), S. 148.
[3] „Dauerhaft" bedeutet, dass Institute, die sich für die Zeitfächermethode entscheiden, hiervon nur in wohl begründeten Einzelfällen wieder abweichen und das Standardverfahren verwenden dürfen (vgl. BUNDESAUFSICHTSAMT FÜR DAS KREDITWESEN (Erläuterungen, 1997), S. 148). Auf die Einführung des Einheitlichkeitsprinzips auf Institutsebene wurde allerdings verzichtet. Die Institute können deshalb die beiden Verfahren parallel, jedoch nur für unterschiedliche Rohwarenarten, verwenden. Innerhalb der einzelnen Rohwarenart ist dagegen einheitlich vorzugehen (vgl. BUNDESAUFSICHTSAMT FÜR DAS KREDITWESEN (Erläuterungen, 1997), S. 148).
[4] Obwohl die Zeitfächermethode in die Wahl der Institute gestellt ist, erwartet die Bankenaufsichtsbehörde, „dass Institute, die nicht nur unbedeutende Risikopositionen im Rohwarenbereich aufweisen, von diesem Wahlrecht Gebrauch machen und die Zeitfächermethode wählen" (BUNDESAUFSICHTSAMT FÜR DAS KREDITWESEN (Erläuterungen, 1997), S. 149). Unabhängig davon steht den Instituten aber auch die Möglichkeit offen, eigene Modelle zur Messung des Rohwarenpreisrisikos einzusetzen, sofern diese den Anforderungen des Siebten Abschnitts des Grundsatzes I (§§ 32 bis 37 Grundsatz I) genügen; vgl. § 2 Abs. 2 Satz 3 Grundsatz I.
[5] Vgl. hierzu sowie zum Folgenden § 17 Grundsatz I sowie BUNDESAUFSICHTSAMT FÜR DAS KREDITWESEN (Erläuterungen, 1997), S. 148–151. Physische Bestände an Rohwaren sind in das kürzeste Laufzeitband einzuordnen.

von 15 % (Teilanrechnungsbetrag 4). Die Summe der Teilanrechnungsbeträge Nr. 1 bis Nr. 4 ergibt schließlich den Gesamtanrechnungsbetrag für das Rohwarenpreisrisiko eines Kredit- oder Finanzdienstleistungsinstituts in der betrachteten Rohware nach der Zeitfächermethode.

**Aufgabe 2.42: Grundsatz I – Begrenzung des Rohwarenpreisrisikos**

a) Die Sachsen-Bank eG hält am 07.04.01 folgende Rohwarenpositionen (jeweils in EUR umgerechnet zu den Kassamarktpreisen):

| Rohware \ Ausrichtung | long | short |
|---|---|---|
| Kartoffeln | 18 Mio. EUR | 15 Mio. EUR |
| Rapssaat | 10 Mio. EUR | 6 Mio. EUR |
| Schweine | 24 Mio. EUR | 29 Mio. EUR |
| Weizen | 8 Mio. EUR | 19 Mio. EUR |
| Silber | 13 Mio. EUR | 7 Mio. EUR |

Ermitteln Sie unter Anwendung der **Standardmethode** des § 16 Grundsatz I die Höhe der Eigenmittel, über die die Sachsen-Bank eG am 07.04.01 mindestens verfügen muss, um damit die aus den genannten Positionen resultierenden Rohwarenpreisrisiken gemäß Grundsatz I unterlegen zu können.

## 2.5 Begrenzung des Rohwarenpreisrisikos

b) Die Rohwarenposition in Kartoffeln der Sachsen-Bank eG gliedert sich am 07.04.01 wie folgt auf:

| Fälligkeit \ Ausrichtung | long | short |
|---|---|---|
| bis zu einem Monat | 5,0 Mio. EUR | 2,0 Mio. EUR |
| über einem Monat bis zu drei Monaten | – | 6,5 Mio. EUR |
| über drei Monate bis zu sechs Monaten | – | – |
| über sechs Monate bis zu einem Jahr | 3,0 Mio. EUR | 3,0 Mio. EUR |
| über einem Jahr bis zu zwei Jahren | 6,0 Mio. EUR | – |
| über zwei Jahre bis zu drei Jahren | 4,0 Mio. EUR | – |
| über drei Jahre | – | 3,5 Mio. EUR |
| Summe | 18,0 Mio. EUR | 15,0 Mio. EUR |

Ermitteln Sie unter Anwendung der **Zeitfächermethode** die Höhe der Eigenmittel, über die die Sachsen-Bank eG am 07.04.01 mindestens verfügen muss, um damit die aus der Rohwarenposition „Kartoffeln" resultierenden Rohwarenpreisrisiken gemäß Grundsatz I unterlegen zu können.

## Lösung zu Aufgabe 2.42 Teilaufgabe a

|  | Summe der Aktivpositionen Nr. 1 bis Nr. 4 (umgerechnet zu den Kassamarktpreisen) | Summe der Passivpositionen Nr. 1 bis Nr. 3 (umgerechnet zu den Kassamarktpreisen) | offene Rohwareneinzelpositionen ||
|---|---|---|---|---|
|  |  |  | Beträge mit aktivischer Ausrichtung (Pluspositionen) | Beträge mit passivischer Ausrichtung (Minuspositionen) |
| Kartoffeln | 18.000.000 EUR | 15.000.000 EUR | 3.000.000 EUR | – |
| Rapssaat | 10.000.000 EUR | 6.000.000 EUR | 4.000.000 EUR | – |
| Schweine | 24.000.000 EUR | 29.000.000 EUR | – | – 5.000.000 EUR |
| Weizen | 8.000.000 EUR | 19.000.000 EUR | – | – 11.000.000 EUR |
| Silber | 13.000.000 EUR | 7.000.000 EUR | 6.000.000 EUR | – |
| Summe | 73.000.000 EUR | 76.000.000 EUR | 13.000.000 EUR | – 16.000.000 EUR |
| Nettoposition im Rohwarenbereich (Summe aller offenen Rohwareneinzelpositionen ohne Beachtung der Vorzeichen) | – | | 29.000.000 EUR ||
| Bruttoposition im Rohwarenbereich (Summe aller Aktiv- sowie Passivpositionen in den einzelnen Rohwaren ohne Beachtung der Vorzeichen) | 149.000.000 EUR | | – ||
| Bestimmung des Anrechnungsbetrages der Nettoposition (Nettoposition im Rohwarenbereich · Eigenmittelunterlegungsfaktor in Höhe von 15 %) | | 29.000.000 EUR · 15 % = 4.350.000 EUR |||
| Bestimmung des Anrechnungsbetrages der Bruttoposition (Bruttoposition im Rohwarenbereich · Eigenmittelunterlegungsfaktor in Höhe von 3 %) | | 149.000.000 EUR · 3 % = 4.470.000 EUR |||
| Anrechnungsbetrag für die Rohwarenposition insgesamt = Anrechnungsbetrag der Nettoposition im Rohwarenbereich + Anrechnungsbetrag der Bruttoposition im Rohwarenbereich | | 4.350.000 EUR + 4.470.000 EUR = <u>8.820.000 EUR</u> |||

## Lösung zu Aufgabe 2.42 Teilaufgabe b

| Rohware „Kartoffeln" (umgerechnet zum Kassamarktpreis) (alle Angaben in EUR) | | | | | | | | |
|---|---|---|---|---|---|---|---|---|
| Laufzeitbänder (Zeitfächer) | | bis zu einem Monat | über einem Monat bis zu drei Monaten | über drei Monate bis zu sechs Monaten | über sechs Monate bis zu einem Jahr | über einem Jahr bis zu zwei Jahren | über zwei Jahre bis zu drei Jahren | über drei Jahre | Summe (Absolutwert) |
| Summe der Aktivpositionen Nr. 1 bis Nr. 4 | | 5.000.000 | – | – | 3.000.000 | 6.000.000 | 4.000.000 | – | 18.000.000 |
| Summe der Passivpositionen Nr. 1 bis Nr. 3 | | 2.000.000 | 6.500.000 | – | 3.000.000 | – | – | 3.500.000 | 15.000.000 |
| ausgeglichene Bereichspositionen (Aufrechnungen innerhalb der Laufzeitbänder) | | 2.000.000 | – | – | 3.000.000 | – | – | – | 5.000.000 |
| offene Bereichs-positionen | aktivische Ausrichtung | 3.000.000 | – | – | – | 6.000.000 | 4.000.000 | – | |
| | passivische Ausrichtung | – | – 6.500.000 | – | – | – | – | – 3.500.000 | |
| vorgetragene Position | aktivische Ausrichtung | | 3.000.000 | | | | | | |
| | passivische Ausrichtung | | | | | | | | |
| verbleibende offene Position | aktivische Ausrichtung | | | | | | | | |
| | passivische Ausrichtung | | – 3.500.000 | | | | | | |
| vorgetragene Position | aktivische Ausrichtung | | | | | | | | |
| | passivische Ausrichtung | | | – 3.500.000 | | | | | |
| verbleibende offene Position | aktivische Ausrichtung | | | | | | | | |
| | passivische Ausrichtung | | | – 3.500.000 | | | | | |
| vorgetragene Position | aktivische Ausrichtung | | | | | | | | |
| | passivische Ausrichtung | | | | | | | | – 3.500.000 |

| Rohware „Kartoffeln" (umgerechnet zum Kassamarktpreis) (alle Angaben in EUR) | | | | | | | | |
|---|---|---|---|---|---|---|---|---|
| Laufzeitbänder (Zeitfächer) | bis zu einem Monat | über einem Monat bis zu drei Monaten | über drei Monate bis zu sechs Monaten | über sechs Monate bis zu einem Jahr | über einem Jahr bis zu zwei Jahren | über zwei Jahre bis zu drei Jahren | über drei Jahre | Summe (Absolutwert) |
| verbleibende offene Position / aktivische Ausrichtung passivische Ausrichtung | | | | – 3.500.000 | – | | | |
| vorgetragene Position / aktivische Ausrichtung passivische Ausrichtung | | | | | – 3.500.000 | | | |
| verbleibende offene Position / aktivische Ausrichtung passivische Ausrichtung | | | | | 2.500.000 – | | | |
| vorgetragene Position / aktivische Ausrichtung passivische Ausrichtung | | | | | | 2.500.000 – | | |
| verbleibende offene Position / aktivische Ausrichtung passivische Ausrichtung | | | | | | 6.500.000 – | | |
| vorgetragene Position / aktivische Ausrichtung passivische Ausrichtung | | | | | | | 6.500.000 – | |
| verbleibende offene Position (= Nettoposition) / aktivische Ausrichtung passivische Ausrichtung | – | 3.000.000 | – | – | | | 3.000.000 – | 3.000.000 |
| geschlossene Positionen über Laufzeitbandgrenzen hinweg (Aufrechnungen zwischen Laufzeitbändern) | | – 3.500.000 | – 3.500.000 | – 3.500.000 | 3.500.000 | – | 3.500.000 | 10.000.000 |
| vorgetragene Positionen | 3.000.000 | – 3.500.000 | – 3.500.000 | – 3.500.000 | 2.500.000 | 6.500.000 | – | 22.500.000 |

## Berechnung des Eigenmittelbedarfs

**Teilanrechnungsbetrag 1**
Summe der ausgeglichenen Bereichspositionen (Aufrechnungen innerhalb der Laufzeitbänder) · Eigenmittelunterlegungsfaktor in Höhe von 3 %
5.000.000 EUR · 3 % = **150.000 EUR**

**Teilanrechnungsbetrag 2**
Summe der geschlossenen Positionen über Laufzeitbandgrenzen hinweg (Aufrechnungen zwischen Laufzeitbändern) · Eigenmittelunterlegungsfaktor in Höhe von 3 %
10.000.000 EUR · 3 % = **300.000 EUR**

**Teilanrechnungsbetrag 3**
Summe der vorgetragenen Positionen (Absolutwert) · Eigenmittelunterlegungsfaktor in Höhe von 0,6 %
22.500.000 EUR · 0,6 % = **135.000 EUR**

**Teilanrechnungsbetrag 4**
Verbleibende offene Position des letzten Laufzeitbandes (Absolutwert) · Eigenmittelunterlegungsfaktor in Höhe von 15 %
3.000.000 EUR · 15 % = **450.000 EUR**

**Gesamtanrechnungsbetrag**
Summe der Teilanrechnungsbeträge Nr. 1 bis Nr. 4
150.000 EUR + 300.000 EUR + 135.000 EUR + 450.000 EUR = **1.035.000 EUR**

**Zum Vergleich:**

## Berechnung des Eigenmittelbedarfs nach dem Standardverfahren

**Anrechnungsbetrag der Nettoposition**
Nettoposition im Rohwarenbereich · Eigenmittelunterlegungsfaktor in Höhe von 15 %
= 3.000.000 EUR · 15 % = **450.000 EUR**

**Anrechnungsbetrag der Bruttoposition**

Bruttoposition im Rohwarenbereich · Eigenmittelunterlegungsfaktor in Höhe von 3 %

= 33.000.000 EUR · 3 % = **990.000 EUR**

**Gesamtanrechnungsbetrag**

Anrechnungsbetrag der Nettoposition + Anrechnungsbetrag der Bruttoposition

450.000 EUR + 990.000 EUR = **1.440.000 EUR**

**Aufgabe 2.43: Zeitfächermethode und Standardverfahren**

Die Rohwarenposition „Silber" der Raiffeisenbank Bergfels eG gliedert sich am 20.02.2003 wie folgt auf:

| Fälligkeit \ Ausrichtung | long | short |
|---|---|---|
| bis zu einem Monat | – | – |
| über einem Monat bis zu drei Monaten | – | – |
| über drei Monate bis zu sechs Monaten | 800.000 EUR | 1.000.000 EUR |
| über sechs Monate bis zu einem Jahr | – | – |
| über einem Jahr bis zu zwei Jahren | 600.000 EUR | – |
| über zwei Jahre bis zu drei Jahren | – | – |
| über drei Jahre | – | 600.000 EUR |

a) Ermitteln Sie unter Anwendung der **Zeitfächermethode** die Höhe der Eigenmittel, über die die Raiffeisenbank Bergfels eG am 20.02.2003 mindestens verfügen muss, um damit die aus der Rohwarenposition „Silber" resultierenden Rohwarenpreisrisiken gemäß Grundsatz I unterlegen zu können. (Verwenden Sie zur Lösung die nachstehende Tabelle.)

b) Wie hoch wäre der Eigenmittelbedarf nach dem **Standardverfahren**?

## 2.5 Begrenzung des Rohwarenpreisrisikos

| | Rohware „Silber" (umgerechnet zum Kassamarktpreis in EUR) | | | | | | | |
|---|---|---|---|---|---|---|---|---|
| Laufzeitbänder (Zeitfächer) | bis zu einem Monat | über einem Monat bis zu drei Monaten | über drei Monate bis zu sechs Monaten | über sechs Monate bis zu einem Jahr | über einem Jahr bis zu zwei Jahren | über zwei Jahre bis zu drei Jahren | über drei Jahre | Summe (Absolutwert) |
| Summe der Aktivpositionen Nr. 1 bis Nr. 4 | | | | | | | | |
| Summe der Passivpositionen Nr. 1 bis Nr. 3 | | | | | | | | |
| ausgeglichene Bereichspositionen (Aufrechnungen innerhalb der Laufzeitbänder) | | | | | | | | |
| offene Bereichspositionen: aktivische Ausrichtung passivische Ausrichtung | | | | | | | | |
| vorgetragene Position aktivische Ausrichtung passivische Ausrichtung | | | | | | | | |
| verbleibende offene Position aktivische Ausrichtung passivische Ausrichtung | | | | | | | | |
| vorgetragene Position aktivische Ausrichtung passivische Ausrichtung | | | | | | | | |
| verbleibende offene Position aktivische Ausrichtung passivische Ausrichtung | | | | | | | | |
| vorgetragene Position aktivische Ausrichtung passivische Ausrichtung | | | | | | | | |

| Rohware „Silber" (umgerechnet zum Kassamarktpreis in EUR) | | | | | | | | |
|---|---|---|---|---|---|---|---|---|
| Laufzeitbänder (Zeitfächer) | bis zu einem Monat | über einem Monat bis zu drei Monaten | über drei Monate bis zu sechs Monaten | über sechs Monate bis zu einem Jahr | über einem Jahr bis zu zwei Jahren | über zwei Jahre bis zu drei Jahren | über drei Jahre | Summe (Absolutwert) |
| verbleibende offene Position — aktivische Ausrichtung | | | | | | | | |
| verbleibende offene Position — passivische Ausrichtung | | | | | | | | |
| vorgetragene Position — aktivische Ausrichtung | | | | | | | | |
| vorgetragene Position — passivische Ausrichtung | | | | | | | | |
| verbleibende offene Position — aktivische Ausrichtung | | | | | | | | |
| verbleibende offene Position — passivische Ausrichtung | | | | | | | | |
| vorgetragene Position — aktivische Ausrichtung | | | | | | | | |
| vorgetragene Position — passivische Ausrichtung | | | | | | | | |
| verbleibende offene Position — aktivische Ausrichtung | | | | | | | | |
| verbleibende offene Position — passivische Ausrichtung | | | | | | | | |
| vorgetragene Position — aktivische Ausrichtung | | | | | | | | |
| vorgetragene Position — passivische Ausrichtung | | | | | | | | |
| verbleibende offene Position (= Nettoposition) — aktivische Ausrichtung | | | | | | | | |
| verbleibende offene Position (= Nettoposition) — passivische Ausrichtung | | | | | | | | |
| geschlossene Positionen über Laufzeitbandgrenzen hinweg (Aufrechnungen zwischen Laufzeitbändern) | | | | | | | | |
| vorgetragene Positionen | | | | | | | | |

## 2.5 Begrenzung des Rohwarenpreisrisikos

**Lösung**

Rohware „Silber" (umgerechnet zum Kassamarktpreis in EUR)

| Laufzeitbänder (Zeitfächer) | | bis zu einem Monat | über einem Monat bis zu drei Monaten | über drei Monate bis zu sechs Monaten | über sechs Monate bis zu einem Jahr | über einem Jahr bis zu zwei Jahren | über zwei Jahre bis zu drei Jahren | über drei Jahre | Summe (Absolutwert) |
|---|---|---|---|---|---|---|---|---|---|
| Summe der Aktivpositionen Nr. 1 bis Nr. 4 | | – | – | 800.000 | – | 600.000 | – | – | 1.400.000 |
| Summe der Passivpositionen Nr. 1 bis Nr. 3 | | – | – | 1.000.000 | – | – | – | 600.000 | 1.600.000 |
| ausgeglichene Bereichspositionen (Aufrechnungen innerhalb der Laufzeitbänder) | | – | – | 800.000 | – | – | – | – | **800.000** |
| offene Bereichspositionen | aktivische Ausrichtung | – | – | – | – | 600.000 | – | – | |
| | passivische Ausrichtung | – | – | – 200.000 | – | – | – | – 600.000 | |
| vorgetragene Position | aktivische Ausrichtung | ↑ | – | | | | | | |
| | passivische Ausrichtung | | – | | | | | | |
| verbleibende offene Position | aktivische Ausrichtung | | – | | | | | | |
| | passivische Ausrichtung | | – | | | | | | |
| vorgetragene Position | aktivische Ausrichtung | | ↑ | | | | | | |
| | passivische Ausrichtung | | – | | | | | | |
| verbleibende offene Position | aktivische Ausrichtung | | | | | | | | |
| | passivische Ausrichtung | | | – 200.000 | | | | | |
| vorgetragene Position | aktivische Ausrichtung | | | ↑ | | | | | |
| | passivische Ausrichtung | | | | – 200.000 | | | | |

| Rohware „Silber" (umgerechnet zum Kassamarktpreis in EUR) | | | | | | | | |
|---|---|---|---|---|---|---|---|---|
| Laufzeitbänder (Zeitfächer) | bis zu einem Monat | über einem Monat bis zu drei Monaten | über drei Monate bis zu sechs Monaten | über sechs Monate bis zu einem Jahr | über einem Jahr bis zu zwei Jahren | über zwei Jahre bis zu drei Jahren | über drei Jahre | Summe (Absolutwert) |
| verbleibende offene Position — aktivische Ausrichtung / passivische Ausrichtung | | | | – / –200.000 | | | | |
| vorgetragene Position — aktivische Ausrichtung / passivische Ausrichtung | | | | | – / –200.000 | | | |
| verbleibende offene Position — aktivische Ausrichtung / passivische Ausrichtung | | | | | 400.000 / – | | | |
| vorgetragene Position — aktivische Ausrichtung / passivische Ausrichtung | | | | | | 400.000 / – | | |
| verbleibende offene Position — aktivische Ausrichtung / passivische Ausrichtung | | | | | | 400.000 / – | | |
| vorgetragene Position — aktivische Ausrichtung / passivische Ausrichtung | | | | | | | 400.000 / – | |
| verbleibende offene Position (= Nettoposition) — aktivische Ausrichtung / passivische Ausrichtung | – | – | – | – | | | –200.000 | **–200.000** |
| geschlossene Positionen über Laufzeitbandgrenzen hinweg (Aufrechnungen zwischen Laufzeitbändern) | – | – | –200.000 | –200.000 | 200.000 | – | 400.000 | **600.000** |
| vorgetragene Positionen | – | – | – | 400.000 | 400.000 | 400.000 | – | **1.200.000** |

## 2.5 Begrenzung des Rohwarenpreisrisikos

a) Berechnung des Eigenmittelbedarfs für die Rohwarenposition der Raiffeisenbank Bergfels eG nach der Zeitfächermethode:

| | | | | |
|---|---|---|---|---|
| Teilanrechnungsbetrag 1: | 800.000 EUR | · 3 % | = | 24.000 EUR |
| Teilanrechnungsbetrag 2: | 600.000 EUR | · 3 % | = | 18.000 EUR |
| Teilanrechnungsbetrag 3: | 1.200.000 EUR | · 0,6 % | = | 7.200 EUR |
| Teilanrechnungsbetrag 4: | 200.000 EUR | · 15 % | = | <u>30.000 EUR</u> |
| | | | | <u>79.200 EUR</u> |

b) Die Ermittlung des Eigenmittelbedarfs für die Rohwarenposition der Raiffeisenbank Bergfels eG nach dem Standardverfahren:

| | | | | |
|---|---|---|---|---|
| Standardverfahren: | 200.000 EUR | · 15 % | = | 30.000 EUR |
| | 3.000.000 EUR | · 3 % | = | <u>90.000 EUR</u> |
| | | | | <u>120.000 EUR</u> |

## 2.6 Begrenzung des Aktienkursrisikos

**Aufgabe 2.44: Aktiennettopositionen**

Im Rahmen der Erfassung des Aktienkursrisikos sind sog. Aktiennettopositionen zu bilden. Erläutern Sie, welche Geschäfte als aktienkursbezogene Finanzinstrumente anzusehen sind.

**Lösung**

Zur Ermittlung des Anrechnungsbetrages für das Aktienkursrisiko sind die Anrechnungsbeträge aus dem allgemeinen (Aktien-)Kursrisiko und dem besonderen (Aktien-)Kursrisiko getrennt zu berechnen und zu einem Gesamtbetrag aufzuaddieren. Um die Anrechnungsbeträge dieser beiden Risikoarten quantifizieren zu können, müssen allerdings zuerst sog. „Aktiennettopositionen" gebildet werden. Diese setzen sich gemäß § 18 Abs. 1 Nr. 1 Buchstabe b Grundsatz I aus sämtlichen aktienkursbezogenen Finanzinstrumenten zusammen, die dem Handelsbuch eines Kredit- oder Finanzdienstleistungsinstituts zugeordnet werden. Im Hinblick auf die Abgrenzung der aktienkursbezogenen Finanzinstrumente wird hierbei auf § 1 Abs. 11 KWG verwiesen. Danach fallen folgende vier Kategorien von Finanzprodukten unter den bankenaufsichtsrechtlichen Sammelbegriff der Finanzinstrumente (vgl. Abbildung 24):

- am Markt handelbare Wertpapiere, auch wenn keine Urkunden über sie ausgestellt sind,
- Geldmarktinstrumente,
- Devisen und vergleichbare Rechnungseinheiten, die keine gesetzlichen Zahlungsmittel sind (z. B. Sonderziehungsrechte), sowie
- Derivate.

Da jedoch sowohl Geldmarktinstrumente als auch Devisen und vergleichbare Rechnungseinheiten keine Aktienkursrisiken beinhalten, scheiden sie aus dem Kreis der hier relevanten Finanzinstrumente aus. Von den verbleibenden Finanzinstrumenten sind die folgenden zu berücksichtigen (vgl. Abbildung 25):

- am Markt handelbare Wertpapiere, unabhängig davon, ob Urkunden über sie ausgestellt sind:[1]
    - Aktien,
    - Zertifikate, die Aktien vertreten (z. B. Interimsscheine oder ADR),

---

[1] Genussrechte sind, da sie kein Aktienkurs-, sondern ein Zinsänderungsrisiko enthalten, nicht im Rahmen der Ermittlung der Aktienkursrisiken, sondern der Zinsänderungsrisiken aus dem Handelsbuch zu berücksichtigen.

## 2.6 Begrenzung des Aktienkursrisikos

```
┌─────────────────────────────────────────────────────────────────────┐
│                          Finanzinstrumente                           │
└─────────────────────────────────────────────────────────────────────┘
```

- am Markt handelbare Wertpapiere, auch wenn keine Urkunden über sie ausgestellt sind

  - Aktien
  - Zertifikate, die Aktien vertreten
  - Schuldverschreibungen
  - Genussscheine
  - Optionsscheine
  - andere Wertpapiere, die mit Aktien oder Schuldverschreibungen vergleichbar sind
  - Investmentanteile

- Geldmarktinstrumente

  - Forderungen, soweit sie keine der oben genannten Wertpapiere darstellen und üblicherweise auf dem Geldmarkt gehandelt werden

- Devisen und vergleichbare Rechnungseinheiten

- Derivate, unabhängig davon, ob es sich um als Festgeschäfte oder Optionsgeschäfte ausgestaltete Termingeschäfte handelt, deren Preis unmittelbar oder mittelbar abhängt von

  - dem Börsen- oder Marktpreis von Wertpapieren
  - dem Börsen- oder Marktpreis von Geldmarktinstrumenten
  - dem Kurs von Devisen oder Rechnungseinheiten
  - Zinssätzen oder anderen Erträgen
  - dem Börsen- oder Marktpreis von Waren oder Edelmetallen

**Abbildung 24: Überblick über die Finanzinstrumente i. S. d. § 1 Abs. 11 KWG**

```
┌─────────────────────────────────────────────────────────────────┐
│  ┌───────────────────────────────────────────────────────────┐  │
│  │            Aktienkursbezogene Finanzinstrumente           │  │
│  └───────────────────────────────────────────────────────────┘  │
│                                                                 │
│  ┌───────────────────────────────────────────────────────────┐  │
│  │  • am Markt handelbare Wertpapiere, auch wenn keine       │  │
│  │    Urkunden über sie ausgestellt sind                     │  │
│  │                                                           │  │
│  │        ┌───────────────────────────────────────┐          │  │
│  │        │                Aktien                 │          │  │
│  │        └───────────────────────────────────────┘          │  │
│  │        ┌───────────────────────────────────────┐          │  │
│  │        │    Zertifikate, die Aktien vertreten  │          │  │
│  │        └───────────────────────────────────────┘          │  │
│  │        ┌───────────────────────────────────────┐          │  │
│  │        │    aktienkursbezogene Optionsscheine  │          │  │
│  │        └───────────────────────────────────────┘          │  │
│  │        ┌───────────────────────────────────────┐          │  │
│  │        │ andere Wertpapiere, die mit Aktien    │          │  │
│  │        │ vergleichbar sind                     │          │  │
│  │        └───────────────────────────────────────┘          │  │
│  └───────────────────────────────────────────────────────────┘  │
│                                                                 │
│  ┌───────────────────────────────────────────────────────────┐  │
│  │  • Derivate, unabhängig davon, ob es sich um als          │  │
│  │    Festgeschäfte oder Optionsgeschäfte ausgestaltete      │  │
│  │    Termingeschäfte handelt, deren Preis unmittelbar       │  │
│  │    oder mittelbar abhängt von                             │  │
│  │                                                           │  │
│  │     ┌───────────────────────────────────────────────┐     │  │
│  │     │ dem Börsen- oder Marktpreis aktienkurs-       │     │  │
│  │     │ bezogener Wertpapiere                         │     │  │
│  │     └───────────────────────────────────────────────┘     │  │
│  └───────────────────────────────────────────────────────────┘  │
│                                                                 │
│  Aktienkursbezogene Finanzinstrumente, die im Rahmen von        │
│  Pensionsgeschäften übertragen oder im Rahmen von Leih-         │
│  geschäften verliehen wurden, sind dem Pensionsgeber bzw.       │
│  Verleiher zuzurechnen (§ 18 Abs. 3 Grundsatz I).               │
│                                                                 │
│  Investmentanteile sind nicht zu berücksichtigen (§ 18 Abs. 4   │
│  Grundsatz I). Sie sind stattdessen als Risikoaktiva gemäß § 4  │
│  Satz 2 Grundsatz I zu erfassen. Gleiches gilt für Termin-      │
│  geschäfte und ähnliche Geschäfte, denen Investmentanteile      │
│  zugrunde liegen.                                               │
└─────────────────────────────────────────────────────────────────┘
```

**Abbildung 25: In die Aktiennettopositionen gemäß § 18 Abs. 1 Nr. 1 Buchstabe b Grundsatz I einzubeziehende Finanzinstrumente**[1]

---

[1] Modifiziert entnommen aus WASCHBUSCH, GERD (Bankenaufsicht, 2000), S. 301.

## 2.6 Begrenzung des Aktienkursrisikos

- ◆ Optionsscheine, bei denen der Preis unmittelbar oder mittelbar vom Börsen- oder Marktpreis anderer aktienkursbezogener Wertpapiere abhängt, sowie
- ◆ andere Wertpapiere, die mit Aktien vergleichbar sind, wenn sie an einem Markt gehandelt werden können.
– Derivate, unabhängig davon, ob sie als Festgeschäfte oder Optionsgeschäfte ausgestaltete Termingeschäfte sind, deren Preis unmittelbar oder mittelbar vom Börsen- oder Marktpreis der genannten aktienkursbezogenen Wertpapiere abhängt.

Besonderheiten bei Investmentanteilen:
Investmentanteile zählen zwar gemäß § 1 Abs. 11 Satz 2 Nr. 2 Halbsatz 2 KWG explizit zu den Finanzinstrumenten; sie sind jedoch gemäß § 18 Abs. 4 Grundsatz I bei der Ermittlung der Handelsbuch-Risikopositionen nicht zu berücksichtigen. Somit sind sie auch dann nicht in die Berechnung der Aktiennettopositionen einzubeziehen, wenn ihr Wert vom Börsen- oder Marktpreis anderer aktienkursbezogener Wertpapiere unmittelbar oder mittelbar abhängt und ihnen folglich ein Aktienkursrisiko immanent ist. Die Ausnahmeregelung ist auch auf Termin- und ähnliche Geschäfte, denen Investmentanteile zugrunde liegen, anzuwenden.[1] Die genannten Handelsbuch-Positionen in Investmentanteilen bzw. auf diesen basierenden Derivaten sind statt in die Ermittlung der Handelsbuch-Risikopositionen gemäß § 4 Satz 2 Grundsatz I als Risikoaktiva in die Berechnung des Ausfallrisikos einzubeziehen.

Besonderheiten bei Garantien und Gewährleistungen zur Übernahme von aktienkursbezogenen Wertpapieren:
Hat ein Institut gegenüber einem Dritten Garantien oder Gewährleistungen zur Übernahme von aktienkursbezogenen Wertpapieren abgegeben (sog. „Platzierungsrisiko"), so sind diese vor ihrer Einbeziehung in die Aktiennettopositionen mit bestimmten Anrechnungssätzen zu gewichten. Die Anrechnungssätze, die in Abhängigkeit von der zeitlichen Entfernung von dem Tag der verbindlichen Abgabe der Garantie- oder Gewährleistungserklärung gestaffelt sind, sind in Abbildung 26 aufgeführt.

Voraussetzung für die Berücksichtigung der Anrechnungssätze ist, dass sich die Wertpapiere, auf die sich die Übernahmeverpflichtung bezieht, nicht bereits im Bestand des Instituts befinden, da sie dann in voller Höhe in die Berechnung der Aktiennettopositionen einzubeziehen sind. Mit der schrittweisen Erhöhung der Anrechnungssätze wird einerseits dem Umstand Rechnung getragen, „dass eine Inan-

---

[1] Vgl. BUNDESAUFSICHTSAMT FÜR DAS KREDITWESEN (Erläuterungen, 1997), S. 156.

spruchnahme des Instituts aus einer Übernahmeerklärung umso wahrscheinlicher wird, je länger die Platzierung dauert"[1]. Andererseits wird berücksichtigt, dass ein Abweichen des aktuellen Marktpreises vom vereinbarten Übernahmekurs mit zunehmender zeitlicher Entfernung immer wahrscheinlicher wird.

| Seit verbindlicher Abgabe der Garantie- oder Gewährleistungserklärung vergangene Arbeitstage | Anrechnungssatz |
|---|---|
| 0 [1] | 0 %[2] |
| 1 | 10 % |
| 2 | 25 % |
| 3 | 25 % |
| 4 | 50 % |
| 5 | 75 % |
| ≥ 6 | 100 % |

[1] Tag der verbindlichen Abgabe der Garantie- oder Gewährleistungserklärung.

[2] Ohne Auswirkung auf die Ermittlung der Aktiennettopositionen „bleibt die Abgabe einer Platzierungsgarantie für eine anstehende Aktienemission also nur, wenn das Institut noch vor dem nächsten Geschäftstag für die Aktien einen festen Abnehmer findet" (BUNDESAUFSICHTSAMT FÜR DAS KREDITWESEN (Rundschreiben 13/99, 1999)).

**Abbildung 26: Anrechnungssätze bei Abgabe von Übernahmegarantien und -gewährleistungen im Rahmen der Handelsbuch-Risikopositionen gemäß § 18 Abs. 2 Grundsatz I**

Besonderheiten bei Pensions- und Leihgeschäften:
Hat ein Institut aktienkursbezogene Finanzinstrumente im Rahmen von Pensionsgeschäften oder Leihgeschäften auf einen Dritten übertragen bzw. verliehen, so sind diese Finanzinstrumente vom Pensionsgeber bzw. Verleiher in die Berechnung der Aktiennettopositionen einzubeziehen. Sie sind somit beim Pensionsnehmer bzw. Entleiher in diesem Zusammenhang nicht anzurechnen. Diese Zuordnungsvorschrift ist risikoadäquat, da das Aktienkursrisiko bei diesen Geschäften stets beim Pensionsgeber bzw. Verleiher verbleibt.

---

[1] C&L DEUTSCHE REVISION AG (6. KWG-Novelle, 1998), S. 343.

Da bei einem Leihgeschäft der Entleiher die entliehenen Finanzinstrumente dem Verleiher zum vorher vereinbarten Preis zurückzugeben hat, geht eine (negative) Veränderung des Werts dieses Finanzinstruments zu Lasten des Verleihers. Diese Überlegung gilt entsprechend für Pensionsgeschäfte, unabhängig davon, ob sie als echte oder unechte Pensionsgeschäfte ausgestaltet sind.

Da die Zuordnung der Finanzinstrumente zum Verleiher bzw. Pensionsgeber ohne Berücksichtigung der Bilanzierungsvorschriften erfolgt, kann dies nur beim Pensionsgeber zu Positionserhöhungen führen. Eine Positionserhöhung ergibt sich beim Pensionsgeber allerdings nur bei unechten Pensionsgeschäften, da in diesem Fall die verpensionierten Finanzinstrumente aus der Bilanz des Pensionsgebers ausscheiden und dem Pensionsnehmer (bilanziell) zugerechnet werden. Die Positionserhöhung ergibt sich folglich aus einem Abweichen der Zuordnung unter Risikogesichtspunkten von der bilanziellen Zuordnung, die auf die wirtschaftlichen Verhältnisse abstellt.

Bei echten Pensionsgeschäften erfolgt beim Pensionsgeber keine Positionserhöhung, da die Finanzinstrumente ohnehin von diesem zu bilanzieren sind.

Beim Pensionsnehmer hat die Zuordnungsvorschrift des § 18 Abs. 3 Grundsatz I keine Auswirkungen auf die Höhe seiner Nettopositionen, da die Finanzinstrumente im Falle eines echten Pensionsgeschäfts erst gar nicht in seiner Bilanz erscheinen. Im Falle von unechten Pensionsgeschäften sind die ihm verpensionierten Finanzinstrumente zwar auf der Aktivseite seiner Bilanz zu erfassen; diese bestandserhöhende Position wird aber durch die entsprechende, von ihm in seiner Bilanz zu bildende Passivposition, die seinem Rückübertragungswahlrecht Rechnung trägt, kompensiert.[1]

**Aufgabe 2.45: Erfassung des Aktienkursrisikos**
Erläutern Sie, wie das Aktienkursrisiko eines Kredit- oder Finanzdienstleistungsinstituts im Grundsatz I erfasst und begrenzt wird.

---

[1] Vgl. BUNDESAUFSICHTSAMT FÜR DAS KREDITWESEN (Erläuterungen, 1997), S. 156.

**Lösung**

Die in die Ermittlung der Handelsbuch-Risikopositionen eines Instituts einzubeziehenden aktienkursbezogenen Finanzinstrumente sind zu Aktiennettopositionen zusammenzufassen. Aktiennettopositionen ergeben sich gemäß § 19 Abs. 1 Satz 1 Grundsatz I als Unterschiedsbeträge
– aus Beständen an gleichen aktienkursbezogenen Wertpapieren sowie
– aus Lieferansprüchen und Lieferverpflichtungen aus
　– Kassageschäften,
　– Termingeschäften,
　– Optionsgeschäften sowie
　– Swapgeschäften,
die die gleichen aktienkursbezogenen Wertpapiere zum Geschäftsgegenstand haben oder sich vertraglich auf die gleichen aktienkursbezogenen Wertpapiere beziehen.

Übernahmeverpflichtungen sowie gegebenenfalls Pensions- und Leihgeschäfte sind bei der Ermittlung der Unterschiedsbeträge nach Maßgabe des § 18 Abs. 2 und 3 Grundsatz I zu berücksichtigen, nicht jedoch Investmentanteile (§ 18 Abs. 4 Grundsatz I).

Zur Berechnung der Aktiennettopositionen sind für jedes aktienkursbezogene Wertpapier die Bestände und Lieferansprüche aus Kassa-, Termin-, Options- und Swapgeschäften (Long-Positionen) den Lieferverpflichtungen aus Kassa-, Termin-, Options- und Swapgeschäften (Short-Positionen) gegenüberzustellen (vgl. Abbildung 27). Der Betrag der Differenz zwischen Long- und Short-Positionen in einem einzelnen Wertpapier (also: keine Berücksichtigung des Vorzeichens) ergibt die Aktiennettoposition des Instituts in diesem Wertpapier. Es gilt also:

$$\left| \Sigma \binom{\text{Long} - \text{Positionen}}{\text{in einem Wertpapier}} - \Sigma \binom{\text{Short} - \text{Positionen}}{\text{in einem Wertpapier}} \right| = \begin{array}{l} \text{Aktiennettoposition in} \\ \text{einem Wertpapier} \end{array}$$

Die aktienkursbezogenen Wertpapiere sind jeweils in Höhe ihrer maßgeblichen Beträge zu berücksichtigen. Dies bedeutet, dass der jeweils aktuelle Marktwert anzusetzen ist, wobei die einzelnen Beträge ggf. in EUR umzurechnen sind.[1]

---

[1] Vgl. § 19 Abs. 2 Satz 3 Halbsatz 1 Grundsatz I. § 19 Abs. 2 Satz 3 Halbsatz 2 Grundsatz I verweist bezüglich der Umrechnung der auf fremde Währung lautenden Marktwerte in EUR auf § 6 Abs. 2 Grundsatz I.

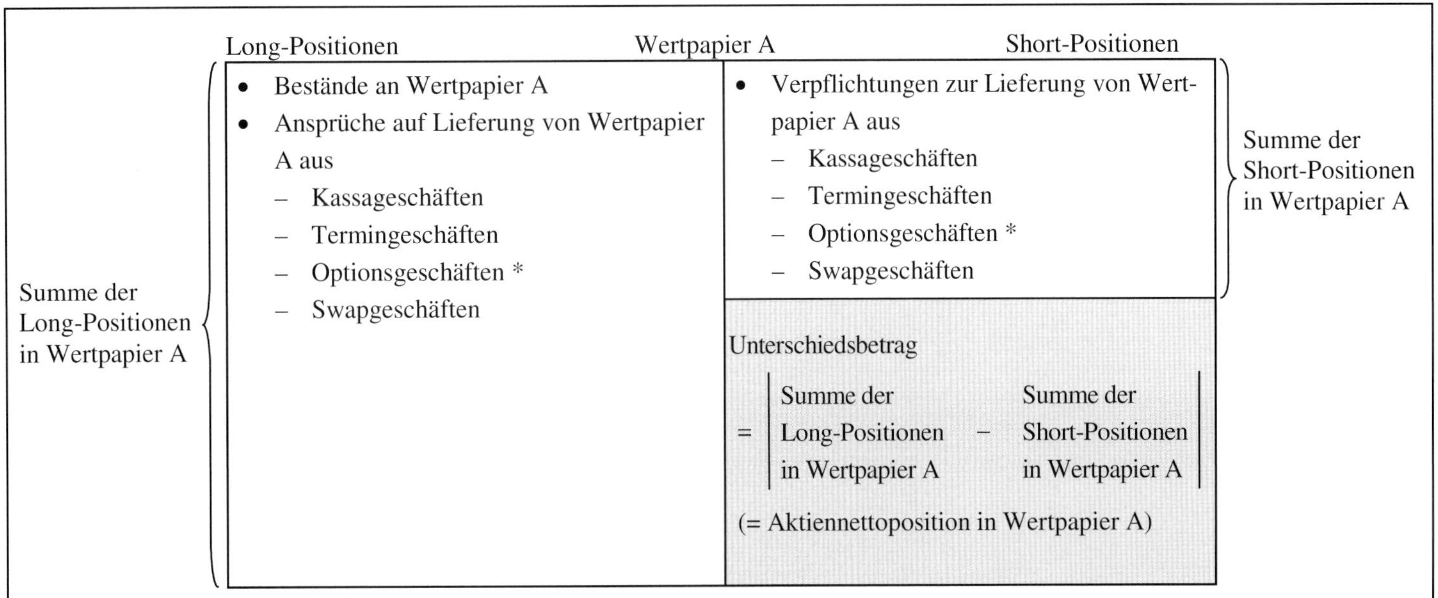

## 2.6 Begrenzung des Aktienkursrisikos

|  | Wertpapier A | |
|---|---|---|
| **Long-Positionen** | | **Short-Positionen** |
| • Bestände an Wertpapier A<br>• Ansprüche auf Lieferung von Wertpapier A aus<br>– Kassageschäften<br>– Termingeschäften<br>– Optionsgeschäften *<br>– Swapgeschäften | | • Verpflichtungen zur Lieferung von Wertpapier A aus<br>– Kassageschäften<br>– Termingeschäften<br>– Optionsgeschäften *<br>– Swapgeschäften |

Summe der Long-Positionen in Wertpapier A { (obere Gruppe) }

Summe der Short-Positionen in Wertpapier A { (obere Gruppe) }

Unterschiedsbetrag

$$= \left| \begin{array}{c} \text{Summe der} \\ \text{Long-Positionen} \\ \text{in Wertpapier A} \end{array} - \begin{array}{c} \text{Summe der} \\ \text{Short-Positionen} \\ \text{in Wertpapier A} \end{array} \right|$$

(= Aktiennettoposition in Wertpapier A)

\* Optionsgeschäfte sind in Höhe ihrer nach Maßgabe des § 28 Grundsatz I nach der Delta-Plus-Methode oder der Szenario-Matrix-Methode ermittelten Anrechnungsbeträge zu berücksichtigen (§ 19 Abs. 2 Satz 4 Grundsatz I).

**Abbildung 27: Ermittlung der Aktiennettoposition eines Instituts in einem Wertpapier**[1]

---

[1] Modifiziert entnommen aus WASCHBUSCH, GERD (Bankenaufsicht, 2000), S. 305.

Gleichheit von Wertpapieren:
Da zur Bestimmung der einzelnen Nettopositionen Saldierungen lediglich bei gleichen Wertpapieren möglich sind (§ 19 Abs. 1 Satz 1 Grundsatz I), stellt sich die Frage, wann Wertpapiere hinsichtlich ihrer Ausstattungsmerkmale als „gleich" anzusehen sind. Zur Beantwortung dieser Frage schreibt § 19 Abs. 3 Grundsatz I für aktienkursbezogene Positionen vor, dass Wertpapiere dann als gleich anzusehen sind, wenn sie
- von demselben Emittenten ausgegeben wurden,
- auf dieselbe Währung lauten,
- auf demselben nationalen Markt gehandelt werden,
- dem Inhaber hinsichtlich des Stimmrechts dieselbe Stellung verleihen sowie
- im Falle der Insolvenz des Emittenten denselben Rang einnehmen.

Damit die aktienkursbezogenen Wertpapiere als gleich angesehen werden, müssen grundsätzlich alle fünf Kriterien gleichzeitig erfüllt sein. Da es im Rahmen des besonderen Aktienkursrisikos aber irrelevant ist, auf welchem nationalen Markt die Wertpapiere eines Emittenten gehandelt werden, hat die Bankenaufsichtsbehörde bestimmt, dass „Aktien von Emittenten, deren Aktien auf verschiedenen nationalen Märkten gehandelt werden, ... dem nationalen Markt des Sitzlandes des Emittenten zuzurechnen"[1] sind. Diese Regelung gilt in gleichem Maße für das allgemeine Aktienkursrisiko. Dies erscheint sinnvoll, da sich die Aktienkurse von Aktien eines Emittenten, die an verschiedenen nationalen Märkten notiert werden, in der Regel am in die Landeswährung umgerechneten Aktienkurs des Sitzlandes des Emittenten orientieren, sodass sie auf dem ausländischen Markt von dessen Niveauschwankungen nicht betroffen sein dürften.

Besitzen börsennotierte Wertpapiere dieselbe internationale Wertpapierkennnummer (ISIN), so geht die Bankenaufsichtsbehörde von der Gleichheit der Papiere aus; ein weiterer Nachweis ist dann nicht erforderlich.[2] Gegenläufige Positionen in diesen Wertpapieren können daher ohne Weiteres saldiert werden.

Behandlung von Indexgeschäften:
§ 19 Abs. 1 Satz 2 Grundsatz I bestimmt, dass Geschäfte, die sich auf einen Index beziehen (Indexgeschäfte), Wertpapieren gleichstehen. Insofern sind Positionen in Indexkontrakten grundsätzlich als eigene Positionen zu behandeln und mit Eigenmitteln zu unterlegen. Eine Verrechnung mit gegenläufigen, dem Index zugrunde liegenden Positionen ist daher prinzipiell nicht erlaubt. Allerdings enthält § 26 Grund-

---

[1] BUNDESAUFSICHTSAMT FÜR DAS KREDITWESEN (Erläuterungen, 1997), S. 159, 194.
[2] Vgl. BUNDESAUFSICHTSAMT FÜR DAS KREDITWESEN (Erläuterungen, 1997), S. 159.

## 2.6 Begrenzung des Aktienkursrisikos

satz I eine Ausnahmeregelung für Positionen in Aktienindexkontrakten. Hiernach kann jedes Institut bei der Ermittlung der Aktiennettopositionen selbst entscheiden, ob es eine Aktienindexposition als eigenständige Position in einem Wertpapier behandelt oder ob es eine vollständige Aufschlüsselung der Aktienindexposition in die dem Index zugrunde liegenden Aktien vornimmt, um die sich so ergebenden Aktienpositionen gegebenenfalls mit gegenläufigen Positionen in diesen Aktien verrechnen zu können. Dieses Wahlrecht kann für jeden einzelnen Aktienindex separat in Anspruch genommen werden (z. B. Ausübung des Wahlrechts für DAX30 und S&P500 bei gleichzeitiger Nichtausübung des Wahlrechts für MDAX und FTSE100). Es ist jedoch vorgeschrieben, dass die Ausübung des Wahlrechts für einen bestimmten Index innerhalb des Instituts einheitlich gehandhabt und – um das sog. „cherry picking" zu verhindern – dauerhaft ausgeübt wird.[1]

Ermittlung der Anrechnungsbeträge für das allgemeine Aktienkursrisiko:
Zur Ermittlung der Anrechnungsbeträge für die aktienkursbezogenen Handelsbuch-Risikopositionen müssen die Anrechnungsbeträge für das allgemeine und das besondere Aktienkursrisiko bekannt sein. Das allgemeine Aktienkursrisiko ist hierbei für jeden nationalen Aktienmarkt getrennt zu berechnen, da gerade die Risiken, die sich aus allgemeinen Bewegungen der einzelnen nationalen Aktienmärkte ergeben, erfasst werden sollen. Aus diesem Grunde ist auch nur der Saldo des jeweiligen nationalen Aktienmarktes zu berücksichtigen, der sich als Unterschiedsbetrag zwischen den entsprechend ihrer aktivischen (d. h. bestandsvermehrenden) oder passivischen (d. h. bestandsvermindernden) Ausrichtung in Höhe ihrer maßgeblichen Beträge zusammengefassten Aktiennettopositionen in den einzelnen Wertpapieren ergibt (§ 24 Grundsatz I). Der so für jeden nationalen Aktienmarkt ermittelte Unterschiedsbetrag zwischen den Aktiennettopositionen in den einzelnen Wertpapieren ist jeweils – ohne Berücksichtigung des Vorzeichens – in Höhe von 8 % als Teilanrechnungsbetrag für das allgemeine Aktienkursrisiko zu berücksichtigen. Die Summe der Teilanrechnungsbeträge für das allgemeine Aktienkursrisiko der einzelnen nationalen Aktienmärkte ergibt sodann – wie in Abbildung 28 dargestellt – den (Gesamt-)Anrechnungsbetrag des allgemeinen Aktienkursrisikos für die Handelsbuch-Risikopositionen.

---

[1] Vgl. BUNDESAUFSICHTSAMT FÜR DAS KREDITWESEN (Erläuterungen, 1997), S. 197.

| nationaler Aktienmarkt 1 | | nationaler Aktienmarkt 2 | |
|---|---|---|---|
| Aktiennettoposition in Wertpapier A (bestandsvermehrend) | Aktiennettoposition in Wertpapier C (bestandsvermindernd) | Aktiennettoposition in Wertpapier E (bestandsvermehrend) | Aktiennettoposition in Wertpapier G (bestandsvermindernd) |
| Aktiennettoposition in Wertpapier B (bestandsvermehrend) | Aktiennettoposition in Wertpapier D (bestandsvermindernd) | Aktiennettoposition in Wertpapier F (bestandsvermehrend) | Aktiennettoposition in Wertpapier H (bestandsvermindernd) |
| Gesamtnettoposition des Aktienmarktes 1 | | Gesamtnettoposition des Aktienmarktes 2 | |

| nationaler Aktienmarkt 3 | | | |
|---|---|---|---|
| Aktiennettoposition in Wertpapier I (bestandsvermehrend) | Aktiennettoposition in Wertpapier L (bestandsvermindernd) | Gesamtposition des Aktienmarktes 1 $\cdot$ 8 % = | Teilanrechnungsbetrag für das allgemeine Aktienkursrisiko des Aktienmarktes 1 |
| Aktiennettoposition in Wertpapier J (bestandsvermehrend) | | Gesamtnettoposition des Aktienmarktes 2 $\cdot$ 8 % = | Teilanrechnungsbetrag für das allgemeine Aktienkursrisiko des Aktienmarktes 2 |
| Aktiennettoposition in Wertpapier K (bestandsvermehrend) | Gesamtnettoposition des Aktienmarktes 3 | Gesamtnettoposition des Aktienmarktes 3 $\cdot$ 8 % = | Teilanrechnungsbetrag für das allgemeine Aktienkursrisiko des Aktienmarktes 3 |
| | | Summe der Teilanrechnungsbeträge für das allgemeine Aktienkursrisiko der Aktienmärkte 1-3 | Anrechnungsbetrag des allgemeinen Aktienkursrisikos für die Handelsbuch-Risikopositionen |
| | | * ohne Berücksichtigung des Vorzeichens | |

**Abbildung 28: Ermittlung des Anrechnungsbetrages des allgemeinen Aktienkursrisikos für die Handelsbuch-Risikopositionen**[1]

---

[1] Modifiziert entnommen aus WASCHBUSCH, GERD (Bankenaufsicht, 2000), S. 310.

## 2.6 Begrenzung des Aktienkursrisikos

Ermittlung der Anrechnungsbeträge für das besondere Aktienkursrisiko:
Neben dem Anrechnungsbetrag für das allgemeine Aktienkursrisiko ist noch der Anrechnungsbetrag für das besondere Aktienkursrisiko zu berechnen. Hierzu sind die für die einzelnen aktienkursbezogenen Wertpapiere ermittelten Aktiennettopositionen in Höhe ihrer maßgeblichen Beträge zusammenzufassen und zwar unabhängig von ihrer bestandsvermehrenden oder bestandsvermindernden Ausrichtung (§ 25 Abs. 1 Satz 1 Grundsatz I). Die so ermittelte Größe ist dann mit 4 % zu gewichten (siehe Abbildung 29). Damit ist es beim besonderen Aktienkursrisiko zwar erlaubt, Long- und Shortpositionen, die sich auf die gleiche Aktie beziehen, miteinander zu verrechnen; eine weiter gehende Saldierung gegenläufiger Positionen innerhalb eines nationalen Aktienmarktes oder sogar zwischen verschiedenen nationalen Aktienmärkten ist hingegen nicht gestattet.

Aktienindizes, die als für einen ganzen Markt repräsentativ angesehen werden können, sind – da sie stark diversifiziert, also über viele Branchen und Unternehmen breit gestreut sind – nicht oder nur in vernachlässigbar geringem Umfang von der Bonität eines einzelnen Unternehmens abhängig. Daher sind Nettopositionen aus Terminkontrakten auf einen gängigen Aktienindex bei der Ermittlung des Anrechnungsbetrages für das besondere Aktienkursrisiko, durch das ja gerade das Risiko für das Institut bestimmt werden soll, das sich aus einer Bonitätsverschlechterung des Emittenten eines Wertpapiers ergibt, nicht zu berücksichtigen (§ 25 Abs. 1 Satz 2 Grundsatz I). Um diesen Diversifikationseffekt nicht nur bei Terminkontrakten auf einen gängigen Aktienindex berücksichtigen zu können, bestimmt § 25 Abs. 2 Satz 1 Grundsatz I, dass Aktiennettopositionen bei der Zusammenfassung zum Anrechnungsbetrag für das besondere Aktienkursrisiko mit nur 50 % ihres maßgeblichen Betrags zu berücksichtigen sind, wenn folgende zwei Voraussetzungen erfüllt sind:

1. Es muss sich um Aktiennettopositionen in hochliquiden Aktien mit hoher Anlagequalität (d. h. mit geringem Adressenrisiko) handeln.
2. Die Aktiennettopositionen in solchen hochliquiden Aktien mit hoher Anlagequalität dürfen jeweils nicht mehr als 5 % des Werts der Gesamtnettoposition für das besondere Aktienkursrisiko betragen.

Ad 1: Aktien gelten gemäß § 25 Abs. 2 Satz 3 Grundsatz I dann als hochliquide, wenn sie nachweislich in einen gängigen Aktienindex einbezogen sind. Zu den wichtigsten Aktienindizes, die die Bankenaufsichtsbehörde als „gängig" ansieht, zählen bspw.:
– DAX30 (Deutschland),
– CAC40 (Frankreich),

- FTSE100 (Großbritannien),
- Nikkei225 (Japan),
- S&P500 (USA),
- NASDAQ 100 (USA).

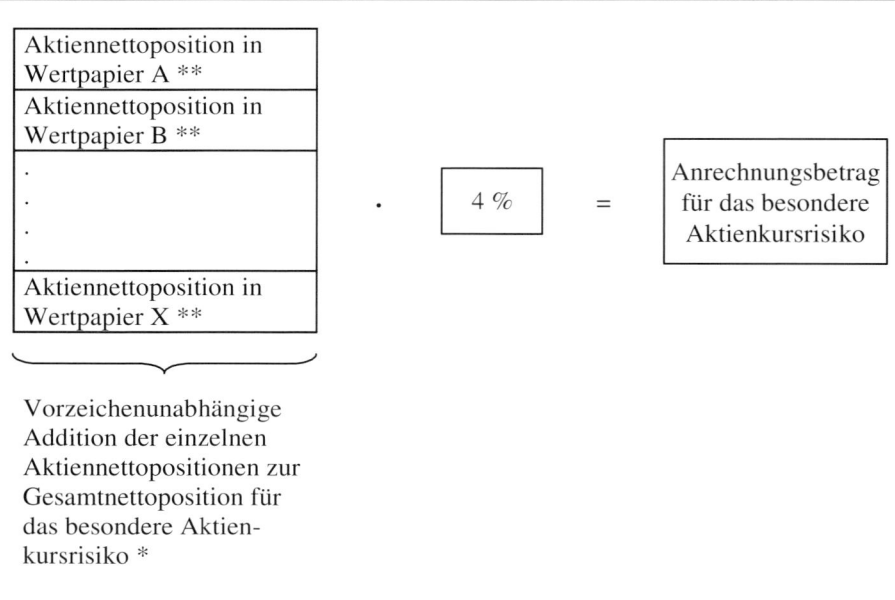

| Aktiennettoposition in Wertpapier A ** | | |
|---|---|---|
| Aktiennettoposition in Wertpapier B ** | | |
| . | · 4 % = | Anrechnungsbetrag für das besondere Aktienkursrisiko |
| . | | |
| . | | |
| Aktiennettoposition in Wertpapier X ** | | |

Vorzeichenunabhängige Addition der einzelnen Aktiennettopositionen zur Gesamtnettoposition für das besondere Aktienkursrisiko *

\* „Nettopositionen aus Terminkontrakten auf einen gängigen Aktienindex sind nicht zu berücksichtigen" (§ 25 Abs. 1 Satz 2 Grundsatz I).
\*\* Aktiennettopositionen sind mit nur 50 % ihres maßgeblichen Betrags zu berücksichtigen, wenn folgende zwei Voraussetzungen erfüllt sind:
  1. Es muss sich um Aktiennettopositionen in hochliquiden Aktien mit hoher Anlagequalität (d. h. mit geringem Adressenrisiko) handeln.
  2. Die Aktiennettopositionen in solchen hochliquiden Aktien mit hoher Anlagequalität dürfen jeweils nicht mehr als 5 % des Werts der Gesamtnettoposition für das besondere Aktienkursrisiko betragen (§ 25 Abs. 2 Satz 1 Grundsatz I).
  Eine Erhöhung dieser Grenze auf 10 % ist dann erlaubt, wenn der Gesamtwert der mit nur 50 % ihres maßgeblichen Betrages zu berücksichtigenden Aktiennettopositionen 50 % der Gesamtnettopositon für das besondere Aktienkursrisiko nicht übersteigt (§ 25 Abs. 2 Satz 2 Grundsatz I).

**Abbildung 29: Ermittlung der Anrechnungsbeträge für das besondere Aktienkursrisiko**[1]

---

[1] Modifiziert entnommen aus WASCHBUSCH, GERD (Bankenaufsicht, 2000), S. 311.

## 2.6 Begrenzung des Aktienkursrisikos

Damit Aktien das Kriterium „hohe Anlagequalität" erfüllen, müssen diese wiederum zwei Bedingungen erfüllen (§ 25 Abs. 2 Satz 4 Grundsatz I):
a) Sie müssen nachweislich in einem Land mit liquidem Aktienmarkt zum Handel an einer Wertpapierbörse gemäß § 1 Abs. 3e KWG zugelassen sein.
b) Sie dürfen nicht von einem Emittenten begeben worden sein, dessen in die Bestimmung der Zinsnettoposition einbezogenen Wertpapiere dort (d. h. in § 23 Abs. 3 Grundsatz I) keine Aktiva mit hoher Anlagequalität darstellen.

Ad a): Damit Wertpapiermärkte als Wertpapierbörsen gemäß § 1 Abs. 3e KWG gelten, müssen die folgenden dort aufgeführten Bedingungen erfüllt sein:
– sie müssen von staatlich anerkannten Stellen geregelt und überwacht werden,
– sie müssen regelmäßig stattfinden,
– sie müssen für das Publikum unmittelbar oder mittelbar zugänglich sein; hierzu reicht es aus, wenn den Börsenteilnehmern durch die Börsenordnung nicht untersagt ist, Geschäfte für diejenigen Personen kommissionsweise abzuschließen, die selbst nicht zum Handel an der Börse zugelassen sind.[1] Als Wertpapierbörsen i. S. d. § 1 Abs. 3e KWG gelten auch diejenigen für diese Wertpapierbörsen agierenden Clearingstellen, die von einer staatlich anerkannten Stelle geregelt und überwacht werden. Da die Clearingstellen in Deutschland der Börsenaufsicht unterliegen, sind auch sie als Wertpapierbörsen i. S. d. § 1 Abs. 3e KWG anzusehen.

Zu den wichtigsten Ländern, die nach Auffassung der Bankenaufsichtsbehörde über einen liquiden Aktienmarkt verfügen, zählen bspw.:
– Australien,
– Deutschland,
– Frankreich,
– Großbritannien,
– Japan,
– Kanada,
– Schweiz,
– USA.

Ad b): Durch diese Voraussetzung soll verhindert werden, dass von einem Emittenten ausgegebene Aktien zwar als Papiere mit hoher Anlagequalität gelten, die von demselben Emittenten begebenen zinsbezogenen Wertpapiere dieses Kriterium jedoch nicht erfüllen. Hierdurch wird also „ein Gleichklang zwischen den bonitäts-

---

[1] Vgl. BUNDESREGIERUNG (6. KWG-Novelle, 1997), S. 68.

abhängigen Einstufungen für das besondere Kursrisiko zwischen zinsbezogenen Wertpapieren und Aktien hergestellt"[1]. Zur Überprüfung dieses Kriteriums hat ein Institut allerdings nur diejenigen zinsbezogenen Wertpapiere eines Emittenten zu berücksichtigen, die es selbst im eigenen Bestand hat.[2]

Ad 2: Damit eine Anrechnung von Aktiennettopositionen in Höhe von nur 50 % vorgenommen werden kann, dürfen die einzelnen Aktiennettopositionen – wenn die Aktien die Voraussetzungen „hochliquide" und „hohe Anlagequalität" erfüllen – jeweils nicht mehr als 5 % des Werts der Gesamtnettoposition für das besondere Aktienkursrisiko betragen. Hierdurch soll eine gewisse Mindeststreuung der Aktiennettopositionen, durch die erst der das besondere Aktienkursrisiko reduzierende Diversifikationseffekt erreicht wird, gewährleistet werden.

Eine Erhöhung der Grenze auf 10 %, die zu einer Verminderung der im Grunde gewünschten Mindeststreuung führt, ist gemäß § 25 Abs. 2 Satz 2 Grundsatz I nur dann erlaubt, wenn der Gesamtwert der mit nur 50 % ihres maßgeblichen Betrages zu berücksichtigenden Aktiennettopositionen 50 % des Werts der Gesamtnettoposition für das besondere Aktienkursrisiko nicht übersteigt. Durch diese zusätzliche Vorgabe soll die mit der Verdoppelung der 5 %-Grenze einhergehende Reduzierung der Mindeststreuung beschränkt werden, sodass insgesamt noch ein gewisser Diversifikationseffekt bestehen bleibt.

Die beschriebene Anrechnungserleichterung in Höhe von 50 % führt dazu, dass bei den privilegierten Aktiennettopositionen das besondere Aktienkursrisiko letztlich nur mit 2 % anstatt mit den ansonsten vorgeschriebenen 4 % Eigenmitteln zu unterlegen ist.

(Gesamt-)Anrechnungsbetrag des Aktienkursrisikos:
Die gemäß den obigen Ausführungen ermittelten Anrechnungsbeträge für das allgemeine Aktienkursrisiko und das besondere Aktienkursrisiko sind zum (Gesamt-)Anrechnungsbetrag des Aktienkursrisikos für die Handelsbuch-Risikopositionen aufzuaddieren. Dieser (Gesamt-)Anrechnungsbetrag stellt eine Komponente der Anrechnungsbeträge für die Handelsbuch-Risikopositionen eines Instituts dar. Die beiden anderen Komponenten sind der Anrechnungsbetrag des Zinsänderungsrisikos sowie der Anrechnungsbetrag für die sich aus den Handelsbuchpositionen ergebenden Adressenrisiken.

---

[1] BUNDESAUFSICHTSAMT FÜR DAS KREDITWESEN (Erläuterungen, 1997), S. 196.
[2] Vgl. BUNDESAUFSICHTSAMT FÜR DAS KREDITWESEN (Erläuterungen, 1997), S. 196.

## 2.6 Begrenzung des Aktienkursrisikos

**Aufgabe 2.46: Grundsatz I – Begrenzung des Aktienkursrisikos**

Am 22.08.01 hält die Süd-Bank eG – ein Handelsbuchinstitut – die folgenden hochliquiden aktienkursbezogenen Positionen mit hoher Anlagequalität in ihrem Handelsbuchportfolio:

| Longpositionen (Aktienmarkt) | Stückzahl | Kurs (in EUR) |
|---|---|---|
| Deutsche Bank (Deutschland) | 38.000 | 50,30 |
| SAP (Deutschland) | 25.000 | 180,50 |
| IBM (USA) | 15.000 | 205,75 |
| Vodafone (Großbritannien) | 200.000 | 5,15 |
| Shortpositionen (Aktienmarkt) | Stückzahl | Kurs (in EUR) |
| Deutsche Bank (Deutschland) | 30.000 | 50,30 |
| IBM (USA) | 5.000 | 205,75 |
| McDonald's (USA) | 12.000 | 60,25 |
| Vodafone (Großbritannien) | 80.000 | 5,15 |

Neben den genannten Positionen besitzt die Süd-Bank eG Investmentanteile in Höhe von 3.500.000 EUR.

Die Süd-Bank eG hat gegenüber der B-Bank AG die Gewährleistung zur Übernahme von 5.000 BASF-Aktien (Deutschland) zum Kurs von 50,00 EUR/Aktie übernommen. Die Aktien befinden sich nicht im Bestand der Süd-Bank eG. Seit der verbindlichen Abgabe der Gewährleistungserklärung sind bereits drei Arbeitstage vergangen. Der aktuelle Marktpreis der BASF-Aktie beträgt 45,80 EUR/Aktie.

Weiterhin hat die Süd-Bank eG mit der V-Bank AG ein echtes Pensionsgeschäft über die oben aufgeführten 200.000 Vodafone-Aktien (Großbritannien) mit der Maßgabe abgeschlossen, dass die V-Bank AG die Vodafone-Aktien in einem Monat zum Kurs von 5,00 EUR/Aktie an die Süd-Bank eG zurückzuübertragen hat.

Die Süd-Bank eG hat mit der R-Bank AG ein Termingeschäft mit der Maßgabe abgeschlossen, dass die Süd-Bank eG der R-Bank AG in drei Monaten 1.000 RWE-Aktien (Deutschland) zum Kurs von 47 EUR/Aktie zu verkaufen hat. Der aktuelle Marktwert der RWE-Aktie beträgt 44,50 EUR/Aktie.

Schließlich besitzt die Süd-Bank eG aus Future-Kontrakten auf den gängigen Aktienindex DAX30 (Deutschland) eine Nettolongposition in Höhe von 1.275.000 EUR. Die Süd-Bank eG macht von dem Wahlrecht des § 26 Grundsatz I keinen Gebrauch.

Sämtliche der genannten Positionen sind dem Handelsbuch der Süd-Bank eG zuzurechnen.

Ermitteln Sie die Höhe der Eigenmittel, über die die Süd-Bank eG am 22.08.01 mindestens verfügen muss, um damit die aus den genannten Positionen resultierenden Aktienkursrisiken gemäß Grundsatz I unterlegen zu können.

**Lösung**
**Investmentanteile** sind bei der Ermittlung der Handelsbuch-Risikopositionen nicht zu berücksichtigen.[1]

Nettoposition in der Aktie **Deutsche Bank** = |Long – Short|
= |1.911.400 – 1.509.000| =          **402.400 EUR** bestandsvermehrend

Nettoposition in der Aktie **SAP** = |Long – Short|
= |4.512.500 – 0| =          **4.512.500 EUR** bestandsvermehrend

Nettoposition in der Aktie **BASF** = |Long – Short|[2]
5.000 Stück · 45,80 EUR/Stück · 25 % = 57.250 EUR
= |57.250 – 0| =          **57.250 EUR** bestandsvermehrend

Nettoposition in der Aktie **IBM** = |Long – Short|
= |3.086.250 – 1.028.750| =          **2.057.500 EUR** bestandsvermehrend

Nettoposition in der Aktie **Vodafone** = |Long – Short|[3]
= |1.030.000 – 412.000| =          **618.000 EUR** bestandsvermehrend

---

[1] Vgl. § 18 Abs. 4 Grundsatz I.
[2] Die Gewährleistung zur Abnahme von BASF-Aktien ist mit 25 % zu berücksichtigen, da seit der verbindlichen Abgabe der Gewährleistung laut Aufgabenstellung bereits 3 Arbeitstage vergangen sind (vgl. § 18 Abs. 2 Grundsatz I). Maßgeblich ist der aktuelle Marktwert (vgl. § 19 Abs. 2 Satz 3 Grundsatz I).
[3] Da es sich um ein echtes Pensionsgeschäft über Vodafone-Aktien handelt, sind die Vodafone-Aktien weiterhin von der Süd-Bank eG bilanziell zu erfassen. Es erfolgt also keine Berücksichtigung des Anspruchs der Süd-Bank eG auf Rückgabe der Vodafone-Aktien, da die Vodafone-Aktien sonst doppelt erfasst würden. Maßgeblich ist der aktuelle Marktwert (vgl. § 19 Abs. 2 Satz 3 Grundsatz I).

## 2.6 Begrenzung des Aktienkursrisikos

Nettoposition in der Aktie **RWE** = |Long − Short|[1]
1.000 Stück · 44,50 EUR/Stück = 44.500 EUR
= |0 − 44.500| = **44.500 EUR** bestandsvermindernd

Nettoposition in der Aktie **McDonald's** = |Long − Short|
= |0 − 723.000| = **723.000 EUR** bestandsvermindernd

Nettoposition im **DAX**
(gemäß Aufgabenstellung bereits vorgegeben)   **1.275.000 EUR** bestandsvermehrend

**Allgemeines Aktienkursrisiko:**

| bestandsvermehrend | nationaler Aktienmarkt Deutschland | | bestandsvermindernd |
|---|---|---|---|
| Deutsche Bank | 402.400 EUR | RWE | 44.500 EUR |
| SAP | 4.512.500 EUR | **Saldo** | **6.202.650 EUR** |
| BASF | 57.250 EUR | | |
| DAX | 1.275.000 EUR | | |

| bestandsvermehrend | nationaler Aktienmarkt USA | | bestandsvermindernd |
|---|---|---|---|
| IBM | 2.057.500 EUR | McDonald's | 723.000 EUR |
| | | **Saldo** | **1.334.500 EUR** |

| bestandsvermehrend | nationaler Aktienmarkt Großbritannien | | bestandsvermindernd |
|---|---|---|---|
| Vodafone | 618.000 EUR | **Saldo** | **618.000 EUR** |

Gesamtnettoposition des nationalen Aktienmarktes Deutschland    6.202.650 EUR
Gesamtnettoposition des nationalen Aktienmarktes USA          + 1.334.500 EUR
Gesamtnettoposition des nationalen Aktienmarktes Großbritannien +  618.000 EUR
Summe                                                         = **8.155.150 EUR**

---

[1] Bei der Ermittlung der Nettopositionen sind die Termingeschäfte in die Wertpapierkomponente und die dazugehörige Finanzierungskomponente aufzuspalten (vgl. §19 Abs. 2 Satz 1 Grundsatz I). Somit wird hier die Wertpapierkomponente bei der Ermittlung der Aktiennettopositionen berücksichtigt; die Finanzierungskomponente findet dagegen im Rahmen der Ermittlung des Zinsänderungsrisikos Berücksichtigung (vgl. BUNDESAUFSICHTSAMT FÜR DAS KREDITWESEN (Rundschreiben 3/2000, 2000)). Maßgeblich ist der aktuelle Marktwert (vgl. § 19 Abs. 2 Satz 3 Grundsatz I).

**Anrechnungsbetrag für das allgemeine Aktienkursrisiko**
8.155.150 EUR · 8 % =[1]  **652.412 EUR**

**Besonderes Aktienkursrisiko:**
Nettopositionen aus Terminkontrakten auf einen **gängigen Aktienindex** sind wegen des Diversifikationseffekts nicht zu berücksichtigen.[2]

| | |
|---|---:|
| Nettoposition in der Aktie Deutsche Bank | 402.400 EUR |
| Nettoposition in der Aktie SAP | + 4.512.500 EUR |
| Nettoposition in der Aktie BASF | + 57.250 EUR |
| Nettoposition in der Aktie IBM | + 2.057.500 EUR |
| Nettoposition in der Aktie Vodafone | + 618.000 EUR |
| Nettoposition in der Aktie RWE | + 44.500 EUR |
| Nettoposition in der Aktie McDonald's | + 723.000 EUR |
| Gesamtnettoposition für das besondere Aktienkursrisiko | = 8.415.150 EUR |

Da es sich bei den Positionen laut Aufgabenstellung um **hochliquide Aktien mit hoher Anlagequalität** handelt, ist zu überprüfen, ob die **Anrechnungserleichterung** des § 25 Abs. 2 Grundsatz I in Anspruch genommen werden kann.

Hierzu dürfen die einzelnen Nettopositionen jeweils nicht mehr als 5 % des Werts der gesamten Nettopositionen betragen (8.415.150 · 5 % = 420.757,50 EUR).[3] Da die Aktiennettopositionen in den Aktien SAP, IBM, Vodafone sowie McDonald's die 5 %-Grenze überschreiten, kann diese Anrechnungserleichterung nicht in Anspruch genommen werden (ansonsten bräuchten sämtliche Aktiennettopositionen dieses Aktienportfolios nur mit 50 % angerechnet werden).

Eine Erhöhung des Grenzwertes auf 10 % ist zulässig, wenn der Gesamtwert dieser Positionen nicht mehr als 50 % des Werts der gesamten Nettopositionen beträgt (8.415.150 · 10 % = 841.515 EUR).[4] Da die Aktiennettopositionen in den Aktien SAP sowie IBM diese 10 %-Grenze überschreiten, kann diese Anrechnungserleichterung nicht in Anspruch genommen werden (ansonsten bräuchten sämtliche Aktiennettopositionen dieses Aktienportfolios nur mit 50 % angerechnet werden, **wenn zusätzlich** die restlichen Aktiennettopositionen jeweils die obige 5 %-Grenze nicht überschreiten).

---

[1] Vgl. § 24 Grundsatz I.
[2] Vgl. § 25 Abs. 1 Satz 2 Grundsatz I.
[3] Vgl. § 25 Abs. 2 Satz 1 Grundsatz I.
[4] Vgl. § 25 Abs. 2 Satz 2 Grundsatz I.

Somit beträgt die
Gesamtnettoposition für das besondere Aktienkursrisiko **8.415.150 EUR**

**Anrechnungsbetrag für das besondere Aktienkursrisiko**
8.415.150 EUR · 4 % =[1] **336.606 EUR**

Anrechnungsbetrag für das allgemeine Aktienkursrisiko 652.412 EUR
Anrechnungsbetrag für das besondere Aktienkursrisiko + 336.606 EUR
**Anrechnungsbetrag des Aktienkursrisikos** = **989.018 EUR**

Für die Unterlegung der aus den genannten aktienkursbezogenen Positionen des Handelsbuchs resultierenden Aktienkursrisiken benötigt die Süd-Bank eG am 22.08.01 gemäß Grundsatz I also Eigenmittel in Höhe von 989.018 EUR.

---

[1] Vgl. § 25 Abs. 1 Satz 1 Grundsatz I.

## 2.7 Begrenzung des Zinsänderungsrisikos

**Aufgabe 2.47: Konkretisierung der in die Ermittlung der Zinsnettopositionen einzubeziehenden Finanzinstrumente**

Konkretisieren Sie die in die Ermittlung der Grundsatz I-Anrechnungsbeträge für das allgemeine und das besondere Zinsänderungsrisiko einzubeziehenden Positionen.

**Lösung**

Entsprechend der Vorgehensweise beim Aktienkursrisiko sind zur Ermittlung des Zinsänderungsrisikos die Anrechnungsbeträge aus dem allgemeinen (zinspositionsbezogenen) Kursrisiko und dem besonderen (zinspositionsbezogenen) Kursrisiko getrennt zu berechnen und zu einem Gesamtbetrag aufzuaddieren. Dazu sind gemäß § 18 Abs. 1 Nr. 1 Buchstabe a Grundsatz I zunächst Nettopositionen aus den dem Handelsbuch eines Kredit- oder Finanzdienstleistungsinstituts zugeordneten zinssatzbezogenen Finanzinstrumenten nach § 1 Abs. 11 KWG zu bilden (sog. „Zinsnettopositionen"). Von den in § 1 Abs. 11 KWG definierten Finanzinstrumenten (siehe hierzu Abbildung 24) sind also nur diejenigen zu berücksichtigen, bei denen eine Änderung von Zinssätzen zu einer Veränderung ihres Marktpreises führt. Aus diesem Grund zählen sowohl Aktien als auch Zertifikate, die Aktien vertreten, nicht zu den hier relevanten zinssatzbezogenen Finanzinstrumenten. Derartige Finanzinstrumente sind keinem unmittelbaren Zinsänderungsrisiko ausgesetzt.

Investmentanteile, die zwar gemäß § 1 Abs. 11 Satz 2 Nr. 2 Halbsatz 2 KWG explizit zu den Finanzinstrumenten zählen, sind gemäß § 18 Abs. 4 Grundsatz I nicht in die Berechnung der Zinsnettopositionen einzubeziehen. Die im Rahmen des Aktienkursrisikos angeführten Erläuterungen zur Nichteinbeziehung von Investmentanteilen (vgl. die Lösung zu Aufgabe 2.44) können hier sinngemäß übernommen werden. Gleiches gilt für die Erläuterungen über die Besonderheiten bei der Berücksichtigung von Garantien und Gewährleistungen zur Übernahme von aktienkursbezogenen Wertpapieren sowie von Pensions- und Leihgeschäften, die sich ebenfalls in der Lösung zu Aufgabe 2.44 befinden. Die von einem Institut übernommenen Garantien und Gewährleistungen zur Übernahme von zinssatzbezogenen Wertpapieren sind in Abhängigkeit von der zeitlichen Entfernung zur verbindlichen Abgabe der Garantie- oder Gewährleistungserklärung mit den in Abbildung 26 aufgelisteten Anrechnungssätzen zu gewichten.

Im Rahmen der Berücksichtigung von Pensions- und Leihgeschäften in § 18 Abs. 3 Grundsatz I wird nicht auf Wertpapiere, sondern allgemein auf alle Finanzinstru-

## 2.7 Begrenzung des Zinsänderungsrisikos

mente abgestellt, da Pensions- und Leihgeschäfte auch Geldmarktinstrumente nach § 1 Abs. 11 Satz 3 KWG, die keine Wertpapiere i. S. d. § 1 Abs. 11 Satz 2 KWG sind, zum Gegenstand haben können.[1]

Geldmarktinstrumente werden in § 1 Abs. 11 Satz 3 KWG definiert als
– Forderungen, die keine Wertpapiere i. S. d. § 1 Abs. 11 Satz 2 KWG sind und
– üblicherweise auf dem Geldmarkt gehandelt werden.
Aufgrund ihrer Ausgestaltung als Forderungen besitzen auch diese Finanzinstrumente ein Zinsänderungsrisiko.[2]

Sofern Termineinlagen gemäß § 1 Abs. 12 Satz 1 Nr. 2 KWG dem Handelsbuch zuzurechnen sind, gelten sie nach Maßgabe des § 4 Satz 2 Grundsatz I nicht als Risikoaktiva und sind somit auch nicht in die Ermittlung des Eigenmittelunterlegungsbetrags für Adressenrisiken aus Positionen des Anlagebuchs einzubeziehen. Als dem Handelsbuch zugeordnete Geldmarktinstrumente i. S. d. § 1 Abs. 11 Satz 3 KWG stellen sie jedoch zinssatzbezogene Finanzinstrumente dar und sind daher bei der Berechnung der Zinsnettopositionen zu berücksichtigen.[3]

Der Marktpreis von Devisen und vergleichbaren Rechnungseinheiten wird zwar in gewissem Umfang von der Höhe des in- und ausländischen Zinsniveaus beeinflusst. Die Gefahr einer Änderung ihres Marktpreises (Fremdwährungsrisiko) wird aber bereits im Rahmen der Bestimmung der Fremdwährungsrisiken (§§ 14 und 15 Grundsatz I) berücksichtigt, so dass Devisen und Rechnungseinheiten nicht als zinssatzbezogene Finanzinstrumente i. S. d. § 18 Abs. 1 Nr. 1 Buchstabe a Grundsatz I anzusehen sind.

Demgegenüber sind Devisentermingeschäfte, sofern sie von einem Kredit- oder Finanzdienstleistungsinstitut dem Handelsbuch zugeordnet werden, aufgrund des mit ihnen verbundenen Zinsänderungsrisikos als zinssatzbezogene Finanzinstrumente i. S. d. § 18 Abs. 1 Nr. 1 Buchstabe a Grundsatz I anzusehen und insofern bei der Ermittlung der Derivat-Zinsnettopositionen zu berücksichtigen.

---

[1] Vgl. BUNDESAUFSICHTSAMT FÜR DAS KREDITWESEN (Erläuterungen, 1997), S. 156.
[2] Es ist davon auszugehen, dass bei der Überlassung von Geldbeträgen (Kreditvergabe) stets ein bestimmter Zinssatz als Maßstab der Höhe des Entgelts für die Überlassung der finanziellen Mittel festgelegt wird. Insofern beinhalten Forderungen stets (auch bei variabler Verzinsung oder bei einem Zinssatz von Null %) ein Zinsänderungsrisiko (vgl. hierzu die Ausführungen in der Lösung zu Aufgabe 2.14).
[3] Vgl. BUNDESAUFSICHTSAMT FÜR DAS KREDITWESEN (Erläuterungen, 1997), S. 154–155.

Schließlich sind auch mit Positionen in Aktien- und Rohwarenderivaten Zinsänderungsrisiken verbunden. Derartige Positionen werden jedoch bis auf Weiteres von der Einbeziehung in die Ermittlung der Zinsnettopositionen ausgenommen.[1] Diese Regelung bezieht sich allerdings lediglich auf die „Erfassung der zinsbezogenen Risikofaktoren aus den Aktien- und Rohwarenkomponenten von Derivaten"[2]. Die Finanzierungskomponente dieser Derivate findet hingegen im Rahmen der Ermittlung des Zinsänderungsrisikos sehr wohl Berücksichtigung.[3]

Die zinssatzbezogenen Finanzinstrumente, die gemäß § 18 Abs. 1 Nr. 1 Buchstabe a Grundsatz I bei der Berechnung der Zinsnettopositionen zu berücksichtigen sind, sind in Abbildung 30 zusammengefasst aufgeführt.

**Aufgabe 2.48: Darstellung der Berechnungsmethode der Zinsnettopositionen**
Erläutern Sie die Vorgehensweise der Berechnung von Zinsnettopositionen aus zinssatzbezogenen Finanzinstrumenten, die dem Handelsbuch eines Kredit- oder Finanzdienstleistungsinstituts zugeordnet werden.

**Lösung**
Die in die Ermittlung der Handelsbuch-Risikopositionen eines Kredit- oder Finanzdienstleistungsinstituts einzubeziehenden zinssatzbezogenen Finanzinstrumente sind zu sog. Zinsnettopositionen zusammenzufassen. Zinsnettopositionen ergeben sich gemäß § 19 Abs. 1 Satz 1 Grundsatz I einerseits als Unterschiedsbeträge aus
– Beständen an gleichen zinssatzbezogenen Wertpapieren,
– Lieferansprüchen und Lieferverpflichtungen aus
  – Kassageschäften,
  – Termingeschäften,
  – Optionsgeschäften sowie
  – Swapgeschäften,
  die die gleichen zinssatzbezogenen Wertpapiere zum Geschäftsgegenstand haben oder sich vertraglich auf die gleichen zinssatzbezogenen Wertpapiere beziehen,
sowie andererseits als Unterschiedsbeträge aus
– einander weitgehend entsprechenden, gegenläufig ausgerichteten derivativen Geschäften, soweit sie der Zinsnettoposition zugehören.

---

[1] Vgl. BUNDESAUFSICHTSAMT FÜR DAS KREDITWESEN (Erläuterungen, 1997), S. 154.
[2] BUNDESAUFSICHTSAMT FÜR DAS KREDITWESEN (Rundschreiben 3/2000, 2000).
[3] Vgl. BUNDESAUFSICHTSAMT FÜR DAS KREDITWESEN (Rundschreiben 3/2000, 2000).

## 2.7 Begrenzung des Zinsänderungsrisikos

---

**Zinssatzbezogene Finanzinstrumente**

– Wertpapiere, auch wenn keine Urkunden über sie ausgestellt sind

> Schuldverschreibungen

> Genussscheine

> Optionsscheine, bei denen der Preis unmittelbar oder mittelbar vom Börsen- oder Marktpreis anderer zinssatzbezogener Wertpapiere abhängt

> andere Wertpapiere, die mit Schuldverschreibungen vergleichbar sind, wenn sie an einem Markt gehandelt werden können

– Geldmarktinstrumente

> Forderungen, soweit sie keine Wertpapiere i. S. d. § 1 Abs. 11 Satz 2 KWG darstellen und üblicherweise auf dem Geldmarkt gehandelt werden

– Derivate, unabhängig davon, ob es sich um als Festgeschäfte oder Optionsgeschäfte ausgestaltete Termingeschäfte handelt, deren Preis unmittelbar oder mittelbar abhängt von

> dem Börsen- oder Marktpreis der oben genannten zinssatzbezogenen Wertpapiere

> dem Börsen- oder Marktpreis der oben genannten Geldmarktinstrumente

> dem Kurs von Devisen oder Rechnungseinheiten *

> Zinssätzen oder anderen Erträgen

\* gilt nur für Devisentermingeschäfte

Übernommene Garantien und Gewährleistungen zur Übernahme von zinssatzbezogenen Wertpapieren sind in Höhe ihrer Anrechnungssätze zu berücksichtigen, sofern die Wertpapiere, auf die sich die Übernahmeverpflichtung bezieht, nicht bereits dem Bestand des Instituts zugerechnet werden (§ 18 Abs. 2 Grundsatz I).

Zinssatzbezogene Finanzinstrumente, die im Rahmen von Pensionsgeschäften übertragen oder im Rahmen von Leihgeschäften verliehen wurden, sind dem Pensionsgeber bzw. dem Verleiher zuzurechnen (§ 18 Abs. 3 Grundsatz I).

Investmentanteile sind nicht zu berücksichtigen (§ 18 Abs. 4 Grundsatz I).

**Abbildung 30: In die Ermittlung der Zinsnettopositionen gemäß § 18 Abs. 1 Nr. 1 Buchstabe a Grundsatz I einzubeziehende Finanzinstrumente**

Übernahmeverpflichtungen sowie Pensions- und Leihgeschäfte sind bei der Ermittlung der Unterschiedsbeträge nach Maßgabe des § 18 Abs. 2 und 3 Grundsatz I zu berücksichtigen, nicht jedoch Investmentanteile (§ 18 Abs. 4 Grundsatz I).

Bei der Ermittlung der Zinsnettopositionen ist zu beachten, dass eine Saldierung lediglich bei Beständen an gleichen zinssatzbezogenen Wertpapieren sowie bei Lieferansprüchen und Lieferverpflichtungen über die gleichen zinssatzbezogenen Wertpapiere möglich ist (sog. Wertpapier-Zinsnettopositionen), während die Unterschiedsbeträge aus den derivativen Geschäften, die der Zinsnettoposition zugehören, nicht zur Ermittlung der Wertpapier-Zinsnettopositionen herangezogen werden dürfen, sondern eine eigene Zinsnettopositionskategorie bilden (sog. Derivat-Zinsnettopositionen). Diesen beiden Zinsnettopositionskategorien sind unterschiedliche zinssatzbezogene Finanzinstrumente bzw. aus einer Aufspaltung dieser Instrumente resultierende Komponenten (Wertpapierkomponenten und Finanzierungs- bzw. Mittelanlagekomponenten) zuzuordnen.

Zur Ermittlung der Wertpapier-Zinsnettopositionen eines Instituts sind – analog zur Ermittlung der Aktiennettopositionen – für jedes zinssatzbezogene Wertpapier die Bestände und die Lieferansprüche aus Kassa-, Termin-, Options- und Swapgeschäften (Long-Positionen) den aus Kassa-, Termin-, Options- und Swapgeschäften resultierenden Lieferverpflichtungen (Short-Positionen) in diesem Wertpapier gegenüberzustellen. Der (vorzeichenunabhängige) Saldo dieser für ein einzelnes zinssatzbezogenes Wertpapier berechneten Long- und Short-Positionen stellt die Wertpapier-Zinsnettoposition des Instituts in diesem Wertpapier dar. Anders ausgedrückt hat also zu gelten:

$$\left| \sum \binom{\text{Long} - \text{Positionen}}{\text{in einem Wertpapier}} - \sum \binom{\text{Short} - \text{Positionen}}{\text{in einem Wertpapier}} \right| = \begin{array}{l} \text{Wertpapier -} \\ \text{Zinsnettoposition} \\ \text{in einem Wertpapier} \end{array}$$

Auch bei der Ermittlung der Wertpapier-Zinsnettopositionen erfolgt eine Aufspaltung der zinssatzbezogenen Termin-, Options- und Swapgeschäfte in ihre einzelnen Komponenten. Die bei diesen derivativen Geschäften auf die Wertpapiere bezogenen Long- und Short-Positionen sind bei der Berechnung der Wertpapier-Zinsnettopositionen in Höhe ihres aktuellen Marktwerts zu erfassen.[1]

---

[1] Da es vielen Instituten Schwierigkeiten bereitet, den aktuellen Marktwert unter Berücksichtigung der aufgelaufenen Zinsen (Stückzinsen) – den sog. „dirty price" – zu bestimmen, ist es einem Institut freigestellt, statt dessen den sog. „clean price", also den reinen Börsenpreis, in dem die Stückzinsen nicht enthalten sind, nach einheitlicher Wahl zu verwenden (vgl. BUNDESAUFSICHTSAMT FÜR DAS KREDITWESEN (Erläuterungen, 1997), S. 159).

## 2.7 Begrenzung des Zinsänderungsrisikos

Die gegenläufigen Finanzierungs- bzw. Mittelanlagekomponenten sind als eigenständige derivative Geschäfte anzusehen und bei der Bestimmung der Derivat-Zinsnettopositionen in Höhe ihres Barwerts zu berücksichtigen. Die Derivat-Zinsnettopositionen bestehen allerdings nicht nur aus den Finanzierungs- bzw. Mittelanlagekomponenten von denjenigen Termin-, Options- und Swapgeschäften, die zinssatzbezogene Wertpapiere als Geschäftsgegenstand haben. Auch Termin-, Options- und Swapgeschäfte, die überhaupt keine Wertpapiere als Geschäftsgegenstand haben, sind in ihre Long- und Short-Positionen aufzuspalten. Beispielsweise besitzt ein Zinsswap, bei dem ein Institut den variablen 3-Monats-LIBOR erhält und den variablen 6-Monats-LIBOR zu zahlen hat, keine Wertpapierkomponente. In diesem Fall wären sowohl die Long-Position (Erhalt des 3-Monats-LIBOR) als auch die Short-Position (Zahlung des 6-Monats-LIBOR) bei der Ermittlung der Derivat-Zinsnettopositionen zu berücksichtigen.

Genauso wie es Termin-, Options- und Swapgeschäfte gibt, die keine Wertpapiere als Geschäftsgegenstand haben, sind diese Geschäfte auch derart konstruiert vorstellbar, dass sie über keine Finanzierungs- bzw. Mittelanlagekomponente verfügen. So wäre die folgende Konstruktion denkbar:

Zwei Kontraktpartner A und B wollen die folgenden zwei Termingeschäfte (TG) abschließen:

TG 1: A kauft von B per Termin 01.03.00 Anleihen des Unternehmens X im Nominalwert von 968.054,21 EUR zum Terminkurs von 103,3 % (Volumen: 968.054,21 EUR · 1,033 = 1 Mio. EUR).

TG 2: A verkauft an B per Termin 01.03.00 Anleihen des Unternehmens Y im Nominalwert von 1.002.004,01 EUR zum Terminkurs von 99,8 % (Volumen: 1.002.004,01 EUR · 0,998 = 1 Mio. EUR).

Anstatt nur diese zwei Termingeschäfte abzuschließen, könnten A und B sich darauf einigen, lediglich folgendes Termingeschäft abzuschließen:

TG 3: A erhält von B per Termin 01.03.00 Anleihen des Unternehmens X im Nominalwert von 968.054,21 EUR und liefert im Gegenzug per Termin 01.03.00 an B Anleihen des Unternehmens Y im Nominalwert von 1.002.004,01 EUR.

Wird dieses so konstruierte Termingeschäft in seine Komponenten aufgespaltet, so ergeben sich lediglich zwei Wertpapierkomponenten, jedoch keine Finanzierungs- bzw. Mittelanlagekomponente. Auch wenn es solchermaßen konstruierte Geschäfte noch nicht geben sollte, sind diese dennoch bereits jetzt von der Bankenaufsicht bei der Ermittlung der Zinsnettopositionen zu berücksichtigen, um zu verhindern, dass Institute solche Geschäfte eigens dazu konstruieren, um damit die Eigenmittelunterlegungspflicht umgehen zu können.

Die Zuordnung der aktienkursbezogenen und zinssatzbezogenen Finanzinstrumente zu den verschiedenen Nettopositionenkategorien ist in Abbildung 31 zusammenfassend dargestellt.

Aspekt der Gleichheit von Wertpapieren
Da – wie oben bereits ausgeführt – zur Bestimmung der einzelnen Wertpapier-Zinsnettopositionen Saldierungen lediglich bei gleichen Wertpapieren möglich sind (§ 19 Abs. 1 Satz 1 Nr. 1 Grundsatz I), schreibt § 19 Abs. 3 Grundsatz I für zinssatzbezogene Positionen vor, dass Wertpapiere dann als gleich anzusehen sind, wenn sie
– von demselben Emittenten ausgegeben wurden,
– auf dieselbe Währung lauten,
– auf demselben nationalen Markt gehandelt werden,
– in ihrem Rückzahlungsprofil übereinstimmen sowie
– im Falle der Insolvenz des Emittenten denselben Rang einnehmen.

Besitzen börsennotierte Wertpapiere dieselbe internationale Wertpapierkennnummer (ISIN), so geht die Bankenaufsichtsbehörde von der Gleichheit der Papiere aus; ein weiterer Nachweis ist dann nicht erforderlich.[1]

Bei Schuldtiteln, die nicht an einer Börse notiert werden, sieht die Bankenaufsichtsbehörde eine Gleichheit nur dann als gegeben an, wenn das Rückzahlungsprofil der Wertpapiere gleich ist.[2] Dies bedeutet, dass die aus den Wertpapieren fließenden Zahlungsströme (cash-flows) im Hinblick auf
– Betrag,
– Währung und
– Zahlungszeitpunkt
übereinstimmen müssen. Aufgrund der vielfältigen Ausgestaltungsmöglichkeiten von zinssatzbezogenen Wertpapieren könnte eine Berücksichtigung lediglich der Nominalverzinsung sowie des Endfälligkeitstermins zu einer falschen Darstellung der Zinsrisikopositionen eines Instituts führen.

---

[1] Vgl. BUNDESAUFSICHTSAMT FÜR DAS KREDITWESEN (Erläuterungen, 1997), S. 159.
[2] Vgl. BUNDESAUFSICHTSAMT FÜR DAS KREDITWESEN (Erläuterungen, 1997), S. 159.

## 2.7 Begrenzung des Zinsänderungsrisikos

**aktienkurs-bezogene Finanzinstrumente**
- Bestände
- Lieferansprüche und Lieferverbindlichkeiten aus
  - Kassageschäften
  - Termingeschäften
    - Wertpapierkomponente
    - Finanzierungskomponente
  - Optionsgeschäften
    - Wertpapierkomponente
    - Finanzierungskomponente
  - Swapgeschäften
    - Wertpapierkomponente
    - Finanzierungskomponente
  - Derivaten ohne Finanzierungskomponente

→ Aktien-Nettopositionen

**zinssatz-bezogene Finanzinstrumente**
- Lieferansprüche und Lieferverbindlichkeiten aus
  - Kassageschäften
  - Termingeschäften
    - Wertpapierkomponente
    - Finanzierungskomponente
  - Optionsgeschäften
    - Wertpapierkomponente
    - Finanzierungskomponente
  - Swapgeschäften
    - Wertpapierkomponente
    - Finanzierungskomponente
  - Derivaten ohne Finanzierungskomponente
- Bestände
- Lieferansprüche und Lieferverbindlichkeiten aus Devisentermingeschäften
  - Finanzierungskomponente Inlandswährung
  - Finanzierungskomponente Auslandswährung

→ Wertpapier-Zinsnettopositionen
→ Derivat-Zinsnettopositionen

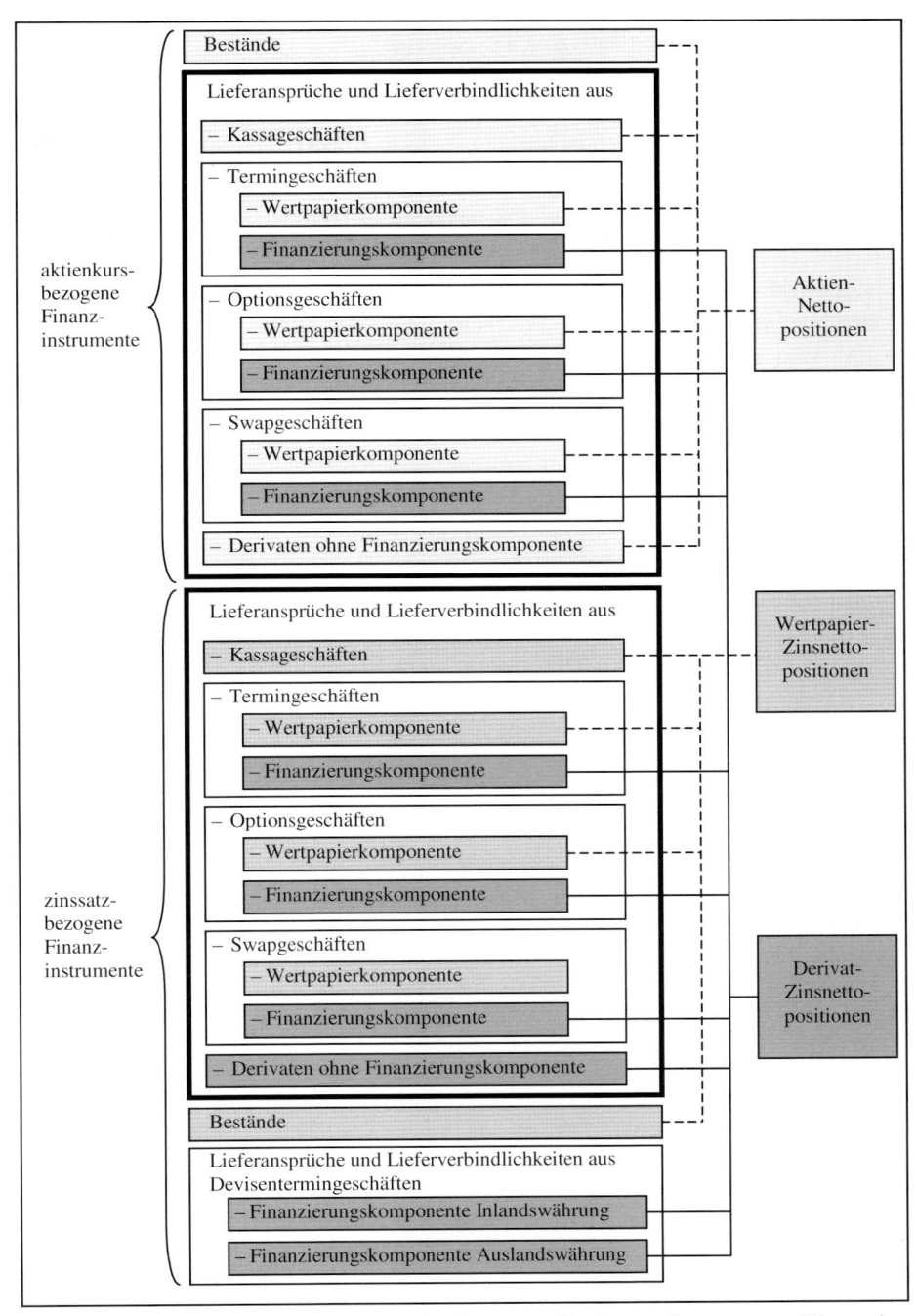

**Abbildung 31:** Zuordnung von aktienkurs- und zinssatzbezogenen Finanzinstrumenten i. S. d. § 18 Abs. 1 Nr. 1 Grundsatz I zu den Nettopositionen i. S. d. § 19 Abs. 1 Satz 1 Grundsatz I

Aspekt der Gleichheit von derivativen Geschäften

Im Rahmen der Bestimmung der Derivat-Zinsnettopositionen sind ebenfalls Saldierungen möglich, allerdings nur dann, wenn es sich um gegenläufig ausgerichtete Positionen aus einander weitgehend entsprechenden derivativen Geschäften handelt (§ 19 Abs. 1 Satz 1 Nr. 2 Grundsatz I). Durch die Saldierungsmöglichkeit, die als Institutswahlrecht ausgestaltet ist[1] und auch als „preprocessing" bezeichnet wird, soll eine risikogerechte Erfassung des Zinsänderungsrisikos aus derivativen Geschäften ermöglicht werden. Reagieren gegenläufige Positionen nämlich in gleicher Weise (nur mit umgekehrtem Vorzeichen) auf Zinsänderungen, so besteht für das Institut kein allgemeines Kursrisiko. Es handelt sich dann also um eine bezüglich des allgemeinen Kursrisikos geschlossene, d. h. risikolose Position, für die deshalb eine Eigenmittelunterlegung nicht erforderlich ist.

Das besondere Kursrisiko ist weder bei offenen noch bei geschlossenen Derivat-Nettopositionen vorhanden, da bei ihnen der zugrunde liegende Geschäftsgegenstand ein Zinssatz ist, der nicht von der Bonität eines Emittenten abhängt.[2] Daher werden die Derivat-Nettopositionen bei der Ermittlung des besonderen Kursrisikos auch nicht berücksichtigt (§ 23 Abs. 2 Grundsatz I).

Um zu gewährleisten, dass nur solche gegenläufig ausgerichteten Positionen aus derivativen Geschäften miteinander saldiert werden, die in möglichst gleicher Weise auf Zinsänderungen reagieren, ist in § 19 Abs. 4 Grundsatz I festgelegt worden, wann Positionen aus derivativen Geschäften als „einander weitgehend entsprechend" anzusehen sind. Im Gegensatz zu den Erfordernissen bei zinssatzbezogenen Wertpapieren muss bei Positionen aus derivativen Geschäften allerdings keine vollständige Identität bestehen. Dies wäre auch angesichts der großen Bedeutung von OTC-Geschäften, bei denen die Vertragskonditionen nicht standardisiert sind, sondern individuell ausgehandelt werden, nur sehr selten der Fall. Daher ist eine Saldierung von Positionen aus derivativen Geschäften auch dann erlaubt, wenn keine vollständige Identität der Geschäfte vorliegt, sondern sich ihre für das Zinsänderungsrisiko relevanten Konditionen (wie z. B. Nominalverzinsung und Restlaufzeit) nur derart geringfügig voneinander unterscheiden, dass immer noch eine weitgehend gleichförmige Wertentwicklung der Positionen erwartet werden kann und somit eine

---

[1] Insofern kann ein Institut auch auf die Möglichkeit der Saldierung von Positionen aus derivativen Geschäften, die die Anforderungen des § 19 Abs. 4 Grundsatz I erfüllen, verzichten (vgl. BUNDESAUFSICHTSAMT FÜR DAS KREDITWESEN (Erläuterungen), 1997), S. 157). Es muss dann zwar die Derivat-Zinsnettopositionen ohne vorherige Saldierung in die Berechnung des allgemeinen Zinsänderungsrisikos einbeziehen, woraus sich u. U. ein höherer Eigenmittelbedarf ergibt; allerdings kann es dann darauf verzichten, zu überprüfen, ob die Saldierungsvoraussetzungen erfüllt sind.

[2] Vgl. BUNDESAUFSICHTSAMT FÜR DAS KREDITWESEN (Erläuterungen), 1997), S. 188.

## 2.7 Begrenzung des Zinsänderungsrisikos

Saldierung im Hinblick auf das Zinsänderungsrisiko vertretbar erscheint.[1] Konkret müssen die folgenden Voraussetzungen erfüllt sein (siehe hierzu auch Abbildung 32):

---

Positionen aus derivativen Geschäften sind als einander weitgehend entsprechend anzusehen, wenn

1. die Positionen derselben Instrumentkategorie angehören, *
2. sie denselben Nominalwert haben,
3. sie auf dieselbe Währung lauten,
4. sich ihre nach ihrem Kupon oder demselben variablen Zinssatz bemessene Nominalverzinsung um nicht mehr als 15 Basispunkte unterscheidet,
5. die Differenz ihrer jeweiligen Restlaufzeit oder restlichen Zinsbindungsfrist die folgenden Zeitspannen nicht überschreitet:

| Länge der restlichen Zinsbindungsfrist oder Restlaufzeit | Zeitspanne in Kalendertagen ** |
|---|---|
| < 1 Monat | 0 |
| ein Monat bis ein Jahr | 7 |
| > 1 Jahr | 30 |

\* Als Instrumentkategorien gelten hierbei Termingeschäfte in Wertpapieren, Zinsfutures, Forward Rate Agreements (FRA), Swaps und Devisentermingeschäfte.

\*\* Fallen Kalendertage und Zinstage auseinander, so ist auf Zinstage abzustellen.

---

**Abbildung 32: Voraussetzungen, damit Positionen aus derivativen Geschäften als einander weitgehend entsprechend anzusehen sind**

1. Die Positionen aus derivativen Geschäften müssen derselben Instrumentkategorie angehören, wobei die Bankenaufsichtsbehörde die folgenden Instrumentkategorien unterscheidet:[2]
   - Termingeschäfte in Wertpapieren,
   - Zinsfutures,

---

[1] Vgl. C&L DEUTSCHE REVISION AG (6. KWG-Novelle, 1998), S. 338.
[2] Vgl. BUNDESAUFSICHTSAMT FÜR DAS KREDITWESEN (Erläuterungen, 1997), S. 160–161.

- Forward Rate Agreements (FRA),
- Swaps und
- Devisentermingeschäfte.

Eine Verrechnung von Positionen, die aus unterschiedlichen Instrumentkategorien stammen (bspw. Zinsfutures und FRA) ist nicht erlaubt, da die Bankenaufsicht die Auffassung vertritt, dass nur bei Positionen derselben Instrumentkategorie gewährleistet ist, dass „deren Wert in hohem Maße gleichförmig auf Zinsänderungen reagiert"[1].

2. Die Positionen aus derivativen Geschäften müssen denselben Nominalwert haben. Hierbei ist auf den Nominalwert der derivativen Geschäfte abzustellen, sodass eine Verrechnung von Positionen nur insoweit möglich ist, wie sie denselben Nominalwert besitzen.[2]

3. Die Positionen aus derivativen Geschäften müssen auf dieselbe Währung lauten. Diese Voraussetzung steht im Einklang mit der Vorschrift des § 20 Abs. 1 Grundsatz I, die besagt, dass im Rahmen der Bestimmung des allgemeinen Kursrisikos die Zinsnettopositionen nach Währungen getrennt zu berücksichtigen sind. Diese Regelung ist bei der Saldierung von Positionen aus derivativen Geschäften erforderlich, da diese Positionen auf Zinsänderungen unterschiedlich reagieren können, wenn sie auf verschiedene Währungen lauten.

4. Bei Positionen aus derivativen Geschäften darf sich ihre nach ihrem Kupon oder demselben variablen Referenzzinssatz bemessene Nominalverzinsung um nicht mehr als 15 Basispunkte unterscheiden. Da das Ausmaß der Reaktion auf Zinsänderungen von der Nominalverzinsung abhängt, soll durch diese Vorschrift sichergestellt werden, dass die Positionen weitgehend gleichförmig auf Zinsänderungen reagieren.

Bei Positionen mit variabler Verzinsung ist eine Fallunterscheidung vorzunehmen. Ist noch keine Zinsfixierung erfolgt, so ist auf den variablen Referenzzinssatz abzustellen. Eine Saldierung ist in diesem Fall nur möglich, wenn bei den jeweiligen Positionen derselbe variable Referenzzinssatz zugrunde liegt und die Differenz zwischen den Auf- und Abschlägen auf diesen Referenzzinssatz 15 Basispunkte nicht überschreitet.[3] Ist der variable Zinssatz hingegen bereits fixiert

---

[1] BUNDESAUFSICHTSAMT FÜR DAS KREDITWESEN (Erläuterungen, 1997), S. 160.
[2] Vgl. BUNDESAUFSICHTSAMT FÜR DAS KREDITWESEN (Erläuterungen, 1997), S. 161.
[3] Vgl. BUNDESAUFSICHTSAMT FÜR DAS KREDITWESEN (Erläuterungen, 1997), S. 161.

## 2.7 Begrenzung des Zinsänderungsrisikos 241

worden, so ist die tatsächliche Höhe des festgelegten Zinssatzes als Maßstab heranzuziehen.

5. Bei Positionen aus derivativen Geschäften darf die Differenz ihrer jeweiligen Restlaufzeit oder restlichen Zinsbindungsfrist bestimmte Zeitspannen nicht überschreiten. Bei Positionen mit variabler Verzinsung, bei denen sich der Zinssatz während der Laufzeit ändern kann, ist hierbei der Zeitraum bis zum nächsten Zinsfestsetzungstermin (restliche Zinsbindungsfrist) relevant, während bei Festzins-Positionen die Restlaufzeit maßgebend ist. Fallen bei der Berechnung Kalendertage und Zinstage auseinander, so ist auf Zinstage abzustellen.[1] Die maximal zulässige Differenz ist nach der Länge der restlichen Zinsbindungsfrist oder Restlaufzeit gestaffelt und steigt mit zunehmender Länge (vgl. die Tabelle in Abbildung 32).

Es ist allerdings nicht klar, welche Zeitspanne relevant ist, wenn die eine Position gemäß ihrer restlichen Zinsbindungsfrist bzw. Restlaufzeit der dafür geltenden Kategorie zuzuordnen wäre, die andere Position aufgrund einer anderen Ausgestaltung jedoch in eine andere Kategorie fallen würde. Ist also bspw. eine Verrechnung zwischen zwei Positionen möglich, wenn die Restlaufzeit bei der ersten Position 1 Jahr beträgt ($\Rightarrow$ maximal zulässige Zeitspanne für die Differenz = 7 Tage), bei der zweiten Position aber 1 Jahr und 15 Tage ($\Rightarrow$ maximal zulässige Zeitspanne für die Differenz = 30 Tage)? Wird die erste Position als Maßstab angesehen, so wäre eine Verrechnung nicht statthaft, da die Differenz der beiden Restlaufzeiten 15 Tage beträgt. Wird hingegen die zweite Position als relevant betrachtet, so wäre eine Verrechnung möglich. Abgesehen von diesen eher technischen Abgrenzungsfragen ist auch diese Voraussetzung zweckadäquat, da das Ausmaß, mit der eine Position auf Zinsänderungen reagiert, von ihrer restlichen Zinsbindungsfrist bzw. Restlaufzeit abhängt.

Aspekt der Behandlung von Indexgeschäften

Wie bereits bei der Behandlung der Aktiennettopositionen ausgeführt wurde (siehe die Lösung zu Aufgabe 2.45) ist eine Indexaufschlüsselung und Einbeziehung der einzelnen Indexkomponenten in die Nettopositionen nur für Aktienindexgeschäfte statthaft. Daher sind Rentenindexgeschäfte stets „als Geschäfte in einer eigenen Wertpapiergattung zu betrachten"[2]. Eine Saldierung der Indexkomponenten mit gegenläufigen zinssatzbezogenen Wertpapierpositionen ist somit nicht möglich.

---

[1] Vgl. BUNDESAUFSICHTSAMT FÜR DAS KREDITWESEN (Erläuterungen, 1997), S. 162.
[2] BUNDESAUFSICHTSAMT FÜR DAS KREDITWESEN (Erläuterungen, 1997), S. 158.

**Aufgabe 2.49: Ermittlung der Anrechnungsbeträge für das allgemeine Kursrisiko aus Zinsnettopositionen**

Beschreiben Sie die Regelungen des Grundsatzes I zur Festlegung des Umfangs der Eigenmittelunterlegung für das allgemeine Kursrisiko aus Zinsnettopositionen.

### Lösung

Die Ermittlung der Anrechnungsbeträge für das allgemeine Kursrisiko aus Zinsnettopositionen wird in den §§ 20 bis 22 Grundsatz I geregelt. § 20 Abs. 1 Grundsatz I beschreibt in allgemeinen Formulierungen die Vorgehensweise bei Anwendung der Jahresbandmethode, die als Standardmethode vorgegeben wird. Anstelle der Jahresbandmethode dürfen die Institute gemäß § 20 Abs. 2 Grundsatz I auch die Durationmethode verwenden.[1] Dabei hat ein Institut das Wahlrecht nach § 20 Abs. 2 Grundsatz I einheitlich und dauerhaft auszuüben, wobei das sog. gelockerte Einheitlichkeitsprinzip[2] sinngemäß anzuwenden ist.[3] Dies bedeutet, dass die Institute das ihnen in § 20 Abs. 2 Grundsatz I eingeräumte Wahlrecht für Teilbereiche ihrer Geschäftstätigkeit, die genau bestimmt und eindeutig abgegrenzt sein müssen, einheitlich ausüben dürfen.[4] Die Teilbereiche müssen allerdings „nach objektiven Kriterien bestimmt sein, deren Festlegung zu dokumentieren ist."[5] So kann sich die Festlegung von Teilbereichen bspw. an der Art der Finanzprodukte (z. B. alle Swapgeschäfte) orientieren oder auf einzelne Währungen oder auf bestimmte organisatorisch abgegrenzte Bereiche des Instituts (z. B. die Abteilung „Zinsderivate" der Zentrale) beziehen. Die Institute können dann für jeden einzelnen Teilbereich festlegen, welche der zur Auswahl stehenden Methoden (z. B. Jahresbandmethode, Durationmethode) angewendet werden soll. Insofern bezieht sich die Forderung des § 20 Abs. 2 Grundsatz I nach einheitlicher und dauerhafter Ausübung des Wahlrechts lediglich auf die einzelnen Teilbereiche. Im Folgenden erfolgt ausschließlich eine Darstellung der Jahresbandmethode als Standardansatz. Zur Beschreibung der als Alternative vorgesehenen Durationmethode – sie stellt eine verfeinerte Standardmethode dar – wird auf die einschlägige Fachliteratur verwiesen.[6]

---

[1] Zusätzlich zu diesen beiden Methoden ist es den Instituten gestattet, ein eigenes Risikomodell zu verwenden (vgl. § 2 Abs. 2 Satz 3 Grundsatz I i. V. m. § 32 Grundsatz I).

[2] Das gelockerte Einheitlichkeitsprinzip wurde im Rahmen des Wahlrechts der Institute zwischen der Laufzeitmethode und der Marktbewertungsmethode eingeführt (siehe hierzu BUNDESAUFSICHTSAMT FÜR DAS KREDITWESEN (Anrechnung, 1994).

[3] Vgl. BUNDESAUFSICHTSAMT FÜR DAS KREDITWESEN (Erläuterungen, 1997), S. 163.

[4] Vgl. BUNDESAUFSICHTSAMT FÜR DAS KREDITWESEN (Anrechnung, 1994).

[5] BUNDESAUFSICHTSAMT FÜR DAS KREDITWESEN (Anrechnung, 1994).

[6] Siehe hierzu BUNDESAUFSICHTSAMT FÜR DAS KREDITWESEN (Erläuterungen, 1997), S. 166–187; C&L DEUTSCHE REVISION AG (6. KWG-Novelle, 1998), S. 356–359; HARTMANN-WENDELS, THOMAS/PFINGSTEN, ANDREAS/WEBER, MARTIN (Bankbetriebslehre, 2000), S. 410–417.

## Jahresbandmethode

Zur Ermittlung des Anrechnungsbetrags für das allgemeine Kursrisiko aus Zinsnettopositionen sind bei der Jahresbandmethode die Zinsnettopositionen in sog. Laufzeitbänder einzustellen. Um eine möglichst gleichförmige Reaktion der Barwerte der Zinsnettopositionen auf Änderungen der Marktzinsen zu gewährleisten, wird bei den Zinsnettopositionen nach drei Kriterien differenziert:
1. nach der Währung,
2. nach der Nominalverzinsung sowie
3. nach der Zinsbindungsfrist.

Zu 1: Wie bereits für die Gleichheit von Wertpapieren bzw. für die einander weitgehende Entsprechung von Positionen aus derivativen Geschäften (§ 19 Abs. 3 und 4 Grundsatz I) eine Währungsidentität gefordert wurde, sind auch die Zinsnettopositionen getrennt nach Währungen in die jeweiligen Laufzeitbänder einzustellen (§ 20 Abs. 1 Grundsatz I). Für jede einzelne Währung ist daher das in § 21 Abs. 1 Grundsatz I vorgegebene Laufzeitschema zu erstellen. Als Folge hiervon „besteht keine Verrechnungsmöglichkeit zwischen Positionen in verschiedenen Währungen"[1]. Die Vorgehensweise zur Ermittlung des Anrechnungsbetrags für das allgemeine Kursrisiko aus Zinsnettopositionen ist indessen bei allen Währungen identisch. Eine Differenzierung der Zinsnettopositionen nach Währungen ist erforderlich, da das Risiko einer Preisänderung, die sich aus einer Veränderung des Zinsniveaus ergibt, erfasst werden soll und der Preis einer Zinsposition sich an dem Zinsniveau desjenigen Landes orientiert, auf dessen Währung sie lautet.

Zu 2: Für jedes Laufzeitschema einer Währung werden zwei Zinsbereiche (A und B) vorgegeben (siehe Abbildung 33), wobei für die Einstellung in einen der beiden Zinsbereiche die Nominalverzinsung der jeweiligen Zinsnettoposition maßgeblich ist (§ 21 Abs. 1 Satz 1 und Satz 2 Grundsatz I). So sind Zinsnettopositionen mit einer Nominalverzinsung von weniger als 3 % p. a. in den Zinsbereich A einzustellen, während Zinsnettopositionen, bei denen die Nominalverzinsung mindestens 3 % p. a. beträgt, dem Zinsbereich B zugeordnet werden.

Die Differenzierung nach der Höhe der Nominalverzinsung ist sinnvoll, da die Zinsreagibilität einer Position u. a. von diesem Kriterium abhängt. So verändert sich bspw. der Barwert eines Zero-Bonds bei einer Änderung des

---

[1] BUNDESAUFSICHTSAMT FÜR DAS KREDITWESEN (Erläuterungen, 1997), S. 163.

Zinsniveaus cet. par. stärker, als dies bei einer ansonsten identischen Position, die eine Nominalverzinsung von z. B. 5 % p. a. besitzt, der Fall ist. Grundsätzlich gilt, dass von zwei bis auf die Höhe der Nominalverzinsung identischen Positionen diejenige die höhere Zinsreagibilität aufweist, die die geringere Nominalverzinsung besitzt, da bei ihr der Barwertanteil des am Ende der Laufzeit anfallenden Rückzahlungsbetrags am gesamten Zahlungsrückfluss am größten ist.[1]

Durch die Vorgabe von lediglich zwei Zinsbereichen findet allerdings nur eine sehr grobe Berücksichtigung dieses Einflussfaktors statt. Eine akkuratere Erfassung erfolgt bei der alternativ anzuwendenden Durationmethode.

Zu 3: Innerhalb eines Zinsbereichs sind die Zinsnettopositionen in Abhängigkeit von ihrer restlichen Zinsbindungsfrist in Höhe ihrer maßgeblichen Beträge in sog. Laufzeitbänder einzustellen. Die Laufzeitbänder umfassen jeweils eine Zeitspanne des Zinsbereichs A und die dazugehörige Zeitspanne des Zinsbereichs B.[2] Diese Differenzierung nach der restlichen Zinsbindungsfrist der Zinsnettopositionen ist angebracht, da das Ausmaß der Barwertänderungen dieser Positionen bei Änderungen des Zinsniveaus von der Länge ihrer restlichen Zinsbindungsfrist abhängt. So wird von zwei festverzinslichen Anleihen, die bis auf die (Rest-)Laufzeit identisch ausgestattet sind, der Barwert derjenigen geringer auf eine Änderung des Zinsniveaus reagieren, die die kürzere (Rest-)Laufzeit aufweist,[3] da die Beeinflussung des Barwerts durch eine Änderung des Diskontierungsfaktors aufgrund des kürzeren Diskontierungszeitraums geringer ist. Allerdings erfolgt bei der Jahresbandmethode keine taggenaue Differenzierung nach der restlichen Zinsbindungsfrist. Vielmehr werden größere Zeitspannen zu einem Laufzeitband zusammengefasst, so dass sich lediglich eine begrenzte Anzahl an Laufzeitbändern ergibt. Die Länge der zu einem Laufzeitband zusammengefassten Zeitspanne steigt dabei mit zunehmender Dauer der restlichen Zinsbindungsfrist.

Abbildung 33 verdeutlicht zudem, dass es für den Zinsbereich A mehr Zeitspannen gibt als für den Zinsbereich B (15 gegenüber 13). Bis zu einer restlichen Zinsbindungsfrist von bis zu einem Jahr sind die Zeitspannen der Zinsbereiche A und B identisch. Danach umfassen die Zeitspannen des Zinsbe-

---

[1] Vgl. C&L DEUTSCHE REVISION AG (6. KWG-Novelle, 1998), S. 352.
[2] Die beiden letzten Laufzeitbänder umfassen ausschließlich Zeitspannen des Zinsbereichs A.
[3] Unter der Annahme, dass bei einer festverzinslichen Anleihe eine Änderung der Nominalverzinsung bis zum Laufzeitende der Anleihe nicht möglich ist, stimmen (Rest-)Laufzeit und (restliche) Zinsbindungsfrist dieser Anleihe überein.

## 2.7 Begrenzung des Zinsänderungsrisikos

| Spalte A<br>Zeitspanne im Zinsbereich A | Spalte B<br>Zeitspanne im Zinsbereich B | Spalte C<br>Gewichtungssatz in % | Laufzeitzone |
|---|---|---|---|
| bis zu einem Monat | bis zu einem Monat | 0,00 | kurzfristige Laufzeitzone |
| über einem bis zu drei Monaten | über einem bis zu drei Monaten | 0,20 | kurzfristige Laufzeitzone |
| über drei bis zu sechs Monaten | über drei bis zu sechs Monaten | 0,40 | kurzfristige Laufzeitzone |
| über sechs Monaten bis zu einem Jahr | über sechs Monaten bis zu einem Jahr | 0,70 | kurzfristige Laufzeitzone |
| über einem bis zu 1,9 Jahren | über einem bis zu 2 Jahren | 1,25 | mittelfristige Laufzeitzone |
| über 1,9 bis zu 2,8 Jahren | über 2 bis zu 3 Jahren | 1,75 | mittelfristige Laufzeitzone |
| über 2,8 bis zu 3,6 Jahren | über 3 bis zu 4 Jahren | 2,25 | mittelfristige Laufzeitzone |
| über 3,6 bis zu 4,3 Jahren | über 4 bis zu 5 Jahren | 2,75 | langfristige Laufzeitzone |
| über 4,3 bis zu 5,7 Jahren | über 5 bis zu 7 Jahren | 3,25 | langfristige Laufzeitzone |
| über 5,7 bis zu 7,3 Jahren | über 7 bis zu 10 Jahren | 3,75 | langfristige Laufzeitzone |
| über 7,3 bis zu 9,3 Jahren | über 10 bis zu 15 Jahren | 4,50 | langfristige Laufzeitzone |
| über 9,3 bis zu 10,6 Jahren | über 15 bis zu 20 Jahren | 5,25 | langfristige Laufzeitzone |
| über 10,6 bis zu 12,0 Jahren | über 20 Jahren | 6,00 | langfristige Laufzeitzone |
| über 12,0 bis zu 20,0 Jahren | – | 8,00 | langfristige Laufzeitzone |
| über 20,0 Jahren | – | 12,50 | langfristige Laufzeitzone |

Laufzeitbänder

**Abbildung 33:** Laufzeitbänder, Laufzeitzonen und Gewichtungssätze der Jahresbandmethode gemäß § 21 Abs. 1 Grundsatz I

reichs B stets einen längeren Zeitraum als die dazugehörigen Zeitspannen des Zinsbereichs A. Diese voneinander abweichenden Zeitspannen sollen der unterschiedlichen Zinsreagibilität der beiden Zinsbereiche Rechnung tragen. Da sowohl eine höhere Nominalverzinsung als auch eine kürzere restliche Zinsbindungsfrist eine geringere Zinsreagibilität bewirken, werden einzelnen Zeitspannen des höher verzinslichen Zinsbereichs B jeweils Zeitspannen des Zinsbereichs A mit einer geringeren restlichen Zinsbindungsfrist gegenübergestellt und jeweils zu einem Laufzeitband zusammengefasst. Auf diese Weise soll erreicht werden, dass Zinsnettopositionen aus den Zinsbereichen A und B, die in dasselbe Laufzeitband eingestellt werden, in ausreichendem Maße gleichförmig auf Veränderungen des Zinsniveaus reagieren und eine Verrechnung offener Zinsnettopositionen aus zwei Zinsbereichen eines Laufzeitbands möglich ist.

Da der Zinsbereich A zwei Zeitspannen mehr als der Zinsbereich B besitzt, stehen in den beiden letzten Laufzeitbändern den Zeitspannen des Zinsbereichs A keine Zeitspannen des Zinsbereichs B gegenüber. Die Zeitspannen der ersten vier Laufzeitbänder sind bei beiden Zinsbereichen identisch, da die Auswirkungen unterschiedlicher Zinssätze auf die Zinsreagibilität der Zinsnettopositionen bei einer restlichen Zinsbindungsfrist von bis zu einem Jahr als vernachlässigbar angesehen werden. Ergänzend ist darauf hinzuweisen, dass sich die Laufzeitbänder im Zeitablauf verschieben, d. h., dass sie ab dem jeweiligen Berechnungstag und nicht nach Kalenderzeiträumen bemessen werden.[1]

Nachdem die einzelnen Zinsnettopositionen unter Berücksichtigung ihrer Währung, ihrer Nominalverzinsung und ihrer restlichen Zinsbindungsfrist in die jeweiligen Laufzeitbänder eingestellt worden sind, sind die einzelnen Zinsnettopositionen zu gewichten.[2] Hierzu werden gemäß § 21 Abs. 1 Grundsatz I für jedes Laufzeitband Gewichtungssätze vorgegeben, die mit zunehmender Zeitspanne ansteigen, um die entsprechend der wachsenden Zinsreagibilität steigenden Zinsänderungsrisiken zu berücksichtigen. Diese Gewichtungssätze sind durch die KAR[3] und die Baseler Eigenkapitalvereinbarung[4] vorgegeben. Sie stellen ein pauschaliertes Ergebnis fiktiver Marktwertänderungen eines bestimmten standardisierten Zahlungsstroms dar,

---

[1] Vgl. § 21 Abs. 1 Satz 3 Grundsatz I.
[2] Vgl. § 20 Abs. 1 Grundsatz I.
[3] Vgl. Anhang I Tabelle 2 KAR.
[4] Vgl. BASELER AUSSCHUSS FÜR BANKENAUFSICHT (Änderung, 1997), Teil A, Tabelle 1.

## 2.7 Begrenzung des Zinsänderungsrisikos

denen ein auf tatsächlichen Marktverhältnissen beruhendes Zinsniveau zugrunde liegt.[1]

Die so gewichteten Zinsnettopositionen sind in jedem Laufzeitband getrennt nach ihrer Zinsbindungsrichtung (Long- oder Short-Positionen) zusammenzufassen (§ 21 Abs. 2 Grundsatz I). Dabei hat die Zusammenfassung in jedem Laufzeitband jeweils über die einzelnen Zeitspannen der beiden Zinsbereiche A und B zu erfolgen (die beiden Zinsbereiche wurden ja gerade so gestaltet, dass Zinsnettopositionen verschiedener Zinsbereiche innerhalb eines Laufzeitbands annähernd gleich auf Zinsänderungen reagieren), so dass die bis dahin bestehende Trennung der beiden Zinsbereiche aufgehoben wird. Für jedes Laufzeitband sind also jeweils zwei Summen der gewichteten Zinsnettopositionen zu berechnen (Summe der gewichteten Long-Zinsnettopositionen; Summe der gewichteten Short-Zinsnettopositionen),[2] die einander gegenübergestellt werden. Anhand dieser Gegenüberstellung sind für jedes Laufzeitband einerseits „die sich betragsmäßig entsprechenden Summen der gewichteten Nettopositionen mit gegenläufigen Zinsbindungsrichtungen (ausgeglichene Bandpositionen)"[3] – also jeweils die kleinere der beiden Summen eines Laufzeitbands – zu ermitteln und andererseits „die verbleibenden Unterschiedsbeträge (offene Bandpositionen)"[4] – also der jeweilige Saldo der beiden Summen eines Laufzeitbands – zu bestimmen (siehe Abbildung 34).

Im Anschluss an die Ermittlung der ausgeglichenen und offenen Bandpositionen sind die ausgeglichenen (geschlossenen) Bandpositionen sämtlicher Laufzeitbänder unabhängig von ihrer Zinsbindungsrichtung – also ohne Berücksichtigung ihres Vorzeichens – aufzuaddieren; es ergibt sich die sog. Gesamtsumme der ausgeglichenen Bandpositionen (§ 21 Abs. 4 Satz 1 Grundsatz I).

Ein Zinsänderungsrisiko kann immer dann eliminiert werden, wenn zwei betragsmäßig gleiche Zinsnettopositionen auf Zinsänderungen in gleichem Maße reagieren, ihre jeweiligen Zinsbindungsrichtungen einander jedoch genau entgegengesetzt sind (sog. perfect hedge). Dies ist bspw. bei gegenläufigen Positionen in gleichen Wertpapieren der Fall (§ 19 Abs. 1 und 3 Grundsatz I; siehe hierzu auch die Lösung zu Aufgabe 2.45). Reagieren indessen einander gegenläufig ausgerichtete Positionen nicht völlig gleich auf Zinsänderungen, so ergibt sich zwar auch in diesem Fall ein

---

[1] Vgl. hierzu ausführlich C&L DEUTSCHE REVISION AG (6. KWG-Novelle, 1998), S. 353–354, sowie LUZ, GÜNTHER/SCHARPF, PAUL (Marktrisiken, 1998), S. 256–258.
[2] Die einzelnen Summen können auch den Wert Null annehmen, falls in das entsprechende Laufzeitband keine Zinsnettopositionen mit der relevanten Zinsbindungsrichtung eingestellt wurden.
[3] § 21 Abs. 3 Grundsatz I.
[4] § 21 Abs. 3 Grundsatz I.

gewisser Risikokompensationseffekt; es bleibt aber ein Restrisiko bestehen, das als Basisrisiko bezeichnet wird. In der Regel ist ein solches Basisrisiko umso größer, je stärker sich die restlichen Zinsbindungsfristen zweier Zinsnettopositionen voneinander unterscheiden. Um den Risikokompensationseffekt von entgegengesetzten Zinsnettopositionen, die nicht völlig gleich auf Zinsänderungen reagieren, zu berücksichtigen, sieht § 21 Grundsatz I vor, auch solche Positionen gegeneinander aufzurechnen, so wie dies bspw. bei den gewichteten Zinsnettopositionen mit gegenläufiger Zinsbindungsrichtung desselben Laufzeitbands der Fall ist. Es dürfen also nicht nur Positionen innerhalb eines Laufzeitbands miteinander verrechnet werden, sondern auch entgegengesetzte Positionen aus verschiedenen Laufzeitbändern. Damit aber zuerst Positionen miteinander verrechnet werden, bei denen das Basisrisiko relativ gering ist, von denen also angenommen werden kann, dass sie noch einigermaßen gleichförmig auf Zinsänderungen reagieren, werden die einzelnen Laufzeitbänder gemäß § 21 Abs. 1 Satz 4 Grundsatz I in drei Laufzeitzonen eingeteilt (siehe Abbildung 33). So werden
- die ersten vier Laufzeitbänder zur kurzfristigen Laufzeitzone,
- die folgenden drei Laufzeitbänder zur mittelfristigen Laufzeitzone und
- die übrigen sieben Laufzeitbänder zur langfristigen Laufzeitzone

zusammengefasst.

Für jede Laufzeitzone sind sodann „die der Zone zugehörigen offenen Bandpositionen getrennt nach ihrer Zinsbindungsrichtung zusammenzufassen"[1]. Es sind also innerhalb einer jeden Laufzeitzone wiederum jeweils zwei Summen zu berechnen, nämlich die Summe der offenen Bandpositionen mit Long-Ausrichtung sowie die Summe der offenen Bandpositionen mit Short-Ausrichtung. Innerhalb einer jeden Laufzeitzone sind die so ermittelten summierten offenen Bandpositionen mit Long-Ausrichtung den diesen gegenläufigen summierten offenen Bandpositionen mit Short-Ausrichtung gegenüberzustellen und jeweils die sog. ausgeglichene Zonenposition sowie die sog. offene Zonenposition zu berechnen (§ 21 Abs. 5 Satz 1 Grundsatz I). Hierbei ergibt sich die ausgeglichene Zonenposition für jede Laufzeitzone jeweils als die kleinere der beiden summierten offenen Bandpositionen, während die offene Zonenposition in jeder Laufzeitzone sich jeweils als der die ausgeglichene Zonenposition übersteigende Betrag der größeren summierten Bandposition (also als der Saldo der beiden summierten offenen Bandpositionen jeder Laufzeitzone) darstellt.

---

[1] § 21 Abs. 4 Satz 2 Grundsatz I.

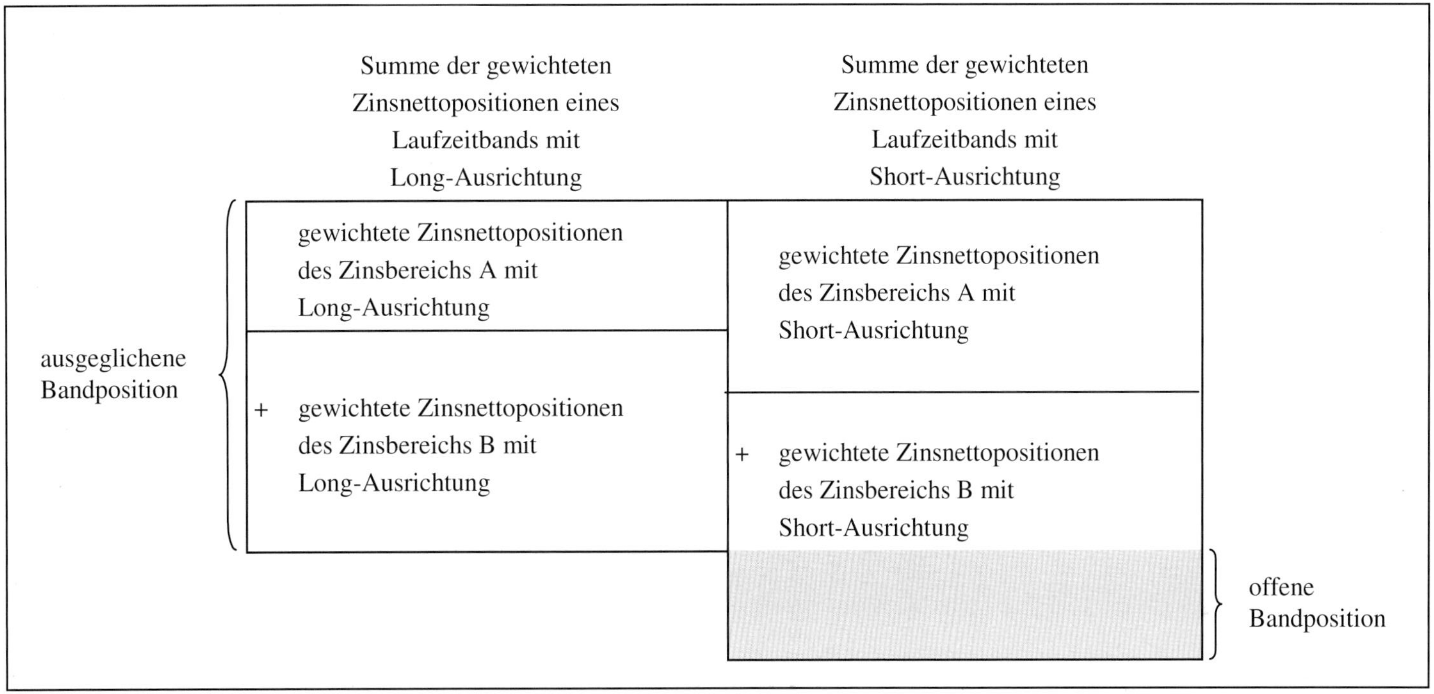

2.7 Begrenzung des Zinsänderungsrisikos 249

Summe der gewichteten Zinsnettopositionen eines Laufzeitbands mit Long-Ausrichtung

Summe der gewichteten Zinsnettopositionen eines Laufzeitbands mit Short-Ausrichtung

gewichtete Zinsnettopositionen des Zinsbereichs A mit Long-Ausrichtung

+ gewichtete Zinsnettopositionen des Zinsbereichs B mit Long-Ausrichtung

gewichtete Zinsnettopositionen des Zinsbereichs A mit Short-Ausrichtung

+ gewichtete Zinsnettopositionen des Zinsbereichs B mit Short-Ausrichtung

ausgeglichene Bandposition

offene Bandposition

**Abbildung 34: Bestimmung der ausgeglichenen Bandposition sowie der offenen Bandposition eines Laufzeitbands gemäß § 21 Abs. 3 Grundsatz I**

Bei den ausgeglichenen Zonenpositionen handelt es sich zwar um betragsmäßig geschlossene Zinsnettopositionen. Allerdings beinhalten sie ein Basisrisiko, da Zinsnettopositionen verschiedener Laufzeitbänder miteinander saldiert werden, die Zinsreagibilitäten dieser Zinsnettopositionen somit aufgrund verschiedener restlicher Zinsbindungsfristen im Allgemeinen unterschiedlich sein werden. Da aber hier nur Zinsnettopositionen innerhalb einer Laufzeitzone miteinander verrechnet werden und die restlichen Zinsbindungsfristen sich innerhalb einer Laufzeitzone nur in begrenztem Umfang voneinander unterscheiden, hält sich das mit der Saldierung verbundene Basisrisiko in akzeptablen Grenzen.

Ein höheres Basisrisiko ergibt sich i. d. R. dann, wenn offene Zinsnettopositionen verschiedener Laufzeitzonen miteinander verrechnet werden. Dabei ist das Basisrisiko umso größer, je weiter die Laufzeitzonen auseinander liegen. Aus diesem Grund schreibt § 21 Abs. 5 Satz 2 Halbsatz 2 Grundsatz I vor, dass – unter Berücksichtigung ihrer jeweiligen Zinsbindungsrichtung – „zunächst die offene Zonenposition der kurzfristigen Zone mit der offenen Zonenposition der mittelfristigen Zone ... zu verrechnen" ist. Die nach dieser Verrechnung gegebenenfalls verbleibende offene Zonenposition ist entweder der kurzfristigen Laufzeitzone (sog. verbleibende offene Zonenposition der kurzfristigen Zone) oder der mittelfristigen Laufzeitzone (sog. verbleibende offene Zonenposition der mittelfristigen Zone) zuzuordnen, je nachdem welche der in die Saldierung eingegangenen offenen Zonenpositionen größer war.

Wenn die offene Zonenposition der kurzfristigen Zone die gleiche Zinsbindungsrichtung wie die offene Zonenposition der mittelfristigen Zone aufweist, ist keine Verrechnung der offenen Zonenpositionen dieser beiden Laufzeitzonen möglich. Nur in diesem Fall kann sich sowohl eine verbleibende offene Zonenposition der kurzfristigen Zone als auch eine verbleibende offene Zonenposition der mittelfristigen Zone ergeben.

In einem nächsten Schritt ist dann die gegebenenfalls verbleibende offene Zonenposition der mittelfristigen Zone mit der offenen Zonenposition der langfristigen Zone zu verrechnen; die sich daraus eventuell ergebende verbleibende offene Zonenposition der langfristigen Zone ist schließlich mit einer gegebenenfalls verbliebenen gegenläufigen offenen Zonenposition der kurzfristigen Zone zu verrechnen (§ 21 Abs. 5 Satz 2 Halbsatz 2 Grundsatz I).[1] Danach ist eine Verrechnung zwischen den

---

[1] Es ergibt sich im Ergebnis kein Unterschied, ob zuerst die offene Zonenposition der kurzfristigen Zone und die offene Zonenposition der mittelfristigen Zone saldiert werden und dann die verbleibende offene Zonenposition der mittelfristigen Zone mit der offenen Zonenposition der langfristigen Zo-

## 2.7 Begrenzung des Zinsänderungsrisikos

Laufzeitzonen nicht mehr möglich, da keine Zinsnettopositionen mit gegenläufigen Zinsbindungsrichtungen mehr bestehen können. Es können aber nach diesen Verrechnungen bis zu drei verbleibende offene Zonenpositionen bestehen (nämlich maximal eine für jede Laufzeitzone), die die gleiche Zinsbindungsrichtung aufweisen (müssen). Diese sind zur sog. verbleibenden offenen Zonensaldoposition aufzuaddieren.[1]

Um dem unterschiedlich hohen Basisrisiko Rechnung zu tragen, sind die ausgeglichenen Positionen sowie die verbleibende offene Zonensaldoposition wie in Abbildung 35 dargestellt zu gewichten (vgl. § 21 Abs. 6 Grundsatz I).

Auf den ersten Blick sieht es so aus, als ob die Gewichtung der ausgeglichenen Zonensaldoposition zwischen den verbleibenden offenen Zonenpositionen der kurzfristigen und der langfristigen Zone mit 150 % zu einer stärkeren Berücksichtigung (und damit zu einer höheren Eigenmittelunterlegungspflicht) der darin enthaltenen Zinsnettopositionen führt, als dies bei den Zinsnettopositionen der verbleibenden offenen Zonensaldoposition, die nur mit 100 % zu gewichten ist, der Fall ist. Es ist aber zu berücksichtigen, dass die ausgeglichene Zonensaldoposition zwischen den verbleibenden offenen Zonenpositionen der kurzfristigen und der langfristigen Zone Zinsnettopositionen sowohl mit Long-Ausrichtung als auch mit Short-Ausrichtung umfasst, also Zinsnettopositionen in doppeltem Umfang beinhaltet und somit jede Seite der gegenläufigen verbleibenden offenen Zonenposition im Ergebnis lediglich mit 75 % gewichtet wird, während die verbleibende offene Zonensaldoposition keine gegenläufigen Zinsnettopositionen umfasst und diese daher mit 100 % gewichtet werden.

Der Anrechnungsbetrag (= Eigenmittelunterlegungsbetrag) für das allgemeine Kursrisiko aus Zinsnettopositionen ergibt sich schließlich, indem die gewichteten ausgeglichenen Positionen sowie die gewichtete verbleibende offene Zonensaldoposition aufsummiert werden (§ 21 Abs. 6 Grundsatz I).

---

ne verrechnet wird oder – wie dies die Wahlmöglichkeit in Anhang I Textziffer 20 KAR gestattet – zuerst die offene Zonenposition der mittelfristigen Zone mit der offenen Zonenposition der langfristigen Zone verrechnet wird und danach die offene Zonenposition der kurzfristigen Zone mit der verbleibenden offenen Zonenposition der mittelfristigen Zone saldiert wird. Zur Vermeidung eines erhöhten Meldeaufwands bei den Instituten sowie eines größeren Arbeitsaufwands bei der Bankenaufsichtsbehörde wurde daher auf die Aufnahme dieses Wahlrechts in den Grundsatz I verzichtet (vgl. BUNDESAUFSICHTSAMT FÜR DAS KREDITWESEN (Erläuterungen), 1997, S. 164–165).

[1] Dies ergibt sich als Schlussfolgerung aus § 21 Abs. 6 Nr. 8 Grundsatz I in Übereinstimmung mit Anhang I Textziffer 22 KAR.

| Position | Gewichtungssatz |
|---|---|
| Gesamtsumme der ausgeglichenen Bandpositionen | 10 % |
| ausgeglichene Zonenposition der kurzfristigen Zone | 40 % |
| ausgeglichene Zonenposition der mittelfristigen Zone | 30 % |
| ausgeglichene Zonenposition der langfristigen Zone | 30 % |
| ausgeglichene Zonensaldoposition zwischen der kurzfristigen und der mittelfristigen Zone | 40 % |
| ausgeglichene Zonensaldoposition zwischen der verbleibenden offenen Zonenposition der mittelfristigen Zone und der offenen Zonenposition der langfristigen Zone | 40 % |
| ausgeglichene Zonensaldoposition zwischen den verbleibenden offenen Zonenpositionen der kurzfristigen und der langfristigen Zone | 150 % |
| verbleibende offene Zonensaldoposition | 100 % |

**Abbildung 35:** Gewichtungssätze für ausgeglichene Positionen sowie eine verbleibende offene Zonensaldoposition gemäß § 21 Abs. 6 Grundsatz I

**Aufgabe 2.50: Ermittlung der Anrechnungsbeträge für das besondere Kursrisiko aus Zinsnettopositionen**

Wie erfolgt gemäß den Regelungen des Grundsatzes I die Festlegung des Umfangs der Eigenmittelunterlegung für das besondere Kursrisiko aus Zinsnettopositionen?

## 2.7 Begrenzung des Zinsänderungsrisikos

**Lösung**

Die Vorschriften zur Ermittlung des Anrechnungsbetrags für das besondere Kursrisiko von Zinsnettopositionen befinden sich in § 23 Grundsatz I. Zur Berechnung dieses Anrechnungsbetrags sind die Zinsnettopositionen – unabhängig von ihrer aktivischen oder passivischen Ausrichtung – in Höhe ihrer nach § 19 Abs. 2 Satz 3 Grundsatz I bestimmten maßgeblichen Beträge, die nach den Bestimmungen des § 23 Grundsatz I mit ihren Qualitätsgewichtungsfaktoren zu gewichten sind, aufzuaddieren und die so erhaltene Summe mit 8 % zu gewichten. Eine über die Verrechnung von gegenläufig ausgerichteten Positionen in gleichen Wertpapieren hinausgehende Saldierung der Zinsnettopositionen ist demnach im Gegensatz zur Verfahrensweise beim allgemeinen Kursrisiko aus Zinsnettopositionen nicht möglich. Die Bonitätsveränderung eines Emittenten führt nämlich nur zu einer Wertänderung der von ihm begebenen Papiere und hat keinen Einfluss auf die Bonität anderer Emittenten und die Werthaltigkeit der von diesen emittierten Schuldtitel. Abbildung 36 enthält eine vereinfachte Darstellung der Vorgehensweise zur Ermittlung des Anrechnungsbetrags für das besondere Kursrisiko aus Zinsnettopositionen.

| maßgebliche Beträge der einzelnen Zinsnettopositionen | · | zugehörige Qualitätsgewichtungsfaktoren | · | 8 % | = | Anrechnungsbetrag für das besondere Kursrisiko aus Zinsnettopositionen |

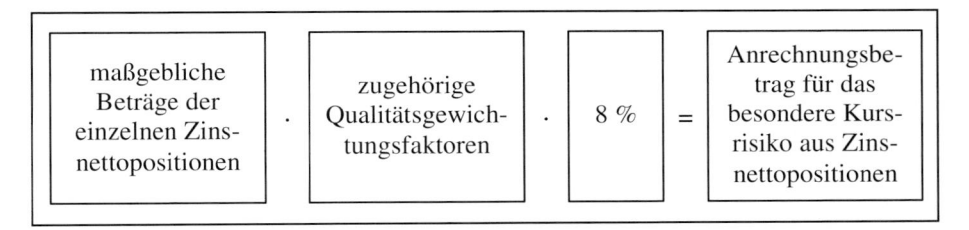

**Abbildung 36: Vereinfachte Darstellung der Ermittlung des Anrechnungsbetrags für das besondere Kursrisiko aus Zinsnettopositionen**

Zur Differenzierung des besonderen Kursrisikos aus Zinsnettopositionen sieht § 23 Grundsatz I fünf Qualitätsgewichtungsfaktoren vor, deren Höhe sich nach dem Risiko richtet, dass eine Bonitätsveränderung des Emittenten eintritt und diese eine Änderung des Marktwerts der Position zur Folge hat. Die Qualitätsgewichtungsfaktoren sowie die Anrechnungsvoraussetzungen sind in Abbildung 37 aufgeführt.

| Zinsrisikopositionen | Qualitätsgewichtungsfaktor |
|---|---|
| Wertpapier-Zinsnettopositionen, deren Erfüllung geschuldet oder ausdrücklich gewährleistet wird von<br>– dem Bund, einem Land, einem rechtlich unselbstständigen Sondervermögen des Bundes oder eine Landes, einer Gemeinde, einem Gemeindeverband oder der Kreditanstalt für Wiederaufbau<br>– einer ausländischen Zentralregierung, einer Zentralnotenbank der Zone A (einschließlich Deutsche Bundesbank) oder den Europäischen Gemeinschaften<br>– einer Regionalregierung oder örtlichen Gebietskörperschaft in einem anderen Mitgliedstaat der EG oder Vertragsstaat über den EWR | 0 % |
| Derivat-Zinsnettopositionen, bei denen in Bezug auf den zugrunde liegenden Gegenstand kein emittentenbezogenes Risiko besteht | 0 % |
| Wertpapier-Zinsnettopositionen in Wertpapieren mit hoher Anlagequalität mit einer Restlaufzeit von<br>– bis zu sechs Monaten | 3,125 % |
| – über sechs Monaten bis zu zwei Jahren | 12,5 % |
| – mehr als zwei Jahren | 20 % |
| sonstige Zinsnettopositionen | 100 % |

**Abbildung 37: Zuordnung der Qualitätsgewichtungsfaktoren zu Zinsrisikopositionen**

Null %-Gewichtung

Gemäß § 23 Abs. 2 Grundsatz I sind bestimmte Zinsnettopositionen bei der Zusammenfassung der Zinsnettopositionen zur Ermittlung des Anrechnungsbetrags für das besondere Kursrisiko aus Zinsnettopositionen nicht zu berücksichtigen. Diese Nichtberücksichtigung kommt einer Gewichtung der relevanten Zinsnettopositionen mit Null % gleich.[1] Die Nullgewichtung ist für zwei Kategorien von Zinsnettopositionen vorgesehen. Sie gilt einerseits für Nettopositionen in Wertpapieren, die von staatlichen Stellen oder von Stellen, die über eine mit diesen vergleichbare Bonität verfügen, emittiert oder ausdrücklich gewährleistet werden. Die Regelung des § 23 Abs. 2 Grundsatz I nimmt dabei auf die Bestimmungen des § 13 Abs. 1 Nr. 1

---

[1] Vgl. BUNDESAUFSICHTSAMT FÜR DAS KREDITWESEN (Erläuterungen, 1997), S. 188.

Grundsatz I Bezug, in dem die Nullgewichtung von Risikoaktiva im Rahmen der Erfassung des Adressenrisikos aus Positionen des Anlagebuchs festgelegt ist. Für das besondere Kursrisiko aus Zinsnettopositionen gelten die in § 13 Abs. 1 Nr. 1 Grundsatz I genannten Vorschriften bis auf die Ausnahme, dass Risikoaktiva, deren Erfüllung von einer Zentralregierung oder einer Zentralnotenbank der Zone B geschuldet oder ausdrücklich gewährleistet wird und die auf die Währung des jeweiligen Schuldners bzw. Emittenten lauten und auch in dieser finanziert sind (§ 13 Abs. 1 Nr. 1 Buchstabe d Grundsatz I), nicht in die Nullgewichtung einzubeziehen sind. Diese Ausnahme ist darauf zurückzuführen, dass die Nullgewichtung „voraussetzen würde, dass die Institute nachweisen, dass zumindest die Wertpapierbestände (Long-Positionen) tatsächlich in lokaler Währung refinanziert sind, das heißt eine eindeutige Zuordnung der Refinanzierung über die gesamte Haltedauer stattfindet"[1]. Außerdem würden Probleme bei Short-Positionen auftreten, da bei diesen eine Refinanzierung nicht möglich ist.

Über die vorstehend angeführten Wertpapier-Zinsnettopositionen hinaus fallen andererseits auch Derivat-Zinsnettopositionen unter die Nullgewichtung. Während bei den Nettopositionen in bestimmten Staatstiteln die außerordentlich hohe Bonität des Schuldners eine Wertveränderung der Nettoposition aufgrund einer Bonitätsveränderung des Schuldners beinahe vollständig ausschließt und die Nullgewichtung damit gerechtfertigt erscheint, ist bei den in den Derivat-Zinsnettopositionen erfassten Positionen der Grund für die Nullgewichtung darin zu sehen, dass bei diesen der zugrunde liegende Geschäftsgegenstand ein Zinssatz ist, der ein emittentenbezogenes Risiko gar nicht besitzen kann.

3,125%-, 12,5%- und 20%-Gewichtung
§ 23 Abs. 3 Grundsatz I sieht für Wertpapier-Zinsnettopositionen in Wertpapieren mit hoher Anlagequalität reduzierte Qualitätsgewichtungsfaktoren vor. Hierdurch soll dem geringeren besonderen Kursrisiko bestimmter Aktiva Rechnung getragen werden, das sich daraus ergibt, dass entweder der Emittent einem bonitätsmäßig erstklassigen Personenkreis zugerechnet wird oder das Risiko der Nichterfüllung der Rückzahlung bei diesen Aktiva aus anderen Gründen deutlich geringer ist.[2] Welche Wertpapiere eine hohe Anlagequalität besitzen, wird in § 23 Abs. 3 Satz 2 Grundsatz I festgelegt (siehe hierzu auch Abbildung 38). Zu den Wertpapieren mit hoher Anlagequalität zählen danach solche Wertpapiere, bei denen die Erfüllung von Personen nach § 13 Abs. 3 Nr. 1 Buchstabe a bis g sowie i und j Grundsatz I geschuldet oder ausdrücklich gewährleistet wird (sog. Wertpapiere mir geringem besonderen

---
[1] BUNDESAUFSICHTSAMT FÜR DAS KREDITWESEN (Erläuterungen, 1997), S. 188.
[2] Vgl. BUNDESAUFSICHTSAMT FÜR DAS KREDITWESEN (Erläuterungen, 1997), S. 188.

Kursrisiko). Es handelt sich also um Wertpapiere, die bei der Ermittlung des Adressenrisikos von Risikoaktiva des Anlagebuchs mit 20 % gewichtet werden. Hiervon besteht allerdings eine Ausnahme. Nicht zu den Wertpapieren mit geringem besonderen Kursrisiko zählen Wertpapiere, deren Erfüllung von einem Kreditinstitut der Zone B geschuldet oder ausdrücklich gewährleistet wird, auch wenn die Ursprungslaufzeit der Wertpapiere die Dauer eines Jahres nicht übersteigt und es sich nicht um Eigenmittel handelt. Die Herausnahme dieser Wertpapiere aus dem Kreis der bevorzugten Aktiva wird durch „deren allgemeine Bonitätseinstufung"[1] begründet, obwohl diesen Wertpapieren im Rahmen der Berechnung des Adressenrisikos von Risikoaktiva des Anlagebuchs ein Bonitätsgewichtungsfaktor in Höhe von 20 % beigemessen wird.

Neben den Wertpapieren mit geringem besonderen Kursrisiko gelten auch solche Wertpapiere als Wertpapiere mit hoher Anlagequalität, die bestimmte Voraussetzungen erfüllen (vgl. Abbildung 38).

1. Sie müssen auf mindestens einem geregelten Markt im Sinne des Art. 1 Nr. 13 WpDlRl in einem Mitgliedstaat der EU oder an einer anerkannten Börse eines anderen Landes der Zone A gehandelt werden (§ 23 Abs. 3 Satz 2 Nr. 1 Grundsatz I). Zu den anerkannten Börsen zählen diejenigen, die die Bedingungen der Legaldefinition der Wertpapier- und Terminbörsen gemäß § 1 Abs. 3e KWG erfüllen.[2] Diese Bedingungen, die bereits als Voraussetzung für den reduzierten Anrechnungssatz im Rahmen der Erfassung des besonderen Aktienkursrisikos für hochliquide Aktien mit hoher Anlagequalität zur Anwendung kamen, (siehe hierzu die Lösung zu Aufgabe 2.45), sind folgende:
Die Börsen müssen
– von staatlich anerkannten Stellen geregelt und überwacht werden,
– regelmäßig stattfinden,
– für das Publikum unmittelbar oder mittelbar zugänglich sein; hierzu reicht es aus, wenn den Börsenteilnehmern durch die Börsenordnung nicht untersagt ist, Geschäfte für diejenigen Personen kommissionsweise abzuschließen, welche selbst nicht zum Handel an der Börse zugelassen sind.[3]

---

[1] BUNDESAUFSICHTSAMT FÜR DAS KREDITWESEN (Erläuterungen, 1997), S. 188.
[2] Vgl. BUNDESAUFSICHTSAMT FÜR DAS KREDITWESEN (Erläuterungen, 1997), S. 189.
[3] Vgl. BUNDESAUFSICHTSAMT FÜR DAS KREDITWESEN (Erläuterungen, 1997), S. 68.

## 2.7 Begrenzung des Zinsänderungsrisikos

```
                    ┌─────────────────────────────────────┐
                    │ Wertpapiere mit hoher Anlagequalität │
                    └──────────────────┬──────────────────┘
                         ┌─────────────┴─────────────┐
```

**Wertpapiere, bei denen die Erfüllung von Personen nach § 13 Abs. 3 Nr. 1 Buchstabe a bis g sowie i und j Grundsatz I geschuldet oder ausdrücklich gewährleistet wird (Wertpapiere mit geringem besonderen Kursrisiko).**

**Wertpapiere, die**

1. mindestens auf einem geregelten Markt in einem Mitgliedstaat der EU oder an einer anerkannten Börse eines anderen Landes der Zone A gehandelt werden

und von dem Institut

2. a) nach eigenen allgemeinen, auf dauerhafte Verwendung angelegten Kriterien als hinreichend liquide angesehen werden

und

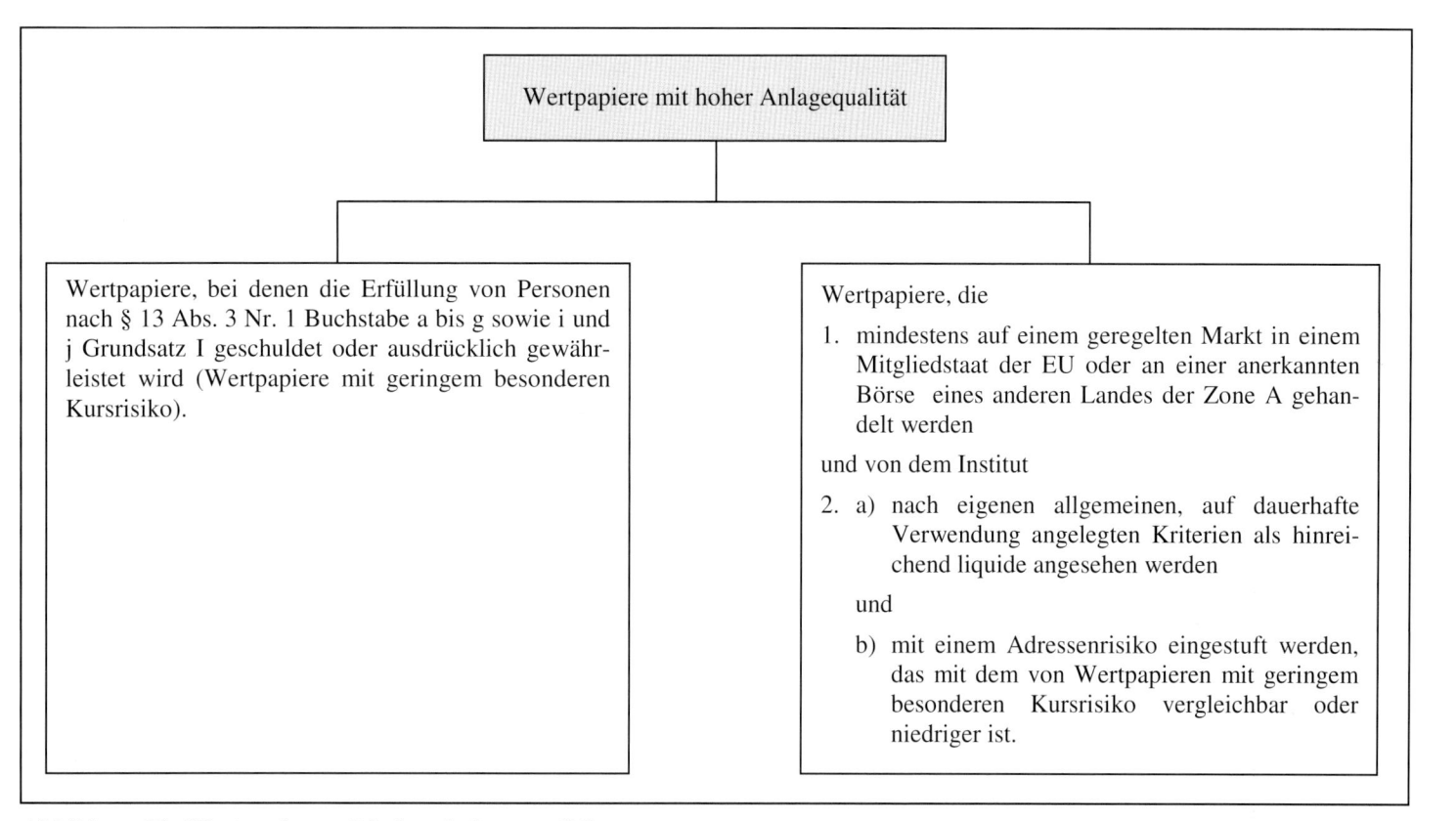

b) mit einem Adressenrisiko eingestuft werden, das mit dem von Wertpapieren mit geringem besonderen Kursrisiko vergleichbar oder niedriger ist.

**Abbildung 38: Wertpapiere mit hoher Anlagequalität**

Als Wertpapierbörsen i. S. d. § 1 Abs. 3e KWG gelten auch diejenigen für diese Wertpapierbörsen agierenden Clearingstellen, die von einer staatlich anerkannten Stelle geregelt und überwacht werden. Da die Clearingstellen in Deutschland der Börsenaufsicht unterliegen, sind auch sie als Wertpapierbörsen i. S. d. § 1 Abs. 3e KWG anzusehen.

Die geregelten Märkte i. S. d. Art. 1 Nr. 13 WpDlRl erfüllen diese Voraussetzungen für die Einstufung als anerkannte Börsen der Zone A.[1]

2.a) Zusätzlich zu dieser ersten Voraussetzung, die bereits eine gewisse Liquidität der Wertpapiere sicherstellen soll, ist es erforderlich, dass die Wertpapiere von dem Institut selbst als hinreichend liquide angesehen werden (§ 23 Abs. 3 Satz 2 Nr. 2 Grundsatz I). Hierzu hat das Institut eigene allgemeine Kriterien aufzustellen, anhand derer es die Liquidität der Wertpapiere beurteilt. Diese Kriterien sind auf eine dauerhafte Verwendung hin auszulegen, um missbräuchlichen Gestaltungsmöglichkeiten vorzubeugen. Eine mehrmalige kurzfristige Änderung der Kriterien oder der Liquiditätseinstufung der Wertpapiere wird bei der Bankenaufsichtsbehörde in aller Regel Zweifel an der ordnungsgemäßen Beurteilung aufwerfen, die dazu führen können, dass die Bankenaufsichtsbehörde von dem betroffenen Institut einen höheren Anrechnungssatz für die Positionen in den fraglichen Wertpapieren verlangt.[2]

Zum Zwecke der Nachvollziehbarkeit und Überprüfung der Kriterien sind diese vom Institut ausführlich zu dokumentieren und der Bankenaufsichtsbehörde auf deren Verlangen offen zu legen und zu begründen.[3] Ohne spezielle Aufforderung durch die Aufsichtsstellen hat das Institut von sich aus der Bankenaufsichtsbehörde die erstmalige Verwendung eigener allgemeiner Kriterien zu melden.[4] Schließlich ist im Prüfungsbericht nicht nur eine Darstellung der institutseigenen Beurteilungskriterien zu geben, sondern auch auf die Einhaltung ihrer dauerhaften Verwendung einzugehen.[5]

2.b) Als letzte Voraussetzung dafür, dass ein Institut Wertpapieren eine hohe Anlagequalität beimessen kann, schreibt § 23 Abs. 3 Satz 2 Nr. 2 Grundsatz I vor, dass die Wertpapiere von dem Institut mit einem Adressenrisiko eingestuft werden müssen, das mit dem von Wertpapieren mit geringem besonderen

---

[1] Vgl. BUNDESAUFSICHTSAMT FÜR DAS KREDITWESEN (Erläuterungen, 1997), S. 190.
[2] Vgl. BUNDESAUFSICHTSAMT FÜR DAS KREDITWESEN (Erläuterungen, 1997), S. 193.
[3] Vgl. BUNDESAUFSICHTSAMT FÜR DAS KREDITWESEN (Erläuterungen, 1997), S. 193.
[4] Vgl. BUNDESAUFSICHTSAMT FÜR DAS KREDITWESEN (Erläuterungen, 1997), S. 193.
[5] Vgl. BUNDESAUFSICHTSAMT FÜR DAS KREDITWESEN (Erläuterungen, 1997), S. 193.

Kursrisiko (also nahezu alle Wertpapiere, denen bei der Erfassung des Adressenrisikos aus Anlagebuchpositionen ein Bonitätsgewichtungsfaktor von 20 % zugeordnet ist) vergleichbar oder niedriger ist. Durch diese letzte Bedingung wird einerseits verhindert, dass ein niedrigerer Qualitätsgewichtungsfaktor lediglich aus Liquiditätsaspekten (also ausschließlich aufgrund der beiden vorgenannten Kriterien) zur Anwendung kommt; andererseits wird dadurch sichergestellt, dass das Institut keinen Wertpapieren einen bevorzugten Qualitätsgewichtungsfaktor zukommen lassen kann, die es als ausfallrisikogefährdeter als Wertpapiere mit geringem besonderen Kursrisiko, für die die niedrigeren Qualitätsgewichtungsfaktoren ja ebenfalls gelten, einstuft. Eine konsistente Anwendung der Qualitätsgewichtungsfaktoren kann auf diese Weise ebenso gewährleistet werden wie eine allzu willkürliche Zuordnung der Qualitätsgewichtungsfaktoren zu einzelnen Wertpapieren verhindert wird.

§ 23 Abs. 3 Satz 3 Grundsatz I sieht schließlich drei verschiedene Qualitätsgewichtungsfaktoren für Wertpapier-Zinsnettopositionen in Wertpapieren mit hoher Anlagequalität vor. Diese Qualitätsgewichtungsfaktoren richten sich dabei nach der Restlaufzeit der Wertpapier-Zinsnettopositionen, um dem Umstand Rechnung zu tragen, dass die Wahrscheinlichkeit einer Bonitätsveränderung des Emittenten mit zunehmender Zeitspanne anwächst. Daher steigen die Qualitätsgewichtungsfaktoren auch mit zunehmender Restlaufzeit der Wertpapier-Zinsnettopositionen an. Im Einzelnen betragen die Qualitätsgewichtungsfaktoren für Wertpapier-Zinsnettopositionen mit einer Restlaufzeit von

– bis zu sechs Monaten            3,125 %,
– über sechs Monaten bis zu zwei Jahren    12,5 %,
– mehr als zwei Jahren            20 %.

*100 %-Gewichtung*
Der Qualitätsgewichtungsfaktor in Höhe von 100 % ist für diejenigen Zinsnettopositionen vorgesehen, auf die kein niedrigerer Qualitätsgewichtungsfaktor angewendet werden darf. Zu diesen „zählen die Emissionen, die im Hinblick auf die Fähigkeit des Emittenten zur Zinszahlung und Kapitalrückzahlung spekulative Merkmale aufweisen"[1]. Solche spekulativen Merkmale liegen für die Bankenaufsicht immer dann vor, wenn es wahrscheinlich ist, dass für den Emittenten nachteilige wirtschaftliche, finanzielle oder geschäftliche Entwicklungen seine Fähigkeit oder Bereitschaft zur vertragsgemäßen Bedienung der Wertpapiere beeinträchtigen werden. Aber auch bereits bei geringeren, vorübergehenden Anfälligkeiten des Emittenten kann seine

---
[1] BUNDESAUFSICHTSAMT FÜR DAS KREDITWESEN (Erläuterungen, 1997), S. 193.

Fähigkeit oder Bereitschaft zur fristgerechten Zinszahlung und Kapitalrückzahlung zweifelhaft erscheinen, sodass von der Anwendung eines niedrigeren Qualitätsgewichtungsfaktors abzusehen ist.[1]

Zusammenfassung der gewichteten Zinsnettopositionen
Nachdem die maßgeblichen Beträge der einzelnen Zinsnettopositionen mit ihren jeweiligen Qualitätsgewichtungsfaktoren bewertet worden sind, sind diese – unter Vernachlässigung ihres Vorzeichens – aufzuaddieren. Durch die Anwendung eines Gewichtungssatzes in Höhe von 8 % auf die so ermittelte Größe ergibt sich schließlich der Anrechnungsbetrag (= Eigenmittelunterlegungsbetrag) für das besondere Kursrisiko aus Zinsnettopositionen.

Das gleiche Ergebnis ergibt sich, wenn zuerst die Qualitätsgewichtungsfaktoren mit 8 % multipliziert werden, diese derart modifizierten Qualitätsgewichtungsfaktoren auf die maßgeblichen Beträge der einzelnen Zinsnettopositionen angewendet werden und die so erhaltenen Beträge aufsummiert werden. Die modifizierten Qualitätsgewichtungsfaktoren – sie stellen den jeweiligen Eigenmittelunterlegungssatz dar – errechnen sich wie folgt:

$$
\begin{aligned}
0\,\% \cdot 8\,\% &= 0\,\% \\
3{,}125\,\% \cdot 8\,\% &= 0{,}25\,\% \\
12{,}5\,\% \cdot 8\,\% &= 1\,\% \\
20\,\% \cdot 8\,\% &= 1{,}6\,\% \\
100\,\% \cdot 8\,\% &= 8\,\%.
\end{aligned}
$$

Diese modifizierten Qualitätsgewichtungsfaktoren entsprechen den Gewichten, die in Anhang I Tabelle 1 KAR sowie in BASELER AUSSCHUSS FÜR BANKENAUFSICHT (Änderung, 1997), Teil A.1 Tz. 4, als Anrechnungsfaktoren vorgesehen sind. Insofern werden diese internationalen Vorgaben – wenn auch in etwas modifizierter Form – eingehalten.

(Gesamt-)Anrechnungsbetrag des Zinsänderungsrisikos
Die gemäß den Ausführungen der Aufgabe 2.49 und der Aufgabe 2.50 ermittelten Anrechnungsbeträge für das allgemeine zinspositionsbezogene Kursrisiko und das besondere zinspositionsbezogene Kursrisiko sind zum (Gesamt-)Anrechnungsbetrag des Zinsänderungsrisikos für die Handelsbuch-Risikopositionen aufzuaddieren (vgl. Abbildung 39). Dieser (Gesamt-)Anrechnungsbetrag stellt eine Komponente der Anrechnungsbeträge für die Handelsbuch-Risikopositionen eines Instituts dar. Die

---

[1] Vgl. BUNDESAUFSICHTSAMT FÜR DAS KREDITWESEN (Erläuterungen, 1997), S. 193.

## 2.7 Begrenzung des Zinsänderungsrisikos

beiden anderen Komponenten sind der Anrechnungsbetrag für das Aktienkursrisiko sowie der Anrechnungsbetrag für die sich aus den Handelsbuchpositionen ergebenden Adressenrisiken.

```
┌─────────────────┐     ┌─────────────────┐     ┌─────────────────┐
│ Anrechnungsbetrag│     │Anrechnungsbetrag│     │    (Gesamt-)    │
│ für das allgemeine│  + │ für das besondere│  = │Anrechnungsbetrag│
│zinspositionsbezoge-│   │zinspositionsbezoge-│  │des Zinsänderungs-│
│  ne Kursrisiko  │     │  ne Kursrisiko  │     │ risikos für die │
│                 │     │                 │     │  Handelsbuch-   │
│                 │     │                 │     │ Risikopositionen│
└─────────────────┘     └─────────────────┘     └─────────────────┘
```

**Abbildung 39:** Ermittlung des (Gesamt-)Anrechnungsbetrags des Zinsänderungsrisikos für die Handelsbuch-Risikopositionen eines Instituts

**Aufgabe 2.51: Grundsatz I – Begrenzung des Zinsänderungsrisikos**
Die Z-Bank AG – ein Handelsbuchinstitut – hat am 05.10.07 die folgenden zinsbezogenen Positionen in ihrem Handelsbuch:

| Longpositionen | Schuldner | Nennwert | Stückzahl | Nominalzins p. a. | aktueller Kurs | Fälligkeit |
|---|---|---|---|---|---|---|
| EUR-Bundesanleihe von 01 | BRD | 100 EUR | 1.000.000 | 6,5 % | 110 % | 31.12.11 |
| EUR-Anleihe von 02 | Russland | 100 EUR | 50.000 | 8 % | 80 % | 30.06.09 |
| EUR-Anleihe von 03 | Brasilien | 100 EUR | 2.500.000 | 4 % | 45 % | 31.12.07 |
| Shortpositionen | | | | | | |
| EUR-Bundesanleihe von 01 | BRD | 100 EUR | 400.000 | 6,5 % | 110 % | 31.12.11 |
| EUR-Anleihe von 04 | Deutsche Bank AG | 100 EUR | 2.000.000 | 7 % | 115 % | 31.03.10 |

Bei der EUR-Anleihe der Deutsche Bank AG von 04 handelt es sich um ein Wertpapier mit hoher Anlagequalität, das die Voraussetzungen des § 23 Abs. 3 Grundsatz I erfüllt.

Die Z-Bank AG hat mit der D-Bank AG ein Termingeschäft mit der Maßgabe abgeschlossen, dass die Z-Bank AG in drei Monaten 800.000 Stück der obigen EUR-Anleihe der Deutsche Bank AG von 04 von der D-Bank AG zum Kurs von 117 % erhält. Der Barwert der Finanzierungskomponente dieses Geschäfts beträgt 90 Mio. EUR.

Ermitteln Sie unter Anwendung der Jahresbandmethode die Höhe der Eigenmittel, über die die Z-Bank AG am 05.10.07 mindestens verfügen muss, um damit die aus den genannten Positionen resultierenden Zinsänderungsrisiken gemäß Grundsatz I unterlegen zu können.

**Lösung**

**Berechnung der Nettopositionen:**

*EUR-Bundesanleihe von 01*
long: 1.000.000 Stück             short: 400.000 Stück
1.000.000 Stück – 400.000 Stück = 600.000 Stück
600.000 Stück · 100 EUR/Stück · 110 % =             66 Mio. EUR (long)
Restlaufzeit: über 4 bis zu 5 Jahren

*EUR-Anleihe Russland von 02*
long: 50.000 Stück
50.000 Stück · 100 EUR/Stück · 80 % =             4 Mio. EUR (long)
Restlaufzeit: über 1 bis zu 2 Jahren

*EUR-Anleihe Brasilien von 03*
long: 2.500.000 Stück
2.500.000 Stück · 100 EUR/Stück · 45 % =             112,5 Mio. EUR (long)
Restlaufzeit: über 1 bis zu 3 Monaten

*EUR-Anleihe der Deutsche Bank AG von 04*
short: 2.000.000 Stück
Termingeschäft über 800.000 Stück EUR-Anleihen der Deutsche Bank AG von 04
Aufspaltung in Wertpapier- und Finanzierungskomponente:

## 2.7 Begrenzung des Zinsänderungsrisikos

**Wertpapierkomponente:**
800.000 Stück long
⇒ Nettoposition = 2.000.000 Stück short − 800.000 Stück long =
1.200.000 Stück short
Maßgeblicher Betrag ist der aktuelle Marktpreis (§ 19 Abs. 2 Satz 3 Grundsatz I).
1.200.000 Stück · 100 EUR/Stück · 115 % =        138 Mio. EUR (short)
Restlaufzeit: über 2 bis zu 3 Jahren

**Finanzierungskomponente:**
Maßgeblicher Betrag ist der Gegenwartswert (Barwert) (§ 19 Abs. 2 Satz 3 Grundsatz I).
Dieser beträgt laut Aufgabenstellung:        90 Mio. EUR (short)
Restlaufzeit: über 1 bis zu 3 Monaten (Fälligkeitszeitpunkt des Termingeschäfts)
(Nominalverzinsung = 0 %)

**Allgemeines Kursrisiko:**

1. Einstellung der Zinsnettopositionen des EUR-Bereichs in die jeweiligen Laufzeitbänder (§ 20 Abs. 1 Grundsatz I sowie § 21 Abs. 2 Grundsatz I):

| Zinsbereich | | Gewichtungssatz |
|---|---|---|
| < 3 % | ≥ 3 % | |
| über 1 bis zu 3 Monaten: 90 Mio. EUR (short) | über 1 bis zu 3 Monaten: 112,5 Mio. EUR (long) | 0,2 % |
| − | über 1 bis zu 2 Jahren: 4 Mio. EUR (long) | 1,25 % |
| − | über 2 bis zu 3 Jahren: 138 Mio. EUR (short) | 1,75 % |
| − | über 4 bis zu 5 Jahren: 66 Mio. EUR (long) | 2,75 % |

2. Gewichtung der einzelnen Zinsnettopositionen mit den dazugehörigen Gewichtungssätzen (§ 21 Abs. 2 Grundsatz I):

| Zinsbereich | |
|---|---|
| < 3 % | ≥ 3 % |
| über 1 bis zu 3 Monaten: 180.000 EUR (short) | über 1 bis zu 3 Monaten: 225.000 EUR (long) |
| – | über 1 bis zu 2 Jahren: 50.000 EUR (long) |
| – | über 2 bis zu 3 Jahren: 2.415.000 EUR (short) |
| – | über 4 bis zu 5 Jahren: 1.815.000 EUR (long) |

3. Für jedes Laufzeitband: Zusammenfassung der gewichteten Zinsnettopositionen beider Zinsbereiche getrennt nach ihrer Zinsbindungsrichtung (§ 21 Abs. 2 Grundsatz I):

Hier nicht möglich, da keine gleich gerichteten Zinsnettopositionen innerhalb eines Zinsbereichs und eines Laufzeitbands vorhanden sind.

4. Für jedes Laufzeitband: Ermittlung der sich betragsmäßig entsprechenden Summen der gewichteten Zinsnettopositionen mit gegenläufigen Zinsbindungsrichtungen (ausgeglichene Bandpositionen) (§ 21 Abs. 3 Grundsatz I):

Nur für Laufzeitband „über 1 bis zu 3 Monaten" möglich:
ausgeglichene Bandposition =                 180.000 EUR

5. Für jedes Laufzeitband: Ermittlung der verbleibenden Unterschiedsbeträge (offene Bandpositionen) (§ 21 Abs. 3 Grundsatz I):

| Laufzeitband | offene Bandpositionen |
|---|---|
| über 1 bis zu 3 Monaten | 225.000 EUR (long)<br>– 180.000 EUR (short)    = 45.000 EUR (long) |
| über 1 bis zu 2 Jahren | 50.000 EUR (long) |
| über 2 bis zu 3 Jahren | 2.415.000 EUR (short) |
| über 4 bis zu 5 Jahren | 1.815.000 EUR (long) |

## 2.7 Begrenzung des Zinsänderungsrisikos

6. Zusammenfassung der ausgeglichenen Bandpositionen zur Gesamtsumme der ausgeglichenen Bandpositionen (§ 21 Abs. 4 Satz 1 Grundsatz I):

Da nur eine ausgeglichene Bandposition vorhanden ist, stellt diese die
**Gesamtsumme der ausgeglichenen Bandpositionen** dar:     **180.000 EUR**

7. Für jede Laufzeitzone: Zusammenfassung der der Zone zugehörigen offenen Bandpositionen getrennt nach ihrer Zinsbindungsrichtung (§ 21 Abs. 4 Satz 2 Grundsatz I):

Hier nicht möglich, da innerhalb der einzelnen Laufzeitzonen keine gleich gerichteten offenen Bandpositionen vorhanden sind.

| Laufzeitzone | zusammengefasste offene Bandpositionen |
|---|---|
| kurzfristig | 45.000 EUR (long) |
| mittelfristig | 50.000 EUR (long)<br>2.415.000 EUR (short) |
| langfristig | 1.815.000 EUR (long) |

8. Für jede Laufzeitzone: Berechnung der sich betragsmäßig entsprechenden Summen der zusammengefassten offenen Bandpositionen mit gegenläufigen Zinsbindungsrichtungen (ausgeglichene Zonenpositionen) (§ 21 Abs. 5 Satz 1 Grundsatz I):

| Laufzeitzone | **ausgeglichene Zonenpositionen** |
|---|---|
| kurzfristig | **0 EUR** |
| mittelfristig | **50.000 EUR** |
| langfristig | **0 EUR** |

9. Für jede Laufzeitzone: Berechnung der verbleibenden Unterschiedsbeträge (offene Zonenpositionen) (§ 21 Abs. 5 Satz 1 Grundsatz I):

| Laufzeitzone | offene Zonenpositionen |
|---|---|
| kurzfristig | 45.000 EUR (long) |
| mittelfristig | 2.365.000 EUR (short) |
| langfristig | 1.815.000 EUR (long) |

10. Verrechnung der offenen Zonenposition der kurzfristigen Laufzeitzone mit der offenen Zonenposition der mittelfristigen Laufzeitzone (§ 21 Abs. 5 Satz 2 Grundsatz I):

**Ausgeglichene Zonensaldoposition zwischen der kurzfristigen und der mittelfristigen Zone:**     **45.000 EUR**

verbleibende offene Zonenposition der kurzfristigen Zone:     0 EUR
verbleibende offene Zonenposition der mittelfristigen Zone:
2.365.000 EUR (short) – 45.000 EUR (long) =     2.320.000 EUR (short)

11. Verrechnung der verbleibenden offenen Zonenposition der mittelfristigen Zone mit der offenen Zonenposition der langfristigen Laufzeitzone (§ 21 Abs. 5 Satz 2 Grundsatz I):

**Ausgeglichene Zonensaldoposition zwischen der verbleibenden offenen Zonenposition der mittelfristigen Zone und der offenen Zonenposition der langfristigen Zone:**     **1.815.000 EUR**

verbleibende offene Zonenposition der mittelfristigen Zone:
2.320.000 EUR (short) – 1.815.000 EUR (long) =     505.000 EUR (short)
verbleibende offene Zonenposition der langfristigen Zone:     0 EUR

12. Verrechnung der verbleibenden offenen Zonenposition der langfristigen Zone mit der verbleibenden offenen Zonenposition der kurzfristigen Laufzeitzone (§ 21 Abs. 5 Satz 2 Grundsatz I):

**Ausgeglichene Zonensaldoposition zwischen den verbleibenden offenen Zonenposition der kurzfristigen und der langfristigen Zone:**
Beide betragen 0 EUR $\Rightarrow$     **0 EUR**

13. Berechnung der Summe der verbleibenden offenen Zonenposition der drei Laufzeitzonen (verbleibende offene Zonensaldoposition) (§ 21 Abs. 6 Nr. 8 Grundsatz I):
(Die einzelnen verbleibenden offenen Zonenpositionen müssen stets die gleiche Zinsbindungsrichtung aufweisen.)

**Summe der verbleibenden offenen Zonensaldopositionen:**
0 + 505.000 + 0 =     **505.000 EUR**

## 2.7 Begrenzung des Zinsänderungsrisikos

14. Berechnung des Teilanrechnungsbetrags für das allgemeine Kursrisiko gemäß § 21 Abs. 6 Grundsatz I):

| Position | Höhe | Gewichtungssatz | gewichtetes Ergebnis |
|---|---|---|---|
| Gesamtsumme der ausgeglichenen Bandpositionen | 180.000 EUR | 10 % | 18.000 EUR |
| ausgeglichene Zonenposition der kurzfristigen Zone | 0 EUR | 40 % | 0 EUR |
| ausgeglichene Zonenposition der mittelfristigen Zone | 50.000 EUR | 30 % | 15.000 EUR |
| ausgeglichene Zonenposition der langfristigen Zone | 0 EUR | 30 % | 0 EUR |
| ausgeglichene Zonensaldoposition zwischen der kurzfristigen und der mittelfristigen Zone | 45.000 EUR | 40 % | 18.000 EUR |
| ausgeglichene Zonensaldoposition zwischen der verbleibenden offenen Zonenposition der mittelfristigen Zone und der offenen Zonenposition der langfristigen Zone | 1.815.000 EUR | 40 % | 726.000 EUR |
| ausgeglichene Zonensaldoposition zwischen den verbleibenden offenen Zonenposition der kurzfristigen und der langfristigen Zone | 0 EUR | 150 % | 0 EUR |
| Summe der verbleibenden offenen Zonensaldopositionen | 505.000 EUR | 100 % | 505.000 EUR |
| **Summe = Teilanrechnungsbetrag für das allgemeine Kursrisiko** | – | – | **1.282.000 EUR** |

Fazit: Der Anrechnungsbetrag für das allgemeine zinspositionsbezogene Kursrisiko beträgt 1.282.000 EUR.

**Besonderes Kursrisiko:**

*EUR-Bundesanleihe von 01*
Qualitätsgewichtungsfaktor (§ 23 Abs. 2 Grundsatz I): 0 %, da der Bund Schuldner ist
66 Mio. EUR · 0 % · 8 % =                                                               0 EUR


*EUR-Anleihe Russland von 02*
Qualitätsgewichtungsfaktor (§ 23 Abs. 1 Grundsatz I): 100 %, da kein niedrigerer Gewichtungsfaktor anzuwenden ist
4 Mio. EUR · 100 % · 8 % =                                                        320.000 EUR


*EUR-Anleihe Brasilien von 03*
Qualitätsgewichtungsfaktor (§ 23 Abs. 1 Grundsatz I): 100 %, da kein niedrigerer Gewichtungsfaktor anzuwenden ist
112,5 Mio. EUR · 100 % · 8 % =                                                  9.000.000 EUR


*EUR-Anleihe der Deutsche Bank AG von 04*
laut Aufgabenstellung sind die Voraussetzungen des § 23 Abs. 3 Grundsatz I erfüllt und Restlaufzeit beträgt mehr als 2 Jahre
$\Rightarrow$ Qualitätsgewichtungsfaktor = 20 % (§ 23 Abs. 3 Satz 3 Nr. 3 Grundsatz I)
138 Mio. EUR · 20 % · 8 % =                                                     2.208.000 EUR


***Finanzierungskomponente*** *des Termingeschäfts über 800.000 Stück EUR-Anleihen der Deutsche Bank AG von 04*
zu Grunde liegender Gegenstand der Finanzierungskomponente ist ein Zinssatz (in Höhe von 0 %)
$\Rightarrow$ kein emittentenbezogenes Bonitätsrisiko (§ 23 Abs. 2 Grundsatz I)
$\Rightarrow$ Qualitätsgewichtungsfaktor = 0 %
90 Mio. EUR · 0 % · 8 % =                                                               0 EUR

## 2.7 Begrenzung des Zinsänderungsrisikos

Ermittlung des Anrechnungsbetrags für das besondere zinspositionsbezogene Kursrisiko:

|  |  |
|---|---:|
|  | 0 EUR |
|  | + 320.000 EUR |
|  | + 9.000.000 EUR |
|  | + 2.208.000 EUR |
|  | + 0 EUR |
| **Anrechnungsbetrag für das besondere zinspositionsbezogene Kursrisiko** | **11.528.000 EUR** |

|  |  |  |
|---|---|---:|
|  | Anrechnungsbetrag für das allgemeine zinspositionsbezogene Kursrisiko | 1.282.000 EUR |
| + | Anrechnungsbetrag für das besondere zinspositionsbezogene Kursrisiko | + 11.528.000 EUR |
| = | **Anrechnungsbetrag des Zinsänderungsrisikos für die Handelsbuch-Risikopositionen** | **12.810.000 EUR** |

Um die aus den genannten zinsbezogenen Positionen resultierenden Zinsänderungsrisiken gemäß Grundsatz I unterlegen zu können, muss die Z-Bank AG am 05.10.07 mindestens über 12.810.000 EUR Eigenmittel verfügen.

## 2.8 Begrenzung der Liquiditätsrisiken (Grundsatz II)

**Aufgabe 2.52: Erfassung des Liquiditätsrisikos**
Erläutern Sie, wie das Liquiditätsrisiko von Kreditinstituten im Grundsatz II erfasst wird.

**Lösung**
Da Kreditinstitute hinsichtlich ihrer Zahlungsfähigkeit spezifischen Gefährdungen ausgesetzt sind,[1] bedürfen sie einer besonderen Liquiditätsvorsorge.[2] Gleiches gilt vor allem für solche Finanzdienstleistungsinstitute, „die befugt sind, sich bei der Erbringung von Finanzdienstleistungen Eigentum oder Besitz an Geldern oder Wertpapieren von Kunden zu verschaffen, und die zugleich auf eigene Rechnung an den Börsen und mit OTC-Instrumenten handeln".[3] Der Gesetzgeber sah sich daher dazu veranlasst, ins Kreditwesengesetz eine spezielle Regelung für die Aufrechterhaltung der Liquidität von Kredit- und Finanzdienstleistungsinstituten aufzunehmen. § 11 Satz 1 KWG fordert von den Kredit- und Finanzdienstleistungsinstituten, ihre Mittel so anzulegen, „dass jederzeit eine ausreichende Zahlungsbereitschaft gewährleistet ist". Was unter dem unbestimmten Rechtsbegriff „ausreichende Zahlungsbereitschaft" zu verstehen ist, lässt der Gesetzgeber selbst allerdings offen. Aus Gründen der Flexibilität erfolgt die Konkretisierung durch Liquiditätsgrundsätze, die durch eine Rechtsverordnung, die vom Bundesministerium der Finanzen im Benehmen mit der Deutschen Bundesbank zu erlassen ist, aufgestellt werden.[4] Gemäß § 11 Satz 2 Halbsatz 2 KWG sind die Spitzenverbände des Kredit- und Finanzdienstleistungsgewerbes vor Erlass der Rechtsverordnung anzuhören.[5] Anhand der Liquiditätsgrundsätze beurteilt die BaFin für den Regelfall, ob die Liquidität eines Kredit- oder Finanzdienstleistungsinstituts ausreicht oder nicht. Abbildung 40 gibt einen Überblick über die Institute, die den Liquiditätsgrundsatz II zu beachten haben.[6]

Das Konzept des Liquiditätsgrundsatzes II geht von der begründeten Annahme aus, dass die Zahlungsbereitschaft eines Instituts in erster Linie vom Ausmaß der zu erwartenden Zahlungsströme, dem verfügbaren Bestand an hochliquiden Aktiva

---

[1] Zu den Ursachen und Ausprägungsformen der Liquiditätsrisiken von Kreditinstituten vgl. BIEG, HARTMUT (Bankbetriebslehre, 1992), S. 71–73; KRÄMER, GREGOR (Ziele, 2000), S. 217–224.
[2] Vgl. SZAGUNN, VOLKHARD/HAUG, ULRICH/ERGENZINGER, WILHELM (Gesetz, 1997), S. 270–271.
[3] BUNDESREGIERUNG (6. KWG-Novelle, 1997), S. 81.
[4] Vgl. § 11 Abs. 1 Satz 2 KWG. Das Bundesministerium der Finanzen kann die Ermächtigung durch Rechtsverordnung auf die BaFin „mit der Maßgabe übertragen, dass die Rechtsverordnung im Einvernehmen mit der Deutschen Bundesbank ergeht" (§11 Abs. 1 Satz 4 KWG).
[5] Die Einbeziehung der Spitzenverbände des Kredit- und Finanzdienstleistungsgewerbes ermöglicht es, die Erfahrungen und die Erfordernisse der Praxis bei der Formulierung der Grundsätze zu berücksichtigen (vgl. BUNDESREGIERUNG (KWG-Entwurf, 1959), S. 24.
[6] Vgl. auch BUNDESAUFSICHTSAMT FÜR DAS KREDITWESEN (Erläuterungen, 1998), S. 34–35.

## 2.8 Begrenzung der Liquiditätsrisiken (Grundsatz II)

1. Kreditinstitute
   - Kreditinstitute, die Bankgeschäfte gemäß § 1 Abs. 1 Satz 2 KWG betreiben*
2. Finanzdienstleistungsinstitute
   - die Eigenhandel betreiben (§ 1 Abs. 1a Satz 2 Nr. 4 KWG)
   - die als Anlagevermittler (§ 1 Abs. 1a Satz 2 Nr. 1 KWG), Abschlussvermittler (§ 1 Abs. 1a Satz 2 Nr. 2 KWG) oder Finanzportfolioverwalter (§ 1 Abs. 1a Satz 2 Nr. 3 KWG) befugt sind, sich Eigentum oder Besitz an Geldern oder Wertpapieren von Kunden zu verschaffen, oder die auf eigene Rechnung mit Finanzinstrumenten handeln**
3. inländische Zweigniederlassungen von ausländischen Unternehmungen
   - inländische Zweigniederlassungen von Unternehmungen mit Sitz in einem anderen Staat des Europäischen Wirtschaftsraums (§ 53b Abs. 1 Satz 1 und Abs. 7 Satz 1 KWG)
   - inländische Zweigniederlassungen von Unternehmungen mit Sitz in einem Drittstaat (§ 53c KWG)

\* Nicht anzuwenden ist der Liquiditätsgrundsatz II auf Kapitalanlagegesellschaften (vgl. § 1 Abs. 2 Nr. 1 Grundsatz II i. V. m. § 11 Abs. 3 KWG), da bei ihnen von einer ausreichenden Liquidität aufgrund spezialgesetzlicher Vorschriften ausgegangen wird. Wohnungsunternehmen mit Spareinrichtung unterliegen neuerdings den Vorschriften des Grundsatzes II (vgl. dazu BUNDESAUFSICHTSAMT FÜR DAS KREDITWESEN (Rundschreiben 9/2002, 2002)).

\*\* Anlagevermittler, Abschlussvermittler sowie Finanzportfolioverwalter, die nicht befugt sind, sich Eigentum oder Besitz an Geldern oder Wertpapieren von Kunden zu verschaffen, und die auch nicht auf eigene Rechnung mit Finanzinstrumenten handeln, werden damit von der Anwendung des Liquiditätsgrundsatzes II ebenso ausgenommen wie diejenigen Finanzdienstleistungsinstitute, die außer der Drittstaateneinlagenvermittlung (§ 1 Abs. 1a Satz 2 Nr. 5 KWG), dem Finanztransfergeschäft (§ 1 Abs. 1a Satz 2 Nr. 6 KWG) und dem Sortengeschäft (§ 1 Abs. 1a Satz 2 Nr. 7 KWG) keine weitere Finanzdienstleistung für andere erbringen; vgl. § 1 Abs. 2 Nr. 3 Grundsatz II i. V. m. § 2 Abs. 7 u. Abs. 8 KWG.

**Abbildung 40: Der Anwendungsbereich des Liquiditätsgrundsatzes II**[1]

---

[1] In Anlehnung an HOFMANN, GERHARD/WERNER, JOHANNES (Liquiditätsgrundsatz II, 1999), S. 26.

sowie von den eingeräumten Refinanzierungslinien am Geldmarkt bestimmt wird.[1] Demgemäß werden die bei einem Institut zu einem festgelegten Stichtag vorhandenen Zahlungsmittel und Zahlungsverpflichtungen entsprechend ihren Restlaufzeiten in vier Laufzeitbänder (täglich fällig bis zu einem Monat, über einem Monat bis zu drei Monaten, über drei Monate bis zu sechs Monaten, über sechs Monate bis zu zwölf Monaten) eingestellt.[2] Durch die Gegenüberstellung der Zahlungsmittel und Zahlungsverpflichtungen der jeweiligen Laufzeitbänder (Fristeninkongruenz-Analyse) erhält die BaFin einen Überblick über die künftig zu erwartenden Rück- und Abflüsse von Liquidität bei den einzelnen Instituten in den betreffenden Zeiträumen. Börsennotierte Wertpapiere sowie gedeckte Schuldverschreibungen im Sinne von Art. 22 Abs. 4 Investmentrichtlinie werden allerdings – abweichend vom Restlaufzeitenprinzip – stets als hochliquide Aktiva im Laufzeitband „täglich fällig bis zu einem Monat" erfasst, da derartige Wertpapiere aufgrund ihrer jederzeitigen Veräußerbarkeit als geeignet angesehen werden, unerwartete Liquiditätsabflüsse auszugleichen.

Die Zahlungsbereitschaft eines Instituts wird gemäß dem Liquiditätsgrundsatz II unter Normalbedingungen („going concern"-Annahme) gemessen. Sie wird bankenaufsichtsrechtlich als ausreichend eingestuft, wenn – vom Meldestichtag an gerechnet – die im nächsten Monat zur Verfügung stehenden Zahlungsmittel die während dieses Zeitraumes zu erwartenden Liquiditätsabflüsse mindestens decken (ex ante-Betrachtung).[3] Beurteilt wird dies anhand einer Liquiditätskennzahl, die das Institut zum Ende eines jeden Kalendermonats (Meldestichtag) zu berechnen hat.[4] Die Liquiditätskennzahl wird in § 2 Abs. 2 Satz 2 Grundsatz II definiert als das Verhältnis zwischen den im ersten Laufzeitband (täglich fällig bis zu einem Monat) verfügbaren Zahlungsmitteln und den während dieses Zeitraumes abrufbaren Zahlungsverpflichtungen (Ein-Monats-Kennzahl). Diese Liquiditätskennzahl (vgl. hierzu auch Abbildung 41) ist die bankenaufsichtsrechtlich relevante Messgröße für die Beurtei-

---

[1] Vgl. hierzu sowie zu den nachfolgenden Ausführungen DEUTSCHE BUNDESBANK (Grundsatz II, 1999), S. 6–7; HOFMANN, GERHARD/WERNER, JOHANNES (Liquiditätsgrundsatz II, 1999), S. 24.

[2] Bei der Bestimmung der Restlaufzeiten sind die Monate kalendermäßig genau zu berechnen. Für die zeitliche Einteilung der Laufzeitbänder ist dagegen folgende Wahlmöglichkeit gegeben. Zum einen können alle Monate einheitlich mit jeweils 30 Tagen in den Laufzeitbändern angesetzt werden, sodass sämtliche Positionen mit einer Restlaufzeit von bis zu 30 Tagen dem ersten Laufzeitband, von über 30 bis zu 90 Tagen dem zweiten Laufzeitband, von über 90 bis zu 180 Tagen dem dritten Laufzeitband und von über 180 bis zu 360 Tagen dem vierten Laufzeitband zuzuordnen sind. Zum anderen besteht die Möglichkeit, die Laufzeitbänder zum jeweiligen Meldestichtag nach Kalendermonaten einzuteilen. Demnach würde das erste Laufzeitband z. B. bei einer zum Ultimo März zu erstattenden Meldung den Monat April, das zweite Laufzeitband die Monate Mai und Juni, das dritte Laufzeitband die Monate Juli bis September und das vierte Laufzeitband die Monate Oktober bis März umfassen (vgl. BUNDESAUFSICHTSAMT FÜR DAS KREDITWESEN (Rundschreiben 18/99, 1999)).

[3] Vgl. DEUTSCHE BUNDESBANK (Grundsatz II, 1999), S. 7.

[4] Vgl. § 2 Abs. 2 Satz 1 Grundsatz II.

## 2.8 Begrenzung der Liquiditätsrisiken (Grundsatz II) 273

lung der ausreichenden Zahlungsbereitschaft eines Instituts und muss wenigstens den Wert eins betragen (kein Defizit an Ein-Monats-Liquidität).[1] Trifft dies zu, geht die Bankenaufsichtsbehörde für den Regelfall davon aus, dass sich die Zahlungseingänge und -ausgänge eines Instituts im nächsten Monat im Gleichgewicht befinden.[2] Unterschreiten dagegen die monatlich verfügbaren Zahlungsmittel die monatlich abrufbaren Zahlungsverpflichtungen wiederholt oder nicht unerheblich, so ist in der Regel die Vermutung der BaFin begründet, dass das Institut über keine ausreichende Zahlungsbereitschaft verfügt.[3] Das Institut wird in diesem Fall von der Bankenaufsichtsbehörde zur Verbesserung seiner Liquiditätslage und zur Einhaltung des Liquiditätsgrundsatzes II aufgefordert werden.[4] Darüber hinaus wird die BaFin anhand der Werte der Liquiditätskennzahl nach § 2 Abs. 2 Grundsatz II entscheiden, ob Maßnahmen wegen unzureichender Liquidität gemäß § 45 Abs. 1 Satz 1 Nr. 2 KWG anzuordnen sind.

$$\frac{\text{Summe der verfügbaren Zahlungsmittel des ersten Laufzeitbandes}}{\text{Summe der abrufbaren Zahlungsverpflichtungen des ersten Laufzeitbandes}} \geq 1$$

Erstes Laufzeitband: täglich fällig bis zu einem Monat

**Abbildung 41: Der strukturelle Aufbau der Liquiditätskennzahl gemäß § 2 Abs. 2 Grundsatz II**

Obwohl die Liquiditätskennzahl nach § 2 Abs. 2 Grundsatz II lediglich zum Ende eines jeden Monats zu berechnen und einzuhalten ist, erwartet die BaFin, dass die Institute auch zwischen den Meldestichtagen über eine ausreichende Liquidität verfügen.[5] Bestehen bei einem Institut Anhaltspunkte für eine nicht ausreichende Zahlungsbereitschaft zwischen den Meldestichtagen, so wird die Bankenaufsichtsbehörde prüfen, ob das Institut die in § 2 Abs. 2 Satz 1 Grundsatz II getroffene Monatsultimoregelung in missbräuchlicher Absicht ausnutzt.[6] Sollte dies der Fall sein, wird die BaFin geeignete Maßnahmen zur Abhilfe einleiten.

Unabhängig von den vorstehenden Regelungen kann die BaFin bei einem Institut, dessen Liquidität aufgrund struktureller Besonderheiten von den im Allgemeinen

---

[1] Vgl. § 2 Abs. 2 Satz 3 Grundsatz II.
[2] Vgl. § 1 Abs. 1 Satz 1 Grundsatz I i. V. m. § 2 Abs. 1 und Abs. 2 Grundsatz II.
[3] Vgl. § 1 Abs. 1 Satz 2 Grundsatz II.
[4] Vgl. BUNDESAUFSICHTSAMT FÜR DAS KREDITWESEN (Erläuterungen, 1998), S. 38.
[5] Vgl. BUNDESAUFSICHTSAMT FÜR DAS KREDITWESEN (Erläuterungen, 1998), S. 38.
[6] Vgl. BUNDESAUFSICHTSAMT FÜR DAS KREDITWESEN (Erläuterungen, 1998), S. 38–39.

geltenden Gegebenheiten abweicht, Sonderverhältnisse berücksichtigen, die – je nach Sachlage – geringere oder höhere Anforderungen im Liquiditätsgrundsatz II nach sich ziehen.[1] Mit der Möglichkeit, positive oder negative Sonderverhältnisse zu berücksichtigen, ist die Elastizität sichergestellt, die der Gesetzgeber für die Anwendung der Grundsätze nach den §§ 10 und 11 KWG als erforderlich erachtet hat.[2] Die Berücksichtigung positiver Sonderverhältnisse bei einem Institut scheidet allerdings üblicherweise dann aus, wenn das Institut die Liquiditätskennzahl nach § 2 Abs. 2 Grundsatz II einhält.[3] In welcher Weise geringere oder höhere Anforderungen im Rahmen der Berücksichtigung von Sonderverhältnissen gestellt werden, ist im Übrigen „im Einzelfall nach Maßgabe der jeweiligen Gegebenheiten zu entscheiden"[4]. In bestimmten Fällen dürfte es nahe liegen, bei der Ermittlung der Liquiditätskennzahl zusätzliche Zahlungsmittel oder Zahlungsverpflichtungen zu berücksichtigen.[5] In anderen Fällen könnten die geringeren oder höheren Anforderungen darin bestehen, andere Anrechnungssätze für einzelne Zahlungsmittel oder Zahlungsverpflichtungen festzulegen.[6]

In Ergänzung zur Liquiditätskennzahl sind sog. Beobachtungskennzahlen zu berechnen, die über die Liquiditätsverhältnisse eines Instituts im zweiten, dritten und vierten Laufzeitband (also für den Zeitraum zwischen einem Monat und zwölf Monaten nach dem Meldestichtag) Auskunft geben sollen.[7] Die Ermittlung dieser Beobachtungskennzahlen erfolgt entsprechend der Vorgehensweise bei der Berechnung der Liquiditätskennzahl (vgl. Abbildung 42).[8] Dabei sind etwaige Zahlungsmittelüberschüsse aus dem vorherigen Laufzeitband (Vorliegen einer positiven Fristeninkongruenz) als zusätzliche Zahlungsmittel in dem darauf folgenden Laufzeitband zu berücksichtigen.[9] „Diese Überlaufregelung trägt dem Gedanken Rechnung, dass durch kurzfristige Zahlungsverpflichtungen nicht gebundene Zahlungsmittel uneingeschränkt zur Begleichung längerfristiger Zahlungsverpflichtungen zur Verfügung stehen"[10]. Es wird also davon ausgegangen, dass die Posten der Liquiditätsreserve auch zu einem späteren Zeitpunkt in primärliquide Mittel (Bargeld oder Zentralbankgeld) umgewandelt und deshalb als potenzielle Zahlungsmittel zur Einlösung der später fällig werdenden Zahlungsverpflichtungen verwandt werden können.[11]

---

[1] Vgl. § 1 Abs. 1 Satz 3 Grundsatz II.
[2] Vgl. BUNDESREGIERUNG (KWG-Entwurf, 1959), S. 23–24.
[3] Vgl. BUNDESAUFSICHTSAMT FÜR DAS KREDITWESEN (Erläuterungen, 1998), S. 33.
[4] BUNDESAUFSICHTSAMT FÜR DAS KREDITWESEN (Erläuterungen, 1998), S. 33.
[5] Vgl. BUNDESAUFSICHTSAMT FÜR DAS KREDITWESEN (Erläuterungen, 1998), S. 33.
[6] Vgl. BUNDESAUFSICHTSAMT FÜR DAS KREDITWESEN (Erläuterungen, 1998), S. 33.
[7] Vgl. § 2 Abs. 3 Satz 1 Grundsatz II.
[8] Vgl. § 2 Abs. 3 Satz 2 Grundsatz II.
[9] Vgl. § 2 Abs. 3 Satz 3 Grundsatz II.
[10] BUNDESAUFSICHTSAMT FÜR DAS KREDITWESEN (Erläuterungen, 1998), S. 39.
[11] Vgl. BUNDESAUFSICHTSAMT FÜR DAS KREDITWESEN (Erläuterungen, 1998), S. 39.

## 2.8 Begrenzung der Liquiditätsrisiken (Grundsatz II)

> Summe der verfügbaren Zahlungsmittel des jeweiligen Laufzeitbandes
> + etwaiger Zahlungsmittelüberschuss des vorhergehenden Laufzeitbandes
> ―――――――――――――――――――――――――――――――――――――――――――――――――
> Summe der abrufbaren Zahlungsverpflichtungen des jeweiligen Laufzeitbandes
>
> Zweites Laufzeitband:    über einem Monat bis zu drei Monaten
> Drittes Laufzeitband:    über drei Monate bis zu sechs Monaten
> Viertes Laufzeitband:    über sechs Monate bis zu zwölf Monaten

**Abbildung 42: Der strukturelle Aufbau der Beobachtungskennzahlen gemäß § 2 Abs. 3 Grundsatz II**

Die von den einzelnen Instituten zu meldenden Beobachtungskennzahlen gemäß § 2 Abs. 3 Grundsatz II „dienen lediglich nachrichtlichen Zwecken"[1]. Es werden den Instituten von der BaFin „keine mindestens einzuhaltenden Werte vorgegeben"[2]. Die Beobachtungskennzahlen sollen vielmehr der Bankenaufsicht einen Einblick in die von einem Institut im kurzfristigen Bereich (bis zu einem Jahr) vorgenommene Fristentransformation gewähren.[3] Beobachtungskennzahlen, die einen Wert unter eins annehmen, deuten dabei darauf hin, dass die von einem Institut kurzfristig hereingenommenen Gelder längerfristig angelegt werden.[4] Damit ist nach der Wertung des Liquiditätsgrundsatzes II allerdings kein akutes Abruf- bzw. Abzugsrisiko verbunden, „solange die Ein-Monats-Liquiditätskennzahl den Wert eins übersteigt"[5].

Vorstehende Zusammenhänge verdeutlichen die zentrale Zielrichtung des Liquiditätsgrundsatzes II. Im Vordergrund steht die Begrenzung des Abruf- bzw. Abzugsrisikos von Instituten.[6] Hierunter ist die Gefahr zu verstehen, dass Kunden Kreditlinien oder andere in Aussicht gestellte Geldleistungen unerwartet (d. h. vor dem geplanten Zeitpunkt) in Anspruch nehmen bzw. Gläubiger über ihre Einlagen unvorhergesehen (eventuell sogar vor deren Fälligkeit) verfügen. Der Begrenzung des Refinanzierungsrisikos, das in den bisherigen Liquiditätsgrundsätzen II und III im Mittelpunkt der Regulierung stand, kommt dagegen im neuen Liquiditätsgrundsatz II lediglich eine sehr untergeordnete Bedeutung zu. Eine weitere Komponente der originären Liquiditätsrisiken, nämlich das Terminrisiko, das in der Gefahr besteht, dass die tatsächlichen Zeitpunkte von Zahlungsmittelrückflüssen aus Vermögensge-

---

[1] BUNDESAUFSICHTSAMT FÜR DAS KREDITWESEN (Erläuterungen, 1998), S. 39.
[2] BUNDESAUFSICHTSAMT FÜR DAS KREDITWESEN (Erläuterungen, 1998), S. 39.
[3] Vgl. BUNDESAUFSICHTSAMT FÜR DAS KREDITWESEN (Erläuterungen, 1998), S. 39; ferner HOFMANN, GERHARD/WERNER, JOHANNES (Liquiditätsgrundsatz II, 1999), S. 25.
[4] Vgl. BUNDESAUFSICHTSAMT FÜR DAS KREDITWESEN (Erläuterungen, 1998), S. 39.
[5] BUNDESAUFSICHTSAMT FÜR DAS KREDITWESEN (Erläuterungen, 1998), S. 39.
[6] Vgl. SPÖRK, WOLFGANG/AUGE-DICKHUT, STEFANIE (Liquiditätskennzahl, 1999), S. 181.

genständen den geplanten bzw. vereinbarten Rückflusszeitpunkten zeitlich nachgelagert sind, bleibt auch im neuen Liquiditätsgrundsatz II unberücksichtigt.[1]

Die Bankenaufsichtsbehörde begründet die veränderte Zielrichtung des neu gefassten Liquiditätsgrundsatzes II mit der Feststellung, „dass bei einem solventen und ertragsstarken Institut im Allgemeinen keine unüberbrückbaren Hindernisse für die Sicherstellung der mittel- und langfristigen Refinanzierung bestehen, die gegebenenfalls im Wege der zusätzlichen Geldaufnahme am Interbankenmarkt und/oder der außerplanmäßigen Veräußerung von Wertpapieren erfolgen kann"[2]. Im Vergleich dazu wird der kurzfristige Bereich als problematischer eingeschätzt.[3] In der Zeitspanne von einem Kalendermonat „ist die Gefahr von Liquiditätsengpässen auch für solvente und ertragsstarke Institute gegeben, da unerwartete Ereignisse und unvorhergesehene Marktumstände die Zahlungsfähigkeit des einzelnen Instituts über das Normalmaß hinaus beanspruchen können"[4]. Der über einen Monat hinausgehende Zeitraum bis zu einem Jahr ist aus Sicht der Bankenaufsichtsbehörde allerdings insoweit von Interesse, als in diesem Bereich möglicherweise bestehende Liquiditätsprobleme eines Instituts auf strukturell bedingte Refinanzierungsschwierigkeiten dieses Instituts hindeuten können.[5]

Eine enumerative Aufzählung der Zahlungsmittel und kurzfristigen Zahlungsverpflichtungen einschließlich ihrer Zuordnung zu den einzelnen Laufzeitbändern findet sich in den §§ 3 und 4 Grundsatz II. Dabei werden die grundsatzrelevanten Zahlungsmittel nach dem Kriterium der abnehmenden Liquidität geordnet, wobei zwischen der Liquidität erster und zweiter Klasse unterschieden wird. Bei den Positionen der Liquidität erster Klasse handelt es sich um Bargeld oder Zentralbankgeld (primärliquide Mittel) oder um Aktiva, die jederzeit und ohne weiteres in Bargeld oder Zentralbankgeld umgewandelt werden können (sekundärliquide Mittel). Sie werden unabhängig von den vertraglich vereinbarten (Rest-) Laufzeiten in das erste Laufzeitband (täglich fällig bis zu einem Monat) eingeordnet. Die Positionen der Liquidität zweiter Klasse sind dagegen entsprechend ihren jeweiligen Fälligkeiten (Restlaufzeiten von bis zu einem Jahr) in die einzelnen Laufzeitbänder des Liquiditätserfassungsschemas einzustellen. Insgesamt werden aber nur solche Positionen als Zahlungsmittel berücksichtigt, die unzweifelhaft Liquiditätszuflüsse innerhalb der

---

[1] Vgl. GRELCK, MICHAEL/RODE, MICHAEL (Liquiditätsgrundsatz, 1999), S. 68; SPÖRK, WOLFGANG/AUGE-DICKHUT, STEFANIE (Liquiditätskennzahl, 1999), S. 181.
[2] BUNDESAUFSICHTSAMT FÜR DAS KREDITWESEN (Erläuterungen, 1998), S. 29–30.
[3] Vgl. BUNDESAUFSICHTSAMT FÜR DAS KREDITWESEN (Erläuterungen, 1998), S. 30.
[4] BUNDESAUFSICHTSAMT FÜR DAS KREDITWESEN (Erläuterungen, 1998), S. 30.
[5] Vgl. BUNDESAUFSICHTSAMT FÜR DAS KREDITWESEN (Erläuterungen, 1998), S. 30.

## 2.8 Begrenzung der Liquiditätsrisiken (Grundsatz II)

vorgegebenen Fristenbereiche der Laufzeitbänder generieren.[1] Abbildung 43 gibt einen Überblick über die einzelnen Komponenten der Zahlungsmittel und Zahlungsverpflichtungen einschließlich ihrer Zuordnung zu den verschiedenen Laufzeitbändern.

Bei der Einteilung der Zahlungsverpflichtungen ist zu unterscheiden zwischen kurzfristigen Verpflichtungen ohne feste Fälligkeiten und solchen mit fest vereinbarten Laufzeiten oder Kündigungsfristen. Bei den kurzfristigen Zahlungsverpflichtungen, denen keine fest vereinbarten Laufzeiten oder Kündigungsfristen zugrunde liegen und die daher täglich in Höhe eines Teilbetrages oder insgesamt abgerufen bzw. abgezogen werden können, muss ein Institut mit der jederzeitigen Inanspruchnahme rechnen. Sie sind daher dem ersten Laufzeitband zuzuordnen, wobei dem Ausmaß des unterstellten Abruf- bzw. Abzugsrisikos durch differenzierte, empirisch ermittelte Anrechnungssätze Rechnung getragen wird. Bei den kurzfristigen Zahlungsverpflichtungen mit fest vereinbarten Laufzeiten oder Kündigungsfristen ist dagegen ein vorzeitiger Abruf oder Abzug der Gelder vertraglich ausgeschlossen. Da bei diesen Verpflichtungen Zeitpunkte und Beträge der anfallenden Auszahlungen feststehen, sind sie entsprechend ihren jeweiligen Fälligkeiten (Restlaufzeiten von längstens einem Jahr) in die einzelnen Laufzeitbänder des Liquiditätserfassungsschemas einzutragen.[2]

---

[1] Zu den Ausführungen dieses Absatzes vgl. BUNDESAUFSICHTSAMT FÜR DAS KREDITWESEN (Erläuterungen, 1998), S. 37, 39–40, 44; DEUTSCHE BUNDESBANK (Grundsatz II, 1999), S. 8; HOFMANN, GERHARD/WERNER, JOHANNES (Liquiditätsgrundsatz II, 1999), S. 25.

[2] Zu den Ausführungen dieses Absatzes vgl. BUNDESAUFSICHTSAMT FÜR DAS KREDITWESEN (Erläuterungen, 1998), S. 37–38, 48–49, 51; DEUTSCHE BUNDESBANK (Grundsatz II, 1999), S. 8; HOFMANN, GERHARD/WERNER, JOHANNES (Liquiditätsgrundsatz II, 1999), S. 26.

| Zahlungsmittel | Zahlungsverpflichtungen |
|---|---|
| **1. Liquidität erster Klasse (Einordnung in das Laufzeitband I)** | **1. Verpflichtungen ohne feste Fälligkeiten (Einordnung in das Laufzeitband I)** |
| *a) Primärliquide Mittel (Barreserve)* | – 40 % der täglich fälligen Verbindlichkeiten gegenüber Kreditinstituten |
| – Kassenbestand | – 10 % der täglich fälligen Verbindlichkeiten gegenüber Kunden |
| – Guthaben bei Zentralnotenbanken | – 10 % der Spareinlagen |
| *b) Sekundärliquide Mittel* | – 10 % des Unterschiedsbetrags zwischen Bauspareinlagen und Bauspardarlehen (Sonderregelung für Bausparkassen) |
| – Inkassopapiere | – 5 % der Eventualverbindlichkeiten aus weitergegebenen Wechseln |
| – unwiderrufliche Kreditzusagen, die das Institut erhalten hat | – 5 % der Eventualverbindlichkeiten aus übernommenen Bürgschaften und Gewährleistungsverträgen |
| – börsennotierte Wertpapiere (einschließlich der dem Institut als Pensionsnehmer oder Entleiher im Rahmen von Pensionsgeschäften oder Leihgeschäften übertragenen börsennotierten Papiere) | – 5 % des Haftungsbetrags aus der Bestellung von Sicherheiten für fremde Verbindlichkeiten |
| – gedeckte Schuldverschreibungen (einschließlich der dem Institut als Pensionsnehmer oder Entleiher im Rahmen von Pensionsgeschäften oder Leihgeschäften übertragenen gedeckten Schuldverschreibungen) | – 20 % der Platzierungs- und Übernahmeverpflichtungen |
| – 90 % der Anteile an Geldmarktfonds und Wertpapierfonds | – 20 % der noch nicht in Anspruch genommenen, unwiderruflich zugesagten Kredite (es sei denn, sie fallen unter die Nr. 3) |

## 2.8 Begrenzung der Liquiditätsrisiken (Grundsatz II) 279

| Zahlungsmittel | Zahlungsverpflichtungen |
|---|---|
| **2. Liquidität zweiter Klasse** (Einordnung in die Laufzeitbänder I bis IV entsprechend den jeweiligen Restlaufzeiten zum Meldestichtag) | **2. Verpflichtungen mit fest vereinbarten Laufzeiten oder Kündigungsfristen** (Einordnung in die Laufzeitbänder I bis IV entsprechend den jeweiligen Restlaufzeiten zum Meldestichtag) |
| – Forderungen an das Europäische System der Zentralbanken (ESZB) und an sonstige Zentralbanken | – Verbindlichkeiten gegenüber dem Europäischen System der Zentralbanken (ESZB) und sonstigen Zentralbanken |
| – Forderungen an Kreditinstitute | – Verbindlichkeiten gegenüber Kreditinstituten |
| – 20 % der ausstehenden Hypothekardarlehen, die im Zusammenhang mit einer Zinsanpassung innerhalb der nächsten zwölf Monate fällig werden oder fällig werden können (Sonderregelung für Hypothekenbanken) | – 20 % der Verbindlichkeiten von Zentralbanken gegenüber ihren Girozentralen und Zentralkassen sowie von Girozentralen und Zentralbanken gegenüber angeschlossenen Sparkassen und Kreditgenossenschaften |
| – 10 % der ausstehenden Kommunaldarlehen, die im Zusammenhang mit einer Zinsanpassung innerhalb der nächsten zwölf Monate fällig werden oder fällig werden können (Sonderregelung für Hypothekenbanken) | – Verbindlichkeiten gegenüber Kunden |
| | – Sachverbindlichkeiten des entleihenden Instituts zur Rückgabe entliehener Wertpapiere |
| – Wechsel, sofern diese nicht unter den Forderungen an Kreditinstitute oder an Kunden erfasst werden | – Sachverbindlichkeiten des Pensionsnehmers aus der Rückgabepflicht von Wertpapieren im Rahmen von Pensionsgeschäften |
| – Sachforderungen des verleihenden Instituts auf Rückgabe der verliehenen Wertpapiere | – Geldverbindlichkeiten des Pensionsgebers aus unechten Pensionsgeschäften in Höhe des Rückzahlungsbetrags, sofern der aktuelle Marktwert der übertragenen Wertpapiere unter dem vereinbarten Rückzahlungspreis liegt |

| Zahlungsmittel | Zahlungsverpflichtungen |
|---|---|
| – andere als die unter der Liquidität erster Klasse erfassten Schuldverschreibungen und anderen festverzinslichen Wertpapiere (einschließlich der dem Institut als Pensionsnehmer bzw. Leihnehmer im Rahmen von Pensionsgeschäften bzw. Leihgeschäften übertragenen festverzinslichen Wertpapiere)<br>– Ansprüche des Pensionsgebers auf Rückübertragung von Wertpapieren im Rahmen echter Pensionsgeschäfte<br>– Geldforderungen des Pensionsnehmers aus unechten Pensionsgeschäften in Höhe des Rückzahlungsbetrags, sofern der aktuelle Marktwert der übertragenen Wertpapiere unter dem vereinbarten Rückzahlungspreis liegt<br>– Ausgleichsforderungen gegen die öffentliche Hand (Ausgleichsfonds Währungsumstellung) einschließlich der Schuldverschreibungen aus deren Umtausch, soweit verbriefe Ausgleichsforderungen nicht unter den börsennotierten Wertpapieren und damit der Liquidität erster Klasse erfasst werden | – verbriefte Verbindlichkeiten<br>– nachrangige Verbindlichkeiten<br>– Genussrechtskapital<br>– sonstige Verbindlichkeiten<br>3. **Unwiderruflich zugesagte Investitions- und Hypothekarkredite, die nach Baufortschritt ausgezahlt werden (Einordnung in die Laufzeitbänder I bis IV nach den erwarteten Inanspruchnahmen zum Meldestichtag)**<br>– 12 % im Laufzeitband I<br>– 16 % im Laufzeitband II<br>– 24 % im Laufzeitband III<br>– 48 % im Laufzeitband IV |

**Abbildung 43: Komponenten der Zahlungsmittel und Zahlungsverpflichtungen einschließlich ihrer Zuordnung zu den verschiedenen Laufzeitbändern gemäß den §§ 3 und 4 Grundsatz II**[1]

---

[1] Modifiziert entnommen aus WASCHBUSCH, GERD (Bankenaufsicht, 2000), S. 393–400.

## 2.8 Begrenzung der Liquiditätsrisiken (Grundsatz II)

In § 3 Abs. 3 Grundsatz II werden zur Vermeidung möglicher Fehldeutungen und daraus resultierenden fehlerhaften Anrechnungen abschließend diejenigen Positionen aufgelistet, die nicht als grundsatzrelevante Zahlungsmittel berücksichtigt werden dürfen, weil sie weder als Bestandteil der Liquidität erster Klasse angesehen werden können noch in den nächsten zwölf Monaten fällig werden und damit der Liquidität zweiter Klasse zuzurechnen sind.[1] Im Einzelnen handelt es sich um

– Forderungen und Wechsel, auf die Einzelwertberichtigungen gebildet worden sind, sofern aktuelle Leistungsstörungen bei diesen Krediten vorliegen,[2]
– Beteiligungen und Anteile an verbundenen Unternehmen,
– zurückgekaufte ungedeckte Schuldverschreibungen eigener Emissionen,[3]
– im Rahmen von Pensionsgeschäften oder Leihgeschäften übertragene Wertpapiere für die Dauer des Geschäfts beim Pensionsgeber oder Verleiher,[4]
– als Sicherheiten gestellte Wertpapiere, die der Verfügung durch das Institut entzogen sind, für den Zeitraum der Sicherheitenbestellung,[5]
– andere als die in § 3 Abs. 1 Nr. 7 Grundsatz II aufgeführten Investmentanteile.

---

[1] Vgl. BUNDESAUFSICHTSAMT FÜR DAS KREDITWESEN (Erläuterungen, 1998), S. 40.

[2] „Bei Ratenkrediten ist von aktuellen Leistungsstörungen regelmäßig dann auszugehen, wenn der Kreditnehmer mit der Zahlung mehr als einer Rate im Verzug ist oder wenn mindestens eine Mahnung seitens des Instituts erfolgt ist" (BUNDESAUFSICHTSAMT FÜR DAS KREDITWESEN (Erläuterungen, 1998), S. 47). Forderungen und Wechsel, auf die zwar Wertberichtigungen gebildet worden sind, bei denen aber keine aktuelle Leistungsstörungen vorliegen, sind entsprechend ihren Restlaufzeiten als Liquidität zweiter Klasse gemäß § 3 Abs. 2 Grundsatz II zu erfassen (vgl. BUNDESAUFSICHTSAMT FÜR DAS KREDITWESEN (Erläuterungen, 1998), S. 47). Ungeachtet der Wertberichtigungen kann in diesem Fall vom Zufluss der Liquidität ausgegangen werden, allerdings gemäß § 6 Abs. 1 Satz 4 Grundsatz II gekürzt um die gebildeten Wertberichtigungen (vgl. BUNDESAUFSICHTSAMT FÜR DAS KREDITWESEN (Erläuterungen, 1998), S. 47).

[3] Der Ausschluss dieser Aktiva beruht auf der Überlegung, „dass es für ein in Liquiditätsschwierigkeiten geratenes Institut schwierig bis unmöglich sein dürfte, seine zurückgekauften eigenen Papiere wieder am Markt unterzubringen und sich auf diese Weise Liquidität zu verschaffen" (BUNDESAUFSICHTSAMT FÜR DAS KREDITWESEN (Erläuterungen, 1998), S. 48). Zurückgekaufte ungedeckte Schuldverschreibungen eigener Emissionen dürfen allerdings vom Passivumlauf abgesetzt werden (vgl. BUNDESAUFSICHTSAMT FÜR DAS KREDITWESEN (Erläuterungen, 1998), S. 48).

[4] Der Ausschluss dieser Wertpapiere beim Pensionsgeber oder Verleiher ist unabhängig vom Bilanzausweis. Es genügt, dass die Wertpapiere für die Dauer des Pensions- oder Leihgeschäftes der Verfügung des Pensionsgebers oder Verleihers entzogen sind. Konsequenterweise werden Wertpapiere, die im Rahmen von Pensionsgeschäften oder Leihgeschäften übertragen wurden, beim Pensionsnehmer oder Entleiher den Zahlungsmitteln zugerechnet (vgl. dazu BUNDESAUFSICHTSAMT FÜR DAS KREDITWESEN (Erläuterungen, 1998), S. 48).

[5] Zwar sind Wertpapiere, die als Sicherheiten gestellt werden, weiterhin dem Vermögen des Sicherheitengebers zuzurechnen, sie stehen ihm aber nicht mehr als Reserve zwecks Umwandlung in primärliquide Mittel zur Verfügung. Wertpapiere, die als Deckungsmasse in das Deckungsregister eingetragen und wegen der festen Zweckbindung der Disposition des Sicherheitengebers entzogen sind, stellen daher keine anrechenbare Liquidität dar. Für die Dauer der Sicherheitenbestellung ist die Liquidität des Sicherheitengebers dementsprechend zu kürzen. Dies bedeutet im Falle der Bestellung börsennotierter Wertpapiere als Sicherheiten für Zahlungsverpflichtungen mit einer Restlaufzeit von beispielsweise fünf Monaten, dass die börsennotierten Wertpapiere nicht mehr als Zahlungsmittel im ersten Laufzeitband (täglich fällig bis zu einem Monat) angerechnet werden können, wohl aber zu den Zahlungsmitteln im vierten Laufzeitband (über sechs Monate bis zu zwölf Monaten) zählen (vgl. dazu BUNDESAUFSICHTSAMT FÜR DAS KREDITWESEN (Erläuterungen, 1998), S. 48).

Eine besondere Behandlung im Rahmen des Liquiditätsgrundsatzes II erfahren die Wertpapierpensions- und Wertpapierleihgeschäfte. Die Begründung für diese Sonderbehandlung liegt darin, dass sich die Liquiditätseffekte aus Wertpapierpensions- und Wertpapierleihgeschäften weder aus den Regelungen des bilanziellen Ausweises dieser Geschäfte noch aus den entsprechenden Anrechnungsvorschriften des Eigenmittelgrundsatzes I sachgerecht ableiten lassen.[1] Aus diesem Grunde erfolgt die Abbildung der Liquiditätseffekte aus Wertpapierpensions- und Wertpapierleihgeschäften nach dem sog. Bruttoprinzip.[2] Dies bedeutet, dass neben dem (potenziellen) Mittelzufluss bzw. -abfluss in Geld auch die (potenziellen) Geldforderungen bzw. Geldverbindlichkeiten aus diesen Geschäften bei den jeweiligen Vertragspartnern berücksichtigt werden. Es kommt hinzu, dass die durch die verpensionierten bzw. verliehenen Wertpapiere verkörperte Liquiditätsreserve den Zahlungsmitteln derjenigen Vertragspartei zugerechnet wird, die die faktische Verfügungsgewalt über die Wertpapiere innehat. Darüber hinaus sind bei den jeweiligen Vertragspartnern die Rückübertragungsverpflichtungen bzw. -ansprüche aus Wertpapierpensions- und Wertpapierleihgeschäften als sachbezogene Forderungen bzw. Verbindlichkeiten auszuweisen. Welcher Liquiditätseffekt aus dem Abschluss von Wertpapierpensions- und Wertpapierleihgeschäften per Saldo eintritt, hängt damit nicht nur von der Höhe des Unterschiedsbetrages zwischen den Liquiditätszuflüssen und -abflüssen ab (Betragskomponente), sondern auch von den vereinbarten Zeitpunkten der Liquiditätszuflüsse und -abflüsse (Zeitkomponente).

Abbildung 44 zeigt zusammenfassend auf, wie gemäß § 5 Grundsatz II die einzelnen Bestandteile der Wertpapierpensions- und Wertpapierleihgeschäfte sowohl beim Pensionsgeber bzw. Verleiher als auch beim Pensionsnehmer bzw. Entleiher liquiditätsmäßig zu erfassen sind.

---

[1] Vgl. BUNDESAUFSICHTSAMT FÜR DAS KREDITWESEN (Erläuterungen, 1998), S. 54.
[2] Vgl. zu den folgenden Ausführungen BUNDESAUFSICHTSAMT FÜR DAS KREDITWESEN (Erläuterungen, 1998), S. 55.

## 2.8 Begrenzung der Liquiditätsrisiken (Grundsatz II)

| echtes Wertpapierpensionsgeschäft ||
|---|---|
| Liquiditätswirkung beim Pensionsgeber | Liquiditätswirkung beim Pensionsnehmer |
| 1. Mittelzufluss in Geld (Erhöhung der Guthaben bei Zentralnotenbanken) | 1. Mittelabfluss in Geld (Verminderung der Guthaben bei Zentralnotenbanken) |
| 2. Erhöhung der Geldverbindlichkeiten gegenüber Kreditinstituten oder Kunden in Höhe des Rückzahlungsbetrages | 2. Erhöhung der Geldforderungen an Kreditinstitute oder Kunden in Höhe des Rückzahlungsbetrages |
| 3. Kürzung des Wertpapierbestandes | 3. Erhöhung des Wertpapierbestandes |
| 4. Erfassung der Sachforderungen aus dem Rückübertragungsanspruch von Wertpapieren in Höhe der Marktkurse der Wertpapiere* | 4. Erfassung der Sachverbindlichkeiten aus der Rückgabepflicht von Wertpapieren in Höhe der Marktkurse der Wertpapiere* |
| unechtes Wertpapierpensionsgeschäft ||
| Liquiditätswirkung beim Pensionsgeber | Liquiditätswirkung beim Pensionsnehmer |
| 1. Mittelzufluss in Geld (Erhöhung der Guthaben bei Zentralnotenbanken) | 1. Mittelabfluss in Geld (Verminderung der Guthaben bei Zentralnotenbanken) |
| 2. Kürzung des Wertpapierbestandes | 2. Erhöhung des Wertpapierbestandes |
| 3. Für den Zeitraum, in dem der aktuelle Marktwert der übertragenen Wertpapiere unter dem vereinbarten Rückzahlungspreis liegt, erfolgt<br>a) die Anrechnung einer Geldverbindlichkeit gegenüber Kreditinstituten oder Kunden in Höhe des Rückzahlungsbetrages<br>b) die Einbuchung der übertragenen Wertpapiere zum Marktwert | 3. Für den Zeitraum, in dem der aktuelle Marktwert der übertragenen Wertpapiere unter dem vereinbarten Rückzahlungspreis liegt, erfolgt<br>a) die Anrechnung einer Geldforderung an Kreditinstitute oder Kunden in Höhe des Rückzahlungsbetrages<br>b) die Ausbuchung der übertragenen Wertpapiere zum Marktwert |
| Wertpapierleihgeschäft ||
| Liquiditätswirkung beim Verleiher | Liquiditätswirkung beim Entleiher |
| 1. Erfassung der Sachforderungen auf Rückgabe der verliehenen Wertpapiere in Höhe der Marktkurse der Wertpapiere* | 1. Erfassung der Sachverbindlichkeiten zur Rückgabe der entliehenen Wertpapiere in Höhe der Marktkurse der Wertpapiere* |
| 2. Kürzung des Wertpapierbestandes | 2. Erhöhung des Wertpapierbestandes |
| * Sofern bei nicht börsennotierten Wertpapieren die Marktkurse nicht bekannt sind, sind die wertpapierbezogenen Sachforderungen und -verbindlichkeiten in Höhe der jeweiligen Buchwerte der betreffenden Wertpapiere anzurechnen (vgl. BUNDESAUFSICHTSAMT FÜR DAS KREDITWESEN (Rundschreiben 18/99, 1999)). ||

**Abbildung 44: Liquiditätseffekte aus Wertpapierpensions- und Wertpapierleihgeschäften gemäß § 5 Grundsatz II**[1]

---

[1] In Anlehnung an BUNDESAUFSICHTSAMT FÜR DAS KREDITWESEN (Erläuterungen, 1998), S. 55, 56, 58.

**Aufgabe 2.53: Grundsatz II – Bestimmung der Liquiditätskennzahl sowie der Beobachtungskennzahlen**

Gegeben sind folgende Daten:

| Zahlungsmittel und Zahlungsverpflichtungen | Laufzeitband I: täglich fällig bis zu einem Monat | Laufzeitband II: über einem Monat bis zu drei Monaten | Laufzeitband III: über drei Monate bis zu sechs Monaten | Laufzeitband IV: über sechs Monate bis zu zwölf Monaten |
|---|---|---|---|---|
| A. Summe der verfügbaren Zahlungsmittel | 350 | 200 | 150 | 80 |
| B. Summe der abrufbaren Zahlungsverpflichtungen | 280 | 250 | 100 | 200 |
| C. Fristeninkongruenzen | | | | |
| D. Positive Fristeninkongruenzen | | | | |
| E. Summe der verfügbaren Zahlungsmittel + etwaiger Zahlungsmittelüberschuss des vorhergehenden Laufzeitbandes | | | | |
| F. Liquiditätskennzahl | (mindestens 1,0) | | | |
| G. Beobachtungskennzahlen | | (keine Mindestvorgaben) | | |

Berechnen Sie anhand der vorgegebenen Daten die Liquiditätskennzahl sowie die Beobachtungskennzahlen gemäß dem Liquiditätsgrundsatz II.

## 2.8 Begrenzung der Liquiditätsrisiken (Grundsatz II)

**Lösung**

| Zahlungsmittel und Zahlungsverpflichtungen | Laufzeitband I: täglich fällig bis zu einem Monat | Laufzeitband II: über einem Monat bis zu drei Monaten | Laufzeitband III: über drei Monate bis zu sechs Monaten | Laufzeitband IV: über sechs Monate bis zu zwölf Monaten |
|---|---|---|---|---|
| A. Summe der verfügbaren Zahlungsmittel | 350 | 200 | 150 | 80 |
| B. Summe der abrufbaren Zahlungsverpflichtungen | 280 | 250 | 100 | 200 |
| C. Fristeninkongruenzen (A − B) | + 70 | − 50 | + 50 | − 120 |
| D. Positive Fristeninkongruenzen | + 70 | − | + 50 | − |
| E. Summe der verfügbaren Zahlungsmittel + etwaiger Zahlungsmittelüberschuss des vorhergehenden Laufzeitbandes (A + D des vorhergehenden Laufzeitbands) | 350 (350 + 0) | 270 (200 + 70) | 150 (150 + 0) | 130 (80 + 50) |
| F. Liquiditätskennzahl (A ÷ B) | (mindestens 1,0) 1,25 | 1,08 | 1,50 | 0,65 |
| G. Beobachtungskennzahlen (E ÷ B) | | (keine Mindestvorgaben) | | |

## 2.9 Ausgewählte bankenaufsichtsrechtliche Kennzahlen

**Aufgabe 2.54: Bankenaufsichtsrechtliche Kennzahlen**

Erläutern Sie, welche Kennzahlen die Kredit- und Finanzdienstleistungsinstitute gemäß Grundsatz I der Bankenaufsicht zu melden haben.

**Lösung**

**Der Solvabilitätskoeffizient**

Gemäß § 2 Abs. 1 Grundsatz I muss das Verhältnis zwischen dem haftenden Eigenkapital eines Instituts und seinen gewichteten Risikoaktiva mindestens 8 % betragen. Es gilt also:

$$\frac{\text{haftendes Eigenkapital}}{\text{risikogewichtete Aktiva}} \geq 0{,}08$$

Das Verhältnis zwischen haftendem Eigenkapital und den risikogewichteten Aktiva eines Instituts wird als Solvabilitätskoeffizient bezeichnet. Aufgrund der Ausgestaltung als Quotient wird auch von einer Koeffizientendarstellung gesprochen.[1] Der Zähler wird durch das haftende Eigenkapital bestimmt, setzt sich also aus Kernkapital und Ergänzungskapital zusammen. Die Drittrangmittel bleiben bei der Ermittlung des Solvabilitätskoeffizienten folglich unberücksichtigt. Im Nenner befinden sich die risikogewichteten Aktiva. Somit werden die Adressenrisiken, die sich aus Positionen des Anlagebuchs sowie bei Nichthandelsbuchinstituten auch aus Positionen des Handelsbuchs ergeben, durch das haftende Eigenkapital eines Instituts beschränkt.

Der Solvabilitätskoeffizient ist von den Instituten täglich zum Geschäftsschluss einzuhalten. Der Geschäftsschluss wird auf 24.00 Uhr MEZ/MESZ festgelegt, wobei im Einzelfall auch eine hiervon abweichende Uhrzeit von einem Institut bestimmt werden kann, woraus eine institutsindividuelle Bestimmung des Zeitpunkts des Geschäftsschlusses eines Instituts resultiert.[2] Aus der Verpflichtung zur Einhaltung des Solvabilitätskoeffizienten zum Geschäftsschluss ergibt sich für die Institute die Notwendigkeit, ihre Risikopositionen während eines Geschäftstages so zu steuern, dass die Eigenkapitalerfordernisse zum Geschäftsschluss nicht verletzt werden.

---

[1] Vgl. BUNDESAUFSICHTSAMT FÜR DAS KREDITWESEN (Erläuterungen, 1997), S. 75.
[2] Vgl. BUNDESAUFSICHTSAMT FÜR DAS KREDITWESEN (Erläuterungen, 1997), S. 77.

## Die Eigenmitteldeckungsziffer

Neben dem für die Adressenrisiken aus Risikoaktiva des Anlagebuchs sowie bei Nichthandelsbuchinstituten auch aus Positionen des Handelsbuchs geltenden Solvabilitätskoeffizienten müssen die Institute die durch die Eigenmitteldeckungsziffer vorgegebenen Beschränkungen einhalten, durch die sichergestellt werden soll, dass die von den Instituten eingegangenen Marktpreisrisiken durch die ihnen zur Verfügung stehenden Eigenmittel gedeckt sind. Die Eigenmitteldeckungsziffer wird in § 2 Abs. 2 Satz 1 Grundsatz I definiert. Demnach darf die Summe der Anrechnungsbeträge für die Marktrisikopositionen[1] eines Instituts nicht größer sein als die Drittrangmittel zuzüglich der Differenz aus haftendem Eigenkapital und den mit dem Faktor 0,08 multiplizierten risikogewichteten Aktiva. Somit gilt:

Summe der Anrechnungs-       haftendes Eigenkapital
beträge für Marktrisiko-  ≤  − 0,08 · risikogewichtete Aktiva
positionen                   + Drittrangmittel

Im Gegensatz zum Solvabilitätskoeffizienten wird die Beschränkung nicht durch eine Relation, sondern in Form einer Deckungsregel vorgegeben. Aus diesem Grund wird im Zusammenhang mit der Eigenmitteldeckungsziffer auch von einer Betragsdeckungsdarstellung gesprochen.[2]

Die Summe der Anrechnungsbeträge für die Marktrisikopositionen ergibt sich durch Addition der Anrechnungsbeträge für die Währungsgesamtposition, die Rohwarenposition sowie die Handelsbuch-Risikopositionen. Die so berechnete Größe wird beschränkt auf das unverbrauchte haftende Eigenkapital zuzüglich der Drittrangmittel. „Unverbraucht" bedeutet in diesem Zusammenhang, dass von dem haftenden Eigenkapital der zur Unterlegung des Adressenrisikos für Positionen des Anlagebuchs (bei Nichthandelsbuchinstituten auch für Positionen des Handelsbuchs) benötigte Betrag an haftendem Eigenkapital (also risikogewichtete Aktiva multipliziert mit dem Faktor 0,08) abgezogen wird. Das für die Unterlegung des Adressenrisikos benötigte haftende Eigenkapital steht somit zur Unterlegung der Marktpreisrisiken nicht mehr zur Verfügung. Durch diese Abzugsregelung wird eine ansonsten bestehende Mehrfachbelegung des haftenden Eigenkapitals vermieden.

---

[1] Bei Ausübung des Institutswahlrechts des § 28 Abs. 3 Satz 1 Grundsatz I erhöht sich die Summe der Anrechnungsbeträge für die Marktrisikopositionen um die Summe der nach der „Szenario-Matrix-Methode" gesondert ermittelten Anrechnungsbeträge für die Optionsgeschäfte (betrifft nur Handelsbuchinstitute). Bei Nichthandelsbuchinstituten beschränken sich die Anrechnungsbeträge für die Marktrisikopositionen auf die Anrechnungsbeträge für die offene Währungsgesamtposition und die offene Rohwarenposition.

[2] Vgl. BUNDESAUFSICHTSAMT FÜR DAS KREDITWESEN (Erläuterungen, 1997), S. 76.

Das unverbrauchte haftende Eigenkapital kann auch als Summe aus freiem Kernkapital und freiem Ergänzungskapital interpretiert werden.[1] Diese beiden Größen stellen das Kernkapital bzw. das Ergänzungskapital dar, das nicht zur Unterlegung der Risiken aus dem Anlagebuch (bei Nichthandelsbuchinstituten auch für Positionen des Handelsbuchs)[2] benötigt wird (§ 10 Abs. 2c Satz 2 KWG). Die obige Ungleichung kann daher auch folgendermaßen geschrieben werden:

$$\begin{pmatrix} \text{Anrechnungsbetrag für die Währungsgesamtposition} \\ + \text{Anrechnungsbetrag für die Rohwarenposition} \\ + \text{Anrechnungsbetrag für die Handelsbuch - Risikoposition} \end{pmatrix} \leq \begin{pmatrix} \text{freies Krenkapital} \\ + \text{freies Ergänzungskapital} \\ + \text{Drittrangmittel} \end{pmatrix}$$

Bezüglich des Zeitpunkts der Einhaltung der Eigenmitteldeckungsziffer bestimmt § 2 Abs. 2 Satz 1 Grundsatz I, dass sie täglich bei Geschäftsschluss eingehalten werden muss. Der Zeitpunkt des Geschäftsschlusses eines Instituts ist analog zu dem in Verbindung mit dem Solvabilitätskoeffizienten genannten (§ 2 Abs. 1 Grundsatz I) zu interpretieren. „Von einer geschäftstäglichen Errechnung der Anrechnungsbeträge für die Marktrisikopositionen zwischen den fest vorgegebenen Meldestichtagen darf ... abgesehen werden, wenn das Institut durch interne Maßnahmen sichergestellt hat, dass den Eigenmittelanforderungen gemäß ... [§ 2 Abs. 1 und 2 Grundsatz I] entsprochen wird"[3]. Zu dieser Erleichterung existieren allerdings zwei Ausnahmen. So müssen Institute, die eigene Risikomodelle nach den Vorschriften der §§ 32 bis 37 Grundsatz I verwenden, die Anrechnungsbeträge für die Marktrisikopositionen täglich ermitteln. Dies ist zwingend erforderlich, damit die Institute die in § 33 Abs. 1 Grundsatz I (Bestimmung der Anrechnungsbeträge täglich zum Geschäftsschluss) sowie in § 37 Grundsatz I (Überprüfung der Prognosegüte des Risikomodells anhand dieser Größen) enthaltenen Vorschriften über die Verwendung eigener Risikomodelle einhalten können.

Die zweite Ausnahme nimmt auf die gemäß § 2 Abs. 3 Satz 1 Grundsatz I zu berechnende Gesamtkennziffer Bezug. Wenn die Gesamtkennziffer eines Instituts die Höhe von 8 % nur gerade erreicht oder bloß unwesentlich überschreitet, so hat dieses Institut „die Anrechnungsbeträge für die Marktrisikopositionen und die Risikoaktiva-Anrechnungsbeträge geschäftstäglich zu berechnen und in das Verhältnis zu den verfügbaren Eigenmitteln beziehungsweise dem haftenden Eigenkapital zu set-

---

[1] Vgl. das Berechnungsbeispiel in BUNDESAUFSICHTSAMT FÜR DAS KREDITWESEN (Erläuterungen, 1997), S. 82–84.
[2] Dem angegebenen Berechnungsbeispiel der Bankenaufsichtsbehörde kann entnommen werden, dass als „Risiken des Anlagebuchs" lediglich die Adressenrisiken aus Risikoaktiva des Anlagebuchs zu verstehen sind und nicht die Fremdwährungsrisiken sowie die Rohwarenpreisrisiken, die aus Positionen sowohl des Anlagebuchs als auch des Handelsbuchs zu berechnen sind.
[3] BUNDESAUFSICHTSAMT FÜR DAS KREDITWESEN (Erläuterungen, 1997), S. 78.

zen"[1]. Auf die geschäftstäglichen Berechnungen kann also erst dann verzichtet werden, wenn das Institut über ein ausreichendes Sicherheitspolster verfügt. Die Bankenaufsichtsbehörde sieht ein ausreichendes Sicherheitspolster als dann gegeben an, „wenn die Mindestanforderungen zu 105 % oder mehr erfüllt werden"[2].

**Die Gesamtkennziffer**

Der Solvabilitätskoeffizient und die Eigenmitteldeckungsziffer werden durch eine Gesamtkennziffer über die Eigenmittelausstattung der Kredit- und Finanzdienstleistungsinstitute ergänzt. Diese Gesamtkennziffer ist gemäß § 2 Abs. 3 Satz 1 Grundsatz I definiert als das in Prozent ausgedrückte Verhältnis zwischen den im Grundsatz I anrechenbaren Eigenmitteln eines Instituts und der Summe seiner gewichteten Risikoaktiva vermehrt um die mit dem Faktor 12,5 multiplizierte Summe seiner Anrechnungsbeträge für die Marktrisikopositionen.[3] Es gilt also:

$$\text{Gesamtkennziffer} = \frac{\text{anrechenbare Eigenmittel}}{\left(\begin{array}{l}\text{Summe der risikogewichteten Aktiva} \\ + 12,5 \cdot \text{Summe der Anrechnungsbeträge für Marktrisikopositionen *}\end{array}\right)}$$

*bei Ausübung des Institutswahlrechts nach § 28 Abs. 3 Satz 1 Grundsatz I zuzüglich der Summe der nach der „Szenario-Matrix-Methode" gesondert ermittelten Anrechnungsbeträge für die Optionsgeschäfte (betrifft nur Handelsbuchinstitute)

Die anrechenbaren Eigenmittel setzen sich zusammen zum einen aus dem im Grundsatz I zur Verfügung stehenden haftenden Eigenkapital, also dem Kernkapital und dem Ergänzungskapital, soweit diese beiden Komponenten nicht bereits anderweitig aufgrund von Abzugs- und Unterlegungsvorschriften verbraucht sind. Zum anderen zählen zu den anrechenbaren Eigenmitteln die zur Unterlegung der Marktpreisrisiken genutzten Drittrangmittel, die ebenfalls noch nicht anderweitig belegt sein dürfen. Somit kann die Gesamtkennziffer auch dargestellt werden als:

---

[1] BUNDESAUFSICHTSAMT FÜR DAS KREDITWESEN (Erläuterungen, 1997), S. 78.
[2] BUNDESAUFSICHTSAMT FÜR DAS KREDITWESEN (Erläuterungen, 1997), S. 78.
[3] Bei Ausübung des Institutswahlrechts des § 28 Abs. 3 Satz 1 Grundsatz I erhöht sich die Summe der Anrechnungsbeträge für die Marktrisikopositionen um die Summe der nach der „Szenario-Matrix-Methode" gesondert ermittelten Anrechnungsbeträge für die Optionsgeschäfte (betrifft nur Handelsbuchinstitute). Bei Nichthandelsbuchinstituten beschränken sich die Anrechnungsbeträge für die Marktrisikopositionen auf die Anrechnungsbeträge für die offene Währungsgesamtposition und die offene Rohwarenposition. Die Multiplikation mit dem Faktor 12,5 erfolgt, um die Anrechnungsbeträge für die Marktrisikopositionen und – im Falle des § 28 Abs. 3 Satz 1 Grundsatz I – für die Optionsgeschäfte mit der Summe der gewichteten Risikoaktiva vergleichbar zu machen (vgl. BUNDESAUFSICHTSAMT FÜR DAS KREDITWESEN (Erläuterungen, 1997), S. 81).

$$\text{Gesamt-kennziffer} = \frac{\begin{pmatrix} \text{im Grundsatz I zur Verfügung stehendes haftendes Eigenkapital} \\ + \text{zur Unterlegung der Marktpreisrisiken genutzte Drittrangmittel} \end{pmatrix}}{\begin{pmatrix} \text{Summe der risikogewichteten Aktiva} \\ +12{,}5 \cdot \text{Summe der Anrechnungsbeträge für Marktrisikopositionen *} \end{pmatrix}}$$

*bei Ausübung des Institutswahlrechts nach § 28 Abs. 3 Satz 1 Grundsatz I zuzüglich der Summe der nach der „Szenario-Matrix-Methode" gesondert ermittelten Anrechnungsbeträge für die Optionsgeschäfte (betrifft nur Handelsbuchinstitute)

In der Gesamtkennziffer werden also lediglich die zur Unterlegung der Marktpreisrisiken tatsächlich genutzten Drittrangmittel herangezogen. Eine Einbeziehung der anrechenbaren, aber nicht genutzten Drittrangmittel ist nicht adäquat, da dadurch die Möglichkeit der Unterlegung der Adressenrisiken aus Positionen des Anlagebuchs (bei Nichthandelsbuchinstituten auch aus Positionen des Handelsbuchs) mit Drittrangmitteln unterstellt und die Gesamtkennziffer falsch dargestellt würde.[1]

Die Einführung dieser Gesamtkennziffer über die Eigenmittelausstattung der Kredit- und Finanzdienstleistungsinstitute dient allerdings lediglich darstellenden Zwecken. Sie hat die Aufgabe, die Eigenmittelbelegung eines Kredit- oder Finanzdienstleistungsinstituts durch Adressen- und Marktpreisrisiken in einer einzigen Größe anschaulich wiederzugeben.[2] Die Einleitung bankenaufsichtsrechtlicher Maßnahmen bei unzureichenden Eigenmitteln ist hingegen allein an die fortgesetzte Nichteinhaltung der in § 2 Abs. 1 und Abs. 2 Satz 1 Grundsatz I festgelegten Eigenmittelanforderungen geknüpft.[3]

Sofern ein Institut eine Gesamtkennziffer in Höhe von 8 % oder mehr aufweist, ist sichergestellt, dass das Institut zugleich den Eigenmittelanforderungen nach § 2 Abs. 1 und Abs. 2 Satz 1 Grundsatz I genügt. Beläuft sich dagegen die Gesamtkennziffer auf unter 8 %, so werden die Eigenmittelanforderungen nach § 2 Abs. 1 und/oder Abs. 2 Satz 1 Grundsatz I verfehlt (Nichteinhaltung des Solvabilitätskoeffizienten für den Bereich der Adressenrisiken und/oder der Eigenmitteldeckungsziffer für den Bereich der Marktpreisrisiken).

Die Kredit- und Finanzdienstleistungsinstitute haben die Gesamtkennziffer über ihre Eigenmittelausstattung zum Ultimo eines jeden Kalendermonats zu ermitteln und bis zum fünften Arbeitstag des auf den jeweiligen Monatsultimo folgenden Kalendermonats der zuständigen Landeszentralbank zu melden, welche die Meldung an die

---

[1] Vgl. BUNDESAUFSICHTSAMT FÜR DAS KREDITWESEN (Erläuterungen, 1997), S. 82.
[2] Vgl. BUNDESAUFSICHTSAMT FÜR DAS KREDITWESEN (Erläuterungen, 1997), S. 76.
[3] Vgl. BUNDESAUFSICHTSAMT FÜR DAS KREDITWESEN (Erläuterungen, 1997), S. 76–77.

BaFin weiterleitet. Der Umfang der allmonatlich einzureichenden Meldungen beschränkt sich dabei auf die Angaben zur Gesamtkennziffer und zu den wesentlichen Zwischenaggregaten. Ausführlichere Meldungen zu den Risikoaktiva und den einzelnen Marktrisikopositionen sowie – im Falle des § 28 Abs. 3 Satz 1 Grundsatz I – den Optionsgeschäften im Rahmen der „Szenario-Matrix-Methode" nach § 31 Grundsatz I werden dagegen nur zum Ultimo eines jeden Kalenderquartals verlangt. Die mit dem Verzicht auf die monatlichen Meldungen zu allen Teilpositionen des Grundsatzes I verbundene Entlastung des externen Meldewesens der Institute steht jedoch unter dem Vorbehalt, dass die Institute die Angaben zu den einzelnen Meldeposten fortlaufend vorhalten und in der Lage sind, auf Anforderung der BaFin die ausführlichen Meldungen zum Grundsatz I, der täglich einzuhalten ist, zeitnah – d. h. spätestens nach zehn Arbeitstagen – vorzulegen. Grundlage für die Anforderung, dass die Institute die den Grundsatz I betreffenden Informationen vorzuhalten und auf Abruf zu melden haben, ist § 25a Abs. 1 Satz 1 Nr. 2 KWG, wonach jedes Institut u. a. über eine ordnungsgemäße Geschäftsorganisation sowie über ein angemessenes internes Kontrollverfahren verfügen muss. „Institute, deren interne Organisation und Kontrollverfahren nicht eine ordnungsgemäße Erstellung von Grundsatz-Meldungen und die Aufdeckung eventueller Defizite gewährleisten, verfügen weder über eine ordnungsgemäße Geschäftsorganisation noch über angemessene interne Kontrollverfahren im Sinne des § 25a Abs. 1 Nr. 2 KWG."[1]

**Die nachrichtlich anzugebende Kennzahl**
§ 2 Abs. 3 Satz 3 Grundsatz I bestimmt, dass die Institute zusätzlich zu dem Solvabilitätskoeffizienten, der Eigenmitteldeckungsziffer sowie der Gesamtkennziffer eine nachrichtlich anzugebende Kennzahl ermitteln müssen, die zusammen mit der Gesamtkennziffer an die Bankenaufsichtsbehörde weiterzuleiten ist. Diese Kennzahl soll dem Umstand Rechnung tragen, dass in die Berechnung der Gesamtkennziffer lediglich die zur Unterlegung der Marktpreisrisiken tatsächlich genutzten Drittrangmittel einbezogen werden, einem Institut darüber hinaus aber u. U. noch weitere anrechenbare, jedoch nicht genutzte Drittrangmittel zur Verfügung stehen, mit denen zukünftig aufzubauende Marktpreisrisiken unterlegt werden können. Daher wird die nachrichtlich anzugebende Kennzahl definiert als die in Prozent ausgedrückte Relation zwischen den ungenutzten, aber den Eigenmitteln zurechenbaren Drittrangmitteln und dem Nenner der Gesamtkennziffer, also der Summe aus dem Anrechnungsbetrag für die Adressenrisiken des Anlagebuchs (bei Nichthandelsbuchinstituten auch des Handelsbuchs) und den mit dem Faktor 12,5 multiplizierten Anrechnungs-

---

[1] BUNDESMINISTERIUM DER FINANZEN (Entwurf 4. Finanzmarktforderungsgesetz, 2001), S. 335.

betragen für die Marktrisikopositionen (§ 2 Abs. 3 Satz 3 Grundsatz I). Die nachrichtlich anzugebende Kennzahl stellt sich somit folgendermaßen dar:

$$\text{nachrichtlich anzugebende Kennzahl} = \frac{\text{ungenutzte, aber den Eigenmitteln zurechenbare Drittrangmittel}}{\left(\begin{array}{c}\text{Summe der risikogewichteten Aktiva}\\+12,5 \cdot \text{Summe der Anrechnungsbeträge}\\ \text{für Marktrisikopositionen}^*\end{array}\right)}$$

*bei Ausübung des Institutswahlrechts nach § 28 Abs. 3 Satz 1 Grundsatz I zuzüglich der Summe der nach der „Szenario-Matrix-Methode" gesondert ermittelten Anrechnungsbeträge für die Optionsgeschäfte (betrifft nur Handelsbuchinstitute)

**Aufgabe 2.55: Grundsatz I – Berechnung der Kennziffern**

Die Rhein-Bank eG – ein Nichthandelsbuchinstitut – hat zum 31.08.01 die folgenden Daten ermittelt:

| | |
|---|---:|
| Zur Verfügung stehendes Kernkapital | 5 Mio. EUR |
| Zur Verfügung stehendes Ergänzungskapital 1. Klasse | 5,25 Mio. EUR |
| davon: nicht realisierte Reserven gemäß § 10 Abs. 2b Satz 1 Nr. 6 und Nr. 7 KWG | 1,75 Mio. EUR |
| Zur Verfügung stehendes Ergänzungskapital 2. Klasse | 2,8 Mio. EUR |
| Zur Verfügung stehende Drittrangmittel | 3,1 Mio. EUR |
| Gewichtete Risikoaktiva | 100 Mio. EUR |
| Summe der Anrechnungsbeträge für die Marktrisikopositionen | 1,96 Mio. EUR |

Berechnen Sie für die Rhein-Bank eG gemäß § 2 Grundsatz I

a) den Solvabilitätskoeffizienten,
b) die Eigenmitteldeckungsziffer,
c) die Gesamtkennziffer sowie
d) die nachrichtlich anzugebende Kennzahl.

Gehen Sie dabei davon aus, dass die Eigenmittel der Rhein-Bank eG nicht bereits anderweitig belegt sind.

## Lösung
**Teilaufgabe a**

Nicht realisierte Reserven gemäß § 10 Abs. 2b Satz 1 Nr. 6 und Nr. 7 KWG finden nur dann als **Ergänzungskapital 1. Klasse** Anerkennung, wenn das Kernkapital mindestens 4,4 % der risikogewichteten Aktiva ausmacht.[1]

$$\frac{5 \text{ Mio. EUR}}{100 \text{ Mio. EUR}} = 0,05 = 5 \% \geq 4,4 \%$$

Die Voraussetzung zur Anerkennung der nicht realisierten Reserven gemäß § 10 Abs. 2b Satz 1 Nr. 6 und Nr. 7 KWG als Ergänzungskapital 1. Klasse ist somit erfüllt.

Eine Anerkennung der nicht realisierten Reserven gemäß § 10 Abs. 2b Satz 1 Nr. 6 und Nr. 7 KWG als Ergänzungskapital 1. Klasse ist allerdings nur bis maximal 1,4 % der risikogewichteten Aktiva möglich.[2]

100 Mio. EUR · 1,4 % = 1,4 Mio. EUR

Somit können die nicht realisierten Reserven gemäß § 10 Abs. 2b Satz 1 Nr. 6 und Nr. 7 KWG nur in Höhe von 1,4 Mio. EUR dem Ergänzungskapital 1. Klasse zugerechnet werden. Der diesen Wert überschreitende Betrag in Höhe von 1,75 Mio. EUR – 1,4 Mio. EUR = 0,35 Mio. EUR findet im Rahmen des Grundsatzes I keine Verwendung. Das Ergänzungskapital 1. Klasse beträgt somit 4,9 Mio. EUR (= 5,25 Mio. EUR – 0,35 Mio. EUR).

Das **Ergänzungskapital 2. Klasse** kann nur bis maximal 50 % des Kernkapitals anerkannt werden.[3] Die Obergrenze für das Ergänzungskapital 2. Klasse beträgt also:

5 Mio. EUR · 50 % = 2,5 Mio. EUR

Der Kappungsbetrag des Ergänzungskapitals 2. Klasse beträgt daher:

2,8 Mio. EUR – 2,5 Mio. EUR = 0,3 Mio. EUR

---

[1] Vgl. § 10 Abs. 4a Satz 1 Halbsatz 1 KWG.
[2] Vgl. § 10 Abs. 4a Satz 1 Halbsatz 2 KWG.
[3] Vgl. § 10 Abs. 2b Satz 3 KWG.

Das **Ergänzungskapital** kann **insgesamt** nur bis zur Höhe des Kernkapitals (5 Mio. EUR) anerkannt werden.[1] Das Ergänzungskapital beträgt insgesamt 4,9 Mio. EUR + 2,5 Mio. EUR = 7,4 Mio. EUR. Der Kappungsbetrag des Ergänzungskapitals insgesamt beträgt daher:

7,4 Mio. EUR − 5 Mio. EUR = 2,4 Mio. EUR

Die Summe der beiden Kappungsbeträge des Ergänzungskapitals beträgt:

0,3 Mio. EUR + 2,4 Mio. EUR = 2,7 Mio. EUR

Der Rhein-Bank eG stehen also 2,7 Mio. EUR Ergänzungskapital zur Verfügung, die zur Substitution der Drittrangmittel geeignet sind.[2]

Das **haftende Eigenkapital** der Rhein-Bank eG beträgt:

5 Mio. EUR + 5 Mio. EUR = 10 Mio. EUR

Die Höhe des **Solvabilitätskoeffizienten** der Rhein-Bank eG beträgt somit:

$$\frac{10\,\text{Mio. EUR}}{100\,\text{Mio. EUR}} = 0,1 = 10\,\% \geq 8\,\%$$

Die Anforderung des § 2 Abs. 1 Grundsatz I wird also erfüllt.

**Teilaufgabe b**
Zur Berechnung der Eigenmitteldeckungsziffer sind zuerst das freie Kernkapital und das freie Ergänzungskapital zu ermitteln. Zur Deckung der Adressenrisiken aus Positionen des Anlage- und Handelsbuchs muss die Rhein-Bank eG 8 % der gewichteten Risikoaktiva mit haftendem Eigenkapital unterlegen. Sie benötigt also mindestens 100 Mio. EUR · 0,08 = 8 Mio. EUR haftendes Eigenkapital. Bei einer gleichmäßigen Verteilung dieses Betrags auf Kernkapital und Ergänzungskapital entfallen zur Unterlegung dieser Risiken 8 Mio. EUR · 50 % = 4 Mio. EUR auf das Kernkapital und 4 Mio. EUR auf das Ergänzungskapital. Das **freie Kernkapital** beträgt also:

5 Mio. EUR − 4 Mio. EUR = 1 Mio. EUR

---

[1] Vgl. § 10 Abs. 2b Satz 2 KWG.
[2] Vgl. § 10 Abs. 2c Satz 3 KWG.

Das **freie Ergänzungskapital** beträgt ebenfalls:
5 Mio. EUR – 4 Mio. EUR = 1 Mio. EUR

Die Drittrangmittel können nur bis zu einem Betrag als Drittrangmittel anerkannt werden, der zusammen mit dem freien Ergänzungskapital (fEK) 250 % des freien Kernkapitals (fKK) nicht überschreitet.[1] Die **Obergrenze für die anrechenbaren Drittrangmittel** beträgt also:

$$\text{anrechenbare Drittrangmittel} + \text{fEK} \leq 250\,\% \text{ fKK}$$

$\Rightarrow$ anrechenbare Drittrangmittel + 1 Mio. EUR $\leq$ 2,5 · 1 Mio. EUR
$\Leftrightarrow$ anrechenbare Drittrangmittel $\leq$ 2,5 Mio. EUR – 1 Mio. EUR
$\Leftrightarrow$ anrechenbare Drittrangmittel $\leq$ 1,5 Mio. EUR

Somit können 3,1 Mio. EUR – 1,5 Mio. EUR = 1,6 Mio. EUR der zur Verfügung stehenden Drittrangmittel nicht verwendet werden. Da die 250 %-Grenze bereits vollständig ausgelastet ist, können auch die 2,7 Mio. EUR Ergänzungskapital, die sich aus der Kappung des Ergänzungskapitals ergeben haben und die zur Substitution der Drittrangmittel geeignet sind, hierfür nicht verwendet werden.

Nun kann überprüft werden, ob die **Eigenmitteldeckungsziffer** eingehalten wird. Hierzu muss folgende Bedingung erfüllt sein:

fKK + fEK + anrechenbare Drittrangmittel $\geq$ Summe der Anrechnungsbeträge für die Marktrisikopositionen

Da gilt:

1 Mio. EUR + 1 Mio. EUR + 1,5 Mio. EUR = 3,5 Mio. EUR $\geq$ 1,96 Mio. EUR

wird die Anforderung des § 2 Abs. 2 Satz 1 Grundsatz I eingehalten.

**Teilaufgabe c**
Zur Berechnung der **Gesamtkennziffer** sind die anrechenbaren Eigenmittel zu bestimmen. Diese setzen sich aus dem im Grundsatz I zur Verfügung stehenden haftenden Eigenkapital und den zur Unterlegung der Marktpreisrisiken **genutzten** Drittrangmitteln zusammen. Während Ersteres bekannt ist (10 Mio. EUR),[2] müssen die zur Unterlegung der Marktpreisrisiken genutzten Drittrangmittel noch berechnet werden.

---
[1] Vgl. § 10 Abs. 2c Satz 2 KWG.
[2] Laut Aufgabenstellung sind die Eigenmittel der Rhein-Bank eG nicht bereits anderweitig belegt.

In diesem Zusammenhang ist zu beachten, dass die Nutzung der Drittrangmittel auf maximal 5/7 der Anrechnungsbeträge für Marktrisikopositionen (und ggf. Optionsgeschäfte) begrenzt ist.[1] Die Bankenaufsichtsbehörde verweist dabei auf die Bestimmungen der Baseler Marktrisikoregelungen[2] (Einleitung, Unterabschnitt II, Textziffer 1), nach denen mindestens 2/7 der Marktpreisrisiken mit freiem Kernkapital unterlegt werden müssen, da die Drittrangmittel auf 250 % des zur Unterlegung der Marktpreisrisiken benötigten Kernkapitals beschränkt sind. Es ist davon auszugehen, dass die genannte Beschränkung der Drittrangmittel nur im Zusammenhang mit der Berechnung der Gesamtkennziffer anzuwenden ist, nicht aber bei der Ermittlung der Eigenmitteldeckungsziffer. Diese Auffassung wird dadurch erhärtet, dass die genannte Beschränkung der Nutzung der Drittrangmittel nicht im § 10 KWG verankert ist, sondern die Drittrangmittel gemäß § 10 KWG in vollem Umfang zur Unterlegung der Marktpreisrisiken verwendet werden dürfen. „Der Rückgriff auf die Baseler Marktrisikoregelungen erfolgt an dieser Stelle [nämlich nur (Anm. d. Verf.)] deshalb, um die internationale Vergleichbarkeit und Aussagefähigkeit der Gesamtkennziffer sicher zu stellen"[3].

Die Beschränkung der Nutzung der Drittrangmittel auf 5/7 der Summe der Anrechnungsbeträge für die Marktrisikopositionen führt dazu, dass sich die genutzten Drittrangmittel auf maximal 5/7 · 1,96 Mio. EUR = 1,4 Mio. EUR belaufen.

Im Rahmen der Gesamtkennziffer können also 1,5 Mio. EUR – 1,4 Mio. EUR = 0,1 Mio. EUR Drittrangmittel, obwohl in der Eigenmittelberechnung anerkannt, nicht genutzt werden.

Da nun alle relevanten Größen bekannt sind, kann die Gesamtkennziffer wie folgt berechnet werden:[4]

**Gesamtkennziffer =**

$$\frac{10\,\text{Mio. EUR} + 1,4\,\text{Mio. EUR}}{100\,\text{Mio. EUR} + 12,5 \cdot 1,96\,\text{Mio. EUR}} = \frac{11,4\,\text{Mio. EUR}}{124,5\,\text{Mio. EUR}} = 9,16\,\%$$

---

[1]  Vgl. BUNDESAUFSICHTSAMT FÜR DAS KREDITWESEN (Erläuterungen, 1997), S. 82.
[2]  BASELER AUSSCHUSS FÜR BANKENAUFSICHT (Änderung, 1997).
[3]  BUNDESAUFSICHTSAMT FÜR DAS KREDITWESEN (Erläuterungen, 1997), S. 82.
[4]  Vgl. § 2 Abs. 3 Satz 1 und 2 Grundsatz I.

## 2.9 Ausgewählte bankenaufsichtsrechtliche Kennzahlen

**Teilaufgabe d**
Schließlich ist noch die nachrichtlich anzugebende Kennzahl zu ermitteln. Da der Nenner dieser Kennzahl dem Nenner der Gesamtkennziffer entspricht, sind lediglich die **ungenutzten**, aber den Eigenmitteln zurechenbaren Drittrangmittel zu bestimmen. Diese betragen 1,5 Mio. EUR – 1,4 Mio. EUR = 0,1 Mio. EUR. Somit gilt:[1]

$$\textbf{nachrichtlich anzugebende Kennzahl} = \frac{0{,}1 \text{ Mio. EUR}}{124{,}5 \text{ Mio. EUR}} = 0{,}08\,\%$$

### Aufgabe 2.56: Auslastung des Grundsatzes I

Die Schwaben-Bank eG verfügt über Kernkapitalbestandteile in Höhe von 2.500 Mio. EUR, Ergänzungskapitalbestandteile in Höhe von 3.000 Mio. EUR (**davon** sind 600 Mio. EUR längerfristige nachrangige Verbindlichkeiten mit einer Restlaufzeit von 3 Jahren, 900 Mio. EUR nicht realisierte Reserven und 700 Mio. EUR Haftsummenzuschlag) und kurzfristige nachrangige Verbindlichkeiten in Höhe von 600 Mio. EUR. Die längerfristigen nachrangigen Verbindlichkeiten erfüllen zwar die Voraussetzungen nach § 10 Abs. 5a KWG, nicht jedoch nach § 10 Abs. 7 KWG.

Die gewichteten Risikoaktiva der Schwaben-Bank eG betragen 40.000 Mio. EUR, die Anrechnungsbeträge für die Marktrisikopositionen betragen 5.000 Mio. EUR.

Ermitteln Sie, ob die Schwaben-Bank eG die Bestimmungen des Grundsatzes I in Bezug auf die Adressenrisiken und die Marktpreisrisiken einhält.

**Lösung**
Anerkennung der längerfristigen nachrangigen Verbindlichkeiten zusammen mit dem Haftsummenzuschlag (Ergänzungskapital 2. Klasse) bis max. 50 % des Kernkapitals:
2.500 Mio. EUR · 0,5 = **1.250 Mio. EUR** ≤ 600 Mio. EUR + 700 Mio. EUR
⇒ Kappungsbetrag: 50 Mio. EUR[2]

---

[1] Vgl. § 2 Abs. 3 Satz 3 Grundsatz I.
[2] Es wird hier angenommen, dass der Kappungsbetrag aus den längerfristigen nachrangigen Verbindlichkeiten resultiert. Da diese laut Aufgabenstellung nicht die Voraussetzungen des § 10 Abs. 7 KWG erfüllen, steht der Kappungsbetrag nicht zur Substitution von Drittrangmitteln zur Verfügung.

Anerkennung der nicht realisierten Reserven nur, wenn Kernkapital ≥ 4,4 % der Risikoaktiva:
2.500 Mio. EUR ÷ 40.000 Mio. EUR = 6,25 %
⇒ Bedingung erfüllt.

Obergrenze der nicht realisierten Reserven: max. 1,4 % der Risikoaktiva:
40.000 Mio. EUR · 1,4 % = **560 Mio. EUR** (⇒ Nichtanerkennung: 340 Mio. EUR)

| | | |
|---|---|---|
| **Ergänzungskapital** = | 1.250 Mio. EUR | (längerfristige nachrangige Verbindlichkeiten + Haftsummenzuschlag) |
| | + 560 Mio. EUR | (nicht realisierte Reserven) |
| | + 800 Mio. EUR | (Rest des Ergänzungskapitals) |
| | **2.610 Mio. EUR** | |

Obergrenze für das Ergänzungskapital 1. und 2. Klasse: 100 % des Kernkapitals.
⇒ Kappungsbetrag des Ergänzungskapitals 1. und 2. Klasse:
2.610 Mio. EUR – 2.500 Mio. EUR = 110 Mio. EUR

|   |   |
|---|---|
| Kernkapital = | 2.500 Mio. EUR |
| + Ergänzungskapital insgesamt = | + 2.500 Mio. EUR |
| = **haftendes Eigenkapital** = | = **5.000 Mio. EUR** |

5.000 Mio. EUR ÷ 40.000 Mio. EUR = 12,5 % > 8 %

⇒ **Grundsatz I wird in Bezug auf die Adressenrisiken eingehalten.**

**Berechnung des freien Kernkapitals und des freien Ergänzungskapitals:**
40.000 Mio. EUR · 0,08 = 3.200 Mio. EUR benötigtes haftendes Eigenkapital
3.200 Mio. EUR · 0,5 = 1.600 Mio. EUR Ergänzungskapital wird benötigt
3.200 Mio. EUR · 0,5 = 1.600 Mio. EUR Kernkapital wird benötigt
**freies Ergänzungskapital** = 2.500 Mio. EUR – 1.600 Mio. EUR = **900 Mio. EUR**
**freies Kernkapital** = 2.500 Mio. EUR – 1.600 Mio. EUR = **900 Mio. EUR**

**Obergrenze für die Drittrangmittel:**
Drittrangmittel + freies Ergänzungskapital ≤ 2,5 · freies Kernkapital
Drittrangmittel + 900 Mio. EUR ≤ 2,5 · 900 Mio. EUR
⇔ Drittrangmittel ≤ **1.350 Mio. EUR**

## 2.9 Ausgewählte bankenaufsichtsrechtliche Kennzahlen 299

**Zur Substitution fehlender Drittrangmittel geeignetes Ergänzungskapital:**
110 Mio. EUR (wegen Kappung des Ergänzungskapitals insgesamt)

**gesamte Drittrangmittel:**
110 Mio. EUR + 600 Mio. EUR =                                         **710 Mio. EUR**
(Obergrenze von 1.350 Mio. EUR wird nicht überschritten)

**Zur Unterlegung der Marktrisikopositionen verwendbare Eigenmittel (EM):**
EM = fKK         + fEK         + Drittrangmittel
EM = 900 Mio. EUR + 900 Mio. EUR + 710 Mio. EUR = **2.510 Mio. EUR**

2.510 Mio. EUR < 5.000 Mio. EUR
$\Rightarrow$ **Grundsatz I wird in Bezug auf die Marktpreisrisiken nicht eingehalten.**

**Aufgabe 2.57: Berechnung des Solvabilitätskoeffizienten**
Die Rodener-Bank eG verfügt über ein haftendes Eigenkapital in Höhe von 42 Mio. EUR (je zur Hälfte Kernkapital und Ergänzungskapital). Die Bilanzaktiva der Rodener-Bank eG stellen sich wie folgt dar:

| | |
|---|---:|
| Forderungen an Kreditinstitute (Zone A) | 180 Mio. EUR |
| Forderungen an Kunden (keine besonderen Adressenmerkmale) | 350 Mio. EUR |
| Wertpapiere im Bestand (Schuldverschreibungen inländischer Industrieunternehmen) | 70 Mio. EUR |
| Sachanlagen | 18 Mio. EUR |

Die Rodener-Bank eG hat außerdem eine Garantieerklärung in Höhe von 0,5 Mio. EUR gegenüber einem anderen Kreditinstitut abgegeben, die zur Sicherung der Verbindlichkeiten eines inländischen mittelständischen Handelsunternehmens dient. Ferner hat die Rodener-Bank eG einen Devisenterminkauf (Restlaufzeit: 1 Jahr) mit der Oberland AG (inländisches Industrieunternehmen) abgeschlossen (Kauf von 500.000 GBP zu einem Terminkurs von 0,63 GBP/EUR, aktueller Kassakurs 0,65 GBP/EUR, aktueller Terminkurs 0,70 GBP/EUR).

Überprüfen Sie anhand der vorgegebenen Datensituation, ob der Solvabilitätskoeffizient von der Rodener-Bank eG eingehalten wird (Anwendung der Marktbewertungsmethode im Bereich der „innovativen" außerbilanziellen Geschäfte). Wie hoch ist der Solvabilitätskoeffizient?

## Lösung
### Ermittlung der gewichteten Risikoaktiva
### Bilanzaktiva

| | | | |
|---|---|---|---|
| Forderungen an KI („Zone A") | 180 Mio. EUR · 20 % | = | 36 Mio. EUR |
| Forderungen. an Kunden (keine besonderen Adressenmerkmale) | 350 Mio. EUR · 100 % | = | 350 Mio. EUR |
| Wertpapiere im Bestand (Schuldverschreibungen inländischer Industrieunternehmen) | 70 Mio. EUR · 100 % | = | 70 Mio. EUR |
| Sachanlagen | 18 Mio. EUR · 100 % | = | 18 Mio. EUR |
| | | | **474 Mio. EUR** |

### „traditionelle" außerbilanzielle Geschäfte

| | | | |
|---|---|---|---|
| Garantie gegenüber einer anderen Bank zur Sicherung der Verbindlichkeit eines inländischen Handelsunternehmens | 0,5 Mio. EUR · 100 % · 100 % | = | **0,5 Mio. EUR** |

### „innovative" außerbilanzielle Geschäfte
Devisenterminkauf (500.000 GBP)

| | | | |
|---|---|---|---|
| aktuelle potenzielle Ersatzbeschaffungskosten | = 500.000 GBP | ÷ 0,70 GBP/EUR = | 714.285,71 EUR |
| Kontraktwert zu Vertragskonditionen | = 500.000 GBP | ÷ 0,63 GBP/EUR = | 793.650,79 EUR |
| ⇒ Eindeckungs**gewinn** (bleibt unberücksichtigt) | = -79.365,08 EUR (= Kontrakt mit einem negativen Marktwert) | | |

## 2.9 Ausgewählte bankenaufsichtsrechtliche Kennzahlen

| | | |
|---|---|---|
| aktuelle Bemessungs-grundlage | = 500.000 GBP ÷ 0,65 GBP/EUR | = 769.230,77 EUR |
| Zuschlagsfaktor = 1 % | | |
| ⇒ Wert des Risikozu-schlags (Add-on) | = 769.230,77 EUR · 1 % | = 7.692,31 EUR |
| Kreditäquivalenzbetrag | = 0 + 7.692,31 EUR (Kontrakte mit negativem Markt-wert bleiben unberücksichtigt) | = 7.692,31 EUR |

Kreditäquivalenzbetrag · Bonitätsgewicht des inländischen Industrieunternehmens (gekürzt von 100 % auf 50 %)

= 7.692,31 EUR · 0,5 = **3.846,16 EUR** (Anrechnungsbetrag im Grundsatz I)

**Ermittlung des Solvabilitätskoeffizienten:**

```
+         474.000.000,00 EUR
+             500.000,00 EUR
+               3.846,16 EUR
=         474.503.846,16 EUR
```

Solvabilitätskoeffizient $= \dfrac{42.000.000 \, EUR}{474.503.846,16 \, EUR} = 0,088514 =$ **8,85 %**

Fazit: Der Solvabilitätskoeffizient wird eingehalten.

# 3 Neuere Entwicklungen im internationalen Bankenaufsichtsrecht (Basel II)

## 3.1 Der Baseler Ausschuss für Bankenaufsicht

**Aufgabe 3.1: Gründung und Mitglieder des Baseler Ausschusses für Bankenaufsicht**

Wann wurde der Baseler Ausschuss für Bankenaufsicht gegründet und welche Mitglieder gehören ihm an?

**Lösung**

Der Baseler Ausschuss für Bankenaufsicht wurde Ende des Jahres 1974 unter dem Namen „Ausschuss für Bankbestimmungen und -überwachung" (Committee on Banking Regulations and Supervisory Practices) gegründet. Gelegentlich wurde er auch nach den Namen seiner damals Vorsitzenden als „Blunden-Komitee" oder als „Cooke-Komitee" bezeichnet.[1] Erst im Jahre 1989 erhielt er den Namen „Baseler Ausschuss für Bankenaufsicht" (Basel Committee on Banking Supervision), den er bis heute noch trägt.[2] Die Gründung erfolgte auf Initiative der Zentralbankgouverneure der Zehnergruppe (G10), der Schweiz sowie Luxemburgs. Als Zehnergruppe wird ein informeller Zusammenschluss bezeichnet, der 1962 von den folgenden Industrienationen gegründet wurde: Belgien, Bundesrepublik Deutschland, Frankreich, Italien, Japan, Kanada, Niederlande, Schweden, USA, Vereinigtes Königreich; im Jahre 1984 wurde die Schweiz vollgültiges elftes Mitglied der Zehnergruppe.[3] Neben diesen zwölf Gründungsmitgliedern ist auch Spanien seit dem 01.02.2001 im Baseler Ausschuss für Bankenaufsicht vertreten.[4] An den Sitzungen des Baseler Ausschusses für Bankenaufsicht nehmen außerdem die Europäische Zentralbank und die Europäische Kommission als Beobachter teil.

**Aufgabe 3.2: Organisation des Baseler Ausschusses für Bankenaufsicht**

Wie ist der Baseler Ausschuss für Bankenaufsicht organisiert? Nennen Sie bei Ihren Ausführungen auch die im Baseler Ausschuss für Bankenaufsicht vertretenen Institutionen sowie seine bisherigen Vorsitzenden.

---

[1] Vgl. WASCHBUSCH, GERD (Bankenaufsicht, 2000), S. 81.
[2] Vgl. DEUTSCHE BUNDESBANK (Organisationen, 1992), S. 168.
[3] Vgl. DEUTSCHE BUNDESBANK (Organisationen, 2003), S. 216–217.
[4] Vgl. BASELER AUSSCHUSS FÜR BANKENAUFSICHT (History, 2004), S. 1.

**Lösung**

Der Baseler Ausschuss für Bankenaufsicht hat seinen Sitz in Basel (Schweiz) bei der Bank für Internationalen Zahlungsausgleich, die auch das Sekretariat des Ausschusses stellt. Der Ausschuss setzt sich aus Vertretern der Zentralbanken und der Bankenaufsichtsbehörden der Mitgliedsländer zusammen. Deutschland wird im Baseler Ausschuss für Bankenaufsicht durch hochrangige Mitarbeiter der Deutschen Bundesbank sowie der Bundesanstalt für Finanzdienstleistungsaufsicht (BaFin) repräsentiert. Eine Übersicht über die Institutionen, die die 13 Mitgliedstaaten im Baseler Ausschuss für Bankenaufsicht vertreten, enthält Abbildung 45.

Der Baseler Ausschuss für Bankenaufsicht tagt seit seiner ersten Sitzung im Februar 1975 regelmäßig drei- bis viermal pro Jahr. Den Vorsitz führt seit dem 01.05.2003 der Gouverneur der spanischen Zentralbank, Jaime Caruana. Er wird von Nicholas LePan, dem Leiter der Bankenaufsichtsbehörde Kanadas vertreten. Während in den ersten 20 Jahren (1974–1993) die Vorsitzenden des Baseler Ausschusses für Bankenaufsicht vor allem aus den englischsprachigen Ländern kamen, ging seit 1993 der Vorsitz des Öfteren an Vertreter kontinentaleuropäischer Institutionen (siehe hierzu auch Abbildung 46). Es fällt außerdem auf, dass die Vorsitzenden stets von Vertretern der Zentralbanken der Mitgliedsländer gestellt worden sind, nicht aber aus den Bankenaufsichtsbehörden stammten. Dies mag damit zusammenhängen, dass in einigen Staaten (Italien, Luxemburg, Niederlande, Spanien) keine eigene Bankenaufsichtsbehörde existiert, sondern die Funktion der Überwachung von Kreditinstituten von der jeweiligen Zentralbank wahrgenommen wird. In Ländern mit eigener Bankenaufsichtsbehörde (z. B. Bundesrepublik Deutschland) können die Zentralbanken zudem auf einen weitaus größeren Mitarbeiterstab zurückgreifen, als dies den Bankenaufsichtsbehörden selbst möglich ist.

Dem Baseler Ausschuss für Bankenaufsicht steht ein Sekretariat zur Verfügung, das aus einem Generalsekretär sowie 14 Mitarbeitern besteht. Bei diesen Personen handelt es sich um professionelle Bankenaufseher, die aus den im Baseler Ausschuss für Bankenaufsicht vertretenen Institutionen stammen und für eine befristete Zeit in das Sekretariat abgeordnet worden sind.[1] Daneben existiert noch eine Vielzahl von Untergruppen, die sich mit speziellen Fragestellungen wie beispielsweise der konkreten Umsetzung von Basel II beschäftigen.

---

[1] Vgl. BASELER AUSSCHUSS FÜR BANKENAUFSICHT (History, 2004), S. 6–7.

## 3.1 Der Baseler Ausschuss für Bankenaufsicht

| Mitgliedstaat | Zentralbank | Bankenaufsichtsbehörde |
|---|---|---|
| Belgien | National Bank of Belgium | Banking and Finance and Insurance Commission |
| Bundesrepublik Deutschland | Deutsche Bundesbank | Bundesanstalt für Finanzdienstleistungsaufsicht (Federal Financial Services Agency) |
| Frankreich | Bank of France | General Secretariat of the Banking Commission |
| Großbritannien | Bank of England | Financial Services Authority |
| Italien | Bank of Italy | – |
| Japan | Bank of Japan | Financial Supervisory Agency |
| Kanada | Bank of Canada | Office of the Superintendent of Financial Institutions |
| Luxemburg | Surveillance Commission for the Financial Sector | – |
| Niederlande | Netherlands Bank | – |
| Schweden | Sveriges Riksbank | Swedish Financial Supervisory Authority |
| Schweiz | Swiss National Bank | Swiss Federal Banking Commission |
| Spanien | Bank of Spain | – |
| USA | – Board of Governors of the Federal Reserve System<br>– Federal Reserve Bank of New York | – Office of the Comptroller of the Currency<br>– Federal Deposit Insurance Corporation |

**Abbildung 45: Überblick über die im Baseler Ausschuss für Bankenaufsicht vertretenen Institutionen[1]**

---

[1] Vgl. BASELER AUSSCHUSS FÜR BANKENAUFSICHT (Fact sheet, 2004).

| Zeitraum | Name | Institution | Position |
|---|---|---|---|
| 1974–1977 | Sir George Blunden | Bank of England | Executive Director |
| 1977–1988 | W. Peter Cooke | Bank of England | Associate Director |
| 1988–1991 | Huib J. Muller | De Nederlandsche Bank | Executive Director |
| 1991–1993 | E. Gerald Corrigan | Federal Reserve Bank of New York | President |
| 1993–1997 | Tommaso Padoa-Schioppa | Bank of Italy | Deputy Director General |
| 1997–1998 | Tom de Swaan | De Nederlandsche Bank | Executive Director |
| 1998–2003 | William J. McDonough | Federal Reserve Bank of New York | Chief Executive Officer |
| seit 2003 | Jaime Caruana | Bank of Spain | Governor |

**Abbildung 46: Die Vorsitzenden des Baseler Ausschusses für Bankenaufsicht**[1]

---
[1] Vgl. BASELER AUSSCHUSS FÜR BANKENAUFSICHT (History, 2004), S. 1.

**Aufgabe 3.3: Zielsetzung des Baseler Ausschusses für Bankenaufsicht**
Welches Ziel verfolgt der Baseler Ausschuss für Bankenaufsicht und wie wird dieses Ziel zu erreichen versucht?

**Lösung**
Die Ziele, die der Baseler Ausschuss für Bankenaufsicht verfolgt, hängen eng mit den Umständen zusammen, die zu seiner Gründung geführt hatten. So wurde im Sommer des Jahres 1974 durch den Zusammenbruch des Kölner Bankhauses I. D. Herstatt KGaA eine internationale Bankenkrise ausgelöst. Da die Bankenaufsichtsbehörden bis dahin ihre Tätigkeit lediglich an nationalen Aspekten ausgerichtet hatten und weder eine internationale Kommunikation noch eine länderübergreifende Kooperation der nationalen Bankenaufsichtsbehörden untereinander bestand, entschlossen sich die Zentralbankgouverneure der Zehnergruppe, mit dem Baseler Ausschuss für Bankenaufsicht ein Gremium ins Leben zu rufen, das **die Sicherheit und die Stabilität des internationalen Banken- und Finanzsystems fördern** soll. Zur Verwirklichung dieser Zielsetzung orientiert sich der Baseler Ausschuss für Bankenaufsicht an den beiden folgenden Unterzielen:[1]
1. Verbesserung der Qualität und des Verständnisses der Bankenaufsicht weltweit.
2. Schließen von Lücken im internationalen Bankenaufsichtssystem.

Das erste Unterziel, die Verbesserung der Qualität und des Verständnisses der Bankenaufsicht weltweit, soll durch die folgenden Maßnahmen erreicht werden:
– Austausch von Informationen über die nationalen bankenaufsichtsrechtlichen Bestimmungen;
– Verbesserung der Techniken zur Überwachung des internationalen Bankgeschäfts;
– Setzen von aufsichtsrechtlichen Mindeststandards in Gebieten, in denen es für notwendig erachtet wird.

Bei der Verwirklichung des zweiten Unterziels, dem Schließen von Lücken im internationalen Bankenaufsichtssystem, befolgt der Baseler Ausschuss für Bankenaufsicht die beiden folgenden Grundprinzipien:[2]
– Keine ausländische Niederlassung eines Kreditinstituts soll der Überwachung durch die Bankenaufsicht entkommen können.
– Die bankenaufsichtsrechtliche Überwachung soll adäquat sein.

---

[1] Vgl. hierzu BASELER AUSSCHUSS FÜR BANKENAUFSICHT (History, 2004), S. 1.
[2] Vgl. BASELER AUSSCHUSS FÜR BANKENAUFSICHT (History, 2004), S. 2.

Da es bislang noch keine supranationale Bankenaufsichtsinstanz gibt, die Bankgeschäfte einer stetigen Weiterentwicklung unterliegen und die Globalisierung des Bankwesens stetig fortschreitet, ist eine intensive Kooperation der nationalen Bankenaufsichtsbehörden unerlässlich. Dem Baseler Ausschuss für Bankenaufsicht kommt somit mehr denn je eine herausragende Rolle bei der Internationalisierung der Bankenaufsicht zu.

**Aufgabe 3.4: Tätigkeit des Baseler Ausschusses für Bankenaufsicht**
Geben Sie einen Überblick über die wesentlichen Tätigkeitsgebiete des Baseler Ausschusses für Bankenaufsicht.

**Lösung**
Der Baseler Ausschuss für Bankenaufsicht beschäftigte sich in der Vergangenheit mit einer Reihe bankenaufsichtsrechtlicher Fragestellungen. Dazu gehört beispielsweise die Beeinträchtigung des Bankenaufsichtsprozesses, die sich in den verschiedenen Ländern auf Grund des Bankgeheimnisses ergibt, ebenso wie die Errichtung und Beaufsichtigung ausländischer Niederlassungen international tätiger Banken. Aber auch das Management von Adressenrisiken, Länderrisiken und Marktpreisrisiken wurde einer eingehenden Untersuchung unterzogen. In der Hauptsache jedoch befasste sich der Baseler Ausschuss für Bankenaufsicht mit der Angemessenheit der Eigenmittelausstattung von Kreditinstituten.[1] Dies ist auch der Schwerpunkt der von ihm erarbeiteten Regelungen zur Verbesserung der Beaufsichtigung des Bankensektors, die besser unter der Bezeichnung „Basel II" bekannt sind.[2]

Da es sich bei den untersuchten Fragestellungen um zum Teil äußerst komplexe Problemfelder handelt, wird die konkrete Ausarbeitung von einer Vielzahl von Arbeitsgruppen, die sich aus internationalen Experten auf dem jeweiligen Gebiet zusammensetzen, durchgeführt. Die Ergebnisse der einzelnen Arbeitsgruppen werden der Öffentlichkeit regelmäßig in diversen Publikationen zugänglich gemacht. Dabei formuliert der Baseler Ausschuss für Bankenaufsicht die gewonnenen Erkenntnisse häufig als allgemeine bankenaufsichtliche Standards, Richtlinien oder Best-Practice-Empfehlungen.

Da der Baseler Ausschuss für Bankenaufsicht allerdings formal weder eine supranationale Aufsichtsinstanz ist noch jemals als solche geplant gewesen war, besitzen seine Verlautbarungen keinen rechtsverbindlichen Charakter, müssen also – im

---

[1] Vgl. BASELER AUSSCHUSS FÜR BANKENAUFSICHT (History, 2004), S. 3.
[2] Diese Bestimmungen finden sich in BASELER AUSSCHUSS FÜR BANKENAUFSICHT (Basel II, 2004).

Gegensatz zu den Richtlinien der Europäischen Kommission – nicht in nationales Recht transformiert werden. Vielmehr wird erwartet, dass die vom Baseler Ausschuss für Bankenaufsicht erarbeiteten Bestimmungen von den jeweils zuständigen Instanzen freiwillig in die einzelnen nationalen bankenaufsichtsrechtlichen Vorschriften eingearbeitet werden. Da die Entscheidungen des Baseler Ausschusses für Bankenaufsicht jedoch einstimmig gefasst werden, seine Verlautbarungen somit von allen Mitgliedstaaten getragen werden, ist weitestgehend sicher gestellt, dass seine Beschlüsse zumindest in den Mitgliedstaaten umgesetzt werden.[1] Hinzu kommt, dass auf Grund des hohen Ansehens des Baseler Ausschusses für Bankenaufsicht seine Vorgaben häufig auch von anderen Staaten in ihr jeweiliges nationales Bankenaufsichtsrecht integriert werden. So sind beispielsweise die Vorschriften des als Basel I bezeichneten Vorgängers von Basel II innerhalb von nicht mehr als 15 Jahren in praktisch allen Staaten der Erde mit international tätigen Kreditinstituten umgesetzt worden.[2] Da es den einzelnen Staaten selbst überlassen bleibt, für die bestmögliche Umsetzung der allgemein gehaltenen Leitlinien zu sorgen, kann auf diese Weise auch ohne detaillierte Harmonisierung eine Angleichung der nationalen Bankenaufsichtsvorschriften erreicht werden.

Um seine Zielsetzung besser erreichen zu können und die internationale Angleichung der bankenaufsichtsrechtlichen Vorschriften noch stärker voranzutreiben, arbeitet der Baseler Ausschuss für Bankenaufsicht mit einer Vielzahl von Nichtmitgliedstaaten zusammen. So bestehen beispielsweise enge Verbindungen zwischen dem Baseler Ausschuss für Bankenaufsicht und anderen regionalen und überregionalen Zusammenschlüssen von Bankenaufsichtsbehörden aus Amerika, Afrika, Osteuropa, Indien, Südostasien, Australien und der Karibik.[3] Zudem trägt der Baseler Ausschuss für Bankenaufsicht der gestiegenen Komplexität der Bankgeschäfte und der immer stärkeren Verflechtung der Finanzmärkte durch Kooperationen mit anderen Aufsichtsbereichen Rechnung. So wurde zusammen mit der IOSCO (International Organisation of Securities Commissions), dem internationalen Aufsichtsgremium für die Wertpapiermärkte, seit 1995 eine Vielzahl von gemeinsamen Berichten über die von Banken und Wertpapierfirmen getätigten Geschäfte mit Derivaten veröffentlicht. Außerdem beteiligte sich der Baseler Ausschuss für Bankenaufsicht zusammen mit der IOSCO und der IAIS (International Association of Insurance Supervisors), der internationalen Vereinigung der Versicherungsaufsichtsbehör-

---

[1] Vgl. DEUTSCHE BUNDESBANK (Organisationen, 2003), S. 210.
[2] Vgl. BASELER AUSSCHUSS FÜR BANKENAUFSICHT (Basel Committee, 2004).
[3] Vgl. BASELER AUSSCHUSS FÜR BANKENAUFSICHT (History, 2004), S. 5–6.

den, an der Entwicklung von Grundsätzen für die Beaufsichtigung von Finanzkonglomeraten.[1]

Um den nationalen Bankenaufsichtsbehörden den Kontakt untereinander zu erleichtern, organisiert der Baseler Ausschuss für Bankenaufsicht die nunmehr alle zwei Jahre an verschiedenen Orten stattfindende „International Conference of Banking Supervisors". Die erste Konferenz fand im Jahr 1979 in London statt, die nächste ist für 2006 in Mexiko-Stadt geplant (siehe hierzu auch Abbildung 47).

| Jahr | Tagungsort |
| --- | --- |
| 1979 | London |
| 1981 | Washington |
| 1984 | Rom |
| 1986 | Amsterdam |
| 1988 | Tokio |
| 1990 | Frankfurt |
| 1992 | Cannes |
| 1994 | Wien |
| 1996 | Stockholm |
| 1998 | Sydney |
| 2000 | Basel |
| 2002 | Kapstadt |
| 2004 | Madrid |
| 2006 | Mexiko-Stadt (geplant) |

**Abbildung 47: Zeitpunkte und Veranstaltungsorte der International Conference of Banking Supervisors**

---

[1] Vgl. DEUTSCHE BUNDESBANK (Organisationen, 2003), S. 211.

## 3.2 Überblick über die Neue Baseler Eigenkapitalvereinbarung (Basel II)

**Aufgabe 3.5: Zeitliche Entwicklung und Inhalt der Baseler Eigenkapitalvereinbarung**

Skizzieren Sie die wesentlichen zeitlichen Eckpunkte und Entwicklungen der Baseler Eigenkapitalvereinbarung. Gehen Sie dabei auch auf die Gründe ein, die die Fortentwicklungen erforderlich gemacht haben.

**Lösung**

**Die Baseler Eigenkapitalvereinbarung von 1988 („Basel I")**

Seit Beginn der 1980er Jahre arbeitet der Baseler Ausschuss für Bankenaufsicht an der Entwicklung einer multinationalen Eigenkapitalvereinbarung zur Regelung der angemessenen Eigenkapitalausstattung international tätiger Kreditinstitute. Anlass war das Besorgnis erregend niedrige Niveau, auf dem sich das Eigenkapital der wichtigsten Kreditinstitute weltweit befand. Dabei verfolgte der Baseler Ausschuss für Bankenaufsicht mit seinen Bemühungen nicht nur das Ziel, durch die Sicherung einer angemessenen Eigenkapitalausstattung der Kreditinstitute einen Beitrag zur Stabilisierung und Sicherung des internationalen Banken- und Finanzsystems zu leisten. Gleichzeitig sollten auch Wettbewerbsnachteile, die aus unterschiedlichen Eigenkapitalanforderungen einzelner Staaten resultierten, beseitigt werden.[1] Die Ergebnisse seiner Arbeit fasste der Baseler Ausschuss für Bankenaufsicht im Juli 1988 in der „Internationalen Konvergenz der Eigenkapitalmessung und Eigenkapitalanforderungen", die auch als „Baseler Eigenkapitalvereinbarung", „Baseler Akkord", „Baseler Eigenkapitalübereinkunft" oder kurz „Basel I" bezeichnet wird, zusammen. Basel I trat Ende 1992 in Kraft und beeinflusste seitdem maßgeblich die entsprechenden Richtlinien der Europäischen Union, weshalb die Baseler Eigenkapitalvereinbarung als Basis für die entsprechenden deutschen bankenaufsichtsrechtlichen Regelungen wie den Grundsatz I angesehen werden kann.

Eine kurze Chronologie der Baseler Eigenkapitalvereinbarung findet sich in Abbildung 48.

---

[1] Vgl. BASELER AUSSCHUSS FÜR BANKENAUFSICHT (Basel I, 1988), Abs. 3.

| | |
|---|---|
| Juli 1988 | Verabschiedung von Basel I<br>**(Baseler Eigenkapitalvereinbarung)** |
| Ende 1992 | In-Kraft-Treten von Basel I |
| Januar 1996 | Änderung der Eigenkapitalvereinbarung zur Einbeziehung der Marktrisiken<br>**(Baseler Marktrisikopapier)** |
| Ende 1997 | In-Kraft-Treten des Baseler Marktrisikopapiers |
| Juni 1999 | erstes Konsultationspapier zu Basel II<br>**(Die Neue Baseler Eigenkapitalvereinbarung)** |
| Ende März 2000 | Ende der ersten Konsultationsperiode |
| Januar 2001 | zweites Konsultationspapier zu Basel II |
| Ende Mai 2001 | Ende der zweiten Konsultationsperiode |
| Dezember 2001 | Änderung des ursprünglichen Zeitplans für das In-Kraft-Treten von Basel II (von Ende 2004 auf Ende 2006) |
| April 2003 | drittes Konsultationspapier zu Basel II |
| Ende Juli 2003 | Ende der dritten Konsultationsperiode |
| Juni 2004 | Verabschiedung von Basel II |
| 2006 – 2007 | Parallelrechnungen von Basel I und Basel II |
| Ende 2006 | In-Kraft-Treten von Basel II |
| Ende 2007 | Anwendung des fortgeschrittenen IRB-Ansatzes (Adressenrisiken) bzw. des AMA-Ansatzes (operationelle Risiken) |
| Ende 2009 | voraussichtliches Ende der Übergangsbestimmungen und Wegfall der Eigenmitteluntergrenzen |

**Abbildung 48: Die Chronologie der Baseler Eigenkapitalvereinbarung**

Basel I fordert von international tätigen Kreditinstituten zur Abdeckung des von ihnen eingegangenen Adressenrisikos eine 8%ige Mindesteigenkapitalunterlegung ihrer zuvor gewichteten Risikoaktiva. Durch diese Eigenkapitalunterlegung soll sichergestellt werden, dass die Kreditinstitute dazu in der Lage sind, Verluste, die sich im Wesentlichen aus dem Kreditgeschäft ergeben, aufzufangen. Da jedoch die Höhe des Adressenrisikos von der Ausfallwahrscheinlichkeit des Kontraktpartners (bei Krediten ist dies der Schuldner) abhängt, ist es nicht angebracht, auf den Nominalbetrag des Kredits abzustellen. Der Kreditbetrag stellt lediglich die Ausgangsgröße dar, die mit einen Risikogewicht, das sich an der Ausfallwahrscheinlichkeit des jeweiligen Kreditnehmers orientiert, zu multiplizieren ist. Daher wird auch von den risikogewichteten Aktiva oder den Risikoaktiva gesprochen.

Zur Ermittlung des Risikogewichts sieht Basel I eine pauschale und recht simple Einteilung der Schuldner vor. Vereinfacht ausgedrückt gilt, dass
– Kredite an OECD-Mitgliedstaaten mit 0 %,
– Kredite an Kreditinstitute mit Sitz in einem OECD-Mitgliedstaat mit 20 %,
– Kredite an alle anderen Schuldner (also insbesondere Nichtbanken und Privatpersonen) mit 100 %

zu gewichten sind.[1] Der sich nach der Multiplikation mit dem relevanten Risikogewicht ergebende Betrag ist dann von dem Kreditinstitut mit 8 % haftendem Eigenkapital zu unterlegen. Dies bedeutet faktisch, dass die Kreditinstitute beispielsweise Kredite an die Bundesrepublik Deutschland überhaupt nicht und Kredite an andere deutsche Banken lediglich mit 1,6 % haftendem Eigenkapital zu unterlegen haben, während für Unternehmenskredite sowie Konsumentenkredite 8 % haftendes Eigenkapital vorzuhalten ist.

Ein Kredit in derselben Höhe verbraucht also – wie sich aus dem einfachen Rechenbeispiel in Abbildung 49 ergibt – je nach Schuldner unterschiedlich viel haftendes Eigenkapital der den Kredit gewährenden Bank.[2] Da das Vorhalten von haftendem Eigenkapital im Allgemeinen Kosten für das Kreditinstitut verursacht und diese Kosten in der Regel die Kosten für eine Fremdfinanzierung übersteigen, wird ein Kredit für ein Kreditinstitut umso teurer, je mehr haftendes Eigenkapital er verbraucht. Werden diese Kosten vom Kreditinstitut bei der Festlegung des Kreditzinses berücksichtigt, so hat der Schuldner cet. par. einen umso höheren Zinssatz zu tragen, je höher der ihm zugeordnete Bonitätsgewichtungsfaktor ist.

---

[1] Vgl. BASELER AUSSCHUSS FÜR BANKENAUFSICHT (Basel I, 1988), Anlage 2. Diese drei Gewichtungsfaktoren stellen die wichtigsten Bonitätsgewichte dar. Daneben besteht noch die Möglichkeit, bestimmte Risikoaktiva mit 10 % bzw. mit 50 % zu gewichten (siehe hierzu Aufgabe 2.22).
[2] Ein ausführliches Berechnungsbeispiel findet sich in Aufgabe 2.33.

| Kreditvolumen | Schuldner | Bonitätsgewichtungsfaktor | erforderliches haftendes Eigenkapital |
|---|---|---|---|
| 1 Mio. EUR | Bundesrepublik Deutschland | 0 % | 0 EUR |
| 1 Mio. EUR | deutsches Kreditinstitut | 20 % | 16.000 EUR |
| 1 Mio. EUR | Unternehmen (Nichtbank) | 100 % | 80.000 EUR |

**Abbildung 49: Beispiel zur Ermittlung des erforderlichen haftenden Eigenkapitals bei Krediten an verschiedene Schuldner**

Zwar ist die Orientierung der Höhe des erforderlichen haftenden Eigenkapitals an der Schuldnerbonität grundsätzlich zu begrüßen, da dadurch das Adressenrisiko adäquat berücksichtigt werden kann, jedoch weist die Umsetzung dieses Konzepts durch Basel I erhebliche Mängel auf. So ist die pauschale Zuordnung der Schuldner zu den Bonitätsgewichtungsfaktoren aus zwei Gründen nicht risikoadäquat. Erstens ist das Kriterium der OECD-Mitgliedschaft nicht dazu geeignet, um auf die Ausfallwahrscheinlichkeit des Schuldners zu schließen, da es mittlerweile Staaten gibt, die nicht der OECD angehören, deren Bonität jedoch zum Teil höher eingeschätzt wird als die bestimmter OECD-Mitgliedstaaten. Zweitens bietet die dargestellte Vorgehensweise keine Möglichkeit zur Differenzierung der Ausfallwahrscheinlichkeiten bei Unternehmenskrediten. Unabhängig vom Schuldner – und damit auch unabhängig von der jeweiligen Ausfallwahrscheinlichkeit – sind Unternehmenskredite stets mit 8 % haftendem Eigenkapital zu unterlegen. Hierdurch werden den Kreditinstituten Anreize weder für eine risikoadäquate Bepreisung der Kredite noch für eine risikobewusste Selektion der Kreditnehmer gegeben. Insofern ist Basel I nicht optimal darauf ausgelegt, zur Erreichung der zentralen Zielsetzung des Baseler Ausschusses für Bankenaufsicht, nämlich für die Stabilität des internationalen Bankensystems zu sorgen, beizutragen.

**Zwischenzeitliche Veränderungen von Basel I**
Bei den zwischenzeitlich erfolgten Änderungen von Basel I handelte es sich im Wesentlichen um kleinere Anpassungen und Erweiterungen, wie beispielsweise die Berücksichtigung von Nettingvereinbarungen. Eine Ausnahme stellt jedoch die „Änderung der Eigenkapitalvereinbarung zur Einbeziehung der Marktrisiken" (die so genannten „Baseler Marktrisikoregelungen") dar, die größere Modifikationen mit

sich brachte und im Januar 1996 nach zwei Konsultationsprozessen veröffentlicht wurde. Diese Änderung von Basel I war erforderlich, da in der ursprünglichen Fassung lediglich die Adressenrisiken der Kreditinstitute begrenzt wurden. Zwar stellen die Adressenrisiken die bedeutendste Gefahr für den Erfolg eines Kreditinstituts dar, was eine genauere Betrachtung der Gründe, die für die in den letzten Jahren zu beobachtenden Schieflagen bei deutschen Kreditinstituten verantwortlich waren, deutlich macht; jedoch existieren daneben noch andere Risiken, die für die Existenz eines Kreditinstituts bedrohlich werden können. Hierzu zählen die Marktpreisrisiken, die sich im Wesentlichen in das Zinsänderungsrisiko, das Aktienkursrisiko, das Fremdwährungsrisiko sowie das Rohwarenpreisrisiko untergliedern lassen.[1]

Auch die durch die Baseler Marktrisikoregelungen verursachten Änderungen von Basel I, die Ende 1997 in Kraft traten, wurden von der Europäischen Kommission in einer Richtlinie umgesetzt und in nationales Recht transformiert, sodass diese Bestimmungen derzeit für alle deutschen Kreditinstitute Gültigkeit haben.

**Die Neue Baseler Eigenkapitalvereinbarung („Basel II")**
*Das 1. Konsultationspapier von 1999*
Durch die bisherigen Änderungen von Basel I wurden die gravierenden Mängel aus dem Bereich der Adressenrisiken allerdings nicht behoben. Da sich in den vielen Jahren seit Verabschiedung von Basel I im Jahre 1988 zudem das Bankgeschäft, die Praktiken des Risikomanagements, die Bankenaufsichtsansätze sowie die Finanzmärkte grundlegend verändert haben, ist die Baseler Eigenkapitalvereinbarung in ihrer derzeit gültigen Fassung nicht mehr zeitgemäß und auch nur noch bedingt zur Erreichung der Zielsetzung des Baseler Ausschusses für Bankenaufsicht geeignet. Aus diesen Gründen hielt der Baseler Ausschuss für Bankenaufsicht eine grundlegende Erneuerung der Baseler Eigenkapitalvereinbarung von 1988 für erforderlich.

Diese Auffassung basierte auf der vor allem von Seiten der Institute geäußerten Kritik, dass die in Basel I standardisierte Berechnung der Adressenrisiken die ökonomischen Risiken der Institute nur sehr grob und ungenau abbildete und neue „Finanzinstrumente und Methoden der Kreditrisikosteuerung wie Kreditderivate, Nettingvereinbarungen für Bilanzpositionen, der globale Einsatz von Sicherheiten, die Verbriefung von Aktiva sowie Kreditrisikomodelle ... praktisch nicht berücksichtigt"[2] wurden. Ferner wurde kritisiert, dass die damalige Ausrichtung der Eigenmittelanforderungen lediglich an Adressen- und Marktpreisrisiken nicht dem tatsächlichen Gesamtrisikoprofil eines Instituts entsprächen. So wurden die operationellen

---
[1] Eine ausführliche Beschreibung dieser Risiken findet sich in Aufgabe 2.10 bis Aufgabe 2.15.
[2] DEUTSCHE BUNDESBANK (Eigenkapitalvereinbarung, 2001), S. 16.

Risiken bis zur Verabschiedung von Basel II nicht eigens mit haftendem Eigenkapital unterlegt. Ebenso gingen qualitative Bemühungen der Banken zum Management des Gesamtrisikos einer Bank bis dato nicht mit einer Verminderung des erforderlichen Mindesteigenkapitals einher.

Am 03.06.1999 veröffentlichte der Baseler Ausschuss für Bankenaufsicht daher ein erstes Konsultationspapier, das als Vorschlag zur Neufassung der Baseler Eigenkapitalvereinbarung von 1988 diente. Den interessierten Personenkreisen – dazu dürften vor allem die Kreditinstitute zählen – wurde bis Ende März 2000 Gelegenheit gegeben, zu diesem Vorschlag Stellung zu nehmen. Von dieser Gelegenheit wurde ausgiebig Gebrauch gemacht; es gingen über 200 Stellungnahmen beim Baseler Ausschuss für Bankenaufsicht ein.

*Das 2. Konsultationspapier von 2001*
Bei dem am 16.01.2001 vorgestellten zweiten Konsultationspapier handelte es sich um die Überarbeitung des ersten Konsultationspapiers von 1999 zur grundlegenden Neuregelung der Eigenkapitalvereinbarung von 1988, in dem die zahlreichen Stellungnahmen und Anregungen, die die Kreditwirtschaft in der ersten Konsultationsphase abgegeben hatten, Berücksichtigung fanden. Auch zu diesem zweiten Konsultationspapier konnten Stellungnahmen abgegeben werden. Allerdings war die Frist zur Abgabe der Stellungnahmen nach Ansicht der Kreditinstitute sehr knapp bemessen, da die zweite Konsultationsphase bereits am 31.05.2001 endete. Dennoch erhielt der Baseler Ausschuss für Bankenaufsicht diesmal mit über 250 Kommentaren noch mehr Stellungnahmen als in der ersten Konsultationsphase. Um die von den Kreditinstituten vorgebrachten Verbesserungsvorschläge in Basel II einarbeiten zu können, beschloss der Baseler Ausschuss für Bankenaufsicht, die Fertigstellung von Basel II, die ursprünglich bis Ende 2001 erfolgen sollte, zu verschieben und zunächst ein drittes Konsultationspapier im Frühjahr 2003 zu veröffentlichen. Hierdurch wurde auch der Termin für das In-Kraft-Treten von Basel II von Ende 2004 auf Ende 2006 verschoben.

Neben einer Vielzahl kleinerer Änderungen stellte vor allem der folgende Sachverhalt eine grundlegende Modifikation des ersten Konsultationspapiers dar. Während das erste Konsultationspapier vorsah, dass die Kreditinstitute die Bonität des Kreditnehmers und damit das anzuwendende Risikogewicht im Allgemeinen unter Verwendung externer Ratings zu ermitteln haben,[1] wurde den Kreditinstituten im zwei-

---
[1] Im Rahmen des ersten Konsultationspapiers war vorgesehen, dass lediglich einige hoch entwickelte Kreditinstitute interne Ratings verwenden dürfen, während alle anderen Kreditinstitute externe Ra-

ten Konsultationspapier ein generelles Wahlrecht eingeräumt. Sie können sich nun entscheiden, ob sie externe Ratings oder interne Ratings zur Ermittlung des Bonitätsgewichtungsfaktors heranziehen wollen.

*Das 3. Konsultationspapier von 2003*
Das dritte Konsultationspapier zu Basel II wurde vom Baseler Ausschuss für Bankenaufsicht am 29.04.2003 veröffentlicht. Die Kreditinstitute konnten auch zu diesem Vorschlag Stellung nehmen. Das Ende der dritten Konsultationsperiode wurde auf den 31.07.2003 festgelegt. Da dem dritten Konsultationspapier kein weiteres mehr folgen sollte, war dies die letzte Gelegenheit für die Kreditinstitute, sich mit Änderungsvorschlägen direkt an den Baseler Ausschuss für Bankenaufsicht zu wenden. Insofern verwundert es nicht, dass dem Baseler Ausschuss für Bankenaufsicht auch diesmal eine hohe Anzahl an Stellungnahmen (knapp 200) zuging.

Die im dritten Konsultationspapier enthaltenen Änderungen bestanden vor allem in einer verminderten Eigenkapitalbelastung für Kredite an kleine und mittlere Unternehmen, wodurch sich die Rahmenbedingungen für die Festlegung der Kreditkonditionen insbesondere für den deutschen Mittelstand spürbar verbesserten. Dasselbe galt für die Modifikation der Laufzeitzuschläge, von der vor allem die in der Bundesrepublik Deutschland typische langfristige Kreditfinanzierung profitierte.

*Die verabschiedete überarbeitete Rahmenvereinbarung von 2004*
Am 25.06.2004 wurde die überarbeitete Rahmenvereinbarung der „Internationalen Konvergenz der Kapitalmessung und Eigenkapitalanforderungen" (Basel II) den Notenbankgouverneuren sowie den Leitern der Bankenaufsichtsbehörden der Zehnergruppe vom Baseler Ausschuss für Bankenaufsicht zur Durchsicht vorgelegt. Einen Tag später, am 26.06.2004, verabschiedeten diese Basel II und gaben die überarbeite Rahmenvereinbarung zur Veröffentlichung frei.[1] Damit wurde der nunmehr sechsjährige Reformprozess zu einem erfolgreichen Abschluss gebracht.

In der verabschiedeten Fassung wurden noch einige Modifikationen im Vergleich zum dritten Konsultationspapier vorgenommen. Eine der wichtigsten Änderungen betrifft die Messung der Adressenrisiken im Rahmen der beiden IRB-Ansätze (IRB-Basisansatz und fortgeschrittener IRB-Ansatz). Während im dritten Konsultationspapier noch vorgesehen war, dass in die Risikogewichtungsfunktionen, mit denen das auf das jeweilige Risikoaktivum anzuwendende Risikogewicht ermittelt wird,

---

tings zu verwenden haben (vgl. BASELER AUSSCHUSS FÜR BANKENAUFSICHT (1. Konsultationspapier, 1999), S. 4).
[1] Vgl. BANK FÜR INTERNATIONALEN ZAHLUNGSAUSGLEICH (Publication, 2004).

sowohl der erwartete Verlust (EL) als auch der unerwartete Verlust (UL) eingehen, wird in der verabschiedeten Fassung das Risikogewicht ausschließlich auf Basis des unerwarteten Verlusts ermittelt.

Auf der Grundlage des dritten Konsultationspapiers ergaben sich Risikogewichtungsfunktionen, die mit zunehmender Ausfallwahrscheinlichkeit (PD) stets zu höheren Risikogewichten und damit auch zu höheren Eigenmittelanforderungen führten. Die in der verabschiedeten Fassung vorgenommenen Modifikationen führen dazu, dass ab einer bestimmten Ausfallwahrscheinlichkeit die Risikogewichte geringer werden, dass also der zur Abdeckung des Adressenrisikos erforderliche Betrag an haftendem Eigenkapital geringer wird. Bei einer Ausfallwahrscheinlichkeit von 100 % beträgt das Risikogewicht und damit auch die Eigenmittelanforderung Null. Ein Vergleich der sich für unterschiedliche Ausfallwahrscheinlichkeiten ergebenden Risikogewichte nach dem dritten Konsultationspapier und nach der verabschiedeten Fassung von Basel II ist in Abbildung 50 am Beispiel der wohnwirtschaftlichen Realkredite mit einem LGD (Verlustquote bei Ausfall) von 45 % dargestellt.

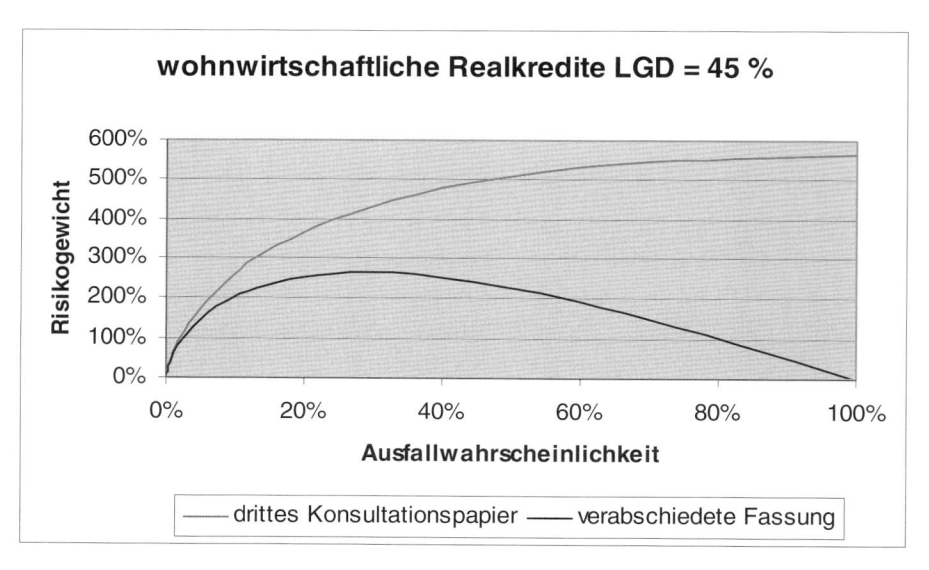

**Abbildung 50: Vergleich der Risikogewichte nach dem dritten Konsultationspapier und nach der verabschiedeten Fassung von Basel II**

Eine (ab einem bestimmten Punkt) mit zunehmender Ausfallwahrscheinlichkeit sinkende Eigenmittelanforderung mag zunächst erstaunen. Es muss dabei jedoch berücksichtigt werden, dass nach der verabschiedeten Fassung lediglich für die unerwarteten Verluste Eigenmittel vorzuhalten sind, die berechneten Risikogewichte also nur die unerwarteten Verluste widerspiegeln sollen. Bei der Ermittlung der Risikogewichte sind die folgenden, zum Teil gegenläufigen Effekte zu berücksichtigen. Zum einen gilt grundsätzlich, dass mit zunehmender Ausfallwahrscheinlichkeit die unerwarteten Verluste steigen. Zum anderen bedingt eine steigende Ausfallwahrscheinlichkeit auch ein Steigen der erwarteten Verluste. Gestiegene erwartete Verluste führen nun aber dazu, dass nur noch ein geringerer (unbelasteter) Forderungsbetrag verbleibt, bei dem unerwartete Verluste auftreten können. Dieser Sachverhalt wird bei einer Ausfallwahrscheinlichkeit von 100 % besonders deutlich. In dieser Extremsituation wird der Ausfall der Forderung als sicher angesehen. Über den erwarteten Verlust von 100 % hinaus kann es keine unerwarteten Verluste geben. Somit ist es nur konsequent, dass zur Abdeckung der **unerwarteten** Verluste in diesem Fall keine Eigenmittel erforderlich sind. Das Risikogewicht muss daher Null betragen.

Hinzu kommt, dass sich das berechnete Risikogewicht auf die gesamte erwartete Höhe der Forderung zum Zeitpunkt des Ausfalls (EAD) bezieht. Die Höhe der Forderung (EAD) wird also vor Einzelwertberichtigungen oder Teilabschreibungen bestimmt.[1] Die Höhe der unerwarteten Verluste hängt jedoch von dem nach Abzug der erwarteten Verluste verbleibenden (unbelasteten) Forderungsbetrag ab. Zwar wird der relative **Anteil** der unerwarteten Verluste an dem verbleibenden (unbelasteten) Forderungsbetrag mit zunehmender Ausfallwahrscheinlichkeit steigen; da dieser verbleibende (unbelastete) Forderungsbetrag mit zunehmender Ausfallwahrscheinlichkeit auf Grund zunehmender erwarteter Verluste jedoch immer mehr sinkt, werden die unerwarteten Verlust**beträge** ab einem bestimmten Punkt ebenfalls sinken. Da sich die Risikogewichte auf die Höhe der Forderung vor Abzug von Einzelwertberichtigungen oder Teilabschreibungen (EAD) beziehen, bedeutet dies, dass die geringeren unerwarteten Verlustbeträge durch ein geringeres Risikogewicht erfasst werden müssen.

Die in der verabschiedeten Rahmenvereinbarung vorgesehene alleinige Berücksichtigung von unerwarteten Verlusten im Rahmen der beiden IRB-Ansätze kann damit begründet werden, dass die Institute für erwartete Verluste bereits Vorsorge in Form von entsprechenden Wertberichtigungen getroffen haben. Da die erwarteten Verluste insofern schon mit haftendem Eigenkapital unterlegt sind, besteht kein Grund, sie weiterhin in den Risikogewichtungsfunktionen zu berücksichtigen. Allerdings ist die in der verabschiedeten Fassung vorgenommene Entfernung der erwarteten Verluste aus den jeweiligen Risikogewichtungsfunktionen mit weiteren Konsequenzen ver-

---

[1] Vgl. BASELER AUSSCHUSS FÜR BANKENAUFSICHT (Basel II, 2004) S. 80.

bunden. So müssen die Institute den Gesamtbetrag ihrer anrechenbaren Wertberichtigungen mit dem im Rahmen des IRB-Ansatzes berechneten Gesamtbetrag der erwarteten Verluste vergleichen.[1] Dabei sind die folgenden drei Konstellationen möglich:
1. Die Wertberichtigungen entsprechen genau den berechneten erwarteten Verlusten.
2. Die Wertberichtigungen sind kleiner als die berechneten erwarteten Verluste.
3. Die Wertberichtigungen sind größer als die berechneten erwarteten Verluste.

Im ersten Fall hat das Institut offenbar weder zu hohe noch zu niedrige Wertberichtigungen gebildet. Die erwarteten Verluste sind durch Eigenkapital in voller Höhe abgedeckt, sodass keine weiteren Anpassungen bei den bankenaufsichtsrechtlichen Eigenmitteln erforderlich sind. Im zweiten Fall reichen die gebildeten Wertberichtigungen nicht aus, die erwarteten Verluste aufzufangen. Der die vorhandenen Wertberichtigungen übersteigende erwartete Verlustbetrag muss daher vom haftenden Eigenkapital abgezogen werden und zwar hälftig jeweils vom Kernkapital und vom Ergänzungskapital. Übersteigen hingegen – wie im dritten Fall – die vorhandenen Wertberichtigungen die erwarteten Verluste, so kann das Institut den „Überschuss" an Wertberichtigungen seinem Ergänzungskapital zurechnen, wobei jedoch eine generelle Obergrenze von 0,6 % der gewichteten Risikoaktiva zu beachten ist. Der jeweiligen nationalen Bankenaufsichtsbehörde ist es allerdings freigestellt, eine Obergrenze, die geringer als 0,6 % ist, festzulegen.[2]

**Aufgabe 3.6: Übergangsbestimmungen**
Erläutern Sie, welche speziellen Bestimmungen für die Phase des Übergangs von Basel I nach Basel II vorgesehen sind.

**Lösung**
Basel II soll zu einer verbesserten Ermittlung der Eigenkapitalanforderungen insbesondere im Bereich der Adressenrisiken führen. Es ist zu erwarten, dass die verbesserten Messverfahren der IRB-Ansätze in der Regel zu einer Eigenkapitalentlastung für die Institute führen werden. Zwar hat sich der Baseler Ausschuss für Bankenaufsicht im Rahmen diverser quantitativer Auswirkungsstudien (QIS) in den letzten Jahren einen ersten Überblick über die bei den Instituten zu erwartenden Änderun-

---

[1] Vgl. BASELER AUSSCHUSS FÜR BANKENAUFSICHT (Basel II, 2004) S. 14. Spezielle Vorschriften existieren für Institute, die den IRB-Ansatz für Verbriefungspositionen oder den PD/LGD-Ansatz für Beteiligungspositionen wählen.
[2] Vgl. hierzu BASELER AUSSCHUSS FÜR BANKENAUFSICHT (Basel II, 2004) S. 14.

gen des Eigenmittelbedarfs verschaffen können; trotzdem besteht offenbar noch eine gewisse Verunsicherung über die tatsächlichen zukünftigen Eigenkapitalentlastungen. Um weitere Informationen vor allem aus dem Bereich der IRB-Ansätze zu erhalten, hat der Baseler Ausschuss für Bankenaufsicht Übergangsbestimmungen festgelegt, die nur für solche Institute gelten, die

– entweder den IRB-Basisansatz oder aber
– einen der fortgeschrittenen Ansätze (fortgeschrittener IRB-Ansatz im Bereich der Adressenrisiken bzw. AMA im Bereich der operationellen Risiken)

anwenden. Die Übergangsvorschriften sehen für die genannten Institute innerhalb der Übergangsphase Parallelrechnungen vor (siehe hierzu auch Abbildung 51). Konkret bedeutet dies, dass Institute, die den IRB-Basisansatz anwenden, für die Dauer eines Jahres beginnend mit dem Jahresende 2005 (also für das gesamte Jahr 2006) ihre Eigenkapitalanforderungen sowohl nach den bisherigen Bestimmungen von Basel I als auch nach den zukünftigen Vorschriften von Basel II zu berechnen haben. Maßgeblich sind dabei allerdings weiterhin nur die Eigenkapitalanforderungen, die auf der Grundlage von Basel I berechnet werden.

Für Institute, die unmittelbar von Basel I auf die fortgeschrittenen Ansätze im Bereich der Adressenrisiken bzw. der operationellen Risiken übergehen, verlängert sich der Zeitraum der Parallelrechnung um ein Jahr. Dies hat zur Folge, dass diese Institute die fortgeschrittenen Ansätze erst ein Jahr später, also frühestens im Jahr 2008, anwenden können. Durch dieses zusätzliche Jahr des Parallellaufs will der Baseler Ausschuss für Bankenaufsicht den Instituten sowie den Bankenaufsichtsbehörden zusätzliche Informationen über die Auswirkungen der fortgeschrittenen Ansätze zur Verfügung stellen und ihnen ausreichend Zeit für eine konsistente Implementierung der fortgeschrittenen Ansätze verschaffen.[1]

Um bei der erstmaligen Anwendung von Basel II keine „bösen Überraschungen" zu erleben, hat der Baseler Ausschuss für Bankenaufsicht in der verabschiedeten Rahmenvereinbarung außerdem Übergangsbestimmungen kodifiziert, mit denen ein zu starkes Absinken der Eigenmittelanforderungen unter das bisherige Niveau verhindert werden soll. Zu diesem Zweck müssen Institute, die den IRB-Basisansatz bzw. einen der fortgeschrittenen Ansätze anwenden, während der Übergangsphase die folgenden beiden Beträge berechnen:[2]

---

[1] Vgl. BANK FÜR INTERNATIONALEN ZAHLUNGSAUSGLEICH (Consensus, 2004).
[2] Vgl. hierzu BASELER AUSSCHUSS FÜR BANKENAUFSICHT (Basel II, 2004), S. 15.

8 % der gewichteten Risikoaktiva berechnet nach Basel I
+ Abzugspositionen vom Kernkapital und vom Ergänzungskapital
− Betrag der Pauschalwertberichtigungen, die dem Ergänzungskapital zugerechnet werden können
= benötigtes haftendes Eigenkapital gemäß Basel I

8 % der gewichteten Risikoaktiva berechnet nach Basel II
− Differenzbetrag aus den insgesamt anrechenbaren Wertberichtigungen und dem erwarteten Verlust
+ sonstige Abzugspositionen vom Kernkapital und vom Ergänzungskapital
= benötigtes haftendes Eigenkapital gemäß Basel II

Die Untergrenze wird nun bestimmt, indem das benötigte haftende Eigenkapital gemäß Basel I in den jeweiligen Jahren mit den in Abbildung 51 angegebenen Prozentsätzen multipliziert wird. Der resultierende Betrag ist dann mit dem benötigten haftenden Eigenkapital gemäß Basel II zu vergleichen. Ist die ermittelte Untergrenze größer als das benötigte haftende Eigenkapital gemäß Basel II, so müssen die Institute ihre gewichteten Risikoaktiva um das 12,5-fache des Differenzbetrags erhöhen. Faktisch wird damit verhindert, dass die Eigenmittelanforderungen gemäß Basel II während der Übergangsphase zu stark von den Eigenmittelanforderungen gemäß Basel I nach unten abweichen. Der Baseler Ausschuss für Bankenaufsicht behält sich vor, die Untergrenzen über das Jahr 2009 hinaus beizubehalten, um etwaigen Problemen begegnen zu können.

|  | im Jahr | | | |
| --- | --- | --- | --- | --- |
|  | 2006 | 2007 | 2008 | 2009 |
| IRB-Basisansatz | Parallelrechnung | 95 % | 90 % | 80 % |
| fortgeschrittener IRB-Ansatz und/oder AMA | Parallelrechnung | Parallelrechnung | 90 % | 80 % |

**Abbildung 51: Parallelrechnungen und Eigenmitteluntergrenzen für den Übergang von Basel I auf Basel II**[1]

---

[1] Vgl. BASELER AUSSCHUSS FÜR BANKENAUFSICHT (Basel II, 2004), S. 15.

## 3.2 Überblick über die Neue Baseler Eigenkapitalvereinbarung (Basel II)

**Aufgabe 3.7: Umsetzung von Basel II auf EU-Ebene**

Schildern Sie kurz, wie die Vorschriften von Basel II auf EU-Ebene umgesetzt werden sollen.

**Lösung**

Es zeichnet sich ab, dass die Neue Baseler Eigenkapitalvereinbarung weitgehend unverändert in eine EU-Richtlinie übernommen wird. Nach Umsetzung der EU-Richtlinie in nationales Recht wird sie dann für alle in der Bundesrepublik Deutschland tätigen Institute Geltung erlangen. Damit sich keine allzu großen zeitlichen Verzögerungen ergeben, sind – parallel zu den Arbeiten des Baseler Ausschusses für Bankenaufsicht – auch in der EU die „Eigenkapitalvorschriften für Kreditinstitute und Wertpapierfirmen" überarbeitet worden. Die EU-Kommission wird voraussichtlich im Laufe des Jahres 2004 die entsprechende EU-Richtlinie annehmen, sodass die Beratungen im EU-Rat sowie im Europäischen Parlament noch im Jahr 2004 beginnen können.

Die Unterschiede zwischen den zukünftigen EU-Vorschriften und der Neuen Baseler Eigenkapitalvereinbarung werden voraussichtlich relativ gering ausfallen. So orientieren sich die von der Europäischen Kommission direkt im Anschluss an die Baseler Konsultationspapiere veröffentlichten Konsultationspapiere bisher weitgehend an der Arbeit des Baseler Ausschusses für Bankenaufsicht, stellen aber stärker auf die europäische Banken- und Wirtschaftsstruktur ab. Hierdurch sollen sich Erleichterungen bei der Anwendung der neuen Regeln insbesondere für kleine und mittlere Institute ergeben, wobei jedoch weiterhin auf faire Wettbewerbsbedingungen zwischen großen und kleinen Instituten geachtet wird. In Abweichung von Basel II sehen die Vorschläge zur EU-Richtlinie beispielsweise Erleichterungen in den folgenden Bereichen vor:[1]

- Möglichkeit zur dauerhaften partiellen Anwendung des IRB-Ansatzes (so genannter „partial use");
- Umfang der anrechenbaren Sicherheiten;
- bankenaufsichtliches Überprüfungsverfahren;
- Offenlegungsanforderungen.

**Aufgabe 3.8: Grundstruktur von Basel II**

Geben Sie einen kurzen Überblick über die drei Säulen von Basel II.

---

[1] Vgl. DEUTSCHE BUNDESBANK (Verabschiedung, 2004), S. 2.

**Lösung**

Der Ansatz zur Neufassung der Baseler Eigenkapitalvereinbarung von 1988 basiert auf den in Abbildung 52 abgebildeten drei Säulen „Mindesteigenmittelanforderungen", „bankenaufsichtliches Überprüfungsverfahren" und „Marktdisziplin durch erweiterte Offenlegungspflichten". Neben einer risikoadäquaten Eigenmittelausstattung (Säule 1) ist nämlich das von der Geschäftsleitung bestimmte Risiko- und Ertragsprofil eines Instituts in Verbindung mit dessen Fähigkeit, die eingegangenen Risiken auch steuern und dauerhaft tragen zu können, von entscheidender Bedeutung für den Fortbestand des Instituts. Eine Überprüfung durch die Bankenaufsicht scheint daher angebracht (Säule 2). Als Ergänzung zu den Anforderungen der Bankenaufsicht sollen als ein weiteres Regulativ die disziplinierenden Kräfte der Märkte wirksam werden (Säule 3). Deshalb sehen die neuen Regeln auch eine Erweiterung der Offenlegungsvorschriften für Institute vor. Diese drei Säulen, die gleichberechtigt nebeneinander stehen, sollen sich gegenseitig ergänzen und verstärken, um so gemeinsam zu einer erhöhten Sicherheit und Stabilität im internationalen Banken- und Finanzsystem beizutragen.[1]

Ausgangspunkt für die Neustrukturierung der Baseler Eigenkapitalvereinbarung sind die Vorschriften zur Eigenmittelunterlegung der ersten Säule. In der **ersten Säule** werden die Anforderungen an die bankenaufsichtsrechtlichen Eigenmittel formuliert, über die ein Institut mindestens verfügen muss, um die von ihm eingegangenen Risiken abdecken zu können.

Im Rahmen der **zweiten Säule** (bankenaufsichtliches Überprüfungsverfahren) werden verstärkt Vorgaben zur qualitativen Bankenaufsicht mit intensiven Kontakten der Bankenaufseher zu den Instituten gemacht.

Schließlich soll es professionellen Marktteilnehmern durch die **dritte Säule** ermöglicht werden, die Risikosituation des einzelnen Instituts auf Grundlage einer erweiterten Berichterstattung besser einschätzen zu können. Dazu gehören im Rahmen der so genannten „Marktdisziplin" insbesondere die erweiterten Offenlegungspflichten über die Eigenmittelstruktur der Institute sowie Informationen bezüglich der von ihnen eingegangenen Risiken.[2] Ziel dieser dritten Säule ist es, die Selbstregulierungskräfte des Marktes auszunutzen, sodass die Institute von den Marktteilnehmern – je nach Offenlegungsart und -umfang – belohnt oder bestraft werden können.

---

[1] Vgl. BASELER AUSSCHUSS FÜR BANKENAUFSICHT (Überblick, 2001), S. 1.
[2] Vgl. BASELER AUSSCHUSS FÜR BANKENAUFSICHT (Basel II, 2004), S. 202.

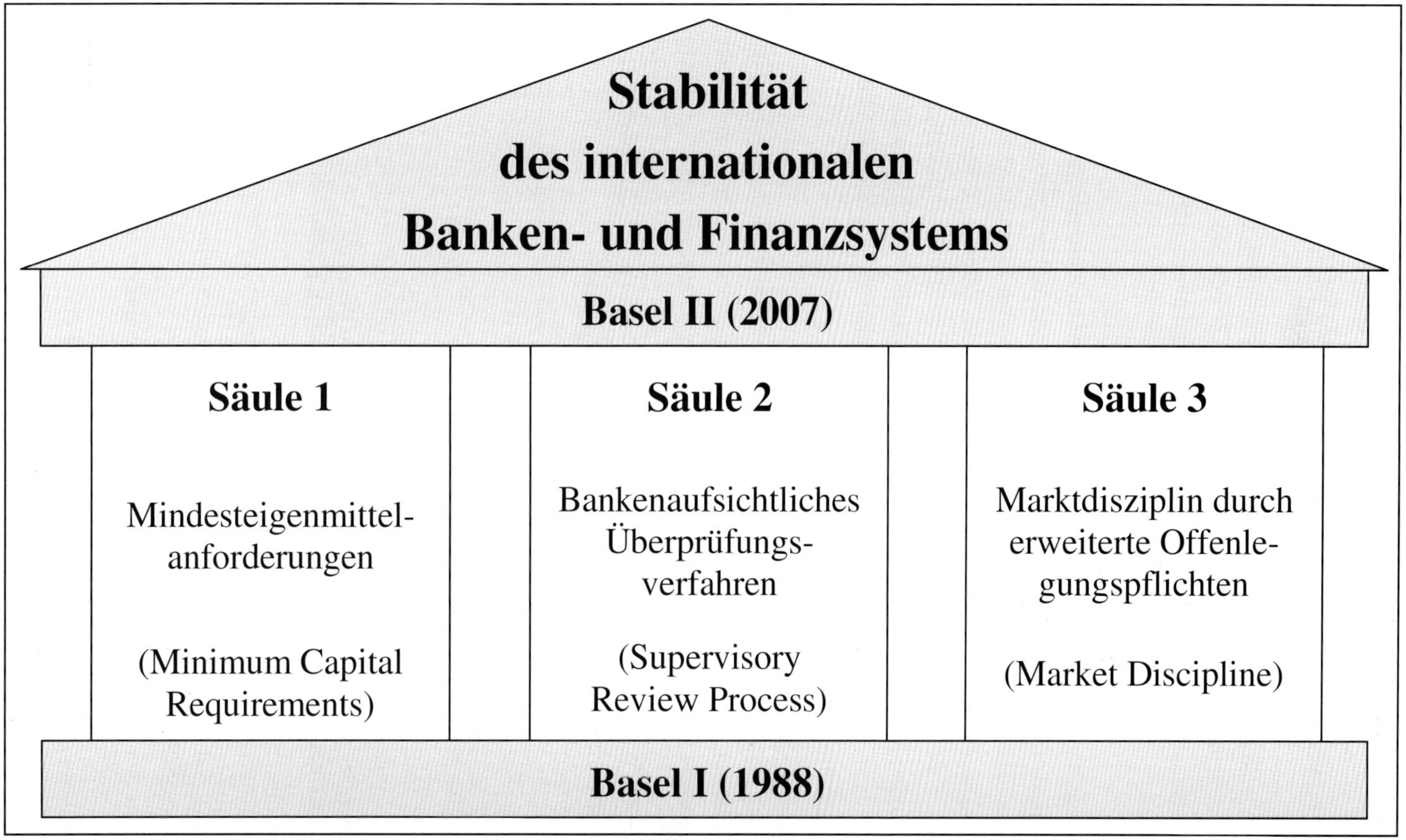

3.2 Überblick über die Neue Baseler Eigenkapitalvereinbarung (Basel II) 325

**Stabilität des internationalen Banken- und Finanzsystems**

**Basel II (2007)**

**Säule 1**
Mindesteigenmittel-
anforderungen

(Minimum Capital
Requirements)

**Säule 2**
Bankenaufsichtliches
Überprüfungs-
verfahren

(Supervisory
Review Process)

**Säule 3**
Marktdisziplin durch
erweiterte Offenle-
gungspflichten

(Market Discipline)

**Basel I (1988)**

**Abbildung 52: Die drei Säulen der Neuen Baseler Eigenkapitalvereinbarung**

## 3.3 Basel II – Säule 1

**Aufgabe 3.9: Auswirkungen von Basel II auf die Eigenmittelanforderungen der Institute**

Stellen Sie kurz dar, welche Auswirkungen die Umsetzung von Basel II auf die Eigenmittelanforderungen der Institute haben wird. Zeigen Sie dabei auch die Zusammenhänge zwischen den verschiedenen Eigenmittelanforderungen auf.

**Lösung**

Nach dem neuen Regelwerk werden sich die Eigenmittelanforderungen stärker als bisher an dem ökonomischen Risiko eines Instituts und seiner Kreditnehmer orientieren; außerdem werden neuere Entwicklungen an den Finanzmärkten sowie im Risikomanagement der Institute berücksichtigt.[1] An der geltenden Eigenmitteldefinition des Baseler Ausschusses für Bankenaufsicht von 1988 wird sich allerdings nichts ändern. So werden sich die als „regulatory capital" bezeichneten Eigenmittel auch weiterhin aus dem Kernkapital (tier 1), dem Ergänzungskapital (tier 2) und den Drittrangmitteln (tier 3) zusammensetzen.

Auch der so genannte Solvabilitätskoeffizient wird keine Veränderungen erfahren. Dies bedeutet, dass das Verhältnis von haftendem Eigenkapital (hEK) zu gewichteten Risikoaktiva (RWA) auch weiterhin mindestens 8 % betragen muss.[2] Es gilt also

$$\frac{hEK}{RWA} \geq 8\%$$

bzw.

$$\frac{hEK}{0{,}08\,RWA} \geq 1$$

Neu ist hingegen, dass zur Bewertung von Adressenrisiken zukünftig bankinterne und externe Ratings herangezogen werden können, wodurch sich – im Vergleich zur bisherigen Situation – in vielen Fällen eine geringere Belastung des haftenden Eigenkapitals ergeben wird.

Ebenfalls neu ist die Berechnung eines eigenen Eigenkapitalunterlegungsbetrags für die operationellen Risiken ($hEK_{OR}$). Seine Höhe soll in etwa dem Betrag entsprechen, um den sich das zur Unterlegung der Adressenrisiken benötigte haftende Ei-

---

[1] Vgl. DEUTSCHE BUNDESBANK (Eigenkapitalvereinbarung, 2001), S. 15.
[2] Vgl. BASELER AUSSCHUSS FÜR BANKENAUFSICHT (Basel II, 2004), S. 2 und S. 14.

genkapital auf Grund der neuen Regelungen vermindern wird. Insgesamt soll sich das von den Instituten vorzuhaltende haftende Eigenkapital demnach nicht wesentlich ändern. Zur Unterlegung der operationellen Risiken kann nur dasjenige haftende Eigenkapital eines Instituts herangezogen werden, das nicht bereits zur Unterlegung der Adressenrisiken (hierfür sind 8 % der risikogewichteten Aktiva erforderlich) verwendet worden ist. Somit gilt

bzw.
$$hEK_{OR} \leq hEK - 0{,}08\,RWA$$

$$\frac{hEK - 0{,}08\,RWA}{hEK_{OR}} \geq 1$$

Durch die neue Eigenkapitalunterlegungspflicht der operationellen Risiken ergeben sich Änderungen in zwei Bereichen. Der erste Änderungsbereich betrifft die Marktpreisrisiken. Zwar ändern sich durch Basel II die Vorschriften zur Berechnung der Marktpreisrisiken nicht. Es ergeben sich allerdings Änderungen bei der Höhe der maximal zulässigen Marktpreisrisiken. So darf die Summe der Anrechnungsbeträge für die Marktrisikopositionen ($EM_{MR}$) nicht größer sein als der verbleibende Eigenmittelbetrag (vEM), der sich aus den Drittrangmitteln sowie dem nach Unterlegung der Adressenrisiken und – dies ist neu – der operationellen Risiken noch verbleibenden haftenden Eigenkapital zusammensetzt (vEM = hEK – 0,08 RWA – $hEK_{OR}$ + Drittrangmittel):

bzw.
$$EM_{MR} \leq vEM$$

$$\frac{vEM}{EM_{MR}} \geq 1$$

Eine ähnliche Modifikation ergibt sich im zweiten Änderungsbereich, der so genannten Gesamtkennziffer oder Gesamteigenmittelquote (total capital ratio).[1] Zwar wird der Zähler – er umfasst die genutzten Eigenmittel (gEM) – nicht modifiziert; durch die Miteinbeziehung des operationellen Risikos in den Kreis der mit haftendem Eigenkapital zu unterlegenden Risiken verändert sich allerdings der Nenner der Gesamteigenmittelquote, der zukünftig aus drei Teilen bestehen wird:[2] Der Summe der gewichteten Risikoaktiva für das Adressenrisiko (RWA) sowie dem 12,5fachen

---

[1] Siehe zu dieser Kennzahl auch die Ausführungen in Aufgabe 2.54.
[2] Analoge Änderungen ergeben sich auch für die in Aufgabe 2.54 erläuterte nachrichtlich anzugebende Kennzahl.

der Summe aus dem Eigenkapitalunterlegungsbetrag für die operationellen Risiken (hEK$_{OR}$) und dem Eigenmittelunterlegungsbetrag für die Marktrisikopositionen (EM$_{MR}$).[1]

$$\frac{gEM}{RWA + 12{,}5\,(hEK_{OR} + EM_{MR})} \geq 8\,\%$$

Wird die Gesamteigenmittelquote geschrieben als

$$\frac{gEM}{0{,}08\,RWA + hEK_{OR} + EM_{MR}} \geq 1$$

so wird deutlich, dass ein Institut Eigenmittel mindestens in Höhe der Kapitalanforderungen für seine Adressenrisiken (8 % der gewichteten Risikoaktiva), operationellen Risiken sowie Marktpreisrisiken vorhalten muss. Die Zusammenhänge zwischen den verschiedenen Eigenmittelanforderungen sind in Abbildung 53 zusammengefasst. Eine Übersicht über die durch Basel II hervorgerufenen Auswirkungen auf die Mindesteigenmittelanforderungen der Institute gibt Abbildung 54.

---

[1] Vgl. BASELER AUSSCHUSS FÜR BANKENAUFSICHT (Basel II, 2004), S. 15.

## 3.3 Basel II – Säule 1

**Adressenrisiken**　　　**operationelle Risiken**　　　**Marktpreisrisiken**

$$\frac{hEK}{RWA} \geq 8\,\% \iff \frac{hEK}{0{,}08\,RWA} \geq 1 \qquad \frac{hEK - 0{,}08\,RWA}{hEK_{OR}} \geq 1 \qquad \frac{vEM}{EM_{MR}} \geq 1$$

$$\Uparrow \quad \frac{gEM}{0{,}08\,RWA + hEK_{OR} + EM_{MR}} \geq 1$$

$$\Updownarrow \quad \frac{gEM}{RWA + 12{,}5\,(hEK_{OR} + EM_{MR})} \geq 8\,\%$$

hEK　　=　haftendes Eigenkapital = Kernkapital + Ergänzungskapital  
RWA　　=　gewichtete Risikoaktiva (risk weighted assets)  
hEK$_{OR}$　=　Eigenkapitalunterlegungsbetrag für die operationellen Risiken  
vEM　　=　verbleibende Eigenmittel = hEK – 0,08 RWA – hEK$_{OR}$ + Drittrangmittel  
EM$_{MR}$　=　Eigenmittelunterlegungsbetrag für die Marktrisikopositionen  
gEM　　=　genutzte Eigenmittel

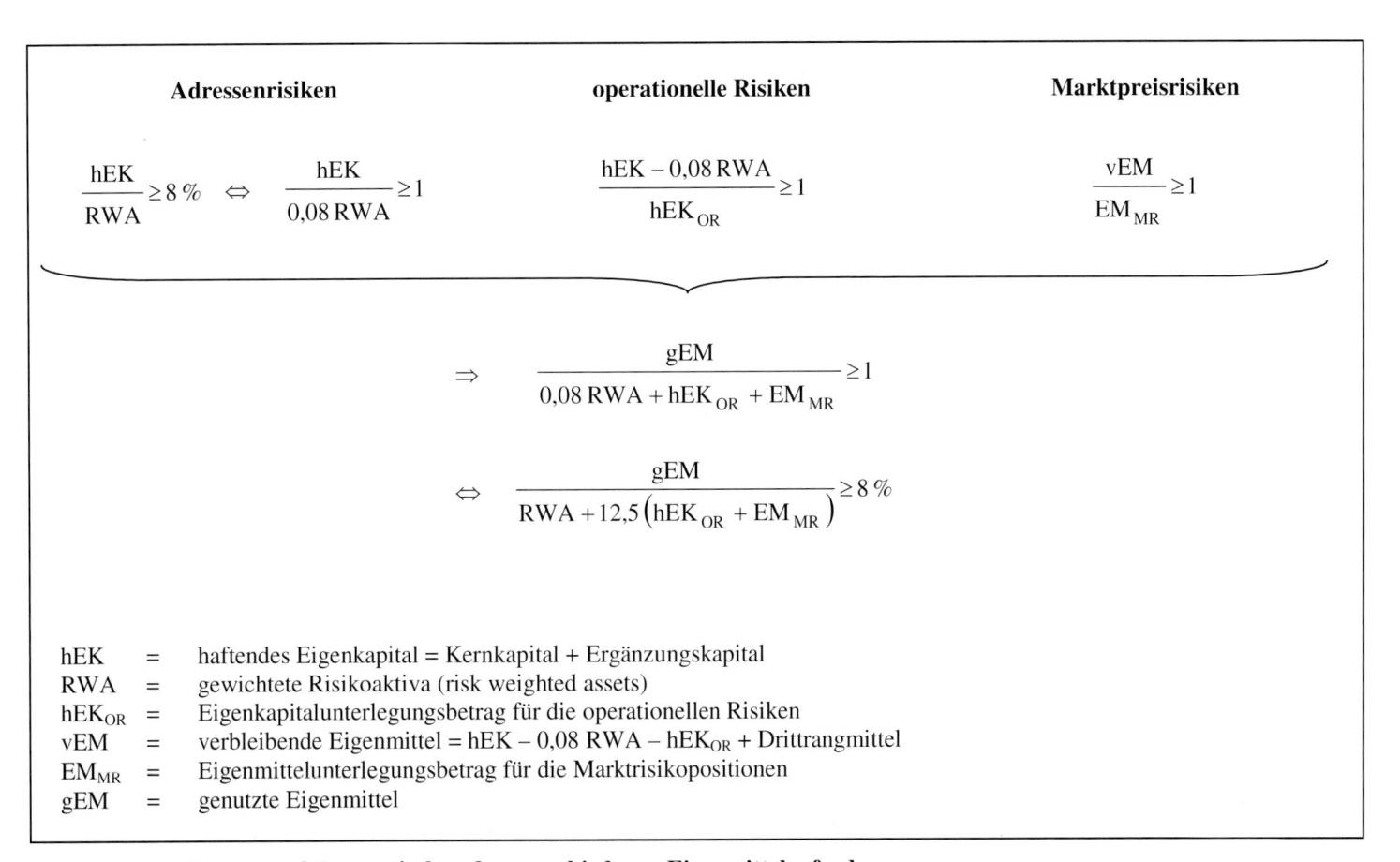

**Abbildung 53: Zusammenhänge zwischen den verschiedenen Eigenmittelanforderungen**

| unverändert | neu | modifiziert |
|---|---|---|
| **Eigenmitteldefinition** | **Operationelle Risiken** | **Marktpreisrisiken** |
| Eigenmittelbestandteile und -begrenzungen bleiben unverändert | Ermittlung einer separaten Eigenmittelanforderung | **Betragsdeckungsdarstellung** |
| Eigenmittel = hEK + Drittrangmittel | $hEK_{OR} \leq hEK - 0{,}08\,RWA$ | $EM_{MR} \leq vEM$ |
| **Adressenrisiken** | **Risikogewichtete Aktiva** | **Gesamteigenmittelquote** |
| **Solvabilitätskoeffizient** | Ermittlung mit Hilfe bankinterner und externer Ratings | $\dfrac{gEM}{RWA + 12{,}5\,(hEK_{OR} + EM_{MR})} \geq 8\,\%$ |
| $\dfrac{hEK}{RWA} \geq 8\,\% \Leftrightarrow RWA \leq 12{,}5\,hEK$ | | |

hEK = haftendes Eigenkapital = Kernkapital + Ergänzungskapital
RWA = gewichtete Risikoaktiva (risk weighted assets)
$hEK_{OR}$ = Eigenkapitalunterlegungsbetrag für die operationellen Risiken
vEM = verbleibende Eigenmittel = hEK − 0,08 RWA − $hEK_{OR}$ + Drittrangmittel
$EM_{MR}$ = Eigenmittelunterlegungsbetrag für die Marktrisikopositionen
gEM = genutzte Eigenmittel

**Abbildung 54: Änderungen der Eigenmittelanforderungen durch Basel II**

# 3.3 Basel II – Säule 1

**Aufgabe 3.10: Änderung der bankenaufsichtsrechtlichen Kennziffern**

Die Rheinland-Bank eG befindet sich in der Phase der Umstellung von Basel I auf Basel II. Es soll ein Vergleich zwischen den alten (Basel I) sowie den neuen (Basel II) Bestimmungen erstellt werden. Zu diesem Zweck hat die Rheinland-Bank eG die folgenden Informationen gesammelt (alle Angaben in TEUR):

|  | Fall a | Fall b | Fall c | Fall d |
|---|---|---|---|---|
| Kernkapital | 1.000 | 1.000 | 1.000 | 1.000 |
| Erg.Kap. | 1.000 | 1.000 | 1.000 | 1.000 |
| Drm | 300 | 300 | 300 | 300 |
| $EM_{MR}$ | 560 | 560 | 560 | 560 |
| RWA | 20.000 | 15.000 | 15.000 | 15.000 |
| $hEK_{OR}$ | – | 400 | 500 | 300 |

Fall a stellt die bisherige Situation (Basel I) dar, bei der keine Eigenkapitalunterlegungsvorschriften für die operationellen Risiken bestehen. Die Fälle b, c und d beziehen sich hingegen auf die neuen Bestimmungen (Basel II), wobei davon ausgegangen wird, dass auf Grund der genaueren Messung der Adressenrisiken mittels externer bzw. interner Ratings die gewichteten Risikoaktiva geringer als im Fall a sind. Während bei Fall b die Eigenkapitalanforderungen für die operationellen Risiken genau dem Betrag entsprechen, der durch die im Vergleich zu Fall a geringeren Risikoaktiva eingespart wird (5.000 TEUR · 8 % = 400 TEUR), sind sie in Fall c höher bzw. in Fall d niedriger.

Berechnen Sie den Solvabilitätskoeffizienten sowie die Gesamteigenmittelquote nach den bisherigen bankenaufsichtsrechtlichen Vorschriften (Fall a) sowie nach den zukünftigen Bestimmungen von Basel II (Fälle b, c und d). Überprüfen Sie dabei jeweils, ob genügend Eigenmittel zur Abdeckung der Marktpreisrisiken zur Verfügung stehen. Interpretieren Sie die Ergebnisse.

**Lösung**

Hinweis: Die nachfolgende Aufgabe orientiert sich am Aufbau des derzeitigen Grundsatzes I. Erläuternde Ausführungen zu den nachfolgenden Berechnungen finden sich in den Kapiteln 1.3 und 2.9.

**Fall a**
Eine Kappung des Ergänzungskapitals auf die Höhe des Kernkapitals ist nicht erforderlich. Das haftende Eigenkapital der Rheinland-Bank eG beträgt somit 2.000 TEUR.

Solvabilitätskoeffizient: $\dfrac{2.000}{20.000} = 0,1 = 10\,\%$

Es steht also ausreichend haftendes Eigenkapital zur Unterlegung der Adressenrisiken zur Verfügung.

| | | |
|---|---|---|
| freies Ergänzungskapital | = 1.000 – 20.000 · 0,04 | = 200 |
| freies Kernkapital | = 1.000 – 20.000 · 0,04 | = 200 |
| Obergrenze für anrechenbare Drittrangmittel | = 2,5 · 200 – 200 | = 300 |

Es können somit die gesamten vorhandenen Drittrangmittel in Höhe von 300 TEUR angesetzt werden.

200 + 200 + 300 = 700 ≥ 560
Zur Abdeckung der Marktpreisrisiken sind also noch ausreichend Eigenmittel vorhanden.

Zur Berechnung der Gesamteigenmittelquote sind die genutzten Eigenmittel zu berechnen. Dabei ist zu beachten, dass die genutzten Drittrangmittel auf 250 % des Kernkapitals, das zur Unterlegung der Marktpreisrisiken verwendet wird, beschränkt sind. Dies bedeutet, dass mindestens 2/7 der Marktpreisrisiken mit freiem Kernkapital unterlegt werden müssen.[1] Das zur Unterlegung der Marktpreisrisiken erforderliche freie Kernkapital beträgt somit:
560 · 2/7 = 160

Da freies Kernkapital in Höhe von 200 vorhanden ist, betragen die genutzten Drittrangmittel:
160 · 250 % = 400 ≥ 300

Somit können die gesamten vorhandenen Drittrangmittel zur Unterlegung der Marktpreisrisiken verwendet werden. Die genutzten Eigenmittel betragen daher:
2.000 + 300 = 2.300

---

[1] Vgl. BUNDESAUFSICHTSAMT FÜR DAS KREDITWESEN (Erläuterungen, 1997), S. 82.

Die Gesamteigenmittelquote beträgt also:

$$\frac{2.300}{20.000 + 12{,}5 \cdot 560} = \frac{2.300}{27.000} = 8{,}52\,\%$$

Die Rheinland-Bank eG verfügt somit über ausreichend Eigenmittel zur Unterlegung der Adressenrisiken sowie der Marktpreisrisiken.

**Fall b**
Eine Kappung des Ergänzungskapitals auf die Höhe des Kernkapitals ist nicht erforderlich. Das haftende Eigenkapital der Rheinland-Bank eG beträgt somit 2.000 TEUR.

Solvabilitätskoeffizient: $\dfrac{2.000}{15.000} = 0{,}1333 = 13{,}33\,\%$

Es steht also ausreichend haftendes Eigenkapital zur Unterlegung der Adressenrisiken zur Verfügung.

Nach den Vorschriften von Basel II sind zusätzlich zu den Adressenrisiken auch die operationellen Risiken mit haftendem Eigenkapital zu unterlegen. Das für die Unterlegung der Marktpreisrisiken verfügbare freie haftende Eigenkapital vermindert sich daher um 400 TEUR. Bei der Berechnung des freien Kernkapitals und des freien Ergänzungskapitals ist zu berücksichtigen, dass die Unterlegung der operationellen Risiken – analog zur Vorgehensweise bei den Adressenrisiken – mindestens zur Hälfte mit freiem Kernkapital und maximal zur Hälfte mit freiem Ergänzungskapital zu erfolgen hat.

| | | |
|---|---|---|
| freies Ergänzungskapital | $= 1.000 - 15.000 \cdot 0{,}04 - 200 =$ | 200 |
| freies Kernkapital | $= 1.000 - 15.000 \cdot 0{,}04 - 200 =$ | 200 |
| Obergrenze für anrechenbare Drittrangmittel | $= 2{,}5 \cdot 200 - 200 \phantom{xxxxxxxx} =$ | 300 |

Es können somit die gesamten vorhandenen Drittrangmittel in Höhe von 300 TEUR angesetzt werden.

$200 + 200 + 300 = 700 \geq 560$
Zur Abdeckung der Marktpreisrisiken sind also noch ausreichend Eigenmittel vorhanden.

Zur Berechnung der Gesamteigenmittelquote sind die genutzten Eigenmittel zu berechnen. Dabei ist zu beachten, dass die genutzten Drittrangmittel auf 250 % des

Kernkapitals, das zur Unterlegung der Marktpreisrisiken verwendet wird, beschränkt sind. Dies bedeutet, dass mindestens 2/7 der Marktpreisrisiken mit freiem Kernkapital unterlegt werden müssen.[1] Das zur Unterlegung der Marktpreisrisiken erforderliche freie Kernkapital beträgt somit:
560 · 2/7 = 160

Da freies Kernkapital in Höhe von 200 vorhanden ist, betragen die genutzten Drittrangmittel:
160 · 250 % = 400 ≥ 300

Somit können die gesamten vorhandenen Drittrangmittel zur Unterlegung der Marktpreisrisiken verwendet werden. Die genutzten Eigenmittel betragen daher:
2.000 + 300 = 2.300

Die Gesamteigenmittelquote beträgt also:

$$\frac{2.300}{15.000 + 12{,}5\,(560 + 400)} = \frac{2.300}{27.000} = 8{,}52\,\%$$

Die Rheinland-Bank eG verfügt somit über ausreichend Eigenmittel zur Unterlegung der Adressenrisiken, der operationellen Risiken sowie der Marktpreisrisiken.

**Fall c**
Eine Kappung des Ergänzungskapitals auf die Höhe des Kernkapitals ist nicht erforderlich. Das haftende Eigenkapital der Rheinland-Bank eG beträgt somit 2.000 TEUR.

Solvabilitätskoeffizient: $\dfrac{2.000}{15.000} = 0{,}1333 = 13{,}33\,\%$

Es steht also ausreichend haftendes Eigenkapital zur Unterlegung der Adressenrisiken zur Verfügung.

Nach den Vorschriften von Basel II sind zusätzlich zu den Adressenrisiken auch die operationellen Risiken mit haftendem Eigenkapital zu unterlegen. Das für die Unterlegung der Marktpreisrisiken verfügbare freie haftende Eigenkapital vermindert sich daher um 500 TEUR. Bei der Berechnung des freien Kernkapitals und des freien Ergänzungskapitals ist zu berücksichtigen, dass die Unterlegung der operationellen Risiken – analog zur Vorgehensweise bei den Adressenrisiken – mindestens zur

---

[1] Vgl. BUNDESAUFSICHTSAMT FÜR DAS KREDITWESEN (Erläuterungen, 1997), S. 82.

## 3.3 Basel II – Säule 1

Hälfte mit freiem Kernkapital und maximal zur Hälfte mit freiem Ergänzungskapital zu erfolgen hat.

freies Ergänzungskapital = $1.000 - 15.000 \cdot 0{,}04 - 250$ = 150
freies Kernkapital = $1.000 - 15.000 \cdot 0{,}04 - 250$ = 150
Obergrenze für anrechenbare Drittrangmittel = $2{,}5 \cdot 150 - 150$ = 225

Es kann somit von den vorhandenen Drittrangmittel (300 TEUR) lediglich ein Betrag in Höhe von 225 TEUR angesetzt werden.

$150 + 150 + 225 = 525 < 560$

Zur Abdeckung der Marktpreisrisiken stehen also nicht mehr ausreichend Eigenmittel zur Verfügung.

Zur Berechnung der Gesamteigenmittelquote sind die genutzten Eigenmittel zu berechnen. Dabei ist zu beachten, dass die genutzten Drittrangmittel auf 250 % des Kernkapitals, das zur Unterlegung der Marktpreisrisiken verwendet wird, beschränkt sind. Dies bedeutet, dass mindestens 2/7 der Marktpreisrisiken mit freiem Kernkapital unterlegt werden müssen.[1] Das zur Unterlegung der Marktpreisrisiken erforderliche freie Kernkapital beträgt somit:
$560 \cdot 2/7 = 160$

Da aber freies Kernkapital in Höhe von lediglich 150 vorhanden ist, sind die genutzten Drittrangmittel beschränkt auf:
$150 \cdot 250\,\% = 375 \geq 225$

Somit können die gesamten anrechenbaren Drittrangmittel zur Unterlegung der Marktpreisrisiken verwendet werden. Die genutzten Eigenmittel betragen daher:
$2.000 + 225 = 2.225$

Die Gesamteigenmittelquote beträgt also:

$$\frac{2.225}{15.000 + 12{,}5\,(560 + 500)} = \frac{2.225}{28.250} = 7{,}88\,\%$$

Die Eigenmittel der Rheinland-Bank eG reichen somit nicht aus, um die Adressenrisiken, die operationellen Risiken sowie die Marktpreisrisiken zu unterlegen.

---

[1] Vgl. BUNDESAUFSICHTSAMT FÜR DAS KREDITWESEN (Erläuterungen, 1997), S. 82.

**Fall d**
Eine Kappung des Ergänzungskapitals auf die Höhe des Kernkapitals ist nicht erforderlich. Das haftende Eigenkapital der Rheinland-Bank eG beträgt somit 2.000 TEUR.

Solvabilitätskoeffizient: $\dfrac{2.000}{15.000} = 0,1333 = 13,33\,\%$

Es steht also ausreichend haftendes Eigenkapital zur Unterlegung der Adressenrisiken zur Verfügung.

Nach den Vorschriften von Basel II sind zusätzlich zu den Adressenrisiken auch die operationellen Risiken mit haftendem Eigenkapital zu unterlegen. Das für die Unterlegung der Marktpreisrisiken verfügbare freie haftende Eigenkapital vermindert sich daher um 300 TEUR. Bei der Berechnung des freien Kernkapitals und des freien Ergänzungskapitals ist zu berücksichtigen, dass die Unterlegung der operationellen Risiken – analog zur Vorgehensweise bei den Adressenrisiken – mindestens zur Hälfte mit freiem Kernkapital und maximal zur Hälfte mit freiem Ergänzungskapital zu erfolgen hat.

freies Ergänzungskapital $= 1.000 - 15.000 \cdot 0,04 - 150 = 250$
freies Kernkapital $= 1.000 - 15.000 \cdot 0,04 - 150 = 250$
Obergrenze für anrechenbare Drittrangmittel $= 2,5 \cdot 250 - 250 = 375$

Es können somit die gesamten vorhandenen Drittrangmittel in Höhe von 300 TEUR angesetzt werden.

$250 + 250 + 300 = 800 \geq 560$

Zur Abdeckung der Marktpreisrisiken sind also noch ausreichend Eigenmittel vorhanden.

Zur Berechnung der Gesamteigenmittelquote sind die genutzten Eigenmittel zu berechnen. Dabei ist zu beachten, dass die genutzten Drittrangmittel auf 250 % des Kernkapitals, das zur Unterlegung der Marktpreisrisiken verwendet wird, beschränkt sind. Dies bedeutet, dass mindestens 2/7 der Marktpreisrisiken mit freiem Kernkapital unterlegt werden müssen.[1] Das zur Unterlegung der Marktpreisrisiken erforderliche freie Kernkapital beträgt somit:
$560 \cdot 2/7 = 160$

---

[1] Vgl. BUNDESAUFSICHTSAMT FÜR DAS KREDITWESEN (Erläuterungen, 1997), S. 82.

Da freies Kernkapital in Höhe von 250 vorhanden ist, betragen die genutzten Drittrangmittel:
160 · 250 % = 400 ≥ 300

Somit können die gesamten vorhandenen Drittrangmittel zur Unterlegung der Marktpreisrisiken verwendet werden. Die genutzten Eigenmittel betragen daher:
2.000 + 300 = 2.300

Die Gesamteigenmittelquote beträgt also:

$$\frac{2.300}{15.000 + 12,5\,(560 + 300)} = \frac{2.300}{25.750} = 8,93\,\%$$

Die Rheinland-Bank eG verfügt somit über ausreichend Eigenmittel zur Unterlegung der Adressenrisiken, der operationellen Risiken sowie der Marktpreisrisiken.

**Gegenüberstellung und Interpretation der Ergebnisse**

|  | Fall a | Fall b | Fall c | Fall d |
|---|---|---|---|---|
| Solvabilitätskoeffizient | 10,00 % | 13,33 % | 13,33 % | 13,33 % |
| Gesamteigenmittelquote | 8,52 % | 8,52 % | 7,88 % | 8,93 % |

In diesem Beispiel sind die Risikoaktiva auf Grund der genaueren Messung der Adressenrisiken mittels externer bzw. interner Ratings niedriger als in der Ausgangssituation. Hierdurch verbessert sich der Solvabilitätskoeffizient. Allerdings wird für die Unterlegung der operationellen Risiken haftendes Eigenkapital benötigt, das dann für die Unterlegung der Marktpreisrisiken nicht mehr zur Verfügung steht. Je nachdem, ob das für die Unterlegung der operationellen Risiken erforderliche haftende Eigenkapital dem im Bereich der Adressenrisiken frei werdenden haftenden Eigenkapital entspricht (Fall b) oder größer (Fall c) bzw. kleiner (Fall d) ist, bleibt die Gesamteigenmittelquote im Vergleich zur Ausgangssituation (Fall a) entweder unverändert (Fall b) oder sie fällt (Fall c) oder sie steigt (Fall d).

**Aufgabe 3.11: Änderung der Bonitätsgewichtungsfaktoren**
Erläutern Sie kurz, warum in Säule 1 von Basel II eine Änderung der Bonitätsgewichtungsfaktoren im Rahmen der Ermittlung des Adressenrisikos vorgesehen ist.

**Lösung**

Die Höhe des Solvabilitätskoeffizienten wird durch die Bestimmungen von Basel II nicht berührt. Das Verhältnis des haftenden Eigenkapitals zu den gewichteten Risikoaktiva muss auch weiterhin mindestens 8 % betragen. Neuerungen sind jedoch bei der Ermittlung der gewichteten Risikoaktiva vorgesehen. Bislang werden sie als die Summe der jeweils mit einem sog. „Bonitätsgewichtungsfaktor" multiplizierten Risikoaktiva eines Instituts berechnet. Während dieser Bonitätsgewichtungsfaktor bei Krediten an öffentliche Schuldner und an Kreditinstitute auch einen kleineren Wert als 100 % annehmen kann, gilt für an sonstige Unternehmen vergebene Kredite ein Risikogewicht von 100 %.[1] Sie sind somit mit 8 % haftendem Eigenkapital zu unterlegen. Die fehlende Berücksichtigung der individuellen Bonität des einzelnen Unternehmens hat zur Folge, dass höchst unterschiedliche Adressenrisiken im Grundsatz I gleich behandelt werden. Die gleiche Situation besteht auch bei Krediten an staatliche Schuldner. So gibt es keinen ersichtlichen Grund, Kredite an Staaten der Zone B auch dann pauschal einer 8%igen Eigenkapitalbelastung zu unterziehen, wenn diese Staaten über ein gutes Rating verfügen.

Wenn Institute im Rahmen ihres internen Risikomanagements über Methoden verfügen, die eine genaue Messung des von einem Institut übernommenen Risikos erlauben, so sollten diese Praktiken auch bei ihrer Beaufsichtigung Anwendung finden. Für die Marktpreisrisiken ist dies schon heute der Fall, denn mittlerweile ist es den Instituten gestattet, zur Messung der Marktpreisrisiken auch interne Modelle zu verwenden. Diese Entwicklung wird in der Neuen Baseler Eigenkapitalvereinbarung fortgeführt. Auch zur Messung des Adressenrisikos sind nun Methoden vorgesehen, die die individuelle Bonität des Schuldners stärker berücksichtigen.

**Aufgabe 3.12: Komplexität und Risikosensitivität des Standardansatzes, des IRB-Basisansatzes und des fortgeschrittenen IRB-Ansatzes**

Zur Ermittlung des zur Abdeckung des Adressenrisikos erforderlichen Betrags an haftendem Eigenkapital stehen den Institute zukünftig die folgenden drei Methoden zur Verfügung: Standardansatz, IRB-Basisansatz sowie fortgeschrittener IRB-Ansatz. Vergleichen Sie die drei genannten Ansätze hinsichtlich Komplexität und Risikosensitivität.

**Lösung**

Während der Standardansatz in etwa der bisherigen Vorgehensweise entspricht und auf einer externen Bonitätsbeurteilung des Schuldners basiert, können die Institute

---

[1] Vgl. die Lösung zu Aufgabe 2.22.

beim internen Bemessungsansatz (internal ratings-based approach, IRB-Ansatz) auf ihre eigenen Bonitätseinschätzungen (internes Rating) zurückgreifen. Beim IRB-Ansatz können die Institute zwischen zwei unterschiedlich komplexen Methoden wählen, dem einfacheren IRB-Basisansatz sowie dem fortgeschrittenen IRB-Ansatz.

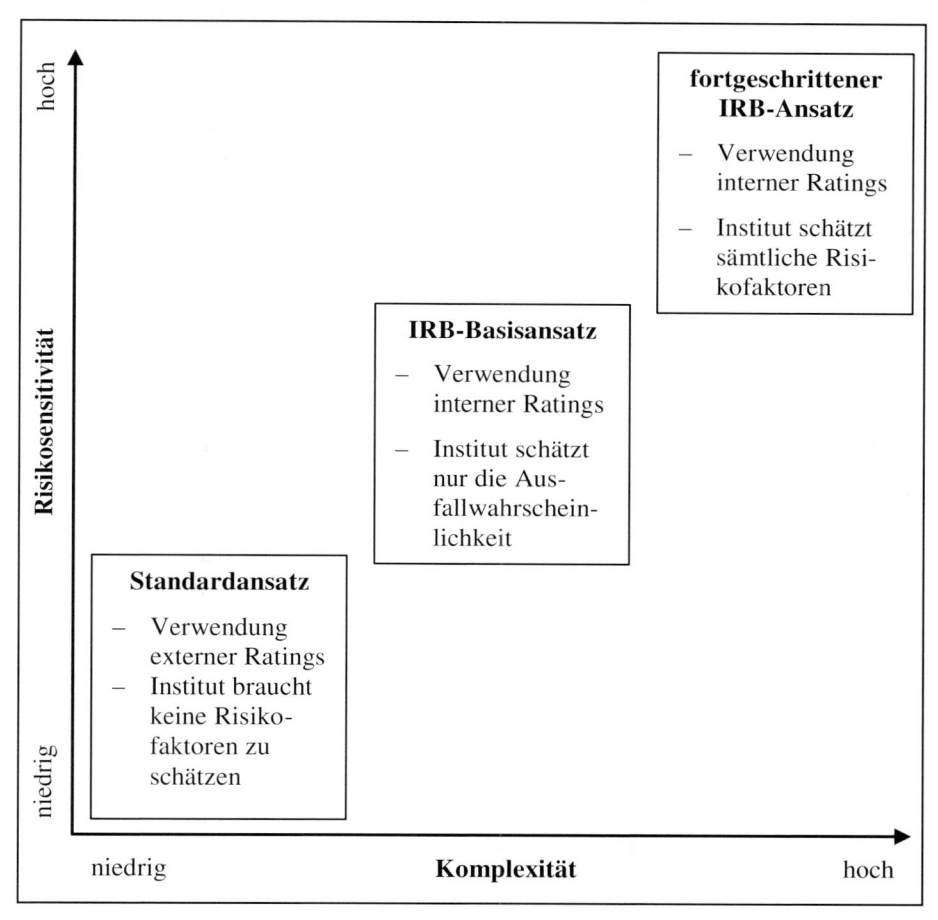

**Abbildung 55: Komplexität und Risikosensitivität des Standardansatzes und der IRB-Ansätze**

Beim Standardansatz werden – ähnlich wie bisher – für die einzelnen Schuldner eines Instituts feste Risikogewichte (Bonitätsgewichtungsfaktoren) vorgegeben, die vom externen Rating des Schuldners abhängen. Da also mit diesem Ansatz nur eine sehr pauschale Messung des Adressenrisikos vorgenommen werden kann, ist seine Risikosensitivität sehr gering (siehe Abbildung 55). Die ausschließliche Verwendung externer Ratings führt dazu, dass das Institut selbst keine Risikofaktoren zu schätzen braucht, weshalb die Komplexität des Standardansatzes ebenfalls sehr gering ist.

Bei den beiden IRB-Ansätzen muss das Institut bestimmte Risikoparameter schätzen. Dabei handelt es sich um spezifische Risikoparameter, die vom jeweiligen Schuldner sowie von dem zu Grunde liegenden Kredit abhängen. Diese Risikoparameter gehen in von der Bankenaufsicht vorgegebene Risikogewichtungsfunktionen ein, mit deren Hilfe das auf den jeweiligen Kredit anzuwendende Risikogewicht ermittelt wird. Da sich das zur Anwendung kommende Risikogewicht sehr viel stärker an der tatsächlichen Ausfallwahrscheinlichkeit orientiert, als dies beim Standardansatz der Fall ist, verfügen diese beiden IRB-Ansätze über eine deutlich höhere Risikosensitivität. Diese höhere Risikosensitivität wird allerdings durch eine höhere Komplexität der IRB-Ansätze erkauft, da die Institute nicht auf externe Ratings zurückgreifen können, sondern intern die relevanten Risikoparameter ermitteln müssen. Während ein Institut beim IRB-Basisansatz lediglich die Ausfallwahrscheinlichkeit des Schuldners zu schätzen hat, müssen beim fortgeschrittenen IRB-Ansatz sämtliche Risikoparameter bestimmt werden. Dies führt dazu, dass beim IRB-Basisansatz Risikosensitivität und Komplexität geringer als beim fortgeschrittenen IRB-Ansatz sind.

**Aufgabe 3.13: Der Begriff „Rating"**
Was ist unter dem Begriff „Rating" zu verstehen?

**Lösung**
Der Begriff „Rating" stammt aus dem Englischen und leitet sich von dem Verb „to rate" ab, das mit schätzen oder einschätzen übersetzt werden kann. Das englische Substantiv „rate" bedeutet im Deutschen soviel wie Verhältnis oder Rang. Das englische „rating" entspricht den deutschen Begriffen Beurteilung oder Einschätzung.

Ein Rating im Sinne einer Einschätzung ist in vielen verschiedenen Bereichen des täglichen Lebens zu finden. So gibt es Ratings von Hotels, Restaurants (z. B. 3-Sterne-Rating) und Universitäten, aber auch bestimmte Produkte (z. B. Autos oder technische Geräte) sowie Finanzanlagen (beispielsweise Immobilienobjekte oder Wertpapiere) können mit einem Rating versehen werden. In allen Fällen stellt ein Rating eine Bewertung eines bestimmten Sachverhalts dar. Unterschiede bestehen lediglich darin, welcher Sachverhalt beurteilt wird.

An den Finanzmärkten spielt das Rating eine bedeutende Rolle. Bei diesem speziellen Rating handelt es sich um die Beurteilung der Bonität eines Schuldners bzw. der Qualität von Schuldtiteln. Ein solches Rating stellt eine Einschätzung der Ausfallwahrscheinlichkeit eines bestimmten Schuldners oder eines bestimmten Kredits (üblicherweise in Form einer Anleihe) dar und wird daher gelegentlich auch als Credit Rating bezeichnet. Allerdings existieren auch bei den an den Finanzmärkten geläufigen Ratings unterschiedliche Arten von Ratings, die in Aufgabe 3.17 näher erläutert werden.

**Aufgabe 3.14: Anbieter von Ratings**
Von wem werden Ratings erstellt?

**Lösung**
Ratings werden klassischerweise von darauf spezialisierten Unternehmen, den so genannten Ratingagenturen, erstellt. Im Zuge von Basel II gehen immer mehr Kreditinstitute dazu über, eigene Ratings ihrer Kreditnehmer anzufertigen, um diese internen Ratings für bankenaufsichtliche Zwecke einzusetzen. Solche von den Kreditinstituten erstellten interne Ratings werden nicht veröffentlicht, sondern finden lediglich bankinterne Verwendung. Sie sind somit von den externen Ratings abzugrenzen, die von den Ratingagenturen erstellt und der interessierten Öffentlichkeit zur Verfügung gestellt werden.

*Nationale und internationale Ratingagenturen*
Der Markt für externe Ratings wird von einigen wenigen großen, weltweit agierenden Ratingagenturen dominiert. Zu den bekanntesten Ratingagenturen zählen die US-amerikanischen Gesellschaften Standard & Poor's sowie Moody's Corp. An den internationalen Finanzmärkten sind außerdem noch die Ratings der britischen Fitch Ratings Ltd. von Bedeutung, die jedoch kleiner als die beiden US-amerikanischen Gesellschaften ist und vor allem im angelsächsischen Bereich aktiv ist. Diese drei Ratingagenturen kontrollieren zusammen ca. 95 % des gesamten externen Ratingmarktes. Den übrigen Ratingagenturen, die häufig nur national ausgerichtet sind und ihren Schwerpunkt auf das Rating von mittelständischen Unternehmen setzen, kommt somit bislang lediglich eine untergeordnete Rolle zu. Bedingt durch die in Basel II vorgesehene Verwendung externer Ratings durch Kreditinstitute und der sich darauf stützenden Hoffnung auf ein lukratives Geschäft wurden in den letzten Jahren relativ viele neue Ratingagenturen gegründet, von denen jedoch ein Großteil den Geschäftsbetrieb bereits wieder eingestellt hat. Zu den deutschen Ratingagentu-

ren zählen beispielsweise die Creditreform Rating AG, Neuss, die URA AG, München, sowie die Rating Services AG, München.[1]

*Kreditinstitute als Ersteller bankinterner Ratings*
Neben diesen hoch spezialisierten Ratingagenturen erstellen auch Kreditinstitute Ratings. Während jedoch die Ratingagenturen ihre Beurteilungen einer breiten Öffentlichkeit zur Verfügung stellen (externes Rating), dienen die von den Kreditinstituten erstellten Ratings nur internen Zwecken (internes Rating) und werden daher üblicherweise nicht veröffentlicht. Interne Ratings sind erst durch Basel II populär geworden. Zwar bildeten sich die Kreditinstitute bislang im Rahmen des Kreditvergabeprozesses auch ein Urteil über die Bonität des Schuldners, jedoch wurde in der Regel keine konkrete Ausfallwahrscheinlichkeit angegeben. Es reichte aus zu entscheiden, ob die Bonität als ausreichend anzusehen war und der Kredit bewilligt werden konnte oder ob der Kreditwunsch auf Grund unzureichender Kreditwürdigkeit des Antragstellers abzulehnen war. Gemäß den Bestimmungen von Basel II wird diese Vorgehensweise jedoch in Zukunft nicht mehr ausreichend sein. So werden die Kreditinstitute nach In-Kraft-Treten von Basel II die Höhe der von ihnen für einen Kredit vorzuhaltenden Eigenmittel auf der Grundlage entweder eines externen Ratings oder aber eines internen Ratings zu bestimmen haben, wobei im Rahmen des internen Ratings die Ausfallwahrscheinlichkeit des Kredits ermittelt werden muss. In der erst mit dem zweiten Konsultationspapier zu Basel II allen Kreditinstituten offen stehenden Möglichkeit zur Verwendung von internen Ratings dürfte auch der Grund dafür zu sehen sein, dass sich die Geschäftsmöglichkeiten der neu gegründeten Ratingagenturen nicht so günstig wie ursprünglich erhofft entwickelt haben.

**Aufgabe 3.15: Bedeutung von Ratings**
Erläutern Sie die Bedeutung von Ratings für die Unternehmensfinanzierung. Differenzieren Sie bei Ihren Ausführungen zwischen externen und internen Ratings.

**Lösung**
Ob für die Unternehmensfinanzierung das externe Rating oder das interne Rating relevant ist, hängt von der Art der Finanzierung ab. Will sich das Unternehmen am Kapitalmarkt durch die Emission von Schuldverschreibungen finanzieren, so werden sich die Investoren am (externen) Rating einer Ratingagentur orientieren; soll die

---

[1] Die Rating Services AG, München, wurde im August 1999 gegründet. Als Initiativgesellschafter fungierte das Bildungswerk der Bayerischen Wirtschaft e.V.

Finanzierung hingegen durch einen Bankkredit erfolgen, so werden sich die Kreditkonditionen am internen Rating des Kreditinstituts ausrichten.

Die zukünftige Bedeutung des Ratings in Deutschland hängt stark von der Art der Unternehmensfinanzierung ab. Während in den USA die Unternehmen bereits sehr kapitalmarktorientiert sind (sie besorgen sich ca. zwei Drittel ihres Fremdkapitalbedarfs am Kapitalmarkt, während sich die europäischen Unternehmen lediglich zu ca. einem Drittel am Kapitalmarkt fremd finanzieren), dominiert bei deutschen Unternehmen häufig noch die Finanzierung über ihre Hausbanken.[1] Sollte sich der Trend zur Fremdfinanzierung über den Kapitalmarkt auch bei den deutschen Unternehmen verstärken, so wird auch hierzulande das externe Rating eine größere Bedeutung erlangen. Da aber für den Großteil der kleinen und mittleren Unternehmen eine Fremdkapitalbeschaffung am Kapitalmarkt nicht in Frage kommt, werden diese auf die Finanzierung über ihre Hausbank angewiesen bleiben. Ihre Finanzierungskonditionen werden dann gemäß den Bestimmungen von Basel II vom internen Rating ihrer Hausbank abhängen. An einem Rating – sei es nun ein externes Rating oder ein internes Rating – werden die Unternehmen in Zukunft wohl kaum mehr vorbeikommen.

**Aufgabe 3.16: Ratingsymbole**
Geben Sie einen Überblick über die Ratingsymbole der wichtigsten Ratingagenturen und deren Bedeutung. Unterscheiden Sie dabei zwischen Investment-Grade-Ratings und Speculative-Grade-Ratings.

**Lösung**
Um das Ergebnis des Ratingprozesses kompakt darzustellen, bedienen sich die Ratingagenturen einer spezifischen Notation, die üblicherweise aus Buchstabenkombinationen (z. B. BBB) besteht. In Abbildung 56 sind die langfristigen Ratings der drei bedeutendsten Ratingagenturen in absteigender Reihenfolge aufgeführt (die dazugehörigen kurzfristigen Ratings finden sich in Abbildung 57). Die beste Bewertung stellt dabei das so genannte „triple A" (AAA) dar, das ausschließlich für Schuldtitel der höchsten Qualität vergeben wird. Niedrigere Ratings (z. B. BB) kennzeichnen eine niedrigere Bonität des bewerteten Schuldtitels, was gleichbedeutend mit einer höheren Ausfallwahrscheinlichkeit ist. Die schlechtesten Noten (D bzw. C) werden für Titel vergeben, bei denen der Schuldner seinen vereinbarten Zahlungsverpflichtungen nicht nachgekommen ist. Um innerhalb der einzelnen Buchstabenkombinati-

---

[1] Vgl. BECKER, ANNETTE (Kapitalmarkt, 2003), S. 11.

onen noch feinere Einteilungen zu erreichen, verwenden die Ratingagenturen Zahlen (z. B. Aa1, B3) oder Zeichen (z. B. AA+ oder BBB–).

| Standard & Poor's | Moody's | Fitch Ratings | |
|---|---|---|---|
| AAA | Aaa | AAA | Investment-Grade |
| AA+ | Aa1 | AA+ | |
| AA | Aa2 | AA | |
| AA– | Aa3 | AA– | |
| A+ | A1 | A+ | |
| A | A2 | A | |
| A– | A3 | A– | |
| BBB+ | Baa1 | BBB+ | |
| BBB | Baa2 | BBB | |
| BBB– | Baa3 | BBB– | |
| BB+ | Ba1 | BB+ | Speculative-Grade |
| BB | Ba2 | BB | |
| BB– | Ba3 | BB– | |
| B+ | B1 | B+ | |
| B | B2 | B | |
| B– | B3 | B– | |
| CCC | Caa | CCC | |
| CC | Ca | CC | |
| C | C | C | |
| D | | D | |

**Abbildung 56: Die langfristigen Ratingskalen der wichtigsten Ratingagenturen**

Eine solche komprimierte und feingliedrige Darstellung erlaubt es dem interessierten Leser, die Einschätzung durch die Ratingagentur auf einen Blick zu erfassen, ohne sich erst durch umfangreiche Berichte und Auswertungen arbeiten zu müssen. Hierdurch wird auch vermieden, dass es zu sprachlich bedingten Problemen oder Missverständnissen kommt, wenn die Beurteilung beispielsweise nur in fremder Sprache vorliegt. Außerdem können auf diese Weise die Kosten für eine gegebenenfalls erforderliche Übersetzung gespart werden. Hinzu kommt, dass Ratings besser miteinander verglichen werden können, sowohl was einen Vergleich der Ratings verschiedener Ratingagenturen untereinander angeht, als auch in Bezug auf die für verschiedene Schuldner erstellten Ratings einer einzelnen Ratingagentur. Durch die abstrakte Symbolnotation der Ratingagenturen wird also die Transparenz der Ratings für die Investoren erhöht.

Um den Anlegern eine zusätzliche Entscheidungshilfe bei ihren Investitionen zu geben, werden die Ratings in zwei Gruppen unterteilt: Investment-Grade-Ratings und Speculative-Grade-Ratings. Während den Ratingagenturen die Ausfallwahrscheinlichkeit bei Schuldtiteln mit einem Investment-Grade-Rating noch ausreichend gut erscheint, ist bei einem Speculative-Grade-Rating die Ausfallwahrscheinlichkeit so hoch, dass einem risikoaversen Anleger von einem Investment in solche Schuldtitel abzuraten ist.

**Aufgabe 3.17: Unterschiedliche Arten von Ratings**
Es existiert eine Vielzahl von unterschiedlichen Ratings. Grenzen Sie die folgenden Ratingarten voneinander ab:
— Emissionsrating und Emittentenrating,
— kurzfristiges Rating und langfristiges Rating,
— solicitated Ratings und unsolicitated Rating,
— externes Rating und internes Rating,
— Unternehmensrating, Branchenrating und Länderrating

**Lösung**
*Emissionsrating und Emittentenrating*
Die Ratingagenturen erstellen verschiedenartige Ratings, wobei es sich üblicherweise um so genannte Emissionsratings, also um die Bewertung genau spezifizierter verbriefter Verbindlichkeiten, handelt. Da die Ausfallwahrscheinlichkeit einer Schuldverschreibung nun aber auch von ihrer konkreten vertraglichen Ausgestaltung (hierzu zählen insbesondere die Besicherung, die Laufzeit sowie die Vor- bzw. Nachrangigkeit der Anleihe) abhängt, können Ratings für verschiedene Emissionen desselben Emittenten durchaus unterschiedlich sein. Im Gegensatz dazu beziehen sich Emittentenratings, die die Grundlage für die Erstellung von Emissionsratings darstellen, auf die generelle Fähigkeit eines Schuldners, seine Verbindlichkeiten vertragsgemäß bedienen zu können.[1]

---

[1] Vgl. hierzu KRÄMER, GREGOR (Auswirkungen, 2003), S. 21.

An den Wertpapierbörsen kommt vor allem dem Emissionsrating eine herausragende Bedeutung zu, da bei diesem eine ganz bestimmte Anleihe durch die Ratingagentur bewertet wird und sich die Anleger, die sich für genau diese Anleihe interessieren, bei ihren Investitionsentscheidungen an der Einschätzung durch die Ratingagentur orientieren können. Handelt es sich hingegen wie bei Bankkrediten um unverbriefte Verbindlichkeiten eines Schuldners, so wird sich die kreditgebende Stelle eher an dem Emittentenrating orientieren, da das Emissionsrating dazu auf Grund eventuell bestehender besonderer Vertragskonditionen nicht so gut geeignet ist.

*Kurzfristiges Rating und langfristiges Rating*
Die von den Ratingagenturen erstellten (externen) Ratings lassen sich außerdem in langfristige und kurzfristige Ratings unterteilen. Während langfristige Ratings für Schuldverschreibungen mit einer Ursprungslaufzeit von mehr als einem Jahr erteilt werden, erstellen die Ratingagenturen auch kurzfristige Ratings für Emissionen, deren Ursprungslaufzeit ein Jahr nicht übersteigt.[1] Damit ein Investor ohne weiteres erkennen kann, ob es sich um ein langfristiges oder um ein kurzfristiges Rating handelt, wird für kurzfristige Ratings eine eigene Notation verwendet, die in Abbildung 57 für die wichtigsten Ratingagenturen angegeben ist. Auch die kurzfristigen Ratings werden – genauso wie die langfristigen Ratings – in die beiden Gruppen Investment-Grade-Ratings und Speculative-Grade-Ratings eingeteilt. Allerdings sind die kurzfristigen Ratingskalen weniger detailliert als die langfristigen Ratingskalen. Damit ist bei den kurzfristigen Ratings nur eine deutlich gröbere Einteilung der Schuldnerbonität möglich.

*Solicitated Rating und unsolicitated Rating*
In Abhängigkeit vom Initiator des Ratings wird zwischen solicitated Ratings und unsolicitated Ratings unterschieden. Üblicherweise handelt es sich bei den von den Ratingagenturen veröffentlichten Ratings um solicitated Ratings, also um Ratings, die im Auftrag des zu ratenden Unternehmens erstellt worden sind. Wird das Rating auf Initiative der Ratingagentur oder eines Investors erstellt, so wird von einem unsolicitated Rating gesprochen.

Da im Falle eines solicitated Ratings das den Auftrag gebende Unternehmen ein großes Interesse an einem möglichst guten Rating hat, ist es regelmäßig zur Kooperation mit der Ratingagentur bereit. Die Ratingagentur muss sich dann bei der Erstellung des Ratings nicht nur auf öffentlich zugängliche Informationen stützen, sondern kann auch kritische Fragen mit der Unternehmensleitung klären und häufig sogar

---

[1] Vgl. BERBLINGER, JÜRGEN (Marktakzeptanz, 1996), S. 35–36.

Einsicht in interne Unterlagen nehmen. Die Qualität und Aussagefähigkeit eines solicitated Ratings ist daher höher einzuschätzen als bei einem unsolicitated Rating, das unter Umständen sogar gegen den Willen des zu bewertenden Unternehmens erstellt wird.

| Standard & Poor's | Moody's | Fitch Ratings | |
|---|---|---|---|
| A-1+ <br> A-1 <br> A-2 <br> A-3 | P-1 <br> P-2 <br> P-3 | F1+ <br> F1 <br> F2 <br> F3 | Investment-Grade |
| B <br> C | Not Prime | B <br> C | Speculative-Grade |

**Abbildung 57: Die kurzfristigen Ratingskalen der wichtigsten Ratingagenturen**

*Externes Rating und internes Rating*
Die von den Ratingagenturen erstellten Ratings werden auch als externe Ratings bezeichnet, da sie der interessierten Öffentlichkeit zur Verfügung gestellt werden. Sie sind von den internen Ratings abzugrenzen, die Kreditinstitute zu bankenaufsichtsrechtlichen Zwecken erstellen und die nicht veröffentlicht, sondern lediglich bankintern verwendet werden (siehe hierzu auch die Ausführungen in Aufgabe 3.14).

Ob für die Unternehmensfinanzierung das externe Rating oder das interne Rating relevant ist, hängt von der Art der Finanzierung ab. Will sich das Unternehmen am Kapitalmarkt durch die Emission von Schuldverschreibungen finanzieren, so werden sich die Investoren am (externen) Rating einer Ratingagentur orientieren; soll die Finanzierung hingegen durch einen Bankkredit erfolgen, so werden sich die Kreditkonditionen am internen Rating des Kreditinstituts ausrichten.

*Unternehmensrating, Branchenrating und Länderrating*
Die von den Ratingagenturen erstellten Ratings lassen sich nach dem jeweiligen Untersuchungsobjekt in Unternehmensratings, Branchenratings und Länderratings einteilen. Bei Unternehmensratings steht ein einzelnes Unternehmen bzw. eine von ihm emittierte Anleihe im Mittelpunkt der Bewertung. Im Gegensatz dazu wird bei Branchenratings nicht auf die wirtschaftliche Leistungsfähigkeit eines einzelnen Unternehmens abgestellt; vielmehr bezieht sich das Rating auf eine ganze Branche (z. B. Telekommunikation, Stahl, Versicherungen etc.). Länderratings spiegeln die Einschätzung der Ratingagentur über die Bonität eines souveränen Staates wider. Da sich viele Staaten in erheblichem Maße an den nationalen und internationalen Kapitalmärkten verschulden, ist das Länderrating von hoher Bedeutung für die Finanzierungsmöglichkeiten des jeweiligen Staates.

**Aufgabe 3.18: Kosten von Ratings**
Welche Kosten sind mit einem Rating verbunden?

**Lösung**
*Kosten eines externen Ratings*
Mit einem externen Rating sind nicht unerhebliche Kosten verbunden. So muss der Auftraggeber für die erstmalige Erstellung eines externen Ratings (Erstrating) zwischen 7.500 EUR und 60.000 EUR bezahlen,[1] wobei der genaue Preis von der Größe des zu ratenden Unternehmens sowie der Komplexität seiner Unternehmensstruktur abhängt.[2] Folgeratings (so genannte Re-Ratings) sind häufig günstiger als Erstratings, da sich die Ratingagentur schon einmal mit dem Unternehmen intensiv beschäftigt hat und auf die bisherigen Analysen zurückgreifen kann. Die Aktualisierung eines einmal erstellten Ratings ist daher mit weniger Aufwand verbunden und somit für die Ratingagenturen kostengünstiger als die Erstellung eines Erstratings.

Einige Ratingagenturen gewähren außerdem einen Preisnachlass, wenn das Unternehmen der Veröffentlichung des zu erstellenden Ratings zustimmt. Dies liegt vor allem daran, dass insbesondere neu gegründete und bislang relativ unbekannte Ratingagenturen ein besonderes Interesse daran haben, ihr Unternehmen in der breiten Öffentlichkeit bekannt zu machen, um auf diese Weise ihren Kundenkreis zu erweitern. Es ist allerdings zu bedenken, dass die Veröffentlichung eines schlechter als erwartet ausgefallenen Ratings negative Auswirkungen auf die Finanzierungskonditionen des Unternehmens und damit erhöhte Kapitalbeschaffungskosten zur Folge

---

[1] Vgl. MUNSCH, MICHAEL/WEIß, BERND (Rating, 2002), S. 82.
[2] Vgl. WAMBACH, MARTIN/RÖDL, BERND (Rating, 2001), S. 77–78.

haben kann. So verursachten Ratingherabstufungen für Anleihen der Deutsche Telekom AG sowie der ThyssenKrupp AG bei diesen Unternehmen zusätzliche Zinskosten von jeweils ca. 20 Mio. EUR pro Jahr.[1]

Insbesondere in den recht hohen Erstkosten und den regelmäßig anfallenden Folgekosten für ein externes Rating dürfte der Grund dafür zu sehen sein, dass erst sehr wenige Unternehmen in Deutschland über ein externes Rating verfügen (so sind ca. 20 % der DAX30-Unternehmen zurzeit nicht geratet[2]) und vor allem kleine und mittlere Unternehmen einem externen Rating bislang skeptisch gegenüber stehen. Auf ein Re-Rating wird ein einmal geratetes Unternehmen nämlich trotz der damit verbundenen Kosten kaum verzichten können, denn wenn ein Unternehmen ein externes Rating in Auftrag gegeben hat und dieses veröffentlicht worden ist, so werden die Investoren an den Finanzmärkten davon ausgehen, dass dieses Rating regelmäßig aktualisiert wird.

Üblicherweise sollte ein externes Rating jährlich aktualisiert werden, damit seine Aussagefähigkeit erhalten bleibt. Erteilt ein Unternehmen keinen Auftrag für ein Re-Rating, so kann dies negative Auswirkungen auf seine Reputation haben, wenn die Investoren ungünstige wirtschaftliche Entwicklungen bei diesem Unternehmen unterstellen. Ein so entstandener schlechter Ruf führt nicht nur zu erhöhten Finanzierungskosten des Unternehmens, sondern kann sich auch negativ auf seine Geschäftsbeziehungen auswirken, wenn die Geschäftspartner beispielsweise vor einem Geschäftsabschluss mit diesem Unternehmen zurückschrecken.

*Kosten eines internen Ratings*
Für ein internes Rating wird den Kreditnehmern von den Kreditinstituten bislang kein separates Entgelt in Rechnung gestellt. Es ist allerdings davon auszugehen, dass die Kreditinstitute die Kosten, die ihnen im Rahmen der Erstellung eines internen Ratings entstehen, in die Kreditkonditionen einrechnen und auf diese Weise auf die Kreditnehmer abwälzen. Da das Kreditinstitut diese Kosten selber zu tragen hat, wenn der Kreditvertrag nicht zustande kommt, ist außerdem zu erwarten, dass die Kreditinstitute in Zukunft dazu übergehen werden, die Kosten für ein internes Rating den Antragstellern explizit in Rechnung zu stellen.

---

[1] Vgl. BECKER, ANNETTE (Kapitalmarkt, 2003), S. 11.
[2] Zu den im DAX30 vertretenen Unternehmen ohne externes Rating zählen Adidas-Salomon AG, Altana AG, Infineon AG, MAN AG, SAP AG und Tui AG. Die MLP AG, die ebenfalls über kein externes Rating verfügt, ist mittlerweile aus dem DAX30 ausgeschieden. Die BMW AG verfügt lediglich über ein Kurzfristrating (vgl. BECKER, ANNETTE (Kapitalmarkt, 2003), S. 11.

**Aufgabe 3.19: Nutzen von externen Ratings**
Für welche Personengruppen sind externe Ratings von Nutzen?

**Lösung**
Als Nutznießer von externen Ratings sind im Wesentlichen die folgenden drei Gruppen anzusehen:
1. die Investoren,
2. die Geschäftspartner der gerateten Unternehmen sowie
3. die gerateten Unternehmen selbst.

Ad 1.: Den Investoren kann ein externes Rating bei ihren Investitionsentscheidungen hilfreich sein. So bleibt es ihnen erspart, sich die zur Beurteilung des Unternehmens erforderlichen Daten zu beschaffen und diese auszuwerten. Die Datenbeschaffung und Datenauswertung ist aus Kosten- und Zeitgründen sowie auf Grund des eingeschränkten ökonomischen Sachverstands der Investoren ohnehin nicht immer problemlos möglich. Hinzu kommt, dass es den Investoren – im Gegensatz zu den Ratingagenturen – in der Regel nicht möglich ist, Einblick in interne Unterlagen des Unternehmens zu nehmen oder Gespräche mit der Unternehmensleitung zu führen. Außerdem profitieren die Anleger von der großen Erfahrung der Ratingagenturen bei der Einschätzung von Unternehmen. Allerdings darf dabei nicht übersehen werden, dass selbst die großen internationalen Ratingagenturen mit ihren Urteilen in der Vergangenheit nicht immer richtig lagen, was unter anderem spektakuläre Ausfälle von mit AAA gerateten Unternehmen in den letzten Jahren gezeigt haben.

Ad 2.: Den Geschäftspartnern eines gerateten Unternehmens kann das externe Rating ebenfalls von Nutzen sein. Sie können an dem Rating die Einschätzung eines unabhängigen Sachverständigen über die wirtschaftliche Lage des Unternehmens ablesen und ihre Geschäftsbeziehungen daran ausrichten. Ein Rating kann sowohl für Lieferanten als auch für Abnehmer des Unternehmens von Interesse sein, wenn diese durch Lieferantenkredite oder Anzahlungen in kreditvertragliche Beziehung zu dem Unternehmen treten wollen. Außerdem ist das externe Rating auch für Kunden von Versicherungs- und Rückversicherungsunternehmen besonders interessant, da diese üblicherweise eine langfristige Geschäftsbeziehung mit dem Unternehmen eingehen und bei Eintritt des Versicherungsfalls häufig auf die vereinbarte Leistung der Versicherung angewiesen sind, um nicht selber in finanzielle Schwierigkeiten zu geraten. Die Versicherungsnehmer bevorzugen daher Versicherungen mit einem Investment-Grade-Rating.

Ad 3.: Am stärksten profitieren Unternehmen mit einem hohen Kapitalbedarf von einem positiven externen Rating. Heutzutage ist es nämlich fast unmöglich, eine große Anleihe am Kapitalmarkt zu platzieren, ohne dass ein externes Rating vorliegt. Zwar könnte sich das Unternehmen die benötigten Finanzmittel unter Umständen auch durch eine Verschuldung bei Kreditinstituten beschaffen, jedoch ist dies regelmäßig mit höheren Kosten sowie einer stärkeren Abhängigkeit von den Kreditinstituten verbunden. Daher wird die Kapitalbeschaffung am Kapitalmarkt oftmals der Finanzierung über Kreditinstitute vorgezogen. Ein positives externes Rating kann sich außerdem vorteilhaft auf die Geschäftsbeziehungen sowie das Image des Unternehmens auswirken.

Diese positiven Effekte können sich allerdings ins Gegenteil wenden, wenn das externe Rating schlecht ausfällt. Neben erhöhten Kapitalbeschaffungskosten kann ein schlechtes Rating sogar die erfolgreiche Platzierung einer Anleihe am Kapitalmarkt unmöglich machen, da die internen Anlagerichtlinien vieler institutioneller Anleger eine Investition ihrer Finanzmittel nur in Anleihen mit einem Investment-Grade-Rating erlauben.

Ein externes Rating kann dem Unternehmen aber auch dabei helfen, seine Stärken und Schwächen zu erkennen. Die Ratingagentur sollte dem gerateten Unternehmen nämlich nicht nur die Ratingnote bekannt geben, sondern auch erläutern, wie das Ratingergebnis zustande gekommen ist.[1] Die dabei aufgedeckten Schwachstellen können der Unternehmensleitung dann als Ansatzpunkte für Verbesserungsmaßnahmen dienen. Da es sich bei der Ratingagentur um ein unabhängiges Unternehmen handelt, können Mängel viel objektiver und schonungsloser aufgedeckt werden, als dies bei einer internen Schwachstellenanalyse möglich wäre.

Im Vergleich zu internen Ratings von Kreditinstituten haben externe Ratings den Vorteil, dass die Ratingagentur über die Erstellung des Ratings hinaus keinerlei Interesse an dem Unternehmen hat. Das Ratingergebnis hat daher regelmäßig keine Auswirkungen auf die Geschäftsbeziehungen zwischen dem Unternehmen und der Ratingagentur. Hingegen besteht die Gefahr, dass sich ein internes Rating negativ auf die Geschäftsbeziehung zwischen dem Unternehmen und dem Kreditinstitut auswirkt. So kann das Kreditinstitut die aus dem Ratingprozess gewonnenen Erkenntnisse im Rahmen seiner vielfältigen Geschäftsbeziehungen mit dem gerateten Unternehmen zu seinem Vorteil bzw. zum Nachteil des Unternehmens einsetzen. Dies dürfte insbesondere dann der Fall sein, wenn das Kreditinstitut im Rahmen des

---

[1] Vgl. KRÄMER, GREGOR (Ratingprozess, 2004), S. 63.

Ratingprozesses Kenntnis über wirtschaftliche Probleme des zu ratenden Unternehmens erlangt und daraufhin die Kreditlimits kürzt, fällige Kredite nicht prolongiert oder sogar laufende Kredite kündigt.

**Aufgabe 3.20: Phasen des externen Ratingprozesses**
Im Rahmen eines externen Ratings lassen sich verschiedene Phasen identifizieren. Erstellen Sie ein Phasenschema des externen Ratingprozesses und erläutern Sie die verschiedenen Tätigkeiten, die in den einzelnen Phasen des Ratingprozesses anfallen.

**Lösung**
*Überblick*
Der genaue Ablauf der Erstellung eines Ratings unterscheidet sich von Ratingagentur zu Ratingagentur. Die Ursachen dafür sind vor allem in den historisch gewachsenen Strukturen der jeweiligen Ratingagentur sowie in der unterschiedlichen Unternehmensklientel, auf das sich die einzelne Ratingagentur spezialisiert hat, zu sehen. So ist eine Spezialisierung beispielsweise auf bestimmte Länder und Regionen, Branchen oder Unternehmensgrößen denkbar. Trotz der Individualität des konkreten Ratingprozesses der einzelnen Ratingagentur lassen sich gewisse Gemeinsamkeiten bestimmen, die sich bei den meisten oder sogar allen Ratingagenturen wiederfinden.

Deutliche Unterschiede bestehen allerdings zwischen der Vorgehensweise externer Ratingagenturen sowie derjenigen von Kreditinstituten, die interne Ratings erstellen. Dies liegt vor allem daran, dass die bankinternen Ratings häufig noch auf der vergangenheitsorientierten Bilanzanalyse basieren, während die externen Ratingagenturen in der Regel eine zukunftsorientierte Unternehmensanalyse durchführen, in die auch qualitative Aspekte einfließen. Dabei ist jedoch zu beachten, dass der Entwicklungsstand sowie die Qualität und Aussagefähigkeit der internen Ratings von Kreditinstitut zu Kreditinstitut stark variieren. Allerdings kann davon ausgegangen werden, dass die Vorschriften von Basel II zu einer stärkeren Angleichung der Ratingverfahren führen werden, sowohl was die bankinternen Ratings untereinander angeht als auch in Bezug auf die Vergleichbarkeit von internen und externen Ratings. Auf Grund der zurzeit noch starken Heterogenität bankinterner Ratings beziehen sich die folgenden Ausführungen vor allem auf den externen Ratingprozess, dessen verschiedene Phasen in Abbildung 58 dargestellt sind.

## 3.3 Basel II – Säule 1

| Planungs-phase | Vorbereitungs-phase | Vertragsab-schlussphase | Dokumentations-phase | Rating-phase | Publikations-phase | Überprüfungs-phase |
|---|---|---|---|---|---|---|
| Erkennen der Notwendigkeit eines Ratings → Berücksichtigung des potenziellen Ratingauftrags in der Finanzplanung → Beschluss über Ratingauftrag → ggf. Vorgabe der angestrebten Ratingnote | Zusammenstellung des Projektteams → Sicherstellung, dass Informationen zeitnah bereitgestellt werden können → Schwachstellen-analyse und Schwachstellen-beseitigung → Auswahl der Ratingagentur | erste Kontaktauf-nahme mit der Ratingagentur → Entscheidung über Auftragsannahme → unverbindliches Vorgespräch → Vorbereitung des Ratingvertrags → Vertrags-unterzeichnung | Zusammenstellung der benötigten Informationen → Aufbereitung und Übergabe der geforderten Informationen → Voranalyse der Informationen → ggf. Klärung offe-ner Fragen mit dem Unternehmen → Analysegespräch zwischen Ratingagentur und Unternehmen | Ermittlung der Ratingnote durch das Analystenteam → Vorstellung des Ergebnisses vor dem Ratingkomitee → Festlegung der Ratingnote durch das Ratingkomitee → Unterrichtung des Unternehmens über die Ratingnote → Akzeptanz oder Ablehnung der Ratingnote → bei Ablehnung: Nachreichung weiterer Informationen → Überprüfung der nachgereichten Informationen | Entscheidung über Veröffentlichung der Ratingnote → ggf. Veröffent-lichung der Ra-tingnote durch die Ratingagentur und das Unternehmen | fortlaufende Ver-sorgung der Ratingagentur mit relevanten Informationen → fortlaufende Beobachtung des Unternehmens und seines Marktumfelds → jährliche (ggf. unterjährige) Aktualisierung des Ratings (Re-Rating) |

Tätigkeit durchzuführen von: Unternehmen | Ratingagentur | Unternehmen und Ratingagentur

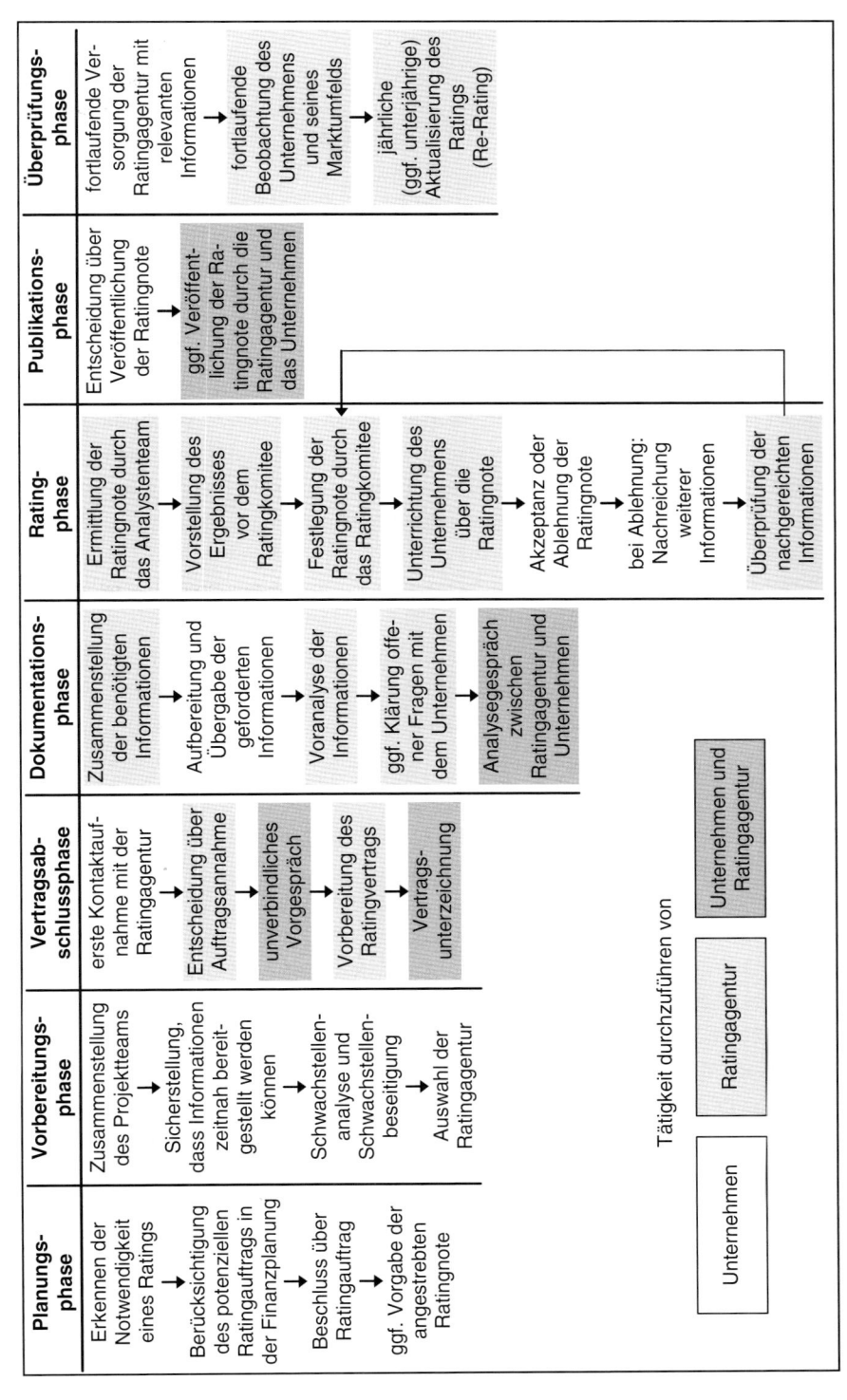

**Abbildung 58: Das Phasenschema des externen Ratingprozesses**

*Die Planungsphase*
Bevor ein Unternehmen ein Rating in Auftrag gibt, muss es zunächst die Notwendigkeit eines Ratings erkennen. Ein Rating ist vor allem immer dann erforderlich, wenn sich das Unternehmen Fremdkapital am Kapitalmarkt beschaffen will. Denkbar ist auch, dass die Unternehmensleitung ein Rating für erforderlich hält, um durch ein gutes Rating die Kundenbeziehungen zu stärken oder um in der Öffentlichkeit ein positives Image aufzubauen. Außerdem kann ein gutes Rating auch für Investor-Relations-Maßnahmen hilfreich sein, insbesondere dann, wenn junge Aktien im Rahmen einer Kapitalerhöhung am Kapitalmarkt platziert werden sollen.

Den Vorteilen, die sich aus einem guten Rating ergeben können, stehen allerdings nicht unerhebliche mit dem Rating verbundene Kosten gegenüber, wobei die jeweiligen Kosten- bzw. Nutzeneffekte zu unterschiedlichen Zeitpunkten entstehen. Aus diesem Grund ist es wichtig, dass die Entscheidung über die potenzielle Vergabe eines Ratingauftrags mit den sich daraus ergebenden Konsequenzen in der Finanzplanung explizit berücksichtigt wird. Nur dann ist es möglich, die Vorteilhaftigkeit eines Ratings im Rahmen einer Kosten-Nutzen-Analyse akkurat zu bestimmen.

Am Ende der Planungsphase steht der grundsätzliche Beschluss der Geschäftsleitung, ein externes Rating erstellen zu lassen. Der Geschäftsleitung steht es frei, in ihrem Beschluss auch eine interne Vorgabe für die angestrebte Ratingnote zu verankern. Eine solche interne Vorgabe ist immer dann sinnvoll, wenn das Unternehmen eine bestimmte Mindestnote aufweisen muss, ohne die eine geplante Emission nicht erfolgreich am Markt platziert werden könnte oder ohne die die Finanzierungskosten untragbar hoch wären.

*Die Vorbereitungsphase*
Nachdem sich die Unternehmensleitung für ein externes Rating entschieden hat, ist ein Projektteam zusammenzustellen, das sich mit der Vorbereitung auf den Ratingprozess beschäftigen soll. Dabei ist darauf zu achten, dass in dem Projektteam Mitarbeiter aus allen relevanten Unternehmensbereichen von Anfang an vertreten sind. Neben der Geschäftsführung und Mitarbeitern aus den betriebswirtschaftlichen Kernbereichen wie Planung, Controlling sowie internes und externes Rechnungswesen sollten beispielsweise auch führende Mitarbeiter aus den Produktions- und Forschungsabteilungen des Unternehmens im Projektteam vertreten sein. Darüber hinaus ist es immer dann sinnvoll, auch Mitarbeiter aus dem Marketing- sowie dem Investor-Relations-Bereich in die Projektgruppe aufzunehmen, wenn eine zukünftige gute Ratingnote den Lieferanten, Kunden und Investoren des Unternehmens angepriesen werden soll.

Das Projektteam hat zunächst zu klären, ob die angestrebte Ratingnote erreicht werden kann. In diesem Zusammenhang sind zwei Aspekte von besonderer Relevanz. Zum einen muss festgestellt werden, ob das Unternehmen in der Lage ist, die für das Rating erforderlichen Informationen in angemessener Zeit zur Verfügung zu stellen. Eine Ratingagentur ist nämlich bei ihrer Unternehmensanalyse darauf angewiesen, dass ihr das Unternehmen die geforderten Informationen zukommen lässt. Kann das Unternehmen die benötigten Informationen nicht in angemessener Zeit zur Verfügung stellen, so wird dies negative Auswirkungen auf die Ratingnote haben, da die Ratingagentur davon ausgehen muss, dass das Unternehmen entweder ungünstige Informationen zurückzuhalten versucht oder aber eine ungeeignete Organisationsstruktur aufweist und die geforderten Daten daher wirklich nicht bereitstellen kann. Einige Ratingagenturen lehnen sogar einen Ratingauftrag ab, falls die zur Verfügung gestellten Informationen nicht die geforderte Qualität besitzen.[1] Das Projektteam hat also Vorkehrungen zu treffen, damit die von einer Ratingagentur typischerweise geforderten Informationen akkurat und zeitnah generiert werden können.

Zum anderen hat das Projektteam der Frage nachzugehen, innerhalb welcher Bandbreite die Ratingnote realistischerweise liegen würde, wenn eine Ratingagentur das Unternehmen momentan beurteilen würde. Sollte sich herausstellen, dass nicht damit zu rechnen ist, dass das Unternehmen die angestrebte Ratingnote erhalten wird, so ist eine Schwachstellenanalyse durchzuführen, um daraufhin die wesentlichen Mängel abzustellen. Es ist offensichtlich, dass es in einem solchen Fall von Vorteil ist, wenn das Unternehmen nicht unmittelbar nach seiner Entscheidung ein Rating in Auftrag gibt, da die Beseitigung der Schwachstellen längere Zeit in Anspruch nehmen kann. Zur Schwachstellenanalyse und -beseitigung bietet es sich häufig an, dass unternehmensexterne Berater hinzugezogen werden, da diese auf derartige Aufgabenstellungen spezialisiert sind und der Analyse- und Verbesserungsprozess dadurch erheblich beschleunigt werden kann.

Nachdem die wesentlichen Schwachstellen beseitigt worden sind und sichergestellt ist, dass das Unternehmen die erforderlichen Informationen zeitnah bereitstellen kann, hat das Projektteam eine geeignete Ratingagentur auszuwählen. Zu den wichtigsten Auswahlkriterien zählen neben dem Preis für die Erstellung des Ratings vor allem die Qualität der Ratingnote und damit deren Akzeptanz auf dem Kapitalmarkt, der Zeitrahmen, in dem die Ratingagentur das Rating erstellen kann sowie eine mögliche Spezialisierung der Ratingagentur auf bestimmte Unternehmensgruppen.

---

[1] Vgl. DEL MESTRE, GUIDO (Rating-Leitfaden, 2001), S. 48.

*Die Vertragsabschlussphase*
Nachdem eine Ratingagentur ausgewählt worden ist, nimmt das Unternehmen Kontakt zu dieser Ratingagentur auf. Diese wird zunächst überprüfen, ob sie den Auftrag übernehmen kann. Einige Ratingagenturen verzichten nämlich grundsätzlich auf die Übernahme eines Ratingmandats, wenn es sich um bestimmte Unternehmenstypen wie z. B. Start-Up-Unternehmen oder Unternehmen aus bestimmten Branchen (z. B. Banken oder Versicherungen) handelt und die Ratingagentur nicht über das erforderliche Spezialwissen zur Bewertung derartiger Unternehmen verfügt.

In einem unverbindlichen Vorgespräch erläutern dann Vertreter der Ratingagentur dem Unternehmen das Ratingverfahren sowie die Ratingnoten. Gleichzeitig wird der Ratingvertrag vorbereitet, in dem die Anforderungen an das Unternehmen (z. B. rechtzeitige Präsentation der geforderten Informationen) und an die Ratingagentur (beispielsweise zeitliche Anforderungen an den Ratingprozess) schriftlich fixiert werden. Dort können auch verbindliche Angaben über die jeweiligen Ansprechpartner auf Seiten des Unternehmens und der Ratingagentur sowie über zukünftige Gesprächstermine zwischen der Unternehmensleitung und den Analysten festgehalten werden.

*Die Dokumentationsphase*
Nach der Unterzeichnung des Vertrags über die Ratingerteilung erstellt die Ratingagentur einen Katalog mit Informationen, die es vom Unternehmen benötigt. Zu diesen geforderten Informationen gehören unter anderem die Jahresabschlüsse und Prüfungsberichte der vergangenen Jahre, die Unternehmensplanzahlen für die nächsten zwei bis fünf Jahre, Angaben über Organisation, interne Strukturen und Unternehmensstrategie sowie Informationen zu den Produkten und der Wettbewerbssituation des Unternehmens. Das Unternehmen hat nun die geforderten Informationen aufzubereiten und der Ratingagentur in möglichst übersichtlicher und verständlicher Form zu übergeben. Da die Ratingagenturen selbst keine Beratung durchführen, kann es sinnvoll sein, einen Ratingadvisor hinzuzuziehen, der das Unternehmen während des Ratingprozesses beraten und die Unternehmensleitung auf zu erwartende Fragen der Analysten vorbereiten kann.

In der Ratingagentur werden die vom Unternehmen zur Verfügung gestellten Informationen im Rahmen einer Voranalyse von den Analysten ausgewertet. Insbesondere große Ratingagenturen mit langjähriger Geschäftserfahrung können ihren Analysten umfangreiche Datenbanken zur Verfügung stellen, in denen neben unternehmensspezifischen Informationen auch marktspezifische und konjunkturelle Daten enthalten sind. Die Voranalyse dient vor allem dazu, die Angaben des Unternehmens auf Plausibilität zu überprüfen. Offene Fragen können dabei zum Teil direkt mit den verantwortlichen Mitarbeitern des Unternehmens geklärt werden. Auf diese Weise bilden sich die Analysten – unter Berücksichtigung der konjunkturellen Lage – ein erstes Bild von der wirtschaftlichen Situation des Unternehmens.

Es folgt ein Analysegespräch zwischen den Analysten und dem Management des Unternehmens, für das ein bis zwei Tage eingeplant werden sollten. Bei großen Unternehmen kann sich das Analysegespräch auf einen noch längeren Zeitraum erstrecken. In diesem Rahmen können noch verbliebene Fragen zu den Unternehmensunterlagen geklärt werden. Die Analysten werden aber vor allem detaillierte Fragen zu speziellen Bereichen des Unternehmens stellen. Das Analysegespräch ist damit nicht auf einzelne Aspekte beschränkt. Die Unternehmensleitung sollte daher selbst am Analysegespräch teilnehmen, um das Unternehmen optimal präsentieren zu können. Dabei ist es von Vorteil, wenn sich die Unternehmensleitung bereits zuvor auf zu erwartende Fragen der Analysten (gegebenenfalls unter Hinzuziehung eines Ratingadvisors) vorbereitet hat. Das Analysegespräch, das durch eine Betriebsbesichtigung ergänzt werden kann, rundet das Bild, das sich die Analysten im Zuge der Voranalyse der vom Unternehmen zur Verfügung gestellten Informationen verschafft haben, ab. Die dabei gewonnenen qualitativen Informationen (siehe dazu auch Aufgabe 3.22) haben einen wesentlichen Einfluss auf die Ratingnote. Insofern sollte die Bedeutung des Analysegesprächs von der Unternehmensleitung nicht unterschätzt werden.

*Die Ratingphase*
Ausgehend von der Voranalyse der Unternehmensdaten und dem durchgeführten Analysegespräch identifizieren die Analysten der Ratingagentur die wichtigsten Faktoren, die für die Bonität des Unternehmens und damit für die zu vergebende Ratingnote entscheidend sind. Dabei greifen sie auf Vergleichsdaten anderer Unternehmen derselben Branche zurück, die sie aus internen oder externen Datenbanken beziehen (Peer-Group-Analyse). Ein quantitativer und qualitativer Vergleich mit den jeweiligen Daten von Unternehmen derselben Branche, die das beste bzw. das schlechteste Rating aufweisen (den so genannten Industry Ceilings bzw. Industry Floors), dient zur Einschätzung der relativen Bonität des Unternehmens. Allerdings sollten unternehmensindividuelle Besonderheiten ausreichend Berücksichtigung finden. Damit der Unternehmensvergleich nicht durch bilanzpolitische Maßnahmen beeinträchtigt wird, werden die Unternehmensdaten soweit wie möglich um Verzerrungen, die sich aus der Ausübung handelsrechtlicher und steuerrechtlicher Wahlrechte ergeben, bereinigt.

Nachdem die Analysten zu einem Urteil über das Unternehmen gekommen sind, schlägt der Lead-Analyst dem Ratingkomitee eine Ratingnote vor. In dem Ratingkomitee können neben Mitarbeitern der Ratingagentur mit langjähriger Erfahrung auch unabhängige Dritte, die über die erforderliche Fachkompetenz verfügen, vertreten sein. Der Lead-Analyst erläutert dem Ratingkomitee die Faktoren, die zu dem Ratingvorschlag geführt haben. Durch die anschließende Diskussion wird sichergestellt, dass die ganze Erfahrung der Ratingagentur in die Ratingnote einfließt und unzutreffende subjektive Einschätzungen weitestgehend ausgeschaltet werden. Beim Festlegen der Ratingnote wird insbesondere auf eine konsistente Einordnung des Unternehmensratings in das Klassifikationsschema der Ratingagentur geachtet.

Nachdem das Ratingkomitee die Ratingnote festgelegt hat, wird das Ergebnis dem Unternehmen mitgeteilt, wobei die Ratingagentur auch auf die wesentlichen Faktoren, die für das Zustandekommen der Ratingnote entscheidend waren, eingehen sollte. Ist der Kunde mit der ermittelten Ratingnote nicht einverstanden, so hat er die Möglichkeit, dem Rating zu widersprechen sowie zusätzliche Informationen, durch die seine abweichende Auffassung belegt wird und die bisher noch nicht in angemessenem Umfang berücksichtigt worden sind, nachzureichen. Die Ratingagentur überprüft, ob die Einwände des Auftraggebers berechtigt sind und ob die von ihm nachgereichten Informationen eine Revision der Ratingnote erforderlich machen. In diesem Fall berät das Ratingkomitee erneut über die Ratingnote und teilt seine Entscheidung dem Unternehmen mit, wobei es in der Praxis allerdings nur in Ausnahmefällen zu einer Verbesserung der ursprünglichen Ratingnote kommt.[1]

*Die Publikationsphase*
Grundsätzlich kann das Unternehmen nun entscheiden, wie mit dem Ratingergebnis zu verfahren ist, ob also auf eine Veröffentlichung der Ratingnote verzichtet oder ob sie publik gemacht werden soll. Die Frage nach einem Verzicht auf Veröffentlichung der Ratingnote wird sich dem Unternehmen immer dann stellen, wenn das gewünschte Ratingergebnis nicht erreicht werden konnte. Um in einem solchen Fall Konflikte mit der Ratingagentur, die möglicherweise selber ein Interesse an einer Veröffentlichung der Ratingnote hat, zu vermeiden, sollte das Unternehmen bereits im Vorfeld der Erteilung des Ratingmandats darauf hinwirken, dass der Ratingvertrag eine entsprechende Klausel enthält, die dem Unternehmen das Recht zusichert, über die Veröffentlichung des Ratings entscheiden zu dürfen. Im Falle eines Re-Ratings sind allerdings die negativen Konsequenzen, die mit einem Verzicht auf die Veröffentlichung des Ratingergebnisses verbunden sind, zu berücksichtigen.

---

[1] Vgl. MUNSCH, MICHAEL/WEIß, BERND (Rating, 2002), S. 59.

Fällt das Ratingergebnis im Sinne des Unternehmens aus und entscheidet es sich daher für eine Veröffentlichung, so macht die Ratingagentur die Ratingnote der interessierten Öffentlichkeit zugänglich. Zu diesem Zweck kann sie die relevanten Informationen der Wirtschaftspresse über entsprechende Pressemitteilungen zugänglich machen, auf ihrer Homepage im Internet bereitstellen sowie in einschlägigen Publikationen der Ratingagentur veröffentlichen. Auch das geratete Unternehmen sollte die Möglichkeit wahrnehmen, die positiven Wirkungen eines guten Ratings zu nutzen. Daher sollte es das Rating – nach Möglichkeit zeitgleich mit der Veröffentlichung durch die Ratingagentur – durch seine eigenen Kommunikationskanäle den relevanten Zielgruppen (dazu gehören beispielsweise Lieferanten, Kunden, Investoren und Kreditinstitute) in adäquater Weise präsentieren. In Anbetracht der positiven Wirkung, die ein gutes Ratingergebnis auf die Motivation der Mitarbeiter üblicherweise ausübt, sollte die Unternehmensführung auch die Belegschaft – beispielsweise auf speziellen Informationsveranstaltungen – über die erzielte Ratingnote informieren.

*Die Überprüfungsphase*
Mit der Publikation der Ratingnote ist das vom Unternehmen gesetzte Ziel zwar zunächst erreicht, jedoch ist der Ratingprozess damit in der Regel noch nicht beendet. Ein Rating ist nämlich nicht unbegrenzt gültig, da sich die Bonität des Unternehmens im Zeitablauf verändern kann. Aus diesem Grund beobachtet die Ratingagentur das Unternehmen und dessen Marktumfeld auch noch nach der Bekanntmachung der Ratingnote und aktualisiert das Rating üblicherweise einmal im Jahr. Ein solches Folgerating wird auch als Re-Rating bezeichnet. Allerdings können es besondere Sachverhalte erfordern, dass die Ratingagentur ihr Ratingurteil sogar während eines Jahres überprüft und gegebenenfalls der geänderten Situation entsprechend anpasst. Zu den wesentlichen Veränderungen auf Seiten des Unternehmens, die eine unterjährige Überprüfung erforderlich machen, zählen beispielsweise Fusionen, Käufe und Verkäufe von Unternehmensteilen oder unerwartete Umsatz- und Gewinneinbrüche.

Das Unternehmen hat die Ratingagentur somit auch nach der Erteilung des Erstratings mit den relevanten Informationen zu versorgen. Außerdem sollte die Unternehmensleitung darauf achten, dass noch vorhandene Schwachstellen bzw. von der Ratingagentur identifizierte Mängel beseitigt werden, damit im Rahmen des Re-Ratings die bisherige Ratingnote verbessert werden kann.

Da das Unternehmen den Ratingprozess bereits einmal durchlaufen hat, kann es auf die bestehenden Organisationsstrukturen zurückgreifen, sodass die Aktualisierung der von der Ratingagentur benötigten Informationen erheblich einfacher sein dürfte. Auch für die Ratingagentur ist die Erstellung eines Re-Ratings wesentlich unkomplizierter, da sie sich bereits einmal ein umfassendes Bild von dem Unternehmen gemacht hat und fortlaufend vom Unternehmen über aktuelle Entwicklungen informiert wird. Aus diesem Grund ist ein Re-Rating in der Regel deutlich günstiger als ein Erstrating.

**Aufgabe 3.21: Unternehmenskrisen und Krisenfaktoren**
Ein Rating soll Auskunft darüber geben, mit welcher Wahrscheinlichkeit das geratete Unternehmen seinen zukünftigen Zahlungsverpflichtungen nachkommen kann. Ein Rating ist also nichts anderes als eine Einschätzung der Analysten über die Ausfallwahrscheinlichkeit des untersuchten Unternehmens. Es liegt daher nahe, dass im Rahmen des Ratingprozesses vor allem solche Faktoren analysiert werden, die für die zukünftige Zahlungsfähigkeit des Unternehmens relevant sind. Geben Sie einen Überblick über die wichtigsten Krisenfaktoren, die zu einer Unternehmenskrise führen können. Differenzieren Sie bei Ihren Ausführungen zwischen unternehmensindividuellen und unternehmensübergreifenden Krisenfaktoren.

**Lösung**
*Zusammenhang zwischen Unternehmenskrisen und Krisenfaktoren*
Die Ergebnisse von Forschungsstudien lassen darauf schließen, dass es Zusammenhänge zwischen Unternehmenskrisen und Krisenfaktoren gibt, wobei die Untersuchungen die beiden folgenden Schlussfolgerungen zulassen:[1]
– Eine Unternehmenskrise wird oftmals nicht nur durch unternehmensindividuelle Schwachstellen verursacht. Auch den unternehmensübergreifenden Faktoren (z. B. Konjunkturschwankungen, zinspolitische Maßnahmen, umweltschutzbezogene Auflagen, Änderungen der Tarifverträge) kommt bei den Insolvenzursachen eine bedeutende Rolle zu.
– Die Ursachen von Unternehmenskrisen liegen häufig nicht nur in einem einzelnen Unternehmensbereich. Vielmehr ist regelmäßig festzustellen, dass eine Kombination von mehreren Schwachstellen zur Insolvenz der untersuchten Unternehmen geführt hat.

Als unternehmensindividuelle Krisenfaktoren sind alle Sachverhalte anzusehen, die sich lediglich auf ein einzelnes Unternehmen beziehen bzw. deren Ausgestaltung

---

[1] Vgl. WAMBACH, MARTIN/RÖDL, BERND (Rating, 2001), S. 159–160; MUNSCH, MICHAEL/WEIß, BERND (Rating, 2002), S. 59–60.

von Unternehmen zu Unternehmen unterschiedlich ist. Im Gegensatz dazu betreffen unternehmensübergreifende Faktoren eine Mehrzahl an Unternehmen.

*Unternehmensindividuelle Krisenfaktoren*
Zu den wichtigsten unternehmensindividuellen Krisenfaktoren, die auf eine mögliche zukünftige Insolvenz des Unternehmens hinweisen, zählen finanzwirtschaftliche und erfolgswirtschaftliche Krisenfaktoren (siehe hierzu auch Abbildung 59).

Finanzwirtschaftliche Krisenfaktoren kommen beispielsweise dadurch zum Ausdruck, dass das Unternehmen eine unzureichende Eigenkapitalausstattung aufweist, sodass es nicht dazu in der Lage ist, Verluste aus eigener Kraft aufzufangen, ohne Gefahr zu laufen, dass diese Verlust zu einer Überschuldung des Unternehmens führen und deshalb Insolvenz angemeldet werden muss. Probleme im Bereich der Fremdfinanzierung können zu negativen Auswirkungen auf die Rentabilität und die Liquidität des Unternehmens führen. Ist es dem Unternehmen beispielsweise nicht möglich, auslaufende Fremdfinanzierungen zu prolongieren, so droht auf Grund des durch die Rückzahlung des fälligen Kredits verursachten Zahlungsmittelabflusses die Illiquidität des Unternehmens, falls die zur Kredittilgung erforderlichen Mittel nicht in liquider Form vorliegen oder z. B. durch Veräußerung von Vermögensgegenständen beschafft werden können. In einer solchen Situation ist das Unternehmen zur Abwendung der drohenden Insolvenz häufig dazu gezwungen, sich Kredite bei anderen Kreditgebern zu beschaffen, selbst wenn die damit verbundenen Zinskosten außerordentlich hoch sind.

Während die finanzwirtschaftlichen Krisenfaktoren die Finanzstruktur sowie die Liquiditätssituation des Unternehmens beschreiben, beziehen sich die erfolgswirtschaftlichen Krisenfaktoren auf die Gewinnsituation des Unternehmens. Zu den wichtigsten Sachverhalten, die sich negativ auf den Gewinn auswirken und häufig die Insolvenz des Unternehmens nach sich ziehen, gehört der Ausfall von Kreditnehmern. In diesem Zusammenhang ist der Begriff des Kredits weit zu fassen, d. h., es sind nicht nur die klassischen Kredite der Kreditinstitute relevant, sondern vor allem diejenigen Kredite, die die Unternehmen ihren Abnehmern gewähren. Denn sofern eine Ware oder Dienstleistung nicht sofort bei ihrem Verkauf bezahlt wird, liegt eine Kreditgewährung des Verkäufers an den Käufer vor. Ein solcher Kredit entsteht beispielsweise bei den bekannten Lieferantenkrediten, aber auch bei jedem Verkauf von Gütern und Dienstleistungen auf Ziel. Die Gefährdung eines Unternehmens durch Kreditausfälle ist vor allem in Zeiten eines wirtschaftlichen Rückgangs oder einer Rezession besonders hoch, da die Zahlungsmoral der Abnehmer dann besonders schlecht ist und eine hohe Zahl an Kreditausfällen vom Unternehmen zu verkraften ist. Fällt der ausstehende Betrag nicht aus, sondern geht er lediglich verspätet ein, so entsteht keine direkte Erfolgswirkung; stattdessen ergibt sich zunächst ein Liquiditätsproblem, wenn mit dem vertragsgemäßen Zufluss der Gelder gerechnet wurde. Macht der verspätete Zahlungsmittelzufluss eine Überbrückung des Zeitraums bis zum tatsächlichen Eingang des ausstehenden Betrags durch eine Kreditaufnahme erforderlich, so kann sich auf Grund überhöhter Zinskosten eine indirekte negative Wirkung auf den Unternehmenserfolg ergeben.

Erfolgswirtschaftliche Probleme entstehen häufig auch dann, wenn die Margen in einzelnen Geschäftsbereichen zu niedrig sind oder wenn ein außerordentlich hoher Fixkostenanteil vorliegt. Da das Unternehmen diese Fixkosten kurzfristig nicht senken kann, belasten sie den Unternehmenserfolg nachhaltig. Besonders problematisch sind dabei die häufig im Personalbereich zu findenden liquiditätswirksamen Fixkosten, da diese im Gegensatz zu den liquiditätsunwirksamen Fixkosten (dazu zählen z. B. die jährlichen Abschreibungen) nicht nur den Unternehmenserfolg, sondern auch die Liquidität des Unternehmens belasten.

Aber auch realwirtschaftliche Sachverhalte können auf eine zukünftige Unternehmenskrise hinweisen. Zu den wichtigsten Insolvenzindikatoren zählt in diesem Zusammenhang beispielsweise die Abhängigkeit von nur einigen wenigen Lieferanten oder Abnehmern. Auf der Einkaufseite besteht das Problem darin, dass auf erhöhte Bezugspreise nicht durch den kurzfristigen Wechsel des Lieferanten reagiert werden kann. Können die Absatzpreise nicht in mindestens gleichem Umfang erhöht werden, so führt dies zu einem Sinken der Marge. Ist der Lieferant hingegen nicht mehr willens, dem Unternehmen Güter oder Dienstleistungen zur Verfügung zu stellen, so ist der Geschäftsbetrieb des Unternehmens gefährdet. Auf der Absatzseite besteht das Risiko der Abhängigkeit von wenigen Abnehmern darin, dass diese auf Grund ihrer Machtposition Preissenkungen oder Rabatte durchsetzen können oder dass sie die Geschäftsbeziehungen zu dem Unternehmen einstellen, sodass ein Absatz der Produkte nicht mehr möglich ist.

Ebenso können unzureichende Anstrengungen bei der Entwicklung neuer Produkte zu einer Unternehmenskrise führen, wenn dadurch das Sortiment veraltet und das Unternehmen nicht mehr konkurrenzfähig ist.

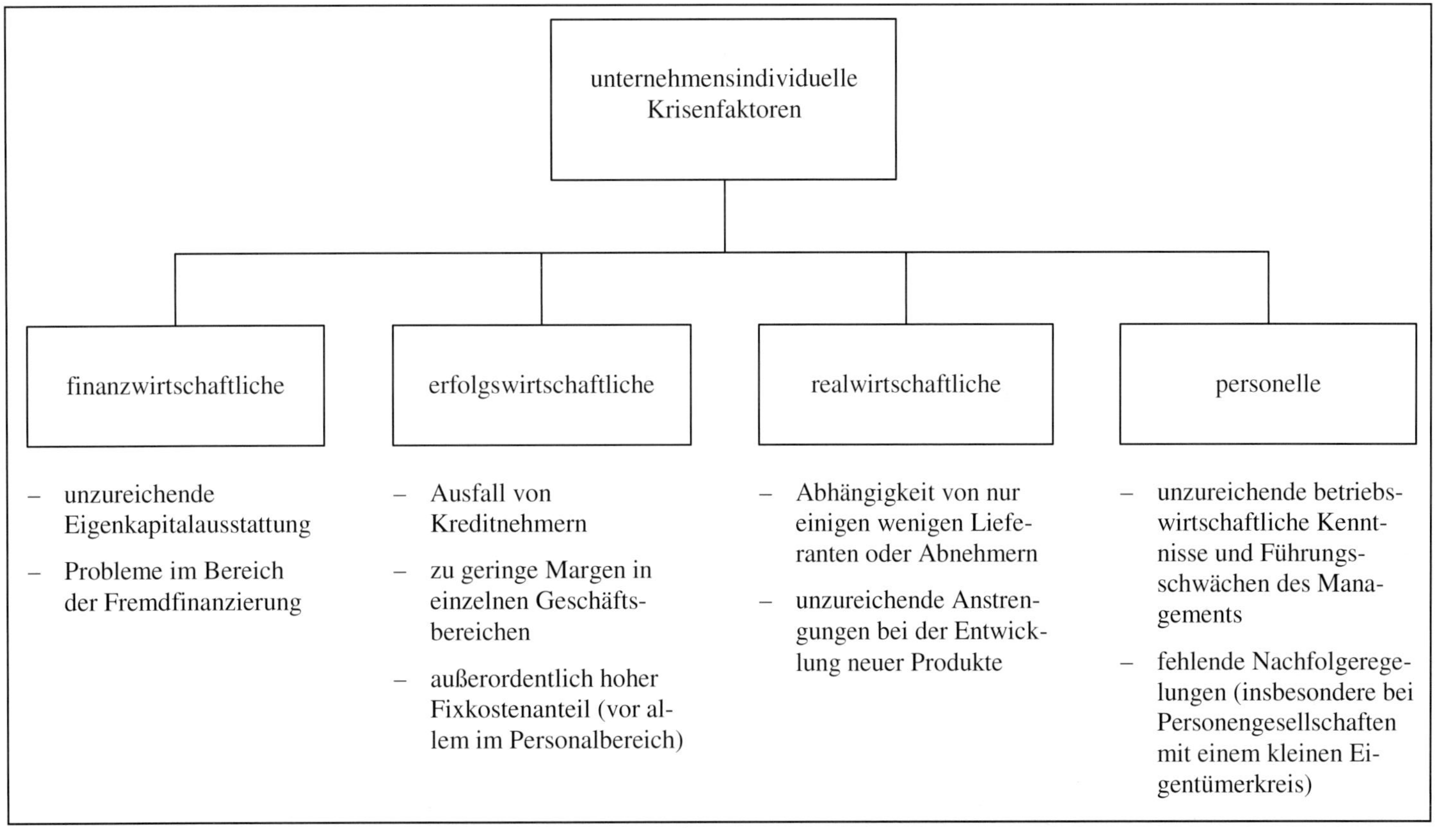

## 3.3 Basel II – Säule 1

**unternehmensindividuelle Krisenfaktoren**

### finanzwirtschaftliche
- unzureichende Eigenkapitalausstattung
- Probleme im Bereich der Fremdfinanzierung

### erfolgswirtschaftliche
- Ausfall von Kreditnehmern
- zu geringe Margen in einzelnen Geschäftsbereichen
- außerordentlich hoher Fixkostenanteil (vor allem im Personalbereich)

### realwirtschaftliche
- Abhängigkeit von nur einigen wenigen Lieferanten oder Abnehmern
- unzureichende Anstrengungen bei der Entwicklung neuer Produkte

### personelle
- unzureichende betriebswirtschaftliche Kenntnisse und Führungsschwächen des Managements
- fehlende Nachfolgeregelungen (insbesondere bei Personengesellschaften mit einem kleinen Eigentümerkreis)

**Abbildung 59: Überblick über die wichtigsten unternehmensindividuellen Krisenfaktoren**

Bei den Ursachen, die zur Unternehmensinsolvenz führen können, dürfen die personellen Krisenursachen nicht vernachlässigt werden. In diesem Zusammenhang sind an erster Stelle unzureichende betriebswirtschaftliche Kenntnisse und Führungsschwächen des Managements sowie – insbesondere bei Personengesellschaften mit einem kleinen Eigentümerkreis – fehlende Nachfolgeregelungen zu nennen.

*Unternehmensübergreifende Krisenfaktoren*
Während sich die unternehmensindividuellen Krisenfaktoren von Unternehmen zu Unternehmen in ihrer Ausprägung unterscheiden, wirken sich die unternehmensübergreifenden Krisenfaktoren auf viele oder sogar auf alle Unternehmen aus (einen Überblick über die wichtigsten unternehmensübergreifenden Krisenfaktoren gibt Abbildung 60). Besonders gut ist dies bei den Konjunkturschwankungen zu erkennen. Von einem ausgeprägten konjunkturellen Abschwung werden mittelfristig alle Wirtschaftsbereiche erfasst, da die einzelnen Wirtschaftszweige inzwischen derart eng miteinander verflochten sind, dass es einem einzelnen Wirtschaftszweig kaum noch gelingen dürfte, sich alleine einem allgemeinen Abschwung erfolgreich entgegenzustemmen. Allein hinsichtlich der Intensität, mit der die einzelnen Branchen von einem konjunkturellen Abschwung betroffen sind, bestehen gewisse Unterschiede.

Auch Änderungen der Wechselkurse können sich auf eine Vielzahl von Unternehmen auswirken. Sie betreffen alle Unternehmen, die Geschäfte in ausländischer Währung tätigen und sich nicht gegen mögliche Wechselkursänderungen abgesichert haben. Da der Wechselkurs sowohl nach oben als auch nach unten schwanken kann, erstrecken sich die negativen Auswirkungen sowohl auf Unternehmen, die ihre Produkte in Fremdwährung fakturieren oder über Fremdwährungsforderungen verfügen, als auch auf Unternehmen, die Rechnungen in Fremdwährung zu begleichen haben oder deren Verbindlichkeiten auf fremde Währung lauten.

Von zinspolitischen Maßnahmen ist ebenfalls der Großteil der Unternehmen betroffen. Eine Anhebung der Refinanzierungssätze der Kreditinstitute durch die Zentralbank wird nämlich im Allgemeinen von den Kreditinstituten an ihre Kreditnehmer weitergeleitet, wodurch sich die Finanzierungskosten der Unternehmen erhöhen.

Steuer- und Sozialkostenbelastungen reduzieren den Gewinn eines Unternehmens. Insbesondere die vergleichsweise hohen Sozialkosten sind für deutsche Unternehmen eine hohe Belastung, die die Wettbewerbsfähigkeit der Unternehmen zunehmend verringert.

## 3.3 Basel II – Säule 1

```
unternehmensübergrei-  ─┬─  Konjunktur-
fende Krisenfaktoren    │   schwankungen
                        │
                        ├─  Wechselkurs-
                        │   änderungen
                        │
                        ├─  zinspolitische
                        │   Maßnahmen
                        │
                        ├─  Steuer- und
                        │   Sozialkostenbelastungen
                        │
                        ├─  Verschärfung des
                        │   Kündigungsschutzes
                        │
                        ├─  Änderung der
                        │   Tarifverträge
                        │
                        └─  umweltschutzbezogene
                            Auflagen
```

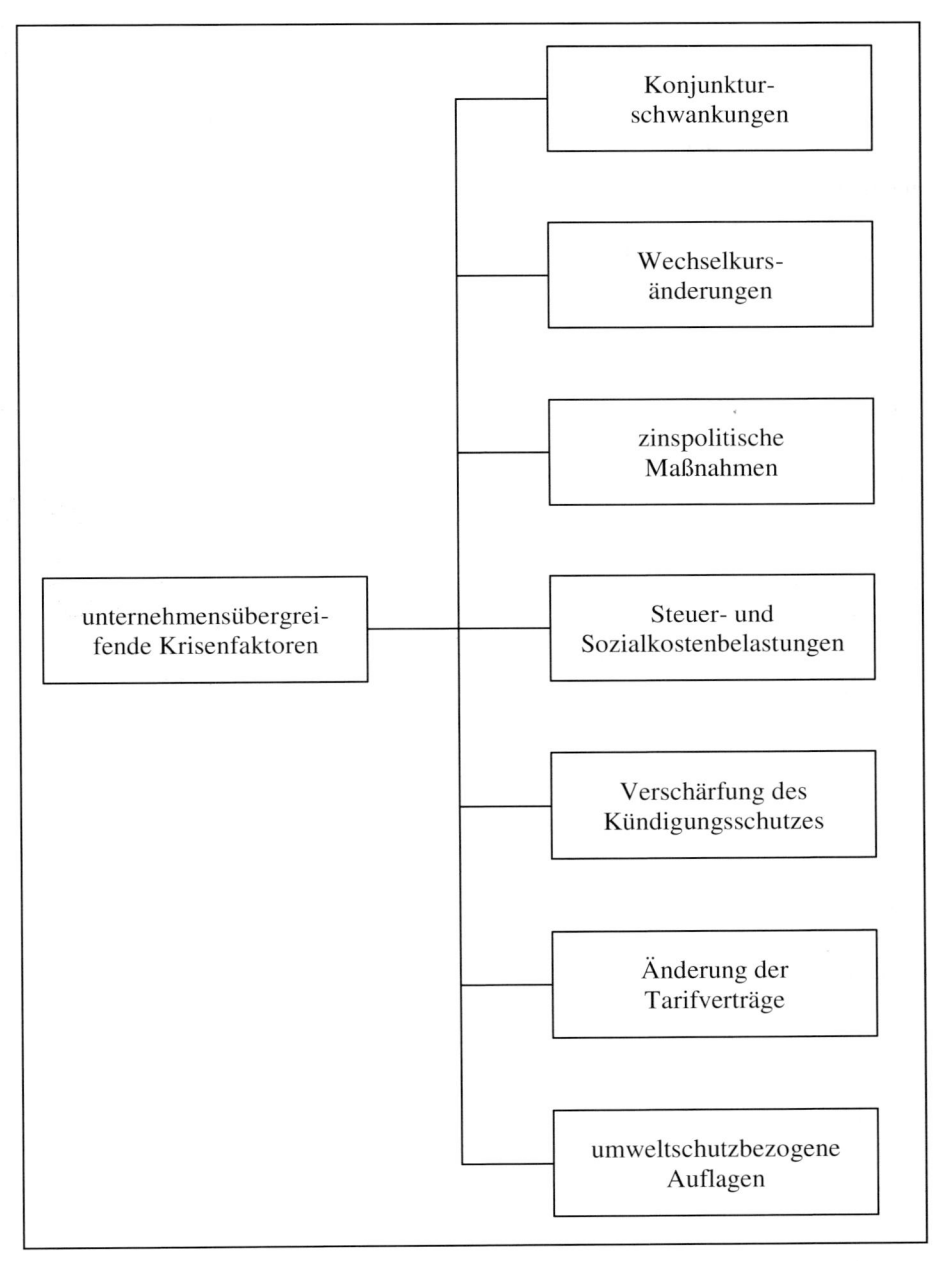

**Abbildung 60: Überblick über die wichtigsten unternehmensübergreifenden Krisenfaktoren**

Von einer Verschärfung der den Kündigungsschutz betreffenden Bestimmungen ist ebenfalls die Mehrheit der Unternehmen betroffen. Hier führt der Umstand, dass es zunehmend schwieriger wird, Mitarbeiter bei Bedarf kurzfristig zu entlassen, zu einer verstärkten Fixkostenbelastung.

Ein umfangreicher Kündigungsschutz ist auch die Voraussetzung für den nächsten unternehmensübergreifenden Krisenfaktor: die Änderung der Tarifverträge. Da ein Austritt aus den Rahmentarifverträgen nur den wenigsten Unternehmen möglich sein dürfte, führt eine Senkung der Wochenarbeitszeit ebenso wie eine Steigerung der Lohnniveaus zu nicht unerheblichen Kostenbelastungen der dem Tarifvertrag angeschlossenen Unternehmen.

Schließlich stellen auch die umweltschutzbezogenen Auflagen einen nicht zu vernachlässigenden unternehmensübergreifenden Krisenfaktor dar. Eine Verschärfung der Umweltschutzbestimmungen kann bei den betroffenen Unternehmen hohe Investitionen nach sich ziehen, die nicht nur zu Finanzierungsproblemen führen können, sondern sich auch negativ auf die Konkurrenzfähigkeit der betroffenen Unternehmen auswirken können.

**Aufgabe 3.22: Informationsbasis der Ratingagenturen**
Die Ratingagenturen benötigen eine Vielzahl von Informationen, um ein Rating über ein zu bewertendes Unternehmen zu erstellen. Stellen Sie – ausgehend von den in Aufgabe 3.21 gewonnenen Erkenntnissen – die wesentlichen Informationen dar, die die Ratingagenturen zur Erstellung eines Ratings heranziehen.

**Lösung**
Die von den Analysten der Ratingagentur verwendeten Informationen lassen sich in zwei Gruppen einteilen (siehe auch Abbildung 61):
– Informationen aus dem Unternehmensumfeld und
– unternehmensinterne Informationen.

*Informationen aus dem Unternehmensumfeld*
Zu Beginn einer Unternehmensanalyse verschaffen sich die Analysten üblicherweise einen Überblick über das Umfeld des zu bewertenden Unternehmens. Dabei gehen sie zunächst von den allgemeinen Rahmenbedingungen aus, um sich dann immer mehr dem engeren Unternehmensumfeld anzunähern. Im Rahmen der Analyse der allgemeinen Rahmenbedingungen erfolgt eine Untersuchung des Länderrisikos, die vor allem bei Unternehmen, die international tätig sind, von besonderer Bedeutung ist. Die Analysten beurteilen neben der politischen und wirtschaftlichen Situation insbesondere die rechtlichen Rahmenbedingungen, die das Unternehmen in den

relevanten Staaten vorfindet. Außerdem sollten Währungsrisiken in die Beurteilung des Länderrisikos einfließen, da sich Währungsrisiken negativ auf den Erfolg des Unternehmens auswirken können. Hierbei ist allerdings zu beachten, dass sich ein Unternehmen mit den entsprechenden Finanzinstrumenten (z. B. Swaps, Futures oder Optionen) gegen Währungsrisiken absichern kann.

Da die wirtschaftliche Lage und damit die Bonität eines Unternehmens stark von der Situation der Branche, in der es tätig ist, abhängt, erfolgt in einem nächsten Schritt eine Einschätzung des Branchenrisikos. Die Branchenanalyse berücksichtigt auf der einen Seite beispielsweise Angaben über die allgemeine Struktur der Branche, die Wettbewerbssituation (Anzahl und Größe der Konkurrenzunternehmen) und die Wachstumsaussichten, die Konjunkturabhängigkeit sowie den Einfluss des technologischen Fortschritts. Auf der anderen Seite wird die relative Stellung des Unternehmens innerhalb der Branche beurteilt. Zu den dabei relevanten Faktoren zählen z. B. der Marktanteil des Unternehmens, sein technologisches Know-how und seine Kostenstrukturen.

Bei der Untersuchung des engsten Unternehmensumfelds werden dann unter anderem die spezifischen Kunden- und Lieferantenstrukturen des Unternehmens in die Analyse einbezogen. Da auch die mögliche Insolvenz von Geschäftspartnern für die zukünftige Zahlungsfähigkeit des Unternehmens von hoher Bedeutung sein kann, findet im Rahmen des Unternehmensratings oftmals auch eine Bonitätsanalyse der wichtigsten Abnehmer des Unternehmens statt.

Der Analyse des Länderrisikos und des Branchenrisikos kommt eine große Bedeutung in Bezug auf das Unternehmensrating zu. Ist das Unternehmen beispielsweise in einer Branche tätig, die von der Ratingagentur als sehr risikoreich eingestuft wird, so werden auch sehr gute interne Unternehmensdaten kaum ausreichen, um dem Unternehmen zu einem Spitzenrating zu verhelfen. Andererseits kann sich eine günstige Beurteilung der Branche vorteilhaft auf das Unternehmensrating auswirken, vorausgesetzt, die unternehmensinternen Daten unterstützen eine positive Beurteilung. Die Einschätzung des Länderrisikos sowie des Branchenrisikos durch die Analysten bestimmt daher den groben Rahmen für die möglichen Ratingnoten sämtlicher Unternehmen, die in diesem Land bzw. in dieser Branche tätig sind.

## Informationen

### aus dem Unternehmensumfeld

**Länderrisiko**
- politische und wirtschaftliche Situation
- rechtliche Rahmenbedingungen
- Währungsrisiken

**Branchenrisiko**
- *Branchenanalyse*
- Branchenstruktur
- Wettbewerbssituation
- Wachstumsaussichten
- Konjunkturabhängigkeit
- Einfluss des technologischen Fortschritts
- *relative Stellung des Unternehmens*
- Marktanteil
- technologisches Know-How
- Kostenstrukturen

**engstes Unternehmensumfeld**
- spezifische Kunden- und Lieferantenstrukturen
- Bonitätsanalyse der wichtigsten Abnehmer

### unternehmensinterne

**quantitative**
- *Jahresabschlussanalyse*
- Informationen zur Vermögens-, Finanz- und Ertragslage
- *Kennzahlenanalyse*
- Zeitvergleich
- Betriebsvergleich
- Soll-Ist-Vergleich

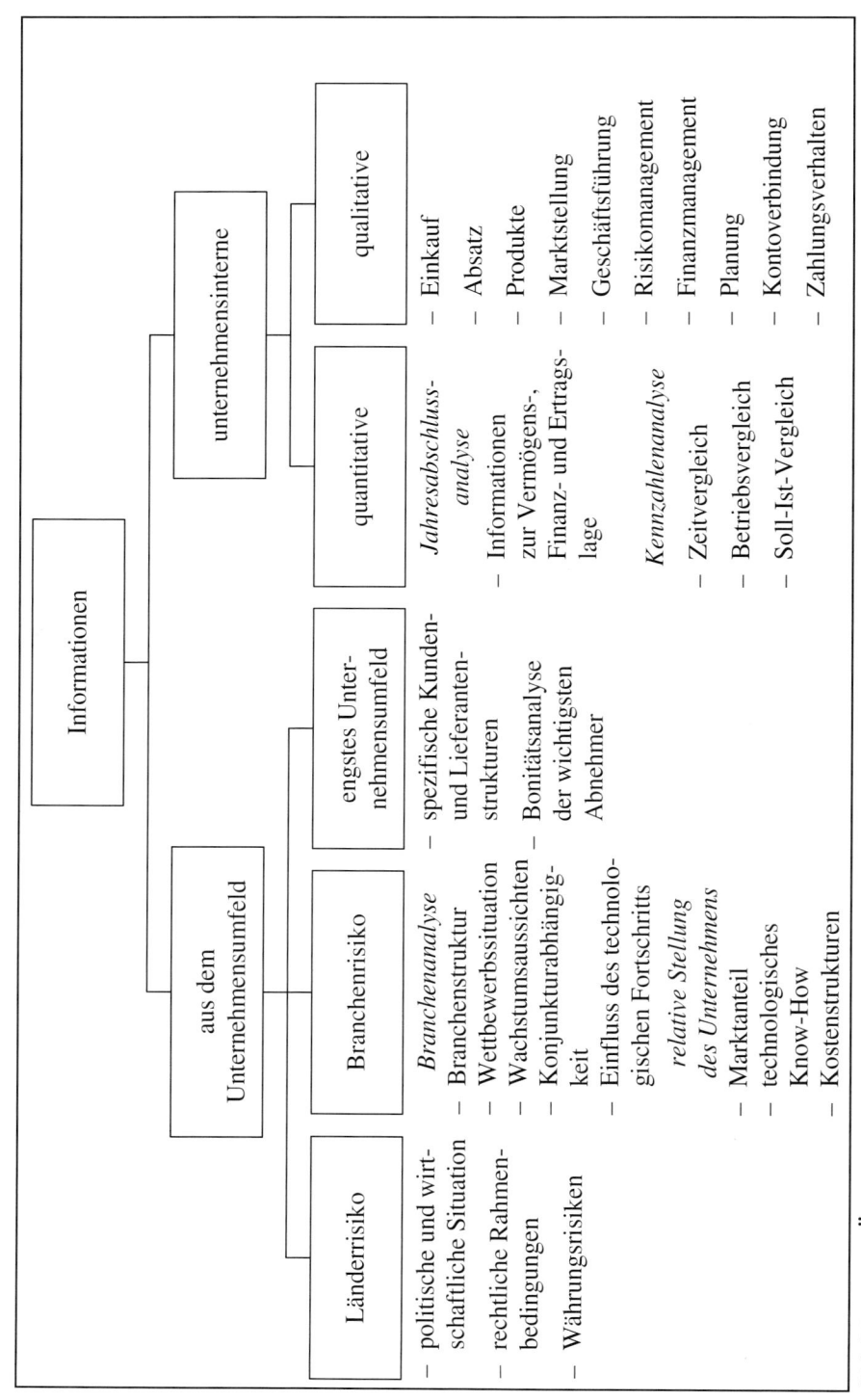

**qualitative**
- Einkauf
- Absatz
- Produkte
- Marktstellung
- Geschäftsführung
- Risikomanagement
- Finanzmanagement
- Planung
- Kontoverbindung
- Zahlungsverhalten

**Abbildung 61: Überblick über die von den Analysten zu untersuchenden Informationen**

## Unternehmensinterne Informationen

Bei den unternehmensinternen Informationen lassen sich zwei verschiedene Arten von Informationen unterscheiden: quantitative Informationen und qualitative Informationen. Da sich diese Informationen von ihrem Wesen her (zahlenmäßige Größenangaben bzw. subjektive Werturteile) sowie in Bezug auf ihre Herkunft (Jahresabschluss bzw. Gespräche mit dem Unternehmensmanagement) völlig voneinander unterscheiden, ist eine separate Betrachtung dieser beiden Informationsarten erforderlich.

### Quantitative Informationen

Im Rahmen der Analyse der quantitativen unternehmensinternen Informationen stützen sich die Analysten vor allem auf den Jahresabschluss (Bilanz, Gewinn- und Verlustrechnung sowie – sofern vorhanden – Anhang) des Unternehmens, wobei zumindest die Vorlage der letzten drei, häufig sogar der letzten fünf Jahresabschlüsse gefordert wird.[1] Üblicherweise werden nur testierte Jahresabschlüsse inklusive des dazugehörigen Prüfungsberichts, in dem wichtige Zusatzinformationen enthalten sein können, akzeptiert. Ist bei mittelständischen Unternehmen eine Jahresabschlussprüfung nicht erforderlich, so wird stattdessen häufig auf die Steuerbilanz zurückgegriffen, die zwar ebenfalls nicht durch einen Wirtschaftsprüfer geprüft ist, die jedoch insofern eine größere Zuverlässigkeit bietet, als bei ihr die Gefahr besteht, dass darin eventuell enthaltene Unregelmäßigkeiten durch die Finanzbehörden im Rahmen einer Betriebsprüfung entdeckt werden.

Durch die im Rahmen einer Jahresabschlussanalyse erfolgende Auswertung der zur Verfügung stehenden Unterlagen können grundlegende Informationen zur Vermögens-, Finanz- und Ertragslage des Unternehmens in Form von Kennzahlen gewonnen werden. Aus der Fülle von Kennzahlen sind als wichtigste die Folgenden zu nennen (siehe auch Abbildung 62):[2]
– Eigenkapitalquote, Fremdkapitalquote, Verschuldungsgrad;
– Eigenkapitalrentabilität, Umsatzrentabilität;
– Intensität des Anlagevermögens, Intensität des Umlaufvermögens;
– Cashflow-Rate, dynamischer Verschuldungsgrad;
– Liquidität 1. Grades, Liquidität 2. Grades, Liquidität 3. Grades.

---

[1] Vgl. MUNSCH, MICHAEL/WEIß, BERND (Rating, 2002), S. 62.
[2] Für einen umfassenden Überblick über die Jahresabschlussanalyse sowie zur Berechnung weiterer Kennzahlen siehe BIEG, HARTMUT/KUßMAUL, HEINZ (Entscheidungen, 2000), S. 234–365, sowie BIEG, HARTMUT/KUßMAUL, HEINZ (Rechnungswesen, 2003), S. 279–332.

$$\text{Eigenkapitalquote} = \frac{\text{Eigenkapital}}{\text{Bilanzsumme}} \qquad \text{Fremdkapitalquote} = \frac{\text{Fremdkapital}}{\text{Bilanzsumme}} \qquad \text{Verschuldungsgrad} = \frac{\text{Fremdkapital}}{\text{Eigenkapital}}$$

$$\text{Eigenkapitalrentabilität} = \frac{\text{Jahresüberschuss (vor Steuern)}}{\text{Eigenkapital}} \qquad \text{Umsatzrentabilität} = \frac{\text{ordentliches Betriebsergebnis}}{\text{Umsatz}}$$

$$\text{Intensität des Anlagevermögens} = \frac{\text{Anlagevermögen}}{\text{Bilanzsumme}} \qquad \text{Intensität des Umlaufvermögens} = \frac{\text{Umlaufvermögen}}{\text{Bilanzsumme}}$$

$$\text{Cashflow-Rate} = \frac{\text{Cashflow}}{\text{Umsatz}} \qquad \text{dynamischer Verschuldungsgrad} = \frac{\text{Fremdkapital}}{\text{Cashflow}}$$

$$\text{Liquidität 1. Grades} = \frac{\text{Zahlungsmittel}}{\text{kurzfristige Verbindlichkeiten}}$$

$$\text{Liquidität 2. Grades} = \frac{\text{Zahlungsmittel} + \text{kurzfristige Forderungen}}{\text{kurzfristige Verbindlichkeiten}}$$

$$\text{Liquidität 3. Grades} = \frac{\text{Zahlungsmittel} + \text{kurzfristige Forderungen} + \text{Vorräte}}{\text{kurzfristige Verbindlichkeiten}}$$

**Abbildung 62:** Überblick über die wichtigsten finanzwirtschaftlichen Unternehmenskennzahlen

Da die einzelnen Kennzahlen für sich betrachtet nur eine geringe Aussagefähigkeit besitzen, werden sie zu Kennzahlensystemen verknüpft, um eine genauere Analyse der relevanten Faktoren (beispielsweise die Entstehung und Zusammensetzung der Gesamtkapitalrentabilität) zu ermöglichen.

Außerdem werden im Rahmen der Jahresabschlussanalyse regelmäßig Kennzahlenanalysen in Form von Vergleichen durchgeführt. Bei Zeitvergleichen werden die Kennzahlen des aktuellen Jahresabschlusses mit Kennzahlen vorhergehender Perioden verglichen, um auf diese Weise Veränderungen der Kennzahlen sowie die Ursachen für diese Veränderungen herauszufinden und um auf die zukünftige Entwicklung der betrachteten Kennzahlen zu schließen. Bei Betriebsvergleichen werden die Kennzahlen des Unternehmens mit den Kennzahlen anderer Unternehmen derselben Branche sowie mit Durchschnittszahlen verglichen, um die relativen Stärken und Schwächen des untersuchten Unternehmens zu bestimmen. Im Rahmen von Soll-Ist-Vergleichen werden die ermittelten Kennzahlen des aktuellen Jahresabschlusses (Ist-Kennzahlen) mit Soll-Kennzahlen verglichen. Die Soll-Kennzahlen können dabei aus Liquiditäts- und Finanzplänen, die von der Unternehmensleitung zu früheren Zeitpunkten aufgestellt worden sind, abgeleitet werden. Auf diese Weise kann überprüft werden, inwieweit die von der Unternehmensleitung vorgegebenen Zielgrößen erreicht worden sind, woraus wiederum Rückschlüsse auf die planerischen Fähigkeiten der Unternehmensleitung gezogen werden können.

Qualitative Informationen
Für die Einschätzung der zukünftigen Entwicklung eines Unternehmens sind allerdings nicht nur die historischen quantitativen Unternehmensdaten relevant. Vielmehr kann nur dann eine fundierte Aussage über die Bonität eines Unternehmens abgegeben werden, wenn auch qualitative Informationen Berücksichtigung finden. Aus diesem Grund stellt die Einbeziehung qualitativer Aspekte in das Unternehmensrating ein wichtiges Kriterium dar, das erfüllt sein muss, damit eine Ratingagentur von der jeweiligen nationalen Bankenaufsichtsbehörde gemäß den Bestimmungen von Basel II zugelassen werden darf und die Kreditinstitute ein Rating dieser Ratingagentur bei der Bestimmung der Ausfallwahrscheinlichkeit des Unternehmens verwenden dürfen.[1]

Die Erhebung qualitativer Unternehmensinformationen dient vor allem dazu, das Management und die Organisation des Unternehmens bewerten zu können. Von den Ratingagenturen werden deshalb umfangreiche Fragenkataloge erstellt, die die un-

---

[1] Vgl. hierzu sowie zu den weiteren Anerkennungskriterien KRÄMER, GREGOR (Auswirkungen, 2003), S. 24–25.

terschiedlichsten Unternehmensbereiche auf mögliche Schwachstellen, aber auch auf Stärken des Unternehmens überprüfen, um ein unternehmensspezifisches Chancen-/Risikoprofil erarbeiten zu können. Die gestellten Fragen beziehen sich unter anderem auf die folgenden Bereiche: Einkauf, Absatz, Produkte, Marktstellung, Geschäftsführung, Risikomanagement, Finanzmanagement, Planung, Kontoverbindung, Zahlungsverhalten.

Zu den typischen Fragestellungen im Rahmen der Erhebung qualitativer Unternehmensinformationen zählen die folgenden (der angeführte Fragenkatalog ist nicht vollständig):

*Einkauf*
- Wie viele Lieferanten hat das Unternehmen?
- Bei wie vielen Lieferanten machen die Materialkosten mindestens 10 % der gesamten Materialkosten des Unternehmens aus?
- Wie hoch ist der Anteil des Hauptlieferanten an den gesamten Materialkosten?

*Absatz*
- Wie viele Kunden (Abnehmer) hat das Unternehmen?
- Wie viele Kunden haben einen Umsatz von mindestens 10 %?
- Wie hoch ist der Anteil des Hauptkunden am Gesamtumsatz?

*Produkte*
- Wie viele Produktgruppen gibt es?
- Wird aktive Produktneu- und Produktweiterentwicklung betrieben?

*Marktstellung*
- Befand sich das Unternehmen in Bezug auf den Umsatz unter den größten 10 Unternehmen des Marktes?
- Wie viele direkte Konkurrenten hat das Unternehmen?

*Geschäftsführung*
- Existiert eine Nachfolgeregelung?
- Gibt es in der Geschäftsleitung eine Person mit betriebswirtschaftlicher Ausbildung?
- Gibt es in der Geschäftsleitung eine Person mit technischer Ausbildung?
- Wie viele Mitarbeiter hat das Unternehmen?
- Seit wie vielen Jahren führt der Unternehmer bzw. Geschäftsführer das Unternehmen?

– Seit wie vielen Jahren arbeitet der Unternehmer bzw. Geschäftsführer in der Branche?

*Risikomanagement*
– Wurden mehr als 25 % der Lieferungen und Leistungen bzw. der Umsätze in Fremdwährung abgewickelt?
– Sind diese Fremdwährungsrisiken abgesichert?
– Wie groß ist der ungesicherte Anteil der Forderungen und Verbindlichkeiten in Fremdwährung?
– Ist das Unternehmen ausreichend gegen Betriebsunterbrechungen versichert?
– Ist das Unternehmen ausreichend gegen Forderungsausfälle abgesichert?

*Finanzmanagement*
– Besteht eine Kostenarten-, Kostenstellen- und Kostenträgerrechnung?
– Besteht eine Vor- und Nachkalkulation?
– In welchem Zeitraum nach Leistungserstellung erfolgt die Rechnungserstellung?
– Existiert ein Leiter Finanzen?
– Existiert ein Controlling oder eine interne Revision?

*Planung*
– Werden regelmäßig Planungsrechnungen durchgeführt?
– Welche Planungsrechnungen werden durchgeführt (Ergebnisplanung, Finanz- und Liquiditätsplanung, Soll-Ist-Vergleich für die Ergebnisplanung, Soll-Ist-Vergleich für die Finanz- und Liquiditätsplanung)?
– Werden alternative Szenarien in der Planung berücksichtigt?
– Sind die beantragten Kreditmittel und die damit beabsichtigten Investitionen in der Planung berücksichtigt?

*Kontoverbindung*
– Wie alt ist das Unternehmen?
– Wie lange besitzt der Kunde schon die Kontoverbindung mit der Bank?
– Wie intensiv wird diese Kontoverbindung genutzt?

*Zahlungsverhalten*
Besondere Aufmerksamkeit wird dem bisherigen Zahlungsverhalten des Unternehmens gewidmet. Dabei wird nicht nur auf Angaben des Unternehmens, sondern neben internen Datenbanken auch auf Datenbanken externer Anbieter zurückgegriffen. Von hohem Interesse sind in diesem Zusammenhang auch Angaben von Kreditinstituten, Lieferanten, Sozialversicherungsträgern usw. bezüglich des Zahlungsver-

haltens des Unternehmens. Allerdings sind diese Informationen nicht immer beschaffbar. Sofern diese Angaben vorliegen, achten die Analysten darauf, ob sie auf bestimmte schwerwiegende Negativmerkmale im bisherigen Zahlungsverhalten des Unternehmens stoßen. Zu solchen Auffälligkeiten zählen beispielsweise Insolvenzanträge, Abgaben eidesstattlicher Versicherungen, Scheck- oder Wechselproteste, Mahnbescheide und Kontenpfändungen. Der negative Eindruck, den solche Negativmerkmale bei den Analysten hinterlassen, kann nur schwer durch Positivmerkmale aus anderen Unternehmensbereichen ausgeglichen werden.

**Aufgabe 3.23: Anerkennung von Ratingagenturen durch die nationale Bankenaufsicht**

Erläutern Sie die Kriterien, auf deren Basis die jeweilige nationale Bankenaufsichtsbehörde entscheidet, ob die Ratings einer Ratingagentur im Rahmen des Standardansatzes von den Instituten verwendet werden dürfen.

**Lösung**

Im Standardansatz hängen das Risikogewicht, das auf die jeweilige Forderung anzuwenden ist, und damit auch die Höhe des Eigenmittelunterlegungsbetrags vom externen Rating des Schuldners ab. Dieses externe Rating wird von einer Ratingagentur (external credit assessment institution, ECAI) erstellt und veröffentlicht, sodass es von den Instituten im Rahmen der Bestimmungen von Basel II eingesetzt werden kann. Die Verwendung qualitativ minderwertiger Ratings durch die Institute kann dazu führen, dass sich die mit einer Forderung verbundenen Adressenrisiken nicht korrekt im Rating widerspiegeln. In einem solchen Fall würde die Verwendung des Ratings zu einer unangemessen hohen bzw. niedrigen Eigenmittelanforderung führen. Damit nur qualitativ hochwertige Ratings von den Instituten im Rahmen von Basel II Verwendung finden, aber auch um eine gewisse Übereinstimmung zwischen den nationalen Bankenaufsichtsbehörden herbeizuführen, hat der Baseler Ausschuss für Bankenaufsicht die in Abbildung 63 dargestellten Eignungskriterien festgelegt, auf deren Grundlage die jeweiligen nationalen Bankenaufsichtsbehörden über die Anerkennung einer Ratingagentur entscheiden.

Voraussetzung für die Zulassung durch die jeweilige nationale Bankenaufsichtsbehörde ist, dass die Ratingagentur sämtliche der folgenden Eignungskriterien erfüllt.[1]

---

[1] Die Kriterien sind entnommen aus BASELER AUSSCHUSS FÜR BANKENAUFSICHT (Basel II, 2004), S. 26–27.

## 3.3 Basel II – Säule 1

*Objektivität*

Die Methode zur Vergabe von Bonitätsbeurteilungen muss streng und systematisch sein und einem Validierungsverfahren unterliegen, das auf historischen Erfahrungswerten beruht. Zudem müssen die Bonitätsbeurteilungen ständig überwacht werden und auf Veränderungen der finanziellen Situation reagieren. Vor einer Anerkennung durch die Aufsichtsinstanzen muss ein Beurteilungsverfahren für jedes einzelne Marktsegment, einschließlich eines strengen Backtestings, für mindestens ein Jahr, besser jedoch für drei Jahre, angewandt worden sein.

```
                              ┌─────────────────────────────┐
                              │      Objektivität           │
                              └─────────────────────────────┘
                              ┌─────────────────────────────┐
                              │      Unabhängigkeit         │
                              └─────────────────────────────┘
┌──────────────────┐          ┌─────────────────────────────┐
│ Eignungskriterien│──────────│ Internationaler Zugang/     │
└──────────────────┘          │      Transparenz            │
                              └─────────────────────────────┘
                              ┌─────────────────────────────┐
                              │      Veröffentlichung       │
                              └─────────────────────────────┘
                              ┌─────────────────────────────┐
                              │      Ressourcen             │
                              └─────────────────────────────┘
                              ┌─────────────────────────────┐
                              │      Glaubwürdigkeit        │
                              └─────────────────────────────┘
```

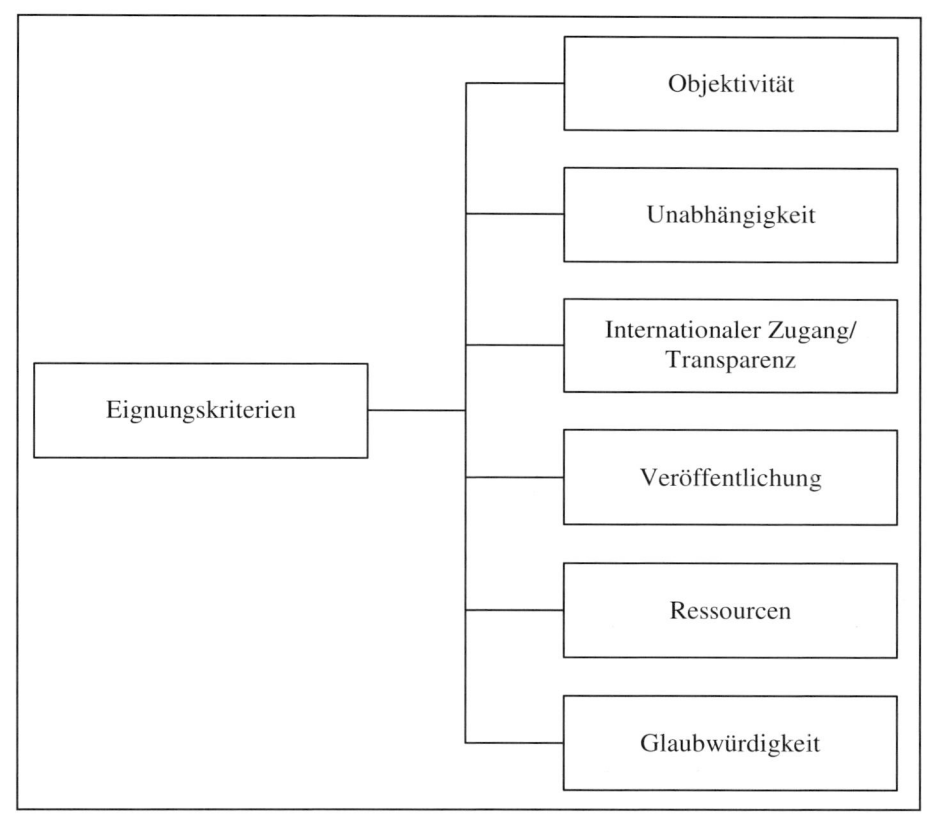

**Abbildung 63: Eignungskriterien im Rahmen des Anerkennungsverfahrens externer Ratingagenturen**

*Unabhängigkeit*

Eine Ratingagentur sollte unabhängig sein und keinerlei politischem oder wirtschaftlichem Druck unterliegen, der das Ratingurteil beeinflussen könnte. Der Beurteilungsprozess sollte so weit wie möglich frei von Beschränkungen sein, die in Situationen auftreten können, in denen die Zusammensetzung der Geschäftsleitung oder die Aktionärsstruktur der Ratingagentur einen Interessenkonflikt hervorrufen könnte.

*Internationaler Zugang/Transparenz*
Die einzelnen Ratings sollten sowohl inländischen als auch ausländischen Institutionen mit berechtigtem Interesse unter gleichen Bedingungen zugänglich sein. Zudem sollte die von der Ratingagentur angewandte generelle Vorgehensweise öffentlich zugänglich sein.

*Veröffentlichung*
Eine Ratingagentur sollte die folgenden Informationen veröffentlichen:
- ihre Beurteilungsmethoden, einschließlich der Definition eines Ausfalls (default),
- den Zeithorizont und die Bedeutung jedes Ratings,
- die tatsächlich in jeder Bonitätsbeurteilungskategorie beobachteten Ausfallraten und
- die Wanderungsbewegungen zwischen den Ratingklassen, zum Beispiel die Wahrscheinlichkeit, dass ein AA-Rating im Zeitablauf zu einem A-Rating wird.

*Ressourcen*
Eine Ratingagentur sollte ausreichende Ressourcen (dazu zählen insbesondere auch die Mitarbeiter der Ratingagentur) haben, um qualitativ hochwertige Bonitätsbeurteilungen durchführen zu können. Diese Ressourcen sollten einen ständigen engen Kontakt mit den leitenden und den operativen Ebenen der beurteilten Unternehmen erlauben, um die Bonitätsbeurteilungen auf eine breitere Basis zu stellen. Solche Bonitätsbeurteilungen sollten auf Methoden basieren, die qualitative und quantitative Ansätze verbinden.

*Glaubwürdigkeit*
Bis zu einem bestimmten Grad wird die Glaubwürdigkeit bereits durch die Einhaltung oben genannten Kriterien erreicht. Ein zusätzlicher Hinweis auf die Glaubwürdigkeit der Ratings einer Ratingagentur ergibt sich aus ihrer Verwendung durch unabhängige Parteien (Investoren, Versicherer, Handelspartner). Die Glaubwürdigkeit einer Ratingagentur wird auch durch bestehende interne Verfahren untermauert, welche die missbräuchliche Verwendung vertraulicher Informationen verhindern. Es ist nicht erforderlich, dass eine Ratingagentur Unternehmen in mehreren Ländern beurteilt, um anerkannt werden zu können.

## 3.3 Basel II – Säule 1

Erfüllt eine Ratingagentur sämtliche der sechs genannten Eignungskriterien, so kann sie von der nationalen Bankenaufsichtsbehörde anerkannt werden. Dabei ist es möglich, dass die Bankenaufsichtsbehörde lediglich bestimmte Ratings einer Ratingagentur anerkennt, z. B. Ratings, die sich auf bestimmte Forderungsarten oder bestimmte Rechtsgebiete beziehen.[1] Damit für die Ratingagenturen keine unnötigen Eintrittsbarrieren geschaffen werden, sollten die jeweiligen nationalen Bankenaufsichtsbehörden das von ihnen angewandte Verfahren der Anerkennung von Ratingagenturen veröffentlichen. Ist eine Ratingagentur anerkannt worden, so hat die nationale Bankenaufsichtsbehörde jeder Ratingnote dieser Ratingagentur das von den Instituten im Standardansatz zu verwendende Risikogewicht zuzuordnen.

**Aufgabe 3.24: Risikogewichte für Kredite an Unternehmen im Standardansatz**
Stellen Sie dar, welche Risikogewichte für Kredite an Unternehmen im Rahmen des Standardansatzes (externes Rating) vorgesehen sind.

**Lösung**
Während Kredite an Unternehmen bisher pauschal mit einem Risikogewicht in Höhe von 100 % zu gewichten waren, wird sich gemäß den Bestimmungen von Basel II die Risikogewichtung in Zukunft stärker an der Bonität des Schuldners orientieren, wobei im Rahmen des Standardansatzes zur Bonitätsbeurteilung auf externe Ratings zurückgegriffen wird. Der nationalen Bankenaufsichtsbehörde kommt dabei die Aufgabe zu, den Ratings der jeweiligen Ratingagentur die entsprechenden Risikogewichte zuzuordnen.[2] Auf Unternehmenskredite sind demnach in Abhängigkeit vom externen Rating Risikogewichte in Höhe von 20 %, 50 %, 100 % oder 150 % anzuwenden (vgl. Abbildung 64, in der beispielhaft die Notation von Standard & Poor's zu Grunde gelegt wird). Damit reicht bei Krediten an Unternehmen die Spannbreite des von den Instituten benötigten haftenden Eigenkapitals von 1,6 % bis 12 %.

Eine weitere Aufspreizung der Risikogewichte als in Abbildung 64 dargestellt ist nicht vorgesehen, sodass verschiedenartige nicht geratete Forderungen, deren Ausfallwahrscheinlichkeit das Institut unterschiedlich einschätzt, im Standardansatz gleich hoch zu gewichten sind. Die einheitliche Gewichtung gilt auch für Forderungen mit unterschiedlichen externen Ratings, die in die gleiche Bonitätsklasse fallen. So sind z. B. Forderungen mit einem externen Rating von AAA genauso mit 20 % zu gewichten wie Forderungen, die über ein externes Rating von AA– verfügen,

---

[1] Vgl. BASELER AUSSCHUSS FÜR BANKENAUFSICHT (Basel II, 2004), S. 26.
[2] Vgl. BASELER AUSSCHUSS FÜR BANKENAUFSICHT (Basel II, 2004), S. 27.

obwohl die Ausfallwahrscheinlichkeiten der beiden Forderungen stark voneinander abweichen.

| Rating | AAA bis AA– | A+ bis A– | BBB+ bis BB– | Unter BB– | Nicht geratet |
|---|---|---|---|---|---|
| Risiko-gewicht[1] | 20 % | 50 % | 100 % | 150 % | 100 %[2] |

[1] Die nationalen Bankenaufsichtsbehörden können den Instituten gestatten, sämtliche Forderungen an Unternehmen – unabhängig davon, ob diese über ein externes Rating verfügen oder nicht – mit 100 % zu gewichten. Bevor die Institute diese Option in Anspruch nehmen, sollten sie – zur Vermeidung von Manipulationsmöglichkeiten – die Genehmigung der Bankenaufsichtsbehörde einholen.

[2] Das Risikogewicht für Forderungen an Unternehmen ohne externes Rating darf nicht niedriger als das Risikogewicht für Kredite an ihren Sitzstaat sein. Die nationalen Bankenaufsichtsbehörden können das Risikogewicht für Forderungen an Unternehmen ohne externes Rating erhöhen, wenn dies angesichts der Erfahrungen über Kreditausfälle in ihrem Zuständigkeitsbereich angemessen erscheint.

Die Risikogewichte für Forderungen an Unternehmen sind auch auf Versicherungsunternehmen sowie Wertpapierhäuser anzuwenden. Allerdings können Forderungen an Wertpapierhäuser wie Forderungen an Kreditinstitute behandelt werden, sofern die Wertpapierhäuser Aufsichts- und Regulierungsvereinbarungen unterliegen, die mit denen von Basel II vergleichbar sind.

**Abbildung 64: Risikogewichte für Forderungen an Unternehmen[1]**

Bemerkenswert ist, dass Forderungen an Unternehmen, für die kein externes Rating vorliegt, nicht etwa – wie zu erwarten wäre – mit dem Höchstsatz von 150 % zu gewichten sind, sondern mit 100 %. Bei Forderungen ohne externes Rating ergibt sich somit gegenüber der bisherigen Situation keine Veränderung. Dies ist vor allem bei Krediten an kleine und mittlere Unternehmen, die üblicherweise über kein externes Rating verfügen, von Bedeutung. Problematisch ist in diesem Zusammenhang allerdings, dass für Unternehmen mit einer geringen Bonität, die im Falle der Bewertung durch eine Ratingagentur voraussichtlich ein Rating unterhalb von BB– erhalten würden und für die damit eine Verschlechterung der Kreditkonditionen zu erwarten wäre, ein Anreiz besteht, auf ein externes Rating zu verzichten. Diese Re-

---

[1] Vgl. BASELER AUSSCHUSS FÜR BANKENAUFSICHT (Basel II, 2004), S. 21.

gelung trägt daher nicht dazu bei, die Anzahl der externen Ratings in der Bundesrepublik Deutschland zu erhöhen.

Bei Krediten an kleine Unternehmen sind besondere Erleichterungen vorgesehen. So können diese Kredite dem Retailportfolio zugeordnet werden und erhalten dann ein pauschales Risikogewicht von 75 %. Voraussetzung für die Inanspruchnahme dieser Erleichterung ist jedoch, dass die Kredite die für die Zuordnung zum Retailportfolio erforderlichen Voraussetzungen erfüllen (siehe hierzu Aufgabe 3.27).

**Aufgabe 3.25: Risikogewichte für Kredite an Staaten im Standardansatz**
Stellen Sie dar, welche Risikogewichte für Kredite an Staaten im Rahmen des Standardansatzes (externes Rating) vorgesehen sind.

**Lösung**
Die Bonitätsgewichtungsfaktoren für Forderungen an Staaten (siehe Abbildung 65) richten sich zwar auch nach der Bonität des Schuldners, unterscheiden sich allerdings leicht von denjenigen, die für Forderungen an Unternehmen vorgesehen sind. So ist beispielsweise bei Forderungen an Staaten in der höchsten Bonitätskategorie eine Null-Gewichtung vorgesehen, während der Bonitätsgewichtungsfaktor bei Forderungen an Unternehmen in der höchsten Bonitätskategorie 20 % beträgt. Auch in den meisten anderen Bonitätskategorien erhalten Forderungen an Staaten einen bevorzugten Bonitätsgewichtungsfaktor. Da durch das Rating die Ausfallwahrscheinlichkeit des Schuldners beurteilt wird, ist jedoch zu bezweifeln, dass bei gleichem Rating und damit gleicher Ausfallwahrscheinlichkeit unterschiedliche Risikogewichte für unterschiedliche Arten von Schuldnern gerechtfertigt werden können. Außerdem fällt auf, dass bei Forderungen an Staaten sechs unterschiedliche Bonitätskategorien vorgegeben werden, während es bei Forderungen an Unternehmen lediglich fünf sind.

Neben dem externen Rating besteht für die nationalen Bankenaufsichtsbehörden die Option, die Länderklassifizierungen von bestimmten Exportversicherungsagenturen (ECAs) anzuerkennen. Die Institute können dann zwischen individuellen ECA-Länderklassifizierungen und Konsensländerklassifizierungen der ECAs, die die „Vereinbarung über die öffentlich unterstützten Exportkredite" anerkannt haben, wählen.[1]

---

[1] Vgl. BASELER AUSSCHUSS FÜR BANKENAUFSICHT (Basel II, 2004), S. 17–18.

| Risikogewichte gemäß externem Rating ||||||
|---|---|---|---|---|---|
| Rating | AAA bis AA– | A+ bis A– | BBB+ bis BBB– | BB+ bis B– | Unter B– | Nicht geratet |
| Risikogewicht[1] | 0 % | 20 % | 50 % | 100 % | 150 % | 100 % |

| Risikogewichte gemäß ECA-Länderklassifizierung |||||
|---|---|---|---|---|
| ECA-Länderklassifizierung | 1 | 2 | 3 | 4 bis 6 | 7 |
| Risikogewicht[1] | 0 % | 20 % | 50 % | 100 % | 150 % |

[1] Die nationalen Bankenaufsichtsbehörden können geringere Risikogewichte für Kredite von Instituten an ihren Heimatstaat oder ihre Zentralbank zulassen, wenn die jeweilige Forderung auf die Heimatwährung lautet und in dieser refinanziert ist. In diesem Fall können andere nationale Bankenaufsichtsbehörden ihren Instituten die Verwendung derselben Risikogewichte für Kredite an diese Schuldner erlauben, sofern die genannten Voraussetzungen erfüllt sind.

**Abbildung 65: Risikogewichte für Forderungen an Staaten**[1]

**Aufgabe 3.26: Risikogewichte für Kredite an Kreditinstitute im Standardansatz**

Stellen Sie dar, welche Risikogewichte für Kredite an Kreditinstitute im Rahmen des Standardansatzes (externes Rating) vorgesehen sind.

**Lösung**

Bei Forderungen an Kreditinstitute kann die jeweilige nationale Bankenaufsicht zwischen zwei verschiedenen Optionen für die Ermittlung der Risikogewichte wählen (siehe Abbildung 66). Die Entscheidung für eine Option ist dann für alle Institute im jeweiligen Aufsichtsbereich bindend.[2]

Im Rahmen der Option 1 richtet sich das Risikogewicht für Forderungen an Kreditinstitute nach dem Risikogewicht für Forderungen an Staaten derselben Bonitätsklasse. So ist bei einem Kreditinstitut, bei dem der Staat, in dem das Kreditinstitut seinen Sitz hat, über ein externes Rating zwischen AAA und BBB– verfügt, das

---

[1] Vgl. BASELER AUSSCHUSS FÜR BANKENAUFSICHT (Basel II, 2004), S. 17–18.
[2] Vgl. BASELER AUSSCHUSS FÜR BANKENAUFSICHT (Basel II, 2004), S. 19.

Risikogewicht eine Stufe höher als das entsprechende Risikogewicht des Sitzstaates. In den restlichen Bonitätsklassen sind die Risikogewichte für Forderungen an Kreditinstitute genauso hoch wie diejenigen für Forderungen an staatliche Schuldner, die in dieselbe Bonitätsklasse fallen.

| Option 1 | | | | | | |
|---|---|---|---|---|---|---|
| Rating des Staates | AAA bis AA– | A+ bis A– | BBB+ bis BBB– | BB+ bis B– | Unter B– | Nicht geratet |
| Risikogewicht | 20 % | 50 % | 100 % | 100 % | 150 % | 100 %[1] |

| Option 2 | | | | | | |
|---|---|---|---|---|---|---|
| Rating des Kreditinstituts | AAA bis AA– | A+ bis A– | BBB+ bis BBB– | BB+ bis B– | Unter B– | Nicht geratet |
| Risikogewicht | 20 % | 50 % | 50 % | 100 % | 150 % | 50 %[1] |
| Risikogewicht für kurzfristige Forderungen[2] | 20 % | 20 % | 20 % | 50 % | 150 % | 20 %[1] |

[1] Das Risikogewicht für Forderungen an Kreditinstitute ohne externes Rating darf nicht niedriger als das Risikogewicht für Kredite an ihren Sitzstaat sein.

[2] Als kurzfristige Forderungen sind Forderungen anzusehen, deren vertragliche Ursprungslaufzeit und effektive Laufzeit (Prolongationsmöglichkeiten) drei Monate nicht übersteigen.

**Abbildung 66: Risikogewichte für Forderungen an Kreditinstitute[1]**

Bei der Option 2 bestimmt sich das Risikogewicht für Forderungen an Kreditinstitute – analog zu der Regelung bei Forderungen an Unternehmen und Staaten – anhand ihres individuellen externen Ratings. Darüber hinaus können die nationalen Bankenaufsichtsbehörden für kurzfristige Forderungen (vertragliche Ursprungslaufzeit bzw. effektive Laufzeit nicht länger als drei Monate) günstigere Risikogewichte zulassen. Bei diesen kurzfristigen Forderungen reduziert sich dann das Risikogewicht um eine Stufe, muss aber mindestens 20 % betragen. Einzige Ausnahme sind dabei die kurz-

---

[1] Vgl. BASELER AUSSCHUSS FÜR BANKENAUFSICHT (Basel II, 2004), S. 19–20.

fristigen Forderungen an Kreditinstitute der Bonitätsklasse unter B–, auf die ein Risikogewicht von 150 % anzuwenden ist.

---

**Kreditnehmerkriterium**

Kreditnehmer ist eine natürliche Person,
mehrere natürliche Personen oder ein kleines Unternehmen.

---

**Produktkriterium**

Zuordnung des Kredits zu einer der folgenden Gruppen:

- revolvierende Kredite und Kreditlinien,
- Privatkredite und Leasingforderungen,
- Kredite an und Kreditlinien für kleine Unternehmen.

---

**Granularitätskriterium**

Das Retailportfolio muss angemessen diversifiziert sein.

---

**Volumenkriterium**

Der Wert für die zusammengefassten Retailkredite an einen Kreditnehmer darf 1 Mio. EUR nicht übersteigen.

---

**Abbildung 67: Kriterien für die Zuordnung von Krediten zum Retailportfolio**[1]

---

[1] Vgl. BASELER AUSSCHUSS FÜR BANKENAUFSICHT (Basel II, 2004), S. 22.

## Aufgabe 3.27: Behandlung von Krediten des Retailportfolios im Standardansatz

Stellen Sie dar, welches Risikogewicht für Kredite des Retailportfolios im Rahmen des Standardansatzes (externes Rating) vorgesehen ist und welche Kriterien erfüllt sein müssen, damit ein Kredit dem Retailportfolio zugeordnet werden darf.

### Lösung

Forderungen an Privatkunden (Retailkredite) können ebenso wie Kredite an kleine Unternehmen einem aufsichtlichen Retailportfolio zugeordnet werden und erhalten dann ein pauschales Risikogewicht von 75 %. Voraussetzung für diese Anrechnungserleichterung ist jedoch, dass die Kredite den in Abbildung 67 aufgeführten Kriterien entsprechen. Dabei muss allerdings beachtet werden, dass Wertpapiere – unabhängig davon, ob sie börsennotiert sind oder nicht – in keinem Fall dem Retailportfolio zugeordnet werden dürfen.[1]

## Aufgabe 3.28: Eigenkapitalanforderungen im Standardansatz

Die Hessen-Bank eG hat sich dafür entschieden, die Höhe ihres nach den Bestimmungen von Basel II erforderlichen haftenden Eigenkapitals für die Abdeckung der Adressenrisiken aus dem Kreditgeschäft unter Verwendung externer Ratings zu ermitteln. Die von der Hessen-Bank eG abgeschlossenen Geschäfte sind zusammen mit den dazugehörigen externen Ratings in den nachfolgenden Tabellen aufgeführt. (Hinweis: Alle hier angegebenen Ratings sind rein fiktiv und dienen lediglich der Illustration!)

### Kredite an Staaten

| Land | Volumen (Mio. EUR) | Rating |
|---|---|---|
| Argentinien | 10 | CC |
| BRD | 120 | AAA |
| Iran | 5 | – |
| Italien | 40 | A+ |
| Japan | 60 | AA |
| Polen | 20 | BB– |
| Türkei | 30 | C |

---

[1] Vgl. BASELER AUSSCHUSS FÜR BANKENAUFSICHT (Basel II, 2004), S. 22.

**Kredite an Kreditinstitute**

| Kreditinstitut | Volumen (Mio. EUR) | Rating | Sitz |
|---|---|---|---|
| K1 | 5 | – | BRD |
| K2 | 10 | BBB | BRD |
| K3 | 30 | BB | Japan |
| K4 | 40 | – | Türkei |
| K5 | 15 | AA | Polen |
| K6 | 20 | A | Argentinien |
| K7 | 25 | B | Italien |

**Kredite an Unternehmen**

| Unternehmen | Volumen (Mio. EUR) | Rating | Sitz |
|---|---|---|---|
| U1 | 10 | AAA | Italien |
| U2 | 50 | – | Iran |
| U3 | 30 | C+ | BRD |
| U4 | 20 | B+ | Japan |
| U5 | 40 | – | Argentinien |

a) Berechnen Sie die Höhe des erforderlichen haftenden Eigenkapitals, wenn die Hessen-Bank eG ihren Sitz in der Bundesrepublik Deutschland hat und die deutsche Bankenaufsichtsbehörde die Ermittlung der Risikogewichte für Forderungen an Kreditinstitute gemäß der Option 1 vorschreibt.

b) Wie ändern sich die Ergebnisse aus Aufgabenteil a, wenn die Risikogewichte für Kredite an Kreditinstitute nach der Option 2 zu ermitteln sind? Gehen Sie dabei davon aus, dass von den Krediten an Kreditinstitut K2 5 Mio. EUR und von den Krediten an Kreditinstitut K4 10 Mio. EUR eine vertragliche und effektive Laufzeit von 2 Monaten haben.

c) Wie ändern sich die Ergebnisse aus Aufgabenteil a, wenn die deutsche Bankenaufsichtsbehörde der Hessen-Bank eG gestattet, alle Forderungen an Unternehmen mit 100 % zu gewichten?

## Lösung
### Vorbemerkungen

Bei der Verwendung externer Ratings ermittelt sich die Höhe des erforderlichen haftenden Eigenkapitals, indem zunächst für jeden Kredit der Kreditbetrag mit dem dazugehörigen Risikogewicht multipliziert wird, woraus sich die risikogewichteten Aktiva (RWA) ergeben. Diese gewichteten Risikoaktiva sind dann mit 8 % haftendem Eigenkapital zu unterlegen.

Die Risikogewichte orientieren sich grundsätzlich an dem externen Rating des Kreditnehmers und werden von den Bankenaufsichtsbehörden vorgegeben, wobei zwischen verschiedenen Arten von Krediten unterschieden wird. Die Risikogewichte für die in dieser Aufgabe relevanten Kredite finden sich in Abbildung 64 (Kredite an Unternehmen), Abbildung 65 (Kredite an Staaten) und Abbildung 66 (Kredite an Kreditinstitute).

### Teilaufgabe a
*Kredite an Staaten*

Werden die Kredite an Staaten mit den dazugehörigen Risikogewichten multipliziert, so ergeben sich die folgenden Beträge. Zu beachten ist dabei, dass den Krediten an Staaten ohne externes Rating ein Risikogewicht von 100 % zugeordnet wird.

| | | | | | |
|---|---|---|---|---|---|
| Argentinien | 10 Mio. EUR | · | 150 % | = | 15 Mio. EUR |
| BRD | 120 Mio. EUR | · | 0 % | = | 0 Mio. EUR |
| Iran | 5 Mio. EUR | · | 100 % | = | 5 Mio. EUR |
| Italien | 40 Mio. EUR | · | 20 % | = | 8 Mio. EUR |
| Japan | 60 Mio. EUR | · | 0 % | = | 0 Mio. EUR |
| Polen | 20 Mio. EUR | · | 100 % | = | 20 Mio. EUR |
| Türkei | 30 Mio. EUR | · | 150 % | = | 45 Mio. EUR |
| Summe | | | | | 93 Mio. EUR |

*Kredite an Kreditinstitute*

Bei Krediten an Kreditinstitute kann die jeweilige nationale Bankenaufsichtsbehörde zwischen zwei verschiedenen Optionen für die Ermittlung der Risikogewichte wählen, wobei die getroffene Entscheidung für eine Option dann für alle Institute im jeweiligen Aufsichtsbereich bindend ist. Im Rahmen der hier relevanten Option 1 richtet sich das Risikogewicht für Kredite an ein Kreditinstitut nach dem externen Rating für Forderungen an den Staat, in dem das Kreditinstitut seinen Sitz hat. Hat der Staat, in dem das den Kredit schuldende Kreditinstitut seinen Sitz hat, beispielsweise ein Rating von A, so wird dem Kredit ein Risikogewicht von 50 % zugeordnet. Ein möglicherweise vorhandenes externes Rating für das Kreditinstitut findet somit bei der Option 1 keine Verwendung. Verfügt der Sitzstaat des Kreditnehmers über kein externes Rating, so beträgt das Risikogewicht 100 %.

| | | | | |
|---|---|---|---|---|
| K1 | 5 Mio. EUR | · 20 % | = | 1 Mio. EUR |
| K2 | 10 Mio. EUR | · 20 % | = | 2 Mio. EUR |
| K3 | 30 Mio. EUR | · 20 % | = | 6 Mio. EUR |
| K4 | 40 Mio. EUR | · 150 % | = | 60 Mio. EUR |
| K5 | 15 Mio. EUR | · 100 % | = | 15 Mio. EUR |
| K6 | 20 Mio. EUR | · 150 % | = | 30 Mio. EUR |
| K7 | 25 Mio. EUR | · 50 % | = | 12,5 Mio. EUR |
| Summe | | | | 126,5 Mio. EUR |

*Kredite an Unternehmen*

Bei Krediten an Unternehmen richtet sich das Risikogewicht nach dem externen Rating des Unternehmens, wobei auch hier ein Kredit, dessen Schuldner über kein externes Rating verfügt, ein Risikogewicht von 100 % erhält. Zu beachten ist, dass Kredite an Unternehmen ohne externes Rating kein Risikogewicht erhalten dürfen, das niedriger als das Risikogewicht für Kredite an ihren Sitzstaat ist.

| | | | | |
|---|---|---|---|---|
| U1 | 10 Mio. EUR | · 20 % | = | 2 Mio. EUR |
| U2 | 50 Mio. EUR | · 100 % | = | 50 Mio. EUR |
| U3 | 30 Mio. EUR | · 150 % | = | 45 Mio. EUR |
| U4 | 20 Mio. EUR | · 150 % | = | 30 Mio. EUR |
| U5 | 40 Mio. EUR | · 150 % | = | 60 Mio. EUR |
| Summe | | | | 187 Mio. EUR |

Die Kredite an Unternehmen U5 erhalten ein Risikogewicht von 150 %, da das Unternehmen seinen Sitz in Argentinien hat und Kredite an Argentinien – auf Grund seines CC-Ratings – ein Risikogewicht von 150 % erhalten.

Nachdem die einzelnen Beträge mit den zugehörigen Risikogewichten multipliziert worden sind, kann die Höhe der gesamten gewichteten Risikoaktiva ermittelt werden.

*Summe der gewichteten Risikoaktiva*
93 Mio. EUR + 126,5 Mio. EUR + 187 Mio. EUR = 406,5 Mio. EUR

Die Summe der gewichteten Risikoaktiva ist mit 8 % zu multiplizieren, woraus sich die Höhe des erforderlichen haftenden Eigenkapitals ergibt.
406,5 Mio. EUR · 0,08 = 32,52 Mio. EUR

**Teilaufgabe b**

Im Rahmen der Option 2 richtet sich das Risikogewicht nach dem externen Rating des den Kredit schuldenden Kreditinstituts. Auch hier ist zu beachten, dass Kredite an Kreditinstitute ohne externes Rating kein Risikogewicht erhalten dürfen, das niedriger als das Risikogewicht für Kredite an ihren Sitzstaat ist. Darüber hinaus besteht bei der Option 2 die Möglichkeit, kurzfristigen Krediten ein besonders niedriges Risikogewicht zuzuordnen. Als kurzfristige Kredite sind solche Forderungen anzusehen, deren vertragliche Ursprungslaufzeit und effektive Laufzeit höchstens drei Monate betragen. Somit sind die Kredite an ein Kreditinstitut gegebenenfalls in langfristige Kredite und kurzfristige Kredite aufzuteilen.

*Kredite an Kreditinstitute*
langfristige Kredite

| | | | | | |
|---|---|---|---|---|---|
| K1 | 5 Mio. EUR | · | 50 % | = | 2,5 Mio. EUR |
| K2 | 5 Mio. EUR | · | 50 % | = | 2,5 Mio. EUR |
| K3 | 30 Mio. EUR | · | 100 % | = | 30 Mio. EUR |
| K4 | 30 Mio. EUR | · | 150 % | = | 45 Mio. EUR |
| K5 | 15 Mio. EUR | · | 20 % | = | 3 Mio. EUR |
| K6 | 20 Mio. EUR | · | 50 % | = | 10 Mio. EUR |
| K7 | 25 Mio. EUR | · | 100 % | = | 25 Mio. EUR |
| Summe | | | | | 118 Mio. EUR |

kurzfristige Kredite

| | | | | | |
|---|---|---|---|---|---|
| K2 | 5 Mio. EUR | · | 20 % | = | 1 Mio. EUR |
| K4 | 10 Mio. EUR | · | 150 % | = | 15 Mio. EUR |
| Summe | | | | | 16 Mio. EUR |

zusammen: 118 Mio. + 16 Mio. = 134 Mio.

Die lang- und kurzfristigen Kredite an Kreditinstitut K4 erhalten ein Risikogewicht von 150 %, da das Kreditinstitut seinen Sitz in der Türkei hat und Kredite an die Türkei – auf Grund ihres C-Ratings – ein Risikogewicht von 150 % erhalten.

Da sich laut Aufgabenstellung bei den Krediten an Staaten und den Krediten an Unternehmen keine Veränderungen ergeben, belaufen sich die gewichteten Risikoaktiva auf:
93 Mio. EUR + 134 Mio. EUR + 187 Mio. EUR = 414 Mio. EUR

*Höhe des erforderlichen haftenden Eigenkapitals*
414 Mio. EUR · 0,08 = 33,12 Mio. EUR

Im Vergleich zu Aufgabenteil a hat sich das erforderliche Eigenkapital um 33,12 Mio. EUR – 32,52 Mio. EUR = 0,6 Mio. EUR erhöht.

**Teilaufgabe c**
Gemäß den Bestimmungen von Basel II können die nationalen Bankenaufsichtsbehörden den Instituten gestatten, sämtlichen Forderungen an Unternehmen ein Risikogewicht von 100 % zuzuordnen. Dabei ist es irrelevant, ob die Unternehmen über ein externes Rating verfügen oder nicht.

*Kredite an Unternehmen*

| | | | | |
|---|---|---|---|---|
| U1 | 10 Mio. EUR | · 100 % | = | 10 Mio. EUR |
| U2 | 50 Mio. EUR | · 100 % | = | 50 Mio. EUR |
| U3 | 30 Mio. EUR | · 100 % | = | 30 Mio. EUR |
| U4 | 20 Mio. EUR | · 100 % | = | 20 Mio. EUR |
| U5 | 40 Mio. EUR | · 100 % | = | 40 Mio. EUR |
| Summe | | | | 150 Mio. EUR |

Da sich laut Aufgabenstellung bei den Krediten an Staaten und den Krediten an Kreditinstituten keine Veränderungen ergeben, belaufen sich die gewichteten Risikoaktiva auf:
93 Mio. EUR + 126,5 Mio. EUR + 150 Mio. EUR = 369,5 Mio. EUR

*Höhe des erforderlichen haftenden Eigenkapitals*
369,5 Mio. EUR · 0,08 = 29,56 Mio. EUR

Im Vergleich zu Aufgabenteil a hat sich das erforderliche Eigenkapital um 32,52 Mio. EUR – 29,56 Mio. EUR = 2,96 Mio. EUR vermindert.

## Aufgabe 3.29: Einsatz von Kreditrisikominderungstechniken im Standardansatz

Erläutern Sie, inwiefern es gerechtfertigt ist, dass der Einsatz von Sicherheiten zu einem geringeren Eigenkapitalunterlegungsbetrag führt. Stellen Sie außerdem dar, welche Kreditrisikominderungstechniken nach Basel II im Standardansatz unterschieden werden und welche grundsätzlichen Regelungen mit dem Einsatz von Kreditrisikominderungstechniken im Standardansatz verbunden sind.

### Lösung

Kreditinstitute stellen den Kreditnehmern finanzielle Mittel häufig nicht ohne Sicherheiten zur Verfügung, sondern besichern die ausgereichten Kredite durch verschiedenste Sicherheiten. Zu den geläufigsten Sicherheiten zählen Bürgschaften, Garantien, Sicherungsübereignungen, Eigentumsvorbehalte sowie Pfandrechte an beweglichen und unbeweglichen Sachen und Rechten.[1] Diese Sicherheiten können – sollte der Kreditnehmer seinen vertraglich vereinbarten Verpflichtungen nicht nachkommen – von dem Kreditinstitut verwertet werden. Die im Rahmen der Verwertung erzielten Erlöse können von dem Kreditinstitut dazu genutzt werden, noch ausstehende Zahlungsverpflichtungen des Kreditnehmers zu begleichen. Da die Hereinnahme von Sicherheiten einem Kreditinstitut dazu dient, sich gegen Zahlungsausfälle aus dem Kreditgeschäft abzusichern, kann das Adressenrisiko durch den Einsatz von Sicherheiten reduziert werden. Aus diesem Grund ist es gerechtfertigt, dass vorhandene Sicherheiten den Betrag des zur Abdeckung des Adressenrisikos erforderlichen haftenden Eigenkapitals reduzieren. Dasselbe gilt für Kreditderivate und Nettingvereinbarungen, durch deren Einsatz das Adressenrisiko ebenfalls reduziert werden kann.

Im Rahmen von Basel II werden die risikoreduzierenden Eigenschaften von Sicherheiten und ähnlichen Geschäften anerkannt. Eine geringere Unterlegung mit haftendem Eigenkapital war für besicherte Kredite zwar auch schon in Basel I vorgesehen; der Kreis der anerkennungsfähigen Sicherheiten ist in Basel II aber deutlich erweitert worden. Allerdings gibt es auch nach Basel II immer noch eine Reihe geläufiger Sicherheiten, bei denen der risikoreduzierende Effekt bei der Berechnung der Eigenkapitalanforderungen nicht berücksichtigt wird. In den Bestimmungen zu Basel II werden im Rahmen des Standardansatzes die folgenden drei Kreditrisikominderungstechniken unterschieden:

---

[1] Eine umfassende Darstellung der gebräuchlichsten Sicherheiten findet sich in BIEG, HARTMUT/KUßMAUL, HEINZ (Finanzierung, 2000), S. 209–231.

- besicherte Transaktionen (d. h. Verwendung von Sicherheiten),
- bilanzielles Netting,
- Garantien und Kreditderivate.

Der Einsatz von Kreditrisikominderungstechniken im Standardansatz ist mit einer Reihe grundsätzlicher Regelungen verknüpft.[1] Wird beispielsweise bei einem Geschäft eine Kreditrisikominderungstechnik eingesetzt, so kann sich aus diesem Geschäft keine höhere Eigenkapitalanforderung als bei einem ansonsten identischen Geschäft ohne Kreditrisikominderung ergeben. Außerdem müssen die Kreditinstitute beachten, dass der Einsatz von Kreditrisikominderungstechniken zwar zu einer Reduzierung des Adressenrisikos führen, gleichzeitig aber auch andere Risiken (z. B. Liquiditätsrisiken, Marktpreisrisiken, operationelle Risiken) hervorrufen kann. Darüber hinaus setzt der Einsatz von Kreditrisikominderungstechniken voraus, dass das Kreditinstitut die Anforderungen der dritten Säule (Marktdisziplin durch erweiterte Offenlegungspflichten) beachtet.

### Aufgabe 3.30: Besicherte Transaktionen – einfacher Ansatz und umfassender Ansatz

Besicherte Transaktionen zählen im Rahmen des Standardansatzes zu den so genannten Kreditrisikominderungstechniken. Erläutern Sie die wesentlichen Gemeinsamkeiten und Unterschiede der beiden Ansätze (einfacher Ansatz und umfassender Ansatz), die bei den besicherten Transaktionen unterschieden werden.

### Lösung

Basel II definiert eine besicherte Transaktion als eine Transaktion, bei der
- das Kreditinstitut eine Kreditforderung oder potenzielle Kreditforderung besitzt und
- diese Kreditforderung oder potenzielle Kreditforderung ganz oder teilweise durch gestellte Sicherheiten eines Kontrahenten oder eines Dritten zu Gunsten des Kontrahenten gedeckt ist.[2]

Ist eine Kreditforderung durch eine anerkannte Kreditsicherheit gedeckt, so darf das Kreditinstitut sein damit verbundenes Adressenrisiko zum Zwecke der Ermittlung des erforderlichen Eigenkapitalunterlegungsbetrags reduzieren und auf diese Weise den risikomindernden Effekt der Sicherheit berücksichtigen. In diesem Zusammenhang können die Kreditinstitute zwischen zwei verschiedenen Ansätzen wählen:

---

[1] Vgl. hierzu BASELER AUSSCHUSS FÜR BANKENAUFSICHT (Basel II, 2004), S. 31.
[2] Vgl. hierzu BASELER AUSSCHUSS FÜR BANKENAUFSICHT (Basel II, 2004), S. 32.

dem einfachen Ansatz und dem umfassenden Ansatz (siehe auch Abbildung 68). Beiden Ansätzen ist gemeinsam, dass Sicherheiten nur dann anerkannt werden können, wenn der Wert der Sicherheit und die Kreditqualität des Kontrahenten keine wesentliche positive Korrelation aufweisen. So liegt beispielsweise nur ein niedriger Sicherungsgrad vor, wenn Wertpapiere, die von einem Unternehmen emittiert worden sind, als Sicherheit für einen an dieses Unternehmen ausgereichten Kredit hereingenommen werden. Auf Grund der hohen positiven Korrelation zwischen dem Wert der Wertpapiere und der Qualität des ausgereichten Kredits sind diese Wertpapiere nicht als Sicherheiten anerkennungsfähig.[1]

Während der einfache Ansatz ausschließlich im Anlagebuch angewendet werden darf, ist der umfassende Ansatz sowohl für Positionen des Anlagebuchs als auch für Positionen des Handelsbuchs zulässig. Das den Kreditinstituten im Anlagebuch zustehende Wahlrecht zwischen einfachem Ansatz und umfassendem Ansatz ist einheitlich auszuüben, d. h. dass ein Kreditinstitut sich für einen der beiden Ansätze entscheiden muss. Eine gleichzeitige Anwendung der beiden Ansätze im Anlagebuch ist nicht gestattet. Es ist einem Kreditinstitut allerdings erlaubt, im Anlagebuch den einfachen Ansatz und im Handelsbuch den umfassenden Ansatz anzuwenden. Während eine teilweise Besicherung der Kreditforderung in beiden Ansätzen erlaubt ist, sind Laufzeitinkongruenzen zwischen der zu Grunde liegenden Forderung und der dazugehörigen Sicherheit ausschließlich im umfassenden Ansatz zulässig.[2]

Ein weiterer Unterschied zwischen dem einfachen Ansatz und dem umfassenden Ansatz besteht darin, dass im umfassenden Ansatz der Kreis der anerkennungsfähigen Sicherheiten größer ist (siehe hierzu auch Aufgabe 3.39). Außerdem bestehen Unterschiede zwischen den beiden Ansätzen im Hinblick auf die Art und Weise, wie die Minderung des Adressenrisikos bei der Bestimmung des erforderlichen Eigenkapitalunterlegungsbetrags berücksichtigt wird. Beim einfachen Ansatz wird das Risikogewicht des Kontrahenten für den besicherten Teil der Transaktion (der Kreditforderung) durch das Risikogewicht der Sicherheit ersetzt, wobei in der Regel eine Untergrenze von 20 % zum Tragen kommt. Im Gegensatz dazu sieht der umfassende Ansatz vor, dass der Forderungsbetrag durch den der Sicherheit beigemessenen Wert reduziert wird, das Risikogewicht jedoch unverändert bleibt.

---

[1] Vgl. BASELER AUSSCHUSS FÜR BANKENAUFSICHT (Basel II, 2004), S. 33.
[2] Vgl. BASELER AUSSCHUSS FÜR BANKENAUFSICHT (Basel II, 2004), S. 32.

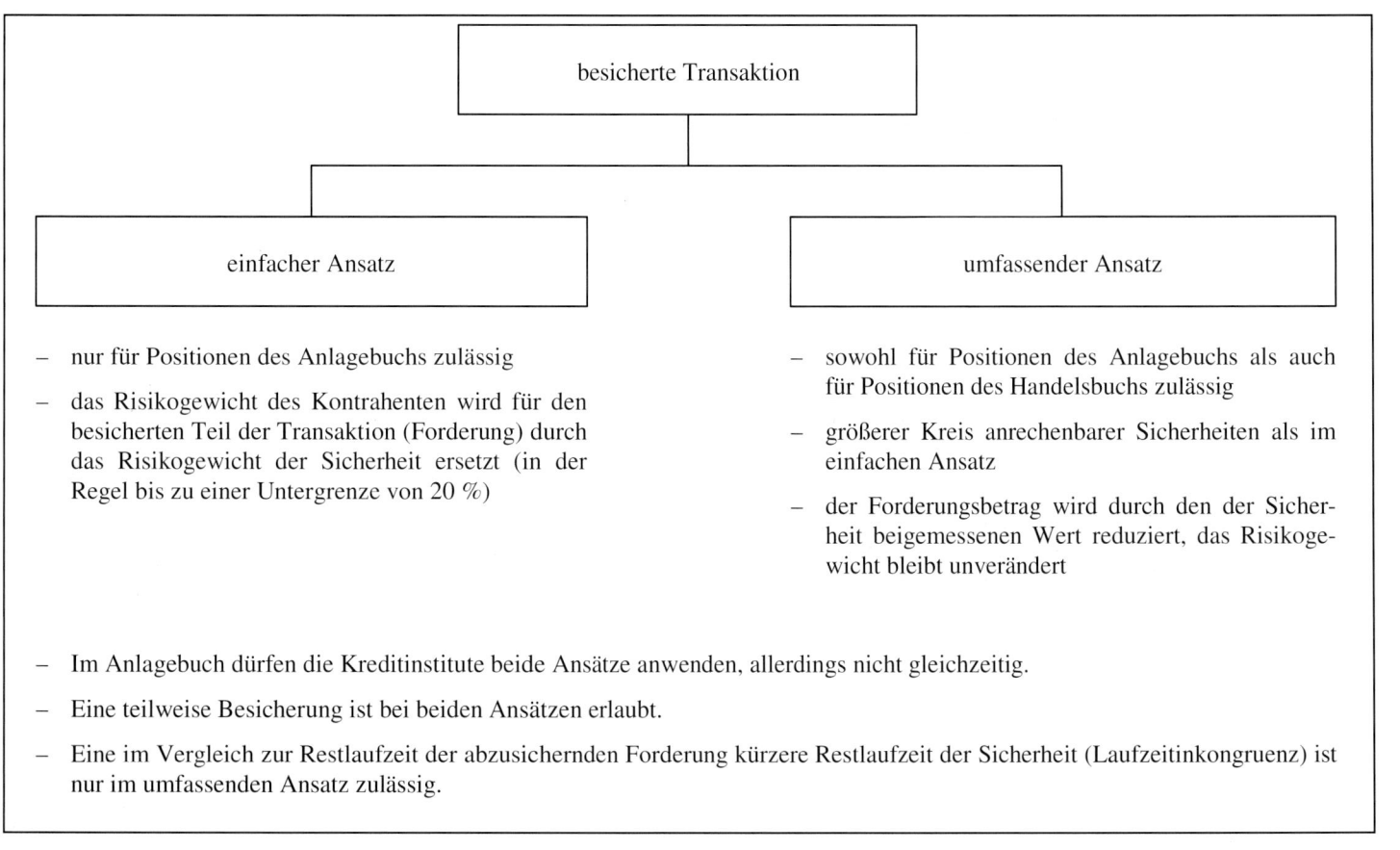

```
                    besicherte Transaktion
                   /                      \
         einfacher Ansatz              umfassender Ansatz
```

**einfacher Ansatz**
- nur für Positionen des Anlagebuchs zulässig
- das Risikogewicht des Kontrahenten wird für den besicherten Teil der Transaktion (Forderung) durch das Risikogewicht der Sicherheit ersetzt (in der Regel bis zu einer Untergrenze von 20 %)

**umfassender Ansatz**
- sowohl für Positionen des Anlagebuchs als auch für Positionen des Handelsbuchs zulässig
- größerer Kreis anrechenbarer Sicherheiten als im einfachen Ansatz
- der Forderungsbetrag wird durch den der Sicherheit beigemessenen Wert reduziert, das Risikogewicht bleibt unverändert

– Im Anlagebuch dürfen die Kreditinstitute beide Ansätze anwenden, allerdings nicht gleichzeitig.
– Eine teilweise Besicherung ist bei beiden Ansätzen erlaubt.
– Eine im Vergleich zur Restlaufzeit der abzusichernden Forderung kürzere Restlaufzeit der Sicherheit (Laufzeitinkongruenz) ist nur im umfassenden Ansatz zulässig.

**Abbildung 68: Besicherte Transaktionen – einfacher Ansatz und umfassender Ansatz**

**Aufgabe 3.31: Sicherheiten im einfachen Ansatz und im umfassenden Ansatz**

Zeigen Sie auf, welche Sicherheiten im einfachen Ansatz und welche im umfassenden Ansatz anerkannt werden können.

**Lösung**

Im einfachen Ansatz können die folgenden Sicherheiten anerkannt werden (siehe auch Abbildung 69):[1]

a) Bareinlagen bei dem kreditgebenden Kreditinstitut (einschließlich Einlagenzertifikaten oder vergleichbarer Instrumente, die von dem kreditgebenden Kreditinstitut emittiert wurden);
b) Gold;
c) Schuldverschreibungen mit einem externen Rating von
   – mindestens BB-, wenn sie von Staaten emittiert wurden,
   – mindestens BBB-, wenn sie von anderen Emittenten stammen,
   – mindestens A-3/P-3, wenn es sich um kurzfristige Schuldverschreibungen handelt;
d) Schuldverschreibungen ohne externes Rating, wenn die folgenden Voraussetzungen erfüllt sind:
Die Schuldverschreibungen
   – wurden von einem Kreditinstitut emittiert,
   – werden an einer anerkannten Börse gehandelt,
   – sind vorrangig zu bedienen.
Außerdem
   – müssen alle anderen gerateten Emissionen des Kreditinstituts, die denselben Rang aufweisen, mindestens ein externes Rating von BBB- oder A-3/P-3 besitzen,
   – darf das Kreditinstitut, das die Schuldverschreibung als Sicherheit hält, keine Informationen darüber haben, dass für die Emission ein geringeres Rating als BBB- bzw. A-3/P-3 gerechtfertigt ist,
   – muss die nationale Bankenaufsicht von der Marktliquidität des Wertpapiers hinreichend überzeugt sein.
e) Aktien (einschließlich Wandelschuldverschreibungen), die einem Hauptindex angehören;
f) Investmentfondsanteile, wenn der Anteilspreis täglich veröffentlicht wird und die Anlage auf Instrumente der genannten Buchstaben a-f beschränkt ist.

---

[1] Vgl. BASELER AUSSCHUSS FÜR BANKENAUFSICHT (Basel II, 2004), S. 35-36.

## anerkennungsfähige Sicherheiten

### einfacher Ansatz

a) Bareinlagen bei dem kreditgebenden Kreditinstitut,
b) Gold,
c) Schuldverschreibungen mit einem externen Rating von
   - mindestens BB-, wenn sie von Staaten emittiert wurden,
   - mindestens BBB-, wenn sie von anderen Emittenten stammen,
   - mindestens A-3/P-3, wenn es sich um kurzfristige Schuldverschreibungen handelt,
d) Schuldverschreibungen ohne externes Rating, wenn bestimmte Voraussetzungen erfüllt sind,
e) Aktien (einschließlich Wandelschuldverschreibungen), die einem Hauptindex angehören,
f) Investmentfondsanteile, wenn der Anteilspreis täglich veröffentlicht wird und die Anlage auf Instrumente der genannten Buchstaben a-f beschränkt ist.

### umfassender Ansatz

a) alle Instrumente, die auch im einfachen Ansatz anerkannt werden können,
b) Aktien (einschließlich Wandelschuldverschreibungen), die keinem Hauptindex angehören, die aber an einer anerkannten Börse notiert sind,
c) Investmentfonds, die unter Buchstabe b genannte Aktien enthalten.

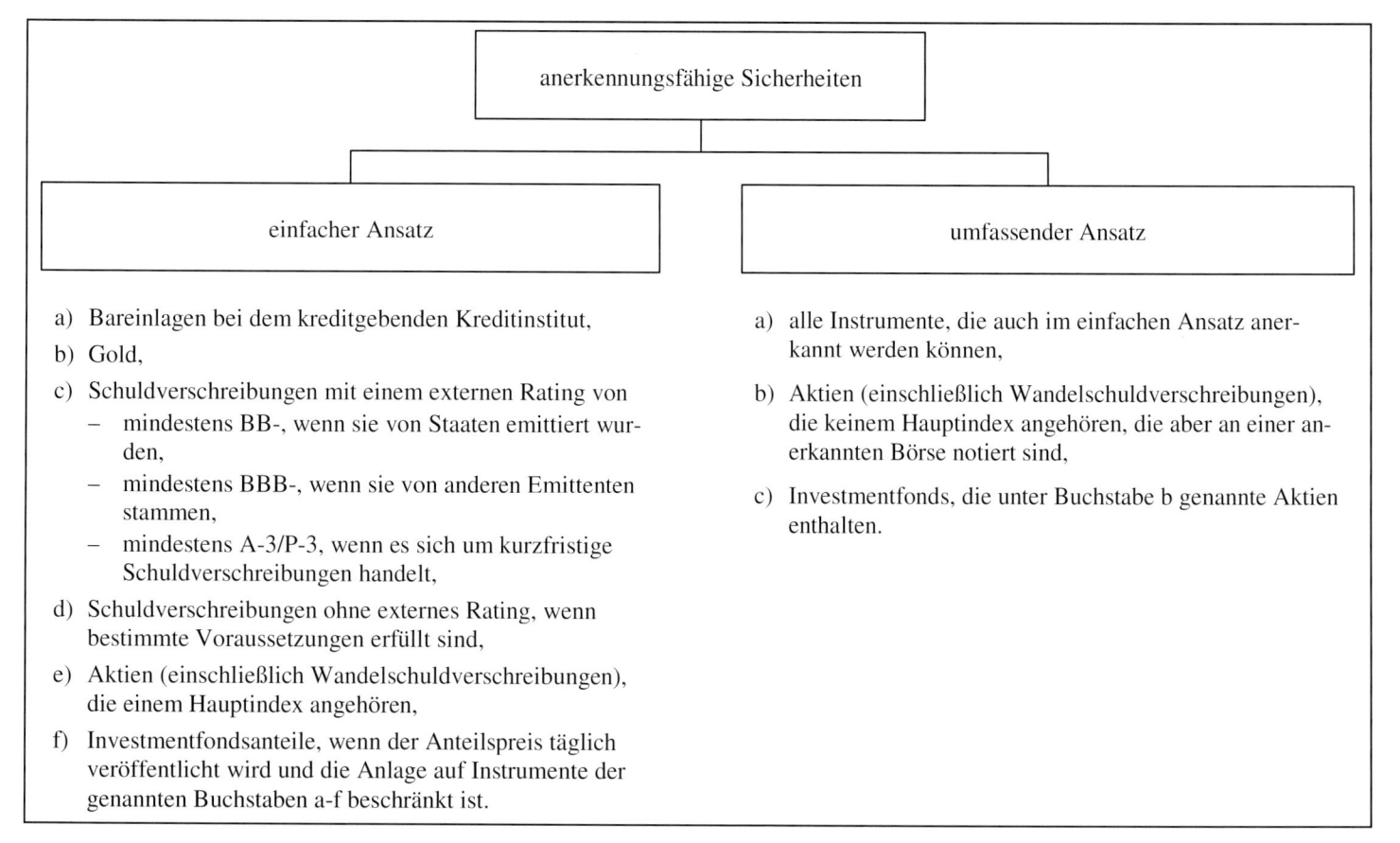

**Abbildung 69: Anerkennungsfähige Sicherheiten im einfachen Ansatz und im umfassenden Ansatz**

Der Kreis der anerkennungsfähigen Sicherheiten ist im umfassenden Ansatz größer als im einfachen Ansatz. Im umfassenden Ansatz können die folgenden Sicherheiten anerkannt werden (siehe auch Abbildung 69):[1]
a) alle Instrumente, die auch im einfachen Ansatz anerkannt werden können,
b) Aktien (einschließlich Wandelschuldverschreibungen), die keinem Hauptindex angehören, die aber an einer anerkannten Börse notiert sind,
c) Investmentfonds, die unter Buchstabe b genannte Aktien enthalten.

**Aufgabe 3.32: Anerkennung von Sicherheiten im einfachen Ansatz**
Erläutern Sie die Voraussetzungen für die Anerkennung von Sicherheiten beim einfachen Ansatz. Wie erfolgt die bankenaufsichtliche Berücksichtigung der Absicherung und welche Grenzen sind dabei zu beachten?

**Lösung**
Im einfachen Ansatz können die in Aufgabe 3.31 dargestellten Sicherheiten zur Verminderung des Adressenrisikos berücksichtigt werden. Allerdings müssen die folgenden beiden Voraussetzungen erfüllt sein, damit eine hereingenommene Sicherheit bankenaufsichtlich anerkannt wird:
– Die Sicherheit muss mindestens für die (Rest-)Laufzeit der Forderung verpfändet sein. Laufzeitinkongruenzen (kürzere Restlaufzeit der Sicherheit als die Restlaufzeit der abzusichernden Forderung) sind somit im einfachen Ansatz nicht gestattet. Hingegen steht eine im Vergleich zur Restlaufzeit der abzusichernden Forderung längere Restlaufzeit der Sicherheit ihrer Anerkennung nicht entgegen.
– Der Marktwert der Sicherheit muss mindestens alle sechs Monate bestimmt werden.

Der risikoreduzierende Effekt der Absicherung wird im einfachen Ansatz dadurch berücksichtigt, dass das Risikogewicht der abgesicherten Forderung in Höhe des Marktwerts der anerkannten Sicherheit durch das Risikogewicht der jeweiligen Sicherheit substituiert wird. Dabei gilt – bis auf einige Ausnahmen – ein Mindestrisikogewicht von 20 %. Der restliche (unbesicherte) Teil der Forderung ist mit dem Risikogewicht des Kontraktpartners zu gewichten.

---

[1] Vgl. BASELER AUSSCHUSS FÜR BANKENAUFSICHT (Basel II, 2004), S. 36.

*Ausnahmen von der Risikogewichtsuntergrenze*
Besicherte Geschäfte erhalten im einfachen Ansatz u. a. dann ein Risikogewicht von 0 %, wenn

1. die Sicherheit auf die gleiche Währung wie das abgesicherte Geschäft lautet

und

2. – die Sicherheit aus einer Bareinlage besteht
   oder
   – a) die Sicherheit aus Wertpapieren eines Staates besteht und
     b) diese Wertpapiere im Standardansatz ein Risikogewicht von 0 % erhalten würden und
     c) der Marktwert dieser Wertpapiere um 20 % vermindert wurde.

**Aufgabe 3.33: Grundprinzip der Risikominderung im umfassenden Ansatz**
Erläutern Sie kurz das Grundprinzip der bankenaufsichtlichen Berücksichtigung von Risikominderungen durch die Hereinnahme von Sicherheiten beim umfassenden Ansatz.

**Lösung**
Beim umfassenden Ansatz wird dem risikoreduzierenden Effekt einer hereingenommenen Sicherheit dadurch Rechnung getragen, dass der der Sicherheit beigemessene Wert den Forderungsbetrag reduziert. Das Risikogewicht, das auf die Forderung anzuwenden ist und sich am externen Rating orientiert, bleibt unverändert. Sowohl der Forderungsbetrag als auch der Wert der erhaltenen Sicherheit müssen mittels Sicherheitszu- oder -abschlägen (Haircuts) angepasst werden (zur Ermittlung der Haircuts siehe Aufgabe 3.34). Durch diese Anpassung, die zu so genannten „volatilitätsangepassten Beträgen" für die Forderung bzw. die Sicherheit führt, soll künftigen, durch Marktentwicklungen bedingten Wertveränderungen von Forderung bzw. Sicherheit Rechnung getragen werden. Eine Anpassung des Forderungsbetrags kann beispielsweise dann erforderlich sein, wenn Wertpapiere, deren Wert sich im Zeitablauf verändern kann, von einem Institut verliehen worden sind. Mit Ausnahme von Barmitteln ist der volatilitätsangepasste Betrag der Forderung größer als die Forderung selbst und der volatilitätsangepasste Wert für die Sicherheit geringer als die Sicherheit selbst. Lauten Forderung und Sicherheit auf verschiedene Währungen, so muss eine weitere Verminderung des volatilitätsangepassten Werts der Sicherheit vorgenommen werden. Hierdurch sollen künftige Schwankungen des Wechselkurses berücksichtigt werden.[1]

---

[1] Vgl. hierzu BASELER AUSSCHUSS FÜR BANKENAUFSICHT (Basel II, 2004), S. 33–34.

## Aufgabe 3.34: Möglichkeiten zur Ermittlung von Haircuts im umfassenden Ansatz

Erläutern Sie die Möglichkeiten, die den Instituten gemäß den Bestimmungen von Basel II zur Ermittlung der Haircuts im umfassenden Ansatz zur Verfügung stehen.

### Lösung

Grundsätzlich können die Institute zur Ermittlung der Haircuts auf die folgenden beiden Möglichkeiten zurückgreifen: aufsichtliche Standardhaircuts sowie selbst geschätzte Haircuts (siehe hierzu auch Abbildung 70). Im Rahmen der aufsichtlichen Standardhaircuts liegen den Haircuts feste, durch die Aufsichtsbehörde vorgegebene Größen zu Grunde. Im Gegensatz dazu basieren die selbst geschätzten Haircuts auf institutseigenen Schätzungen der Marktpreisvolatilität von Forderung und Sicherheit. Die Verwendung selbst geschätzter Haircuts ist einem Institut nur dann erlaubt, wenn es bestimmte qualitative und quantitative Anforderungen erfüllt.[1]

Die Verwendung aufsichtlicher Standardhaircuts oder selbst geschätzter Haircuts ist unabhängig davon, ob das Institut im Bereich des Adressenrisikos den Standardansatz oder den IRB-Basisansatz verwendet. Zu beachten ist allerdings, dass bei Verwendung selbst geschätzter Haircuts diese für alle Arten von Instrumenten zu nutzen sind, für die selbst geschätzte Haircuts geeignet sind. Eine Ausnahme besteht lediglich für unwesentliche Portfolien, für die die Verwendung aufsichtlicher Standardhaircuts auch dann gestattet ist, wenn ansonsten selbst geschätzte Haircuts verwendet werden. Bei Wertpapierpensionsgeschäften oder ähnlichen Geschäften können die Institute als Alternative zu den aufsichtlichen Standardhaircuts bzw. den selbst geschätzten Haircuts VaR-Modelle zur Ermittlung der potenziellen Preisvolatilität verwenden.[2] Voraussetzung ist hierbei allerdings, dass das jeweilige Institut über ein Marktrisikomodell verfügt, das nach dem Baseler Marktrisikopapier von 1996 aufsichtlich anerkannt ist.[3]

---

[1] Vgl. auch BASELER AUSSCHUSS FÜR BANKENAUFSICHT (Basel II, 2004), S. 34.
[2] Vgl. BASELER AUSSCHUSS FÜR BANKENAUFSICHT (Basel II, 2004), S. 34.
[3] Vgl. BASELER AUSSCHUSS FÜR BANKENAUFSICHT (Basel II, 2004), S. 44.

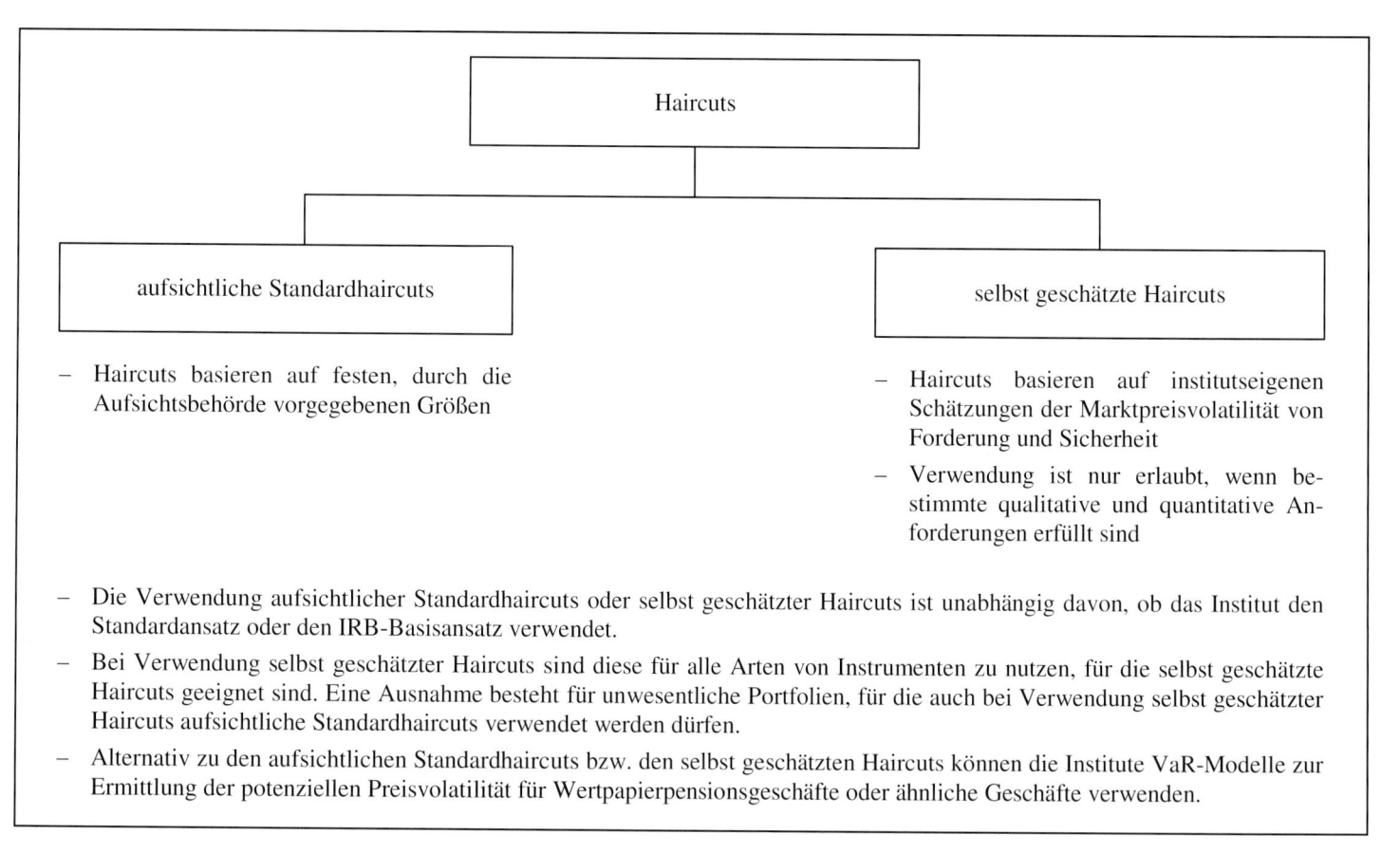

```
                    ┌─────────────┐
                    │  Haircuts   │
                    └──────┬──────┘
                ┌──────────┴──────────┐
    ┌───────────────────┐      ┌───────────────────┐
    │   aufsichtliche   │      │  selbst geschätzte│
    │  Standardhaircuts │      │      Haircuts     │
    └───────────────────┘      └───────────────────┘
```

- Haircuts basieren auf festen, durch die Aufsichtsbehörde vorgegebenen Größen

- Haircuts basieren auf institutseigenen Schätzungen der Marktpreisvolatilität von Forderung und Sicherheit
- Verwendung ist nur erlaubt, wenn bestimmte qualitative und quantitative Anforderungen erfüllt sind

- Die Verwendung aufsichtlicher Standardhaircuts oder selbst geschätzter Haircuts ist unabhängig davon, ob das Institut den Standardansatz oder den IRB-Basisansatz verwendet.
- Bei Verwendung selbst geschätzter Haircuts sind diese für alle Arten von Instrumenten zu nutzen, für die selbst geschätzte Haircuts geeignet sind. Eine Ausnahme besteht für unwesentliche Portfolien, für die auch bei Verwendung selbst geschätzter Haircuts aufsichtliche Standardhaircuts verwendet werden dürfen.
- Alternativ zu den aufsichtlichen Standardhaircuts bzw. den selbst geschätzten Haircuts können die Institute VaR-Modelle zur Ermittlung der potenziellen Preisvolatilität für Wertpapierpensionsgeschäfte oder ähnliche Geschäfte verwenden.

**Abbildung 70: Möglichkeiten zur Ermittlung von Haircuts**

**Aufgabe 3.35: Ermittlung des Forderungsbetrags nach Kreditrisikominderung im umfassenden Ansatz**

Erläutern Sie, wie im umfassenden Ansatz der Forderungsbetrag nach Kreditrisikominderung ermittelt wird.

**Lösung**

Im umfassenden Ansatz werden – sofern erforderlich – sowohl der Forderungsbetrag als auch der Wert der erhaltenen Sicherheit mittels Haircuts (Sicherheitszu- bzw. -abschläge) angepasst. Der Forderungsbetrag nach Kreditrisikominderung ($E^*$) für eine besicherte Transaktion ergibt sich dabei aus der Differenz zwischen dem gegenwärtigen Forderungsbetrag (E) und dem gegenwärtigen Wert der erhaltenen Sicherheit (C). Einer möglichen Erhöhung des Forderungsbetrags (z. B. dann, wenn Wertpapiere, deren Wert sich im Zeitablauf verändern kann, verliehen worden sind) wird dadurch Rechnung getragen, dass der gegenwärtige Forderungsbetrag (E) um den Haircut für die Forderung ($H_E$) erhöht wird. Auf der anderen Seite wird ein möglicher Wertverfall der hereingenommenen Sicherheit dadurch erfasst, dass der gegenwärtige Wert der erhaltenen Sicherheit (C) um den Haircut für die Sicherheit ($H_C$) sowie den Haircut für Währungsinkongruenzen zwischen Forderung und Sicherheit ($H_{FX}$) reduziert wird.

Zu beachten ist, dass sich durch den Einsatz von Sicherheiten kein Forderungsbetrag nach Kreditrisikominderung ($E^*$) ergeben kann, der kleiner als Null ist. Somit gilt:[1]

$$E^* = \max\left\{0;\left[E\left(1+H_E\right) - C\left(1-H_C-H_{FX}\right)\right]\right\}$$

mit:
- $E^*$ = Forderungsbetrag nach Kreditrisikominderung
- E = gegenwärtiger Forderungsbetrag (exposure)
- $H_E$ = Haircut für die Forderung
- C = gegenwärtiger Wert der erhaltenen Sicherheit (collateral) ohne Berücksichtigung von Laufzeitinkongruenzen
- $H_C$ = Haircut für die Sicherheit
- $H_{FX}$ = Haircut für Währungsinkongruenzen zwischen Forderung und Sicherheit

Bei der angegebenen Berechnungsmethode des Forderungsbetrags nach Kreditrisikominderung ($E^*$) sind Laufzeitinkongruenzen zwischen Forderung und Sicherheit noch nicht berücksichtigt. Daher muss der gegenwärtige Wert der erhaltenen Sicher-

---

[1] Vgl. BASELER AUSSCHUSS FÜR BANKENAUFSICHT (Basel II, 2004), S. 36–37.

heit (C) in einem separaten Rechenschritt zur Berücksichtigung etwaiger Laufzeitinkongruenzen noch weiter modifiziert werden (siehe hierzu Aufgabe 3.37).

Um die gewichteten Risikoaktiva für die besicherte Transaktion zu erhalten, wird der ermittelte Forderungsbetrag nach Kreditrisikominderung mit dem Risikogewicht des Kontrahenten multipliziert.

**Aufgabe 3.36: Aufsichtliche Standardhaircuts ($H_E$, $H_C$ und $H_{FX}$) im umfassenden Ansatz**

Stellen Sie dar, welche aufsichtlichen Standardhaircuts ($H_E$, $H_C$ und $H_{FX}$) gemäß den Bestimmungen von Basel II im umfassenden Ansatz vorgesehen sind.

**Lösung**

Basel II gibt im Rahmen des umfassenden Ansatzes aufsichtliche Standardhaircuts für $H_E$, $H_C$ und $H_{FX}$ vor. Diese Haircuts basieren auf der Annahme, dass für die jeweiligen Instrumente eine tägliche Marktbewertung durchgeführt wird bzw. dass das Institut einer täglichen Nachschussverpflichtung unterliegt. Zudem wird eine 10-tägige Halteperiode unterstellt. Die in Abbildung 71 angegebenen aufsichtlichen Standardhaircuts gelten für $H_E$ (Haircut für die Forderung) und $H_C$ (Haircut für die Sicherheit). Lauten Forderung und Sicherheit auf verschiedene Währungen, so ist zusätzlich der aufsichtliche Standardhaircut für $H_{FX}$ (Haircut für Währungsinkongruenzen zwischen Forderung und Sicherheit) zu berücksichtigen, der 8 % beträgt, wobei ebenfalls von einer täglichen Marktbewertung sowie einer 10-tägigen Halteperiode ausgegangen wird.

Führt das Institut Transaktionen durch, bei denen es dem Kontraktpartner Instrumente andient, die nicht in Abbildung 71 aufgeführt sind, so beträgt $H_E$ 25 %.[1] Ein solcher Fall kann beispielsweise dann auftreten, wenn ein Institut im Rahmen eines Wertpapierleihgeschäfts Schuldverschreibungen eines Industrieunternehmens verleiht, die schlechter als BBB– geratet sind. Zu beachten ist dabei, dass sich der angegebene Haircut für nicht aufgeführte Transaktionen in Höhe von 25 % lediglich auf $H_E$ bezieht, nicht jedoch auf $H_C$. Der Grund für diese Differenzierung zwischen $H_E$ und $H_C$ ist darin zu sehen, dass nur bestimmte Sicherheiten als risikoreduzierend anerkannt werden (siehe hierzu Aufgabe 3.31); in diesem Fall ist $H_C$ relevant. Demgegenüber können sich Forderungspositionen aus dem Verleih sämtlicher Wertpapiere (auch wenig werthaltiger) ergeben; in diesem Fall ist $H_E$ relevant.

---

[1] Vgl. BASELER AUSSCHUSS FÜR BANKENAUFSICHT (Basel II, 2004), S. 38.

## 3.3 Basel II – Säule 1

| Emissionsrating der Schuldverschreibung | Restlaufzeit | Staaten | andere Emittenten |
|---|---|---|---|
| AAA bis AA– | ≤ 1 Jahr | 0,5 % | 1 % |
| A1 | > 1 Jahr und ≤ 5 Jahre | 2 % | 4 % |
| | > 5 Jahre | 4 % | 8 % |
| A+ bis BBB– | ≤ 1 Jahr | 1 % | 2 % |
| A-2/A-3 | > 1 Jahr und ≤ 5 Jahre | 3 % | 6 % |
| bestimmte Bankschuldverschreibungen ohne externes Rating | > 5 Jahre | 6 % | 12 % |
| BB+ bis BB– | alle | 15 % | |
| Hauptindexaktien (einschließlich Wandelschuldverschreibungen) und Gold | | 15 % | |
| Andere an einer anerkannten Börse gehandelte Aktien (einschließlich Wandelschuldverschreibungen) | | 25 % | |
| Investmentfondsanteile | | höchster Haircut, der auf ein Wertpapier anzuwenden ist, in das der Fonds investieren darf | |
| Barsicherheit in derselben Währung | | 0 % | |

- Für nicht aufgeführte Instrumente beträgt $H_E$ 25 %.
- Der aufsichtliche Standardhaircut für Währungsinkongruenzen zwischen Forderung und Sicherheit ($H_{FX}$) beträgt 8 %.
- Alle Angaben gelten für eine tägliche Marktbewertung, tägliche Nachschussverpflichtung sowie eine 10-tägige Halteperiode.

**Abbildung 71: Aufsichtliche Standardhaircuts im umfassenden Ansatz**[1]

---

[1] Modifiziert entnommen aus BASELER AUSSCHUSS FÜR BANKENAUFSICHT (Basel II, 2004), S. 38.

**Aufgabe 3.37: Anpassung von Haircuts**

Erläutern Sie, wie die Haircuts an verschiedene Halteperioden und an nicht-tägliche Nachschussverpflichtungen bzw. Neubewertungen angepasst werden. Gehen Sie dabei auch auf die Anpassung der Haircuts an Währungsinkongruenzen sowie Laufzeitinkongruenzen ein.

**Lösung**

Die Höhe des einzelnen Haircuts hängt neben der Art der jeweiligen Sicherheit (siehe Abbildung 71) vom Transaktionstyp, von der Haltedauer sowie von der Häufigkeit der Nachschussverpflichtung bzw. Marktbewertung ab. Die Differenzierung nach Transaktionstypen ist erforderlich, da sich zum einen unterschiedliche Sicherheiten häufig nicht immer innerhalb des gleichen Zeitraums verwerten lassen. Zum anderen sind die vertraglichen Usancen nicht bei allen Sicherheiten identisch. So enthält beispielsweise bei Kapitalmarkttransaktionen und Wertpapierpensionsgeschäften und ähnlichen Geschäften der Vertrag i. d. R. eine Nachschussklausel, während dies bei einer besicherten Kreditvergabe üblicherweise nicht der Fall ist.[1]

| Transaktionstyp | Mindesthaltedauer | Bedingung |
|---|---|---|
| Wertpapierpensions- und ähnliche Geschäfte | 5 Geschäftstage | tägliche Nachschussverpflichtung |
| andere Kapitalmarkttransaktionen | 10 Geschäftstage | tägliche Nachschussverpflichtung |
| besicherte Kreditvergabe | 20 Geschäftstage | tägliche Neubewertung |

**Abbildung 72: Mindesthalteperioden und Häufigkeit der Nachschussverpflichtungen bzw. Neubewertungen**

Um diese Unterschiede zu berücksichtigen, wird – wie in Abbildung 72 dargestellt – zwischen den folgenden drei Transaktionstypen differenziert. Zu der Kategorie „Wertpapierpensionsgeschäfte und ähnliche Geschäfte" zählen beispielsweise Repos und Reverse Repos sowie Wertpapierleihgeschäfte. Dem Transaktionstyp „andere Kapitalmarkttransaktionen" sind z. B. OTC-Derivate-Transaktionen und Margin Lending zuzuordnen. Als „besicherte Kreditvergabe" ist die Besicherung durch Hereinnahme von Sicherheiten in Form von Wertpapieren zu verstehen. Den einzelnen Transaktionstypen werden unterschiedliche Mindesthaltedauern und Bedingun-

---

[1] Vgl. BASELER AUSSCHUSS FÜR BANKENAUFSICHT (Basel II, 2004), S. 40.

gen (Nachschussverpflichtung bzw. Neubewertung) zugeordnet, die bei der Ermittlung des Haircuts zu Grunde gelegt werden.

Es ist möglich, dass ein Institut über Sicherheiten verfügt, bei denen die Mindesthaltedauer und/oder Nachschussverpflichtung bzw. Neubewertung von den vorgegebenen und in Abbildung 72 aufgeführten abweicht. In diesen Fällen ist eine Anpassung der Haircuts erforderlich, wobei in zwei Schritten vorzugehen ist. Im ersten Schritt erfolgt bei abweichender Haltedauer eine Herauf- bzw. Herabskalierung der Haircuts gemäß der folgenden Formel:

$$H_M = H_N \sqrt{\frac{T_M}{T_N}}$$

mit:
$H_M$ = Haircut für die Mindesthaltedauer (nach Anpassung für abweichende Haltedauer)
$H_N$ = auf der Haltedauer $T_N$ basierender Haircut
$T_M$ = vorgegebene Mindesthaltedauer für die jeweilige Art der Transaktion
$T_N$ = von dem Institut zur Ableitung von $H_N$ verwendete Haltedauer

In einem zweiten Schritt werden abweichende Nachschussverpflichtungen und Neubewertungen berücksichtigt, wobei die Haircuts mittels der so genannten Wurzel-Zeit-Formel angepasst werden:

$$H_C = H_M \sqrt{\frac{N_R + (T_M - 1)}{T_M}}$$

mit:
$H_C$ = Haircut für die Sicherheit (nach Anpassung)
$H_M$ = Haircut für die Mindesthaltedauer (nach Anpassung für abweichende Haltedauer)
$N_R$ = tatsächliche Anzahl der Tage zwischen den einzelnen Nachschussverpflichtungen für Kapitalmarkttransaktionen oder den einzelnen Neubewertungen für besicherte Kreditvergaben
$T_M$ = vorgegebene Mindesthaltedauer für die jeweilige Art der Transaktion

*Berücksichtigung von Währungsinkongruenzen*
Lauten Forderung und Sicherheit auf verschiedene Währungen, so liegt eine Währungsinkongruenz vor. In diesem Fall muss der volatilitätsangepasste Wert der Sicherheit zusätzlich durch die Anwendung eines speziellen Haircuts ($H_{FX}$) vermindert werden. Hierdurch sollen künftige Schwankungen des Wechselkurses berücksichtigt werden.

Der anzuwendende Haircut für Währungsinkongruenzen ($H_{FX}$) basiert auf einer Haltedauer von 10 Geschäftstagen und einer täglichen Neubewertung. Der Haircut für Währungsinkongruenzen ($H_{FX}$) beträgt 8 %, wenn das Institut die aufsichtlich vorgegebenen Haircuts verwendet. $H_{FX}$ muss angepasst (hochskaliert) werden, wenn die Neubewertung nicht täglich erfolgt oder die Mindesthaltedauer nicht 10 Tage beträgt. Die Anpassung erfolgt analog der Anpassung der Haircuts für die Sicherheit ($H_C$).

*Berücksichtigung von Laufzeitinkongruenzen*
Ist die Restlaufzeit der Absicherung kürzer als die Restlaufzeit des zu Grunde liegenden Kredits, so liegt eine Laufzeitinkongruenz vor. Beträgt bei einer Sicherheit die Restlaufzeit weniger als ein Jahr, so führt eine Laufzeitinkongruenz dazu, dass die Sicherheit nicht anerkannt wird. Bei Vorliegen einer Laufzeitinkongruenz wird der Wert der Kreditabsicherung folgendermaßen angepasst:

$$P_a = P \frac{t - 0{,}25}{T - 0{,}25} \qquad \text{für } t \leq T$$

mit:
$P_a$ = Wert der wegen der Laufzeitinkongruenz angepassten Kreditabsicherung
$P$ = Wert der durch andere Haircuts angepassten Kreditabsicherung
$T$ = min (5; Restlaufzeit der Forderung), ausgedrückt in Jahren
$t$ = min (T; Restlaufzeit der Kreditabsicherung), ausgedrückt in Jahren

## Aufgabe 3.38: Anerkennung von Sicherheiten bei Verwendung aufsichtlicher Haircuts im umfassenden Ansatz

Ermitteln Sie für das nachfolgend genannte Geschäft die Höhe des erforderlichen haftenden Eigenkapitals, das die Saarland-Bank eG zur Unterlegung des Adressenrisikos benötigt, wenn die Sicherheiten gemäß dem umfassenden Ansatz berücksichtigt werden und die Saarland-Bank eG aufsichtliche Haircuts verwendet.

## 3.3 Basel II – Säule 1

Der Rheinbräu AG, die über kein externes Emittentenrating verfügt, wurde von der Saarland-Bank eG der folgende Kredit gewährt:

| Kreditart | vorrangiger Investitionskredit (unverbrieft) |
|---|---|
| Volumen | 10 Mio. EUR |
| Restlaufzeit | 6 Jahre |
| externes Emissionsrating | BBB– |

Der Kredit ist wie folgt gesichert:

| Art der Sicherheit | Staatsschuldverschreibungen der USA im Nominalwert von 12 Mio. USD mit einem Emissionsrating von A+ und einer Restlaufzeit von 4 Jahren |
|---|---|
| Marktwert der Sicherheit | 8 Mio. EUR |
| Restlaufzeit der Sicherheit | 4 Jahre |
| Neubewertungsintervall der Sicherheit | alle 5 Tage |

**Lösung**
*Haircut für die Forderung ($H_E$)*
Eine Anpassung der Haircuts für die Forderung ist nicht erforderlich, da es sich bei der Forderung (unverbriefter, vorrangiger Investitionskredit) nicht um Wertpapiere, deren Marktwert sich ändern könnte, handelt. $H_E$ beträgt damit 0 %.

*Haircut für die Sicherheit ($H_C$)*
1. Schritt: Anpassung für abweichende Haltedauer (Berechnung von $H_M$)

$$H_M = H_N \sqrt{\frac{T_M}{T_N}}$$

$H_N$ = $H_{10}$ = 3 % (siehe Abbildung 71)
$T_N$ = $T_{10}$ = 10 Tage  (vorgegebene Halteperiode der aufsichtlichen Standardhaircuts)

$T_M$ = 20 Tage (da es sich um eine besicherte Kreditvergabe handelt)

$$H_M = H_{10} \sqrt{\frac{T_M}{T_{10}}} = 3\% \sqrt{\frac{20}{10}} = 0{,}03 \cdot \sqrt{2} = 0{,}04243$$

2. Schritt: Anpassung für abweichende Neubewertung (Berechnung von $H_C$)

$$H_C = H_M \sqrt{\frac{N_R + (T_M - 1)}{T_M}}$$

$H_M$ = 0,04243
$N_R$ = 5 Tage
$T_M$ = 20 Tage (da es sich um eine besicherte Kreditvergabe handelt)

$$H_C = 0,04243 \sqrt{\frac{5 + (20 - 1)}{20}} = 0,04243 \sqrt{1,2} = 0,04648$$

*Haircut für Währungsinkongruenzen ($H_{FX}$)*
1. Schritt: Anpassung für abweichende Haltedauer (Berechnung von $H_M$)

$$H_M = H_N \sqrt{\frac{T_M}{T_N}}$$

$H_N$ = $H_{10}$ = 8 % (aufsichtlicher Standardhaircut für Währungsinkongruenzen)
$T_N$ = $T_{10}$ = 10 Tage (vorgegebene Halteperiode der aufsichtlichen Standardhaircuts)
$T_M$ = 20 Tage (da es sich um eine besicherte Kreditvergabe handelt)

$$H_M = H_{10} \sqrt{\frac{T_M}{10}} = 8\% \sqrt{\frac{20}{10}} = 0,08 \cdot \sqrt{2} = 0,11314$$

2. Schritt: Anpassung für abweichende Neubewertung (Berechnung von $H_{FX}$)

$$H_{FX} = H_M \sqrt{\frac{N_R + (T_M - 1)}{T_M}}$$

$H_M$ = 0,11314
$N_R$ = 5 Tage
$T_M$ = 20 Tage (da es sich um eine besicherte Kreditvergabe handelt)

$$H_{FX} = 0,11314 \sqrt{\frac{5 + (20 - 1)}{20}} = 0,12394$$

*Berechnung der Laufzeitanpassung*

$$P_a = P \frac{t-0{,}25}{T-0{,}25} \quad \text{für } t \leq T$$

P = C(1-$H_C$-$H_{FX}$) = 8 Mio. EUR (1 − 0,04648 − 0,12394) = 6,63664 Mio. EUR
T = min (5; Restlaufzeit der Forderung) = min (5; 6) = 5
t = min (T; Restlaufzeit der Kreditabsicherung) = min (5; 4) = 4

$$P_a = 6{,}63664 \text{ Mio. EUR} \frac{4-0{,}25}{5-0{,}25} = 5{,}239453 \text{ Mio. EUR}$$

*Ermittlung des Forderungsbetrags nach Kreditrisikominderung ($E^*$)*

$$E^* = \max\{0; [E(1+H_E) - P_a]\}$$

$E^*$ = 10 Mio. EUR (1 + 0) − 5,239453 Mio. EUR
   = 10 Mio. EUR − 5,239453 Mio. EUR
   = 4,760547 Mio. EUR

*Risikogewicht der Forderung*
Da es sich um eine Forderung an ein nicht geratetes Industrieunternehmen handelt, beträgt das Risikogewicht 100 % (siehe Abbildung 64).

*benötigtes haftendes Eigenkapital*
   4,760547 Mio. EUR · 100 % · 8 %
= 0,38084376 Mio. EUR
= **380.843,76 EUR**

### Aufgabe 3.39: Vergleich der beiden IRB-Ansätze
Stellen Sie kurz die Gemeinsamkeiten und Unterschiede der beiden zulässigen IRB-Ansätze (IRB-Basisansatz und fortgeschrittener IRB-Ansatz) dar.

### Lösung
Während das erste Konsultationspapier zu Basel II, das im Jahre 1999 veröffentlicht wurde, vorsah, dass der Großteil der Institute sich bei der Bewertung der Adressenrisiken auf externe Ratings stützen und lediglich derjenige Teil der Institute, der über

weiterentwickelte Risikosteuerungssysteme verfügt, die Adressenrisiken mittels interner Schätzungen bestimmen sollte, steht die Verwendung interner Ratings nun sämtlichen Instituten offen. Diese grundlegende Änderung stellt eine deutliche Verbesserung für das deutsche Kredit- und Finanzdienstleistungsgewerbe dar, weil in der Bundesrepublik Deutschland nur wenige Unternehmen über ein externes Rating verfügen. Da im Standardansatz Kredite an Unternehmen, für die kein externes Rating vorliegt, mit 100 % zu gewichten sind, würde sich bei der Mehrzahl der Unternehmenskredite im Vergleich zur bisherigen Situation keine Änderung des Eigenkapitalbedarfs der Institute ergeben. Insbesondere der deutschen Verhandlungsdelegation, d. h. der Deutschen Bundesbank sowie der BaFin, ist es zu verdanken, dass die Institute nun im Rahmen der Ermittlung des von ihnen zur Unterlegung der Adressenrisiken benötigten haftenden Eigenkapitals – alternativ zum externen Rating – auch interne Ratings verwenden dürfen. Allerdings ist dazu eine Genehmigung der Bankenaufsichtsbehörde erforderlich, deren Erteilung von der Erfüllung strenger Mindestanforderungen durch das jeweilige Institut abhängig ist.

Den Instituten stehen mit dem IRB-Basisansatz und dem fortgeschrittenen IRB-Ansatz zwei unterschiedlich komplexe Methoden zur Verfügung. Beiden Ansätzen ist gemeinsam, dass das zur Unterlegung des Adressenrisikos erforderliche haftende Eigenkapital anhand der Ausfallwahrscheinlichkeit (PD), des erwarteten Verlusts bei Ausfall der Forderung (LGD) sowie der erwarteten Höhe der ausstehenden Forderungen im Zeitpunkt des Ausfalls (EAD) bestimmt wird. Beim fortgeschrittenen IRB-Ansatz kommt noch die Restlaufzeit (M) hinzu, die in den IRB-Basisansatz grundsätzlich mit einem pauschalen Wert von 2,5 Jahren eingeht.[1]

Ein wesentlicher Unterschied zwischen den beiden Methoden ist darin zu sehen, dass beim IRB-Basisansatz lediglich PD von den Instituten selber zu schätzen ist, während die Quantifizierung der anderen relevanten Risikoparameter anhand der von der Bankenaufsicht vorgegebenen Regelungen zu erfolgen hat. Im Gegensatz dazu müssen die Institute im fortgeschrittenen IRB-Ansatz neben PD auch LGD und EAD selber schätzen sowie M bestimmen (siehe auch Abbildung 73).

Sind die erforderlichen Risikoparameter vom Institut geschätzt bzw. gemäß den bankenaufsichtsrechtlichen Vorschriften ermittelt worden, so kann das dem Kredit zuzuordnende Risikogewicht anhand einer von der Aufsichtsbehörde vorgegebenen, recht komplexen Risikogewichtungsfunktion bestimmt werden. Während bei der Verwendung externer Ratings lediglich vier verschiedene Risikogewichte zur An-

---

[1] Vgl. BASELER AUSSCHUSS FÜR BANKENAUFSICHT (Basel II, 2004), S. 77.

wendung kommen können, ergibt sich bei Anwendung des IRB-Ansatzes ein ganzes Kontinuum möglicher Risikogewichte. Die Ergebnisse der Bonitätsbewertung werden somit bei der Ermittlung des benötigten haftenden Eigenkapitals viel exakter berücksichtigt.

|  |  | IRB-Ansatz ||
|---|---|---|---|
|  |  | Basisansatz | fortgeschrittener Ansatz |
| Bestimmung der Risikokomponenten | bankintern | PD | PD, LGD, M, EAD, CCF* |
|  | durch die Aufsicht | LGD (45 % bzw. 75 %), M, EAD, CCF* | – |
| Risikogewichtungsfunktion (RW) || RW = RW(PD, LGD) | RW = RW(PD, LGD, M) |
| risikogewichtetes Aktivum (RWA) ||| RWA = EAD * RW |
| * gilt nur für traditionelle außerbilanzielle Geschäfte ||||
| – Für Spezialfinanzierungen existieren Sonderregelungen.<br>– Bei Retailforderungen wird nicht zwischen Basisansatz und fortgeschrittenem Ansatz differenziert. Hier müssen die Institute PD, LGD und EAD stets selber schätzen.<br>– Beteiligungen im Handelsbuch werden gemäß den Eigenkapitalregeln für Marktpreisrisiken behandelt. Für Beteiligungspositionen, die nicht im Handelsbuch gehalten werden, gibt es zwei eigene Ansätze: den marktbasierten Ansatz und den PD/LGD-Ansatz. ||||

**Abbildung 73: Risikokomponenten beim IRB-Basisansatz und beim fortgeschrittenen IRB-Ansatz**

**Aufgabe 3.40: Besonderheiten bei Krediten an KMU im Rahmen der IRB-Ansätze**

Erläutern Sie, warum Kredite an kleine und mittlere Unternehmen (KMU) im Rahmen der IRB-Ansätze eine Sonderbehandlung erfahren. Stellen Sie dabei auch dar, welche Anrechnungserleichterungen bei diesen Krediten vorgesehen sind.

**Lösung**

*Gründe für eine Sonderbehandlung von Krediten an KMU*

Ursprünglich war eine Sonderbehandlung von Krediten an kleine und mittlere Unternehmen (KMU) nicht vorgesehen, sodass auf alle gewerblichen Kredite die Bestimmungen der IRB-Ansätze einheitlich anzuwenden gewesen wären. In der Bundesrepublik Deutschland kommt dem Mittelstand nun aber eine herausragende Bedeutung für die Wirtschafts- und Beschäftigungsentwicklung zu, denn „99 % der deutschen Unternehmen weisen einen Umsatz von weniger als 50 Mio. Euro auf und können somit nach der EU-Definition dem Mittelstand zugerechnet werden. 57 % der Bruttowertschöpfung, 46 % der gesamtwirtschaftlichen Investitionen und 69 % der Beschäftigten gingen im Jahr 1999 auf das Konto mittelständischer Betriebe"[1]. In Anbetracht dieser Situation kommt der Frage der Behandlung von Krediten an KMU nach den Vorschriften von Basel II eine besondere Bedeutung zu. Um diesen wichtigen Eckpfeiler der deutschen Wirtschaft nicht durch überhöhte bankenaufsichtsrechtliche Eigenkapitalanforderungen unverhältnismäßig stark zu belasten, hat sich neben den Wirtschaftsverbänden und der Kreditwirtschaft auch die deutsche Politik für eine adäquate Lösung eingesetzt. So wurde beispielsweise in einem Antrag aller Fraktionen des Deutschen Bundestages gefordert, die Risikogewichtungssätze so auszugestalten, „dass risikoüberzeichnende Eigenkapitalanforderungen und damit eine generelle Verteuerung von Firmenkrediten vermieden und insbesondere die Unternehmen des Mittelstandes fair behandelt werden"[2]. Vor allem die klare Stellungnahme des Bundeskanzlers sorgte dafür, dass die deutschen Forderungen, denen sich später auch Spanien anschloss, im Sommer des Jahres 2002 von der deutschen Verhandlungsdelegation in Basel durchgesetzt werden konnten. Im Folgenden werden die Entlastungen durch die KMU-spezifischen Anrechnungserleichterungen bei Anwendung bankinterner Ratings dargestellt.

*Anrechnungserleichterungen bei Krediten an KMU mit einem Volumen von weniger als 1 Mio. EUR*

Eine der wesentlichen Neuerungen, auf die sich die Mitglieder des Baseler Ausschusses für Bankenaufsicht geeinigt haben, besteht darin, dass – sowohl im IRB-Basisansatz als auch im fortgeschrittenen IRB-Ansatz – Kredite an mittelständische Unternehmen, bei denen das Gesamtengagement des Kreditinstituts auf konsolidierter Basis weniger als 1 Mio. EUR beträgt, nicht wie ursprünglich vorgesehen ins Unternehmenssegment fallen, sondern zukünftig dem Retailportfolio zugeordnet werden. Damit werden derartige Kredite an KMU genauso wie Privatkundenkredite

---

[1] MEISTER, EDGAR (Auswirkungen, 2002), S. 17–18.
[2] FRAKTIONEN DER SPD, CDU/CSU, BÜNDNIS 90/DIE GRÜNEN, F.D.P UND PDS (Wettbewerb, 2001), S. 2.

behandelt. In diesem Zusammenhang ist darauf hinzuweisen, dass die Zuordnung zum Privatkundensegment nur für Zwecke der Ermittlung des von den Kreditinstituten benötigten haftenden Eigenkapitals erfolgt. Hingegen kann eine Entbindung der Kreditinstitute von der Verpflichtung, sich die wirtschaftlichen Verhältnisse des Kreditnehmers gemäß den Vorschriften des § 18 KWG offen legen zu lassen, aus dieser Regelung nicht abgeleitet werden.

Der Vorteil einer Zurechnung zum Retailportfolio besteht darin, dass dort wesentlich günstigere Anrechnungssätze vorgesehen sind als im Unternehmenssegment (siehe auch Abbildung 74). So muss beispielsweise ein Kreditinstitut einen unbesicherten Kredit an ein KMU in Höhe von 500.000 EUR nach den heute geltenden bankenaufsichtsrechtlichen Vorschriften mit 40.000 EUR haftendem Eigenkapital (= 8 % des Kreditbetrags) unterlegen. Wird unterstellt, dass der erwartete Verlust bei Ausfall der Forderung (LGD) 45 % beträgt, so ist ein dem Retailportfolio zugeordneter Kredit an ein KMU mit einer vom Kreditinstitut geschätzten Ausfallwahrscheinlichkeit von 0,03 % gemäß den neuen Bestimmungen von Basel II im IRB-Basisansatz lediglich mit 2.000 EUR (dies entspricht 0,4 % des Kreditbetrags) zu unterlegen.

Dieses Beispiel verdeutlicht, dass eine außerordentlich gute Bonität eines Unternehmens in den neuen Vorschriften voll zum Tragen kommt. Aber auch wenn ein Unternehmen eine wesentlich schlechtere Bonität aufweisen sollte, ergeben sich im Vergleich zur derzeitigen Eigenkapitalbelastung immer noch deutliche Erleichterungen. Wird in dem obigen Beispiel die Ausfallwahrscheinlichkeit des Kreditnehmers mit beispielsweise 3 % angesetzt, so ergibt sich ein erforderliches haftendes Eigenkapital in Höhe von 25.000 EUR (= 5,0 % des Kreditbetrags). Ohne die Zuordnung zum Retailportfolio und ohne Berücksichtigung von Größenabschlägen müsste ein derartiger Kredit hingegen mit 51.500 EUR (= 10,3 % des Kreditbetrags) unterlegt werden. Gemäß den Vorschlägen des 2. Konsultationspapiers wäre es mit 98.500 EUR (= 19,7 % des Kreditbetrags) sogar fast das Doppelte des derzeit erforderlichen Betrags gewesen.

Zwar ist es möglich und auch zu befürworten, dass bei Krediten an Kreditnehmer mit einer noch geringeren Bonität die Anforderungen an das haftende Eigenkapital der Kreditinstitute über das bisherige Niveau von 8 % steigen; da jedoch eine Ausfallwahrscheinlichkeit von 3 % bereits einen sehr hohen Wert darstellt, werden in Zukunft mehr als 90 % der KMU von den Neuerungen profitieren können.[1]

---

[1] Vgl. MEISTER, EDGAR (Auswirkungen, 2002), S. 19.

| Ausfallwahr-scheinlichkeit[2] (in Prozent) | Eigenkapitalanforderungen (in Prozent) für Kredite an Unternehmen[1] | | | | | |
|---|---|---|---|---|---|---|
| | nach Basel I | nach dem 2. Konsultationspapier | nach der verabschiedeten Endfassung | | | |
| | | | mindestens 50 Mio. EUR | bei einem Umsatz von[3] | | im Retailportfolio[4] |
| | | | | 20 Mio. EUR | 5 Mio. EUR | |
| 0,03 | 8,0 | 1,1 | 1,2 | 1,0 | 0,9 | 0,4 |
| 0,70 | 8,0 | 8,0 | 6,4 | 5,5 | 5,1 | 3,1 |
| 1,00 | 8,0 | 10,0 | 7,4 | 6,3 | 5,8 | 3,7 |
| 2,00 | 8,0 | 15,4 | 9,2 | 7,8 | 7,1 | 4,6 |
| 3,00 | 8,0 | 19,7 | 10,3 | 8,6 | 7,8 | 5,0 |

[1] ohne Berücksichtigung von Sicherheiten (LGD = 45 %)
[2] bezogen auf ein Jahr
[3] Abschläge erhalten alle Unternehmen mit einem Umsatz von weniger als 50 Mio. EUR
[4] Unternehmen mit einem Kreditvolumen von weniger als 1 Mio. EUR werden dem Retailportfolio zugeordnet. Diese Erleichterung dürfte in der Regel Unternehmen mit einem Umsatz von 2 bis 2,5 Mio. EUR betreffen. Laut Umsatzsteuerstatistik fallen ca. 95 % aller deutschen Unternehmen in diese Kategorie.

**Abbildung 74: Die Eigenkapitalanforderungen für Unternehmenskredite im IRB-Basisansatz[1]**

[1] Modifiziert entnommen aus KRÄMER, GREGOR (Auswirkungen, 2003), S. 28.

*Anrechnungserleichterungen bei Krediten an KMU mit einem Umsatz von weniger als 50 Mio. EUR*
Kredite an Unternehmen, deren Volumen 1 Mio. EUR oder mehr beträgt, sind nicht wie Privatkundenkredite zu behandeln, sondern dem Unternehmenssegment zuzurechnen. Allerdings sind auch in diesem Fall Anrechnungserleichterungen für Kredite an KMU vorgesehen. Der Umfang der Erleichterung hängt von der Größe des Unternehmens ab, wobei die Unternehmensgröße über den Umsatz bestimmt wird. Allerdings kommen nur Kredite an KMU in den Genuss einer niedrigeren Kapitalanforderung. Im Rahmen von Basel II sind KMU definiert als Unternehmen, die einer Gruppe mit einem konsolidierten Jahresumsatz von weniger als 50 Mio. EUR angehören.[1] Für Kredite an größere Unternehmen mit einem Umsatz von mindestens 50 Mio. EUR sind dagegen keine Erleichterungen vorgesehen.

Grundsätzlich gilt, dass für gewerbliche Kredite an KMU umso weniger haftendes Eigenkapital vorzuhalten ist, je kleiner (gemessen am Umsatz) das Unternehmen ist. So ist beispielsweise zur Unterlegung der Adressenrisiken aus einem Kredit an ein Unternehmen mit einem Umsatz von 20 Mio. EUR bei einer Ausfallwahrscheinlichkeit von 1 % und einem LGD von 45 % ohne Berücksichtigung von Sicherheiten ein haftendes Eigenkapital in Höhe von 6,3 % erforderlich, während es bei einem Unternehmen mit einem Umsatz von 5 Mio. EUR cet. par. lediglich 5,8 % sind (vgl. Abbildung 74). Damit ist der Eigenkapitalbedarf zwar größer als bei Krediten, die dem Retailportfolio zugeordnet werden; im Vergleich zur derzeitigen Regelung sowie gegenüber Krediten an Unternehmen mit einem Jahresumsatz, der mindestens 50 Mio. EUR beträgt, ergibt sich jedoch eine deutlich geringere Eigenkapitalbelastung, die durch die Berücksichtigung von anrechnungsfähigen Sicherheiten noch weiter reduziert werden kann. Da die Höhe des erforderlichen haftenden Eigenkapitals vom Ergebnis der Bonitätsbewertung abhängt, kann es durchaus vorkommen, dass bei Krediten an Unternehmen mit einer geringen Bonität die derzeitigen Eigenkapitalanforderungen sogar übertroffen werden. Im obigen Beispiel ist dies allerdings erst bei Ausfallwahrscheinlichkeiten, die größer als 2 % sind, möglich.

*Anrechnungserleichterungen bei Krediten an KMU mit einem Umsatz und einer Bilanzsumme von jeweils weniger als 500 Mio. EUR*
Im fortgeschrittenen IRB-Ansatz hängen das Risikogewicht und damit die Höhe des erforderlichen haftenden Eigenkapitals neben PD und LGD auch von der Restlaufzeit des Kredits (M) ab. Dabei gilt, dass die Eigenkapitalbelastung mit zunehmender Restlaufzeit des Kredits steigt. Diese Restlaufzeitanpassung findet in jedem Fall auf

---

[1] Vgl. BASELER AUSSCHUSS FÜR BANKENAUFSICHT (Basel II, 2004), S. 68.

Kredite an große Unternehmen Anwendung. Kredite an kleinere inländische Unternehmen kann die nationale Bankenaufsichtsbehörde hingegen von der Restlaufzeitanpassung ausnehmen. Um in den Genuss dieser Sonderregelung zu kommen, müssen die konsolidierten Umsatzerlöse (also der Jahresumsatz) der Unternehmensgruppe, der das Unternehmen angehört, sowie die konsolidierte Bilanzsumme jeweils weniger als 500 Mio. EUR betragen. Außerdem muss es sich bei dem konsolidierten Konzern um ein Unternehmen handelt, das seinen Sitz in dem Land hat, in dem diese Sonderregelung angewandt wird.[1] In diesem Fall ist bei allen Krediten an kleinere inländische Unternehmen von einer effektiven Restlaufzeit von 2,5 Jahren (dies entspricht der unterstellten Laufzeit beim IRB-Basisansatz) auszugehen. Für die Bundesrepublik Deutschland, wo die Finanzierungsstrukturen traditionell längerfristig sind, kann davon ausgegangen werden, dass die Bankenaufsicht von dem ihr zustehenden Wahlrecht Gebrauch machen wird, sodass diese langfristigen Finanzierungsquellen der KMU nicht zusätzlich belastet werden.

### Aufgabe 3.41: Auswirkungen interner Ratings auf KMU
Skizzieren Sie kurz, wie auch kleine und mittlere Unternehmen von der Verwendung interner Ratings durch die Kreditinstitute profitieren können.

### Lösung
Bankenaufsichtsrechtliche Vorschriften nehmen einen immer stärkeren Einfluss auf die Bewertung der Bonität von kleinen und mittleren Unternehmen (KMU) durch Kreditinstitute. Während ursprünglich im deutschen Bankenaufsichtsrecht zur Erreichung der bankenaufsichtsrechtlichen Zielsetzungen lediglich die Offenlegung der wirtschaftlichen Verhältnisse der Kreditnehmer gemäß § 18 KWG verlangt wurde, den Kreditinstituten die Art und Weise der Bonitätsbewertung dabei aber selbst überlassen war, werden mittlerweile auch die Verfahren der Bonitätsbewertung im Rahmen der Ermittlung des erforderlichen haftenden Eigenkapitals immer stärker reguliert. Bisher bestand das Ergebnis der Bonitätsbewertung regelmäßig in Ja/Nein-Aussagen, d. h., es wurde lediglich ermittelt, ob die Bonität des Unternehmens eine Kreditvergabe zulässt oder nicht. In Zukunft werden die Kreditinstitute auf Grund der neueren Entwicklungen des nationalen und internationalen Bankenaufsichtsrechts verstärkt quantitative Aussagen über die Ausfallwahrscheinlichkeit des bewerteten Unternehmens machen müssen. Da externe Ratings bei KMU auch in näherer Zukunft die Ausnahme bleiben dürften, ist zu erwarten, dass die Kreditinstitute die Bonitätsbewertung von KMU zukünftig auf der Basis interner Ratings vorneh-

---

[1] Vgl. BASELER AUSSCHUSS FÜR BANKENAUFSICHT (Basel II, 2004), S. 77.

men werden. Wenn das Kreditinstitut die Erkenntnisse, zu denen es in diesem internen Bewertungsprozess gelangt, den Kreditnehmern in einem konstruktiven Beratungsgespräch darlegt und auch Lösungen zur Behebung bestehender Defizite aufzeigt, können sich positive Wirkungen für beide Seiten ergeben. Sollten die aufgezeigten Mängel vom Unternehmen abgestellt werden, so ergibt sich für das Kreditinstitut ein geringeres Risiko auf Grund der nun geringeren Ausfallwahrscheinlichkeit des Kredits und dadurch bedingt ein geringerer Bedarf an haftendem Eigenkapital. Das Unternehmen hingegen profitiert einerseits von der Beseitigung der festgestellten Defizite und andererseits von der sich aus der gestiegenen Bonität ergebenden stärkeren Position im Rahmen der Verhandlungen über die Kreditkonditionen. Abschließend muss aber darauf hingewiesen werden, dass eine verbesserte Bonität nicht zwangsläufig auch zu besseren Kreditkonditionen führt. Die Festlegung der Kreditkonditionen hängt zwar auch von den bankenaufsichtsrechtlichen Eigenkapitalanforderungen ab, jedoch sind die Wettbewerbssituation auf dem Kreditmarkt sowie das Verhandlungsgeschick des Kreditnehmers von wesentlich größerer Bedeutung.

**Aufgabe 3.42: Forderungsklassen in den IRB-Ansätzen**
Stellen Sie dar, welche Forderungsklassen in den IRB-Ansätzen unterschieden werden. Gehen Sie dabei auch auf die verschiedenen Unterklassen ein.

**Lösung**
Im Rahmen der beiden IRB-Ansätze werden – ähnlich wie im Standardansatz (externes Rating) – verschiedene Forderungsklassen, denen unterschiedliche Risikocharakteristika zu Grunde liegen, definiert. Die Kreditinstitute müssen ihre Anlagebuchgeschäfte in die folgenden Forderungsklassen aufteilen (siehe hierzu auch Abbildung 75):
– Forderungen an Unternehmen,
– Forderungen an Staaten,
– Forderungen an Kreditinstitute,
– Forderungen an Privatkunden (Retailgeschäft) und
– Beteiligungspositionen.

Bei den Forderungen an Unternehmen erfolgt eine Differenzierung in zweierlei Hinsicht. Zum einen gibt es eine größenabhängige Unterteilung in
– große Unternehmen,
– mittlere Unternehmen und
– kleine und mittlere Unternehmen.

Zum anderen wird bei den Forderungen an Unternehmen zwischen den folgenden fünf Unterklassen für Spezialfinanzierungen unterschieden, für die wiederum spezielle Vorschriften bei der Bestimmung der Risikogewichte gelten:[1]
- Projektfinanzierung,
- Objektfinanzierung,
- Rohstoffhandelsfinanzierung,
- Finanzierung von Einkommen generierenden gewerblichen Immobilien und
- hochvolatile gewerbliche Realkredite.

Als große Unternehmen gelten Unternehmen, bei denen der konsolidierte Jahresumsatz sowie die konsolidierte Bilanzsumme der Unternehmensgruppe, der das Unternehmen angehört, jeweils mindestens 500 Mio. EUR betragen. Liegen der konsolidierte Jahresumsatz und die konsolidierte Bilanzsumme jeweils unter 500 Mio. EUR, so ist das Unternehmen als ein mittleres Unternehmen einzustufen, falls sein konsolidierter Jahresumsatz bzw. die konsolidierte Bilanzsumme mindestens 50 Mio. EUR beträgt. Liegt der konsolidierte Jahresumsatz bzw. die konsolidierte Bilanzsumme des Unternehmens unter 5 Mio. EUR und beträgt das Gesamtengagement des Kreditinstituts auf konsolidierter Basis mindestens 1 Mio. EUR, so wird das Unternehmen in die Kategorie der kleinen und mittleren Unternehmen eingestuft. Kleine Unternehmen, deren Kreditsumme auf konsolidierter Basis weniger als 1 Mio. EUR beträgt, können der Forderungsklasse „Forderungen an Privatkunden" (übrige Retailforderungen) zugerechnet werden. Der Grund für die Differenzierung der Forderungen an Unternehmen liegt darin, dass je nach Zuordnung zu einer dieser Unterklassen unterschiedliche Anrechnungserleichterungen (niedrigere Risikogewichte) zum Tragen kommen (siehe hierzu auch die Ausführungen in Aufgabe 3.40).

Neben den Forderungen an Unternehmen werden auch die Forderungen an Privatkunden (Retailkredite) in Unterklassen gegliedert. Für jede dieser Unterklassen existieren unterschiedliche Risikogewichtungsfunktionen. Bei den Unterklassen handelt es sich um
- wohnwirtschaftliche Realkredite (private Baufinanzierungen),
- qualifizierte revolvierende Retailforderungen und
- übrige Retailforderungen.

---

[1] Zur Bestimmung dieser Risikogewichte siehe BASELER AUSSCHUSS FÜR BANKENAUFSICHT (Basel II, 2004), S. 69-70.

## 3.3 Basel II – Säule 1

**Forderungsklassen**

- Forderungen an Staaten
- Forderungen an Kreditinstitute
- Forderungen an Unternehmen
  - große Unternehmen
  - mittlere Unternehmen
  - kleine und mittlere Unternehmen
  - Spezialfinanzierungen
    - Projektfinanzierung
    - Objektfinanzierung
    - Rohstoffhandelsfinanzierung
    - Finanzierung von Einkommen generierenden gewerblichen Immobilien
    - hochvolatile gewerbliche Realkredite
- Forderungen an Privatkunden
  - wohnwirtschaftliche Realkredite (private Baufinanzierungen)
  - qualifizierte revolvierende Retailforderungen
  - übrige Retailforderungen
- Beteiligungspositionen

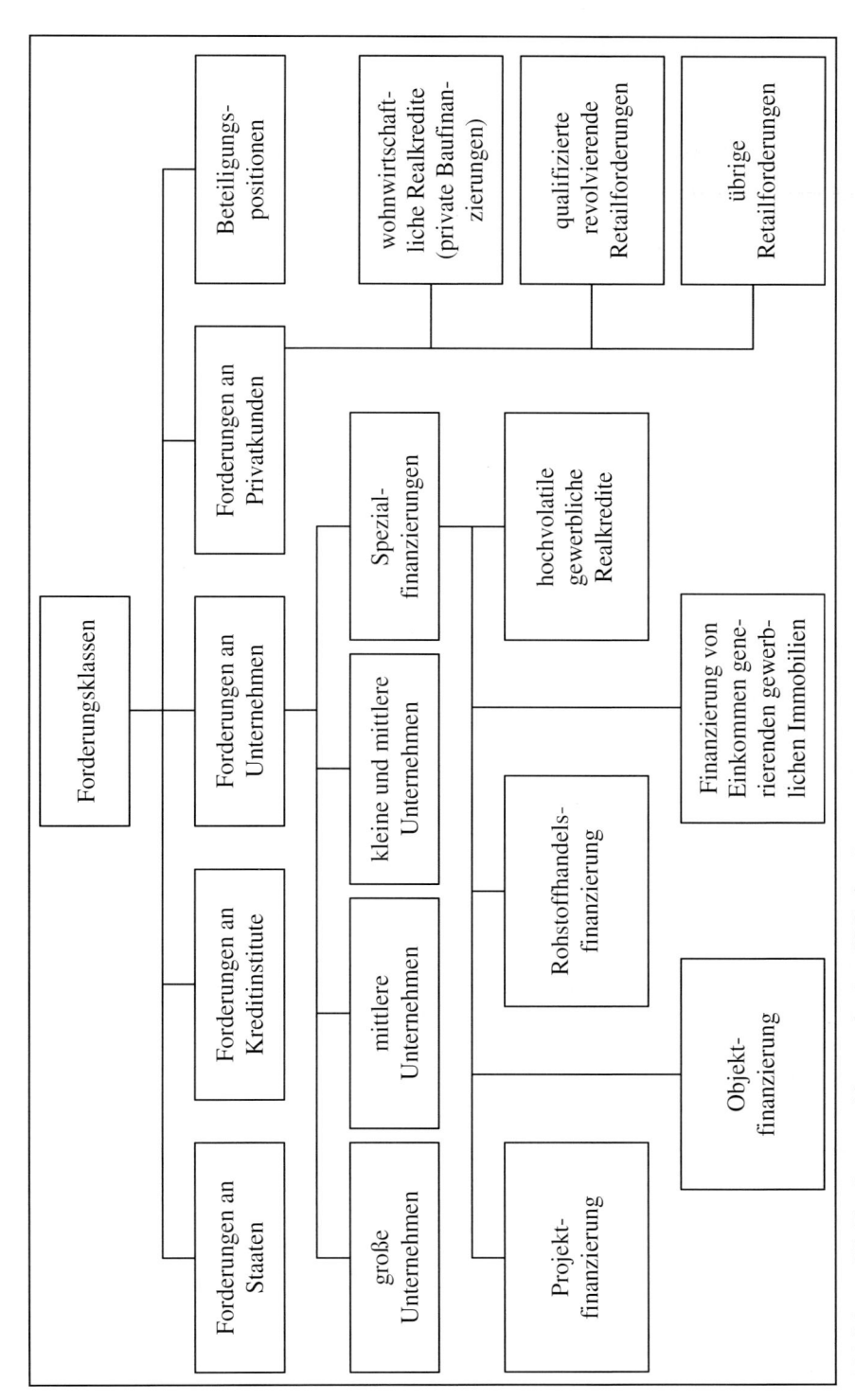

**Abbildung 75: Forderungsklassen in den IRB-Ansätzen**

**Aufgabe 3.43: Eigenkapitalanforderungen im IRB-Basisansatz**

Im Rahmen von Basel II haben die Institute die Möglichkeit, die Höhe des zur Abdeckung der Adressenrisiken erforderlichen haftenden Eigenkapitals mit Hilfe von internen Ratings zu ermitteln, wobei ihnen mit dem IRB-Basisansatz sowie dem fortgeschrittenen IRB-Ansatz zwei unterschiedlich komplexe Ansätze zur Verfügung stehen. Die Pfalz-Bank eG hat sich dafür entschieden, den IRB-Basisansatz zu verwenden, da dieser Ansatz geringere Anforderungen an die Bank stellt.

Zur Bestimmung des Risikogewichts, das auf einen Kredit anzuwenden ist, müssen die folgenden Größen vorliegen, die von der Pfalz-Bank eG selbst zu ermitteln sind bzw. von der Bankenaufsicht vorgegeben werden:

PD = Ausfallwahrscheinlichkeit des Kredits
LGD = Verlustquote bei Ausfall des Kredits
EAD = Höhe der ausstehenden Forderung bei Ausfall des Kredits

a) Für ihr Portfolio der wohnwirtschaftlichen Realkredite (private Baufinanzierungen) hat die Pfalz-Bank eG die folgenden Daten ermittelt:
   PD = 0,3 %
   LGD = 50 %
   EAD = 1 Mio. EUR
   Berechnen Sie die Höhe des erforderlichen haftenden Eigenkapitals, das die Pfalz-Bank eG zur Unterlegung des mit diesen Krediten verbundenen Adressenrisikos benötigt.

b) Die Pfalz-Bank eG hat für einen Kredit an die Warenhaus AG die folgenden Daten ermittelt:
   PD = 0,05 %
   LGD = 75 %
   EAD = 12 Mio. EUR
   Berechnen Sie die Höhe des erforderlichen haftenden Eigenkapitals, das die Pfalz-Bank eG zur Unterlegung des mit diesem Kredit verbundenen Adressenrisikos benötigt (eine Restlaufzeitanpassung ist nicht erforderlich).

c) Wie ändern sich die Ergebnisse aus Teilaufgabe b, wenn die Warenhaus AG ein KMU (kleines bzw. mittleres Unternehmen) mit einem (konsolidierten) Jahresumsatz von 30 Mio. EUR ist?

**Lösung**

**Vorbemerkungen**

Zur Bestimmung der Risikogewichte sind in Basel II für die verschiedenen Kreditarten jeweils spezielle Formeln (so genannte Risikogewichtungsfunktionen) vorgege-

## 3.3 Basel II – Säule 1

ben, in die die ermittelten Größen PD, LGD und EAD eingesetzt werden müssen. Da im Vorhinein nicht feststeht, ob ein bestimmter Kredit ausfallen wird oder nicht, geht die Ausfallwahrscheinlichkeit PD in die Risikogewichtungsfunktionen ein, wobei bestimmte stochastische Größen – nämlich $N(x)$ und $G(z)$ – zu berechnen sind.

$N(x)$ bezeichnet die kumulative Verteilungsfunktion einer standardnormalverteilten Zufallsvariablen. $N(x)$ gibt somit die Wahrscheinlichkeit an, dass eine normalverteilte Zufallsvariable mit einem Erwartungswert von Null und einer Standardabweichung von Eins kleiner oder gleich x ist.

$G(z)$ bezeichnet die inverse kumulative Verteilungsfunktion einer standardnormalverteilten Zufallsvariablen. $G(z)$ gibt somit den Wert von x an, sodass $N(x) = z$ ist.

Die Funktionswerte der kumulativen Standardnormalverteilung $N(x)$ sind in Abbildung 76 aufgeführt. Mit ihrer Hilfe lassen sich die Größen $N(x)$ und $G(z)$ ermitteln, wobei die nachfolgenden Zusammenhänge zu beachten sind.

|  | 0,00 | 0,01 | 0,02 | 0,03 | 0,04 | 0,05 | 0,06 | 0,07 | 0,08 | 0,09 |
|---|---|---|---|---|---|---|---|---|---|---|
| 0,0 | 0,500000 | 0,503989 | 0,507978 | 0,511966 | 0,515953 | 0,519939 | 0,523922 | 0,527903 | 0,531881 | 0,535856 |
| 0,1 | 0,539828 | 0,543795 | 0,547758 | 0,551717 | 0,555670 | 0,559618 | 0,563559 | 0,567495 | 0,571424 | 0,575345 |
| 0,2 | 0,579260 | 0,583166 | 0,587064 | 0,590954 | 0,594835 | 0,598706 | 0,602568 | 0,606420 | 0,610261 | 0,614092 |
| 0,3 | 0,617911 | 0,621720 | 0,625516 | 0,629300 | 0,633072 | 0,636831 | 0,640576 | 0,644309 | 0,648027 | 0,651732 |
| 0,4 | 0,655422 | 0,659097 | 0,662757 | 0,666402 | 0,670031 | 0,673645 | 0,677242 | 0,680822 | 0,684386 | 0,687933 |
| 0,5 | 0,691462 | 0,694974 | 0,698468 | 0,701944 | 0,705401 | 0,708840 | 0,712260 | 0,715661 | 0,719053 | 0,722405 |
| 0,6 | 0,725747 | 0,729069 | 0,732371 | 0,735653 | 0,738914 | 0,742154 | 0,745373 | 0,748571 | 0,751748 | 0,754903 |
| 0,7 | 0,758036 | 0,761148 | 0,764238 | 0,767305 | 0,770350 | 0,773373 | 0,776373 | 0,779350 | 0,782305 | 0,785236 |
| 0,8 | 0,788145 | 0,791030 | 0,793892 | 0,796731 | 0,799546 | 0,802337 | 0,805105 | 0,807850 | 0,810570 | 0,813267 |
| 0,9 | 0,815940 | 0,818589 | 0,821214 | 0,823814 | 0,826391 | 0,828944 | 0,831472 | 0,833977 | 0,836457 | 0,838913 |
| 1,0 | 0,841345 | 0,843752 | 0,846136 | 0,848495 | 0,850830 | 0,853141 | 0,855428 | 0,857690 | 0,859929 | 0,862143 |
| 1,1 | 0,864334 | 0,866500 | 0,868643 | 0,870762 | 0,872857 | 0,874928 | 0,876976 | 0,879000 | 0,881000 | 0,882977 |
| 1,2 | 0,884930 | 0,886861 | 0,888768 | 0,890651 | 0,892512 | 0,894350 | 0,896165 | 0,897958 | 0,899727 | 0,901475 |
| 1,3 | 0,903200 | 0,904902 | 0,906582 | 0,908241 | 0,909877 | 0,911492 | 0,913085 | 0,914657 | 0,916207 | 0,917736 |
| 1,4 | 0,919243 | 0,920730 | 0,922196 | 0,923641 | 0,925066 | 0,926471 | 0,927855 | 0,929219 | 0,930563 | 0,931888 |
| 1,5 | 0,933193 | 0,934478 | 0,935745 | 0,936992 | 0,938220 | 0,939429 | 0,940620 | 0,941792 | 0,942947 | 0,944083 |
| 1,6 | 0,945201 | 0,946301 | 0,947384 | 0,948449 | 0,949497 | 0,950529 | 0,951543 | 0,952540 | 0,953521 | 0,954486 |
| 1,7 | 0,955435 | 0,956367 | 0,957284 | 0,958185 | 0,959070 | 0,959941 | 0,960796 | 0,961636 | 0,962462 | 0,963273 |
| 1,8 | 0,964070 | 0,963852 | 0,965620 | 0,966375 | 0,967116 | 0,967843 | 0,968557 | 0,969258 | 0,969946 | 0,970621 |
| 1,9 | 0,971283 | 0,971933 | 0,972571 | 0,973197 | 0,973810 | 0,974412 | 0,975002 | 0,975581 | 0,976148 | 0,976705 |
| 2,0 | 0,977250 | 0,977784 | 0,978308 | 0,978822 | 0,979325 | 0,979818 | 0,980301 | 0,980774 | 0,981237 | 0,981691 |
| 2,1 | 0,982136 | 0,982571 | 0,982997 | 0,983414 | 0,983823 | 0,984222 | 0,984614 | 0,984997 | 0,985371 | 0,985738 |
| 2,2 | 0,986097 | 0,986447 | 0,986791 | 0,987126 | 0,987455 | 0,987776 | 0,988089 | 0,988396 | 0,988696 | 0,988989 |
| 2,3 | 0,989276 | 0,989556 | 0,989830 | 0,990097 | 0,990358 | 0,990613 | 0,990863 | 0,991106 | 0,991344 | 0,991576 |
| 2,4 | 0,991802 | 0,992024 | 0,992240 | 0,992451 | 0,992656 | 0,992857 | 0,993053 | 0,993244 | 0,993431 | 0,993613 |
| 2,5 | 0,993790 | 0,993963 | 0,994132 | 0,994297 | 0,994457 | 0,994614 | 0,994766 | 0,994915 | 0,995060 | 0,995201 |
| 2,6 | 0,995339 | 0,995473 | 0,995604 | 0,995731 | 0,995855 | 0,995975 | 0,996093 | 0,996207 | 0,996319 | 0,996427 |
| 2,7 | 0,996533 | 0,996636 | 0,996736 | 0,996833 | 0,996928 | 0,997020 | 0,997110 | 0,997197 | 0,997282 | 0,997365 |
| 2,8 | 0,997445 | 0,997523 | 0,997599 | 0,997673 | 0,997744 | 0,997814 | 0,997882 | 0,997948 | 0,998012 | 0,998074 |
| 2,9 | 0,998134 | 0,998193 | 0,998250 | 0,998305 | 0,998359 | 0,998411 | 0,998462 | 0,998511 | 0,998559 | 0,998605 |
| 3,0 | 0,998650 | 0,998694 | 0,998736 | 0,998777 | 0,998817 | 0,998856 | 0,998893 | 0,998930 | 0,998965 | 0,998999 |
| 3,1 | 0,999032 | 0,999065 | 0,999096 | 0,999126 | 0,999155 | 0,999184 | 0,999211 | 0,999238 | 0,999264 | 0,999289 |
| 3,2 | 0,999313 | 0,999336 | 0,999359 | 0,999381 | 0,999402 | 0,999423 | 0,999443 | 0,999462 | 0,999481 | 0,999499 |
| 3,3 | 0,999517 | 0,999534 | 0,999550 | 0,999566 | 0,999581 | 0,999596 | 0,999610 | 0,999624 | 0,999638 | 0,999651 |
| 3,4 | 0,999663 | 0,999675 | 0,999687 | 0,999698 | 0,999709 | 0,999720 | 0,999730 | 0,999740 | 0,999749 | 0,999758 |
| 3,5 | 0,999767 | 0,999776 | 0,999784 | 0,999792 | 0,999800 | 0,999807 | 0,999815 | 0,999822 | 0,999828 | 0,999835 |
| 3,6 | 0,999841 | 0,999847 | 0,999853 | 0,999858 | 0,999864 | 0,999869 | 0,999874 | 0,999879 | 0,999883 | 0,999888 |
| 3,7 | 0,999892 | 0,999896 | 0,999900 | 0,999904 | 0,999908 | 0,999912 | 0,999915 | 0,999918 | 0,999922 | 0,999925 |
| 3,8 | 0,999928 | 0,999931 | 0,999933 | 0,999936 | 0,999938 | 0,999941 | 0,999943 | 0,999946 | 0,999948 | 0,999950 |
| 3,9 | 0,999952 | 0,999954 | 0,999956 | 0,999958 | 0,999959 | 0,999961 | 0,999963 | 0,999964 | 0,999966 | 0,999967 |
| 4,0 | 0,999968 | 0,999970 | 0,999971 | 0,999972 | 0,999973 | 0,999974 | 0,999975 | 0,999976 | 0,999977 | 0,999978 |
| 4,1 | 0,999979 | 0,999980 | 0,999981 | 0,999982 | 0,999983 | 0,999983 | 0,999984 | 0,999985 | 0,999985 | 0,999986 |
| 4,2 | 0,999987 | 0,999987 | 0,999988 | 0,999988 | 0,999989 | 0,999989 | 0,999990 | 0,999990 | 0,999991 | 0,999991 |
| 4,3 | 0,999991 | 0,999992 | 0,999992 | 0,999993 | 0,999993 | 0,999993 | 0,999993 | 0,999994 | 0,999994 | 0,999994 |
| 4,4 | 0,999995 | 0,999995 | 0,999995 | 0,999995 | 0,999996 | 0,999996 | 0,999996 | 0,999996 | 0,999996 | 0,999996 |

**Abbildung 76: Die Funktionswerte der kumulativen Standardnormalverteilung N(x)**

## 3.3 Basel II – Säule 1

In der Tabelle sind die Funktionswerte von N(x) aufgeführt. Während die Kopfspalte der Tabelle die erste Nachkommastelle (zusammen mit der Vorkommastelle) von x angibt, befindet sich die zweite Nachkommastelle in der Kopfzeile. Der Funktionswert von N(x) befindet sich im Schnittpunkt von erster und zweiter Nachkommastelle. Beträgt x zum Beipiel 0,50, so ist N(x) = N(0,5) = 0,691462. Ist x = 2,27, so ist N(x) = N(2,27) = 0,988396.

Es fällt auf, dass in der Tabelle lediglich positive Werte aufgeführt sind. Da allerdings die Standardnormalverteilung (Glockenkurve) symmetrisch um Null ist, kann auch für negative Werte (x < 0) die kumulative Standardnormalverteilung anhand der vorliegenden Tabelle N(x) berechnet werden. Für x < 0 gilt nämlich:

N(x) = 1 – N(-x)

Beträgt also x beispielsweise -1,56, so berechnet sich N(-1,56) wie folgt:

N(-1,56) = 1 – N(1,56) = 1 – 0,940620 = 0,05938

In der vorliegenden Tabelle sind die Ergebnisse nur für x-Werte mit zwei Nachkommastellen angegeben. Weist x mehr als zwei Nachkommastellen auf, so kann das Ergebnis wie folgt durch lineare Interpolation (Steigungsdreieck) approximiert werden.

*Approximation von N(1,31624)*
N(1,31624) liegt zwischen N(1,31) und N(1,32).
N(1,31) = 0,904902.    N(1,32) = 0,906582.

1,32 – 1,31 = 0,01
0,906582 – 0,904902 = 0,001680
1,31624 – 1,31 = 0,00624

0,001680 / 0,01 · 0,00624 ≈ 0,001048
Somit ist N(1,31624) ≈ 0,904902 + 0,001048 = 0,90595.

G(z) ist die Inverse der kumulativen Standardnormalverteilung N(x). G(z) bezeichnet somit denjenigen Wert x, für den gilt:

N(x) = z

Der zu z gehörige x-Wert kann aus der Tabelle durch Rückrechnung ermittelt werden, indem der z-Wert in der Tabelle gesucht wird und der dazugehörige x-Wert aus Kopfspalte und Kopfzeile zusammengesetzt wird. Beträgt z beispielsweise 0,998193, so ergibt sich x als 2,9 + 0,01 = 2,91.

In der vorliegenden Tabelle finden sich nur Werte für z ≥ 0,5. Es ist aber möglich, auch für kleinere z-Werte die dazugehörigen x-Werte zu berechnen. Für z < 0,5 gilt nämlich:

$G(z) = -G(1 - z)$

Beträgt also z beispielsweise 0,232695, so ist
$G(z) = G(0{,}232695) = -G(1 - 0{,}232695) = -G(0{,}767305) = -0{,}73$.

Liegt der z-Wert zwischen zwei in der Tabelle aufgeführten Werten, so kann der dazugehörige x-Wert wie folgt (analog zur Vorgehensweise bei der Standardnormalverteilung) durch lineare Interpolation (Steigungsdreieck) approximiert werden.

*Approximation von G(0,99)*
G(0,99) liegt zwischen 2,32 und 2,33.
$N(2{,}32) = 0{,}989830.$    $N(2{,}33) = 0{,}990097.$

$2{,}33 - 2{,}32 = 0{,}01$
$0{,}990097 - 0{,}989830 = 0{,}000267$
$0{,}99 - 0{,}989830 = 0{,}00017$

$0{,}00017 / 0{,}000267 \cdot 0{,}01 \approx 0{,}006367$
Somit ist $G(0{,}99) \approx 2{,}32 + 0{,}006367 = 2{,}326367$.

**Teilaufgabe a**
Laut Aufgabenstellung handelt es sich um wohnwirtschaftliche Realkredite (private Baufinanzierungen). Die Höhe der gewichteten Risikoaktiva (RWA) ergibt sich als

$RWA = K \cdot 12{,}5 \cdot EAD$

wobei K (Eigenkapitalanforderung) anhand der folgenden durch Basel II vorgegebenen Risikogewichtungsfunktion zu bestimmen ist.

## 3.3 Basel II – Säule 1

$$K = LGD \cdot N\left[\frac{G(PD)}{\sqrt{(1-R)}} + \sqrt{\left(\frac{R}{1-R}\right)} \cdot G(0{,}999)\right] - PD \cdot LGD$$

Für R (Korrelation) ist durch Basel II ein Wert von 0,15 vorgegeben. Die anderen Variablen haben laut Aufgabenstellung die folgenden Werte:

PD = 0,3 % = 0,003
LGD = 50 % = 0,5
EAD = 1 Mio. EUR

Somit ergibt sich K als

$$K = 0{,}5 \cdot N\left[\frac{G(0{,}003)}{\sqrt{(1-0{,}15)}} + \sqrt{\left(\frac{0{,}15}{1-0{,}15}\right)} \cdot G(0{,}999)\right] - 0{,}003 \cdot 0{,}5$$

Um K berechnen zu können, sind zunächst G(0,003) sowie G(0,999) anhand der Tabelle für die Verteilungsfunktionswerte der Standardnormalverteilung N zu bestimmen.

G(0,003) = -G(1-0,003) = -G(0,997)

*Approximation von G(0,997)*
G(0,997) liegt zwischen 2,74 und 2,75.
N(2,74) = 0,996928.    N(2,75) = 0,997020.

2,75 − 2,74 = 0,01
0,997020 − 0,996928 = 0,000092
0,997 − 0,996928 = 0,000072

0,000072 / 0,000092 · 0,01 ≈ 0,007826
Somit ist G(0,997) ≈ 2,74 + 0,007826 = 2,747826.

Also ist G(0,003) = -G(1-0,003) = -G(0,997) ≈ -2,747826.

*Approximation von G(0,999)*
G(0,999) liegt zwischen 3,09 und 3,10.

N(3,09) = 0,998999.    N(3,10) = 0,999032.

3,10 – 3,09 = 0,01
0,999032 – 0,998999 = 0,000033
0,999 – 0,998999 = 0,000001

0,000001 / 0,000033 · 0,01 ≈ 0,000303
Also ist G(0,999) ≈ 3,09 + 0,000303 = 3,090303.

Werden die berechneten Ergebnisse für G(0,003) und G(0,999) eingesetzt, ergibt sich:

$$K = 0{,}5 \cdot N\left[\frac{-2{,}747826}{\sqrt{(1-0{,}15)}} + \sqrt{\left(\frac{0{,}15}{1-0{,}15}\right)} \cdot 3{,}090303\right] - 0{,}003 \cdot 0{,}5$$

≈ 0,5 · N(-2,98044 + 1,29819) – 0,0015
= 0,5 · N(-1,68225) – 0,0015
= 0,5 · (1 – N(1,68225)) – 0,0015

Nun muss N(1,68225) bestimmt werden.
*Approximation von N(1,68225)*
N(1,68225) liegt zwischen N(1,68) und N(1,69).
N(1,68) = 0,953521.    N(1,69) = 0,954486.

1,69 – 1,68 = 0,01
0,954486 – 0,953521 = 0,000965
1,68225 – 1,68 = 0,00225

0,000965 / 0,01 · 0,00225 ≈ 0,000217

Also ist N(1,68225) ≈ 0,953521 + 0,000217 = 0,953738.

Somit ist
K ≈ 0,5 · (1 – N(1,68225)) – 0,0015
  = 0,5 · (1 – 0,953738) – 0,0015
  = 0,021631

Nachdem nun K berechnet ist, können die gewichteten Risikoaktiva (RWA) bestimmt werden.

## 3.3 Basel II – Säule 1

RWA = 0,021631 · 12,50 · 1 Mio. EUR = 270.387,50 EUR

Das erforderliche haftende Eigenkapital beträgt somit
270.387,50 EUR · 0,08 = 21.631,00 EUR.

**Teilaufgabe b**
Die Berechnung erfolgt analog zu Teilaufgabe a. Da es sich hier jedoch um einen Unternehmenskredit handelt, ist zur Bestimmung von K die folgende durch Basel II vorgegebene Risikogewichtungsfunktion zu verwenden.

$$K = \frac{LGD \cdot N\left[\frac{G(PD)}{\sqrt{1-R}} + \sqrt{\left(\frac{R}{1-R}\right)} \cdot G(0,999)\right] - PD \cdot LGD}{1 - 1,5b}$$

mit

$$R = 0,12 \cdot \frac{1 - e^{-50 \cdot PD}}{1 - e^{-50}} + 0,24 \cdot \left(1 - \frac{1 - e^{-50 \cdot PD}}{1 - e^{-50}}\right)$$

und

$$b = (0,11852 - 0,05478 \cdot \ln(PD))^2$$

Um K berechnen zu können, müssen zuerst R (Korrelation) und b (Restlaufzeitanpassung) ermittelt werden, indem die jeweiligen Werte aus der Aufgabenstellung eingesetzt werden. Laut Aufgabenstellung ist

PD    =    0,05 % = 0,0005
LGD  =    75 % = 0,75
EAD  =    12 Mio. EUR

Durch Einsetzen von PD ergibt sich

$$R = 0,12 \cdot \frac{1 - e^{-50 \cdot 0,0005}}{1 - e^{-50}} + 0,24 \cdot \left(1 - \frac{1 - e^{-50 \cdot 0,0005}}{1 - e^{-50}}\right)$$

$$= 0{,}12 \cdot \frac{1-e^{-0{,}025}}{1-e^{-50}} + 0{,}24 \cdot \left(1 - \frac{1-e^{-0{,}025}}{1-e^{-50}}\right)$$

$$= 0{,}12 \cdot 0{,}02469 + 0{,}24 \cdot 0{,}97531$$

$$= 0{,}23704$$

und

$$\begin{aligned}
b &= (0{,}11852 - 0{,}05478 \cdot \ln(0{,}0005))^2 \\
&= (0{,}11852 - 0{,}05478 \cdot (-7{,}6009))^2 \\
&= 0{,}5349^2 \\
&= 0{,}28612
\end{aligned}$$

Für K ergibt sich somit

$$K = \frac{0{,}75 \cdot N\left[\frac{G(0{,}0005)}{\sqrt{(1-0{,}23704)}} + \sqrt{\left(\frac{0{,}23704}{1-0{,}23704}\right)} \cdot G(0{,}999)\right] - 0{,}0005 \cdot 0{,}75}{1 - 1{,}5 \cdot 0{,}28612}$$

Um K berechnen zu können, sind zunächst G(0,0005) sowie G(0,999) anhand der Tabelle für die Verteilungsfunktionswerte der Standardnormalverteilung N zu bestimmen.

G(0,0005) = -G(1-0,0005) = -G(0,9995)

*Approximation von G(0,9995)*
G(0,9995) liegt zwischen 3,29 und 3,30.
N(3,29) = 0,999499.    N(3,30) = 0,999517.

3,30 – 3,29 = 0,01
0,999517 – 0,999499 = 0,000018
0,9995 – 0,999499 = 0,000001

0,000001 / 0,000018 · 0,01 ≈ 0,000556
Somit ist G(0,9995) ≈ 3,29 + 0,000556 = 3,290556.

Also ist G(0,0005) = -G(1-0,0005) = -G(0,9995) ≈ -3,290556.

3.3 Basel II – Säule 1                                                                                   427

G (0,999) ≈ 3,090303 (vgl. Aufgabenteil a)

Werden die berechneten Ergebnisse für G(0,0005) und G(0,999) eingesetzt, ergibt sich:

$$K = \frac{0{,}75 \cdot N\left[\dfrac{-3{,}290556}{\sqrt{(1-0{,}23704)}} + \sqrt{\left(\dfrac{0{,}23704}{1-0{,}23704}\right)} \cdot 3{,}090303\right] - 0{,}0005 \cdot 0{,}75}{1 - 1{,}5 \cdot 0{,}28612}$$

$$= \frac{0{,}75 \cdot N(-3{,}76720 + 1{,}72251) - 0{,}000375}{0{,}57082}$$

$$= \frac{0{,}75 \cdot N(-2{,}04469) - 0{,}000375}{0{,}57082}$$

Nun muss N(-2,04469) bestimmt werden.
*Approximation von N(-2,04469)*
N(-2,04469) = 1 – N(2,04469)

N(2,04469) liegt zwischen N(2,04) und N(2,05).
N(2,04) = 0,979325.    N(2,05) = 0,979818.

2,05 – 2,04 = 0,01
0,979818 – 0,979325 = 0,000493
2,04469 – 2,04 = 0,00469

0,000493 / 0,01 · 0,00469 ≈ 0,000231
Somit ist N(2,04469) ≈ 0,979325 + 0,000231 = 0,979556.

Also ist N(-2,04469) = 1 – (N(2,04469) ≈ 1 – 0,979556 = 0,020444.

Somit ist

$$K \approx \frac{0{,}75 \cdot 0{,}020444 - 0{,}000375}{0{,}57082}$$

$$\approx 0{,}0262$$

Nachdem nun K berechnet ist, können die gewichteten Risikoaktiva (RWA) bestimmt werden.
RWA = 0,0262 · 12,50 · 12 Mio. EUR = 3.930.000,00 EUR

Das erforderliche haftende Eigenkapital beträgt somit
3.930.000,00 EUR · 0,08 = 314.400,00 EUR.

**Teilaufgabe c**
Basel II sieht geringere Eigenkapitalanforderungen für Kredite an kleine und mittlere Unternehmen (KMU) vor. Als KMU gelten dabei diejenigen Unternehmen, die einer Unternehmensgruppe mit einem konsolidierten Jahresumsatz von weniger als 50 Mio. EUR angehören. Grundsätzlich gilt, dass ein Kredit an ein KMU mit umso weniger haftendem Eigenkapital unterlegt werden muss, je geringer der konsolidierte Jahresumsatz (S, angegeben in Mio. EUR) ist. Zu beachten ist, dass zu Zwecken der Größenanpassung eine Untergrenze für S in Höhe von 5 Mio. EUR gilt, d. h. dass bei einem konsolidierten Jahresumsatz des KMU von weniger als 5 Mio. EUR S mit 5 Mio. EUR angesetzt wird. Die Größenanpassung erfolgt durch eine Anpassung der Risikogewichtungsfunktion, indem R um 0,04 · (1 − (S − 5) / 45) vermindert wird. R lautet damit

$$R = 0{,}12 \cdot \frac{1-e^{-50 \cdot PD}}{1-e^{-50}} + 0{,}24 \cdot \left(1 - \frac{1-e^{-50 \cdot PD}}{1-e^{-50}}\right) - 0{,}04 \cdot \left(1 - \frac{S-5}{45}\right)$$

Laut Aufgabenstellung beträgt der (konsolidierte) Jahresumsatz der Warenhaus AG 30 Mio. EUR. Da S in Mio. EUR angegeben wird, ist S = 30. Da außerdem PD = 0,0005 ist, ergibt sich (siehe auch Aufgabenteil b):

$$\begin{aligned}R &= 0{,}12 \cdot \frac{1-e^{-50 \cdot 0{,}0005}}{1-e^{-50}} + 0{,}24 \cdot \left(1 - \frac{1-e^{-50 \cdot 0{,}0005}}{1-e^{-50}}\right) - 0{,}04 \cdot \left(1 - \frac{S-5}{45}\right) \\ &= 0{,}23704 - 0{,}04 \cdot \left(1 - \frac{30-5}{45}\right) \\ &= 0{,}21926\end{aligned}$$

In Aufgabenteil b wurden bereits die folgenden Größen berechnet:
b = 0,28612

### 3.3 Basel II – Säule 1

$G(0{,}0005) \approx -3{,}290556$
$G(0{,}999) \approx 3{,}090303$

Somit ergibt sich K als

$$K = \frac{0{,}75 \cdot N\left[\dfrac{-3{,}290556}{\sqrt{(1-0{,}21926)}} + \sqrt{\left(\dfrac{0{,}21926}{1-0{,}21926}\right)} \cdot 3{,}090303\right] - 0{,}0005 \cdot 0{,}75}{1 - 1{,}5 \cdot 0{,}28612}$$

$$= \frac{0{,}75 \cdot N(-2{,}08638) - 0{,}000375}{0{,}57082}$$

Nun muss N(-2,08638) bestimmt werden.
*Approximation von N(-2,08638)*
$N(-2{,}08638) = 1 - N(2{,}08638)$

N(2,08638) liegt zwischen N(2,08) und N(2,09).
$N(2{,}08) = 0{,}981237.$   $N(2{,}09) = 0{,}981691.$

$2{,}09 - 2{,}08 = 0{,}01$
$0{,}981691 - 0{,}981237 = 0{,}000454$
$2{,}08638 - 2{,}08 = 0{,}00638$

$0{,}000454 / 0{,}01 \cdot 0{,}00638 \approx 0{,}00029$
Somit ist $N(2{,}08638) \approx 0{,}981237 + 0{,}00029 = 0{,}981527$.

Also ist $N(-2{,}08638) = 1 - (N(2{,}08638) \approx 1 - 0{,}981527 = 0{,}018473$.

Somit ist

$$K \approx \frac{0{,}75 \cdot 0{,}018473 - 0{,}000375}{0{,}57082}$$

$\approx 0{,}02361$

Nachdem nun K berechnet ist, können die gewichteten Risikoaktiva (RWA) bestimmt werden.
RWA = 0,02361 · 12,50 · 12 Mio. EUR = 3.541.500,00 EUR

Das erforderliche haftende Eigenkapital beträgt somit
3.541.500,00 EUR · 0,08 = 283.320,00 EUR.

Im Vergleich zu Aufgabenteil b hat sich durch die Größenerleichterung für KMU eine Verringerung der gewichteten Risikoaktiva um 3.930.000,00 EUR − 3.541.500,00 EUR = 388.500,00 EUR ergeben. Dadurch ist das erforderliche haftende Eigenkapital um 314.400,00 EUR − 283.320,00 EUR = 31.080,00 EUR gesunken. Dies entspricht 8 % von 388.500,00 EUR.

**Aufgabe 3.44: Verfahren der Erfassung der operationellen Risiken**
Skizzieren Sie den Basisindikatoransatz, den Standardansatz sowie die ambitionierten Messansätze zur Erfassung der operationellen Risiken.

**Lösung**
*Überblick*
Für die Berechnung des zur Unterlegung der operationellen Risiken erforderlichen haftenden Eigenkapitals sieht der Baseler Ausschuss für Bankenaufsicht im Rahmen der ersten Säule ein Stufenkonzept vor. Dieses besteht aus drei verschiedenen Messansätzen: Basisindikatoransatz, Standardansatz und ambitionierte Messansätze (siehe Abbildung 77).[1] Letztere werden auch als fortgeschrittene Messverfahren bezeichnet.

Die verschiedenen Messmethoden zeichnen sich durch eine zunehmende Komplexität und Risikosensitivität aus und geben die grundsätzliche Reihenfolge vor, in der diese Methoden von den Instituten angewendet werden sollen.[2] Bei Erfüllung bestimmter qualitativer Mindeststandards kann aber auch bereits von Beginn an ein fortgeschrittenes Messverfahren genutzt werden.[3] Die Verwendung eines fortgeschrittenen Messverfahrens anstelle des Basisindikatoransatzes oder Standardansatzes wird von international tätigen Instituten sowie von Instituten mit einer erheblichen Gefährdung durch operationelle Risiken (z. B. von auf die Abwicklung von Geschäften spezialisierten Banken) ohnehin erwartet.[4] Die verschiedenen Messansätze sind daher so aufeinander abgestimmt, dass Institute für Verbesserungen ihres Risikomanagements belohnt werden, denn je fortgeschrittener der im Einzelnen

---

[1] Vgl. BASELER AUSSCHUSS FÜR BANKENAUFSICHT (Basel II, 2004), S. 157.
[2] Vgl. BASELER AUSSCHUSS FÜR BANKENAUFSICHT (Basel II, 2004), S. 157.
[3] Vgl. BASELER AUSSCHUSS FÜR BANKENAUFSICHT (Operational Risk, 2001), S. 4.
[4] Vgl. BASELER AUSSCHUSS FÜR BANKENAUFSICHT (Basel II, 2004), S. 157.

## 3.3 Basel II – Säule 1

angewendete Messansatz ist, umso niedriger wird das voraussichtlich vorzuhaltende Mindesteigenkapital sein.[1]

```
                Methoden zur Ermittlung des benötigten haftenden
                    Eigenkapitals für die operationellen Risiken
```

| Basisindikatoransatz | Standardansatz | ambitionierte Messansätze |
|---|---|---|
| $hEK_{OR} = \alpha \cdot GI$ | $hEK_{OR_i} = \beta_i \cdot GI_i$ | – interner Bemessungsansatz<br>– Verlustverteilungsansätze<br>– Scorecardansätze |

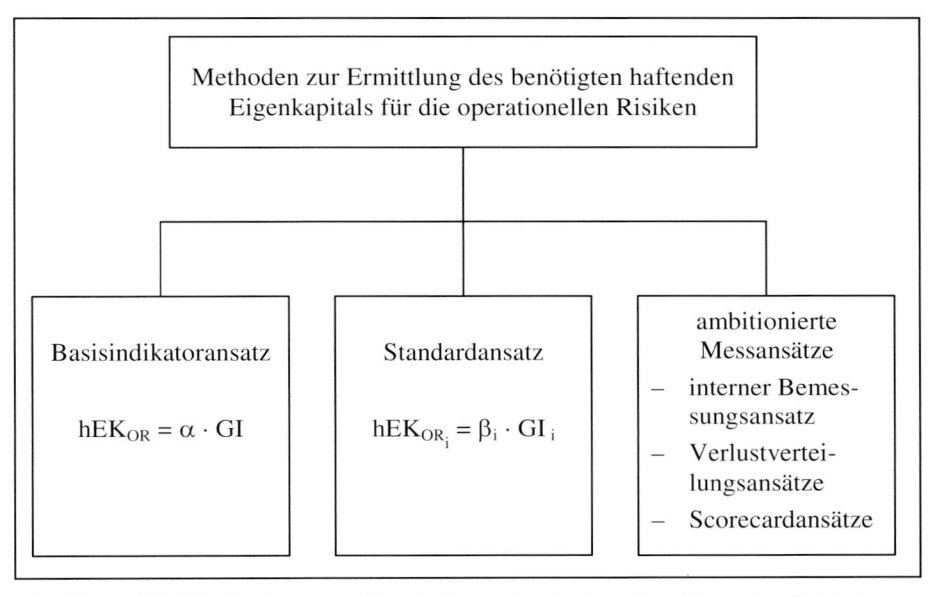

**Abbildung 77: Methoden zur Ermittlung des haftenden Eigenkapitalbetrags, der zur Unterlegung der operationellen Risiken nach „Basel II" benötigt wird**

Um den Instituten die Entwicklung hin zu fortgeschrittenen Messverfahren zu erleichtern, wird ihnen bei Erfüllung bestimmter Mindestanforderungen die Möglichkeit eingeräumt, sich nur teilweise entlang des vorgesehenen Spektrums der Messansätze fortzubewegen, also zunächst nur für einzelne Bereiche ihrer Aktivitäten fortgeschrittene Messverfahren zu verwenden (sog. „partielle Anwendung").[2] Das Fortschreiten von den einfacheren Ansätzen hin zu den komplexeren Ansätzen stellt für die Institute allerdings eine „Einbahnstraße" dar. Das bedeutet, dass Institute, denen die Verwendung eines fortgeschrittenen Messverfahrens genehmigt worden ist, ohne Zustimmung der Bankenaufsichtsbehörde nicht mehr zu einem einfacheren Messansatz zurückkehren dürfen.[3] Entspricht indessen ein Institut den Mindestvoraussetzungen für die Nutzung eines fortgeschrittenen Messverfahrens nicht mehr vollständig, so kann die Bankenaufsichtsbehörde ihrerseits dieses Institut dazu auffordern,

---

[1] Vgl. BASELER AUSSCHUSS FÜR BANKENAUFSICHT (Operational Risk, 2001), S. 14; DEUTSCHE BUNDESBANK (Eigenkapitalanforderungen, 2004), S. 86.
[2] Vgl. BASELER AUSSCHUSS FÜR BANKENAUFSICHT (Basel II, 2004), S. 157 und S. 170–171.
[3] Vgl. BASELER AUSSCHUSS FÜR BANKENAUFSICHT (Operational Risk, 2001), S. 4; BASELER AUSSCHUSS FÜR BANKENAUFSICHT (Basel II, 2004), S. 157.

so lange einen einfacheren Messansatz für einige oder alle Geschäfte zu verwenden, bis die von der Bankenaufsichtsinstanz festgelegten Voraussetzungen für die Rückkehr zu einem anspruchsvolleren Messverfahren erfüllt werden.[1]

*Der Basisindikatoransatz*

Der Basisindikatoransatz (basic indicator approach, BIA) stellt die einfachste Methode zur Ermittlung des Eigenkapitalbetrags dar, der für die operationellen Risiken vorzuhalten ist. Die Bemessung erfolgt auf der Grundlage eines einzigen Risikoindikators, der als Näherungswert für die gesamten operationellen Risiken einer Bank dienen soll. Das von dem Institut vorzuhaltende haftende Eigenkapital für die operationellen Risiken $hEK_{OR}$ ergibt sich dann als fixer Prozentsatz $\alpha$ dieser Indikatorgröße GI (gross income):

$$hEK_{OR} = \alpha \cdot GI$$

mit:

$hEK_{OR}$ = Eigenkapitalunterlegungsbetrag für die operationellen Risiken

$\alpha$ = Faktor Alpha (Verhältnis zwischen dem branchenweit für die Abdeckung operationeller Risiken erforderlichen haftenden Eigenkapital und den branchenweit aggregierten Bruttoerträgen)

GI = durchschnittlicher positiver jährlicher Bruttoertrag der letzten drei Jahre (gross income)

Als Indikatorgröße GI schlägt der Baseler Ausschuss für Bankenaufsicht den durchschnittlichen positiven jährlichen Bruttoertrag der vergangenen drei Jahre vor.[2] Der Bruttoertrag wird hierbei definiert als Zinsergebnis zuzüglich zinsunabhängiger Ertrag, wobei allerdings die genaue definitorische Abgrenzung dieser Größen den nationalen Bankenaufsichtsbehörden und/oder den nationalen Rechnungslegungsstandards überlassen bleibt.[3] Es ist jedoch beabsichtigt, dass die Bestandteile des Risikoindikators

– vor jeglichen Wertberichtigungen (z. B. für nicht gezahlte Zinsen) ermittelt werden,
– betriebliche Aufwendungen und an Auslagerungsunternehmen gezahlte Aufwendungen für Auslagerungen unberücksichtigt lassen,[4]

---

[1] Vgl. BASELER AUSSCHUSS FÜR BANKENAUFSICHT (Basel II, 2004), S. 157.
[2] Vgl. BASELER AUSSCHUSS FÜR BANKENAUFSICHT (Basel II, 2004), S. 158.
[3] Vgl. BASELER AUSSCHUSS FÜR BANKENAUFSICHT (Basel II, 2004), S. 158.
[4] Im Gegensatz zu den Aufwendungen, die von einem Institut aufgrund der Auslagerung von Dienstleistungen an das Auslagerungsunternehmen gezahlt werden, sollen Erträge, die ein Institut als Auslagerungsunternehmen erwirtschaftet, von der Definition des Bruttoertrages erfasst werden.

– keine realisierten Gewinne/Verluste aus Wertpapiergeschäften im Anlagebuch enthalten,
– keine realisierten Gewinne/Verluste aus Wertpapieren berücksichtigen, die als „Halten bis zur Fälligkeit" und „zum Verkauf vorgehalten" gekennzeichnet sind,[1]
– weder außerordentliche oder periodenfremde Erträge noch Einkünfte aus dem Versicherungsgeschäft beinhalten.[2]

Der Faktor $\alpha$ wird vom Baseler Ausschuss für Bankenaufsicht festgelegt und beläuft sich auf 15 %.[3] Berechnet wird der Alphafaktor, indem das branchenweit für die Abdeckung operationeller Risiken erforderliche haftende Eigenkapital mit der branchenweiten Höhe des Risikoindikators GI ins Verhältnis gesetzt wird.[4] Letztlich handelt es sich aber bei der Festlegung dieses Prozentsatzes um keine echte Risikomessung, sondern nur um eine pauschale Schätzung seitens des Baseler Ausschusses für Bankenaufsicht.[5] Der Basisindikatoransatz dient damit nicht der Identifizierung von Schwachstellen in einem Institut und kann folglich auch keinen nennenswerten Beitrag zur Steuerung operationeller Risiken leisten.

Der Basisindikatoransatz stellt das Einstiegsverfahren dar, um die notwendige Eigenkapitalunterlegung für die operationellen Risiken eines Instituts zu berechnen. Daher sieht die Baseler Eigenkapitalvereinbarung auch keine speziellen Anforderungen zur Nutzung dieses Messverfahrens vor.[6] Gleichwohl sind die Institute, die sich für die Anwendung des Basisindikatoransatzes entscheiden, dazu aufgefordert, den Leitlinien zu folgen, die in dem Dokument „Sound Practices for the Management and Supervision of Operational Risk"[7] vom Baseler Ausschuss für Bankenaufsicht niedergelegt sind.[8] Institute, die den Basisindikatoransatz zur Messung des Eigenkapitalunterlegungsbetrags für die operationellen Risiken verwenden, ist es zudem nicht gestattet, die risikomindernde Wirkung von Versicherungen zu nutzen.

---

[1] Es handelt sich hierbei um Kriterien, die z. B. nach den US- oder IASB-Rechnungslegungsstandards typischerweise zur Kategorisierung von Wertpapieren des Anlagebuches verwendet werden.
[2] Vgl. BASELER AUSSCHUSS FÜR BANKENAUFSICHT (Basel II, 2004), S. 158. Die DEUTSCHE BUNDESBANK definiert den Bruttoertrag als Zinsergebnis + Provisionsergebnis + Netto-Ergebnis aus Finanzgeschäften + sonstige betriebliche Erträge; vgl. DEUTSCHE BUNDESBANK (Eigenkapitalanforderungen, 2004), S. 87.
[3] Vgl. BASELER AUSSCHUSS FÜR BANKENAUFSICHT (Basel II, 2004), S. 158.
[4] Vgl. BASELER AUSSCHUSS FÜR BANKENAUFSICHT (Basel II, 2004), S. 158.
[5] Vgl. auch SCHULTE-MATTLER, HERMANN (Konsultationspapier, 2003), S. 392.
[6] Vgl. BASELER AUSSCHUSS FÜR BANKENAUFSICHT (Basel II, 2004), S. 158.
[7] Vgl. BASELER AUSSCHUSS FÜR BANKENAUFSICHT (Sound Practices, 2003), S. 1 ff.
[8] Vgl. BASELER AUSSCHUSS FÜR BANKENAUFSICHT (Basel II, 2004), S. 158.

*Der Standardansatz*

Beim Standardansatz (standardised approach, STA) werden die Tätigkeiten eines Instituts zunächst in acht Geschäftsfelder (business lines, BL) untergliedert (siehe Abbildung 78).[1] Für jedes der acht vorgeschlagenen Geschäftsfelder wird sodann ein allgemeiner Risikoindikator GI festgelegt, der die Größe oder das Volumen der Tätigkeit des Instituts in den jeweiligen Geschäftsfeldern wiedergibt. Dieser Risikoindikator stellt einen Näherungswert für den wahrscheinlichen Umfang der mit einem bestimmten Geschäftsfeld verbundenen operationellen Risiken dar.[2]

| Geschäftsfelder | Risikoindikatoren | Betafaktoren |
|---|---|---|
| Unternehmensfinanzierung/-beratung (Corporate Finance) | Bruttoertrag | $\beta_1 = 18\ \%$ |
| Handel (Trading and Sales) | Bruttoertrag | $\beta_2 = 18\ \%$ |
| Privatkundengeschäft (Retail Banking) | Bruttoertrag | $\beta_3 = 12\ \%$ |
| Firmenkundengeschäft (Commercial Banking) | Bruttoertrag | $\beta_4 = 15\ \%$ |
| Zahlungsverkehr und Wertpapierabwicklung (Payment and Settlement) | Bruttoertrag | $\beta_5 = 18\ \%$ |
| Depot- und Treuhandgeschäfte (Agency Services) | Bruttoertrag | $\beta_6 = 15\ \%$ |
| Vermögensverwaltung (Asset Management) | Bruttoertrag | $\beta_7 = 12\ \%$ |
| Wertpapierprovisionsgeschäft (Retail Brokerage) | Bruttoertrag | $\beta_8 = 12\ \%$ |

**Abbildung 78: Geschäftsfelder, Risikoindikatoren und Betafaktoren im Standardansatz**

---

[1] Vgl. BASELER AUSSCHUSS FÜR BANKENAUFSICHT (Operational Risk, 2001), S. 6; BASELER AUSSCHUSS FÜR BANKENAUFSICHT (Basel II, 2004), S. 160.

[2] Vgl. BASELER AUSSCHUSS FÜR BANKENAUFSICHT (Operational Risk, 2001), S. 7; BASELER AUSSCHUSS FÜR BANKENAUFSICHT (Basel II, 2004), S. 160.

## 3.3 Basel II – Säule 1

Im zweiten Konsultationspapier hatte der Baseler Ausschuss für Bankenaufsicht noch für die einzelnen Geschäftsfelder unterschiedliche Risikoindikatoren vorgeschlagen, z. B. den Bruttoertrag, die jahresdurchschnittliche Bilanzsumme oder das verwaltete Gesamtvermögen.[1] In der Endfassung der Baseler Eigenkapitalvereinbarung werden als Risikoindikatoren im Standardansatz jeweils nur noch die in den einzelnen Geschäftsfeldern erzielten Bruttoerträge angeführt.[2]

Darüber hinaus bestimmt der Baseler Ausschuss für Bankenaufsicht für jedes der acht Geschäftsfelder einen fixen Prozentsatz β (siehe Abbildung 78). Dieser Faktor β steht für das Verhältnis zwischen den branchenweiten operationellen Verlusten, die in einem Geschäftsfeld entstanden sind, und den branchenweit aggregierten Bruttoerträgen des entsprechenden Geschäftsfelds.[3] Ein Betafaktor von bspw. 18 % im Geschäftsfeld „Unternehmensfinanzierung/-beratung" bedeutet, dass die operationellen Verluste, die in diesem Geschäftsfeld aufgetreten sind, branchenweit 18 % des Bruttoertrages betragen, der im Geschäftsfeld „Unternehmensfinanzierung/-beratung" erzielt wurde.

Der Eigenkapitalunterlegungsbetrag für jedes Geschäftsfeld i ermittelt sich demgemäß wie folgt:

$$hEK_{OR_i} = \beta_i \cdot GI_i$$

mit:
$hEK_{OR_i}$ = Eigenkapitalunterlegungsbetrag für die operationellen Risiken im Geschäftsfeld i
$\beta_i$ = Faktor Beta für das Geschäftsfeld i (Verhältnis zwischen den branchenweiten operationellen Verlusten, die im Geschäftsfeld i entstanden sind, und den branchenweit aggregierten Bruttoerträgen des Geschäftsfelds i)
$GI_i$ = gross income für das Geschäftsfeld i (durchschnittlicher jährlicher Bruttoertrag der letzten drei Jahre für das Geschäftsfeld i)
i = Geschäftsfeld i

Somit wird bspw. für das Geschäftsfeld Privatkundengeschäft (retail banking, RB) der Bruttoertrag dieses Geschäftsfelds als Risikoindikator zugrunde gelegt. Beträgt nun der branchenweite Anteil der operationellen Verluste in diesem Geschäftsfeld –

---

[1] Vgl. BASELER AUSSCHUSS FÜR BANKENAUFSICHT (Eigenkapitalvereinbarung, 2001), S. 104.
[2] Vgl. BASELER AUSSCHUSS FÜR BANKENAUFSICHT (Basel II, 2004), S. 160.
[3] Vgl. BASELER AUSSCHUSS FÜR BANKENAUFSICHT (Working Paper, 2001), S. 7; BASELER AUSSCHUSS FÜR BANKENAUFSICHT (Basel II, 2004), S. 160.

wie vom Baseler Ausschuss für Bankenaufsicht vorgegeben – 12 % des Bruttoertrags (gross income, GI) dieses Geschäftsfelds, so wird aus Sicht des einzelnen Instituts das unterlegungspflichtige haftende Eigenkapital für die operationellen Risiken aus dem Geschäftsfeld Privatkundengeschäft wie folgt ermittelt:

$$hEK_{OR_{RB}} = 0{,}12 \cdot GI_{RB}$$

Der Gesamtbetrag des für die operationellen Risiken vorzuhaltenden haftenden Eigenkapitals eines Instituts ergibt sich schließlich aus der Addition der für die jeweiligen Geschäftsfelder ermittelten Einzelbeträge:[1]

$$hEK_{OR} = \sum_i hEK_{OR_i}$$

Bei der Berechnung der Gesamtkapitalanforderung ist zu beachten, dass in jedem Jahr eine negative Kapitalanforderung in einem Geschäftsfeld, die aus einem negativen Bruttoertrag in diesem Geschäftsfeld resultiert, mit positiven Kapitalanforderungen in anderen Geschäftsfeldern verrechnet werden kann. Der Gesamtkapitalanforderungsbetrag darf allerdings als Folge dieser Verrechnungsmöglichkeiten nicht negativ werden.[2]

Einen Fortschritt gegenüber dem Basisindikatoransatz stellt die Zerlegung der Aktivitäten eines Instituts in Geschäftsfelder dar. Es liegt auf der Hand, dass die Berücksichtigung von Tätigkeitsschwerpunkten grundsätzlich zu einer realistischeren Abbildung der operationellen Risiken führt als die Verwendung einer einzigen pauschalen Größe, die stellvertretend für die gesamten operationellen Risiken eines Instituts steht. Die Untergliederung der Geschäftstätigkeit von Instituten in einzelne Geschäftsfelder wurde dabei an branchenüblichen Einteilungen zur Ermittlung interner Verlustdaten angelehnt[3] und erscheint insofern zur Ermittlung der gesamten operationellen Risiken eines Instituts geeignet. Da der Baseler Ausschuss für Bankenaufsicht auch die genaue Einteilung der Geschäftsfelder in einzelne Untergruppen vorgibt (siehe Abbildung 79)[4], dürfte es den Instituten im Allgemeinen nicht schwer fallen, ihre Aktivitäten den vorgegebenen Geschäftsfeldern zuzuordnen. Aufgrund des Erfordernisses, sowohl interne als auch externe Verlustdatenbanken aufzubauen, erscheint aus Gründen der Einheitlichkeit eine allgemeine Untergliederung der Ge-

---

[1]  Vgl. BASELER AUSSCHUSS FÜR BANKENAUFSICHT (Operational Risk, 2001), S. 8; BASELER AUSSCHUSS FÜR BANKENAUFSICHT (Basel II, 2004), S. 160.
[2]  Vgl. BASELER AUSSCHUSS FÜR BANKENAUFSICHT (Basel II, 2004), S. 160.
[3]  Vgl. BASELER AUSSCHUSS FÜR BANKENAUFSICHT (Operational Risk, 2001), S. 6.
[4]  Modifiziert entnommen aus BASELER AUSSCHUSS FÜR BANKENAUFSICHT (Basel II, 2004), S. 250.

## 3.3 Basel II – Säule 1

| Ebene 1 | Ebene 2 | Aktivitäten |
|---|---|---|
| Unternehmensfinan-zierung/-beratung (Corporate Finance) | Unternehmensfinan-zierung/-beratung | Unternehmenszusammenschlüsse, Emissions- und Platzierungsgeschäft, Privatisierung, Verbriefung, Research, Kredite (Regierungen, High Yield), Beteiligungen, Syndizierungen, Börsengang, Privatplatzierungen im Sekundärhandel, weitere Unternehmensberatungsdienstleistungen |
| | öffentliche Haushalte | |
| | Handels-finanzierungen | |
| | Beratungsgeschäft | |
| Handel (Trading and Sales) | Kundengeschäfte | Anleihen, Aktien, Devisengeschäfte, Warenhandel, Derivate, Mittelanlage, Mittelaufnahme, Eigenhandel, Wertpapierleihe und Repos, Brokerage (Orderausführung und Service für professionelle Investoren), prime brokerage |
| | Market Making | |
| | Eigenhandel | |
| | Treasury | |
| Privatkunden-geschäft (Retail Banking) | Massengeschäft | Für Privatkunden: Einlagen- und Kreditgeschäft (ggf. auch Immobilien), Serviceleistungen, Treuhändergeschäft, Anlageberatung |
| | Private Banking | Für Vermögendere: private Finanzierungen und Geldanlagen, Serviceleistungen, Treuhändergeschäft, Vermögens- und Anlageberatung |
| | Kartenservices | Handels-/Gewerbe-/Unternehmenskarten, individuelle Karten und Massengeschäft |
| Firmenkunden-geschäft (Commercial Banking) | Firmenkunden-geschäft | Projektfinanzierung, Immobilienfinanzierung, Exportfinanzierung, Handelsfinanzierung, Factoring, Leasing, Kreditgewährungen, Bürgschaften und Garantien, Wechselgeschäft für Firmenkunden |
| Zahlungsverkehr und Wertpapier-abwicklung (Payment and Settlement) | externe Kunden, Dritte | Zahlungsverkehr, Geldtransfergeschäft, Clearing und Wertpapierabwicklung für Dritte |
| Depot- und Treuhandgeschäfte (Agency Services) | Depot, Verwahrung | Treuhandverwahrung, Depotgeschäft, Custody, Wertpapierleihe (für Kunden); weiterer Service für Unternehmen |
| | Treuhändergeschäft | Emissions- und Zahlstellenfunktionen |
| | Stiftungen | |
| Vermögens-verwaltung (Asset Management) | gebundene Vermö-gensverwaltung | Pool, einzeln, privat, institutionell, geschlossen, offen, „Private Equity" |
| | freie Vermögens-verwaltung | Pool, einzeln, privat, institutionell, geschlossen, offen |
| Wertpapier-provisionsgeschäft (Retail Brokerage) | Ausführung von Wertpapieraufträgen | Ausführung von Orders, Verwaltungsgeschäft für Privatkunden |

**Abbildung 79: Zuordnung von Aktivitäten zu den einzelnen Geschäftsfeldern im Standardansatz**

schäftstätigkeit der Institute durch den Baseler Ausschuss für Bankenaufsicht sinnvoll.

Die Anwendung des Standardansatzes durch ein Institut ist an die Erfüllung bestimmter Voraussetzungen geknüpft.[1] So muss ein Institut unter anderem über ein konzeptionell solides Risikomanagementsystem für operationelle Risiken verfügen. Es muss zudem Grundsätze festlegen und Kriterien dokumentieren, wie der Bruttoertrag aus seinen aktuellen Geschäftsfeldern und Aktivitäten in das vom Baseler Ausschuss für Bankenaufsicht vorgegebene standardisierte Rahmenwerk einzuordnen ist. Darüber hinaus ist die oberste Leitungsebene des Instituts – bestehend aus dem obersten Verwaltungsorgan und der Geschäftsleitung – in angemessenem Umfang aktiv in die Überwachung des Risikomanagementsystems für operationelle Risiken einzubinden. Schließlich muss ein Institut über ausreichende Ressourcen zur Umsetzung des Standardansatzes sowohl in den wichtigsten Geschäftsfeldern als auch in den Kontroll- und Revisionsbereichen verfügen. Ebenso wie beim Basisindikatoransatz ist es den Instituten bei Verwendung des Standardansatzes nicht gestattet, die risikomindernde Wirkung von Versicherungen zu nutzen.

Anstelle des Standardansatzes sieht die Baseler Eigenkapitalvereinbarung für die nationalen Bankenaufsichtsbehörden die Möglichkeit vor, ihren Instituten die Anwendung eines so genannten alternativen Standardansatzes (alternative standardised approach, ASA) zu gestatten.[2] Dies gilt, sofern von den Instituten nachgewiesen werden kann, dass dieser Messansatz eine bessere Basis darstellt, um z. B. eine doppelte Anrechnung von Risiken zu vermeiden. Bei dem alternativen Standardansatz entspricht die Berechnung des Eigenkapitalunterlegungsbetrags für die operationellen Risiken – mit Ausnahme der Behandlung der beiden Geschäftsfelder „Privatkundengeschäft" und „Firmenkundengeschäft" – der Vorgehensweise im Standardansatz. In diesen beiden Geschäftsfeldern wird der Bruttoertrag als Risikoindikator durch das Volumen der Darlehen und Kredite ersetzt. Das Volumen der Darlehen und Kredite wird zudem mit dem festen Faktor m multipliziert. Ansonsten gelten dieselben Betafaktoren wie im Standardansatz. Der ASA-Eigenkapitalunterlegungsbetrag für die operationellen Risiken im Privatkundengeschäft – wobei dieselbe Grundformel auch für das Firmenkundengeschäft gilt – kann demnach wie folgt berechnet werden:

---

[1] Vgl. zu den Ausführungen dieses Absatzes BASELER AUSSCHUSS FÜR BANKENAUFSICHT (Basel II, 2004), S. 162–163 und S. 251–252.
[2] Vgl. hierzu sowie zu den folgenden Ausführungen zum alternativen Standardansatz BASELER AUSSCHUSS FÜR BANKENAUFSICHT (Basel II, 2004), S. 159.

## 3.3 Basel II – Säule 1

$$hEK_{OR_{RB}} = \beta_{RB} \cdot m \cdot LA_{RB}$$

mit:
- $hEK_{OR_{RB}}$ = Eigenkapitalunterlegungsbetrag für die operationellen Risiken im Geschäftsfeld Privatkundengeschäft
- $\beta_{RB}$ = Faktor Beta für das Geschäftsfeld Privatkundengeschäft
- m = fester Faktor in Höhe von 0,035
- $LA_{RB}$ = das im Durchschnitt der letzten drei Jahre ausstehende Volumen der Darlehen und Kredite im Privatkundengeschäft (ohne Risikogewichtung und ohne Abzug von Wertberichtigungen)
- RB = Privatkundengeschäft (retail banking)

Wie beim Standardansatz entspricht auch im alternativen Standardansatz der gesamte Eigenkapitalunterlegungsbetrag für die operationellen Risiken der Summe der regulatorischen Eigenkapitalanforderungen für die einzelnen acht Geschäftsfelder. Auf Wunsch können jedoch die Institute bei Anwendung des alternativen Standardansatzes ihr Privat- und Firmenkundengeschäft auch zusammenfassen und mit einem Betafaktor von 15 % multiplizieren. Darüber hinaus können diejenigen Institute, die nicht in der Lage sind, ihren Bruttoertrag in die anderen sechs Geschäftsfelder aufzuspalten, den Bruttoertrag für diese sechs Geschäftsfelder aggregieren und mit einem Betafaktor von 18 % multiplizieren.

*Die ambitionierten Messansätze*

Der Baseler Ausschuss für Bankenaufsicht räumt den Instituten ein hohes Maß an Flexibilität bei der Entwicklung ambitionierter Messansätze (advanced measurement approaches, AMA) zur Berechnung des Eigenkapitalunterlegungsbetrages für die operationellen Risiken ein. Bei diesen auch als fortgeschritten bezeichneten Messverfahren können die Institute ihre eigenen Beurteilungsmethoden für die operationellen Risiken anwenden, solange diese ausreichend umfassend und systematisch sind. Die Institute haben allerdings bei der Anwendung eines fortgeschrittenen Messverfahrens diverse quantitative sowie qualitative Mindestanforderungen zu erfüllen, die vom Baseler Ausschuss für Bankenaufsicht vorgegeben werden.[1] Auf diese Weise soll sichergestellt werden, dass die fortgeschrittenen Messverfahren eine solide Branchenpraxis widerspiegeln. Die Verwendung eines fortgeschrittenen Messverfahrens muss darüber hinaus von den zuständigen Bankenaufsichtsbehörden genehmigt werden.[2] Im Gegensatz zu den Regelungen beim Basisindikatoransatz

---

[1] Zu den Details vgl. BASELER AUSSCHUSS FÜR BANKENAUFSICHT (Basel II, 2004), S. 163–169.
[2] Vgl. BASELER AUSSCHUSS FÜR BANKENAUFSICHT (Basel II, 2004), S. 161.

sowie beim Standardansatz ist es zudem den Instituten, die sich für den Einsatz eines fortgeschrittenen Messverfahrens entscheiden, gestattet, bei der Berechnung des regulatorischen Eigenkapitals für ihre operationellen Risiken die risikomindernde Wirkung von Versicherungen zu berücksichtigen. Die Anerkennung von Versicherungen, welche die operationellen Risiken mindern, wird jedoch auf 20 % der gesamten Eigenkapitalanforderung für operationelle Risiken – berechnet mittels eines ambitionierten Messansatzes – begrenzt.[1]

### Aufgabe 3.45: Interner Bemessungsansatz

Erläutern Sie den internen Bemessungsansatz als eine mögliche Form der Ausgestaltung eines ambitionierten Messansatzes.

### Lösung

Der interne Bemessungsansatz (internal measurement approach, IMA) dient als Beispiel für ein ambitioniertes Messverfahren im Bereich der operationellen Risiken. Er beruht auf Überlegungen des zweiten Konsultationspapiers sowie eines Arbeitspapiers des Baseler Ausschusses für Bankenaufsicht.[2] Ebenso wie beim Standardansatz erfolgt auch beim internen Bemessungsansatz zunächst eine Aufgliederung der gesamten Geschäftstätigkeit eines Instituts in Geschäftsfelder (business lines). Außerdem werden verschiedene Verlusttypen (loss types) definiert (siehe Abbildung 80), die den einzelnen Geschäftsfeldern zugeordnet werden. Der Baseler Ausschuss für Bankenaufsicht gibt acht Geschäftsfelder vor und definiert sechs Verlusttypen. Es ergeben sich somit 48 Geschäftsfeld-Verlusttyp-Kombinationen (GVK).

Für jede Kombination aus einem Geschäftsfeld i und einem Verlusttyp j wird vom Baseler Ausschuss für Bankenaufsicht ein Risikoindikator (exposure indicator, $EI_{ij}$) festgelegt (siehe Abbildung 81)[3]. Dieser stellt einen Näherungswert für das Ausmaß der operationellen Risiken dar, dem ein Institut im jeweiligen Geschäftsfeld bzgl. der einzelnen Verlusttypen ausgesetzt ist. Als Risikoindikator kann z. B. für das Geschäftsfeld „Zahlungsverkehr und Wertpapierabwicklung" hinsichtlich des Verlusttyps „Bußgeldzahlungen" die Anzahl durchgeführter Transaktionen pro Quartal dienen. Je mehr Transaktionen pro Quartal durchgeführt werden, desto höher ist

---

[1] Vgl. BASELER AUSSCHUSS FÜR BANKENAUFSICHT (Basel II, 2004), S. 169.
[2] Vgl. BASELER AUSSCHUSS FÜR BANKENAUFSICHT (Eigenkapitalvereinbarung, 2001), S. 105; BASELER AUSSCHUSS FÜR BANKENAUFSICHT (Operational Risk, 2001), S. 8–11 und S. 23.
[3] Modifiziert entnommen aus BASELER AUSSCHUSS FÜR BANKENAUFSICHT (Operational Risk, 2001), S. 23.

## 3.3 Basel II – Säule 1

z. B. das Risiko einer Fehltransaktion und damit verbunden die Gefahr von Bußgeldzahlungen.

| | |
|---|---|
| Abschreibungen | Unmittelbare Wertminderungen des Vermögens aufgrund von Diebstahl, Betrug, unerlaubten Handlungen oder Verlusten aus den Marktpreis- und Adressenrisiken, die infolge betrieblicher Ereignisse entstehen. |
| Regressverluste | Unwiederbringliche Zahlungen oder Entschädigungen an Dritte (z. B. Rückgriffsverluste aus dem Wechselgeschäft). |
| Erstattungszahlungen | An Kunden als Entschädigung geleistete Kapital- und/oder Zinszahlungen bzw. Kosten, die durch jegliche andere Form von Ausgleichszahlungen an Kunden entstehen (z. B. Gebühren für mangels Deckung nicht ausgeführte Überweisungen und Daueraufträge, die zurückerstattet werden müssen). |
| gesetzliche Haftbarkeit | Zahlungen aufgrund von Gerichtsurteilen und Vergleichen sowie andere Kosten aus Rechtsstreitigkeiten. |
| Bußgeldzahlungen | Zahlungen, die infolge eines Verstoßes gegen gesetzliche Vorschriften zu leisten sind. Dazu gehören von den Aufsichtsbehörden und vom Steuergesetzgeber verhängte Geldstrafen bzw. Kosten, die sich aus jeglicher Art von Bestrafung (z. B. aufgrund eines Lizenzentzugs) ergeben. |
| Katastrophenschäden | Unmittelbare Wertminderungen von Vermögensgegenständen des Sachanlagevermögens und von Wertpapieren, die sich aufgrund verschiedener Unglücksfälle (z. B. Pflichtversäumnis, Unfall, Feuer, Erdbeben) ergeben. |

**Abbildung 80: Die Verlusttypen im internen Bemessungsansatz[1]**

Ähnlich wie bei den internen Ratingansätzen für die Adressenrisiken ist es dem Institut beim internen Bemessungsansatz möglich, seine internen Daten über bisher aufgetretene operationelle Verluste zu verwenden. Mit Hilfe dieser Daten ermittelt das Institut für jede Geschäftsfeld-Verlusttyp-Kombination zwei Parameter und zwar die durchschnittliche Verlustwahrscheinlichkeit pro Periode (probability of loss event, $PE_{ij}$) sowie die durchschnittliche Verlusthöhe pro Verlustfall pro Periode (loss given that event, $LGE_{ij}$). Sodann wird für jede Geschäftsfeld-Verlusttyp-Kombination der erwartete Verlust (expected loss, $EL_{ij}$) berechnet:

$$EL_{ij} = EI_{ij} \cdot PE_{ij} \cdot LGE_{ij} \quad \text{(1. Schritt)}$$

---

[1] Vgl. BASELER AUSSCHUSS FÜR BANKENAUFSICHT (Operational Risk, 2001), S. 23.

| Verlusttypen \ Geschäftsfelder | Abschreibungen | Regressverluste | Erstattungszahlungen | gesetzliche Haftbarkeit | Bußgeldzahlungen | Katastrophenschäden |
|---|---|---|---|---|---|---|
| Unternehmensfinanzierung/-beratung | Geschäftsvolumen | Geschäftsvolumen | Geschäftsvolumen | Geschäftsvolumen | Geschäftsvolumen | Wert des Anlagevermögens |
| Handel | Handelsvolumen | Handelsvolumen | Handelsvolumen | Handelsvolumen | Handelsvolumen | Wert des Anlagevermögens |
| Privatkundengeschäft | Transaktionsvolumen | Transaktionsvolumen | Transaktionsvolumen | Transaktionsvolumen und Höhe der Gehälter | Transaktionsanzahl | Wert des Anlagevermögens |
| Firmenkundengeschäft | Transaktionsvolumen | Transaktionsvolumen | Transaktionsvolumen | Transaktionsvolumen und Höhe der Gehälter | Transaktionsanzahl | Wert des Anlagevermögens |
| Zahlungsverkehr und Wertpapierabwicklung | Transaktionsvolumen | Transaktionsvolumen | Transaktionsvolumen | Transaktionsvolumen | Transaktionsanzahl | Wert des Anlagevermögens |
| Depot- und Treuhandgeschäfte | Wert der verwahrten Vermögensgegenstände | Wert der verwahrten Vermögensgegenstände | Transaktionsgegenwert | Streitwert anhängiger Kundenklagen | Anzahl anhängiger Prozesse | Wert des Anlagevermögens |
| Vermögensverwaltung | Wert der verwalteten Vermögensgegenstände | Wert der verwalteten Vermögensgegenstände | Transaktionsgegenwert | Transaktionsgegenwert | Wert der verwalteten Vermögensgegenstände | Wert des Anlagevermögens |
| Wertpapierprovisionsgeschäft | Transaktionsgegenwert | Transaktionsgegenwert | Transaktionsgegenwert | Transaktionsgegenwert | Transaktionsgegenwert | Wert des Anlagevermögens |

**Abbildung 81: Die Risikoindikatorenmatrix für den internen Bemessungsansatz**

## 3.3 Basel II – Säule 1

Der Baseler Ausschuss für Bankenaufsicht gibt nun für jede Geschäftsfeld-Verlusttyp-Kombination einen Faktor $\gamma_{ij}$ vor, der den erwarteten Verlust in einen Gesamtverlust (total loss, $TL_{ij}$) umrechnet, wobei sich der Gesamtverlust aus dem erwarteten und dem unerwarteten Verlust zusammensetzt. Dieser Gesamtverlust stellt dann den Eigenkapitalunterlegungsbetrag für die betrachtete Geschäftsfeld-Verlusttyp-Kombination dar:

$$hEK_{OR_{ij}} = TL_{ij} = EL_{ij} \cdot \gamma_{ij} \quad \text{(2. Schritt)}$$

Schließlich kann auf diese Weise die Eigenkapitalbelastung für jede Geschäftsfeld-Verlusttyp-Kombination berechnet werden. Ihre Summe ergibt dann den gesamten Eigenkapitalunterlegungsbetrag, der für die operationellen Risiken vorzuhalten ist:

$$hEK_{OR} = \sum_i \sum_j hEK_{OR_{ij}} = \sum_i \sum_j TL_{ij} = \sum_i \sum_j EL_{ij} \cdot \gamma_{ij} \quad \text{(3. Schritt)}$$

*Die Ermittlung des erwarteten Verlusts pro Transaktion (Schritt 1)*
Der erste Schritt – die Ermittlung des erwarteten Verlusts pro Geschäftsfeld-Verlusttyp-Kombination – lässt sich weiter in zwei Teilschritte (Schritt 1a und Schritt 1b) zerlegen. Dies wird nachfolgend anhand eines Beispiels verdeutlicht.

Betrachtet wird nur ein einziges Geschäftsfeld (z. B. „Zahlungsverkehr und Wertpapierabwicklung" und ein einziger Verlusttyp (z. B. „Bußgeldzahlungen"), weswegen im Folgenden auf die Indizes i und j verzichtet wird. Als Risikoindikator für diese Geschäftsfeld-Verlusttyp-Kombination schlägt der Baseler Ausschuss für Bankenaufsicht die „Anzahl getätigter Transaktionen" in der betrachteten Periode vor. Eine Periode soll im Folgenden ein Quartal umfassen.

Je nachdem, wie oft der Eigenkapitalunterlegungsbetrag für die operationellen Risiken berechnet werden soll, kann der Betrachtungszeitraum angepasst werden. Eine Berechnung auf täglicher Basis ist ebenso denkbar wie eine jährliche Ermittlung des erforderlichen Mindesteigenkapitals. Der Baseler Ausschuss für Bankenaufsicht geht aber im Sinne einer „Best Practice" von einer vierteljährlichen Anpassung der Mindesteigenkapitalbeträge aus.

| Jahre | 01 | | | | 02 | | | | 03 | | | | 01 – 03 |
|---|---|---|---|---|---|---|---|---|---|---|---|---|---|
| Quartale | I | II | III | IV | I | II | III | IV | I | II | III | IV | 12 |
| Transaktionsanzahl | 100 | 200 | 50 | 50 | 100 | 200 | 50 | 50 | 100 | 200 | 50 | 50 | 100 (⌀T) |
| Anzahl der Verlustfälle | 3 | 10 | 4 | 3 | 3 | 10 | 4 | 3 | 3 | 10 | 4 | 3 | 5 (⌀V) |
| Gesamtverlust (EUR) | 250 | 1.650 | 750 | 3.350 | 250 | 1.650 | 750 | 3.350 | 250 | 1.650 | 750 | 3.350 | 1.500 (⌀GV) |

Durchschnittliche Transaktionsanzahl pro Quartal:

$$\varnothing T = \frac{\sum \text{Transaktionen pro Quartal}}{\text{Anzahl betrachteter Quartale}} = \frac{100 + 200 + 50 + 50 + \dots}{12} = \frac{1.200}{12} = 100 \text{ Stück p.Q.}$$

Durchschnittliche Anzahl Verlustfälle pro Quartal:

$$\varnothing V = \frac{\sum \text{Anzahl Verlustfälle pro Quartal}}{\text{Anzahl betrachteter Quartale}} = \frac{3 + 10 + 4 + 3 + \dots}{12} = \frac{60}{12} = 5 \text{ Stück p.Q.}$$

Durchschnittlicher Gesamtverlust pro Quartal:

$$\varnothing GV = \frac{\sum \text{Gesamtverlust pro Quartal}}{\text{Anzahl betrachteter Quartale}} = \frac{250 + 1.650 + 750 + 3.350 + \dots}{12} = \frac{18.000}{12} = 1.500 \text{ EUR p.Q.}$$

**Abbildung 82: Ermittlung der Berechnungsgrundlagen für die Größen PE und LGE (Schritt 1a)**

In Schritt 1a ermittelt das Institut zunächst den erwarteten Verlust pro Transaktion (el). Dazu berechnet es auf Grundlage seiner historischen Verlustdaten eine durchschnittliche Verlusthöhe (LGE) und eine durchschnittliche Verlustwahrscheinlichkeit (PE) für diese Geschäftsfeld-Verlusttyp-Kombination. Der Parameter PE gibt die Wahrscheinlichkeit an, mit der ein Schadensfall in der betrachteten Periode eintritt. Die Größe LGE gibt die Verlusthöhe an, die im betrachteten Zeitraum durchschnittlich im Falle eines Verlusts zu verbuchen ist.[1] Das Produkt dieser beiden Größen ergibt den erwarteten Verlust pro Transaktion (el).

Welchen Zeithorizont die Institute letztendlich bei der Berücksichtigung ihrer Daten beachten müssen, ist noch unklar. Der Baseler Ausschuss für Bankenaufsicht geht derzeit von einem historischen Zeitraum aus, der mindestens drei Jahre umfasst. Eine Zusammenstellung fiktiver Daten für die Jahre 01 bis 03, die die Berechnungsgrundlage für die Größen PE und LGE bilden, findet sich in Abbildung 82.

Das Institut ermittelt zunächst für den betrachteten historischen Zeitraum (hier drei Jahre) für jede Teilperiode (hier ein Quartal), die der Ermittlung des haftenden Eigenkapitals zugrunde gelegt wird, jeweils die Transaktionsanzahl, die Anzahl der Verlustfälle und den Gesamtverlust. Basierend auf diesem Zahlenmaterial ermittelt es dann die durchschnittliche Transaktionsanzahl, die durchschnittliche Anzahl der Verlustfälle und den durchschnittlichen Gesamtverlust pro Quartal (siehe Abbildung 82).

Nun kann der erwartete Verlust pro Transaktion berechnet werden (siehe Abbildung 83). Dazu müssen zunächst die Größen PE und LGE ermittelt werden. Die Größe PE berechnet sich als Quotient aus der durchschnittlichen Verlustanzahl und der durchschnittlichen Transaktionsanzahl pro Quartal. Die Größe LGE erhält man, indem man den durchschnittlichen Gesamtverlust pro Quartal durch die durchschnittliche Verlustanzahl pro Quartal dividiert. Der erwartete Verlust pro Transaktion (el) ergibt sich dann als das Produkt aus LGE und PE.

---

[1] Vgl. BASELER AUSSCHUSS FÜR BANKENAUFSICHT (Operational Risk, 2001), S. 9.

---

**Durchschnittliche Verlustwahrscheinlichkeit (PE)**

$$PE = \frac{\varnothing \text{ Verlustanzahl pro Quartal}}{\varnothing \text{ Transaktionsanzahl pro Quartal}} = \frac{5 \text{ Stück p.Q.}}{100 \text{ Stück p.Q.}} = 0{,}05 = 5\,\%$$

**Durchschnittlicher Verlust pro Verlustfall (LGE)**

$$LGE = \frac{\varnothing \text{ Gesamtverlust pro Quartal}}{\varnothing \text{ Verlustanzahl pro Quartal}} = \frac{1.500 \text{ EUR p.Q.}}{5 \text{ Stück p.Q.}} = 300 \, \frac{\text{EUR}}{\text{Stück}}$$

**Erwarteter Verlust pro Transaktion (el)**

$$el = LGE \cdot PE = 300 \, \frac{\text{EUR}}{\text{Stück}} \cdot 0{,}05 = 15 \, \frac{\text{EUR}}{\text{Stück}}$$

---

**Abbildung 83: Ermittlung des erwarteten Verlusts pro Transaktion (Schritt 1a)**

Nun kann der erwartete Verlust für ein bestimmtes Quartal des Jahres 04 berechnet werden (Schritt 1b). Dazu ist zunächst der Risikoindikator des betrachteten Quartals, also die Anzahl der in diesem Quartal getätigten Transaktionen (exposure indicator, EI), zu ermitteln (siehe Abbildung 84).

Der erwartete Verlust (EL) für ein bestimmtes Quartal ergibt sich nun durch Multiplikation des erwarteten Verlusts pro Transaktion mit der Anzahl der getätigten Transaktionen in diesem Quartal. Von Vorteil ist die einfache Berechnungsweise, sobald man die Größe el einmal berechnet hat. Für die betrachtete Periode muss dann zur Berechnung des erwarteten Verlusts pro Quartal nur noch die Anzahl der getätigten Transaktionen pro Quartal ermittelt werden.

EL und EI werden laufend aus dem aktuellen Datenmaterial ermittelt und erhalten daher den Index „curr" (current data). Da die Berechnung von el als Produkt aus LGE und PE auf historischen Daten beruht, erhalten diese drei Größen den Index „hist" (historical data).

## 3.3 Basel II – Säule 1

| Jahr | 04 | | | |
|---|---|---|---|---|
| Quartal | I | II | III | IV |
| Transaktionen im Quartal (exposure indicator, EI) | 50 | 150 | 100 | 180 |

**Allgemein:** $EL_{curr} = EI_{curr} \cdot el_{hist} = EI_{curr} \cdot LGE_{hist} \cdot PE_{hist}$

**Für das Beispiel:** $EL_{I/04} = EI_{I/04} \cdot el_{hist} = 50\,\text{Stück} \cdot 15\,\dfrac{EUR}{\text{Stück}} = 750\,EUR$

$EL_{II/04} = EI_{II/04} \cdot el_{hist} = 150\,\text{Stück} \cdot 15\,\dfrac{EUR}{\text{Stück}} = 2.250\,EUR$

$EL_{III/04} = EI_{III/04} \cdot el_{hist} = 100\,\text{Stück} \cdot 15\,\dfrac{EUR}{\text{Stück}} = 1.500\,EUR$

$EL_{IV/04} = EI_{IV/04} \cdot el_{hist} = 180\,\text{Stück} \cdot 15\,\dfrac{EUR}{\text{Stück}} = 2.700\,EUR$

**Abbildung 84: Ermittlung des erwarteten Verlusts pro Quartal (Schritt 1b)**

Es stellt sich die Frage, wie lange die zur Berechnung von $el_{hist}$ benötigten Größen $LGE_{hist}$ und $PE_{hist}$ Gültigkeit haben sollen. Der Baseler Ausschuss für Bankenaufsicht hält eine regelmäßige Aktualisierung zwar für sinnvoll, in welchen zeitlichen Abständen eine Anpassung jedoch vorgenommen werden soll, bleibt aber den nationalen Aufsichtsbehörden überlassen.

*Die Ermittlung des Eigenkapitalbetrags pro Geschäftsfeld-Verlusttyp-Kombination (Schritt 2)*

In einem zweiten Schritt wird der erwartete Verlust pro Quartal und pro Geschäftsfeld-Verlusttyp-Kombination mit Hilfe des Gammafaktors in einen Gesamtverlust pro Quartal umgerechnet, wobei es sich beim Gesamtverlust um die Größe handelt, die dann schließlich mit haftendem Eigenkapital zu unterlegen ist:

$$hEK_{OR_{ij}} = TL_{ij} = EL_{ij} \cdot \gamma_{ij}$$

Der Gesamtverlust ist die Summe aus erwartetem Verlust und unerwartetem Verlust:

$$TL = EL + UL$$

Bei dem Faktor Gamma handelt es sich um das branchenweite Verhältnis des Gesamtverlusts (total loss, TL) zum erwarteten Verlust (expected loss, EL) für jedes Geschäftsfeld, wobei sich der Gesamtverlust aus dem erwarteten und dem unerwarteten Verlust (unexpected loss, UL) zusammensetzt.

$$\gamma = \frac{TL}{EL} = \frac{EL + UL}{EL} > 1$$

Der Faktor Gamma wird von der Aufsicht anhand einer branchenweiten Verlustverteilung ermittelt. Er ist immer größer als 1 und somit eine Art „Streckungsfaktor", der den vom Institut auf Grundlage seiner internen Daten ermittelten erwarteten Verlust pro Geschäftsfeld in einen Gesamtverlust umwandelt. Es sind also sowohl der erwartete als auch der unerwartete Verlust mit haftendem Eigenkapital zu unterlegen. Da allerdings die Möglichkeit besteht, für erwartete Verluste Rückstellungen zu bilden bzw. diese zu versichern, sollten jedoch insoweit nur die unerwarteten Verluste mit haftendem Eigenkapital unterlegt werden. Außerdem ist es als problematisch anzusehen, dass ein lineares Verhältnis zwischen erwartetem und unerwartetem Verlust unterstellt wird.

## 3.3 Basel II – Säule 1

| Verlusttypen j　　Geschäftsfelder i | Abschreibungen (j=1) | Regressverluste (j=2) | Erstattungszahlungen (j=3) | gesetzliche Haftbarkeit (j=4) | Bußgeldzahlungen (j=5) | Katastrophenschäden (j=6) |
|---|---|---|---|---|---|---|
| Unternehmensfinanzierung/-beratung (i=1) | $hEK_{OR_{11}}$ | $hEK_{OR_{12}}$ | $hEK_{OR_{13}}$ | $hEK_{OR_{14}}$ | $hEK_{OR_{15}}$ | $hEK_{OR_{16}}$ |
| Handel (i=2) | $hEK_{OR_{21}}$ | $hEK_{OR_{22}}$ | $hEK_{OR_{23}}$ | $hEK_{OR_{24}}$ | $hEK_{OR_{25}}$ | $hEK_{OR_{26}}$ |
| Privatkundengeschäft (i=3) | $hEK_{OR_{31}}$ | $hEK_{OR_{32}}$ | $hEK_{OR_{33}}$ | $hEK_{OR_{34}}$ | $hEK_{OR_{35}}$ | $hEK_{OR_{36}}$ |
| Firmenkundengeschäft (i=4) | $hEK_{OR_{41}}$ | $hEK_{OR_{42}}$ | $hEK_{OR_{43}}$ | $hEK_{OR_{44}}$ | $hEK_{OR_{45}}$ | $hEK_{OR_{46}}$ |
| Zahlungsverkehr und Wertpapierabwicklung (i=5) | $hEK_{OR_{51}}$ | $hEK_{OR_{52}}$ | $hEK_{OR_{53}}$ | $hEK_{OR_{54}}$ | $hEK_{OR_{55}}$ | $hEK_{OR_{56}}$ |
| Depot- und Treuhandgeschäfte (i=6) | $hEK_{OR_{61}}$ | $hEK_{OR_{62}}$ | $hEK_{OR_{63}}$ | $hEK_{OR_{64}}$ | $hEK_{OR_{65}}$ | $hEK_{OR_{66}}$ |
| Vermögensverwaltung (i=7) | $hEK_{OR_{71}}$ | $hEK_{OR_{72}}$ | $hEK_{OR_{73}}$ | $hEK_{OR_{74}}$ | $hEK_{OR_{75}}$ | $hEK_{OR_{76}}$ |
| Wertpapierprovisionsgeschäft (i=8) | $hEK_{OR_{81}}$ | $hEK_{OR_{82}}$ | $hEK_{OR_{83}}$ | $hEK_{OR_{84}}$ | $hEK_{OR_{85}}$ | $hEK_{OR_{86}}$ |

$$hEK_{OR} = \sum_i \sum_j TL_{ij} = \sum_i \sum_j EL_{ij} \cdot \gamma_{ij} = \sum_i \sum_j hEK_{OR_{ij}} = hEK_{OR_{11}} + hEK_{OR_{12}} + \ldots + hEK_{OR_{85}} + hEK_{OR_{86}}$$

**Abbildung 85: Ermittlung des gesamten Eigenkapitalunterlegungsbetrags (Schritt 3)**

*Die Ermittlung des gesamten Eigenkapitalunterlegungsbetrags (Schritt 3)*
In einem dritten Schritt werden die potenziellen Gesamtverluste pro Geschäftsfeld-Verlusttyp-Kombination, die die Höhe des erforderlichen Eigenkapitalunterlegungsbetrags in diesem Geschäftsfeld darstellen, addiert und so der gesamte Eigenkapitalunterlegungsbetrag für die operationellen Risiken ermittelt (siehe Abbildung 85).

Kennzeichen des internen Bemessungsansatzes ist die Ermittlung des für die operationellen Risiken vorzuhaltenden haftenden Eigenkapitals auf Basis des erwarteten Verlusts. Bei der soeben vorgestellten Variante wird ein linearer Zusammenhang zwischen dem unerwarteten und dem erwarteten Verlust unterstellt. Bei anderen Varianten kann jedoch auch ein nicht-lineares Verhältnis dieser beiden Größen angenommen werden. Die Eigenkapitalbelastung für die operationellen Risiken muss dann mit Hilfe einer komplexeren Funktion des erwarteten Verlusts ermittelt werden.[1]

**Aufgabe 3.46: Operationelle Risiken und Mitarbeiterkompetenzen**
Die substanziellen Verhaltens- und Personalrisiken eines Instituts umfassen diejenigen Risiken, die in der Fachkompetenz, Methodenkompetenz, Persönlichkeitskompetenz und/oder Sozialkompetenz von Führungskräften und Mitarbeitern liegen. Sie stellen die Schlüsselrisiken bzw. Basisrisiken eines Instituts dar. Hieran anknüpfend lässt sich in Bezug auf das Management der operationellen Risiken eines Instituts die folgende These aufstellen:

> „Mit dem Management der substanziellen Verhaltens- und Personalrisiken werden alle anderen operationellen Risiken und letztendlich auch die Erfolgs- und Liquiditätsrisiken eines Instituts gesteuert."

Erörtern Sie die substanziellen Verhaltens- und Personalrisiken eines Instituts und entwickeln Sie auf der Grundlage der vorgestellten These ein eigenständiges Konzept zur Quantifizierung und Steuerung der operationellen Risiken eines Instituts.

**Lösung**
Wie bereits angesprochen (siehe Aufgabe 2.3) sind die Risiken personeller Art untrennbar mit Verhaltensrisiken verbunden, die sich aus den qualitativen Eigenschaften und Fähigkeiten der Mitarbeiter ergeben. Die Geschäfts- und Steuerungsprozesse eines Instituts basieren – wegen der Arteigenheiten der angebotenen finanziellen

---

[1] Vgl. BASELER AUSSCHUSS FÜR BANKENAUFSICHT (Working Paper, 2001), S. 33.

## 3.3 Basel II – Säule 1

Dienstleistungen – auf Vertrauen. Der Aufbau von Vertrauen in die fachliche, methodische und – vor allem bei Führungskräften – in die persönliche und die soziale Kompetenz der Mitarbeiter ist die Grundvoraussetzung dafür, um Verhaltens- und Personalrisiken steuern bzw. vermeiden zu können.

Die Verhaltens- und Personalrisiken werden dementsprechend über die Ausgestaltung der Kompetenzen der einzelnen Mitarbeiter definiert. Die Analyse der Fach-, Methoden-, Persönlichkeits- und Sozialkompetenz beschreibt die Qualität der Kernressource „Personal". Die fachliche Kompetenz äußert sich im selbstständigen, eigenverantwortlichen und fehlerfreien Erledigen der zugeteilten Aufgaben. Die Art und Weise, wie diese Arbeiten durchgeführt werden, wird in der Methodenkompetenz abgebildet. Die persönliche Kompetenz – sie stellt die Elementarqualifikation dar – spiegelt sich in der inneren Einstellung und in den personalen Eigenschaften (wie bspw. Aufgeschlossenheit, Neugierde, Ehrlichkeit, Optimismus, Leistungsbereitschaft, Selbstbewusstsein und Verantwortungsbewusstsein) wider. Als weitere Schlüsselqualifikation kommt die Sozialkompetenz hinzu, die in der Dialog-, Koordinations- und Kooperationsfähigkeit eines Menschen sichtbar wird.

Der besondere Charakter der Verhaltens- und Personalrisiken zeigt sich beim Einsatz der Kernressource „Personal". Das Management eines Instituts muss jede Stelle mit der „richtigen" Person besetzen. Diese einfache Aussage ist kennzeichnend für die Gesamtsteuerung der operationellen Risiken eines Instituts. Die Risiken, die in den Fach-, Methoden-, Persönlichkeits- und Sozialkompetenzen der Mitarbeiter liegen, sind die Schlüsselrisiken (Basisrisiken) der Geschäftstätigkeit eines Instituts.[1] Es erscheint daher gerechtfertigt, sie als substanziell zu bezeichnen. Dadurch kommt ihnen aus Sicht des betrieblichen Risikomanagements eine strategische Bedeutung zu. Die im Einzelnen eingesetzten Verfahren der Identifizierung und Steuerung der substanziellen Verhaltens- und Personalrisiken entscheiden letztendlich über den Gesamterfolg eines Instituts. Sie haben aus Sicht des einzelnen Instituts die Funktion von Frühwarnsystemen. So sieht auch das European Shadow Financial Regulatory Committee (ESFRC), das die Arbeit der Bankenaufsicht in Europa kritisch begleitet, unter anderem in der Einrichtung von Frühwarnsystemen die „richtige Medizin" zur Steuerung der operationellen Risiken von Instituten.[2]

Von den substanziellen Verhaltens- und Personalrisiken abzugrenzen sind die substanziell abhängigen Verhaltens- und Personalrisiken. Letztere sind die Folge von Kompetenzdefiziten einzelner Mitarbeiter. Sie treten im operativen Bereich eines

---

[1] Vgl. auch WASCHBUSCH, GERD/LESCH, STEFANIE (Operationelle Risiken, 2004), S. 47–48.
[2] Vgl. O. V. (Ökonomen, 2003), S. 25.

Kreditinstituts auf und umfassen insbesondere das Betrugs- und Diebstahlrisiko, das Irrtumsrisiko sowie das Fahrlässigkeitsrisiko.[1]

Die vorstehenden Ausführungen verdeutlichen, dass die operationellen Risiken eines Instituts im Wesentlichen vom menschlichen Verhalten bestimmt werden. Es sind Personen, welche die Entscheidungen innerhalb eines Instituts vorbereiten und treffen. Alle Geschäftsprozesse werden von Personen gestaltet und gesteuert, zumindest aber angestoßen. Mit anderen Worten: Die Schaffung der Voraussetzungen zum betrieblichen Handeln sowie das betriebliche Handeln selbst gehen immer vom Menschen aus. Jedem betrieblichen Handeln sind aber Risiken immanent. Die substanziellen Verhaltens- und Personalrisiken beeinflussen insofern als Schlüssel- bzw. Basisrisiken nicht nur alle anderen operationellen Risiken eines Instituts, sie wirken sich letztendlich auch auf dessen Erfolgs- und Liquiditätsrisiken aus. Die substanziellen Verhaltens- und Personalrisiken eines Instituts bilden von daher die Grundlage des im Folgenden dargestellten Konzepts der Quantifizierung und Steuerung der operationellen Risiken eines Instituts.[2]

Um die substanziellen Verhaltens- und Personalrisiken eines Instituts quantifizieren zu können, müssen zuerst die Einflussfaktoren auf diese Risiken identifiziert werden. Die Einflussfaktoren sind die Kompetenzen einer Person – bestehend aus der Persönlichkeitskompetenz, der Sozialkompetenz, der Methodenkompetenz und der Fachkompetenz. Jeder dieser Kompetenzen werden nun bestimmte Merkmale zugeordnet. Diese Merkmale werden durch bestimmte Kriterien, die zur Beurteilung einer Person herangezogen werden, identifiziert. Die Kompetenzen jedes Mitarbeiters und jeder Führungskraft werden nach diesen Kriterien beurteilt. So entsteht von jeder Person ein Stärken- und Schwächenprofil.

In der folgenden Abbildung 86 werden die Einflussfaktoren auf die substantiellen Verhaltens- und Personalrisiken eines Instituts dargestellt. Sie zeigt beispielhaft Merkmale zur Beurteilung dieser Einflussfaktoren sowie Kriterien zur Identifizierung dieser Merkmale auf.

---

[1] Zur Trennung der Verhaltens- und Personalrisiken eines Instituts in substanzielle Verhaltens- und Personalrisiken und substanziell abhängige Verhaltens- und Personalrisiken vgl. WASCHBUSCH, GERD/LESCH, STEFANIE (Operationelle Risiken, 2004), S. 30 und S. 32–33.

[2] Vgl. zu diesen sowie den folgenden Überlegungen WASCHBUSCH, GERD/LESCH, STEFANIE (Operationelle Risiken, 2004), S. 87–92, S. 96–99 und S. 113–114.

## 3.3 Basel II – Säule 1

| 1. Persönlichkeitskompetenz | |
|---|---|
| **Merkmale** | **Kriterien** |
| Werte | |
| Lebenserfahrung | |
| Geisteshaltung/Glaube | |
| Humor | |
| Intelligenz | |
| Leistungsbereitschaft | – hohe Motivation<br>– sucht laufend nach Möglichkeiten der Optimierung und Leistungssteigerung<br>– begeistert sich schnell für Neuerungen und spontane Ideen<br>– überwindet Probleme und Niederlagen selbstständig<br>– verfolgt selbstständig ohne individuelle Führung seine Ziele<br>– arbeitet eigenverantwortlich |
| Belastbarkeit | – zeigt auch in Stresssituationen keine Hektik oder Nervosität<br>– bleibt hellwach und konzentriert auch in stressigen Situationen<br>– lässt sich von Misserfolgen nicht entmutigen<br>– ist zur Bearbeitung mehrerer Aufgaben gleichzeitig fähig<br>– kann sich auch unter Zeitdruck konzentrieren und lässt sich durch nachträgliche Aufgabenänderungen nicht aus der Ruhe bringen |
| zielorientierte Entscheidungsfähigkeit | – hat klare Zielvorstellungen<br>– geht gerne Risiken ein<br>– bearbeitet die wichtigen Dinge zuerst<br>– Bereitschaft, in Notfällen und bei Zeitdruck auch einmal die eigenen Kompetenzen zu überschreiten im Sinne einer notwendigen Entscheidung<br>– kommt zügig zum Ergebnis/trifft schnelle Entscheidungen<br>– ist bereit, die getroffenen Entscheidungen schnell umzusetzen |
| Flexibilität | – Spaß an neuen Aufgaben und geänderten Abläufen<br>– Fähigkeit, mehrere Aufgaben gleichzeitig zu bearbeiten<br>– Bereitschaft, Ziele, Strategien oder Pläne aufzugeben, die von der Realität überholt wurden |

| Mobilität | – ist bereit, längere Anfahrtswege in Kauf zu nehmen<br>– ist bereit, auch einen Umzug in Kauf zu nehmen<br>– ist bereit, auch längere Reisen hinzunehmen |
|---|---|
| Ausstrahlung/Charisma | |
| Neugierde/Innovationsbereitschaft | – kann sich selbst schnell neue Sachgebiete erschließen und neue Arbeitsweisen übernehmen<br>– lässt sich von Killerphrasen und Widerständen nicht entmutigen und kann sich auch allein gegen die Mehrheit der Traditionalisten stellen<br>– produziert neue Ideen und kann Ideen anderer weiterentwickeln<br>– stellt von sich aus traditionelle Werte, Vorgänge und Gewohnheiten in Frage |
| Integrität | – ist absolut loyal, diskret und verschwiegen<br>– strahlt Persönlichkeit aus<br>– tritt souverän und selbstbewusst auf<br>– ist sich der Verantwortung bewusst, die übernommen wird |
| Auftreten/persönlicher Stil | – Sprache, z. B. ausdrucksvoll<br>– Kleidung, z. B. gepflegt<br>– Sauberkeit<br>– Ordnung |
| Freiwilligkeit | |

## 2. Sozialkompetenz

| Merkmale | Kriterien |
|---|---|
| Kommunikationsfähigkeit | – hohes Interesse an zwischenmenschlichen Kontakten<br>– angenehme Umgangsformen<br>– Bereitschaft, sich für die Belange anderer zu interessieren und aufmerksam zuzuhören<br>– ist innerlich zum Gespräch bereit<br>– ist äußerlich zum Gespräch bereit<br>– hört in Gesprächen genau zu, beobachtet den anderen und argumentiert überzeugend aus dessen Sichtweise |

| | |
|---|---|
| Kooperations- und Teamfähigkeit | – akzeptiert die Meinungen anderer und sucht aktiv nach einem befriedigenden Kompromiss<br>– vermittelt die eigene Meinung als solche und nicht als scheinbar unumstößliche und allgemein gültige Wahrheit<br>– greift auch Ideen der Meinungsgegner auf und führt diese weiter<br>– gibt Feedback<br>– will Feedback erhalten |
| Überzeugungsfähigkeit | – kann sich gut in das Denken und die Motivation anderer hineinversetzen<br>– hat eigene Überzeugungen und kann diese glaubhaft vertreten<br>– kann blitzschnell die Verhandlungsstrategie der Argumentation der anderen Personen anpassen |
| Durchsetzungsvermögen | – hat den Mut, sich auch gegen eine Mehrheit oder gegenüber höher gestellten Personen kritisch und kontrovers zu äußern<br>– will andere bewusst beeinflussen und kann das auch erfolgreich<br>– kann sich in einer Gesprächsrunde Gehör und Respekt verschaffen<br>– handelt konsequent |
| Einfühlungsvermögen | – hat eine gute Wahrnehmung auch für schwache Signale anderer<br>– kennt die Wirkung von nonverbalen Signalen<br>– kann die eigenen nonverbalen Signale steuern<br>– kann Konfliktpotenziale sicher erkennen<br>– zeigt ehrliches Interesse an der anderen Person |
| Konfliktfähigkeit | – lässt sich auch bei persönlichen Angriffen nicht aus dem Gleichgewicht bringen<br>– zieht die Möglichkeit in Erwägung, sich auch zu irren oder selbst einen Fehler gemacht zu haben<br>– kann in Konfliktsituationen ruhig bleiben, sachlich denken<br>– kann konstruktive Kritik annehmen<br>– erkennt latente Konflikte und beugt einer Eskalation mutig vor |
| Problemlösungskompetenz | – klarer Blick für Prioritäten<br>– ist flexibel im Denken (Ideenreichtum)<br>– ist schlagfertig |
| Fairness | – sieht auch im Gegner den Menschen |

| 3. Methodenkompetenz | |
|---|---|
| **Merkmale** | **Kriterien** |
| Beherrschung der Kommunikationstechniken | |
| analytisches Denkvermögen | – Komplexität wird reduziert<br>– erkennt Vernetzungen und Abhängigkeiten zwischen den Elementen der Problematik<br>– erkennt Detailinformationen und darin kritische Punkte, wie Überschneidungen, Fehler und Lücken<br>– abstrahiert von Einzelproblemen auf zugrunde liegende Muster |
| lösungsorientiertes Denken | – hat realistische Vorstellungen<br>– richtet seinen Fokus auf das Endziel<br>– ist fähig, sich das Problem schon als gelöstes Problem vorzustellen |
| strategisches und unternehmerisches Denken | – identifiziert sich mit den Zielen des Instituts<br>– strebt bei allem Denken die langfristige Sicherung des Instituts an<br>– kennt die strategischen Unternehmensziele |
| Selbstmanagementtechniken | – kann mit Stress umgehen<br>– hat keine Zeitnot<br>– verfügt über einen geordneten Arbeitsplatz und geordnete Unterlagen<br>– gliedert die Unterlagen sinnvoll und übersichtlich<br>– alle relevanten Unterlagen sind vollständig<br>– behält immer den Überblick<br>– ist zuverlässig bei Zusagen und Vereinbarungen<br>– ist pünktlich |

| 4. Fachkompetenz | |
|---|---|
| **Merkmale** | **Kriterien** |
| absolvierte Aus- und Weiterbildung | |
| Beschaffenheit der Arbeitsergebnisse | – Ordentlichkeit |
| Zielerreichungsgrad | |
| Zeitdauer für die Erledigung der Aufgaben | |

**Abbildung 86: Merkmale und Kriterien zur Beurteilung der Kompetenzen eines Menschen**

Das in einem Institut zu implementierende Operational-Risk-Management legt für jede Stelle innerhalb der Aufbauorganisation Anforderungsprofile fest, die sich an den Kompetenzen der einzelnen Mitarbeiter ausrichten. Die Anforderungsprofile, die den Soll-Zustand darstellen, werden daraufhin mit den einzelnen Stärken- und Schwächenprofilen der Mitarbeiter und Führungskräfte, die den Ist-Zustand wiedergeben, verglichen. Die Bewertung erfolgt anhand von Beurteilungsbögen über ein Punktesystem, in dem jede Ausprägung der Merkmale einen bestimmten Zahlenwert erhält. Je größer die Differenz zwischen dem Soll-Anforderungsprofil und dem Ist-Stärken- und Schwächenprofil ist, desto größer wird die Punktzahl. Je größer diese Punktzahl ist, desto höher wird die Eigenkapitalunterlegung für die operationellen Risiken sein.

Für Mitarbeiter ohne Führungsverantwortung wird für die Bewertung ihrer Kompetenzen folgende Skala vorgeschlagen:

| Ausprägungsgrad | ja | eher ja | eher nein | nein |
|---|---|---|---|---|
| Punkte | 3 | 2 | 1,5 | 1 |

Die nichtlinearen Abstufungen erschweren das Erreichen der höchsten Punktzahl und somit das Erreichen der geringsten Eigenkapitalunterlegung.

Um dem Einfluss der Führungskräfte auf die operationellen Risiken genauer gerecht zu werden, sollte die auf sie anzuwendende Skala wie folgt erweitert werden:

| Ausprägungsgrad | ja | eher ja | gerade noch ja | gerade noch nein | eher nein | nein |
|---|---|---|---|---|---|---|
| Punkte | 5 | 3 | 2,5 | 2 | 1,5 | 1 |

Die Beurteilung und Bewertung der Kompetenzen eines Mitarbeiters sollte sowohl vom direkten Vorgesetzten als auch vom zuständigen Ressortvorstand, vom Ressortvorstand der Unternehmenssteuerung und der Abteilung Operational-Risk-Management in halbjährlichen Zeitabständen vorgenommen werden. Bei auffälligen Veränderungen sowie Neueinstellungen ist die Beurteilung und Bewertung sofort vorzunehmen. Die Beurteilung und Bewertung durch mehrere Personen begegnet dem Kritikpunkt der einseitigen Subjektivität. Die Auswertung der Beurteilungsbögen fällt in den Aufgabenbereich der Abteilung Operational-Risk-Management.

Das vorgeschlagene Punktesystem kann in drei Kategorien eingeteilt werden. Die Summe aller bewerteten Anforderungsprofil-Soll-Ist-Vergleiche bestimmt die Einordnung eines Instituts in eine der drei Kategorien. Ein Institut in Kategorie eins darf den geringsten Prozentsatz für die Berechnung der Eigenkapitalunterlegung für seine operationellen Risiken anwenden. In Kategorie zwei und Kategorie drei steigen die relevanten Prozentsätze sukzessive an. Als Bezugsgröße für die Anwendung der Prozentsätze kann der errechnete Gesamtbankbarwert im Sinne des Gesamt-Unternehmenswerts – ohne Berücksichtigung der zukünftig erwarteten Geschäfte – herangezogen werden. Der Gesamt-Unternehmenswert im Stichtagszeitpunkt spiegelt das Ergebnis des betrieblichen Handelns eines Instituts wider.

Das provisionsabhängige Geschäft ist allerdings in dem so ermittelten Gesamt-Unternehmenswert nicht enthalten. Diese Geschäftsprozesse werden aber – ebenso wie das zinsabhängige Geschäft – ebenfalls durch die substanziellen Verhaltens- und Personalrisiken beeinflusst. Deshalb müssen auch die Volumina und Ergebnisse des provisionsabhängigen Geschäfts in den Gesamt-Unternehmenswert mit einfließen. Der stichtagsbezogene Gesamt-Unternehmenswert wird demnach wie folgt ermittelt:

>      interner Unternehmenswert (zinsabhängiges Geschäft)
> +    externer Unternehmenswert (provisionsabhängiges Geschäft)
> =    Gesamt-Unternehmenswert am Stichtag

Der Gesamt-Unternehmenswert ist die Bemessungsgrundlage für die operationellen Risiken eines Instituts. Hierauf wird der Prozentsatz der Kategorie bezogen, in der sich das Institut – gemäß der Summe seiner Punkte – befindet. Das Ergebnis ist der Anrechnungsbetrag für die operationellen Risiken in der Gesamtkennziffer über die Eigenmittelausstattung eines Instituts. Er berechnet sich wie folgt:

>      Gesamt-Unternehmenswert · Kategorie-Prozentsatz
> =    Anrechnungsbetrag für die operationellen Risiken.

Die Höhe der einzelnen Kategorie-Prozentsätze ist von der Bankenaufsichtsbehörde festzulegen.

## 3.4 Basel II – Säule 2

**Aufgabe 3.47: Ziele des bankenaufsichtlichen Überprüfungsverfahrens**

Erläutern Sie die Zielsetzung, die mit der Säule 2 von Basel II (bankenaufsichtliches Überprüfungsverfahren) verfolgt wird.

**Lösung**

Das grundsätzliche Ziel der Bankenaufsicht besteht zum einen darin, sicherzustellen, dass die Institute genügend Eigenmittel für die ihren Geschäften inhärenten Risiken vorhalten; zum anderen soll die Bankenaufsicht die Institute auch dazu ermutigen, ihre internen Verfahren zur Beurteilung, Steuerung und Überwachung der institutsindividuellen Risikosituation sowie ihrer Eigenmittelausstattung kontinuierlich zu verbessern und neuere Methoden des Risikomanagements und der internen Kontrollen ständig weiter zu entwickeln und sich geänderten Gegebenheiten anzupassen.[1]

Da die institutseigenen Verfahren nun viel stärker als Maßstab der bankenaufsichtlichen Beurteilung herangezogen werden, wird das bankenaufsichtliche Überprüfungsverfahren den Dialog zwischen den Instituten und den Aufsehern intensivieren. Die Bankenaufsichtsbehörde hat das institutsinterne Risikomanagementsystem zu bewerten und somit zu beurteilen, inwieweit die Institute die von ihnen eingegangenen Risiken identifizieren, messen, steuern und überwachen können.[2]

Um eine weitgehende Vergleichbarkeit der Wettbewerbsbedingungen für die Institute verschiedener Länder zu gewährleisten, reicht es nicht aus, allein wichtige bankenaufsichtsrechtliche Regelungen (wie z. B. Mindestanforderungen an die Eigenmittelausstattung der Institute) international zu harmonisieren; auch die Aufsichtspraktiken der verschiedenen nationalen Bankenaufsichtsbehörden müssen aneinander angeglichen werden.[3] Das Ziel der zweiten Säule ist deshalb auch darin zu sehen, eine Mindestübereinstimmung der Praktiken der Bankenaufsichtsbehörden der im Baseler Ausschuss für Bankenaufsicht mitwirkenden bzw. zumindest aller politisch und wirtschaftlich bedeutsamen Staaten zu erreichen.

Als folgerichtige Ergänzung zu einer gestiegenen Eigenverantwortung der Institute im Zusammenhang mit präventiven Maßnahmen zu deren Solvenzsicherung (insbesondere Entwicklung und Zulassung des internen Ratings) ist eine stärker qualitative Beurteilung der Funktionsfähigkeit des Risikomanagements der Institute geplant.

---

[1] Vgl. DEUTSCHE BUNDESBANK (Eigenkapitalvereinbarung, 2001), S. 31.
[2] Vgl. DEUTSCHE BUNDESBANK (Eigenkapitalvereinbarung, 2001), S. 31.
[3] Vgl. DEUTSCHE BUNDESBANK (Eigenkapitalvereinbarung, 2001), S. 31.

Der Bankenaufsichtsbehörde wird damit die Kompetenz zugesprochen, auf der Grundlage einer Gesamtbeurteilung des einzelnen Instituts Maßnahmen zu ergreifen, die – soweit nötig – über die Mindesteigenmittelanforderungen hinausgehen. Dabei wird die Auswahl der jeweiligen Maßnahmen (wie bspw. eine verstärkte Überwachung des Instituts oder die Forderung einer höheren Eigenmittelunterlegung) ins Ermessen der Bankenaufsicht gestellt.[1]

**Aufgabe 3.48: Grundsätze des bankenaufsichtlichen Überprüfungsverfahrens**
Erläutern Sie die wesentlichen Inhalte der Säule 2 von Basel II (bankenaufsichtliches Überprüfungsverfahren).

**Lösung**
Zur Umsetzung der genannten Ziele hat der Baseler Ausschuss für Bankenaufsicht vier zentrale Grundsätze des bankenaufsichtlichen Überprüfungsverfahrens aufgestellt, die im Folgenden vorgestellt werden (siehe dazu auch Abbildung 87). Dies sind einerseits der von den Instituten zu führende Nachweis eines geeigneten internen Risikomanagementprozesses sowie die bankenaufsichtliche Überprüfung dieses Prozesses und andererseits die potenzielle Erhöhung der Mindesteigenmittelanforderungen durch die Bankenaufsicht sowie die Interventionsmöglichkeiten der Bankenaufsicht.

*Grundsatz 1: Nachweis eines geeigneten Risikomanagementprozesses*
Das Institut muss den Nachweis einer dem Risikoprofil des Instituts entsprechenden adäquaten internen Risikosteuerung erbringen. Dies bedeutet, dass die Institute zum einen über Verfahren verfügen sollten, mit denen sie die Angemessenheit ihrer Eigenmittelausstattung im Verhältnis zu ihrem Risikoprofil beurteilen können; zum anderen sollten sie eine Strategie besitzen, wie ihr Eigenmittelniveau aufrecht erhalten werden kann, wobei zukunftsorientierte Stress-Tests zu berücksichtigen sind.[2] Um zu gewährleisten, dass die Verfahren den hohen Anforderungen der Bankenaufsicht genügen, sollten sie die folgenden Kriterien erfüllen (siehe auch Abbildung 87):

– Überwachung durch die Geschäftsleitung und das oberste Verwaltungsorgan[3]
   Die Geschäftsleitung muss sich über die Art und die Höhe der vom Institut eingegangenen Risiken bewusst sein. Hauptvoraussetzungen hierfür sind ein solides

---

[1] Vgl. DEUTSCHE BUNDESBANK (Eigenkapitalvereinbarung, 2001), S. 31.
[2] Vgl. BASELER AUSSCHUSS FÜR BANKENAUFSICHT (Basel II, 2004), S. 181.
[3] Vgl. hierzu BASELER AUSSCHUSS FÜR BANKENAUFSICHT (Basel II, 2004), S. 182.

Risikomanagementverfahren zur Beurteilung dieser Risiken und die Weiterleitung der Ergebnisse an das Management. Ebenfalls von großer Bedeutung ist die Entwicklung einer sog. Kapitalbedarfsplanung, die den zukünftigen Kapitalbedarf bzw. Kapitalverbrauch, das gewünschte Kapitalniveau sowie externe Kapitalquellen aufzeigt und auf deren Grundlage die angestrebten Ziele erreicht werden sollen. Die Verantwortung für die Festlegung der Risikotoleranz des Instituts liegt bei dem obersten Verwaltungsorgan.

– Solide Beurteilung der Eigenmittel[1]
Als grundlegende Elemente einer soliden Beurteilung der Eigenmittel eines Instituts bedarf es eines Verfahrens, das die Eigenmittel des Instituts nachvollziehbar sowie zeit- und ordnungsgemäß erfasst. Die Angemessenheit der Eigenmittel kann allerdings nicht allein anhand der absoluten Höhe der Eigenmittel beurteilt werden. Dazu ist es vielmehr erforderlich, die Eigenmittel ins Verhältnis zu den vom Institut eingegangenen Risiken zu setzen. Dies setzt voraus, dass das Institut über ein Verfahren verfügt, welches alle wesentlichen Risiken identifiziert, misst und darüber berichtet. Außerdem muss ein Verfahren eingesetzt werden, das – unter Berücksichtigung der strategischen Ausrichtung und des Geschäftsplans des Instituts – seine Ziele für eine im Hinblick auf die Risiken angemessene Eigenmittelausstattung festlegt. Darüber hinaus wird ein System von internen Kontrollen, Überprüfungen sowie der Revision benötigt, das die Integrität des gesamten Steuerungsprozesses der Eigenmittel sicherstellt.

– Umfassende Beurteilung der Risiken[2]
Die Institute sollten über Methoden verfügen, um ihre wesentlichen Risiken angemessen einschätzen zu können. Zu den bedeutendsten bankbetrieblichen Risiken zählen das Adressenrisiko, das Marktpreisrisiko, das Liquiditätsrisiko sowie das operationelle Risiko. In Abhängigkeit von der Art des Risikos sollten diejenigen Methoden eingesetzt werden, die am besten zur Messung des jeweiligen Risikos geeignet sind (interne Ratings, Value-at Risk etc.).

– Überwachung und Berichtswesen[3]
Die Institute sollten ein System entwickeln, das ihnen die Überwachung ihrer Risikopositionen ermöglicht und das im Falle einer Veränderung des Risikoprofils die Auswirkungen auf den Kapitalbedarf des Instituts schnellstmöglich erkennt. Das Institutsmanagement sollte regelmäßig über das Risikoprofil sowie den sich

---

[1] Vgl. hierzu BASELER AUSSCHUSS FÜR BANKENAUFSICHT (Basel II, 2004), S. 183.
[2] Vgl. hierzu BASELER AUSSCHUSS FÜR BANKENAUFSICHT (Basel II, 2004), S. 183.
[3] Vgl. hierzu BASELER AUSSCHUSS FÜR BANKENAUFSICHT (Basel II, 2004), S. 184–185.

daraus ergebenden Eigenmittelbedarf des Instituts informiert werden. Die Informationen sollten dabei so ausgestaltet sein, dass die Geschäftsleitung in die Lage versetzt wird, das momentane Niveau und die zukünftige Entwicklung der wesentlichen Risiken einzuschätzen sowie die sich daraus ergebenden Auswirkungen auf den Eigenmittelbedarf des Instituts abzuschätzen. Dies soll es der Geschäftsleitung ermöglichen, die Eigenmittelausstattung sowie die strategische Planung des Instituts an sich ändernde Gegebenheiten rechtzeitig anpassen zu können.

– Überprüfung der internen Kontrollen[1]
Die interne Kontrollstruktur des Instituts ist für das Verfahren zur Beurteilung der Angemessenheit der Eigenmittel von großer Bedeutung. Um dieses Verfahren effektiv kontrollieren zu können, ist eine unabhängige Überprüfung und gegebenenfalls die Einbeziehung interner oder externer Revisoren erforderlich. Das oberste Verwaltungsorgan eines Instituts ist für die Überprüfung der Entwicklung und richtigen Handhabung von Systemen zur Messung, Analyse und Beurteilung der Risikostruktur sowie der Eigenmittelausstattung des Instituts seitens der Geschäftsleitung verantwortlich. Um die Integrität, Genauigkeit sowie Schlüssigkeit des Risikomanagementverfahrens eines Instituts zu gewährleisten, sollte das angewendete Verfahren regelmäßig in seinen wesentlichen Bereichen überprüft werden.

*Grundsatz 2: Bankenaufsichtliche Überprüfung des Risikomanagementprozesses*[2]
Neben der derzeit praktizierten quantitativen Beurteilung der Höhe der Eigenmittelausstattung eines Instituts sollen die Bankenaufsichtsbehörden in Zukunft zusätzlich qualitative Beurteilungen der Risikomanagementsysteme und Kontrollmaßnahmen der Institute vornehmen. Zu diesem Zweck haben die Bankenaufsichtsinstanzen die Verfahren, mit denen die Institute selbst beurteilen, ob ihre Eigenmittel in Relation zu den von ihnen übernommenen Risiken angemessen und ihre Eigenmittel von ausreichender Qualität sind, zu überprüfen und zu bewerten.

Im Rahmen dieser bankenaufsichtlichen Überprüfung stehen den Bankenaufsichtsbehörden verschiedene Instrumente zur Verfügung. So kann die Kontrolle bspw. durch ausführliche Vor-Ort-Prüfungen oder durch externe Überprüfungen, die auf der Grundlage eingereichter Unterlagen bzw. regelmäßiger Berichterstattungen durchgeführt werden, erfolgen. Außerdem kann sich die Bankenaufsicht auf die

---

[1] Vgl. hierzu BASELER AUSSCHUSS FÜR BANKENAUFSICHT (Basel II, 2004), S. 185.
[2] Vgl. hierzu BASELER AUSSCHUSS FÜR BANKENAUFSICHT (Basel II, 2004), S. 185–187.

Ergebnisse externer Wirtschaftsprüfer stützen und Gespräche mit dem Institutsmanagement führen.

Bei der Beurteilung des Risikomanagementprozesses eines Instituts hat die Bankenaufsichtsbehörde insbesondere die Angemessenheit der Risikoeinschätzung durch das Institut zu überprüfen und die Angemessenheit der Eigenmittelausstattung sowie die Qualität der Kontrolleinrichtungen des Instituts zu beurteilen. In diesem Zusammenhang sind die Ergebnisse der sog. Stress-Tests, die ein Institut durchgeführt haben sollte, und die bei der Bestimmung der erforderlichen Eigenmittel zu berücksichtigen sind, von großer Bedeutung. Die Bankenaufsicht sollte kontrollieren, inwieweit ein Institut auf unerwartete Ereignisse (sprich Schocks) und Konjunkturzyklen vorbereitet ist und inwiefern genügend Eigenmittel für derart unerwartete Ereignisse vorgehalten werden. Schließlich ist auch zu überprüfen, ob geforderte bankenaufsichtsrechtliche Mindestanforderungen von den Instituten eingehalten worden sind. Sollte die Bankenaufsicht mit den Ergebnissen der institutsinternen Risikoeinschätzung und Kapitalallokation nicht zufrieden sein, so steht es den Aufsichtsinstanzen zu, die folgenden Maßnahmen zu ergreifen, um einer drohenden Krise des Instituts vorzubeugen.

*Grundsatz 3: Forderung einer Eigenmittelausstattung oberhalb der Mindestanforderungen*[1]

Die meisten international agierenden Institute werden aus eigenem Antrieb heraus Eigenmittel in einer Höhe halten, die die in Säule 1 festgelegten Mindestanforderungen übersteigt, um ein gutes Rating von international anerkannten Ratingagenturen zu erhalten. Außerdem können sich im normalen Geschäftsverlauf die Art und das Volumen der Aktivitäten und damit auch die Höhe des eingegangenen Risikos ändern, woraus Veränderungen der Eigenkapitalquote resultieren. Müssen Institute in einem solchen Fall unter Zeitdruck oder bei ungünstigen Marktverhältnissen sich zusätzliche Eigenmittel beschaffen, so kann dies mit erheblichen Kosten für die Institute verbunden sein. Da sich derartige Situationen vermeiden lassen, wenn die Institute über eine ausreichende Eigenmittelausstattung verfügen, kann die Bankenaufsichtsbehörde bspw. Referenzquoten (Trigger) oder Kapitalquotenziele oberhalb der Mindestquoten definieren, um das Niveau der Eigenmittelausstattung eines Instituts zu bestimmen. Die Aufsichtsinstanzen sollen also gemäß diesem dritten Grundsatz die Möglichkeit haben, die Institute dazu anzuhalten, über eine Eigenmittelausstattung zu verfügen, die die bankenaufsichtlichen Mindestanforderungen übersteigt.

---

[1]  Vgl. hierzu BASELER AUSSCHUSS FÜR BANKENAUFSICHT (Basel II, 2004), S. 188–189.

*Grundsatz 4: Interventionsmöglichkeiten der Bankenaufsicht*[1]

Um zu verhindern, dass ein Institut die Mindesteigenmittelanforderungen nicht einhalten kann – etwa weil das Institut die Höhe der vorhandenen Eigenmittel nicht aufrecht erhalten oder abfließende Eigenmittel nicht durch neue ersetzen kann –, sollte die Bankenaufsicht frühzeitig adäquate Maßnahmen ergreifen. Hierzu zählen bspw. die intensivere Überwachung des Instituts, eine Einschränkung der Dividendenzahlungen oder die Anweisung an das Institut, seine Ausstattung mit Eigenmitteln unverzüglich zu verbessern. Die Entscheidung darüber, welche der zur Verfügung stehenden Interventionsmöglichkeiten eingesetzt werden soll, liegt bei der Bankenaufsicht. Allerdings ist zu beachten, dass eine Erhöhung der Eigenmittelausstattung des Instituts nicht immer eine dauerhafte Lösung darstellt. So erfordert die Umsetzung bestimmter Maßnahmen (z. B. die Modernisierung und Entwicklung der institutsinternen Systeme und Kontrollen) einige Zeit. In solchen Fällen sollte die Erhöhung der Eigenmittel nur als vorübergehende Maßnahme in Betracht gezogen werden, die wieder zurückgenommen werden kann, sobald die von dem Institut ergriffenen Maßnahmen von der Bankenaufsichtsbehörde als dauerhaft wirksam erachtet werden.

---

[1] Vgl. hierzu BASELER AUSSCHUSS FÜR BANKENAUFSICHT (Basel II, 2004), S. 189.

3.4 Basel II – Säule 2                                                                                             465

```
                          bankenaufsichtliches
                          Überprüfungsverfahren
                    ┌──────────┬──────────┬──────────┐
              Grundsatz 1  Grundsatz 2  Grundsatz 3  Grundsatz 4
              Nachweis     bankenauf-   Forderung    Interventions-
              eines        sichtliche   einer        möglichkeiten
              geeigneten   Überprüfung  Eigenmittel- der
              Risikoma-    des Risiko-  ausstattung  Bankenaufsicht
              nagement-    management-  oberhalb der
              prozesses    prozesses    Mindest-
                                        anforderungen
```

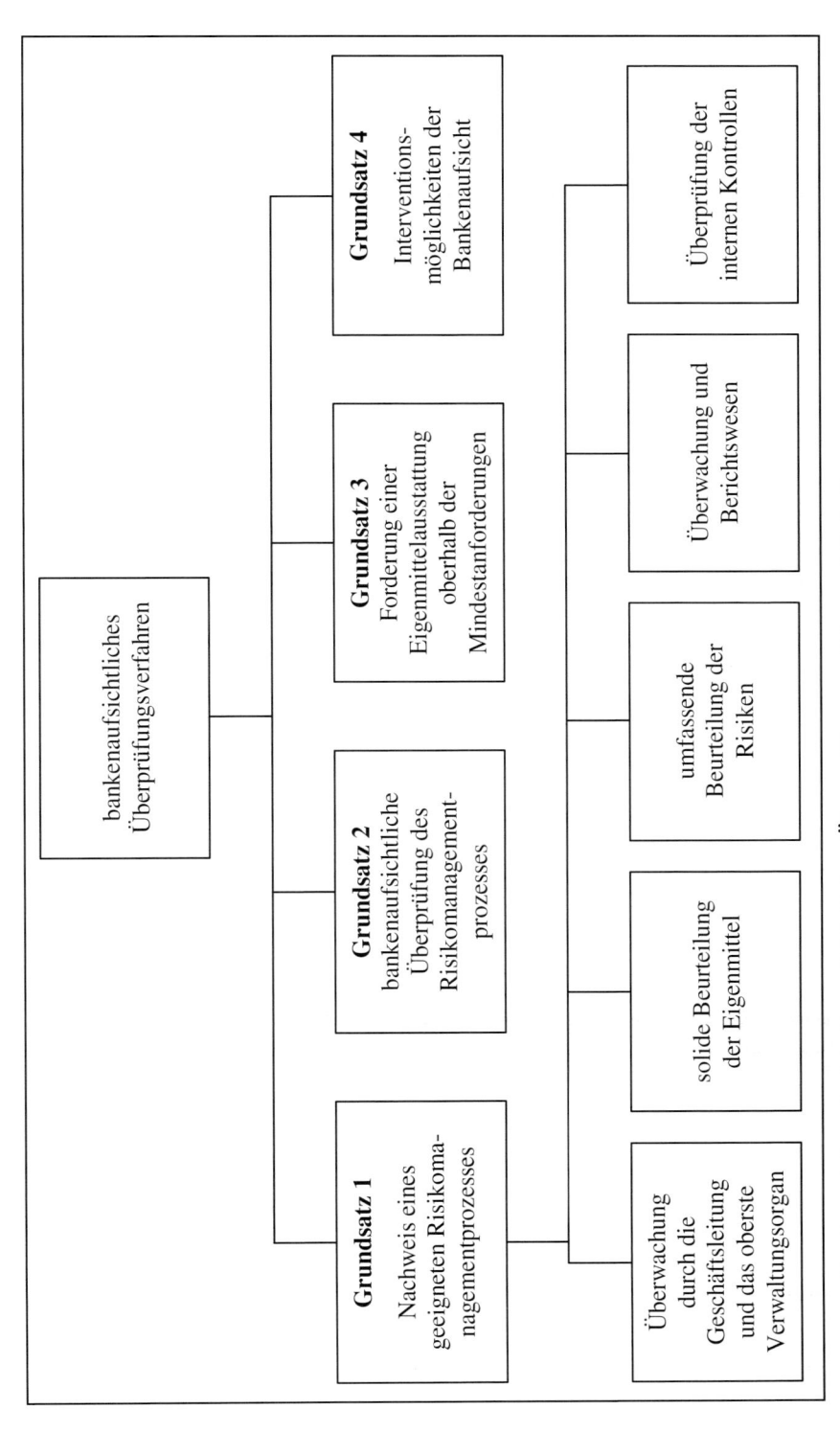

- Überwachung durch die Geschäftsleitung und das oberste Verwaltungsorgan
- solide Beurteilung der Eigenmittel
- umfassende Beurteilung der Risiken
- Überwachung und Berichtswesen
- Überprüfung der internen Kontrollen

**Abbildung 87: Grundsätze des bankenaufsichtlichen Überprüfungsverfahrens (Säule 2)**

## 3.5 Basel II – Säule 3

**Aufgabe 3.49: Notwendigkeit der Säule 3**

Erläutern Sie – ausgehend von den Zielsetzungen der Bankenaufsicht –, warum es gerade im Kreditgewerbe für notwendig erachtet wird, die quantitativ ausgestalteten Risikobegrenzungsnormen durch Vorschriften zur Offenlegung von Informationen durch die Kreditinstitute zu ergänzen.

**Lösung**

Das Kreditgewerbe gehört zu den weltweit am stärksten reglementierten Wirtschaftsbereichen. Aus diesem Grund werden immer wieder Stimmen laut, die die durch die intensive Beaufsichtigung verursachten hohen Kosten für die Kreditinstitute kritisieren. Dies gilt umso mehr, wenn – wie dies mit Basel II der Fall ist – gravierende Veränderungen im Bereich der Bankenaufsicht anstehen, die zu einer Verschärfung der Aufsichtssituation führen. Es wird daher verstärkt darüber nachgedacht, wie der Zielerreichungsgrad der Bankenaufsicht verbessert werden kann, ohne dass damit eine übermäßige Belastung der Kreditinstitute verbunden ist. Um dieses Ziel zu verwirklichen, wird versucht, die disziplinierenden Kräfte des Marktes durch eine Erweiterung der Offenlegungspflichten der Kreditinstitute zu Zwecken der Bankenaufsicht einzusetzen.

Eine Analyse verschiedener nationaler und internationaler bankenaufsichtsrechtlicher Regelungen zeigt, dass es eine große Vielfalt bankenaufsichtlicher Zielsetzungen gibt.[1] Aus der Fülle der unterschiedlichen Zielsetzungen ragen jedoch zwei Zielsetzungen heraus, die immer wieder genannt werden und denen eine besondere Bedeutung zukommt. Es sind dies der Gläubigerschutz sowie der Funktionsschutz. Sie stellen auch die einzigen Ziele dar, die sowohl von der Wissenschaft als auch von der Praxis weitgehend akzeptiert werden. Als Gläubigerschutz wird der besondere Schutz der Bankgläubiger vor Vermögensverlusten aus ihren Geldanlagen bei Kreditinstituten verstanden, während das Ziel, die Funktionsfähigkeit des Kreditgewerbes insgesamt zu erhalten, als Funktionsschutz bezeichnet wird.[2]

Um ihre Ziele zu erreichen, kann die Bankenaufsicht auf eine Reihe verschiedener Instrumente zurückgreifen, die sich in präventive und protektive Instrumente einteilen lassen.[3] Erstere zielen in der Form von schadensvorbeugenden Aufsichtsvor-

---

[1] Vgl. NADIG, RETO (Grundlagen, 1991), S. 11–16; GRUNER-SCHENK, PETRA (Harmonisierung, 1995), S. 47–51.
[2] Vgl. BIEG, HARTMUT (Bankbilanzen, 1983), S. 33, 36–38, KRÄMER, GREGOR (Ziele, 2000), S. 32; WASCHBUSCH, GERD (Bankenaufsicht, 2000), S. 10.
[3] Vgl. RUDOLPH, BERND (Gestaltungsformen, 1991), S. 598.

schriften darauf ab, zu verhindern, dass Situationen eintreten, die den Bestand einzelner Kreditinstitute gefährden. Hingegen wird mit den schadensbegrenzenden Aufsichtsvorschriften der Möglichkeit Rechnung getragen, dass Kreditinstitute trotz präventiver Aufsichtsvorschriften zusammenbrechen.[1] Für derartige Fälle hat der Gesetzgeber der Bankenaufsicht in der Bundesrepublik Deutschland ein protektives Instrumentarium zur Verfügung gestellt, mit dem akute Problemfälle der Kreditwirtschaft effizient abgewickelt werden können, ohne die Zielsetzungen des Gläubigerschutzes oder Funktionsschutzes zu gefährden. Während also die schadensbegrenzenden Vorschriften der Bankenaufsicht insbesondere für den Fall von Schieflagen im Kreditgewerbe gelten und damit für die reguläre Geschäftstätigkeit der Kreditinstitute nur von untergeordneter Bedeutung sind, ergeben sich aus den schadensvorbeugenden Aufsichtsvorschriften nicht zu vernachlässigende Konsequenzen für den laufenden Geschäftsbetrieb der Kreditinstitute.

Unter der Vielzahl der präventiven bankenaufsichtlichen Vorschriften kommt den Risikobegrenzungsnormen eine besondere Rolle zu. Sie sollen sicherstellen, dass die Kreditinstitute über ein ausreichendes Haftpotenzial verfügen, um die von ihnen eingegangenen Risiken abdecken zu können. Zu diesem Zweck hat jedes Kreditinstitut sein Risikodeckungspotenzial unter Berücksichtigung der detaillierten Vorschriften der Bankenaufsicht zu ermitteln. Dieses Risikodeckungspotenzial, das sich aus dem haftenden Eigenkapital (Kern- und Ergänzungskapital) und ggf. den Drittrangmitteln des Kreditinstituts zusammensetzt, wird zu den von ihm eingegangenen Risiken in Beziehung gesetzt. In Abhängigkeit von der Art des betrachteten Risikos gelten unterschiedliche Begrenzungen. So dürfen zurzeit die Adressenrisiken das 12,5fache des haftenden Eigenkapitals nicht übersteigen, während die Marktpreisrisiken auf den verbleibenden Betrag des haftenden Eigenkapitals zuzüglich der Drittrangmittel begrenzt sind. Diese auf die Erfolgsrisiken ausgerichteten Vorschriften werden durch Regelungen zur Begrenzung der Liquiditätsrisiken ergänzt. Die Zahlungsfähigkeit eines Kreditinstituts soll demnach dadurch sichergestellt werden, dass die innerhalb eines Monats fälligen Zahlungsverpflichtungen die vorhandenen Zahlungsmittel nicht überschreiten dürfen.[2]

Die beschriebenen Risikobegrenzungsnormen haben präventiven Charakter, da sie darauf ausgerichtet sind, zu verhindern, dass ein Kreditinstitut Risiken eingeht, die im Verhältnis zu seinem Risikodeckungspotenzial unangemessen hoch sind. Hier-

---

[1] Vgl. WASCHBUSCH, GERD (Bankenaufsicht, 2000), S. 26.
[2] Eine ausführliche Darstellung der Risiken, des Risikodeckungspotenzials sowie der Risikobegrenzungsnormen von Kreditinstituten findet sich in den Kapiteln 1 und 2 dieses Buches.

durch soll nach Möglichkeit der Zusammenbruch des Kreditinstituts vermieden und auf diese Weise Gläubigerschutz und Funktionsschutz gewährleistet werden.

Es ist allerdings fraglich, ob die genannten Regelungen allein dazu in der Lage sind, das Erreichen der bankenaufsichtlichen Zielsetzung sicherzustellen. Dazu müssten zum einen sämtliche Risiken von der Bankenaufsicht begrenzt werden. Dies ist bislang jedoch noch nicht der Fall. Zwar wurden im Rahmen von Basel II die operationellen Risiken in die bankenaufsichtlichen Risikobegrenzungsnormen einbezogen, jedoch existiert mit dem Risiko der Wertminderung des Sachanlagevermögens noch ein Risikobereich, der keiner expliziten Begrenzung durch die Bankenaufsicht unterliegt. Zum anderen bietet selbst eine vollständige Erfassung und Begrenzung aller bankbetrieblichen Risiken durch die Bankenaufsichtsbehörde keine Gewähr dafür, dass Schieflagen im Kreditgewerbe ausgeschlossen werden können. Die vorgegebenen Risikobegrenzungsnormen basieren nämlich auf durchschnittlichen Erfahrungswerten. Die Bankenaufsichtsbehörde kann mit ihrer Hilfe daher nur für den Regelfall beurteilen, ob die Erfolgs- und Liquiditätsrisiken eines Kreditinstituts angemessen sind. Ein bloßes Abstellen auf die Einhaltung der starren Risikobegrenzungsnormen ohne Berücksichtigung der konkreten Risikosituation des jeweiligen Kreditinstituts scheint daher für die Erreichung der bankenaufsichtlichen Zielsetzung nicht ausreichend zu sein.

Zwar könnte versucht werden, das ohnehin schon sehr engmaschige Netz der bankenaufsichtlichen Risikobegrenzungsnormen noch feiner zu gestalten und alle nur denkbaren Risiken und Sachverhalte detailliert zu reglementieren. Dadurch würde jedoch die Komplexität des Bankenaufsichtsrechts enorm zunehmen, und die damit verbundenen Kosten für die beaufsichtigten Kreditinstitute würden eine nicht mehr zu vertretende Höhe erreichen.[1] Um die Beaufsichtigung der Kreditinstitute zu verbessern und den Zielerreichungsgrad der Bankenaufsicht zu erhöhen, werden die bankenaufsichtlichen Vorschriften in Zukunft nicht mehr primär auf die Einhaltung der quantitativ ausgestalteten Risikobegrenzungsnormen ausgerichtet sein. Vielmehr werden sie gemäß den Bestimmungen zu Basel II durch zwei neue Konzepte ergänzt, sodass sich das bankenaufsichtliche Regelwerk aus drei Säulen zusammensetzt. Während Säule 1 die Mindesteigenmittelanforderungen beinhaltet, werden in Säule 2 die Vorschriften zum bankenaufsichtlichen Überprüfungsverfahren festgelegt. Säule 3 enthält schließlich Regelungen über die Marktdisziplin durch erweiterte Offenlegungspflichten der Kreditinstitute.

---

[1] Zu den Gründen für die zunehmende Komplexität des Bankenaufsichtsrechts siehe auch KRÄMER, GREGOR (Auswirkungen, 2003), S. 14–15.

# 3.5 Basel II – Säule 3

Um die Zielsetzung der Bankenaufsicht zu verwirklichen, ist sicherzustellen, dass es nicht zu Kettenreaktionen im Kreditgewerbe kommt, durch die die Stabilität des Bankensystems gefährdet wird. Hierzu ist es erforderlich, dass die Kreditinstitute in der Lage sind, die von ihnen eingegangenen Risiken auch tatsächlich auffangen zu können, sollten diese Risiken einmal schlagend werden. Aus Sicht der Bankenaufsicht wäre es wünschenswert, wenn die Kreditinstitute von sich aus stets über ein – in Bezug auf ihr individuelles Risikoprofil – ausreichend hohes Risikodeckungspotenzial verfügen würden. Hiervon kann jedoch nicht in jedem Fall ausgegangen werden, da das Vorhalten des erforderlichen Risikodeckungspotenzials Kosten verursacht und der Verzicht auf zusätzliche risikobehaftete Geschäfte die Geschäftsmöglichkeiten und damit auch die potenziellen Erträge der Kreditinstitute beschneidet. Aus diesem Grund wird versucht, die disziplinierenden Kräfte des Marktes zu nutzen, um Anreize für die Kreditinstitute zu schaffen, aus eigenem Antrieb und unabhängig von den bankenaufsichtsrechtlichen Vorschriften ein angemessen hohes Risikodeckungspotenzial vorzuhalten.

Es kann also festgehalten werden, dass der Baseler Ausschuss für Bankenaufsicht mit der Einführung der dritten Säule das Ziel verfolgt, die Marktdisziplin der Kreditinstitute durch vermehrte Offenlegung von Informationen zu stärken und dadurch einen ergänzenden Beitrag zu einer erhöhten Sicherheit und Solidität im internationalen Banken- und Finanzsystem zu liefern. Mit Hilfe der Erweiterung der Offenlegungspflichten für Kreditinstitute sollen die disziplinierenden Kräfte der Märkte komplementär zu den regulatorischen Anforderungen der Bankenaufsicht genutzt werden. Eine Verbesserung der Markttransparenz in der Rechnungslegung von Kreditinstituten – insbesondere hinsichtlich der Eigenmittelstruktur und des Risikoprofils der einzelnen Kreditinstitute – soll dazu führen, dass die Kreditinstitute durch die Marktteilnehmer diszipliniert werden. Auf diese Weise soll durch eine verbesserte Eigenmittelpublizität zu einer adäquaten Eigenmittelunterlegung beigetragen werden.

**Aufgabe 3.50: Wirkungsweise der Marktdisziplin**
Erläutern Sie, wie durch die Offenlegung von Informationen Anreize für die Kreditinstitute geschaffen werden, ein angemessen hohes Risikodeckungspotenzial vorzuhalten (Marktdisziplin).

**Lösung**
Ausgangspunkt ist die Überlegung, dass ein Kreditinstitut disziplinierende Maßnahmen durch die Marktteilnehmer erfahren kann, wenn seine Risikopositionen

unangemessen hoch sind. Die disziplinierenden Maßnahmen können zu einer Abstrafung des Kreditinstituts in unterschiedlicher Art und Weise führen. Ein wesentliches Steuerungsinstrument stellt in diesem Zusammenhang der Preis dar. So wird ein Kreditinstitut, das über ein gutes Risikomanagement verfügt und ein ausreichendes Risikodeckungspotenzial aufweist, mit seinen Kontraktpartnern Geschäfte zu besseren Konditionen abschließen können, als dies einem Kreditinstitut, bei dem die Geschäftspartner ein höheres Risiko unterstellen, möglich ist. Hat beispielsweise ein Kreditinstitut handelbare Finanzinstrumente ausgegeben und hat sich das Risiko bei diesem Kreditinstitut erhöht, so werden die Inhaber der Finanzinstrumente versuchen, diese Vermögensgegenstände zu veräußern. Diese Verhaltensweise wird zu fallenden Preisen und damit einer höheren Rendite dieser Vermögensgegenstände führen. Das betroffene Kreditinstitut wird sich dann in Zukunft nur noch zu schlechteren Konditionen am Markt finanzieren können.

Allerdings ist der Preis nicht das einzige Instrument, mit dem die Kreditinstitute diszipliniert werden können. Sollte sich die Risikoposition eines Kreditinstituts verschlechtert haben, so ist es denkbar, dass die Kontraktpartner von diesem Kreditinstitut zusätzliche Sicherheiten fordern. Es ist auch möglich, dass die Kontraktpartner ihre Geschäftsbeziehungen zu diesem Kreditinstitut einschränken oder ihre nicht oder nur unzureichend besicherten Einlagen abziehen. Schließlich kann es sogar passieren, dass die Kontraktpartner vollständig auf den Abschluss neuer Geschäfte verzichten. In solchen Fällen wird es für das Kreditinstitut zunehmend schwieriger, fällige Zahlungsverpflichtungen durch neue Gelder zu substituieren, wodurch die Gefahr der Zahlungsunfähigkeit für das Kreditinstitut steigt.

Müssen die Kreditinstitute Informationen bezüglich der von ihnen eingegangenen Risiken sowie der Angemessenheit ihrer Eigenkapitalausstattung offen legen, so werden sie – um eine Abstrafung durch die Marktteilnehmer zu vermeiden – aus eigenem Interesse bestrebt sein, stets ein angemessenes Risikodeckungspotenzial vorzuhalten.

**Aufgabe 3.51: Voraussetzungen für die Wirksamkeit der Marktdisziplin**
Stellen Sie dar, welche Voraussetzungen erfüllt sein müssen, damit die disziplinierenden Kräfte des Marktes ihre Wirkung entfalten können.

**Lösung**
Grundlegende Voraussetzung für die Wirksamkeit der Marktdisziplin ist zunächst, dass die Kreditinstitute am Markt aktiv sind. Nur dann ist es überhaupt erst möglich,

dass sich disziplinierende Maßnahmen der Marktteilnehmer auf das Kreditinstitut auswirken können. In Anbetracht der Tatsache, dass die Kreditinstitute heutzutage in vielfältiger Art und Weise am Markt aktiv sind, kann regelmäßig davon ausgegangen werden, dass diese Voraussetzung erfüllt ist.

Die disziplinierenden Kräfte des Marktes können außerdem nur dann wirksam werden, wenn die Marktteilnehmer über Informationen verfügen, mit denen sie sich ein genaues Bild von der Risikosituation des Kreditinstituts verschaffen können und ihre Anlageentscheidungen an dieser Einschätzung ausrichten. Es ist allerdings festzustellen, dass die Geschäfte und Strukturen der Kreditinstitute im Laufe der Zeit immer komplexer geworden sind. Insofern ist es den Marktteilnehmern häufig nur noch bei ausreichender Transparenz möglich, die Risikosituation eines Kreditinstituts adäquat einzuschätzen. Transparenz bedeutet in diesem Zusammenhang die Offenlegung von umfassenden, relevanten, aktuellen, verlässlichen, vergleichbaren und wesentlichen Informationen, die die Nutzer dieser Informationen in die Lage versetzen, die finanzielle Situation, die Erfolgslage, die Geschäftstätigkeit, das Risikoprofil und das Risikomanagement des Kreditinstituts akkurat zu beurteilen.[1] Auf die konkrete Ausgestaltung der von den Kreditinstituten zur Verfügung zu stellenden Informationen wird in Aufgabe 3.54 ausführlich eingegangen.

Die Wirksamkeit der Marktdisziplin hängt auch von dem Verhalten der Marktteilnehmer ab. Nur wenn die Marktteilnehmer aus den ihnen zur Verfügung gestellten Informationen eine Bewertung der Risikosituation des Kreditinstituts ableiten und diese Bewertung dann auch tatsächlich bei ihren Anlageentscheidungen berücksichtigen, können die disziplinierenden Kräfte des Marktes genutzt werden. Hierzu gehört, dass diejenigen Kreditinstitute, die über ein solides Risikomanagement sowie über eine risikobewusste Geschäftsführung verfügen, von den Marktteilnehmern durch verbesserte Konditionen belohnt werden, wenn sie die entsprechenden Informationen zur Verfügung stellen. Auf der anderen Seite sollten die Marktteilnehmer ein Kreditinstitut durch verschlechterte Konditionen abstrafen, wenn es Informationen offen legt, die auf ein erhöhtes Risiko dieses Kreditinstituts schließen lassen. Dieselbe Abstrafung sollten auch solche Kreditinstitute erfahren, die die relevanten Informationen nicht offen legen, und zwar unabhängig davon, ob diese Kreditinstitute von den Marktteilnehmern – würden ihnen die benötigten Informationen zur Verfügung stehen – als gute oder als schlechte Kontraktpartner eingeschätzt werden würden.

---

[1] Vgl. BASELER AUSSCHUSS FÜR BANKENAUFSICHT (Transparency, 1998), S. 4; BASELER AUSSCHUSS FÜR BANKENAUFSICHT (Pillar 3, 2001), S. 5.

Die disziplinierenden Kräfte des Marktes müssen darüber hinaus unwirksam bleiben, wenn die Impulse, die von den Marktteilnehmern ausgehen, im betroffenen Kreditinstitut nicht adäquat umgesetzt werden. So soll die Marktdisziplin beispielsweise dazu führen, dass die Anteilseigner Druck auf das Aufsichtsorgan ausüben, eine risikobewusste Geschäftsführung durchzusetzen, dass das Aufsichtsorgan diesen Druck an die Geschäftsleitung weiter gibt und dass diese ihn auf die nachgeordneten Instanzen bis hin zu den operativen Einheiten überträgt. Die Marktdisziplin wird jedoch dann nicht zum Tragen kommen, wenn Anreize für die Mitarbeiter des Kreditinstituts bestehen, trotz bestehender Sanktionen unerwünscht hohe Risiken einzugehen. Überwiegen beispielsweise bei Eingehen erhöhter Risiken die Vorteile, die die Mitarbeiter in Form von Erfolgsprämien erhalten, die damit verbundenen Nachteile (schlimmstenfalls die Entlassung), so ist ein vorsichtiges Verhalten der Mitarbeiter nicht zu erwarten.[1]

**Aufgabe 3.52: Beeinträchtigung der Marktdisziplin**
Stellen Sie die potenziellen Sachverhalte dar, die die Umsetzung des Konzepts der Marktdisziplin beeinträchtigen können.

**Lösung**
Wie in Aufgabe 3.51 erläutert wurde, kann das Konzept der Marktdisziplin nur dann seine volle Wirkung entfalten, wenn die Marktteilnehmer ihre Anlageentscheidungen auch tatsächlich an dem von ihnen gefällten Urteil über die Risikolage des Kreditinstituts ausrichten. Es können sich jedoch Rahmenbedingungen menschlicher sowie institutioneller Art ergeben, die die Wirksamkeit der Marktdisziplin limitieren.

So ist es zum einen denkbar, dass es einigen Marktteilnehmern (zu denken ist hier insbesondere an die große Masse der privaten Bankeinleger) auf Grund ihres unzureichenden ökonomischen Sachverstands auch bei vollständiger Transparenz nicht selber möglich ist, die zur Verfügung stehenden Informationen auszuwerten und die Risikolage der jeweiligen Kreditinstitute adäquat einzuschätzen. Sie sind daher nicht in der Lage, durch Auswahl des in Hinsicht auf die Risikolage besten Kreditinstituts einen Selbstschutz im Sinne einer Minimierung des Vermögensverlustrisikos zu betreiben. Da auf Grund der fehlenden Abstrafung durch diese Marktteilnehmer keine Anreize für die Kreditinstitute bestehen, ihre Risiken in einem angemessenen Rahmen zu halten, muss in einem solchen Fall die Marktdisziplin ins Leere laufen.

---

[1] Vgl. hierzu BASELER AUSSCHUSS FÜR BANKENAUFSICHT (Transparency, 1998), S. 9.

Allerdings ist die eigenständige Informationsauswertung durch die Marktteilnehmer keine unabdingbare Voraussetzung für die Wirksamkeit der Marktdisziplin. Es würde genügen, wenn (mindestens) eine Institution existierte, die die Informationsbeschaffung und Informationsauswertung für die Marktteilnehmer übernehmen und ihre Einschätzung der Risikolage des Kreditinstituts den daran interessierten Marktteilnehmern zur Verfügung stellen würde. Hierdurch könnte nicht nur den Marktteilnehmern eine ausreichende Informationsgrundlage zur Verfügung gestellt werden; auch die bei jedem Marktteilnehmer anfallenden Kosten der Informationsbeschaffung und Informationsauswertung ließen sich durch eine derartige Zentralisierung und Spezialisierung erheblich reduzieren. Es müsste jedoch sichergestellt werden, dass die Einschätzung der Risikolage des zu bewertenden Kreditinstituts durch diese Institution den vorliegenden Informationen angemessen ist und keinerlei Manipulationsmöglichkeiten bestehen.[1]

Zum anderen kann die Wirksamkeit der Marktdisziplin auch durch institutionelle Rahmenbedingungen beeinträchtigt werden. Dies wird immer dann der Fall sein, wenn Anreize für die Marktteilnehmer fehlen, sich risikoadäquat zu verhalten. Existiert beispielsweise für die Einlagen der Marktteilnehmer bei einem Kreditinstitut ein als ausreichend angesehener Ausfallschutz durch eine Einlagensicherung, so besteht für diese Marktteilnehmer kein Anreiz, auf Verschlechterungen der Risikosituation bei diesem Kreditinstitut z. B. durch Abzug ihrer Einlagen zu reagieren. Gleiches gilt auch für den Fall, dass die Sicherheit der Forderungen gegenüber einem Kreditinstitut nicht vertraglich gewährleistet ist, sondern von den Marktteilnehmern lediglich vermutet wird. Eine solche Situation kann sich insbesondere bei großen Kreditinstituten ergeben, wenn die Marktteilnehmer auf Grund der gravierenden Auswirkungen auf die Volkswirtschaft, die der Zusammenbruch dieses Kreditinstituts nach sich ziehen würde, auf Stützungsmaßnahmen durch den Staat spekulieren (too big to fail-Problematik).

Fehlende Anreize für eine vorsichtige Verhaltensweise können sich auch aus einer besonderen Rechtsstellung der Marktteilnehmer ergeben. So werden Eigenkapitalgeber grundsätzlich bereit sein, ein höheres Risiko einzugehen als Fremdkapitalgeber. Dies allein würde noch keine Beeinträchtigung der Marktdisziplin bedeuten. Allerdings sind Konstellationen denkbar, bei denen die Risikobereitschaft der Eigenkapitalgeber darin gipfelt, das Kreditinstitut aufzufordern, möglichst hohe Risiken einzugehen. Ist beispielsweise das Eigenkapital des Kreditinstituts durch in der Vergangenheit eingetretene Verluste nahezu aufgebraucht, so haben die Eigenkapi-

---

[1] Vgl. zu diesem Gedankengang KRÄMER, GREGOR (Ziele, 2000), S. 53–58.

talgeber – im Gegensatz zu den Fremdkapitalgebern – nur noch wenig zu verlieren. Insofern bietet sich für sie kein Anreiz, eine vorsichtige Verhaltensweise von dem Kreditinstitut zu fordern. Es könnte für sie stattdessen von Vorteil sein, wenn das Kreditinstitut hohe Risiken eingeht, da sie von einem günstigen Verlauf übermäßig profitieren würden. Somit wäre ihr Verhalten den disziplinierenden Kräften der Marktdisziplin genau entgegengerichtet.

**Aufgabe 3.53: Möglichkeiten der Bankenaufsicht zur Durchsetzung der Offenlegungsanforderungen**

Welche Möglichkeiten stehen der Bankenaufsicht zur Verfügung, die im Rahmen von Basel II vorgesehenen Offenlegungsanforderungen gegenüber den Kreditinstituten durchzusetzen?

**Lösung**

Die Art und Weise sowie die Effektivität der Durchsetzung von Offenlegungsanforderungen gegenüber den Kreditinstituten durch die Bankenaufsichtsbehörde hängt von der rechtlichen Umsetzung der Offenlegungspflicht ab. Diese können von Land zu Land unterschiedlich sein. Grundsätzlich kann die Offenlegung von Informationen durch Kreditinstitute auf die folgenden Arten ausgestaltet sein:
– Offenlegung auf Grund gesetzlicher Vorschriften;
– Offenlegung als Voraussetzung zur Anwendung spezifischer bankenaufsichtsrechtlicher Gewichtungssätze oder Methoden;
– freiwillige Offenlegung.

Am unproblematischsten dürfte die Verpflichtung der Kreditinstitute zur Offenlegung von Informationen auf Grund gesetzlicher Vorschriften sein. In diesem Fall kann die Verletzung der Offenlegungspflicht zu einer Bestrafung (z. B. in Form einer Geldbuße) des jeweiligen Kreditinstituts führen. Ob die Bestrafung durch die Bankenaufsichtsbehörde selbst angeordnet werden kann, hängt von der konkreten rechtlichen Umsetzung der Vorschriften ab. Da jedoch die bankenaufsichtsrechtliche Überwachung der Kreditinstitute und damit auch die Beurteilung, ob sie den Offenlegungspflichten nachkommen, der Bankenaufsicht obliegt, scheint es angebracht zu sein, die Bankenaufsichtsbehörde mit der erforderlichen Bestrafungskompetenz auszustatten.

Eine andere Möglichkeit, die Kreditinstitute zur Offenlegung von Informationen zu bewegen, besteht darin, ihnen Anreize zur Offenlegung zu geben. Diese Anreize können darin bestehen, dass bestimmte bankenaufsichtsrechtliche Gewichtungssätze oder Methoden, die zu geringeren bankenaufsichtsrechtlichen Eigenmittelerfordernissen führen, nur dann verwendet werden dürfen, wenn den geforderten Offenlegungspflichten nachgekommen wird. In diesem Fall besteht die „Bestrafung" eines Kreditinstituts, das den Offenlegungserfordernissen nicht nachkommt, in einem erhöhten aufsichtsrechtlichen Eigenmittelbedarf, der wiederum mit erhöhten Kosten für das Kreditinstitut verbunden ist. Eine derartige Regelung ist in den Vorschriften zu Basel II vorgesehen. So dürfen Kreditinstitute nur dann einen der beiden IRB-Ansätze (IRB-Basisansatz bzw. fortgeschrittener IRB-Ansatz) verwenden, wenn sie die Offenlegungsanforderungen der Säule 3 erfüllen.[1]

Die Durchsetzung der Offenlegung von Informationen durch die Kreditinstitute dürfte der Bankenaufsichtsbehörde am schwersten fallen, wenn weder definitive noch fakultative gesetzliche Offenlegungspflichten existieren. In diesem Fall wird darauf gebaut, dass die Kreditinstitute dem Markt die erforderlichen Informationen auf freiwilliger Basis zur Verfügung stellen. Befriedigt ein Kreditinstitut die Informationsbedürfnisse der Marktteilnehmer nicht, so muss es mit einer Abstrafung durch seine Kontraktpartner rechnen (siehe hierzu die Ausführungen in Aufgabe 3.50). Aber auch der Bankenaufsichtsbehörde steht eine Reihe von Möglichkeiten zur Verfügung, um auf eine freiwillige Offenlegung hinzuwirken. Dazu zählen beispielsweise Appelle der Bankenaufsicht (moral suasion) an die Geschäftsführung des betroffenen Kreditinstituts, ihre Verhaltensweise entsprechend zu ändern.[2] Außerdem könnte die Bankenaufsichtsbehörde die unzureichende Offenlegung des Kreditinstituts öffentlich machen, um den Druck der Marktteilnehmer auf das Kreditinstitut zu erhöhen. Dies dürfte umso besser gelingen, je stärker vergleichbare Offenlegungsempfehlungen international akzeptiert und angewendet werden.

Schließlich könnte die Bankenaufsichtsbehörde von den Kreditinstituten verlangen, dass sie ihr gegenüber bestimmte Informationen offen legen. Wie weit diese Möglichkeiten der Aufsichtsinstanz gehen, hängt allerdings von den ihr zugewiesenen Kompetenzen ab. Die Bankenaufsichtsbehörde könnte dann diese Informationen der Öffentlichkeit zugänglich machen. Der zulässige Umfang dieser Veröffentlichung durch die Bankenaufsichtsbehörde wird wiederum durch den jeweils gültigen Rechtsrahmen bestimmt.

Es lassen sich zwei Arten von bankenaufsichtlicher Informationsveröffentlichung unterscheiden. So könnte die Bankenaufsichtsbehörde die Informationen auf aggregierter Basis, also für alle von ihr beaufsichtigten Kreditinstitute, der Öffentlichkeit

---

[1] Vgl. BASELER AUSSCHUSS FÜR BANKENAUFSICHT (Basel II, 2004), S. 129.
[2] Vgl. BASELER AUSSCHUSS FÜR BANKENAUFSICHT (Basel II, 2004), S. 203.

zur Verfügung stellen. In diesem Fall könnten die Marktteilnehmer jedoch aus den verfügbaren Informationen nicht auf die Risikolage eines einzelnen Kreditinstituts schließen, sodass die disziplinierenden Kräfte des Marktes nicht zur Geltung gelangen würden. Die Aufsichtsinstanz könnte allerdings auch institutsspezifische Informationen veröffentlichen und auf diese Weise die Offenlegung durch das Kreditinstitut selbst substituieren. Ob und in welchem Umfang sie die ihr zur Verfügung stehenden Informationen auf Einzelinstitutsbasis veröffentlichen darf, hängt wiederum von der jeweiligen Rechtsordnung ab. Die Bankenaufsichtsbehörde sollte in diesem Fall jedoch darauf achten, dass sie lediglich solche Informationen veröffentlicht, die ihr von den jeweiligen Kreditinstituten zur Verfügung gestellt wurden. Eigene Einschätzungen der Risikosituation des Kreditinstituts sollten nicht veröffentlicht werden, da dadurch die Marktteilnehmer in ihrer Meinungsbildung beeinflusst werden könnten. Außerdem könnten Informationen über geplante bankenaufsichtliche Maßnahmen (z. B. eine intensivere Überwachung eines Kreditinstituts) die Bemühungen der Bankenaufsicht, bei diesem Kreditinstitut ein solides Risikomanagement wieder herzustellen, untergraben, da durch Überreaktionen der Marktteilnehmer dieses Kreditinstitut erst recht in Schwierigkeiten geraten könnte. Diese Gefahr hätte zur Folge, dass die Bankenaufsichtsbehörde die Risikosituation der Kreditinstitute nicht mehr objektiv beurteilen könnte, da sie stets die potenziellen negativen Effekte ihres Urteils vor Augen hätte.[1]

**Aufgabe 3.54: Ausgestaltung der Offenlegungspflichten nach Basel II**
Erläutern Sie die im Rahmen der Säule 3 von Basel II vorgesehenen Bestimmungen zur Offenlegung von Informationen durch Kreditinstitute.

### Lösung
*Grundprinzip der Offenlegung*
Im Rahmen der Offenlegungspflichten der Kreditinstitute nach Säule 3 hat der Baseler Ausschuss für Bankenaufsicht ein Grundprinzip formuliert, das für alle Kreditinstitute verbindlich ist. „Banken sollten über eine förmliche und vom obersten Verwaltungsorgan gebilligte Offenlegungspolitik verfügen, die den bankeigenen Ansatz beschreibt, welche Informationen offen zu legen und welche internen Kontrollen für den Offenlegungsprozess festzulegen sind. Zusätzlich sollten Banken einen Prozess zur Beurteilung der Angemessenheit ihrer Offenlegungen implementieren, der ihre Validierung und Häufigkeit einschließt."[2] Dieses Grundprinzip wird durch spezielle,

---
[1] Vgl. BASELER AUSSCHUSS FÜR BANKENAUFSICHT (Transparency, 1998), S. 12.
[2] BASELER AUSSCHUSS FÜR BANKENAUFSICHT (Basel II, 2004), S. 206.

zum Teil in Basel II kodifizierte Anforderungen an die offen zu legenden Informationen ergänzt.

*Anforderungen an die offen zu legenden Informationen*
– Wesentlichkeit und Aktualität

Die Wesentlichkeit stellt das wichtigste Anforderungskriterium an die von den Kreditinstituten offen zu legenden Informationen dar. Demnach sind ausschließlich wesentliche Informationen offen zu legen, um eine Informationsüberflutung zu vermeiden, die eine akkurate Einschätzung der Risikolage des Kreditinstituts durch die Marktteilnehmer beeinträchtigen kann (sog. information overkill). „Informationen werden als wesentlich angesehen, falls ihre Auslassung oder fehlerhafte Angabe die Beurteilung oder die Entscheidung eines Nutzers der Informationen verändern oder beeinflussen, der auf sie vertraut, um ökonomische Entscheidungen treffen zu können."[1] Der Baseler Ausschuss für Bankenaufsicht weist darauf hin, dass diese Definition der Wesentlichkeit (der sog. Nutzertest) mit den Internationalen Rechnungslegungsstandards sowie mit vielen nationalen Rechnungslegungsbestimmungen übereinstimmt.[2] Der Nutzertest wird einer konkreten Vorgabe spezifischer Schwellenwerte für die Offenlegungspflicht vorgezogen, da solche Werte leichter zu manipulieren sind. Außerdem bietet der Nutzertest den Vorteil, dass bei seiner Anwendung die Bedeutung der Information für die Risikolage des Kreditinstituts zu berücksichtigen ist. Dies kann sinnvollerweise dazu führen, dass ein bestimmtes Risiko, das von zwei Kreditinstituten eingegangen wurde und bei beiden Kreditinstituten denselben Wert aufweist, für das eine Kreditinstitut wesentlich und damit von ihm zu veröffentlichen ist, für das andere Kreditinstitut hingegen von untergeordneter Bedeutung ist und es daher auf die Offenlegung verzichten kann. Es ist allerdings darauf hinzuweisen, dass der Nutzertest den Kreditinstituten einen nicht unerheblichen Spielraum bei der Beurteilung lässt, ob eine Information wesentlich ist oder nicht. Die Bankenaufsichtsbehörden sollten daher darauf achten, dass dieser Spielraum von den Kreditinstituten nicht dazu missbraucht wird, die Offenlegungspflichten zu manipulieren.

Aus dem Wesentlichkeitsprinzip kann auch das Kriterium der Aktualität abgeleitet werden. So werden Informationen die Entscheidungen der Marktteilnehmer nur dann beeinflussen, wenn sie über ein Mindestmaß an Aktualität verfügen und damit für die Entscheidungen der Marktteilnehmer relevant sind. Die Aktualität kann als Kriterium für die Bestimmung der Offenlegungsintervalle herangezogen werden. So sollten die Kreditinstitute die offen zu legenden Informationen in der Regel halbjähr-

---

[1] BASELER AUSSCHUSS FÜR BANKENAUFSICHT (Basel II, 2004), S. 204.
[2] Vgl. BASELER AUSSCHUSS FÜR BANKENAUFSICHT (Basel II, 2004), S. 204.

lich veröffentlichen. Da die Aktualität der Informationen jedoch von deren Inhalt abhängt, können sich auch andere Offenlegungsintervalle ergeben. Ein längerer Zeitraum (jährliche Veröffentlichung) ist beispielsweise für Informationen, „die einen allgemeinen Überblick über Zielsetzung und Verfahren des Risikomanagements, das interne Berichtswesen und die Definitionen vermitteln,"[1] möglich. Kürzere Offenlegungsintervalle sind bei denjenigen Informationen angebracht, die nicht lange Bestand haben. Hierzu zählen z. B. Informationen aus dem Marktrisikobereich oder über die Eigenmittelkennziffern. In diesen Fällen wird eine vierteljährliche Offenlegung gefordert.

– Verlässlichkeit

Die von den Kreditinstituten veröffentlichten Informationen sollten verlässlich sein. Um die Verlässlichkeit der Informationen zu gewährleisten, sollten die Kreditinstitute unter anderem sicherstellen, dass ihnen bei der Datenerfassung und Informationszusammenstellung keine Fehler unterlaufen. Hierzu ist nicht nur mit der erforderlichen Sorgfalt vorzugehen, sondern auch eine regelmäßige Kontrolle erforderlich. Allerdings kann die Verlässlichkeit von Informationen in manchen Fällen deren Wesentlichkeit und Aktualität entgegengerichtet sein. So werden Prognosen (beispielsweise über die zukünftigen Erfolgsaussichten des Kreditinstituts) zwar für die Investitionsentscheidungen der Marktteilnehmer wesentlich sein, auf Grund ihrer Ausrichtung auf die Zukunft werden sie jedoch von eher geringer Verlässlichkeit sein. Auf der anderen Seite wird die Verlässlichkeit von Informationen zwar durch Kontrollmaßnahmen erhöht; dies kann jedoch – insbesondere bei von externen Prüfern durchzuführenden Kontrollen – dazu führen, dass die Informationen erst mit einer gewissen Zeitverzögerung vorliegen und daher nicht mehr aktuell sind.[2]

– Vergleichbarkeit

Damit die disziplinierenden Kräfte des Marktes voll zur Geltung kommen, müssen die von den Kreditinstituten veröffentlichten Informationen vergleichbar sein und zwar sowohl in zeitlicher Hinsicht als auch zwischen einzelnen Kreditinstituten. Die Verfügbarkeit vergleichbarer Informationen ist Voraussetzung dafür, dass die Marktteilnehmer die zeitliche Entwicklung der Risikosituation bei den jeweiligen Kreditinstituten beurteilen und das relative Risiko eines Kreditinstituts im Vergleich zu anderen Kreditinstituten korrekt einschätzen können. Erst durch einen Vergleich mit anderen Kreditinstituten können Kreditinstitute mit vergleichsweise höherem bzw. niedrigerem Risiko von den Marktteilnehmern identifiziert und gegebenenfalls abgestraft oder belohnt werden.

---

[1] BASELER AUSSCHUSS FÜR BANKENAUFSICHT (Basel II, 2004), S. 204.
[2] Vgl. BASELER AUSSCHUSS FÜR BANKENAUFSICHT (Transparency, 1998), S. 16.

Um den Marktteilnehmern die zeitliche Vergleichbarkeit der Entwicklung der Risikosituation bei einem Kreditinstitut zu erleichtern, sollten nicht nur die Informationen der aktuellen Berichtsperiode veröffentlicht werden, sondern zumindest auch diejenigen der vorhergehenden Periode. Informationen, die sich auf vorhergehende Perioden beziehen, sollten dabei auch in räumlicher Hinsicht in unmittelbarer Nähe zu den aktuellen Informationen stehen.

Damit die Informationen verschiedener Kreditinstitute miteinander verglichen werden können, ist es erforderlich, dass die Kreditinstitute einheitliche Mess- und Bewertungskonzepte verwenden. Um die adäquate Beurteilung der Risikosituation eines Kreditinstituts durch die Marktteilnehmer zu gewährleisten, sollte ein Kreditinstitut auf Änderungen seiner Mess- und Bewertungskonzepte hinweisen.

– Umfang

Die Kreditinstitute sollten den Marktteilnehmern möglichst umfassende Informationen zur Verfügung stellen. Um die Übersichtlichkeit der Informationen zu fördern, wird es häufig erforderlich sein, aggregierte Informationen zu veröffentlichen. Die Aggregation kann sich dabei auf verschiedene Sachverhalte beziehen. So kann beispielsweise eine Aggregation durch Zusammenfassung verschiedener Geschäfte erfolgen. Ebenso ist eine Aggregation der Informationen, die von Tochtergesellschaften zur Verfügung gestellt werden, denkbar.

**Aufgabe 3.55: Offenlegungsbereiche**

Stellen Sie kurz dar, in welchen Bereichen die Kreditinstitute Informationen offen zu legen haben.

**Lösung**

In den Regelungen von Basel II werden verschiedene Offenlegungsbereiche unterschieden, wobei die einzelnen Offenlegungsbereiche noch weiter untergliedert werden. In jedem dieser Bereiche sind sowohl qualitative als auch quantitative Informationen offen zu legen. Auf die Unterscheidung in Kerninformationen und ergänzende Informationen, wie dies noch im Rahmen des zweiten Konsultationspapiers vorgesehen war,[1] wird mittlerweile verzichtet. Im Einzelnen werden die folgenden Offenlegungsbereiche unterschieden:[2]

---

[1] Vgl. BASELER AUSSCHUSS FÜR BANKENAUFSICHT (2. Konsultationspapier, 2001), S. 127 sowie S. 129–148.
[2] Es wird hier nur ein Überblick über die verschiedenen Offenlegungsbereiche gegeben. Eine detaillierte Darstellung der offen zu legenden Informationen findet sich bei BASELER AUSSCHUSS FÜR BANKENAUFSICHT (Basel II, 2004), S. 206–220.

*Anwendungsbereich*
Informationen über den Anwendungsbereich der Neuen Baseler Eigenkapitalvereinbarung sollen den Marktteilnehmern unter anderem Auskunft darüber geben, welche Gesellschaften zur Institutsgruppe gehören und wie diese Beteiligungen bei der Berechnung der Risikopositionen und der Eigenmittel berücksichtigt werden (z. B. Voll- oder Quotenkonsolidierung oder Abzug von den Eigenmitteln). Außerdem ist der Name desjenigen Unternehmens anzugeben, das in der Gruppenhierarchie zuoberst steht und auf das die Vorschriften von Basel II Anwendung finden.

*Eigenkapital*
Die Informationen zum Eigenkapital unterteilen sich in Informationen über die Eigenkapitalstruktur sowie über die Angemessenheit der Eigenkapitalausstattung. Die in diesem Rahmen offen zu legenden Informationen beziehen sich insbesondere auf die Höhe und die Zusammensetzung des Kernkapitals. Hierdurch sowie durch die Angabe der jeweiligen Eigenmittelerfordernisse für die verschiedenen vom Kreditinstitut eingegangenen Risiken sollen die Marktteilnehmer in die Lage versetzt werden, die Angemessenheit des Risikodeckungspotenzials des Kreditinstituts beurteilen zu können.

*Eingegangene Risiken und ihre Beurteilung*
Die in diesem Bereich zu veröffentlichenden Informationen sollen den Marktteilnehmern eine Einschätzung der Risikopositionen sowie des Risikomanagements des Kreditinstituts ermöglichen. Zu diesem Zweck sind spezifische Informationen in den wesentlichen Risikoarten (Adressenrisiken, Marktpreisrisiken, operationelle Risiken, Risiken aus Beteiligungen im Anlagebuch sowie Zinsänderungsrisiken im Anlagebuch) offen zu legen. Im Rahmen der Marktpreisrisiken wird bei den zu veröffentlichenden Informationen danach differenziert, ob das jeweilige Kreditinstitut mit der Standardmethode oder mit bankeigenen Modellen arbeitet.

**Aufgabe 3.56: Berichterstattung über operationelle Risiken**
Geben Sie am Beispiel der operationellen Risiken einen Überblick über die im Rahmen der Säule 3 von Basel II vorgesehenen Offenlegungspflichten für Kreditinstitute.

**Lösung**
Im Hinblick auf die operationellen Risiken eines Kreditinstituts fordert die Säule 3 von Basel II zum einen die quantitative Offenlegung der Eigenkapitalanforderungen für operationelle Risiken gemäß dem Basisindikatoransatz, dem Standardansatz oder

einem ambitionierten Messansatz.[1] Zum anderen muss ein Kreditinstitut in jedem einzelnen Risikobereich, also auch im Bereich der operationellen Risiken, Ziele und Grundsätze des Risikomanagements beschreiben.[2] Zusätzlich dazu sind von einem Kreditinstitut folgende Informationen zu veröffentlichen:[3]

– die Methode(n) zur Bestimmung der Eigenkapitalunterlegung der operationellen Risiken,
– eine Beschreibung des ambitionierten Messansatzes, falls von dem Kreditinstitut verwendet, einschließlich einer Erörterung der in diesem Messansatz berücksichtigten maßgeblichen internen und externen Faktoren,
– im Fall der nur partiellen Anwendung einzelner Messverfahren die Angabe des Grades und des Umfangs der unterschiedlich angewandten Messverfahren,
– im Fall des Einsatzes eines ambitionierten Messansatzes eine Beschreibung der Anwendung von Versicherungen zum Zwecke der Verringerung der operationellen Risiken.

---

[1] Vgl. BASELER AUSSCHUSS FÜR BANKENAUFSICHT (Basel II, 2004), S. 208.
[2] Vgl. BASELER AUSSCHUSS FÜR BANKENAUFSICHT (Basel II, 2004), S. 209.
[3] Vgl. BASELER AUSSCHUSS FÜR BANKENAUFSICHT (Basel II, 2004), S. 218.

# 4 Multiple-Choice-Aufgaben

Die folgenden Behauptungen sind zum Teil richtig und zum Teil falsch. Kennzeichnen Sie die Behauptungen mit (+) = richtig, (–) = falsch, ( ) = weiß nicht.

1. – Alle Kreditinstitute sind Institute i. S. d. § 1 Abs. 1b KWG. ( )
   – Alle Finanzunternehmen sind Institute i. S. d. § 1 Abs. 1b KWG. ( )
   – Alle Finanzdienstleistungsinstitute sind Institute i. S. d. § 1 Abs. 1b KWG. ( )
   – Institute i. S. d. § 1 Abs. 1b KWG sind sowohl Kreditinstitute als auch Finanzunternehmen. ( )

2. Die BaFin hat die Erlaubnis zum Betreiben von Bankgeschäften zu versagen, wenn
   – die zum Geschäftsbetrieb erforderlichen Mittel nicht zur Verfügung stehen. ( )
   – das Institut nicht mindestens vier Geschäftsleiter hat, die nicht nur ehrenamtlich tätig sind. ( )
   – das Institut seine Hauptverwaltung nicht im Inland hat. ( )
   – Tatsachen vorliegen, aus denen sich ergibt, dass ein Geschäftsleiter nicht zuverlässig ist. ( )

3. – Die Eigenmittel eines Instituts setzen sich aus dem haftenden Eigenkapital und den Drittrangmitteln zusammen. ( )
   – Die Eigenmittel eines Instituts setzen sich aus dem Kernkapital, dem Ergänzungskapital und den Drittrangmitteln zusammen. ( )
   – Die Drittrangmittel eines Instituts setzen sich aus dem Ergänzungskapital und dem Nettogewinn zusammen. ( )
   – Das haftende Eigenkapital eines Instituts setzt sich aus dem Kernkapital und den kurzfristigen nachrangigen Verbindlichkeiten zusammen. ( )

4. – Das haftende Eigenkapital eines Instituts besteht aus dem Kernkapital und den Drittrangmitteln. ( )
   – Zur Deckung des Adressenrisikos darf nur das Kernkapital und das Ergänzungskapital verwendet werden. ( )
   – Die Eigenmitteldeckungsziffer darf höchstens 8 % der gewichteten Risikoaktiva betragen. ( )
   – Marktrisikopositionen dürfen mit dem freien haftenden Eigenkapital und mit Drittrangmitteln unterlegt werden. ( )

5. – Nicht realisierte Reserven entstehen, wenn der tatsächliche Wert dieser Vermögensgegenstände niedriger ist als der Buchwert, der in der Bilanz ausgewiesen wird. ( )
   – Nicht realisierte Reserven können dem Ergänzungskapital nur dann zugerechnet werden, wenn sie bei bestimmten Wertpapieren bestehen. ( )
   – Nicht realisierte Reserven können dem Ergänzungskapital nur dann zugerechnet werden, wenn das Kernkapital mindestens 4 % der Summe der gewichteten Risikoaktiva nach Grundsatz I beträgt. ( )
   – Nicht realisierte Reserven können dem haftenden Eigenkapital nur bis zu 1,4 % der gewichteten Risikoaktiva nach Grundsatz I zugerechnet werden. ( )

6. – Freies Kernkapital ist der Teil des Kernkapitals, der nicht zur Unterlegung der Risiken aus dem Anlagebuch benötigt wird. ( )
   – Freies Ergänzungskapital ist der Teil des Ergänzungskapitals, der nicht zur Unterlegung der Risiken aus dem Handelsbuch benötigt wird. ( )
   – Freie Drittrangmittel sind der Teil der Drittrangmittel, der nicht zur Unterlegung der Risiken aus dem Handelsbuch benötigt wird. ( )
   – Die Drittrangmittel können bei Kreditinstituten nur bis zu einem Betrag angerechnet werden, der die Differenz aus 250 % des freien Kernkapitals und 100 % des freien Ergänzungskapitals nicht übersteigt. ( )

7. – Das Verhältnis zwischen dem haftenden Eigenkapital eines Instituts und seinen gewichteten Risikoaktiva darf 12,5 % täglich zum Geschäftsschluss nicht unterschreiten. ( )
   – Die Relation zwischen dem Kernkapital und den gewichteten Risikoaktiva muss mindestens 4 % betragen. ( )
   – Die Relation zwischen dem Ergänzungskapital und den gewichteten Risikoaktiva muss mindestens 4 % betragen. ( )
   – Die Relation zwischen den Drittrangmitteln und den gewichteten Risikoaktiva muss mindestens 4 % betragen. ( )

8. – Der Solvabilitätskoeffizient setzt das haftende Eigenkapital zu den risikogewichteten Aktiva eines Instituts in Beziehung. ( )
– Das haftende Eigenkapital eines Instituts muss mindestens das 12,5fache seiner risikogewichteten Aktiva betragen. ( )
– Der Solvabilitätskoeffizient muss mindestens 8 % betragen ( )
– Der Solvabilitätskoeffizient setzt das Kernkapital zu den risikogewichteten Aktiva in Beziehung. ( )

9. – Ablaufstrukturelle Risiken entstehen rein durch Abläufe innerhalb des Instituts. ( )
– Ursachen für die internen ablaufstrukturellen Risiken können eine unzureichend organisierte Ablaufstruktur sowie eine fehlende oder unklare Kompetenzabgrenzung sein. ( )
– Sachlich-technische Risiken entstehen bei der Beschaffung und dem Einsatz von Betriebsmitteln. ( )

10. – Unter personellen Risiken werden alle Risiken zusammengefasst, die sich aus der Neueinstellung, der Kündigung oder dem Einsatz von Mitarbeitern ergeben können. ( )
– Qualitative personelle Risiken beziehen sich auf Gefahren, die mit der mengenmäßigen Beschaffung und dem mengenmäßigen Einsatz von Mitarbeitern verbunden sind. ( )
– Quantitative personelle Risiken entstehen beispielsweise, wenn nicht genügend fachlich ausgebildetes Personal zur Verfügung steht. ( )
– Qualitative personelle Risiken sind mit den fachlichen und charakterlichen Eigenschaften der Mitarbeiter verknüpft. ( )
– Kriminelles Verhalten der Mitarbeiter, welches das Institut schädigt, stellt kein personelles Risiko dar, sondern ein ablaufstrukturelles Risiko. ( )

11. – Die Risiken des liquiditätsmäßig-finanziellen Bereichs lassen sich in Erfolgsrisiken und Liquiditätsrisiken unterteilen. ( )
– Die Risiken innerhalb des liquiditätsmäßig-finanziellen Bereichs sind normalerweise unabhängig voneinander ( )
– Die Risiken des liquiditätsmäßig-finanziellen Bereichs stehen nicht mit dem Absatz der Bankprodukte in Verbindung. ( )
– Der tatsächliche Eintritt der Erfolgsrisiken führt im Regelfall unmittelbar zu einer negativen Veränderung des Eigenkapitals. ( )
– Die Liquiditätsrisiken wirken primär als Eigenkapitalrisiko. ( )

12. − Adressenrisiken entstehen nur, wenn das Institut bereits Vorleistungen erbracht hat. ( )
   − Unter dem Ausfallrisiko wird die Gefahr verstanden, dass der Schuldner wegen gesunkener Bonität seinen Zins- und Tilgungsverpflichtungen nicht mehr nachkommen kann. ( )
   − Unter dem Erfüllungsrisiko wird das Risiko verstanden, dass der Schuldner seine Zins- und Tilgungsverpflichtungen nicht erfüllen will. ( )
   − Beim Erfüllungsrisiko bestehen keine direkten Ausfallmöglichkeiten durch den Ausfall des Geschäftspartners. ( )
   − Bei Eintritt des Erfüllungsrisikos entsteht in der Regel ein Verlust in Höhe des gesamten Nominalbetrags des Geschäfts. ( )

13. Bei steigenden Marktzinsen sind die Erträge aus Aktivpositionen
    − bei geschlossenen Festzinspositionen konstant. ( )
    − bei aktivischem Festzinsüberhang niedriger. ( )
    − bei passivischem Festzinsüberhang höher. ( )
    − bei variabel verzinslichen Positionen niedriger. ( )

14. Bei sinkenden Marktzinsen bestehen bei
    − variabel verzinslichen Positionen Verlustrisiken wegen gestiegener Refinanzierungskosten. ( )
    − einem aktivischen Festzinsüberhang Erfolgschancen wegen sinkender Refinanzierungskosten. ( )
    − einem passivischen Festzinsüberhang Erfolgschancen wegen sinkender Kosten im Passivgeschäft. ( )
    − geschlossenen Festzinspositionen keine Erfolgschancen. ( )

15. − Liquidität kann sich auf die Eigenschaft von Vermögensobjekten beziehen, mehr oder weniger leicht in Zahlungsmittel umgewandelt werden zu können. ( )
    − Liquidität kann sich auf die Eigenschaft von Wirtschaftssubjekten beziehen, ihren zwingend fälligen Zahlungsverpflichtungen zu jedem Zeitpunkt uneingeschränkt nachkommen zu können. ( )
    − Unter dem Liquiditätsrisiko wird die Gefahr verstanden, dass ein Wirtschaftssubjekt nicht allen Zahlungsverpflichtungen sofort nachkommen kann. ( )
    − Liquiditätsrisiken können ausschließlich eine Folge von Asynchronitäten hinsichtlich Betrag oder Zeitpunkt der Zahlungsmittelzu- und -abflüsse sein. ( )

16. Ein Kreditinstitut ist als Handelsbuchinstitut einzuordnen, wenn
    - der Anteil des Handelsbuchs an der Gesamtsumme der bilanziellen und außerbilanziellen Geschäfte einmal größer als 5 % ist. ( )
    - der Anteil des Handelsbuchs an der Gesamtsumme der bilanziellen und außerbilanziellen Geschäfte an fünf aufeinander folgenden Geschäftstagen größer als 5 % ist. ( )
    - die Gesamtsumme der einzelnen Positionen des Handelsbuchs einmal größer als 20 Mio. EUR ist. ( )
    - die Gesamtsumme der einzelnen Positionen des Handelsbuchs in der Regel größer als 10 Mio. EUR ist. ( )

# 5 Lösungen zu den Multiple-Choice-Aufgaben

1. – Alle Kreditinstitute sind Institute i. S. d. § 1 Abs. 1b KWG. ( + )
   – Alle Finanzunternehmen sind Institute i. S. d. § 1 Abs. 1b KWG. ( – )
   – Alle Finanzdienstleistungsinstitute sind Institute i. S. d. § 1 Abs. 1b KWG. ( + )
   – Institute i. S. d. § 1 Abs. 1b KWG sind sowohl Kreditinstitute als auch Finanzunternehmen. ( – )

2. Die BaFin hat die Erlaubnis zum Betreiben von Bankgeschäften zu versagen, wenn
   – die zum Geschäftsbetrieb erforderlichen Mittel nicht zur Verfügung stehen. ( + )
   – das Institut nicht mindestens vier Geschäftsleiter hat, die nicht nur ehrenamtlich tätig sind. ( – )
   – das Institut seine Hauptverwaltung nicht im Inland hat. ( + )
   – Tatsachen vorliegen, aus denen sich ergibt, dass ein Geschäftsleiter nicht zuverlässig ist. ( + )

3. – Die Eigenmittel eines Instituts setzen sich aus dem haftenden Eigenkapital und den Drittrangmitteln zusammen. ( + )
   – Die Eigenmittel eines Instituts setzen sich aus dem Kernkapital, dem Ergänzungskapital und den Drittrangmitteln zusammen. ( + )
   – Die Drittrangmittel eines Instituts setzen sich aus dem Ergänzungskapital und dem Nettogewinn zusammen. ( – )
   – Das haftende Eigenkapital eines Instituts setzt sich aus dem Kernkapital und den kurzfristigen nachrangigen Verbindlichkeiten zusammen. ( – )

4. – Das haftende Eigenkapital eines Instituts besteht aus dem Kernkapital und den Drittrangmitteln. ( – )
   – Zur Deckung des Adressenrisikos dürfen nur das Kernkapital und das Ergänzungskapital verwendet werden. ( + )
   – Die Eigenmitteldeckungsziffer darf höchstens 8 % der gewichteten Risikoaktiva betragen. ( – )
   – Marktrisikopositionen dürfen mit dem freien haftenden Eigenkapital und mit Drittrangmitteln unterlegt werden. ( + )

5. – Nicht realisierte Reserven entstehen, wenn der tatsächliche Wert dieser Vermögensgegenstände niedriger ist als der Buchwert, der in der Bilanz ausgewiesen wird. ( – )
 – Nicht realisierte Reserven können dem Ergänzungskapital nur dann zugerechnet werden, wenn sie bei bestimmten Wertpapieren bestehen. ( – )
 – Nicht realisierte Reserven können dem Ergänzungskapital nur dann zugerechnet werden, wenn das Kernkapital mindestens 4 % der Summe der gewichteten Risikoaktiva nach Grundsatz I beträgt. ( – )
 – Nicht realisierte Reserven können dem haftenden Eigenkapital nur bis zu 1,4 % der gewichteten Risikoaktiva nach Grundsatz I zugerechnet werden. ( + )

6. – Freies Kernkapital ist der Teil des Kernkapitals, der nicht zur Unterlegung der Risiken aus dem Anlagebuch benötigt wird. ( + )
 – Freies Ergänzungskapital ist der Teil des Ergänzungskapitals, der nicht zur Unterlegung der Risiken aus dem Handelsbuch benötigt wird. ( – )
 – Freie Drittrangmittel sind der Teil der Drittrangmittel, der nicht zur Unterlegung der Risiken aus dem Handelsbuch benötigt wird. ( – )
 – Die Drittrangmittel können bei Kreditinstituten nur bis zu einem Betrag angerechnet werden, der die Differenz aus 250 % des freien Kernkapitals und 100 % des freien Ergänzungskapitals nicht übersteigt. ( + )

7. – Das Verhältnis zwischen dem haftenden Eigenkapital eines Instituts und seinen gewichteten Risikoaktiva darf 12,5 % täglich zum Geschäftsschluss nicht unterschreiten. ( – )
 – Die Relation zwischen dem Kernkapital und den gewichteten Risikoaktiva muss mindestens 4 % betragen. ( + )
 – Die Relation zwischen dem Ergänzungskapital und den gewichteten Risikoaktiva muss mindestens 4 % betragen. ( – )
 – Die Relation zwischen den Drittrangmitteln und den gewichteten Risikoaktiva muss mindestens 4 % betragen. ( – )

# 5 Lösungen zu den Multiple-Choice-Aufgaben 491

8. – Der Solvabilitätskoeffizient setzt das haftende Eigenkapital zu den risikogewichteten Aktiva eines Instituts in Beziehung. ( + )
   – Das haftende Eigenkapital eines Instituts muss mindestens das 12,5fache seiner risikogewichteten Aktiva betragen. ( – )
   – Der Solvabilitätskoeffizient muss mindestens 8 % betragen ( + )
   – Der Solvabilitätskoeffizient setzt das Kernkapital zu den risikogewichteten Aktiva in Beziehung. ( – )

9. – Ablaufstrukturelle Risiken entstehen rein durch Abläufe innerhalb des Instituts. ( – )
   – Ursachen für die internen ablaufstrukturellen Risiken können eine unzureichend organisierte Ablaufstruktur sowie eine fehlende oder unklare Kompetenzabgrenzung sein. ( + )
   – Sachlich-technische Risiken entstehen bei der Beschaffung und dem Einsatz von Betriebsmitteln. ( + )

10. – Unter personellen Risiken werden alle Risiken zusammengefasst, die sich aus der Neueinstellung, der Kündigung oder dem Einsatz von Mitarbeitern ergeben können. ( + )
    – Qualitative personelle Risiken beziehen sich auf Gefahren, die mit der mengenmäßigen Beschaffung und dem mengenmäßigen Einsatz von Mitarbeitern verbunden sind. ( – )
    – Quantitative personelle Risiken entstehen beispielsweise, wenn nicht genügend fachlich ausgebildetes Personal zur Verfügung steht. ( + )
    – Qualitative personelle Risiken sind mit den fachlichen und charakterlichen Eigenschaften der Mitarbeiter verknüpft. ( + )
    – Kriminelles Verhalten der Mitarbeiter, welches das Institut schädigt, stellt kein personelles Risiko dar, sondern ein ablaufstrukturelles Risiko. ( – )

11. – Die Risiken des liquiditätsmäßig-finanziellen Bereichs lassen sich in Erfolgsrisiken und Liquiditätsrisiken unterteilen. ( + )
    – Die Risiken innerhalb des liquiditätsmäßig-finanziellen Bereichs sind normalerweise unabhängig voneinander ( – )
    – Die Risiken des liquiditätsmäßig-finanziellen Bereichs stehen nicht mit dem Absatz der Bankprodukte in Verbindung. ( – )
    – Der tatsächliche Eintritt der Erfolgsrisiken führt im Regelfall unmittelbar zu einer negativen Veränderung des Eigenkapitals. ( + )
    – Die Liquiditätsrisiken wirken primär als Eigenkapitalrisiko. ( – )

12. – Adressenrisiken entstehen nur, wenn das Institut bereits Vorleistungen
    erbracht hat. ( – )
   – Unter dem Ausfallrisiko wird die Gefahr verstanden, dass der Schuldner wegen gesunkener Bonität seinen Zins- und Tilgungsverpflichtungen nicht mehr nachkommen kann. ( + )
   – Unter dem Erfüllungsrisiko wird das Risiko verstanden, dass der Schuldner seine Zins- und Tilgungsverpflichtungen nicht erfüllen will. ( – )
   – Beim Erfüllungsrisiko bestehen keine direkten Ausfallmöglichkeiten durch den Ausfall des Geschäftspartners. ( + )
   – Bei Eintritt des Erfüllungsrisikos entsteht in der Regel ein Verlust in Höhe des gesamten Nominalbetrags des Geschäfts. ( – )

13. Bei steigenden Marktzinsen sind die Erträge aus Aktivpositionen
   – bei geschlossenen Festzinspositionen konstant. ( + )
   – bei aktivischem Festzinsüberhang niedriger. ( – )
   – bei passivischem Festzinsüberhang höher. ( + )
   – bei variabel verzinslichen Positionen niedriger. ( – )

14. Bei sinkenden Marktzinsen bestehen bei
   – variabel verzinslichen Positionen Verlustrisiken wegen gestiegener Refinanzierungskosten. ( – )
   – einem aktivischen Festzinsüberhang Erfolgschancen wegen sinkender Refinanzierungskosten. ( + )
   – einem passivischen Festzinsüberhang Erfolgschancen wegen sinkender Kosten im Passivgeschäft. ( – )
   – geschlossenen Festzinspositionen keine Erfolgschancen. ( + )

15. – Liquidität kann sich auf die Eigenschaft von Vermögensobjekten beziehen, mehr oder weniger leicht in Zahlungsmittel umgewandelt werden zu können. ( + )
   – Liquidität kann sich auf die Eigenschaft von Wirtschaftssubjekten beziehen, ihren zwingend fälligen Zahlungsverpflichtungen zu jedem Zeitpunkt uneingeschränkt nachkommen zu können. ( + )
   – Unter dem Liquiditätsrisiko wird die Gefahr verstanden, dass ein Wirtschaftssubjekt nicht allen Zahlungsverpflichtungen sofort nachkommen kann. ( – )
   – Liquiditätsrisiken können ausschließlich eine Folge von Asynchronitäten hinsichtlich Betrag oder Zeitpunkt der Zahlungsmittelzu- und -abflüsse sein. ( – )

16. Ein Kreditinstitut ist als Handelsbuchinstitut einzuordnen, wenn
    - der Anteil des Handelsbuchs an der Gesamtsumme der bilanziellen und außerbilanziellen Geschäfte einmal größer als 5 % ist. ( − )
    - der Anteil des Handelsbuchs an der Gesamtsumme der bilanziellen und außerbilanziellen Geschäfte an fünf aufeinander folgenden Geschäftstagen größer als 5 % ist. ( + )
    - die Gesamtsumme der einzelnen Positionen des Handelsbuchs einmal größer als 20 Mio. EUR ist. ( + )
    - die Gesamtsumme der einzelnen Positionen des Handelsbuchs in der Regel größer als 10 Mio. EUR ist. ( − )

# Literaturverzeichnis

BANK FÜR INTERNATIONALEN ZAHLUNGSAUSGLEICH: Basel Committee reaches agreement on New Capital Accord Issues. Pressemitteilung vom 10.07.2002. Basel 2002.
(http://www.bis.org/press/p020710.htm)
(Agreement, 2002)

BANK FÜR INTERNATIONALEN ZAHLUNGSAUSGLEICH: Consensus achieved on Basel II proposals. Pressemitteilung vom 11.05.2004. Basel 2004.
(http://www.bis.org/press/p040511.htm)
(Consensus, 2004)

BANK FÜR INTERNATIONALEN ZAHLUNGSAUSGLEICH: G10 central bank governors and heads of supervision endorse the publication of the revised capital framework. Pressemitteilung vom 26.06.2004. Basel 2004.
(http://www.bis.org/press/p040626.htm)
(Publication, 2004)

BASELER AUSSCHUSS FÜR BANKENAUFSICHT: Internationale Konvergenz der Eigenkapitalmessung und Eigenkapitalanforderungen. Verlautbarung vom Juli 1988, zuletzt geändert am 07.04.1998. (Abgedruckt in CMBS (Kreditwesengesetz, 2004), Nr. 23.03a.)
(Basel I, 1988)

BASELER AUSSCHUSS FÜR BANKENAUFSICHT: Risks in computer and telecommunication systems. Basel 1989.
(http://www.bis.org/publ/bcbsc136.pdf)
(Risks, 1989)

BASELER AUSSCHUSS FÜR BANKENAUFSICHT: Änderung der Eigenkapitalvereinbarung zur Einbeziehung der Marktrisiken. Dokument vom Januar 1996, zuletzt geändert am 19.09.1997. (Abgedruckt in CMBS (Kreditwesengesetz, 2004), Nr. 23.03i.)
(Änderung, 1997)

BASELER AUSSCHUSS FÜR BANKENAUFSICHT: Grundsätze für eine wirksame Bankenaufsicht (Baseler Grundsätze). Dokument vom September 1997. (Abgedruckt in CMBS (Kreditwesengesetz, 2004), Nr. 23.09, S. 244a–288.)
(Grundsätze, 1997)

BASELER AUSSCHUSS FÜR BANKENAUFSICHT: Enhancing Bank Transparency. Basel 1998.
(http://www.bis.org/publ/bcbs41.pdf)
(Transparency, 1998)

BASELER AUSSCHUSS FÜR BANKENAUFSICHT: A New Capital Framework – 1. Konsultationspapier vom Juni 1999. Basel 1999.
(http://www.bis.org/publ/bcbs04A.pdf)
(1. Konsultationspapier, 1999)

BASELER AUSSCHUSS FÜR BANKENAUFSICHT: Die Neue Basler Eigenkapitalvereinbarung – Konsultationspapier. Basel 2001. (Übersetzung der Deutschen Bundesbank)
(http://www.bundesbank.de/download/bankenaufsicht/pdf/rules_translation.pdf)
(2. Konsultationspapier, 2001)

BASELER AUSSCHUSS FÜR BANKENAUFSICHT: Operational Risk – Consultative Document. Basel 2001.
(http://www.bis.org/publ/bcbsca07.pdf)
(Operational Risk, 2001)

BASELER AUSSCHUSS FÜR BANKENAUFSICHT: Pillar 3 (Market Discipline) – Consultative Document, Basel 2001.
(http://www.bis.org/publ/bcbsca10.pdf)
(Pillar 3, 2001)

BASELER AUSSCHUSS FÜR BANKENAUFSICHT: Überblick über die Die Neue Basler Eigenkapitalvereinbarung – Konsultationspapier. Basel 2001. (Übersetzung der Deutschen Bundesbank)
(http://www.bundesbank.de/download/bankenaufsicht/pdf/overview_translation.pdf)
(Überblick, 2001)

BASELER AUSSCHUSS FÜR BANKENAUFSICHT: Working Paper on the Regulatory Treatment of Operational Risk. Basel 2001.
(http://www.bis.org/publ/bcbs_wp8.pdf)
(Working Paper, 2001)

BASELER AUSSCHUSS FÜR BANKENAUFSICHT: Sound Practices for the Management and Supervision of Operational Risk. Basel 2003.
(http://www.bis.org/publ/bcbs96.pdf)
(Sound Practices, 2003)

BASELER AUSSCHUSS FÜR BANKENAUFSICHT: Fact sheet. Basel 2004.
(http://www.bis.org/about/factbcbs.htm)
(Fact sheet, 2004)

BASELER AUSSCHUSS FÜR BANKENAUFSICHT: History of the Basel Committee and its Membership (February 2004). Basel 2004.
(http://www.bis.org/publ/bcbsc101.pdf)
(History, 2004)

BASELER AUSSCHUSS FÜR BANKENAUFSICHT: Internationale Konvergenz der Kapitalmessung und Eigenkapitalanforderungen – Überarbeitete Rahmenvereinbarung. Basel 2004. (Übersetzung der Deutschen Bundesbank)
(http://www.bundesbank.de/download/bankenaufsicht/pdf/eigenkapitalempfehlung_de.pdf)
(Basel II, 2004)

BASELER AUSSCHUSS FÜR BANKENAUFSICHT: The Basel Committee on Banking Supervision. Basel 2004.
(http://www.bis.org/bcbs/aboutbcbs.htm)
(Basel Committee, 2004)

BECKER, ANNETTE: Wer den Kapitalmarkt anzapfen will, kommt am Rating kaum vorbei. In: Börsen-Zeitung vom 09.08.2003, S. 11.
(Kapitalmarkt, 2003)

BECKER, ULRICH: Lexikon Terminhandel. Wiesbaden 1994.
(Lexikon, 1994).

BEECK, HELMUT/KAISER, THOMAS: Quantifizierung von Operational Risk mit Value-at-Risk. In: Handbuch Risikomanagement – Band 1: Risikomanagement für Markt-, Kredit- und operative Risiken; hrsg. von Lutz Johanning/Bernd Rudolph, Bad Soden/Taunus 2000, S. 633–653.
(Quantifizierung, 2000)

BEIKE, ROLF: Devisenmanagement. Hamburg 1995.
(Devisenmanagement, 1995).

BERBLINGER, JÜRGEN: Marktakzeptanz des Rating durch Qualität. In: Handbuch Rating; hrsg. von Hans E. Büschgen/Oliver Everling, Wiesbaden 1996, S. 21–110.
(Marktakzeptanz, 1996)

BIEG, HARTMUT: Bankbilanzen und Bankenaufsicht. Schriften des Instituts für Arbeits- und Wirtschaftsrecht der Universität zu Köln, Band 47, hrsg. von Herbert Wiedemann, München 1983.
(Bankbilanzen, 1983)

BIEG, HARTMUT: Auswirkungen der Bankrichtlinien der Europäischen Gemeinschaften auf die Bankaktivitäten im Gemeinsamen Markt. Vorträge, Reden und Berichte aus dem Europa-Institut/Nr. 190, hrsg. von Georg Ress, Saarbrücken 1989.
(Auswirkungen, 1989)

BIEG, HARTMUT: Bankbetriebslehre in Übungen. München 1992.
(Bankbetriebslehre, 1992)

BIEG, HARTMUT: Finanzmanagement mit Optionen. In: Der Steuerberater 1998, S. 18–25.
(Finanzmanagement, 1998)

BIEG, HARTMUT: Die externe Rechnungslegung der Kreditinstitute und Finanzdienstleistungsinstitute. München 1999.
(Rechnungslegung, 1999)

BIEG, HARTMUT/KUßMAUL, HEINZ: Investitions- und Finanzierungsmanagement, Band 2: Finanzierung. München 2000.
(Finanzierung, 2000)

BIEG, HARTMUT/KUßMAUL, HEINZ: Investitions- und Finanzierungsmanagement, Band 3: Finanzwirtschaftliche Entscheidungen. München 2000.
(Entscheidungen, 2000)

BIEG, HARTMUT/KUßMAUL, HEINZ: Externes Rechnungswesen. 3. Aufl., München 2003.
(Rechnungswesen, 2003)

BUNDESAUFSICHTSAMT FÜR DAS KREDITWESEN: Anerkennung freien Vermögens als haftendes Eigenkapital nach § 10 Abs. 4 KWG. Mitteilung Nr. 1/63 vom 29.06.1963. (Abgedruckt in CMBS (Kreditwesengesetz, 2004), Nr. 4.26.)
(Anerkennung, 1963)

BUNDESAUFSICHTSAMT FÜR DAS KREDITWESEN: Betreiben von Warentermingeschäften. Schreiben vom 24.10.1974. (Abgedruckt in REISCHAUER, FRIEDRICH/KLEINHANS, JOACHIM: Kreditwesengesetz (KWG). Stand: Ergänzungslieferung 4/04, Berlin 2004, Kennzahl 115, § 33, S. 8.
(Betreiben, 1974)

BUNDESAUFSICHTSAMT FÜR DAS KREDITWESEN: Anwendung der Bestimmungen über den Abzug von Krediten an Inhaber, persönlich haftende Gesellschafter und sonstige maßgebliche Anteilseigner von Kreditinstituten. Schreiben vom 08.04.1986. (Abgedruckt in CMBS (Kreditwesengesetz, 2004), Nr. 4.202.)
(Anwendung, 1986)

BUNDESAUFSICHTSAMT FÜR DAS KREDITWESEN: Behandlung von Verpflichtungen der Kreditinstitute aus Euronotes-Fazilitäten bei der Anwendung des Grundsatzes I und der KWG-Vorschriften über das Kreditgeschäft. Schreiben vom 02.06.1986. (Abgedruckt in CMBS (Kreditwesengesetz, 2004), Nr. 3.36.)
(Behandlung, 1986)

BUNDESAUFSICHTSAMT FÜR DAS KREDITWESEN: Erläuterungen zur Bekanntmachung über die Änderung und Ergänzung der Grundsätze I und Ia. Berlin 1990. (Abgedruckt in DEUTSCHE BUNDESBANK: Die neuen Grundsätze I und Ia über das Eigenkapital der Kreditinstitute. Sonderdrucke der Deutschen Bundesbank Nr. 2a, 2. Aufl., Frankfurt am Main 1991.)
(Erläuterungen, 1991)

BUNDESAUFSICHTSAMT FÜR DAS KREDITWESEN: Erläuterungen zur Bekanntmachung über die Änderung und Ergänzung der Grundsätze über das Eigenkapital und die Liquidität der Kreditinstitute. Geschäftsnummer I7-4216-1/91, Berlin 1992.
(Erläuterungen, 1992)

BUNDESAUFSICHTSAMT FÜR DAS KREDITWESEN: Viertes Gesetz zur Änderung des Gesetzes über das Kreditwesen und anderer Vorschriften über Kreditinstitute vom 21. Dezember 1992 (BGBl. I, S. 2211, 4. KWG-Änderungsgesetz). Schreiben vom 28.12.1993. (Abgedruckt in CMBS (Kreditwesengesetz, 2004), Nr. 4.248c.)
(4. KWG-Novelle, 1993)

BUNDESAUFSICHTSAMT FÜR DAS KREDITWESEN: Grundsatz I – hier: Anrechnung von Finanz-Swaps, Finanztermingeschäften und erworbenen Optionsrechten nach der Laufzeitmethode oder der Marktbewertungsmethode (Abs. 6 Satz 1 erster Halbsatz). Schreiben vom 27.10.1994. (Abgedruckt in CMBS (Kreditwesengesetz, 2004), Nr. 3.69.)
(Anrechnung, 1994)

BUNDESAUFSICHTSAMT FÜR DAS KREDITWESEN: Mindestanforderungen an das Betreiben von Handelsgeschäften der Kreditinstitute. Verlautbarung vom 23.10.1995. (Abgedruckt in CMBS (Kreditwesengesetz, 2004), Nr. 4.270a.)
(MaH, 1995)

BUNDESAUFSICHTSAMT FÜR DAS KREDITWESEN: Erläuterungen zur Bekanntmachung über die Änderung und Ergänzung der Grundsätze über das Eigenkapital und die Liquidität der Kreditinstitute vom 29. Oktober 1997. Berlin 1997. (Abgedruckt in DEUTSCHE BUNDESBANK (Grundsatz I, 2001), S. 70–246.)
(Erläuterungen, 1997)

BUNDESAUFSICHTSAMT FÜR DAS KREDITWESEN: Warentermingeschäfte. Rundschreiben Nr. 12/97 vom 27.11.1997. (Abgedruckt in CMBS (Kreditwesengesetz, 2004), Nr. 3.102.)
(Rundschreiben 12/97, 1997)

BUNDESAUFSICHTSAMT FÜR DAS KREDITWESEN: Emissionsbedingungen für die Aufgabe kurzfristiger nachrangiger Verbindlichkeiten – § 10 Abs. 7 KWG. Rundschreiben Nr. 18/98 vom 23.10.1998. (Abgedruckt in CMBS (Kreditwesengesetz, 2004), Nr. 4.310.)
(Rundschreiben 18/98, 1998)

BUNDESAUFSICHTSAMT FÜR DAS KREDITWESEN: Erläuterungen zur Bekanntmachung über die Änderung und Ergänzung der Grundsätze über die Eigenmittel und die Liquidität der Institute vom 29. November 1998. Berlin 1998. (Abgedruckt in DEUTSCHE BUNDESBANK (Grundsatz II, 1999), S. 28–66.)
(Erläuterungen, 1998)

BUNDESAUFSICHTSAMT FÜR DAS KREDITWESEN: Abgabe von Platzierungsgarantien im Rahmen von Aktienemissionsverträgen – § 38 Abs. 3 GroMiKV. Rundschreiben Nr. 13/99 vom 06.10.1999. (Abgedruckt in CMBS (Kreditwesengesetz, 2004), Nr. 4.321.)
(Rundschreiben 13/99, 1999)

BUNDESAUFSICHTSAMT FÜR DAS KREDITWESEN: Abzug von Beteiligungen an Kreditinstituten, Finanzdienstleistungsinstituten und Finanzunternehmen – Ausnahme für Instrumente, die das Institut dem Handelsbuch zuordnet – § 10 Abs. 6 KWG. Rundschreiben Nr. 14/99 vom 04.11.1999. (Abgedruckt in CMBS (Kreditwesengesetz, 2004), Nr. 4.322.)
(Rundschreiben 14/99, 1999)

BUNDESAUFSICHTSAMT FÜR DAS KREDITWESEN: Zuordnung der Bestände und Geschäfte der Institute zum Handelsbuch und zum Anlagebuch (§ 1 Abs. 12 KWG, § 2 Abs. 1 KWG). Rundschreiben Nr. 17/99 vom 08.12.1999. (Abgedruckt in CMBS (Kreditwesengesetz, 2004), Nr. 4.323.)
(Rundschreiben 17/99, 1999)

BUNDESAUFSICHTSAMT FÜR DAS KREDITWESEN: Grundsatz II (i. d. F. der Bekanntmachung vom 25. November 1998) gemäß § 11 KWG. Rundschreiben Nr. 18/99 vom 22.12.1999. (Abgedruckt in CMBS (Kreditwesengesetz, 2004), Nr. 3.01i.)
(Rundschreiben 18/99, 1999)

BUNDESAUFSICHTSAMT FÜR DAS KREDITWESEN: Grundsatz I gemäß §§ 10 und 10a KWG – Berücksichtigung von Zinsänderungsrisiken aus Aktien-, Devisen- und Rohwarenderivaten. Rundschreiben Nr. 3/2000 vom 20.06.2000. (Abgedruckt in CMBS (Kreditwesengesetz, 2004), Nr. 3.114.)
(Rundschreiben 3/2000, 2000)

BUNDESAUFSICHTSAMT FÜR DAS KREDITWESEN: Erweiterung des Anwendungskreises auf Wohnungsunternehmen mit Spareinrichtung – Grundsatz II über die Liquidität der Institute gemäß § 11 KWG. Rundschreiben Nr. 9/2002 vom 13.05.2002. (Abgedruckt in CMBS (Kreditwesengesetz, 2004), Nr. 3.132.)
(Rundschreiben 9/2002, 2002)

BUNDESMINISTERIUM DER FINANZEN: Entwurf eines Gesetzes zur weiteren Fortentwicklung des Finanzplatzes Deutschland (Viertes Finanzmarktförderungsgesetz). Stand: 14.11.2002.
(http://www.bundesfinanzministerium.de/Anlage8363/Begruendung-Besonderer-Teil.pdf)
(Entwurf 4. Finanzmarktförderungsgesetz, 2002)

BUNDESREGIERUNG: Entwurf eines Gesetzes über das Kreditwesen. BT-Drucksache 1114 vom 25.05.1959, S. 1–47.
(KWG-Entwurf, 1959)

BUNDESREGIERUNG: Entwurf eines Dritten Gesetzes zur Änderung des Gesetzes über das Kreditwesen. BT-Drucksache 10/1441 vom 14.05.1984, S. 1–57.
(3. KWG-Novelle, 1984)

BUNDESREGIERUNG: Entwurf eines Gesetzes zur Änderung des Gesetzes über das Kreditwesen und anderer Vorschriften über Kreditinstitute. BT-Drucksache 12/3377 vom 08.10.1992, S. 1–49.
(4. KWG-Novelle, 1992)

BUNDESREGIERUNG: Entwurf eines Gesetzes zur Änderung des Gesetzes über das Kreditwesen und anderer Vorschriften über Kreditinstitute. BT-Drucksache 12/6957 vom 04.03.1994, S. 1–38.
(5. KWG-Novelle, 1994)

BUNDESREGIERUNG: Entwurf eines Gesetzes zur Umsetzung von EG-Richtlinien zur Harmonisierung bank- und wertpapieraufsichtsrechtlicher Vorschriften. BT-Drucksache 13/7142 vom 06.03.1997, S. 1–116.
(6. KWG-Novelle, 1997)

BÜSCHGEN, HANS E.: Bankbetriebslehre – Bankgeschäfte und Bankmanagement. 5. Aufl., Wiesbaden 1998.
(Bankbetriebslehre, 1998)

BÜSCHGEN, HANS E.: Das Kleine Bank-Lexikon. 2. Aufl., Düsseldorf 1997.
(Bank-Lexikon, 1997)

BUSSE, CASPAR/DOHMEN, CASPAR: Finanzaufsicht kritisiert Kreditvergabe der WestLB – Harsche Rüge für den Vorstand – Bank trennt sich von den Wirtschaftsprüfern. In: Handelsblatt vom 23.06.2003, Nr. 117, S. 21.
(Kreditvergabe, 2003)

C&L DEUTSCHE REVISION AG: 6. KWG-Novelle und neuer Grundsatz I. Frankfurt am Main 1998.
(6. KWG-Novelle, 1998)

CHRISTIAN, CLAUS-JÖRG: Die Informationsbasis der Bankenaufsicht. Diss. Univ. Saarbrücken 1991.
(Informationsbasis, 1991)

CONSBRUCH, JOHANNES/MÖLLER, ANNEMARIE/BÄHRE, INGE LORE/SCHNEIDER, MANFRED: Kreditwesengesetz mit weiteren Vorschriften zum Aufsichtsrecht der Banken. Textsammlung, 71. Ergänzungslieferung, München 2004.
(Kreditwesengesetz, 2004)

DEL MESTRE, GUIDO: Rating-Leitfaden für Kreditinstitute und Unternehmen. Köln 2001.
(Rating-Leitfaden, 2001)

DEUTSCHE BUNDESBANK: Internationale Organisationen und Gremien im Bereich von Währung und Wirtschaft. Sonderdrucke der Deutschen Bundesbank, Nr. 3, 4. Aufl., Frankfurt am Main 1992.
(Organisationen, 1992)

DEUTSCHE BUNDESBANK: Erläuterungen zu den Meldungen der Institute zum Grundsatz I – Risikoaktiva (SA 1.1, SA 1.2, SA 1.3) der Deutschen Bundesbank. Stand: März 1999. (Abgedruckt in CMBS (Kreditwesengesetz, 2004), Nr. 3.01.h.)
(Erläuterungen, 1999)

DEUTSCHE BUNDESBANK: Grundsatz II über die Liquidität der Institute. Bankrechtliche Regelungen Nr. 2b, Frankfurt am Main 1999.
(Grundsatz II, 1999)

DEUTSCHE BUNDESBANK: Die neue Baseler Eigenkapitalvereinbarung (Basel II). In: Monatsbericht der Deutschen Bundesbank April 2001, Frankfurt am Main 2001, S. 15–44.
(Eigenkapitalvereinbarung, 2001)

DEUTSCHE BUNDESBANK: Grundsatz I über die Eigenmittel der Institute. Bankrechtliche Regelungen Nr. 2a, Frankfurt am Main 2001.
(Grundsatz I, 2001)

DEUTSCHE BUNDESBANK: Bankenstatistik Oktober 2002. Statistisches Beiheft zum Monatsbericht 1, Frankfurt am Main 2002.
(Bankenstatistik, 2002)

DEUTSCHE BUNDESBANK: Das Eigenkapital der Kreditinstitute aus bankinterner und regulatorischer Sicht. In: Monatsbericht der Deutschen Bundesbank Januar 2002, Frankfurt am Main 2002, S. 41–60.
(Eigenkapital, 2002)

DEUTSCHE BUNDESBANK: Weltweite Organisationen und Gremien im Bereich von Währung und Wirtschaft. Frankfurt am Main 2003.
(Organisationen, 2003)

DEUTSCHE BUNDESBANK: Bundesbank begrüßt Verabschiedung von „Basel II". Pressemitteilung vom 26.06.2004. Frankfurt am Main 2004.
(http://www.bundesbank.de/download/presse/pressenotizen/2004/20040626 bbk2.pdf)
(Verabschiedung, 2004)

DEUTSCHE BUNDESBANK: Neue Eigenkapitalanforderungen für Kreditinstitute (Basel II). In: Monatsbericht der Deutschen Bundesbank September 2004, Frankfurt am Main 2004, S. 75–100.
(Eigenkapitalanforderungen, 2004)

DOHMEN, CASPAR: WestLB bläst Wind ins Gesicht – Verhältnis zwischen Sparkassen und Landesbank auf dem Tiefpunkt. In: Handelsblatt vom 13.05.2003, Nr. 91, S. 27.
(Wind, 2003)

DOHMEN, CASPAR/OTTO, PHILIPP: Prüfer weisen WestLB schwere Mängel nach – Bank hat im Fall Box Clever Bilanzen unzureichend geprüft und Warnungen ignoriert. In: Handelsblatt vom 14.07.2003, Nr. 132, S. 1.
(Mängel, 2003)

FINANZAUSSCHUSS DES DEUTSCHEN BUNDESTAGS: Beschlussempfehlung und Bericht des Finanzausschusses (7. Ausschuss). BT-Drucksache 13/7627 vom 13.05.1997.
(Beschlussempfehlung, 1997)

FRAKTIONEN DER SPD, CDU/CSU, BÜNDNIS 90/DIE GRÜNEN, F.D.P UND PDS: Antrag – Fairer Wettbewerb bei Basel II – Neufassung der Basler Eigenkapitalvereinbarung und Überarbeitung der Eigenkapitalvorschriften für Kreditinstitute und Wertpapierfirmen. BT-Drucksache 14/6196 vom 31.05.2001.
(Wettbewerb, 2001)

GRELCK, MICHAEL/RODE, MICHAEL: Der neue Liquiditätsgrundsatz. In: Zeitschrift für das gesamte Kreditwesen 1999, S. 68–71.
(Liquiditätsgrundsatz, 1999)

GRUNER-SCHENK, PETRA: Harmonisierung des Bankaufsichtsrechts. Diss. Technische Univ. Berlin 1995.
(Harmonisierung, 1995)

HAGENMÜLLER, KARL FRIEDRICH/DIEPEN, GERHARD: Der Bankbetrieb. 13. Aufl., Wiesbaden 1993.
(Bankbetrieb, 1993)

HARDT, CHRISTOPH: Der Feind in meiner Firma. In: Handelsblatt vom 07.10.2002, Nr. 192, S. 10.
(Feind, 2002)

HARTMANN-WENDELS, THOMAS/PFINGSTEN, ANDREAS/WEBER, MARTIN: Bankbetriebslehre. 2. Aufl., Berlin/Heidelberg/New York et al. 2000.
(Bankbetriebslehre, 2000)

HOFMANN, GERHARD/WERNER, JOHANNES: Der neue Liquiditätsgrundsatz II – eine bankaufsichtliche Beurteilung. In: Sparkasse 1999, S. 23–26.
(Liquiditätsgrundsatz II, 1999)

HOSSFELD, CHRISTOPHER: Die 6. KWG-Novelle (Teil II). In: Bankmagazin 5/97, S. 63–65.
(6. KWG-Novelle, 1997)

KEIDEL, STEFAN: Schock an der Londoner Börse. In: Handelsblatt vom 16.05.2001, Nr. 94, S. 12.
(Schock, 2001)

KÖHLER, P./SCHÖNAUER, F.: Die Kämmerer und das Model – Warum eine amerikanische Investmentbankerin der WestLB die deutschen Eigentümer erregt. In: Handelsblatt vom 30./31.05.2003, Nr. 103, S. 10.
(Model, 2003)

KÖRNERT, JAN: Barings 1995 – Eine Bankenkrise im Überblick. In: Bank-Archiv 1996, S. 512–520 (Teil I) und S. 612–618 (Teil II).
(Barings, 1996)

KRÄMER, GREGOR: Ziele, Adressaten und Risiken der Bankenaufsicht. Aachen 2000.
(Ziele, 2000)

KRÄMER, GREGOR: Die Auswirkungen bankenaufsichtsrechtlicher Vorschriften auf die Unternehmensbewertung von kleinen und mittleren Unternehmen durch Kreditinstitute. In: Unternehmensbewertung und Basel II in kleinen und mittleren Unternehmen; hrsg. von Jörn-Axel Meyer, Lohmar 2003, S. 13–31.
(Auswirkungen, 2003)

KRÄMER, GREGOR: Ratingprozess und Ratingkriterien. In: Der Steuerberater 2004, S. 60–66.

KULS, NORBERT: Die Deutsche Bank und die Jäger der verlorenen E-Mails – Wie Analysten des Finanzriesen an der Wall Street jahrelang die Anleger täuschten. In: Frankfurter Allgemeine Zeitung vom 04.09.2004, Nr. 206, S. 23.
(Jäger, 2004)

LUZ, GÜNTHER/SCHARPF, PAUL: Marktrisiken in der Bankenaufsicht. Stuttgart 1998.
(Marktrisiken, 1998)

MARQUARDT, THOMAS: Der Fall Barings, Singapur. Diss. Univ. Kiel 1999.
(Fall Barings, 1999)

MEISTER, EDGAR: Basel II – Auswirkungen in einem geänderten wirtschaftlichen Umfeld für Banken. Rede beim Großen Verbandstag der Volks- und Raiffeisenbanken in Berlin am 12.09.2002.
(Auswirkungen, 2002)

MUNSCH, MICHAEL/WEIß, BERND: Externes Rating. Herausgegeben vom Deutschen Industrie- und Handelskammertag, 3. Aufl., Bonn 2002.
(Rating, 2002)

NADIG, RETO: Grundlagen der grenzüberschreitenden Bankenaufsicht. Schweizer Schriften zum Bankrecht, Band 6, hrsg. von Mario Giovanoli/Gérard Hertig, Zürich 1991.
(Grundlagen, 1991)

OLG KARLSRUHE: Urteil vom 4. April 2003. In: OLG-Report, Karlsruhe/Stuttgart 2003, S. 467 ff.
(Urteil, 2003)

O. V.: Panne bei Electronic Cash. In: Handelsblatt vom 10.11.1997, S. 18.
(Panne, 1997)

O. V.: WGZ-Bank/Manipulationen im Handels- und Abwicklungssystem – Zwei Mitarbeiter schädigen WGZ-Bank um 377 Mill. DM. In: Handelsblatt vom 06./07.11.1998, Nr. 215, S. 22.
(Manipulationen, 1998)

O. V.: Testhandel beim Bund-Future sorgt für Aufsehen. In: Handelsblatt vom 19.11.1998, Nr. 224, S. 40.
(Testhandel, 1998)

O. V.: Mitarbeiter-Schelte – Vorstand der Sparkasse Kiel beklagt „unnötige Schäden". In: Handelsblatt vom 12./13.02.1999, Nr. 30, S. 20.
(Mitarbeiter-Schelte, 1999)

O. V.: Untreuefall im Devisenoptionsgeschäft wirft „Schatten auf Ergebnis" – Bündelung der Fondsaktivitäten geplant – WGZ-Bank mit höherem Geschäftsvolumen. In: Handelsblatt vom 25.02.1999, Nr. 39, S. 22.
(Untreuefall, 1999)

O. V.: Computer der Bank 24 stürzte Kunden in Milliardenschulden. In: Handelsblatt vom 09./10.04.1999, Nr. 68, S. 23.
(Milliardenschulden, 1999)

O. V.: Fehlbuchungen bei der WestLB. In: Handelsblatt vom 29.07.1999, Nr. 144, S. 19.
(Fehlbuchungen, 1999)

O. V.: Geschäftsbanken sind gegen Ausbau der Liko-Bank. In: Auszüge aus Presseartikeln; hrsg. von Deutsche Bundesbank, Frankfurt am Main 2000, Nr. 2, S. 7–8.
(Ausbau, 2000)

O. V.: Bankdaten von Promis standen im Internet. In: Saarbrücker Zeitung vom 10.11.2000, Nr. 261.
(Promis, 2000)

O. V.: Comdirect muss Schadensersatz zahlen. In: Handelsblatt vom 22.08.2001, Nr. 161, S. 28.
(Schadensersatz, 2001)

O. V.: Gelegenheit macht Diebe – 33-jähriger Hauptkassierer einer Bank zahlte sich selbst 1,8 Millionen Mark aus. In: Saarbrücker Zeitung vom 06./07.10.2001, Nr. 232.
(Gelegenheit, 2001)

O. V.: Devisenskandal bei Allied Irish Bank – Report stellt überaus laxe Kontrollen fest – AIB-Chef kommt mit blauem Auge davon. In: Handelsblatt vom 15./16.03.2002, Nr. 53, S. 29.
(Devisenskandal, 2002)

O. V.: Studie ermittelt die Kosten von technischen Fehlschlägen im Handel der Banken – Manuelle Eingriffe lassen viele Wertpapiertransaktionen scheitern. In: Handelsblatt vom 30.09.2002, Nr. 188, S. 23.
(Eingriffe, 2002)

O. V.: Milliarden statt Millionen – Großer Wirbel nach falscher Verkaufsorder. In: Handelsblatt vom 04./05.10.2002, Nr. 191, S. 36.
(Wirbel, 2002)

O. V.: US-Banken fürchten neue Terroranschläge – Wall-Street-Häuser treffen Vorsichtsmaßnahmen – Deutsche Institute sehen keine akute Gefahr. In: Handelsblatt vom 14./15.02.2003, Nr. 32, S. 27.
(Terroranschläge, 2003)

O. V.: US-Regierung beklagt Schwächen in den Notfallplänen für die Wall Street – Banken wappnen sich gegen Terror. In: Handelsblatt vom 21./22.03.2003, Nr. 57, S. 25.
(Terror, 2003)

O. V.: Shadow Committee: Stabilität des Finanzsystems bröckelt – Europäische Ökonomen kritisieren Basel II. In: Handelsblatt vom 13.05.2003, Nr. 91, S. 25.
(Ökonomen, 2003)

O. V.: WestLB-Chef Sengera stolpert über Finanzaffäre. In: Handelsblatt vom 24.06.2003, Nr. 118, S. 1.
(Finanzaffäre, 2003)

O. V.: Australische Großbank meldet hohen Schaden – Unerlaubter Handel bei der National Australia Bank. In: Handelsblatt vom 28.01.2004, Nr. 19, S. 23.
(Schaden, 2004)

O. V.: Berliner Volksbank muss haften – Institut empfahl Kunden Anlage am Neuen Markt. In: Handelsblatt vom 31.01.2004, Nr. 21, S. 35.
(Volksbank, 2004)

O. V.: Fehde an der Spitze von australischer Großbank – Aufsicht tadelt Manager der National Australia Bank. In: Handelsblatt vom 30.03.2004, Nr. 63, S. 26.
(Fehde, 2004)

O. V.: Trierer Geldhaus: Bankleitzahl aus Versehen gelöscht. In: Saarbrücker Zeitung vom 03./04.04.2004, Nr. 80, S. D 5.
(Bankleitzahl, 2004)

O. V.: Schadenersatz für Anlegerin. In: Frankfurter Allgemeine Zeitung vom 30.06.2004, Nr. 149, S. 19.
(Schadenersatz, 2004)

O. V.: Deutsche Bank zahlt Millionenstrafe – Vergleich mit amerikanischen Behörden kostet 87,5 Millionen Dollar. In: Frankfurter Allgemeine Zeitung vom 27.08.2004, Nr. 199, S. 19.
(Millionenstrafe, 2004)

REGNERY, PETER: Bankenaufsicht, Bankeneigenkapital und Wettbewerb. Schriften zur Bilanz- und Steuerlehre, Band 22, hrsg. von Karlheinz Küting/Günter Wöhe, Stuttgart 1994.
(Bankenaufsicht, 1994)

ROLFES, BERND: Die Steuerung von Zinsänderungsrisiken in Kreditinstituten. Schriftenreihe des Instituts für Kreditwesen der Westfälischen Wilhelms-Universität Münster, Band 29, hrsg. von Henner Schierenbeck, Frankfurt am Main 1985.
(Steuerung, 1985)

RUDOLPH, BERND: Gestaltungsformen bankaufsichtlicher Normen. In: Das Wirtschaftsstudium 1991, S. 596-601, 632.
(Gestaltungsformen, 1991)

SCHARPF, PAUL: Der neue Solvabilitätskoeffizient der Kreditinstitute. Düsseldorf 1993.
(Solvabilitätskoeffizient, 1993)

SCHIERENBECK, HENNER: Ertragsorientiertes Bankmanagement – Band 2: Risiko-Controlling und integrierte Rendite-/Risikosteuerung. 7. Aufl., Wiesbaden 2001.
(Risiko-Controlling, 2001)

SCHILLER, BETTINA/WIEDEMEIER, INGO: Chronologie der Bankenaufsicht. In: Zeitschrift für das gesamte Kreditwesen 1998, S. 757–758.
(Chronologie, 1998)

SCHÖNAUER, FELIX: Der Internet-Absturz. In: Handelsblatt vom 02.08.2000, Nr. 147, S. 12.
(Internet-Absturz, 2000)

SCHÖNAUER, FELIX: Angestellte zerren Banken vor Gericht. In: Handelsblatt vom 17.04.2002, Nr. 74, S. 21.
(Angestellte, 2002)

SCHULTE-MATTLER, HERMANN/TRABER, UWE: Marktrisiko und Eigenkapital. 2. Aufl., Wiesbaden 1997.
(Marktrisiko, 1997)

SCHULTE-MATTLER, HERMANN: Basel II – Das Dritte Konsultationspapier (CP3). In: Die Bank 2003, S. 386–393.
(Konsultationspapier, 2003)

SPÖRK, WOLFGANG/AUGE-DICKHUT, STEFANIE: Die neue Liquiditätskennzahl – eine geeignete Größe zur Beurteilung von Kredit- und Finanzdienstleistungsinstituten? In: Zeitschrift für das gesamte Kreditwesen 1999, S. 181–188.
(Liquiditätskennzahl, 1999)

STUDIENKOMMISSION: Grundsatzfragen der Kreditwirtschaft. Schriftenreihe des Bundesministeriums der Finanzen, Heft 28, hrsg. vom Bundesministerium der Finanzen, Bonn 1979.
(Grundsatzfragen, 1979)

STÜTZEL, WOLFGANG: Liquidität. In: Handwörterbuch der Sozialwissenschaften; Band 6, hrsg. von Erwin von Beckerath et al., Stuttgart/Tübingen/Göttingen 1959, S. 622–629.
(Liquidität, 1959)

STÜTZEL, WOLFGANG: Liquidität, betriebliche. In: Handwörterbuch der Betriebswirtschaft; Enzyklopädie der Betriebswirtschaftslehre, Band I/2, hrsg. von Erwin Grochla/Waldemar Wittmann, 4. Aufl., Stuttgart 1975, Sp. 2515–2524.
(Liquidität, 1975)

SZAGUNN, VOLKHARD/HAUG, ULRICH/ERGENZINGER, WILHELM: Gesetz über das Kreditwesen – Kommentar. 6. Aufl., Stuttgart/Berlin/Köln 1997.
(Gesetz, 1997)

VERLAG C. H. BECK (Hrsg.): Steuergesetze – Textsammlung mit Verweisungen und Sachverzeichnis. 140. Ergänzungslieferung, München 2004.
(Steuergesetze, 2004)

VERLAG C. H. BECK (Hrsg.): Wirtschaftsgesetze – Textsammlung für Juristen und Wirtschaftsfachleute. 51. Ergänzungslieferung, München 2004.
(Wirtschaftsgesetze, 2004)

VON BREDOW, VENDELINE: Londoner Börse hat die Ursache für den Systemausfall noch immer nicht gefunden. In: Financial Times Deutschland vom 07.04.2000, S. 25.
(Börse, 2000)

VON HEUSINGER, R./JUNGCLAUSSEN, J.: Der Mut des Verzweifelten. In: DIE ZEIT vom 18.06.2003, Nr. 26, S. 20.
(Mut, 2003)

WAMBACH, MARTIN/RÖDL, BERND: Rating. Frankfurt am Main 2001.
(Rating, 2001)

WASCHBUSCH, GERD: Die bankspezifische offene Risikovorsorge des § 340g HGB. In: Die Bank 1994, S. 166–168.
(Risikovorsorge, 1994)

WASCHBUSCH, GERD: Das bankspezifische Bewertungsprivileg des § 340f HGB. In: Schmalenbachs Zeitschrift für betriebswirtschaftliche Forschung 1994, S. 1046–1064.
(Bewertungsprivileg, 1994)

WASCHBUSCH, GERD: Bankenaufsicht – Die Überwachung der Kreditinstitute und Finanzdienstleistungsinstitute nach dem Gesetz über das Kreditwesen. München/Wien 2000.
(Bankenaufsicht, 2000)

WASCHBUSCH, GERD/LESCH, STEFANIE: Operationelle Risiken und Mitarbeiterkompetenzen – Personalmanagement als Schlüssel zur Quantifizierung und Steuerung. Wiesbaden 2004.
(Operationelle Risiken, 2004)

WIMMER, KONRAD/RÖSLER, PATRICK: Mehr Fairness bei vorzeitiger Kreditkündigung. In: Handelsblatt vom 27.12.2000, S. 47.
(Fairness, 2000)

WITTE, EBERHARD: Finanzplanung der Unternehmung. WV Studium, Band 64, 2. Aufl., Opladen 1981.
　(Finanzplanung, 1981)

# Verzeichnis der verwendeten Gesetze

Aktiengesetz vom 06.09.1965, zuletzt geändert am 25.11.2002. (Abgedruckt in: VERLAG C. H. BECK (Hrsg.) (Wirtschaftsgesetze, 2004), Nr. 30.)
(AktG)

Bewertungsgesetz in der Fassung der Bekanntmachung vom 01.02.1991, zuletzt geändert am 20.12.2001. (Abgedruckt in: VERLAG C. H. BECK (Hrsg.) (Steuergesetze, 2004), Nr. 200.)
(BewG)

Einführungsgesetz zum Handelsgesetzbuche vom 10.05.1897, zuletzt geändert am 01.12.2004. (Abgedruckt in: VERLAG C. H. BECK (Hrsg.) (Wirtschaftsgesetze, 2004), Nr. 21.)
(EGHGB)

Einkommensteuergesetz in der Fassung der Bekanntmachung vom 19.10.2002, zuletzt geändert am 29.12.2003. (Abgedruckt in: VERLAG C. H. BECK (Hrsg.) (Steuergesetze, 2004), Nr. 1.)
(EStG)

Gesetz betreffend die Erwerbs- und Wirtschaftsgenossenschaften in der Fassung der Bekanntmachung vom 19.08.1994, zuletzt geändert am 10.12.2001. (Abgedruckt in: VERLAG C. H. BECK (Hrsg.) (Wirtschaftsgesetze, 2004), Nr. 40.)
(GenG)

Gesetz betreffend die Gesellschaft mit beschränkter Haftung vom 20.04.1892 in der Fassung der Bekanntmachung vom 20.05.1898, zuletzt geändert am 19.07.2002. (Abgedruckt in: VERLAG C. H. BECK (Hrsg.) (Wirtschaftsgesetze, 2004), Nr. 35.)
(GmbHG)

Gesetz über das Kreditwesen vom 10.07.1961 in der Fassung der Bekanntmachung vom 09.09.1998, zuletzt geändert am 05.04.2004. (Abgedruckt in CMBS (Kreditwesengesetz, 2004), Nr. 1.)
(KWG)

Gesetz über Schiffspfandbriefbanken in der Fassung der Bekanntmachung vom 08.05.1963, zuletzt geändert am 05.04.2004. (Abgedruckt in CMBS (Kreditwesengesetz, 2004), Nr. 6.)
(SchiffsBankG)

Handelsgesetzbuch vom 10.05.1897, zuletzt geändert am 01.12.2003. (Abgedruckt in: VERLAG C. H. BECK (Hrsg.) (Wirtschaftsgesetze, 2004), Nr. 20.)
(HGB)

Hypothekenbankgesetz in der Fassung der Bekanntmachung vom 09.09.1998, zuletzt geändert am 05.04.2004. (Abgedruckt in CMBS (Kreditwesengesetz, 2004), Nr. 5.)
(HypBankG)

Investmentgesetz vom 15.12.2003. (Abgedruckt in CMBS (Kreditwesengesetz, 2004), Nr. 10.)
(InvG)

Richtlinie des Rates über die angemessene Eigenkapitalausstattung von Wertpapierfirmen und Kreditinstituten vom 15.03.1993, zuletzt geändert am 16.12.2002. (Abgedruckt in CMBS (Kreditwesengesetz, 2004), Nr. 22.18.)
(KAR)

Richtlinie des Rates über Wertpapierdienstleistungen vom 10.03.1993, zuletzt geändert am 16.12.2002. (Abgedruckt in CMBS (Kreditwesengesetz, 2004), Nr. 22.19.)
(WpDlRl)

Richtlinie des Rates zur Koordinierung der Rechts- und Verwaltungsvorschriften betreffend bestimmte Organismen für gemeinsame Anlagen in Wertpapieren (OGAW) vom 20.12.1985, zuletzt geändert am 21.01.2002. (Abgedruckt in CMBS (Kreditwesengesetz, 2004), Nr. 22.03.)
(Investmentrichtlinie)

Verordnung über die Festsetzung eines Zuschlages für die Berechnung des haftenden Eigenkapitals von Kreditinstituten in der Rechtsform der eingetragenen Genossenschaft (Zuschlagsverordnung) vom 06.12.1963, zuletzt geändert am 20.12.1984. (Abgedruckt in CMBS (Kreditwesengesetz, 2004), Nr. 2.05.)
(ZuschlV)

# Stichwortverzeichnis

**§ 340f HGB-Reserve** 42, 43, 63, 70, 72, 75
**§ 6b EStG-Rücklage** 42, 45

## A

**Abrufrisiko** 129, 275
**Abschreibungsrisiko** 125
**Abwicklungsrisiko** 111–112
**Abzugspositionen** 9, 16
**Abzugsrisiko** 129, 275
**Adressengewichtung** 139–141
**Adressenrisiko** 86, 121, 131, 221, 231, 255ff., 286ff., 313ff., 320ff., 326ff., 331ff., 374, 383, 389ff., 404ff., 441, 461, 467, 480
– Definition, Systematisierung 108–112
– Begrenzung in Grundsatz I 137–179
**Aktien, eigene** 74
**Aktienkursrisiko**
– Definition, Systematisierung 120–121
– Begrenzung in Grundsatz I 210–229
**Aktiennettoposition** 210–215
**Anlagebuch** 78, 135
**Anlagewerte, immaterielle** 40, 67, 75
**Ansatz**
– einfacher 390ff.
– umfassender 390ff., 399ff., 404
**Anteilseignerrisiko** 109
**Aufwendungen für die Ingangsetzung und Erweiterung des Geschäftsbetriebs** 40
**Ausfallrisiko** 108–110
**Ausfallwahrscheinlichkeit** 138f., 147, 313f., 318f., 340ff., 360, 371, 377ff., 408, 411ff., 418f.
**Ausschuss für Bankbestimmungen und -überwachung** s. Baseler Ausschuss für Bankenaufsicht

**außerbilanzielle Geschäfte**
– innovative 138, 154–155, 170–179
– traditionelle 138, 147–154, 165–169

## B

**BaFin** 9, 12, 21ff., 31f., 39ff., 46ff., 56ff., 79, 81, 100, 131, 136, 270ff., 291, 304f., 408
**BAKred (s. auch BaFin)** 110
**Bank für Internationalen Zahlungsausgleich** 304
**Basel I** 309, 311, 313ff., 320ff., 331, 389
**Basel II** 303ff.
**Baseler Ausschuss für Bankenaufsicht** 86, 101, 183, 303ff., 374, 410, 430ff., 459f., 469, 476f.
**Baseler Eigenkapitalvereinbarung (s. auch Basel I und Basel II)** 101, 246, 311ff., 323ff., 338, 433, 435, 438, 480
**Baseler Marktrisikoregelung** 296, 314f.
**Basisindikatoransatz** 430ff., 436, 438f., 480
**Beleihungswert** 51, 70
**Bemessungsansatz, interner** 339ff., 450
**Beobachtungskennzahlen im Liquiditätsbereich** 274–275, 284–285
**Betafaktor** 434f., 438f.
**Beteiligung** 59
**Betriebsmittelrisiko** 95–100
**Betrugs- und Diebstahlrisiko** 94–95
**Bilanzaktiva** 138–139, 146–147, 160–165
**Bilanzgewinn** 30
**Bilanzverlust** 30, 41
**Bonitätsgewichtungsfaktor** 138ff., 157, 167ff., 256, 259, 313f., 317, 337ff., 379

**Bonitätsrisiko** 109
**Branchenrating** 345, 348
**Branchenrisiko** 367f.
**Bruttoertrag** 432, 435f., 438f.
**Bundesanstalt für Finanzdienstleistungsaufsicht** s. BaFin
**Bundesaufsichtsamt für das Kreditwesen** s. BAKred

### D

**Deutsche Bundesbank** 81, 304f., 408
**Devisenkursrisiko** 180
**Devisenswapgeschäft** 117
**Drittparteirisiko** 105
**Drittrangmittel** 9, 11, 17f., 26, 29, 71f., 78ff., 137, 286ff., 326f., 332ff., 467
– Substitution 82, 86
**Drittrangmittelbestandteile** 78

### E

**EDV-Software** 40
**Eigenkapital**
– Funktionen 1
– Bestandteile 11, 19, 42, 78
– haftendes 7ff., 12, 17, 25, 27ff., 67ff., 86, 137, 139, 143, 165, 169, 175, 178, 294, 298f., 313f., 322, 332ff., 407, 411, 413
**Eigenmittel** 6, 26, 70
– Ausstattung 18, 83
– Struktur 9, 11
**Eigenmitteldeckungsziffer** 287–289, 292–297, 297–299
**Eigenmittelkomponenten** 7, 11, 27
– dynamische 7
– statische 7
**Eindeckungsrisiko** 111
**Einzelwertberichtigung** 185, 189, 281, 319
**Emissionsrating** 345f., 405
**Emittentenrating** 345f., 405
**Ereignisrisiko, externes** 104–106
**Erfolgsrisiko**
– Definition, Systematisierung 106–107

– Begrenzung in Grundsatz I 137–269
**Erfüllungsgarantie** 152
**Erfüllungsrisiko** 110–112
**Ergänzungskapital** 8f., 14, 42f., 59, 83
– dritter Klasse 43
– erster Klasse 9, 14, 43, 63, 68, 71, 73, 76, 86
– freies 18, 26, 71f., 83f., 86, 294f., 298f., 332ff.
– zweiter Klasse 9, 15, 43, 55, 56, 69, 71, 74, 77, 86
**Exportversicherungsagentur** 379

### F

**Fahrlässigkeitsrisiko** 90–92
**Finanzierungsfunktion** 5
**Fonds für allgemeine Bankrisiken** 67, 70, 75
**Forderungsklasse** 415ff.
**Fremdwährungsrisiko**
– Definition, Systematisierung 112–118
– Begrenzung in Grundsatz I 180-193
**Fristigkeitsrisiko** 128–130
**Funktionsschutz** 466ff.

### G

**G10** s. Zehnergruppe
**Gammafaktor** 448
**Geldanschlussrisiko** 130
**Genussrechtskapital** 67
**Genussrechtsverbindlichkeiten** 42, 46, 57, 59, 70, 72, 75
**Gesamteigenmittelquote** 327f., 330ff.
**Gesamtkennziffer** 289–291, 292–297
**Geschäfts- oder Firmenwert** 40
**Geschäftsanteil** 58, 65, 70
**Geschäftsfeld** 434ff., 442f., 448ff.
**Geschäftsfeld-Verlusttyp-Kombination** 440f., 442f., 445, 448ff.
**Geschäftsführungsfunktion** 3
**Geschäftsguthaben** 65, 70

Gesellschafter, stiller 60
Gläubigerrisiko 108–109
Gläubigerschutz 1f., 5, 58, 466ff.
Goldpreisrisiko 180
Größenanpassung 428
Grundsatz I (Regelungsinhalte) 131–132
Grundsatz II 270–285

## H

Haftsumme 58, 70
Haftsummenzuschlag 42, 58, 65, 71, 72
Haftungsfunktion 2
Haircut 396ff.
Handelsbuch 136
Handelsbuchinstitut 133–134
Handelsbuchposition 78

## I

IAIS 309
Imagerisiko 100–101
Ingangsetzungsfunktion 1
Internationale Konvergenz der Eigenkapitalmessung und Eigenkapitalforderungen (s. auch Basel I und Basel II) 311, 317
Investmentanteil 54
Investment-Grade-Rating 343ff., 347, 350f.
IOSCO 309
IRB-Ansatz, fortgeschrittener 317, 321, 338ff., 407ff., 413, 418, 475
IRB-Ansätze 320, 323, 339f., 409
IRB-Basisansatz 317, 321, 338ff., 397, 407ff., 414, 418, 475
Irrtumsrisiko 92–94

## J

Jahresbandmethode 242–252, 261–269

## K

Kapital, eingezahltes 27
Kappungsbetrag 71, 74, 77, 83
Katastrophenrisiko 104–106

Kennzahl, nachrichtlich anzugebende 291–292, 292–297
Kernkapital 7, 9, 12, 22, 27, 33, 59, 63, 68, 70, 73, 76, 86
– freies 18, 26, 71f., 83f., 86, 294f., 298f., 332ff.
Kernkapitalbestandteile
– negative 33
– positive 27
Kernkapitalquote 70, 74
KMU 409ff., 418, 428, 430
Konzession 40
Korrekturposten 41
Kreditäquivalenzbetrag 142, 156–159
Kreditrisikominderung 389f., 399f., 407
Krisenfaktor 360f, 363ff.

## L

Länderrating 345, 348
Länderrisiko 109, 142, 366ff.
Laufzeitinkongruenz 391f., 395, 399f., 402, 404
Laufzeitmethode 156–159, 170–179
Liquidität (Begriff) 127
Liquiditätsgrundsatz s. Grundsatz II
Liquiditätskennzahl 272–274, 284–285
Liquiditätsrisiko 88, 106, 127–130
– Begrenzung in Grundsatz II 270–285
– derivatives 127–128
– originäres 128–130
Lizenzen 40

## M

Marktbewertungsmethode 156–159, 170–179
Marktdisziplin 324f., 390, 468ff.
Marktpflege 75
Marktpflegeposition 42
Marktpreisrisiko 120f., 126, 131, 135f., 287, 289ff., 295ff., 308, 315, 327ff., 390, 461, 467, 480
– Definition, Systematisierung 107, 112

– Begrenzung in Grundsatz I 180–269
**Mengennotierung** 113–114
**Messansätze, ambitionierte** 430f., 439f., 481
**Mindesthaltedauer** 402ff.
**Mitarbeiterkompetenz** 450
**Mitarbeiterrisiko** 89–95
**moral suasion** 475

## N

**Nachschusspflicht** 65
– beschränkte 58
– unbeschränkte 58
**Nachschussverpflichtung** 400, 402f.
**Nettogewinn** 78, 82, 83
**Neubewertung** 402ff.
**Neubewertungsreserve** 48
**Nichthandelsbuchinstitut** 133–134
**Note Issuance Facilities (NIFs)** 152–153
**Nutzertest** 477

## O

**Offenlegungsbereich** 479
**Offenlegungspflicht** 324f., 390, 466, 468f., 474ff., 480

## P

**Parallelrechnung** 312, 321f.
**Patente** 40
**Pauschalwertberichtigung** 322
**Pensionsgeschäft**
– echtes 214–215, 282–283
– unechtes 151, 186, 214–215, 282–283
**Präferenzzone** 142
**Preisnotierung** 113
**Prinzip der Dynamisierung der Eigenmittelkomponenten** 57
**Prinzip der effektiven Kapitalaufbringung** 7, 78

## Q

**QIS** 320

## R

**Rating** 338, 340ff., 354f., 357 ff., 366, 371, 374, 376ff., 463
– externes 317, 326, 339ff., 374, 377ff., 393, 396, 407f., 414f.
– internes 317, 339, 341ff., 345, 347, 349, 351f., 408, 418, 459, 461
– Kosten 348f.
– kurzfristiges 345f.
– langfristiges 343ff.
– Nutzen 350ff.
– solicitated 345ff.
– unsolicitated 345ff.
**Ratingagentur** 341ff., 350ff., 355ff., 366f., 371, 374ff., 463
**Ratingprozess, externer** 352f.
**Ratingsymbol** 343
**Repräsentationsfunktion** 3
**Reputationsrisiko** 89, 100–101
**Re-Rating** 348f., 358ff.
**Reserven, nicht realisierte** 15, 42, 48, 62, 70, 74
**Restlaufzeitanpassung** 413f., 425f.
**Retailforderung** 416f.
**Retailkredit** 383, 416
**Retailportfolio** 379, 382f., 410ff.
**Revolving Underwriting Facilities (RUFs)** 152–153
**Risiko**
– ablaufstrukturelles 100–101
– der Wertminderung des Sachanlagevermögens 126
– des Betriebsbereichs 87–89
– des externen Leistungsbereichs 106–108
– des internen Leistungsbereichs 87–89
– des liquiditätsmäßig-finanziellen Bereichs 106–108
– des technisch-organisatorischen Bereichs 87–89
– des Wertbereichs (Geschäftsbereichs) 106–108
– operationelles 88ff., 96, 101, 315, 321, 326ff., 333ff., 390, 430ff., 438ff., 450ff., 457f., 461, 468, 480f.

– personelles 89–95
– rechtliches 101–104
– sachlich-technisches 95–100
**Risikoaktiva (risikogewichtete Aktiva)** 46, 68ff., 75, 86, 162, 286ff., 313, 320, 322, 326ff., 338, 385ff., 400, 422, 424f., 428ff.
– Definition 138–139
– Systematisierung 138–139
– Bemessungsgrundlagen 142–145
**Risikogewicht** 313, 316ff., 338ff., 374, 377ff., 391, 395f., 400, 407ff., 413, 416, 418
**Risikogewichtungsfunktion** 317ff., 340, 408, 416, 418f., 422, 425, 428
**Risikoindikator** 432ff., 438, 440, 442f., 446
**Rohwaren (Definition)** 118–119, 194
**Rohwarenpreisrisiko**
– Definition, Systematisierung 118–120
– Begrenzung in Grundsatz I 194–209
**Rücklagen, offene** 29
**Rücknahmepreis** 54

## S

**Schutzrechte, gewerbliche** 40
**Sicherheiten** 3, 38ff., 56, 80, 150, 154, 165, 167, 278, 281, 315, 323, 389ff., 399f., 402ff., 413, 470
**Solvabilitätskoeffizient** 44, 68, 72ff., 86, 137, 170, 179, 286ff., 299, 301, 326, 330ff., 336ff.
**Sonderposten für allgemeine Bankrisiken** 31
**Sonderposten mit Rücklageanteil** 45
**Speculative-Grade-Rating** 343ff.
**Spezialfinanzierung** 416f.
**Standardansatz** 242, 338ff., 374, 377, 379f., 383, 389ff., 396f., 408, 415, 430f., 434f., 437ff., 480
– alternativer 438f.

**Standardmethode, -verfahren im Rohwarenbereich** 195–197, 198–209
**Standardnormalverteilung** 419ff., 426
**Stimmrechtsquote** 36
**Stress-Test** 460, 463
**Systemrisiko** 96–97

## T

**Terminrisiko** 128–129, 275–276
**Transaktion, besicherte** 390, 392, 399f.

## U

**Übergangsvorschriften** 321
**Überprüfungsverfahren, bankenaufsichtliches** 323ff., 459f., 465, 468
**Unternehmenskrise** 360, 362

## V

**Verbindlichkeiten**
– kurzfristige nachrangige 70, 80, 82, 83
– längerfristige nachrangige 42, 56, 59, 67, 70, 72, 74f., 80
**Verkehrswert** 52
**Verlust**
– erwarteter 318ff., 322, 408, 443ff.
– unerwarteter 318f., 443, 448
**Verlustausgleichsfunktion** 2
**Verlustdatenbank** 436
**Verlusttyp (s. auch Geschäftsfeld-Verlusttyp-Kombination)** 440ff.
**Vermögen, freies** 32
**Vermögenseinlage, stille** 30, 57
**Vermögensgegenstände, immaterielle** 40
**Vorleistungsrisiko** 110
**Vorsorgereserven** s. § 340f HGB-Reserven
**Vorzugsaktie, kumulative** 42, 45, 68

## W

**Währungsinkongruenz** 399f., 402, 404. 406
**Wechselkursrisiko** 180
**Wert, gemeiner** 54
**Wertberichtigung** (s. auch Einzelwertberichtigung und Pauschalwertberichtigung) 38, 319f., 322, 432, 439
**Wertpapiere** 53
**Wurzel-Zeit-Formel** 403

## Z

**Zehnergruppe (G10)** 303, 307, 317
**Zeitfächermethode** 197–198, 198–209
**Zinsänderungsrisiko**
– Definition, Systematisierung 121–125
– Begrenzung in Grundsatz I 230–269
**Zinsnettoposition** 230, 232–241
**Zone A** 142
**Zone B** 142
**Zufallsvariable** 419
**Zuschlagsverordnung** 59, 65
**Zwischengewinn** 32
**Zwischenverlust** 32